高等学校工程管理专业规划教材

建设法规

（第二版）

山东建筑大学　马凤玲　刘晓宏　编著

中国建筑工业出版社

图书在版编目（CIP）数据

建设法规/马凤玲，刘晓宏编著．—2版．—北京：中国建筑工业出版社，2018.8（2022.7重印）
高等学校工程管理专业规划教材
ISBN 978-7-112-22506-4

Ⅰ.①建… Ⅱ.①马… ②刘… Ⅲ.①建筑法-中国-高等学校-教材 Ⅳ.①D922.297

中国版本图书馆CIP数据核字（2018）第175927号

梳理和解读了工程建设程序法律制度、工程建设用地法律制度、城乡规划法律制度、建设许可法律制度、建设工程承包与发包法律制度、建设工程招标投标法律制度、建设工程勘察设计法律制度、建设工程合同法律制度、建设工程监理法律制度、建设工程安全生产法律制度、建设工程质量管理法律制度、建设工程节能法律制度以及建设工程其他相关法律制度。在编写过程中，编著者参考了建造师职业资格考试的标准，综合了建设行业岗位的任职要求。因此，本教材适用于建筑工程技术、建筑设计技术、建筑装饰技术、道路与桥梁工程技术、建筑工程管理、工程造价、工程监理、房地产经营与估价、园林工程技术、工程测量技术、给水排水工程技术等专业建设法规的教学工作，也可作为建造师、造价工程师、监理工程师、房地产评估师等职业资格考试的参考书目。

* * *

责任编辑：毕凤鸣 郭 栋
责任校对：芦欣甜 王 瑞

高等学校工程管理专业规划教材
建设法规（第二版）
山东建筑大学 马凤玲 刘晓宏 编著
*
中国建筑工业出版社出版、发行（北京海淀三里河路9号）
各地新华书店、建筑书店经销
北京红光制版公司制版
北京建筑工业印刷厂印刷
*
开本：787×1092毫米 1/16 印张：23¼ 字数：579千字
2018年8月第二版 2022年7月第八次印刷
定价：**49.00**元
ISBN 978-7-112-22506-4
（32585）

前 言

建筑业作为我国国民经济的支柱产业，为推动国民经济增长和社会全面发展发挥了重要作用。在建筑业逐步规范化以及与国际接轨的过程中，工程建设领域的法制化更具重要意义。鉴于此，编著者在从事多年建设法规教学基础上，结合教学实践和研究的需要编写本教材。

本书根据《中华人民共和国建筑法》《中华人民共和国城乡规划法》《中华人民共和国招标投标法》《中华人民共和国合同法》《中华人民共和国物权法》等相关法律法规，结合建筑业相关职业资格考试内容，以工程建设程序为线索，梳理和解读了工程建设程序法律制度、工程建设用地法律制度、城乡规划法律制度、建设许可法律制度、建设工程承包与发包法律制度、建设工程招标投标法律制度、建设工程勘察设计法律制度、建设工程合同法律制度、建设工程监理法律制度、建设工程安全生产法律制度、建设工程质量管理法律制度、建设工程节能法律制度以及建设工程其他相关法律制度。本书在进行编写时，参考了建造师职业资格考试的标准，综合了建设行业岗位的任职要求。因此本教材适用于建筑工程技术、建筑设计技术、建筑装饰技术、道路与桥梁工程技术、建筑工程管理、工程造价、工程监理、房地产经营与估价、园林工程技术、工程测量技术、给水排水工程技术等专业建设法规的教学工作，也可以作为建造师、造价工程师、监理工程师、房地产评估师等职业资格考试的参考书目。

本书具有以下显著的特点：(1) 基础性。任何学科应该有自己的理论基础，建设法规不从属于我国现行任何一个法律部门，换言之，建设法规实质就是与工程建设业相关的法律法规的集合。为系统阐述建设法规的相关内容，本书特设专章解读建设法规概述，从法律相关层面对建设法规进行理论解读。(2) 时效性。随着建筑领域的立法进程的加快，近几年来国家修订、颁布了《城乡规划法》《招标投标法实施条例》等相关法律法规。住房城乡建设部、国家工商总局制定了《建设工程施工合同（示范文本）》GF-2013-0201，自2013年7月1日起执行。本书在编写中尽力关注建设法规的前沿动态、吸收最新的法律内容，以法律为主线，辅之以行政法规和部门规章，对建设法规进行系统阐释。(3) 实用性。本书的内容和体系结合建造师考试，与考试内容衔接。从学生毕业的岗位对接上看，本书力求结合学生将来可能从事的工作的性质和需要，结合和行业培训、行业特点组织和编制教材内容。

本书共十四章。具体编写分工如下：马凤玲负责编写第一章、第九章、第十一章、第十二章的编写工作；董蕾红负责第二章的编写工作；杨蕾负责第三章的编写工作；李敏和负责第四章的编写工作；朱宝丽负责第五章的编写工作；张暄和刘岩负责第六章的编写工作；刘晓宏负责第七章的编写工作；马聪和李军负责第八章和第十三章的编写工作；臧宝军、高岩、吴小帅和赵维贞负责第十章的编写工作；巨虹、王翠敏、赵凤梅、华北电力大学（保定）法政系薛鸿宇负责第十四章的编写工作。李敏和刘晓宏负责本书的审核和校对工作。本书由山东建筑大学法政学院隋卫东教授主审。

由于编著者水平有限，加之时间仓促，本书难免有不当之处，敬请广大读者和同行批评指正。

2018 年 7 月

目　录

第一章　建设法规概述

1.1　建设法规的概念与调整对象

1.1.1　建设法规的概念

根据我国《建筑法》第2条第2款，建筑活动是指各类房屋建筑及其附属设施的建造和与其配套的线路、管道、设备的安装活动。通常，我们认为建筑活动包括土木建筑工程、线路管道安装工程、装饰装修工程的新建、扩建和改建。而建设活动的范围要更广，除了包括上述建筑活动之外，还包括与其相关的勘察、设计、监理活动等。虽然从理论上看，建设活动的外延要涵盖建筑活动；但是，从我们的语言使用习惯来看，基本将"建筑"与"建设"等同使用；因此，本书使用的"建筑"一词与"建设"将不做严格区分，除非涉及我国《建筑法》调整的事项。

建设法规，是指国家立法机关或其授权的行政机关制定的，旨在调整建设活动中或建设行政管理活动中发生的各种社会关系的法律规范的统称。建设法规主要调整国家机关、企业、事业单位、经济组织、社会团体和自然人在建设领域内中发生和缔结的各类社会关系；直接体现了国家组织、管理、协调城市建设、乡村建设、工程建设、建筑业、房地产业、市政公用事业等各项建设活动的方针、政策和基本原则。

1.1.2　建设法规的调整对象

建设法规的调整对象，即建设关系，也就是在建设活动中发生的各种社会关系。按照法律关系的性质，建设关系分为建设活动中的行政管理关系和民事关系。

1. 建设活动中的行政管理关系

建设活动是我国经济活动中的重要部分，其牵涉的资金规模庞大，与国民经济、民生皆有举足轻重的利害关系；因此，国家对建设活动实行严格的行政管理。国家对建设工程的立项、计划、资金筹集、设计、施工、验收等环节均进行严格的行政许可与监督管理，在此过程中形成了建设活动中的行政管理关系。

建设活动中的行政管理关系，是国家行政机关在建设活动中同建设单位、设计单位、施工单位及有关单位（如中介服务机构）之间发生的管理与被管理的法律关系。在建设活动中，从事建设行政管理的国家行政机关通常包括各级建设行政主管部门、各级城乡规划主管部门、各级土地行政主管部门等。此类行政管理关系表现为两种模式：规划、指导、协调与服务模式、检查、监督、控制与调节模式。建设法规应明确在上述两种模式的行政管理关系中建设行政管理部门相互间及内部各方面的权利、义务及责任关系，而且还要科学地建立建设行政管理部门同各类建设活动主体及中介服务机构之间规范的管理制度。

2. 建设活动中的民事关系

建设活动还包括建筑关系主体之间发生的民事活动，比如，建设单位、设计单位、勘察单位、施工单位之间的民事合作；上述主体之间形成的即民事关系。建设活动中的民事关系是指因从事建设活动而产生的国家、单位法人、自然人之间的民事权利、义务关系；具体包括：在建设活动中发生的有关自然人的损害、侵权、赔偿关系；建设领域从业人员的人身和经济权利保护关系；房地产交易中买卖、租赁、产权关系；土地征收、房屋拆迁导致的拆迁安置关系；建设单位、勘察设计单位、施工单位之间的建设工程合同关系等。建设活动中的民事关系应按照民法和建设法规中的民事法律规范部分予以调整。

1.1.3　建设法律关系

建设法律关系，是指由建设法规调整的，在建设活动的过程中所产生的权利义务关系，包括行政管理关系和民事关系两类。由于建设活动本身的复杂性、科学性及涉及主体的多样性，决定了建设法律关系具有综合性、复杂性和协同性的特点。

1. 建设法律关系的构成要素

任何法律关系都是由法律关系主体、客体和内容三个要素构成的，建设法律关系亦不例外；但在上述构成要素中，建设法律关系有其特殊性。

(1) 建设法律系主体

建设法律关系主体是指参加建设活动，受建设法规调整，在法律上享有权利、承担义务的人。此处的“人”包括自然人、法人和其他组织。

1) 自然人。自然人是基于出生而依法成为民事法律关系主体的人。通常，自然人在建设活动中可以成为建设法律关系的主体。如，施工企业工作人员（建筑工人、专业技术人员、注册执业人员等）同企业签订劳动合同时，即成为建设法律关系主体。

2) 法人。法人与自然人相对，法人是具有民事权利能力和民事行为能力，依法独立享有民事权利和承担民事义务的组织；包括企业法人和非企业法人。企业法人是指以从事生产、流通、科技等活动为内容，以获取利润和增加积累、创造社会财富为目的的营利性的社会经济组织。建设活动经常涉及的企业法人包括勘察设计单位、城乡规划编制单位、施工企业、房地产开发企业。非企业法人，是指为了实现国家对社会的管理及其他公益目的而设立的国家机关、事业单位或者社会团体。按照我国法律的规定，非企业法人可以成为建设法律关系的主体。

3) 其他组织。其他组织是指依法或者依据有关政策成立、有一定的组织机构和财产、但又不具备法人资格的各类组织。这些组织在我国社会的政治、经济、文化、教育、卫生等方面具有重要作用，可以成为建设法律关系的主体。

(2) 建设法律关系客体

建设法律关系客体，是指参加建设法律关系的主体享有的权利及所承担的义务共同指向的事物。在通常情况下，建设法律关系的主体都是为了某一客体，彼此才设立一定的权利、义务，从而产生工程建设法律关系，这里的权利、义务所指向的事物，便是工程建设法律关系的客体。法学理论上，一般客体分为财、物、行为和非物受财富。建设法律关系客体也不外乎这四类。

1) 物。法律意义上的物，是指可为人们控制的并具有经济价值的生产资料和消费资料。在工程建设法律关系中表现为物的客体主要是建筑材料，如钢材、木材、水泥等，及其构成的建筑物，还有建筑机械等设备。某个具体基本建设项目即是工程建设法律关系中的客体。

2) 行为。法律意义上的行为，是指人的有意识的活动。在工程建设法律关系中，行为多表现为完成一定的工作，如勘察设计、施工安装、检查验收等活动。工程建设勘察设计合同的标的，即完成一定的勘察设计任务；工程建设施工合同的标的，即按期完成一定质量要求的施工行为。

3）非物质财富。法律意义上的非物质财富，是指人们脑力劳动的成果或智力方面的创作，也称智力成果。在建设法律关系中，也存在此类非物质财富。比如，设计单位提供的具有创造性的设计图纸，该设计单位依法可以享有专有权，使用单位未经允许不能无偿使用。

（3）建设法律关系的内容

建设法律关系的内容，即，与具体建设活动有关，由建设法律关系主体享有的权利和承担的义务。

1）建设权利。建设权利，是指建设法律关系主体在法定范围内，根据国家建设管理要求和自己企业活动的需要有权进行各种建设活动。权利主体可要求其他主体为或不为一定行为，以实现自己的建设权利。因其他主体的行为而使建设权利不能实现时，建设权利主体有权要求国家机关加以保护并予以制裁。

2）建设义务。建设义务，是指建设法律关系主体必须按法律规定或约定为或不为一定行为。建设义务和建设权利是相对应。相应主体应自觉履行建设义务，义务主体如果不履行或不适当履行，需承担由此产生的法律责任。

2. 建设法律关系的产生、变更和消灭

建设法律关系并不是由建设法规本身产生的，只有在一定的情况下才能产生，而这种法律关系的变更和消灭也由一定情况决定的。这种引起建设法律关系产生、变更和消灭的情况，即是人们通常所称的法律事实，包括事件和行为。

（1）建设法律关系的产生

建设法律关系的产生，是指建设法律关系的主体之间形成了一定的权利和义务关系；基于某个法律事实而产生。比如，某建设单位与某施工单位签订了工程建设承包合同，主体双方产生了相应的权利和义务；此时，受建设法规调整的建设法律关系即告产生。

（2）建设法律关系的变更

建设法律关系的变更包括主体变更、客体变更、内容变更。主体变更是指建设法律关系主体数目增多或减少，也可以是主体改变。在建设合同中，客体不变，相应权利义务也不变，此时主体改变也称为合同转让。客体变更是指建设法律关系中权利和义务所指向的客体发生变化。客体变更可以是其范围变更，也可以是其性质变更。建设法律关系中主体与客体的变更，必然导致相应的权利和义务的变更，即内容的变更。

（3）建设法律关系的消灭

建设法律关系的消灭是指建设法律关系主体之间的权利义务不复存在，彼此丧失了约束力；包括自然消灭、协议消灭和违约消灭。建设法律关系自然消灭，是指建设法律关系所规范的权利和义务顺利得到履行，取得了各自的利益，从而使该法律关系达到完结。建设法律关系的协议消灭，是指建设法律关系主体之间协商解除建设法律关系规范的权利和义务，致使该法律关系归于消灭。建设法律关系违约消灭，是指建设法律关系主体一方违约，或发生不可抗力，致使建设法律关系规范的权利不能实现而告终结。

1.1.4 建设法规的特征

建设法规作为调整建设活动所发生的行政管理关系和民事关系的法律规范，除具备一般法律的基本特征外，还具有特殊性。

1. 兼具公法性和私法性

对于建设活动中的行政管理关系，建设法规采用以行政指令为主的调整方法，因此建设法规具有强烈的行政隶属性；此类调整方法包括授权、命令、禁止、许可、免除、确认、计划和撤销；所以，建设法规具有鲜明的公法性，即行政性。建设法规还调整在建设活动中形成的民事关系，即平等主体之间形成的横向关系，其私法性亦不容忽视。可以说，建设法规是兼具公法性和私法性的部门法。

2. 经济性

在我国，建筑业已成为国民经济的支柱产业之一。建设活动与经济生产、分配、交换、消费活动紧密相连，直接为社会创造财富，为国家增加积累。如工程建设勘察设计、房地产开发、住宅商品化、施工安装等都直接为社会创造财富。建筑业的可持续发展不仅涉及老百姓的生活质量，而且也关系国计民生，因此，调整建筑业活动的建设法规具备明显的经济性。

3. 政策性

建设法规的政策性表现为两方面：一方面，建设法规以法律规范的方式落实我国关于工程建设的各项政策，即政策的规范化；另一方面，随着经济形势的发展，我国工程建设政策会产生变化。国家人力、财力、物力紧张时，基建投资政策需要适当紧缩；国力储备充足时，基建投资政策适合适当放宽；上述政策导向均会对建设法规的实施和修订产生影响。因此，建设法规具有一定的政策性。

4. 技术性

建筑产品的质量关系人民群众的生命财产安全。建设活动兼具科学性和艺术性，而科学性是建筑产品质量的基本保障。为保证建筑产品的质量，大量的工程建设法规以技术规范形式出现，直接、具体、严密、系统，操作性强，便于广大工程技术人员及管理机构遵守和执行；比如，各种设计规范、施工规范、验收规范、产品质量监测规范等。此外，有些非技术规范的建设法规中也包含技术性的规定，比如，《城乡规划法》含有计量、质量、规划技术、规划编制内容等技术性规范。

1.1.5 建设法规的作用

1. 规范指导建设活动

各种建设活动应遵循既定的建设法规进行。只有在法律规定的范围内进行的建设行为才能得到国家的承认与保护，也才能实现行为人预期的目的。

2. 保护合法建设行为

建设法规的作用不仅在于对建设主体的行为加以规范和指导，还在于对符合本法规的建设行为给予确认和保护。这种确认和保护性规定一般是通过建设法规的原则规定反映的。如《节约能源法》第 67 条规定“各级人民政府对在节能管理、节能科学技术研究和推广应用中有显著成绩以及检举严重浪费能源行为的单位和个人，给予表彰和奖励。”

3. 处罚违法建设行为

建设法规要实现对建设行为的规范和指导作用，就必须对违法建设行为给予应有的处罚。否则，建设法规的制度由于得不到强制手段的法律保障，即变成无实际意义的规范。一般来讲，建设法规都有关于处罚违法建设行为的规定。如，《城乡规划法》第 64 条规定："未取得建设工程规划许可证或者未按照建设工程规划许可证的规定进行建设的，由县级以上地方人民政府城乡规划主管部门责令停止建设；尚可采取改正措施消除对规划实施的影响的，限期改正，处建设工程造价5%以上10%以下的罚款；无法采取改正措施消除影响的，限期拆除，不能拆除的，没收实物或者违法收入，可以并处建设工程造价10%以下的罚款。"

1.2 建设法规的体系

1.2.1 建设法规体系的概念

建设法规体系是指把已经制定和需要制定的建设法律、建设行政法规和建设部门规章衔接起来，形成一个相互联系、相互补充、相互协调的完整统一的框架结构。就广义的建设法规体系而言，还包括地方性建设法规和建设规章。建设法规体系是国家法律体系的重要组成部分，应覆盖建设活动的各个行业、各个领域以及工程建设的全过程，使建设活动的各个方面都有法可依；同时，它还应该注意纵向不同层次法规之间的相互衔接和横向同层次法规之间的配套和协调，防止不同法规之间出现立法重复、矛盾和抵触的现象。

1989年，建设部组织了建设法规体系的研究、论证工作，并于1990年制定出《建设法律体系规划方案》（图1-1），使我国建设立法走上了系统化、科学化的健康发展之路。我国建设法规体系采用了梯形结构形式，由《城市规划法》《市政公用事业法》《村镇建设法》《风景名胜区法》《工程勘察设计法》《建筑法》《城市房地产管理法》《住宅法》8部关于专项业务的法律构成我国建设法规体系的顶层；并由《城市规划法实施条例》等38部行政法规对这些法律加以细化和补充。根据具体问题和各地不同情况，建设行政主管部门和各省人大及人民政府还可制定颁行相应的建设规章及法规。

目前，我国建设立法正按照这一规划建立与完善，至2003年5月底，已制定颁行的建筑法律有3部，包括《城乡规划法》《建筑法》《城市房地产管理法》；行政法规15部；建设行政规章88部左右；地方性建设法规及地方建设规章则有几百部。需要指出的是，与建设活动关系密切的相关法律、行政法规和部门规章，它们虽不属建设法规体系，但其有些规定对调整建设活动有着十分重要的作用，对此，需予以密切关注。

1.2.2 建设法规体系的构成

根据《中华人民共和国立法法》关于立法权限的规定，我国建筑法规体系由五个层次的规范性文件组成：

1. 建设法律

建设法律，指由全国人民代表大会及其常务委员会制定颁布的调整建设活动中行政管理关系和民事关系的各项法律；在全国范围内适用，是建设法规体系的核心和基础。这些建设法律主要包括《中华人民共和国建筑法》《中华人民共和国城市房地产管理法》《中华人民共和国城乡规划法》《中华人民共和国招标投标法》《中华人民共和国安全生产法》等。

2. 建设行政法规

建设行政法规，是由国务院制定颁行的属于建设行政主管业务范围的条例、规定和办法；在全国范围内适用，是建设法规体系的主要组成部分。常见的建设行政法规有《建设

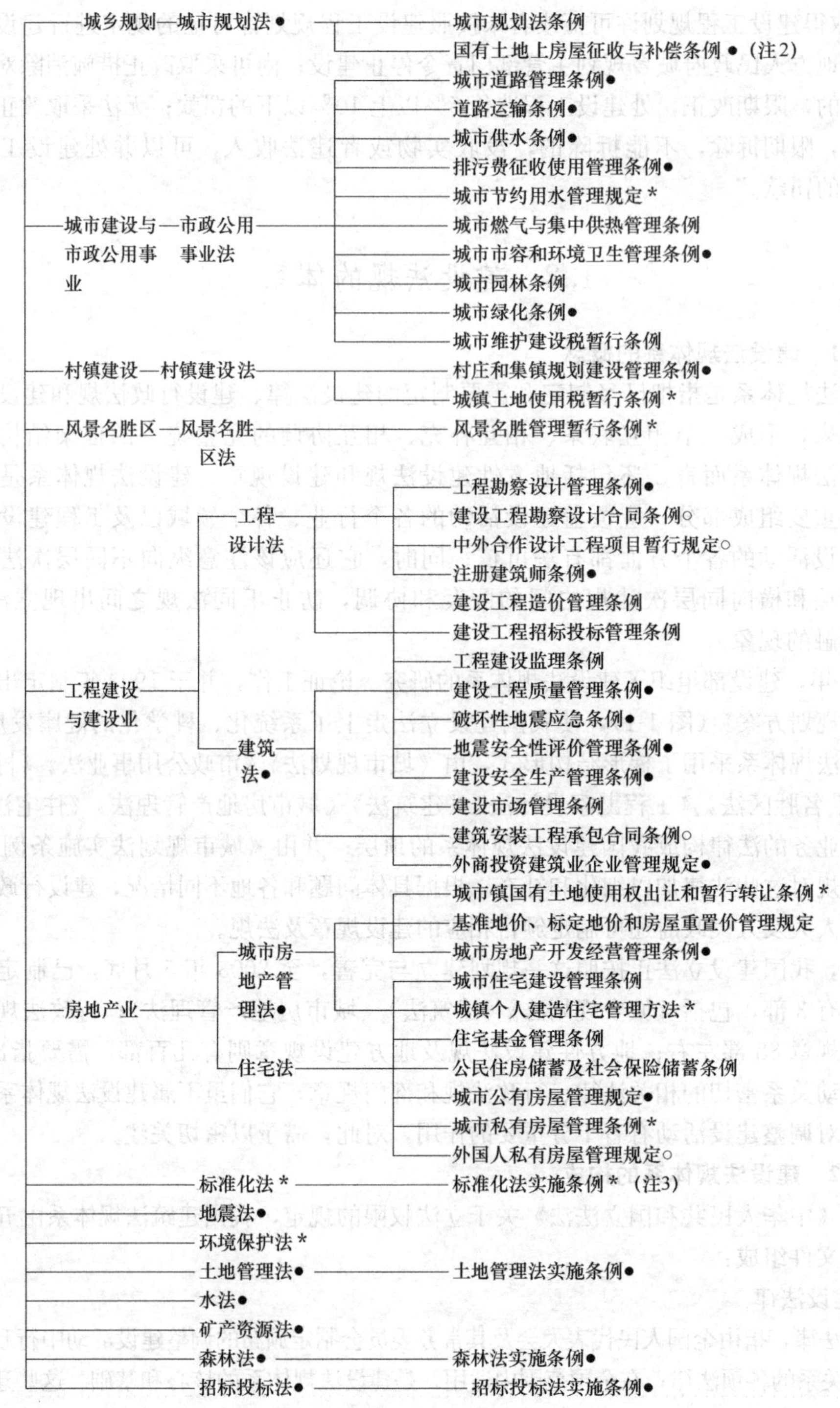

图 1-1 建设法规体系示意图

注：1. 本示意图参照建设部 1991 年印发的建设法律体系规划方案制作；其中，加*号者，为 1991 年之前发布的法律、行政法规；加●号者，为 1991 年之后发布或再行修订的法律、行政法规；加○号者，为目前已废止的法律、行政法规。

2. 国有土地上房屋征收与补偿条例，既从属于城市规划法，又从属于城市房地产管理法与住宅法。

3. 工程建设标准化实施条例从属于标准化法，又与工程建设密切相关。

工程质量管理条例》《建设工程安全生产管理条例》《建设工程勘察设计管理条例》《国有土地上房屋征收与补偿条例》《招标投标法实施条例》等。

3. 建设部门规章

建设部门规章，指由国务院建设行政主管部门或国务院建设行政主管部门与国务院其他相关部门根据国务院规定的职责范围，依法制定并颁布的各项规定、办法、条例实施细则与建设技术规范等；在全国范围内适用，是建设法规体系的主要组成部分。常见的建设部门规章包括《建筑业企业资质管理规定》《建设工程勘察设计资质管理规定》《工程监理企业资质管理规定》等。建设技术规范包括实施工程建设勘察、设计、规划、施工、安装、检测、验收等技术规程、规范、条例、颁发、定额等规范性文件，作为全国建设业共同遵守的准则和依据。

4. 地方性建设法规

地方性建设法规，指在不与宪法、法律、行政法规相抵触的前提下，由省、自治区、直辖市人民代表大会及其常委会制定颁行的或经其批准颁行的由下级人大或常委会制定的调整其行政区划范围内建设法律关系的法规。

5. 地方性建设规章

地方性建设规章，指由省、自治区、直辖市人民政府制定颁行的或经其批准颁行的由其所辖城市人民政府制定的建设方面的规章。

此外，还有最高人民法院关于建设法律适用的司法解释。如，最高人民法院发布的《关于审理建设工程施工合同纠纷案件适用法律问题的解释》《关于建设工程价款优先受偿权问题的批复》等。目前，司法解释在我国并不是法律体系的构成部分，但在解决建筑法律关系纠纷时有重要的参考作用。

在建设法规体系中，建设法律的效力最高，建设行政法规、建设部门规章、地方性建设法规、地方性建设规章的效力依次递减。法律效力低的建设法规不得与法律效力高的建设法规抵触，否则，其相应规定将被视为无效。根据《立法法》的规定，部门规章之间、部门规章与地方政府规章之间具有同等效力，在各自的权限范围内施行，对同一事项规定不一致的，由国务院裁决。而地方性法规的效力高于本级和下级地方政府的规章。部门规章与地方性法规之间对同一事项的规定不一致的，由国务院决定或者由国务院提请全国人大常委会裁决。

建设法规体系是国家法律体系的重要组成部分，同时又自成体系，具有相对独立性。根据法制统一原则，工程建设法规体系应与宪法和相关基本法律保持一致，建设行政法规、部门规章和地方性法规、规章不得与宪法、法律抵触。在建设法规体系内部，纵向不同层次的法规之间，应当相互衔接，不能抵触；横向同层次的法规之间，应协调配套，不互相矛盾、重复或者留白。建设法规体系作为法律体系中的一个子系统，还应考虑与法律体系其他子系统之间的衔接。

1.3 建设法规的立法原则与实施

1.3.1 建设法规体系的立法原则

1. 法制统一原则

所有法律均有着内在统一联系，并构成一个国家的法律体系。建设法规体系是我国法律体系中的重要组成部分。该体系的每一部法律都必须符合宪法的精神与要求；该法律体系与其他体系法律也不应冲突；对于基本法的有关规定，建设行政法规和部门规章以及地方性建设法规、规章都必须遵循；与其他地位同等的法律、法规所确立的有关内容应相互协调；建设法规系统内部高层次的法律、法规对低层次的法规、规章具有制约性和指导性；地位相等的建设法规和规章在内容规定上不应相互矛盾；即建设法规的立法必须遵循法制统一原则。

2. 遵循市场经济规律原则

市场经济，是指市场对资源配置起基础性作用的经济体制。社会主义市场经济，是指与社会主义基本制度相结合的、市场在国家宏观调控下对资源配置起基础性作用的经济体制。第八届全国人大第一次会议通过的《宪法》修正案规定“国家实行社会主义市场经济”。这不仅是宪法的基本原则，也是建设法规的立法基本原则。建筑法规立法应在遵循市场经济规律原则的前提下，确保建筑法规立法本身具有完备性，可以把各项建设行为纳入法制轨道；要建立健全市场主体体系，明确建设市场主体的法律地位；确立建设市场体系具有统一性和开放性；要确立以间接手段为主的宏观调控体系。

3. 权利、义务、责任相一致的原则

该原则是对建设行为主体的权利、义务和责任在建设立法上提出的一项基本要求。具体表现为：建设法规主体享有的权利和履行的义务是统一的，任何一个主体享有建设法规规定的权利，同时必须履行法律规定的义务；不履行法律规定的义务将承担相应的法律责任；建设行政主管部门行使行政管理权既是其权利，也是其责任或义务。

1.3.2 建设法规的实施

法律实施是指法在社会生活中被实际施行，包括执法、司法、守法和法律监督；是法律从抽象的行为模式变成人们的具体行为，从应然状态到实然状态的过程。建筑法规的实施是指建筑法律关系的主体实现建设法律的活动，包括执法、司法和守法三个方面。

1. 建设法规的行政执法

建设法规的行政执法，是指建设行政主管部门及其委托的单位，在职责权限或受委托的范围内，使用或执行关于建设行政管理方面的法律、法规、规章等规范性文件的具体行政行为。建设行政主管部门，包括各级建设行政主管部门、各市、县（市、区）的规划、建设、城管（市容）、房产、市政公用、风景园林、建筑、住房公积金、城市房屋拆迁等行政主管部门。上述行政主管部门依法委托的组织也可作出行政执法行为。建设领域内的行政执法包括：城乡规划管理执法、工程建设和建筑业管理执法、城市市容和环境卫生管理执法、城市市政公用事业管理执法、城市园林绿化管理执法、风景名胜区管理执法、城市房地产管理执法、村镇规划建设管理执法等。总的来说，建设领域内的行政执法主要分类如下：

（1）建设行政许可

建设行政许可，指建设行政主管部门根据公民、法人或者其他组织的申请，经依法审查，准予其从事特定活动的行为；是最常见的建设行政执法形式。建设行政许可一般有两种方式：①颁发资质、资格证书，包括勘察设计、建筑施工、房地产开发等企业资质等级证书和注册建筑师、注册规划师、注册监理工程师等个人职业资格证书。②颁发某种活动许可证，包括建设用地规划许可证、建设工程规划许可证、城市房屋拆迁许可证、施工许可证等。

(2) 建设行政处罚

建设行政处罚，是指建设行政主管部门对违反建设法规的行政相对人依法实施的惩戒或制裁的行为；包括三种：①申诫罚，即责令相对人停止违法行为或警告。②财产罚，即强制要求违法者缴纳一定数额的货币或实物，或限制、剥夺其某些财产权，如罚款、没收非法所得等。③行为罚，即限制或剥夺相对人法定的行为能力，或停止某项活动，吊销某种许可或资质证。

(3) 建设行政征收

建设行政征收，是指建设行政主管部门为了实现国家行政管理职能，以法律、法规规定的方式强制取得行政相对人动产所有权的具体行政行为。如，征收各种建设规费等。

(4) 建设行政检查

建设行政检查，是指建设行政主管部门依法对相对人是否守法的事实，进行单方面强制性了解；包括两种方式：①实地检查，即直接到现场进行检查监督。如，行政执法人员到现场进行施工安全、环境卫生检查等。②书面检查，即对相对人提交的书面材料，确认其是否符合有关的法规；如，要求生产单位提供有关产品技术资料、施工单位提供工程质量验评资料等。

(5) 建设行政奖励

建设行政奖励，是指建设行政主管部门对一定的单位或个人进行物质或精神奖励，如对优质工程、优秀设计、优秀施工企业和个人的奖励等。

此外，建筑领域内的行政执法还包括建设行政强制措施、建设行政计划、建设行政决策、建设行政指导等。

2. 建设法规的司法

建设法规的司法，包括建设行政司法和我国专门司法机关的司法。建设法规的行政司法行为，是一种特殊的具体行政行为，它是指建设行政机关根据法律的授权，按照准司法程序审理和裁处有关争议或纠纷，以影响当事人之间的权利、义务关系，从而具有相应法律效力的行为。建设行政司法行为主要分类如下：

(1) 建设行政复议

建设行政复议，是指在建设行政管理过程中发生的当事人不服建设行政主管部门做出的具体行政行为，在法定时间内，按照法定的程序和条件向有管辖权的建设行政主管部门提出复议申请，要求变更或撤销原处理决定，复议机关对引起争议的具体行政行为进行审理后做出裁决的活动。

(2) 建设行政裁决

建设行政裁决，是指建设行政机关或法定授权的组织，依照法律授权，对当事人之间发生的、与建设行政管理活动密切相关的、与行政合同有关的民事纠纷进行审查，并作出裁决的具体行政行为。

(3) 建设行政调解

建设行政调解行为是指在建设行政机关主持下、以争议双方自愿为原则，通过行政机关的调解，促使争议当事人达成协议，从而解决争议的活动。

(4) 建设行政仲裁行为

建设行政仲裁是指纠纷双方当事人按事先或事后达成的协议，自愿将有关争议提交仲裁机构，仲裁机构以第三者的身份对争议的事实和权利义务作出判断和裁决，以解决争议，维护正当权益，当事人有义务履行裁决的一种制度。

我国专门司法机关的司法是指国家司法机关（主要指人民法院）及其工作人员依照法定职权和法定程序，具体运用法律处理案件的专门活动。

3. 建设法规的遵守

建设法规的遵守，是指建设法律关系的主体按照建设法规的要求，行使权利和履行义务。即，建设法律关系的主体，包括国家机关、企事业单位、其他组织及自然人，在从事建设活动时应恪守其守法之义务；为建设法规所要求或允许为之行为，不为建设法规所禁止之行为。

第二章　工程建设程序法律制度

2.1　工程建设程序概述

2.1.1　工程建设的概念

工程建设，是指土木建筑工程、线路管道和设备安装工程、建筑装修装饰工程等工程项目的新建、扩建和改建，是形成固定资产的基本生产过程以及与之相关的其他建设工程的总称。与工程建设有关的一个概念就是建筑活动，建筑活动则是指从事土木建筑工程、线路管道和设备安装工程的新建、扩建、改建以及建筑装饰装修活动。

具体而言，土木建筑工程，包括矿山、铁路、公路、道路、隧道、桥梁、堤坝、电站、码头、飞机场、运动场、房屋（如厂房、剧院、旅馆、学校和住宅）等工程。线路管道和设备安装工程，包括电力、通信线路、石油、燃气、给水、排水、供热等管道系统和各类机械设备、装置的安装工程。其他工程建设工作，包括建设单位及其上级主管部门的投资决策活动以及征用土地、工程勘察设计、工程监理等。这些工作也是在工程建设中必不可少的内容。

2.1.2　工程建设程序的概念

在建设过程中，工作量极大，牵涉面很广，内外协作关系复杂，并且存在着活动空间有限和后续工作无法提前进行的矛盾。因此，工程建设也就必然存在着一个分阶段，按步骤，各项工作必须按序进行的客观规律和行为规则。工程建设程序，是指工程建设项目实施过程中各环节、各步骤之间应遵循的不可破坏的先后组织顺序。这一程序是在认识工程建设客观规律基础上总结后提出的，也是工程建设各个环节相互衔接的次序，这一次序有着极强的科学性和客观性，不以当事人的意志为转移。工程项目建设程序是工程项目从策划、评估、决策、设计、施工到竣工验收、投入生产或交付使用的整个建设过程中，各项工作必须遵循的先后工作次序。

以世界银行贷款项目为例，其建设周期包括项目选定、项目准备、项目评估、项目谈判、项目实施和项目总结评价六个阶段。每一阶段的工作深度，决定着项目在下一阶段的发展，彼此相互联系、相互制约。在项目选定阶段，要根据借款申请国所提出的项目清单，进行鉴别选择，一般根据项目性质选择符合世界银行贷款原则，有助于当地经济和社会发展的急需项目。被选定的项目经过1～2年的项目准备，提出详细可行性研究报告，由世界银行组织专家进行项目评估之后，与申请国进行贷款谈判、签订协议，然后进入项目的勘察设计、采购、施工、生产准备和试运转等实施阶段，在项目贷款发放完成后一年左右进行项目的总结评价。正是由于其科学、严密的项目周期，保证了世界银行在各国的投资保持有较高的成功率。

2.1.3 我国工程建设程序的立法现状

在《城乡规划法》《建筑法》《招标投标法》等法律中，虽然没有对工程建设程序进行专门的阐述，但是其中一些条款对此问题已经有所涉及。例如，《建筑法》第七条规定："建筑工程开工前，建设单位应当按照国家有关规定向工程所在地县级以上人民政府建设行政主管部门申请领取施工许可证；但是，国务院建设行政主管部门确定的限额以下的小型工程除外。"2017年《建设工程质量管理条例》第5条规定："从事建设工程活动，必须严格执行基本建设程序，坚持先勘察、后设计、再施工的原则。县级以上人民政府及其有关部门不得超越权限审批建设项目或者擅自简化基本建设程序。"2015年《建设工程勘察设计管理条例》第4条规定："从事建设工程勘察、设计活动，应当坚持先勘察、后设计、再施工的原则。"还有一些行政法规也有关于工程建设程序的一些规定，如2017年《机关团体建设楼堂馆所管理条例》、2011年《国有土地上房屋征收与补偿条例》、2002年《住房公积金管理条例》、2012年《招标投标法实施条例》等。

当前，我国工程建设程序方面的法律渊源还多是部门规章和规范性文件，主要有：1978年国家计划委员会、建设委员会、财政部联合颁发的《关于基本建设程序的若干规定》，这一规定比较全面地规定了工程建设的程序环节和步骤，为工程建设程序法制化建设奠定了重要基础，是一个里程碑式的部门规章。随着经济体制的改革和决策科学化、管理规范化要求的提出，由国务院各主管部门先后发布的《关于简化基本建设项目审批手续的通知》(1982年)、《关于颁发建设项目进行可行性研究的试行管理办法的通知》(1983年)、《关于编制建设前期工作计划的通知》(1984年)、《关于建设项目经济评价工作的暂行规定》(1987年)、《关于大型和限额以上固定资产投资项目建议书审批问题的通知》(1988年)、《工程建设项目实施阶段程序管理暂行规定》(1994年)、《工程建设项目报建管理办法》(1994年)等规范性文件。

2.1.4 工程建设程序阶段的划分

依据我国现行工程建设程序法规的规定，我国工程建设程序见图2-1。

从图2-1中可知，我国工程建设程序共分五个阶段，每个阶段又包含若干环节。各阶段、各环节的工作应按规定顺序进行。当然，工程项目的性质不同，规模不一，同一阶段内各环节的工作有一些交叉，有些环节还可省略，在具体执行时，可根据本行业、本项目的特点，在遵守工程建设程序的大前提下，灵活开展各项工作。比如，在已有土地使用权（所有权）的土地上进行建设，就要省去"获取土地使用权"这一环节。

2.2 工程建设前期阶段

2.2.1 工程建设前期阶段概述

工程建设前期阶段，即项目决策阶段，是指投资者在调查分析、研究的基础上，按照自己的意图和目的，从技术和经济角度对投资规模、投资方向、投资结构、投资分配以及投资项目的选择、布局等方面做出分析，判断投资项目是否必要或可行的一种选择。在此阶段，决策单位或决策者按照客观的建设程序，根据投资方向、投资布局的战略构想，充分考虑国家有关的方针政策，在广泛占有信息资料的基础上，对拟建项目进行技术经济分析和多种角度的综合分析评价，决定项目是否建设，在什么地方建设，选择并确定项目建

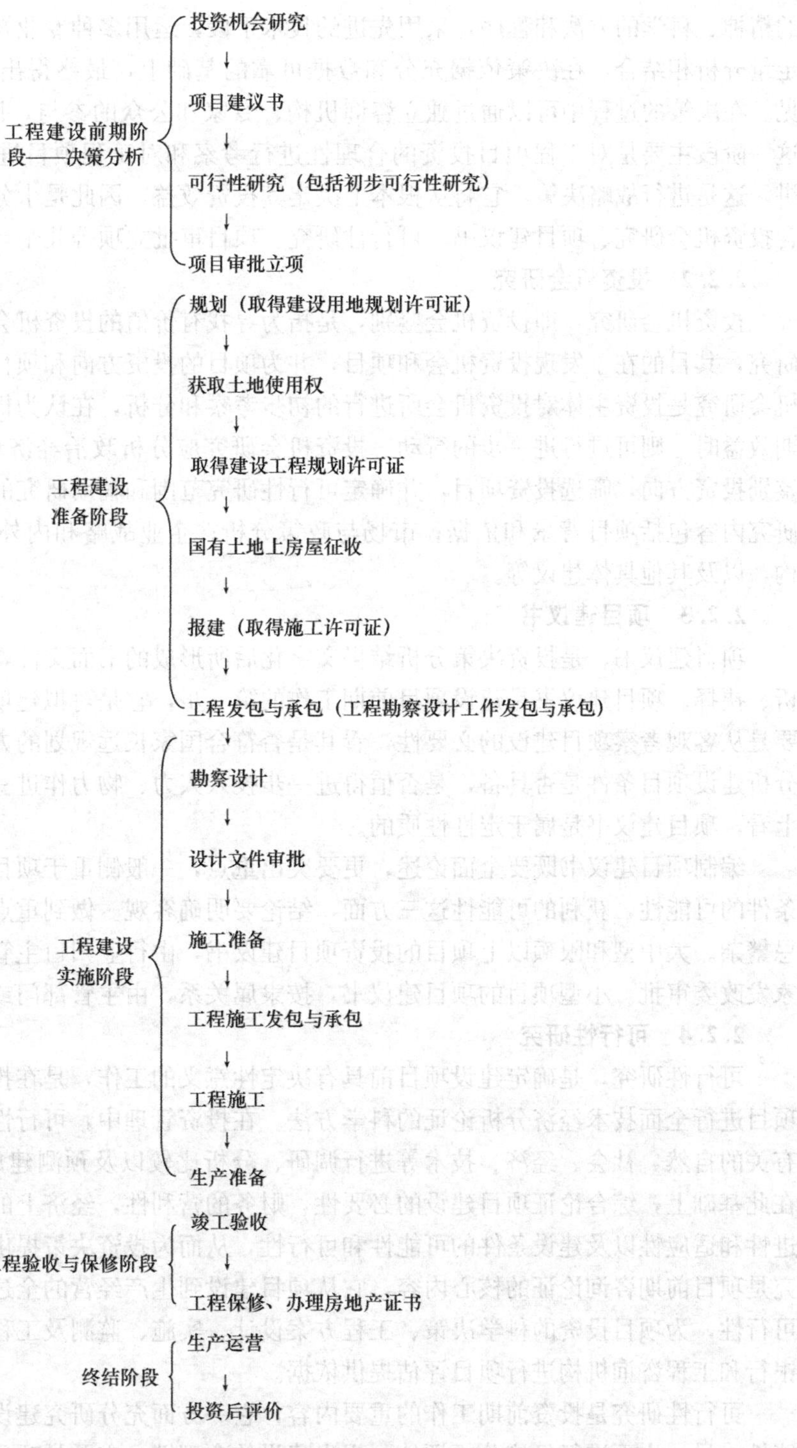

图 2-1 我国工程建设程序

设的较优方案。

无论是企业投资项目还是政府投资项目都必须从市场需要出发，讲求投资效益，这是进行项目决策的前提条件，也是项目决策的最根本原则。在进行具体决策时，必须用科学的精神、科学的方法和程序，采用先进的技术手段，运用多种专业知识，通过定性分析与定量分析相结合，在决策依据充分和数据可靠的基础上，最终得出科学合理的结论和意见。在决策的过程中可以通过独立咨询机构、专家和公众的参与，以保证决策的民主化。这一阶段主要是对工程项目投资的合理性进行考察和对工程项目进行选择。对投资者来讲，这是进行战略决策，它将从根本上决定其投资效益，因此是十分重要的。这个阶段包含投资机会研究、项目建议书、可行性研究、项目审批立项等几个环节。

2.2.2　投资机会研究

投资机会研究，即投资机会鉴别，是指为寻找有价值的投资机会而进行的准备性调查研究，其目的在于发现投资机会和项目，并为项目的投资方向和项目设想提出建议。投资机会研究是投资主体对投资机会所进行的初步考察和分析，在认为机会合适、有良好的预期效益时，则可进行进一步的行动。投资机会研究应分析政治经济环境，寻找投资机会，鉴别投资方向，筛选投资项目，并确定可行性研究范围和辅助研究的关键方面。投资机会研究内容包括项目背景和依据；市场与政策分析；企业战略和内外部条件；投资总体结构，以及其他具体建议等。

2.2.3　项目建议书

项日建议书，是投资决策分析结果文字化后所形成的书面文件，以方便投资决策者分析、抉择。项目建议书是建设项目前期工作的第一步，它是对拟建项目的轮廓性设想；主要是从客观考察项目建设的必要性，看其是否符合国家长远规划的方针和要求，同时初步分析建设项目条件是否具备，是否值得进一步投入人力、物力作进一步深入研究。从总体上看，项目建议书是属于定性性质的。

编制项目建议书既要全面论述，更要突出重点，一般侧重于项目建议的必要性，建设条件的可能性，获利的可能性这三方面，结论要明确客观。做到重点突出，层次分明，切忌繁杂。大中型和限额以上项目的投资项目建议书，由行业归口主管部门初审后，再由国家发改委审批。小型项目的项目建议书，按隶属关系，由主管部门或地方发改委审批。

2.2.4　可行性研究

可行性研究，是确定建设项目前具有决定性意义的工作，是在投资决策之前，对拟建项目进行全面技术经济分析论证的科学方法。在投资管理中，可行性研究是指对拟建项目有关的自然、社会、经济、技术等进行调研、分析比较以及预测建成后的社会经济效益。在此基础上，综合论证项目建设的必要性，财务的营利性，经济上的合理性，技术上的先进性和适应性以及建设条件的可能性和可行性，从而为投资决策提供科学依据。可行性研究是项目前期咨询论证的核心内容，它从项目建设到生产经营的全过程来考察分析项目的可行性，为项目投资的科学决策、工程方案设计、实施、监测及工程监理提供依据，也为银行和工程咨询机构进行项目评估提供依据。

可行性研究是投资前期工作的重要内容，它一方面充分研究建设条件，提出建设的可能性。另一方面进行经济分析评估，提出建设的合理性。它既是项目工作的起点，也是以后一系列工作的基础。可行性研究不仅对拟建的项目进行系统分析和全面论证，判断项目是否可行，值得投资，还要进行反复比较，寻求最佳建设方案，避免项目方案的多变造成的人力、物力、财力的巨大浪费和时间的延误。这就需要严格可行性研究报告的审批制度，确保可行性研究报告的质量和足够的深度。

2.2.5 项目审批立项

项目审批，是国家有关部门对可行性研究报告进行审查，如果审查通过即予以立项。随着我国社会主义市场经济的不断发展，以及投资体制的深化改革，2004年《国务院关于投资体制改革的决定》第一次明确提出，改革项目审批制度，落实企业投资自主权，彻底改革现行不分投资主体、不分资金来源、不分项目性质，一律按投资规模大小分别由各级政府及有关部门审批的企业投资管理办法。对于企业不使用政府投资建设的项目，一律不再实行审批制，区别不同情况实行核准制和备案制。其中，政府仅对重大项目和限制类项目从维护社会公共利益角度进行核准，其他项目无论规模大小，均改为备案制，项目的市场前景、经济效益、资金来源和产品技术方案等均由企业自主决策、自担风险，并依法办理环境保护、土地使用、资源利用、安全生产、城市规划等许可手续和减免税确认手续。对于企业使用政府补助、转贷、贴息投资建设的项目，政府只审批资金申请报告。各地区、各部门要相应改进管理办法，规范管理行为，不得以任何名义截留下放给企业的投资决策权利。

按照完善社会主义市场经济体制的要求，要严格限定实行政府核准制的范围，并根据变化的情况适时调整。《政府核准的投资项目目录》由国务院投资主管部门会同有关部门研究提出，报国务院批准后实施。未经国务院批准，各地区、各部门不得擅自增减《目录》规定的范围。企业投资建设实行核准制的项目，仅需向政府提交项目申请报告，不再经过批准项目建议书、可行性研究报告和开工报告的程序。政府对企业提交的项目申请报告，主要从维护经济安全、合理开发利用资源、保护生态环境、优化重大布局、保障公共利益、防止出现垄断等方面进行核准。对于外商投资项目，政府还要从市场准入、资本项目管理等方面进行核准。政府有关部门要制定严格规范的核准制度，明确核准的范围、内容、申报程序和办理时限，并向社会公布，提高办事效率，增强透明度。对于《目录》以外的企业投资项目，实行备案制，除国家另有规定外，由企业按照属地原则向地方政府投资主管部门备案。备案制的具体实施办法由省级人民政府自行制定。国务院投资主管部门要对备案工作加强指导和监督，防止以备案的名义变相审批。

2.3 工程建设准备阶段

工程建设准备阶段是为勘察、设计、施工创造条件所做的建设现场、建设队伍、建设设备等方面的准备工作。这一阶段包括规划、获取土地使用权、拆迁、报建、工程承发包等主要环节。

2.3.1 规划

在规划区内建设的工程，必须符合城市规划或村庄、集镇规划的要求。其工程选址和布局，必须取得城市规划行政主管部门或村、镇规划主管部门的同意、批准。在城市规划区内进行工程建设的，要依法先后领取城市规划行政主管部门核发的“选址意见书”“建设用地规划许可证”“建设工程规划许可证”“乡村建设规划许可证”，方能进行获取土地使用权、设计、施工等相关建设活动。

2.3.2 获取土地使用权

《土地管理法》第八条规定，城市市区的土地属于国家所有。农村和城市郊区的土地，除由法律规定属于国家所有的以外，属于农民集体所有；宅基地和自留地、自留山，属于农民集体所有。《土地管理法》第43条规定，任何单位和个人进行建设，需要使用土地的，必须依法申请使用国有土地；但是，兴办乡镇企业和村民建设住宅经依法批准使用本集体经济组织农民集体所有的土地的，或者乡（镇）村公共设施和公益事业建设经依法批准使用农民集体所有的土地的除外。绝大多数工程建设用地的原始取得都必须通过国家对土地使用权的出让或划拨而取得，需在农民集体所有的土地上进行工程建设的，绝大多数必须先由国家征收农民土地，然后再将土地使用权出让或划拨给建设单位或个人。通过国家出让而取得土地使用权的，应向国家支付土地使用出让金，并与市、县人民政府土地管理部门签订书面土地使用权出让合同，然后按合同规定的年限与要求进行工程建设。由国家划拨取得土地使用权，虽不向国家支付让金，但在城市要承担拆迁费用，在农村和郊区要承担土地原使用者的补偿费和安置补助费，其标准由各省、直辖市、自治区规定。

2.3.3　报建

建设项目被批准立项后，建设单位或其代理机构必须持工程项目立项批准文件、银行出具的资信证明、建设用地的批准文件等资料，向当地建设行政主管部门或其授权机构进行报建。凡未报建的工程项目，不得办理招标手续和发放施工许可证，设计、施工单位不得承接项日的设计、施工任务。原建设部《工程建设项日报建管理办法》工程建设项日由建设单位或其代理机构在工程项目可行性研究报告或其他立项文件批准后，须向当地建设行政主管部门或其授权机构进行报建，交验工程项目立项的批准文件，包括建设项目的报建内容主要包括：①工程名称；②建设地点；③投资规模；④资金来源；⑤当年投资额；⑥工程规模；⑦开工、竣工日期；⑧发包方式；⑨工程筹建情况。

2.3.4　工程发包与承包或工程勘察设计工作发包与承包

建设单位或其代理机构在上述准备工作完成后，须对拟建工程进行发包，以择优选定工程勘察设计单位、施工单位或总承包单位。工程发包与承包有招标发包和直接发包两种方式，为鼓励公平竞争，建立公正的竞争秩序，国家提倡招标投标方式，并对许多工程强制进行招标投标，详细内容请看后面相关章节。

2.4　工程建设实施阶段

2.4.1　工程勘察设计

设计是工程项目建设的重要环节，设计文件是制定建设计划、组织工程施工和控制建设投资的依据。它对实现投资者的意愿起关键作用。设计与勘察是密不可分的，设计必须在进行工程勘察，取得足够的地质、水文等基础资料之后才能进行。另外，勘察工作也服务于工程建设的全过程，在工程选址、可行性研究、工程施工等各阶段，也必须进行必要的勘察。建设工程勘察，是指根据建设工程的要求，查明、分析、评价建设场地的地质地理环境特征和岩土工程条件，编制建设工程勘察文件的活动。建设工程设计，是指根据建设工程的要求，对建设工程所需的技术、经济、资源、环境等条件进行综合分析、论证，编制建设工程设计文件的活动。

《建设工程勘察设计管理条例》第3条规定，建设工程勘察、设计应当与社会、经济发展水平相适应，做到经济效益、社会效益和环境效益相统一。第4条规定，从事建设工程勘察、设计活动，应当坚持先勘察、后设计、再施工的原则。第 7 条规定，国家对从事建设工程勘察、设计活动的单位，实行资质管理制度。第 8 条规定，建设工程勘察、设计单位应当在其资质等级许可的范围内承揽建设工程勘察、设计业务。禁止建设工程勘察、设计单位超越其资质等级许可的范围或者以其他建设工程勘察、设计单位的名义承揽建设工程勘察、设计业务。禁止建设工程勘察、设计单位允许其他单位或者个人以本单位的名义承揽建设工程勘察、设计业务。第 9 条规定，国家对从事建设工程勘察、设计活动的专业技术人员，实行执业资格注册管理制度。未经注册的建设工程勘察、设计人员，不得以注册执业人员的名义从事建设工程勘察、设计活动。

2.4.2 施工准备

施工准备工作的基本任务是为拟建工程的施工监理提供必要的技术和物质条件，统筹安排施工力量和施工现场。施工准备工作也是施工企业搞好目标管理、推行技术经济承包的重要依据，施工准备工作还是土建施工和设备安装顺利进行的根本保证。

工程项目施工准备工作按其性质及内容通常包括技术准备、物资准备、劳动组织准备、施工现场准备和施工场外准备。

为了落实各项施工准备工作，加强对其检查和监督，必须根据各项施工准备工作的内容、时间和人员，编制出施工准备工作计划。各项施工准备工作不是分离的、孤立的，而是互为补充，相互配合的。为了提高施工准备工作的质量、加快施工准备工作的速度，必须加强建设单位、设计单位和施工单位之间的协调工作，建立健全施工准备工作的责任制度和检查制度，使施工准备工作有领导、有组织、有计划和分期分批地进行，贯穿施工全过程的始终。

2.4.3 工程施工

工程施工，是施工队伍具体地配置各种施工要素，将工程设计物化为建筑产品的过程，也是投入劳动量最大，所费时间较长的工作。其管理水平的高低、工作质量的好坏对建设项目的质量和所产生的效益起着十分重要的作用。

《建筑法》规定，建筑活动应当确保建筑工程质量和安全，符合国家的建筑工程安全标准。国家扶持建筑业的发展，支持建筑科学技术研究，提高房屋建筑设计水平，鼓励节约能源和保护环境，提倡采用先进技术、先进设备、先进工艺、新型建筑材料和现代管理方式。

工程施工管理具体包括施工调度、施工安全、文明施工、环境保护等几方面的内容。施工调度，是施工单位的各级管理机构均应配备专职调度人员，建立和健全各级调度机构。施工安全，是指施工活动中，对职工身体健康与安全、机械设备使用的安全及物资的安全等应有保障制度和所采取的措施。文明施工，是指施工单位应推行现代管理方法，科学组织施工，保证施工活动整洁、有序、合理地进行；具体内容包括：按施工总平面布置图设置各项临时设施，施工现场设置明显标牌，主要管理人员要佩戴身份标志，机械操作人员要持证上岗，施工现场的用电线路、用电设施的安装使用和现场水源、道路的设置要符合规范要求等。环境保护，是指施工单位必须遵守国家有关环境保护的法律、法规，采取措施控制各种粉尘、废气、噪声等对环境的污染和危害；如不能控制在规定的范围内，则应事先报请有关部门批准。

2.4.4　生产准备

生产准备，是指施工临近结束时，为保证建设项目能及时投产使用所进行的准备活动。生产准备工作包括：技术准备、机械设备的准备、物资准备、劳动力的配备和调整、工作地准备等。如，招收和培训必要的生产人员，组织人员参加设备安装调试和工程验收，组建生产管理机构，制定规章制度，收集生产技术资料和样品，落实原材料、外协产品、燃料、水、电的来源及其他配合条件等。建设单位要根据建设项目或主要单项工程的生产技术特点，及时组成专门班子或机构，有计划地做好这一工作。

2.5　工程竣工验收及后评价阶段

2.5.1　工程竣工验收

建筑工程竣工验收，是指建筑工程完工且具备法定条件后，由建设单位组织有关单位依法定程序及相关依据对所有工程项目进行全面检验与测试。建设工程经验收合格的，方可交付使用。工程施工质量验收是工程建设质量控制的一个重要环节，它包括工程施工质量验收和工程的竣工验收两个方面。《建筑法》第61条规定，交付竣工验收的建筑工程，必须符合规定的建筑工程质量标准，有完整的工程技术经济资料和经签署的工程保修书，并具备国家规定的其他竣工条件。建筑工程竣工经验收合格后，方可交付使用；未经验收或者验收不合格的，不得交付使用。

为了加强房屋建筑工程和市政基础设施工程质量的管理，规范在中华人民共和国境内新建、扩建、改建各类房屋建筑工程和市政基础设施工程的竣工验收备案制度，建设部于2000年4月4日制定《房屋建筑和市政基础设施工程竣工验收备案管理暂行办法》（建设部令第78号发布），并根据2009年10月19日《住房和城乡建设部关于修改〈房屋建筑工程和市政基础设施工程竣工验收备案管理暂行办法〉的决定》修正。根据《房屋建筑和市政基础设施工程竣工验收备案管理办法》第5条规定，建设单位办理工程竣工验收备案应当提交下列文件：①工程竣工验收备案表；②工程竣工验收报告。竣工验收报告应当包括工程报建日期，施工许可证号，施工图设计文件审查意见，勘察、设计、施工、工程监理等单位分别签署的质量合格文件及验收人员签署的竣工验收原始文件，市政基础设施的有关质量检测和功能性试验资料以及备案机关认为需要提供的有关资料；③法律、行政法规规定应当由规划、环保等部门出具的认可文件或者准许使用文件；④法律规定应当由公安消防部门出具的对大型的人员密集场所和其他特殊建设工程验收合格的证明文件；⑤施工单位签署的工程质量保修书；⑥法规、规章规定必须提供的其他文件。住宅工程还应当提交《住宅质量保证书》和《住宅使用说明书》。

另外，根据《民用建筑节能条例》（国务院令第530号）第17条规定，建设单位组织竣工验收，应当对民用建筑是否符合民用建筑节能强制性标准进行查验；对不符合民用建筑节能强制性标准的，不得出具竣工验收合格报告。工程验收合格后，方可交付使用。此时承发包双方应尽快办理固定资产移交手续和工程结算，将所有工程款项结算清楚。

2.5.2　工程保修

所谓建筑工程质量保修，是指建筑工程自办理竣工验收手续后，在规定的保修期内，因勘察、设计、施工、材料等原因造成的质量缺陷，应当由施工单位负责维修。《建筑法》

第62条规定，建筑工程实行质量保修制度。建筑工程的保修范围应当包括地基基础工程、主体结构工程、屋面防水工程和其他土建工程，以及电气管线、上下水管线的安装工程，供热、供冷系统工程等项目；保修的期限应当按照保证建筑物合理寿命年限内正常使用，维护使用者合法权益的原则确定。具体的保修范围和最低保修期限由国务院规定。建设工程承包单位在向建设单位提交工程竣工验收报告时，应当向建设单位出具质量保修书。质量保修书中应当明确建设工程的保修范围、保修期限和保修责任等。

2.5.3　项目投资后评价

项目后评价是指在项目已经完成并运行一段时间后，对项目的目的、执行过程、效益、作用和影响进行系统的、客观的分析和总结的一种技术经济活动。项目后评价于19世纪30年代产生在美国，直到20世纪70年代，才广泛地被许多国家和世界银行、亚洲银行等双边或多边援助组织用于世界范围的资助活动结果评价中。通过对投资活动实践的检查总结，确定投资预期的目标是否达到，项目或规划是否合理有效，项目的主要效益指标是否实现，通过分析评价找出成败的原因，总结经验教训，并通过及时有效的信息反馈，为未来项目的决策和提高完善投资决策管理水平提出建议，同时也为被评项目实施运营中出现的问题提出改进建议，从而达到提高投资效益的目的。项目后评价基本内容包括：项目目标评价、项目实施过程评价、项目效益评价、项目影响评价和项目持续性评价。

国务院《关于投资体制改革的决定》(国发〔2004〕20号) 中明确指出，完善重大项目稽查制度，建立政府投资项目后评价制度，对政府投资项目进行全过程监管。国有资产监督管理委员会《中央企业固定资产投资项目后评价工作指南》中明确了项目后评价的概念及一般要求、项目后评价内容、项目后评价方法、项目后评价的实施以及项目后评价成果应用等。

第三章 工程建设用地法律制度

3.1 土地所有权和土地使用权

3.1.1 土地所有权

1. 土地所有权的概念

《土地管理法》第2条第1款规定，中华人民共和国实行土地的社会主义公有制，即全民所有制和劳动群众集体所有制。土地所有权是指土地所有人依法对其所有的土地享有的占有、使用、收益、处分并排除他人干涉的权利。我国的土地所有权依土地所有权人的不同在法律上分为国家土地所有权和集体土地所有权。

2. 我国的土地所有权的特征

1）土地所有权是一项专有权，其权利主体的特定性。土地所有权的权利主体只能是国家或农民集体，其他任何单位或个人都不享有土地所有权。这是由我国实行土地的社会主义公有制决定的。

2）交易的限制性。《土地管理法》第2条第3款规定："任何单位和个人不得侵占、买卖或者以其他形式非法转让土地"。显然，土地所有权的买卖、赠予、互易和以土地所有权作为投资，均属非法，在民法上应视作无效。基于主体的限定性和交易的禁止性，我国土地的权属具有高度的稳定性。土地所有权变动的情况，除对自然新增土地（如河流冲积地、淤积地）的权属确认外，仅有国家征收一种，即通过国家征收而将集体土地所有权转变为国家土地所有权。

3）权属的稳定性。由于主体的特定性和交易的限制性，我国的土地所有权处于高度稳定的状态。除《土地管理法》第2条第4款规定"国家为了公共利益的需要，可以依法对土地实行征收或者征用并给予补偿"以外，土地所有权的归属状态不能改变。

4）权能的分离性。土地所有权包括对土地的占有、使用、收益、处分的权利，是一种最全面、最充分的物权。在土地所有权高度稳定的情况下，为实现土地资源的有效利用，法律需要将土地使用权从土地所有权中分离出来，使之成为一种相对独立的物权形态并且能够交易。因此，现代物权法观念已由近代物权法的以"所有为中心"转化为以"利用为中心"。

5）土地所有权的排他性。即土地所有权的垄断性，就是说一块土地只能有一个所有者，不能同时有多个所有者。马克思指出："土地所有权的前提是，一些人垄断一定量的土地，把它作为排斥其他一切人的、只服从自己个人意志的领域"。

6）用途管制的严格性。依据《土地管理法》等法律、法规的规定，国家实行土地用途管制制度。由国务院土地行政主管部门统一负责全国土地的管理和监督工作，代表国家编制土地利用总体规划，规定土地用途，将土地分为农用地、建设用地和未利用地；严格限制农用地转为建设用地，控制建设用地的总量，对耕地实行特殊保护；使用土地的单位和个人必须按照土地利用总体规划确定的用途使用土地。我国《物权法》第43条中也再次明确："国家对耕地实行特殊保护，严格限制农用地转为建设用地，控制建设用地总量。不得违反法律规定的权限和程序征收集体所有的土地。"

3.1.2 国家土地所有权

1. 国家土地所有权的概念

国家土地所有权是指国家作为土地所有权的权利主体依法对国家所有的土地享有的占有、使用、收益和处分的权利。国家土地所有权是我国土地所有权制度的重要内容，是确定社会主义全民所有制经济占主导地位的经济制度的基础。

2. 国家土地所有权的特征

1）所有权的主体为国家。只有代表全体人民意志和利益的国家才能作为土地国家所有权的主体，并且只有法律授权的国家土地行政管理机关，才有权管理国有土地。其他任何国家机关、组织和个人都不能成为国家土地所有权主体，也无权代表国家对国有土地进行管理。

2）所有权的客体具有确定性和广泛性。根据法律规定，国有土地包括：城市市区的土地；法律规定属于国家所有的农村和城市郊区的土地；国家未确定为集体所有的林地、草地、山岭、荒地、滩涂、河滩地以及其他土地。随着我国城市化进程的加快，城镇国有土地的范围还在不断的扩大之中。

3）国家土地所有权的取得方式上带有国家的强制性。国有土地都是国家作为主体国家，以其对外的独立自主权和对内的最高权，用强制的方式取得的，这些方式包括国有化、没收、征收等。

4）国家土地所有权的确认具有特殊性。在土地所有权的确认方面，国家土地所有权直接以法律的形式确认，不进行国有土地所有权登记。中国境内的一切未被确认为集体所有的土地均属于国家所有。

5）国家土地所有权的行使具有特殊性。国家土地所有权的行使由国家的性质所决定，国家虽拥有国有土地所有权，但其不可能直接利用或经营每一块土地。因此，客观上国家只能将国有土地交由国家机关、全民所有制企事业单位和其他组织及个人使用、经营，通过在国有土地上设定使用权来实现国有土地所有权，发挥国有土地的效用。

3. 国家土地所有权的客体范围

《土地管理法》第8条规定，城市市区的土地属于国家所有。农村和城市郊区的土地，除由法律规定属于国家所有的以外，属于农民集体所有；宅基地和自留地、自留山，属于农民集体所有。

根据《土地管理法实施条例》第2条规定，下列土地属于全民所有即国家所有：①城市市区的土地；②农村和城市郊区中已经依法没收、征收、征购为国有的土地；③国家依法征收的土地；④依法不属于集体所有的林地、草地、荒地、滩涂及其他土地；⑤农村集体经济组织全部成员转为城镇居民的，原属于其成员集体所有的土地；⑥因国家组织移民、自然灾害等原因，农民成建制地集体迁移后不再使用的原属于迁移农民集体所有的土地。

4. 国家土地所有权的行使

国家土地所有权的权利主体只能是国家，国家以外的任何国家机关、企事业单位或公民个人都不能成为国家土地所有权的各项权能。我国对国有土地采取统一领导、分级管理的原则。国家通过法律授权国务院、地方各级人民政府以及国家土地管理局、地方各级土地主管部门行使国家土地的所有权。

各级人民政府和政府的土地主管部门对国有土地所有权通过以下方法行使：①对已经被国家机关、企事业单位、社会团体和公民个人合法占用的国有土地，依照有关法律的规定确认使用者的土地使用权，并由县级以上人民政府登记造册，核发土地使用权证，并依法收取土地使用金。②出让、划拨国有土地的使用权。划拨和出让土地使用权是国有土地使用权行使的两种主要形式。③收回土地使用权。国家可以将国有土地交由国家机关、企事业单位、社会团体和个人使用，也有权依法予以收回。根据《土地管理法》及有关法律的规定，在以下情况下，国家有权收回土地使用权：①用地单位已经撤销或者迁移的；②土地使用者未经原批准机关同意，连续两年未使用土地的；③土地使用者不按批准用途使用土地的；④铁路、公路、机场、矿场等经核准报废的；⑤出让的土地，土地使用权届满的；⑥划拨的土地因国家建设需要收回土地使用权的。

3.1.3　集体土地所有权

1. 集体土地所有权的概念

集体土地所有权，是指农村劳动群众集体经济组织对于依法属于自己所有的土地享有占有、使用、收益和处分的权利。新中国成立之初，国家通过土地改革，确认了广大农民对土地的私有权，之后通过引导农民互助合作，成立互助组、合作社和高级合作社，于1956年基本完成社会主义改造任务，1958年在高级合作社的基础上成立人民公社，逐步建立了农村集体所有制和土地的农民集体所有权。我国目前还属于农业国家，绝大部分农用地及农村建设用地都属于集体所有，因而集体土地所有权也是我国一种非常重要的土地所有形式。

2. 集体土地所有权的特征

1）集体土地所有权的主体为农民集体。根据《土地管理法》第10条、《民法总则》第74条的规定，集体土地所有权主体主要包括三种：村农民集体、村内的农民集体经济组织和乡镇农民集体。集体土地所有权的主体具有多元性的特点。《物权法》第60条规定："对于集体所有的土地和森林、山岭、草原、荒地、滩涂等，依照下列规定行使所有权：（一）属于村农民集体所有的，由村集体经济组织或者村民委员会代表集体行使所有权；（二）分别属于村内两个以上农民集体所有的，由村内各该集体经济组织或者村民小组代表集体行使所有权；（三）属于乡镇农民集体所有的，由乡镇集体经济组织代表集体行使所有权。"

2）集体土地所有权的客体为国有土地之外的其他土地。根据《土地管理法》的规定，农村和城市郊区的土地，除由法律规定属于国家所有的以外，属于农民集体所有；宅基地和自留地、自留山，属于农民集体所有。农民集体所有的土地，可分为农用地、建设用地和未利用地。农用地是指直接用于农业生产的用地，包括耕地、林地、草地、农田水利用地、养殖水面用地等；建设用地是指建造建筑物、构筑物的土地，主要包括乡（镇）村企业用地、工矿用地、乡村公益事业用地和公用设施用地、旅游用地及农村宅基地等。

3）农业用地依法实行土地承包经营制度。根据《土地管理法》《城市房地产管理法》和《物权法》的规定，农民集体所有和国家所有由农民集体使用的耕地、林地、草地以及其他用于农业的土地，依法实行土地承包经营制度。本农民集体经济组织的成员按照平均享有、人人有份的原则享有承包经营权并按户承包经营。

4）集体土地进行非农业使用具有限制性。根据《土地管理法》《城市房地产管理法》和《物权法》的规定，农村村民依法可以拥有宅基地并享有宅基地使用权，农民集体所有的土地可以依法用于兴办乡镇企业、公益设施等。但农民集体所有的土地用于非农业建设的，须由县级人民政府登记造册，核发证书，确认建设用地使用权；集体成员的宅基地也有面积和数量的限制；同时，国家严格限制耕地转为非耕地，实行占用耕地补偿制度和基本农田保护制度，涉及农用地转为建设用地的，应当办理农用地转用审批手续；城市规划区内的集体所有的土地，必须经依法征收转为国有土地后，该幅土地的使用权才可有偿出让。集体土地不得进行商业性房产的开发建设并对外销售。

5）集体土地所有权的处分受到限制。集体土地所有权不能被处分，但可以因国家强制手段而消灭。我国的集体土地所有权和国家土地所有权一样，不能由所有权人自由处分。但与国家土地所有权不同的是，国家土地所有权具有永久性，而集体土地所有权却可能因国家的强制手段归于消灭。

3. 集体土地所有权的行使

集体土地所有权分为三种形式，其权利的主体也有所不同。乡（镇）农民群众集体所有的土地，其所有权由乡（镇）人民政府代表全乡（镇）农民行使；村农民群众集体所有的土地，由村民委员会代表全村农民行使；村内经济组织农民集体所有的土地，由该集体经济组织内的全体农民通过农民大会来行使。

行使集体土地所有权的内容主要有：①要求县级人民政府颁发土地所有权证，行使法律上对土地的占有权。②利用集体土地修建农用设施和进行农业生产。如修建水库、水渠、农用公路，种植农作物等。③可以将土地交集体经济组织内的农民作宅基地、自留地、自留山使用，或者通过承包经营合同发包给农民使用。④可以依法使用土地兴建乡村企业，或者以土地使用权作为出资与国有企业、集体企业或外商投资企业联营。⑤有权依法收回土地使用权。集体土地使用权在以下条件下可以收回：第一，使用集体土地的单位解散；第二，原用作宅基地的土地，房屋拆除后，房主不再在该基地上建房的；第三，使用集体土地的公民死亡，没有继承人或不宜由其继承人继续使用的；第四，土地使用者违法用地的；第五，土地使用者因建设需要，必须收回土地使用权的。

3.1.4 土地使用权

《土地管理法》第2条规定，任何单位和个人不得侵占、买卖或者以其他形式非法转让土地。土地使用权可以依法转让。国家依法实行国有土地有偿使用制度。但是，国家在法律规定的范围内划拨国有土地使用权的除外。

1. 土地使用权的概念

土地使用权是土地所有权派生出来的一种权利，是指土地使用人根据法律、合同的规定，在法律允许的范围内，对国家或集体所有的土地享有的占用、适用、收益和限定范围内进行处分的权利。土地使用权人对土地的使用具有直接的支配力，其对土地的占有、使用和收益，不需要他人履行任何义务就可直接实现。土地使用权的这种直接性源于土地使用权的物权性质，具有排除他人干涉的权利。

2. 土地使用权的类型

(1) 建设用地使用权（即国有土地使用权）

根据《物权法》规定，建设用地使用权人依法对国家所有的土地享有占有、使用和收益的权利，有权利用该土地建造建筑物、构筑物及其附属设施。建设用地使用权，是指民事主体依法对国家所有的土地享有占有、使用和收益的权利。

(2) 集体土地使用权

1) 土地承包经营权。土地承包经营权，是指由公民或集体组织，对国家所有或集体所有的土地、山岭、草原、荒地、滩涂、水面等，依照承包合同的规定而享有的占有、使用和收益的权利。承包经营权通过订立承包合同方式确立，根据《物权法》规定，土地承包经营权自土地承包权合同生效时设立。承包经营期限根据《物权法》的规定，耕地的承包期为30年。草地的承包期为30年至50年。林地的承包期为30年至70年；特殊林木的林地承包期，经国务院林业行政主管部门批准可以延长。在承包经营期限范围内，承包权人有权根据法律规定，采取转包、互换、转让等方式流转土地承包经营权，流转的期限不得超过承包期的剩余期限。如果采取互换、转让方式流转没有办理登记手续的，不得对抗善意第三人。通过招标、拍卖、公开协商等方式承包荒地等农村土地，依照农村土地承包法等法律和国务院的有关规定，其土地承包经营权可以转让、入股、抵押或者以其他方式流转。在承包期内，承包地被征收的，土地承包经营权人有权依照法律规定获得相应补偿。

2) 集体建设用地使用权。《物权法》第151条规定，集体所有的土地作为建设用地的，应当依照土地管理法等法律规定办理。《土地管理法》第43条规定，任何单位和个人进行建设，需要使用土地的，必须依法申请使用国有土地；但是，兴办乡镇企业和村民建设住宅经依法批准使用本集体经济组织农民集体所有的土地的，或者乡（镇）村公共设施和公益事业建设经依法批准使用农民集体所有的土地的除外。集体建设用地使用权是指农民集体和个人进行非农业生产建设依法使用集体所有的土地的权利。集体建设用地包括宅基地、乡镇企业用地和乡（镇）村公共设施及公益事业用地。这种权利的客体是农民集体所有的土地，权利的行使是以非农目的方式进行，其取得主体主要为农村集体经济组织及本社区集体组织的成员，非集体组织成员不能单独成为集体建设用地使用权的主体。集体建设用地使用权的流转受严格限制。根据《土地管理法》第63条的规定，农民集体所有的土地使用权不得出让、转让或出租用于非农业建设，只有当企业的整体产权转让时，该企业占用范围内的土地使用权才可以随同转移。另外，企业破产的，在清算时，可以为清偿债务将该企业或该企业的建筑物连同其占用范围内的土地使用权一并处分。即使这样，这种转让的受让人通常也限于农村民事主体，如果受让人为集体组织以外的民事主体的，需套用“先征用后出让”的办法，向土地管理部门补交地价款。虽然集体土地使用权也是财产权，但集体土地使用权的财产属性明显弱于其他用益物权。乡镇企业、乡（镇）村公共设施、公益事业、农村村民住宅等乡（镇）村建设，应当按照村庄和集镇规划，合理布局，综合开发，配套建设；建设用地，应当符合乡（镇）土地利用总体规划和土地利用年度计划，并依照规定办理审批手续。

3) 宅基地使用权。宅基地使用权是指权利人依法对集体所有的土地享有占有和使用，有权依法利用该土地建造住宅及其附属设施的权利。宅基地使用权具有如下特征：第一，权利人具有特定性。宅基地使用权的权利人，具有身份上的要求，权利主体原则上只能是集体经济组织的成员。宅基地与集体经济组织成员的权利和利益是联系在一起的。由于房屋可以继承，所以宅基地使用权实质上也可以继承。第二，宅基地使用权在性质上属于用益物权。宅基地使用权具有特定的用途，只能用于建造住宅及其附属设施。由于宅基地主要是作为生活资料提供，因此权利人不能将宅基地作为生产资料使用，如将宅基地投资建厂或者改为鱼塘等。第三，宅基地使用权的取得不以登记为要件。宅基地使用权经过申请批准以后，自批准之日起就已设立。第四，农村村民一户只能拥有一处宅基地，其宅基地的面积不得超过省、自治区、直辖市规定的标准。农村村民建住宅，应当符合乡（镇）土地利用总体规划，并尽量使用原有的宅基地和村内空闲地。农村村民住宅用地，经乡（镇）人民政府审核，由县级人民政府批准；其中，涉及占用农用地的，依法办理农用地转用的审批手续。农村村民出卖、出租住房后，再申请宅基地的，不予批准。

4）乡镇企业建设用地使用权。乡镇企业建设用地使用权与宅基地使用权存在很多类似之处。第一，乡镇企业建设用地使用权具有身份性。我国乡镇企业建设用地的主体有两类，一是农村集体经济组织独资企业，二是农村集体经济组织与其他单位、个人以土地使用权入股、联营等形式共同兴办的企业。非本集体经济组织兴办的企业不能享有此权利。第二，乡镇企业建设用地取得具有无偿性。第三，乡镇企业建设用地使用权的限制性，即乡镇企业建设用地只能用于乡镇企业为开展生产经营所需的建设，不能用作其他用途。第四，乡镇企业建设用地使用权可以抵押流转。《物权法》第 183 条规定，乡镇、村企业的建设用地使用权不得单独抵押。以乡镇、村企业的厂房等建筑物抵押的，其占用范围内的建设用地使用权一并抵押。《土地管理法》第 63 条规定，农民集体所有的土地的使用权不得出让、转让或者出租用于非农业建设；但是，符合土地利用总体规划并依法取得建设用地的企业，因破产、兼并等情形致使土地使用权依法发生转移的除外。由此我国的乡镇企业建设用地使用权的流转虽然存在诸多限制，但一定范围内还是可以流转的。农村集体经济组织使用乡（镇）土地利用总体规划确定的建设用地兴办企业或者与其他单位、个人以土地使用权入股、联营等形式共同举办企业的，应当持有关批准文件，向县级以上地方人民政府土地行政主管部门提出申请，按照省、自治区、直辖市规定的批准权限，由县级以上地方人民政府批准；其中，涉及占用农用地的，依法办理农用地转用的审批手续。兴办企业的建设用地，必须严格控制。省、自治区、直辖市可以按照乡镇企业的不同行业和经营规模，分别规定用地标准。

5）乡（镇）村公共设施及公益事业用地。乡（镇）村公共设施、公益事业建设，需要使用土地的，经乡（镇）人民政府审核，向县级以上地方人民政府土地行政主管部门提出申请，按照省、自治区、直辖市规定的批准权限，由县级以上地方人民政府批准；其中，涉及占用农用地的，依法办理农用地转用的审批手续。

3.2 土地的征收与补偿

《土地管理法》第 2 条规定，国家为了公共利益的需要，可以依法对土地实行征收或者征用并给予补偿。

3.2.1 土地征收的概念和特征

1. 土地征收的概念

我国实行土地所有权归国家和集体所有的基本制度，因此在我国，土地征收是指国家为了公共利益需要，依照法律规定的程序和权限将集体所有的土地转化为国有土地，并依法给予被征地的农村集体和个人合理补偿和妥善安置的法律行为。《宪法》第10条规定："国家为了公共利益的需要，可以依照法律规定对土地实行征收或者征用并予以补偿。"从根本大法的高度对土地征收制度进行了确立。相应地，《土地管理法》及其实施细则、《物权法》均对相关制度进行了细节性和可操作性的规定，构建起了我国土地征收制度，为依法征地提供了可靠的法律依据与法律保障。

2. 土地征收的特征

1）土地征收具有法定性。根据行政合法性原则，土地征收必须符合法律和行政法规的规定，遵循一定的法律程序。国家征收土地的，依照法定程序批准后，由县级以上地方人民政府予以公告并组织实施。

2）国家建设征收土地是国家行政行为，具有强制性。国家建设征收土地的主体必须是国家，具体来讲就是国家授权县级以上人民政府行使征收权，土地征收本身就是政府的一种具体行政行为，具有明显的行政强制性。国家建设征收土地并非民事行为，而是国家授权的并依照法律规定的依据和程序所实施的行政行为。征收是国家强制取得他人土地所有权的行为，并不以取得征得被征地人的同意为必要条件；土地征收法律关系的产生并非基于双方的自愿和一致，而是基于国家的单方面的意思表示，无需被征收土地的所有人同意。国家征收土地的指令，是行政命令。对此，土地被征收的集体经济组织必须服从。

3）土地征收具有公益性，即土地征收必须符合公共利益。国家建设征收土地的原因是国家建设之需要，也即《宪法》第十条所指的公共利益的需要。这里所讲的国家建设需要或是公共利益需要，均是从广义上理解的。《国有土地上房屋征收与补偿条例》（以下简称《条例》）以列举的方式将各个利益予以明确。在该《条例》第8条规定的公共利益的范围包括：①国防和外交的需要；②由政府组织实施的能源、交通、水利等基础设施建设的需要；③由政府组织实施的科技、教育、文化、卫生、体育、环境和资源保护、防灾减灾、文物保护、社会福利、市政公用等公共事业的需要；④由政府组织实施的保障性安居工程建设的需要；⑤由政府依照城乡规划法有关规定组织实施的对危房集中、基础设施落后等地段进行旧城区改建的需要；⑥法律、行政法规规定的其他公共利益的需要。

4）国家建设征收土地必须以土地补偿为必备条件。国家建设征收土地与没收土地不同，它不是无偿地强制地进行，而是有偿地强制进行。土地被征收的集体经济组织应当依法取得经济上的补偿。国家建设征收土地是有补偿条件的征用，但是，对被征收土地的适当补偿，则是国家建设征收土地所必不可少的条件，所谓适当补偿，就是严格依据土地管理法的规定给予补偿，征地补偿以使被征收土地单位的农民生活水平不降低为原则。应当指出的是，尽管土地为国家征收，但是土地补偿费以及其他费用并不是由国家直接支付，而是由用地单位支付，用地单位支付这些费用的义务直接产生于国家征收土地的行政行为和国家批准用地单位的用地申请以及用地单位取得被征收土地使用权的行为。

5）国家建设征收土地的标的只能是集体所有的土地。国家建设征收土地的标的，新中国成立以来经历了一个发展变化的过程，随着农业合作社在全国范围内的实现，农村土地都变成了农村合作经济组织集体所有以后，到了 1986 年《土地管理法》规定的征收土地的标的就只能是集体土地了。应当指出的是，国家建设用地需要用集体所有的土地来满足，也需要用国家所有的土地来满足，用集体所有的土地满足国家建设用地的法定办法是征用，用国有土地来满足国家建设用地之需要的法定办法是出让、划拨等方式而非征收方式，因为国有土地本来就是国家的，不需要再通过其他方式取得所有权，国家可直接行使处分权利。

3. 土地征收与征用

在很长一段时期，我国没有区分征收和征用两种不同的情形，统称为“征用”。2004 年 3 月，全国人大对《宪法》作了修改，将《宪法》原第 10 条“国家为了公共利益的需要，可以依照法律规定对土地实行征用”改为“国家为了公共利益的需要，可以依照法律规定对土地实行征收或者征用并给予补偿”。根据宪法修正案，2004 年 8 月 28 日，十届人大常委会第十一次会议通过了《关于修改〈中华人民共和国土地管理法〉的决定》，区分了“征收”和“征用”。

土地征收是指国家为了社会公共利益的需要，依据法律规定的程序和批准权限，并依法给予农村集体经济组织及农民补偿后，将农民集体所有土地变为国有土地的行为。土地征收指国家依据公共利益的理由，强制取得民事主体土地所有权的行为。我国土地征收的前提是为公共利益。《物权法》第 42 条规定，为了公共利益的需要，依照法律规定的权限和程序可以征收集体所有的土地和单位、个人的房屋及其他不动产。

土地征用是指国家依据公共利益的需要，强制取得民事主体土地使用权的行为。《物权法》第 44 条规定，因抢险、救灾等紧急需要，依照法律规定的权限和程序可以征用单位、个人的不动产或者动产。被征用的不动产或者动产使用后，应当返还被征用人。单位、个人的不动产或者动产被征用或者征用后毁损、灭失的，应当给予补偿。

3.2.2 土地征收的原则

1. 十分珍惜、合理利用土地和切实保护耕地的原则

我国人口多，耕地少并且在某些地区耕地又浪费严重。随着人口的逐年增长，耕地将继续减少，这是一个不争的事实，因此《土地管理法》规定：十分珍惜，合理利用土地和切实保护耕地是我国的基本国策。各级人民政府应当采取措施，全面规划，严格管理，保护开发土地资源，制止非法占用土地的行为。在国家建设征用土地中要做到这一要求，必须坚持：加强规划，严格管理，严格控制各项建设用地；要优先利用荒地，非农业用地，尽量不用耕地；要优先利用劣地，尽量不用良田；加大土地监察和土地违法行为的打击力度，切实制止乱占耕地和滥用土的行为。

2. 保证国家建设用地原则

国家建设征收土地，被征地单位必须无条件服从，这不但因为征收土地是国家政治权力的行使，而且因为国家权力的行使是为了维护社会的公共利益。社会公共利益是全体人民共同利益的体现，私人行使权利不得违背社会公共利益，而且在与社会公共利益相抵触时就得对私人利益加以限制以维护社会公共利益。国家建设即是社会公共利益的体现，因此应在贯彻节约土地、保护土地的前提下保证国家建设用地。

3. 妥善安置被征地单位和农民原则

集体土地征收意味着农民集体土地所有权的丧失，意味着农民对土地的使用收益的丧

失，故用地单位应当根据国家法律规定，妥善安排被征地单位和农民的生产和生活：一是对被征收土地的生产单位要妥善安排生产，二是对征地范围内的拆迁户要妥善安置，三是征收的耕地要适当补偿，四是征地给农民造成的损失要适当补助。

4. 用地单位支付补偿原则

土地征收的补偿并不是由国家支付，而是由用地单位支付，这是因为，国家并不直接使用所征用的土地，也不是使用该被征收土地建设项目的直接受益者，而用地单位则兼具这两个因素，由其支付征收土地补偿是合理的。用地单位的补偿是一项法定义务，承担此项义务是使用被征土地的必要条件。用地单位必须按法定的标准，向被征收土地的集体组织给予补偿。

3.2.3　土地征收的程序

根据《土地管理法实施条例》和《建设用地审查报批管理办法》，征用土地一般是按照下列工作程序办理的。

1. 土地征收的申请

任何单位和个人进行建设，需要使用集体土地的，必须依法申请，经土地征收将集体土地转为国有土地；但兴办乡镇企业和农村村民建设住宅经依法批准使用本集体经济组织农民集体所有的土地的，或者乡（镇）村公共设施和公益事业建设经依法批准使用农民集体所有的土地的除外。具体建设项目需要使用土地的，建设单位应当根据建设项目的总体设计一次申请，办理建设用地审批手续；分期建设的项目，可以根据可行性研究报告确定的方案分期申请建设用地，分期办理建设用地有关审批手续。在土地利用总体规划确定的城市建设用地范围外单独选址的建设项目使用土地的，建设单位应当向土地所在地的市、县人民政府土地行政主管部门提出用地申请。建设单位提出用地申请时，应当填写《建设用地申请表》，并附具下列材料：①建设单位有关资质证明；②项目可行性研究报告批复或者其他有关批准文件；③土地行政主管部门出具的建设项目用地预审报告；④初步设计或者其他有关批准文件；⑤建设项目总平面布置图；⑥占用耕地的，必须提出补充耕地方案；⑦建设项目位于地质灾害易发区的，应当提供地质灾害危险性评估报告。

2. 土地征收的审查

市、县人民政府土地行政主管部门对材料齐全、符合条件的建设用地申请，应当受理，并在收到申请之日起30日内拟订农用地转用方案、补充耕地方案、征收土地方案和供地方案，编制建设项目用地呈报说明书，经同级人民政府审核同意后，报上一级土地行政主管部门审查。有关土地行政主管部门收到上报的建设项目呈报说明书和有关方案后，对材料齐全、符合条件的，应当在5日内报经同级人民政府审核。同级人民政府审核同意后，逐级上报有批准权的人民政府，并将审查所需的材料及时送该级土地行政主管部门审查。对依法应由国务院批准的建设项目呈报说明书和有关方案，省、自治区、直辖市人民政府必须提出明确的审查意见并对报送材料的真实性、合法性负责。

3. 土地征收的批准

有批准权的人民政府土地行政主管部门应当自收到上报的农用地转用方案、补充耕地方案、征收土地方案和供地方案，并按规定征求有关方面意见后30日内审查完毕。建设用地审查应当实行土地行政主管部门内部会审制度。农用地转用方案、补充耕地方案、征收土地方案和供地方案经有批准权的人民政府批准后，同级土地行政主管部门应当在收到批件后5日内将批复发出。

4. 土地征收的公告

征收土地方案经依法批准后，由被征收土地所在地的市、县人民政府组织实施，并将批准征地机关、批准文号、征收土地的用途、范围、面积以及征地补偿标准、农业人员安置办法和办理征地补偿的期限等，在被征收土地所在地的乡（镇）、村予以公告。被征收土地的所有权人、使用权人应当在公告规定的期限内，持土地权属证书到公告指定的人民政府土地行政主管部门办理征地补偿登记。

3.2.4 土地征收的审批

土地征收的审批应先办理农用地转用审批，再办理征地审批手续。

1. 农用地转用审批

1）省、自治区、直辖市人民政府批准的道路、管线工程和大型基础设施建设项目、国务院批准的建设项目占用土地，涉及农用地转为建设用地的，由国务院批准。

2）在土地利用总体规划确定的城市和村庄、集镇建设用地规模范围内，为实施该规划而将农用地转为建设用地的，按土地利用年度计划分批次由原批准土地利用总体规划的机关批准。在已批准的农用地转用范围内，具体建设项目用地可以由市、县人民政府批准。

3）除上述规定以外的建设项目占用土地，涉及农用地转为建设用地的，由省、自治区、直辖市人民政府批准。

2. 土地征收的审批

土地征收的审批实行征收土地由国务院和省级人民政府两级审批。

1）必须经国务院批准方可征收的土地：①所有的基本农田。②基本农田以外的耕地超过35公顷的。③其他土地超过70公顷的。

2）由省级人民政府批准征收的土地：除由国务院审批征收的土地以外，其他征收土地的，都由省、自治区、直辖市人民政府批准。省级人民政府批准征收土地的，必须同时报国务院备案。

3）农用地转用审批与土地征收审批的关系：①农用地转用属于国务院批准权限内的，而征收土地批准权属于国务院或省级人民政府，国务院批准农用地转用时，同时办理征地审批手续，不再另行办理征地审批。②农用地转用和征收土地审批权都在省级人民政府的，省级人民政府在批准农用地转用时，同时办理征地审批手续，不再另行办理征地审批。农用地转用审批权在省级人民政府，而征收土地审批权在国务院的，先由省级人民政府批准农用地转用，再报国务院办理征地审批。

3.2.5 土地征收的补偿

1. 征收土地的补偿原则

(1) 保障被征地农民原有生活水平原则

土地是农民最基本的生产资料，征收农民的土地等于剥夺了他们的生活来源。因此，征地补偿应使被征地农民的生活水平不降低为原则，以保障农民的利益不因征地而受损。

(2) 按照被征收土地的原用途给予补偿原则

征收土地的补偿标准和补偿范围不能因征收土地之后的用途改变而改变，而是按照被征用土地的原用途确定补偿标准和补偿范围。原来是耕地的，按耕地的标准给予补偿，原来是林地的，按林地的标准给予补偿，对地上物的补偿和对人员的安置也是如此。

2. 征收土地的补偿范围和标准

《土地管理法》第 47 条规定，征收土地的，按照被征收土地的原用途给予补偿。征收耕地的补偿费用包括土地补偿费、安置补助费以及地上附着物和青苗的补偿费。征收其他土地的土地补偿费和安置补助费标准，由省、自治区、直辖市参照征收耕地的土地补偿费和安置补助费的标准规定。被征收土地上的附着物和青苗的补偿标准，由省、自治区、直辖市规定。征收城市郊区的菜地，用地单位应当按照国家有关规定缴纳新菜地开发建设基金。

（1）征收耕地的补偿费用

1）土地补偿费的标准。土地补偿费是国家因征收土地而对土地所有权人和使用人的土地投入和收益损失给予的补偿。依据《土地管理法》的规定，征收耕地的土地补偿费，为该耕地被征收前 3 年平均年产值的 6～10 倍。

2）安置补助费标准。安置补助费是指用地单位对被征地单位因征地所造成的多余劳动力进行安置所需费用而支付的补助金额。征收耕地的安置补助费，是以耕地年产值为基础，按照需要安置的农业人口数计算。需安置的农业人口数，按照被征收耕地数量除以征地前被征收单位平均每人占有耕地的数量来计算。每一个需要安置的农业人口的安置补助费标准，为该耕地被征收前 3 年平均年产值的 4～6 倍。但是，每公顷被征收耕地的安置补助费最高不得超过被征收前 3 年平均年产值的 15 倍。

依照规定支付土地补偿费和安置补助费，尚不能使需要安置的农民保持原有生活水平的，经省、自治区、直辖市人民政府批准，可以增加安置补助费。但是，土地补偿费和安置补助费的总和不得超过土地被征收前 3 年平均年产值的 30 倍。

3）地上附着物补偿费。地上附着物补偿费包括被征收土地上的房屋及其他建筑物（含构筑物）、农田水利设施、树木、蔬菜大棚等的补偿费，即原土地占有人投入的劳动或资金的补偿。

4）青苗补偿费标准。青苗补偿费是对被征收土地上尚不能收获的农作物给予的补偿费。可以移植的苗木、花草以及多年生经济林木等，一般是支付移植费；不能移植的，给予合理补偿或作价收购。

5）安排被征地农民的社会保障费用。此项费用是为了切实保障被征地农民的生活，维护被征地农民的合法权利。

（2）征收其他土地的补偿标准

征收其他土地的土地补偿费和安置补助费标准，由省、自治区、直辖市参照征收耕地的土地补偿费和安置补助费的标准规定。这里的其他土地指的是林地、牧草地、苇塘、水面等农用地及乡（镇）、村公共设施或者公益事业、乡镇企业和农村村民住宅占用的集体所有土地、未利用土地。

（3）征收城市郊区菜地的补偿标准

征收城市郊区的菜地，除按照规定缴纳土地补偿费、安置补助费、地上附着物和青苗补偿费外，用地单位应按照国家有关规定缴纳新菜地开发建设基金。这里所指菜地是城市郊区为供应居民吃菜，连续 3 年以上种菜或养殖鱼虾等的商品菜地和精品鱼塘。

（4）大中型水利水电工程建设征地补偿标准

《土地管理法》规定，大中型水利、水电工程建设征收土地的补偿和移民安置办法由国务院另行规定。《大中型水利水电工程建设征地补偿和移民安置条例》已于2006年3月29日国务院第130次常务会议通过，自2006年9月1日起施行。国务院分别于2013年7月18日、2013年12月7日和2017年4月14日对其作了三次修订。该条例第22条第1款规定："大中型水利水电工程建设征收土地的土地补偿费和安置补助费，实行与铁路等基础设施项目用地同等补偿标准，按照被征收土地所在省、自治区、直辖市规定的标准执行。"第2款规定："被征收土地上的零星树木、青苗等补偿标准，按照被征收土地所在省、自治区、直辖市规定的标准执行。"第3款规定："被征收土地上的附着建筑物按照其原规模、原标准或者恢复原功能的原则补偿；对补偿费用不足以修建基本用房的贫困移民，应当给予适当补助。"第4款规定："使用其他单位或者个人依法使用的国有耕地，参照征收耕地的补偿标准给予补偿；使用未确定给单位或者个人使用的国有未利用地，不予补偿。"第5款规定："移民远迁后，在水库周边淹没线以上属于移民个人所有的零星树木、房屋等应当分别依照本条第二款、第三款规定的标准给予补偿。"

3. 被征地农民的安置

根据国土资源部出台的《关于完善征地补偿安置制度的指导意见》(国土资发〔2004〕238号)的有关规定，除基本生活保障和货币安置方式外，被征地农民的安置方式还可以有以下几种：

(1) 农业生产安置

征收城市规划区外的农民集体土地，应当通过利用农村集体机动地、承包农户自愿交回的承包地、承包地流转和土地开发整理新增加的耕地等，首先使被征地农民有必要的耕作土地，继续从事农业生产。

(2) 重新择业安置

应当积极创造条件，向被征地农民提供免费的劳动技能培训，安排相应的工作岗位。在同等条件下，用地单位应优先吸收被征地农民就业。征收城市规划区内的农民集体土地，应当将因征地而导致无地的农民，纳入城镇就业体系，并建立社会保障制度。

(3) 入股分红安置

对有长期稳定收益的项目用地，在农户自愿的前提下，被征地农村集体经济组织经与用地单位协商，可以以征地补偿安置费用入股，或以经批准的建设用地土地使用权作价入股。农村集体经济组织和农户通过合同约定以优先股的方式获取收益。

(4) 异地移民安置

本地区确实无法为因征地而导致无地的农民提供基本生产生活条件的，在充分征求被征地农村集体经济组织和农户意见的前提下，可由政府统一组织，实行异地移民安置。

3.3 建设用地使用权

3.3.1 建设用地概述

1. 建设用地的概念

建设用地是指建造建筑物、构筑物的土地，包括城乡住宅和公共设施用地、工矿用地、交通水利设施用地、旅游用地、军事设施用地等。

2. 建设用地的管理

任何单位和个人进行建设，需要使用土地的，必须依法申请使用国有土地；但是，兴办乡镇企业和村民建设住宅经依法批准使用本集体经济组织农民集体所有的土地的，或者乡（镇）村公共设施和公益事业建设经依法批准使用农民集体所有的土地的除外。上述依法申请使用的国有土地包括国家所有的土地和国家征收的原属于农民集体所有的土地。

建设占用土地，涉及农用地转为建设用地的，应当办理农用地转用审批手续。省、自治区、直辖市人民政府批准的道路、管线工程和大型基础设施建设项目、国务院批准的建设项目占用土地，涉及农用地转为建设用地的，由国务院批准。在土地利用总体规划确定的城市和村庄、集镇建设用地规模范围内，为实施该规划而将农用地转为建设用地的，按土地利用年度计划分批次由原批准土地利用总体规划的机关批准。在已批准的农用地转用范围内，具体建设项目用地可以由市、县人民政府批准。

3.3.2　建设用地使用权概念和设立

1. 建设用地使用权

《物权法》《土地管理法》和《城市房地产管理法》等法律分别对建设用地使用权进行了规定。《物权法》中使用“建设用地使用权”，《土地管理法》和《城市房地产管理法》使用“土地使用权”，而土地使用权包括国有土地建设用地使用权和集体建设用地使用权。本节以下建设用地使用权专指国有土地建设用地使用权。

建设用地使用权，是指民事主体依法对国家所有的土地享有占有、使用和收益的权利。建设用地使用权是从国家土地所有权中分离出来的一项民事权利。建设用地使用权独立于土地所有权而存在。建设用地使用权可以在土地的地表、地上或者地下分别设立。新设立的建设用地使用权，不得损害已设立的用益物权。根据《物权法》规定，建设用地使用权人依法对国家所有的土地享有占有、使用和收益的权利，有权利用该土地建造建筑物、构筑物及其附属设施。

2. 建设用地使用权的设立

（1）建设用地使用权的去的方式

建设用地使用权的取得方式有出让、划拨等方式。其中划拨是无偿取得使用权的方式，因此法律严格限制以划拨方式设立建设用地使用权。采取划拨方式的，应当遵守法律、行政法规关于土地用途的规定。《物权法》规定，工业、商业、旅游、娱乐和商品住宅等经营性用地以及同一土地有两个以上意向用地者的，应当采取招标、拍卖等公开竞价的方式出让。

（2）建设用地使用权的登记

《物权法》第 139 条规定，设立建设用地使用权的，应当向登记机构申请建设用地使用权登记。建设用地使用权自登记时设立。登记机构应当向建设用地使用权人发放建设用地使用权证书。我国对建设用地使用权的设定采取了严格的登记要件主义，即建设用地使用权出让合同的生效，并不直接发生建设用地使用权这一用益物权设定的效力，而仅发生债的效力。也就是说出让人有权请求受让人交付土地出让金；受让人有权请求出让人交付土地并办理建设用地使用权登记。只有完成建设用地使用权登记，才发生建设用地使用权设定的效果。即受让人实际取得建设用地使用权。因此建设用地使用权期限应当自完成登记之日起计算。

3.3.3 建设用地使用权的期限

1. 以划拨方式取得的建设用地使用权没有期限的限制

2. 以出让方式取得的建设用地使用权有最高期限的限制

《城镇国有土地使用权出让和转让暂行条例》第12条规定，土地使用权出让最高年限按下列用途确定：1）居住用地70年；2）工业用地50年；3）教育、科技、文化、卫生、体育用地50年；4）商业、旅游、娱乐用地40年；5）综合或者其他用地50年。

3. 期限届满时的续期

(1)《城市房地产管理法》的规定

《城市房地产管理法》第22条规定，土地使用权出让合同约定的使用年限届满，土地使用者需要继续使用土地的，应当至迟于届满前一年申请续期，除根据社会公共利益需要收回该幅土地的，应当予以批准。经批准准予续期的，应当重新签订土地使用权出让合同，依照规定支付土地使用权出让金。土地使用权出让合同约定的使用年限届满，土地使用者未申请续期或者虽申请续期但依照前款规定未获批准的，土地使用权由国家无偿收回。

(2)《物权法》的规定

《物权法》区分住宅建设用地使用权和非住宅建设用地使用权予以区别对待。《物权法》第149条规定，住宅建设用地使用权期间届满的，自动续期。非住宅建设用地使用权期间届满后的续期，依照法律规定办理。该土地上的房屋及其他不动产的归属，有约定的，按照约定；没有约定或者约定不明确的，依照法律、行政法规的规定办理。也就是说对于非住宅建设用地使用权的续期，地上建筑物的归属等《物权法》并没有予以规范，而是将其留给了《土地管理法》等其他法律加以解决。

3.3.4 建设用地使用权人的权利和义务

1. 建设用地使用权人的权利

(1) 占有和使用土地。建设用地使用权就是为保存建筑物或其他工作物而使用土地的权利，因此使用土地是土地使用权人的最主要权利。建设用地使用权人可以依照法律规定和出让合同约定的用途对建设用地进行以建造和保有建筑物、构造物以及其他工作设施为目的进行使用和收益。建设用地使用权人对土地的使用权，应当在设定建设用地使用权的行为所限定的范围内进行。例如，限定房屋的高度、限制房屋的用途，建设用地使用权人使用土地时不得超出该项范围。由于建设用地使用权为使用土地的物权，建设用地使用权人为实现其权利，自然以占有土地为前提；同时，建设用地使用权人也可以准用不动产相邻关系的规定。

(2) 建设用地使用权人有权将建设用地使用权转让、互换、出资、赠与或者抵押，但法律另有规定的除外。

(3) 进行附属行为的权利。建设用地使用权人可以在其地基范围内进行非保存建筑物或其他工作物的附属行为，如修筑围墙、种植花木、养殖等。

(4) 取得地上建筑物或其他工作物的补偿。建设用地使用权人在土地上建造的建筑物或其他工作物以及其他附着物，其所有权应当属于建设用地使用权人。我国《物权法》规定，建设用地使用权期间届满前，因公共利益需要提前收回该土地的，应当依照法律规定对该土地上的房屋及其他不动产给予补偿，并退还相应的土地出让金。另外，住宅建设用地使用权期间届满的，自动续期。非住宅建设用地使用权期间届满后的续期，依照法律规定办理。该土地上的房屋及其他不动产的归属，有约定的，按照约定；没有约定或者约定不明确的，依照法律、行政法规的规定办理。

2. 建设用地使用权人的义务

（1）支付土地出让金等费用

建设用地使用权人应当依照法律规定以及合同约定支付出让金等费用。支付土地出让金是建设用地使用权人的义务，并非建设用地使用权的成立要件，也即，即使受让人没有按照约定支付出让金，也只是承担违约责任，并不意味着建设用地使用权当然归于消灭。

（2）合理利用土地

建设用地使用权人应当按照土地的自然属性和法律属性合理地使用土地，维护土地的价值和使用价值。

（3）按照土地用途使用土地

土地用途关系到城市的规划，关系到建设用地使用权的期限和出让金的多少，建设用地使用权人应当按照出让合同规定的方式加以利用，不得改变土地用途；需要改变土地用途的，应当依法经有关行政主管部门批准，且应变更建设用地使用权出让合同，并相应调整出让金的数额。

（4）恢复土地原状

建设用地使用权人在建设用地使用权消灭时，应当将土地返还给所有权人，原则上应恢复土地的原状。因此，如果建设用地使用权人以取回地上建筑物或其他工作物及附着物为恢复原状的手段时，则取回不但是建设用地使用权人的权利，也是他的义务。

3.3.5　建设用地使用权的消灭

1. 建设用地使用权消灭的事由

（1）存续期间届满

建设用地使用权作为一项用益物权是有期限限制的，住宅建设用地使用权期限届满，则自动续期；非住宅建设用地使用权期限届满，其续期依照相关法律规定办理，也即非住宅建设用地使用权期限届满后也可续期，但其续期的期限、条件、程序等则有待相关法律或行政法规做出具体规定。

（2）国家因公共利益征收土地

《物权法》第148条规定，建设用地使用权期间届满前，因公共利益需要提前收回该土地的，应当依照法律的规定对该土地上的房屋及其他不动产给予补偿，并退还相应的出让金。

（3）土地灭失

在土地全部灭失的情况下，建设用地使用权的标的已经不复存在，权利也应当消灭；在部分灭失的情况下，建设用地使用权就剩余的部分继续存在。

（4）建设用地使用权被收回

在以下两种情况下建设用地使用权会被土地所有权人收回：1）建设用地使用权人违反按照约定用途使用土地的义务，经所有权人请求停止仍不停止，或已经造成土地永久性损害的，土地所有权人可以收回建设用地使用权。2）建设用地使用权人未按合同约定开发土地达一定程度（满2年未动工开发的），国家可以无偿收回建设用地使用权。

（5）其他消灭事由

建设用地使用权还可以因权利人的抛弃、国家受让建设用地使用权从而发生混同而消灭。但此时，如果该权利为他人权利的标的，则建设用地使用权不能消灭，如该建设用地使用权上设定了抵押。

2. 建设用地使用权消灭的法律后果

建设用地使用权消灭的法律后果，除了办理注销登记、收回权利证书外，最主要的是如何处理该土地上的房屋以及其他不动产。对此，《物权法》确立了以下规则：

（1）因公共利益的需要提前收回土地。此时，应该对该土地上的房屋及其不动产给予补偿，并退还相应的土地出让金。

（2）建设用地使用权期满而未续期的。根据《物权法》第 149 条第 2 款的规定，非住宅建设用地使用权期间届满后的续期，依照法律规定办理。该土地上的房屋及其他不动产的归属，有约定的，按照约定；没有约定或者约定不明确的，依照法律、行政法规的规定办理。

3.4 建设用地使用权的出让与划拨

出让与划拨是设立建设用地使用权的两种方式，由于我国实行国有土地有偿使用制度，划拨的适用被严格限制。

3.4.1 建设用地使用权的出让

1. 建设用地使用权出让的概念

建设用地使用权出让是指国家以土地所有者的身份将建设用地使用权出让在一定年限内让与土地使用者，并由土地使用者向国家支付土地使用权出让金的行为。

新中国成立后在社会主义建设过程中确立了我国土地的社会主义公有制地位，并在土地管理和土地利用上形成了一套与计划经济体制相适应的模式。国家的土地使用权以无偿划拨的方式授予用地单位，而用地单位享有无期限的无偿使用权。1988 年 4 月，全国人民代表大会通过的《宪法修正案》明确规定："土地的使用权可以依照法律的规定转让"，从而为建立土地使用权二级市场和完善土地有偿使用制度提供了根本法律依据。1988 年 12 月修改公布的《土地管理法》规定："国有土地和集体所有的土地使用权可以依法转让，土地使用权转让的具体办法由国务院另行规定"，该法的颁布，提供了国家依法实行国有土地有偿使用制度的基本法律依据，标志着我国土地有偿使用法制化进入了新的阶段。土地使用权进入市场流动的新机制的建立，使土地资源通过市场配置得到了更为合理的开发和集约利用，从客观上满足了我国社会主义市场经济建设的需要。

2. 建设用地使用权出让的特征

（1）建设用地使用权出让方的唯一性和受让方的广泛性

出让方是土地的所有者——国家，其他任何单位和个人不能充当出让人。土地使用权的受让方即欲获得建设用地使用权的人，理论上受让人是没有范围限制的，可以是公民个人、法人包括外国自然人和法人。《城镇国有土地使用权出让和转让暂行条例》第 3 条规定"中华人民共和国境内外的公司、企业、其他组织和个人，除法律另有规定者外，均可依照本条例的规定取得土地使用权，进行土地开发、利用、经营。"可见，出让方是唯一的，即中华人民共和国。但由于国家是一个抽象的主体，在具体行使权利时，一般由各级人民政府的土地行政主管部门代表政府主管建设用地使用权的行政工作，负责建设用地使用权出让的组织、协调、审查、报批和出让方案的具体落实，负责建设用地使用权转让、出租、抵押等交易活动的审核与权属管理。

（2）取得的建设用地使用权是有偿的

土地使用者取得一定年限内的土地使用权应向国家支付土地使用权出让金。国家凭借土地所有权取得的土地经济效益，表现为一定年期内的地租，一般以土地使用者向国家支付一定数额的货币为表现形式。《城镇国有土地使用权出让和转让暂行条例》第 14 条规定："土地使用者应当在签订土地使用权出让合同后六十日内，支付全部土地使用权出让金。逾期未全部支付的，出让方有权解除合同，并可请求违约赔偿。"

（3）取得的建设用地使用权是有期限的

土地使用者享有土地使用权的期限以出让年限为限。出让年限由出让合同约定，但不得超过法律限定的最高年限。《国有土地使用权出让和转让暂行条例》第 12 条按不同用途，对土地使用的最高年限做出了具体的规定。

（4）取得的建设用地使用权是一种独立的用益物权

土地使用权出让是以土地所有权与土地使用权分离为基础的。土地使用者支付了土地出让金后，取得对土地的一定程度的占有、使用、收益和处分的权利。但对土地范围内的地下资源、埋藏物和市政公用设施等不享有相关权利。

3. 建设用地使用权出让的方式

《城市房地产管理法》第 13 条规定，土地使用权出让，可以采取拍卖、招标或者双方协议的方式。商业、旅游、娱乐和豪华住宅用地，有条件的，必须采取拍卖、招标方式；没有条件，不能采取拍卖、招标方式的，可以采取双方协议的方式。采取双方协议方式出让土地使用权的出让金不得低于按国家规定所确定的最低价。可见建设用地使用权出让最基本的缔约方式是协议、拍卖、招标、挂牌四种。

（1）协议出让

协议出让是指国家以协议的方式将建设用地使用权在一定年限内出让给土地使用者，由土地使用者向国家支付土地出让金的行为。协议出让意味着在建设用地使用权出让合同的订立过程中，只有作为出让人的国家和作为受让人的特定土地使用者双方参与。虽然这种出让方式操作简便、灵活，交易成本低廉，但是交易不够透明，缺乏竞争，容易导致暗箱操作，滋生腐败，损害国家利益。为了防止协议出让方式的弊端，我国现行法严格限制了协议出让的土地的范围，禁止对商业、旅游、娱乐和商品住宅等经营性用地通过协议方式出让。对其他用地，如果同一地块有两个或两个以上意向用地者的，也不得采用协议方式出让。此外，以协议方式出让时，出让金不得低于按国家规定所确定的最低价。

（2）拍卖出让

拍卖出让是指出让人发布拍卖公告，由出让人在指定时间、地点以公开竞价的形式将建设用地使用权出让给最高应价者的行为。如果对于土地使用者、土地的用途等无特殊要求，单纯以最大限度获取土地出让金为目的，那么采取拍卖的方式是一种理想的选择。

（3）招标出让

招标出让是指出让人发布招标公告或投标邀请书，邀请特定的或不特定的公民、法人和其他组织参加建设用地使用权投标，根据投标结果确定建设用地使用权人的行为。如果在获取较高土地出让金外，还有其他综合性的目标或某些具体要求，采取招标的方式比较合适。

(4) 挂牌出让

挂牌出让是指出让人发布挂牌公告，按公告规定的期限将拟出让土地的交易条件在指定的土地交易所挂牌公布，接受竞买人的报价申请并更新挂牌价格，根据挂牌期限截止时的出价结果确定建设用地使用权人的行为。

上述四种方式中，协议出让属于非公开竞价的方式，其他三种属于公开竞价的方式。由于公开竞价更能保证建设用地使用权出让的公平、公开、公正，《物权法》第 137 条规定，工业、商业、旅游、娱乐和商品住宅等经营性用地以及同一土地有两个以上意向用地者的，应当采取招标、拍卖等公开竞价的方式出让。

4. 建设用地使用权出让合同

采取招标、拍卖、协议等出让方式设立建设用地使用权的，当事人应当采取书面形式订立建设用地使用权出让合同。建设用地使用权出让合同在性质上属于民事合同、要式合同。建设用地使用权出让合同一般包括下列条款：(1) 当事人的名称和住所；(2) 土地界址、面积等；(3) 建筑物、构筑物及其附属设施占用的空间；(4) 土地用途；(5) 使用期限；(6) 出让金等费用及其支付方式；(7) 解决争议的方法。

3.4.2 建设用地使用权的划拨

1. 建设用地使用权划拨的概念

建设用地使用权划拨是指县级以上人民政府依照相关法律规定的权限和审批程序，将国有土地无偿地交付给符合法律规定的条件的土地使用者，土地使用者因此取得建设用地使用权的行为。与出让不同，划拨是国家为了维护国家利益和社会公共利益需要，依照严格的法律程序授予用地者土地使用权，本质上是一种非市场化的建设用地使用权的设定方式。《城市房地产管理法》第 23 条规定，土地使用权划拨，是指县级以上人民政府依法批准，在土地使用者缴纳补偿、安置等费用后将该幅土地交付其使用，或者将土地使用权无偿交付给土地使用者使用的行为。依照本法规定以划拨方式取得土地使用权的，除法律、行政法规另有规定外，没有使用期限的限制。

2. 建设用地使用权划拨的特征

(1) 公益目的性

以划拨方式设立建设用地使用权必须以公益为目的，如国防、基础设施建设等。

(2) 无偿性

国家将土地划拨给土地使用权人，土地使用权人无须向国家支付土地出让金。但是，无偿性是建设用地使用权人对国家而言的。它并不意味着建设用地使用权人不支付任何费用。在有些情况下权利人仍需支付补偿费、安置费，但此种费用的性质在法律上并非合同对价，也远远低于土地出让金，不能以此否定划拨的无偿性。

(3) 无期限性

建设用地使用权的划拨没有最高年限的限制，这是由以划拨方式设立建设用地使用权的公益性决定的。

(4) 限制流通性

以划拨方式设立的建设用地使用权，原则上不得进入市场进行交易。《城市房地产管理法》第40条规定，以划拨方式取得土地使用权的，转让房地产时，应当按照国务院规定，报有批准权的人民政府审批。有批准权的人民政府准予转让的，应当由受让方办理土地使用权出让手续，并依照国家有关规定缴纳土地使用权出让金。以划拨方式取得土地使用权的，转让房地产报批时，有批准权的人民政府按照国务院规定决定可以不办理土地使用权出让手续的，转让方应当按照国务院规定将转让房地产所获收益中的土地收益上缴国家或者作其他处理。《城市房地产管理法》第51条规定，设定房地产抵押权的土地使用权是以划拨方式取得的，依法拍卖该房地产后，应当从拍卖所得的价款中缴纳相当于应缴纳的土地使用权出让金的款额后，抵押权人方可优先受偿。《城市房地产管理法》第56条规定，以盈利为目的，房屋所有权人将以划拨方式取得使用权的国有土地上建成的房屋出租的，应当将租金中所含土地收益上缴国家。

3. 建设用地使用权划拨的适用范围

以划拨的方式设立建设用地使用权存在不少弊端，因而对划拨方式的适用范围应该予以限制。《物权法》第137条第3款规定，严格限制以划拨方式设立建设用地使用权。采取划拨方式的，应当遵守法律、行政法规关于土地用途的规定。《城市房地产管理法》第24条规定，下列建设用地的土地使用权，确属必需的，可以由县级以上人民政府依法批准划拨：①国家机关用地和军事用地；②城市基础设施用地和公益事业用地；③国家重点扶持的能源、交通、水利等项目用地；④法律、行政法规规定的其他用地。

3.5 建设用地使用权的流转

《物权法》第143条规定，建设用地使用权人有权将建设用地使用权转让、互换、出资、赠予或者抵押，但法律另有规定的除外。以上五种转移方式均为建设用地使用权主体的变更。确认建设用地使用权人有权对其权利进行依法处分，既是肯定和保护权利人合法权益的需要，也可以使土地这一重要生产要素向更能产生价值的方向流动，从而提高土地利用效率并促进土地资源的市场化。

3.5.1 建设用地使用权的转让

建设用地使用权的转让是指建设用地使用权人不改变权利的客体和内容，将其权利以合同的方式再行转移的行为，包括狭义的转让、互换、出资、赠予等方式。

1. 建设用地使用权转让合同

建设用地使用权转让合同必须以书面形式订立，一般包括如下条款：①当事人的名称和住所；②土地界址、面积等；③建筑物、构筑物及其附属设施占用的空间；④土地用途；⑤使用期限；⑥转让价款的数额及其支付方式；⑦解决争议的方法。

2. 以出让方式设立的建设用地使用权转让的条件

《城市房地产管理法》第39条规定，以出让方式取得土地使用权的，转让房地产时，应当符合下列条件：①按照出让合同约定已经支付全部土地使用权出让金，并取得土地使用权证书；②按照出让合同约定进行投资开发，属于房屋建设工程的，完成开发投资总额的25%以上，属于成片开发土地的，形成工业用地或者其他建设用地条件。转让房地产时房屋已经建成的，还应当持有房屋所有权证书。

3. 以划拨方式设立的建设用地使用权转让的条件

以划拨方式设立的建设用地使用权的转让须经有批准权的人民政府审批，并办理建设用地使用权出让手续。根据《最高人民法院关于审理涉及国有土地使用权合同纠纷案件适用法律问题的解释》的规定，建设用地使用权未经有批准权的人民政府批准，与受让方订立合同转让划拨建设用地使用权的，应当认定合同无效。但起诉前经由批准权的人民政府批准办理建设用地使用权出让手续的，应当认定合同有效。建设用地使用权人与受让方订立合同转让划拨建设用地使用权，起诉前经有批准权的人民政府同意转让，并由受让方办理建设用地使用权出让手续的，建设用地使用权人与受让方订立的合同可以按照补偿性质的合同办理。建设用地使用权人与受让方订立合同转让划拨建设用地使用权，起诉前经有批准权的人民政府决定不办理建设用地使用权出让手续，并将该划拨建设用地使用权直接划拨给受让方使用的，建设用地使用权人与受让方订立的合同可以按照补偿性质的合同处理。

4. 建设用地使用权转让的变更登记

变更登记是建设用地使用权发生变动的要件，亦即未经变更登记，建设用地使用权转让不生效力。受让人并未取得建设用地使用权。但是，是否办理变更登记手续对建设用地使用权转让合同的效力没有影响。建设用地使用权人作为转让方与受让方订立建设用地使用权转让合同后，当事人一方以双方之间未办理建设用地使用权变更手续为由，请求确认合同无效的，不予支持。

3.5.2 建设用地使用权的出租

建设用地使用权的出租，是指建设用地使用人作为出租人，将建设用地使用权随同地上建筑物、其他附着物租赁给承租人使用，由承租人向出租人交付租金的行为。

从我国先行立法来看，对建设用地使用权出租的客体是有一定限制的。根据《城镇国有土地使用权出让和转让暂行条例》第 28 条规定，未按土地使用权出让合同规定的期限和条件投资开发、利用土地的，土地使用权不得出租。建设用地使用权出租时，出租人与承租人应当签订书面租赁合同。租赁期限应由当事人协商确定，但不得超过建设用地使用权的剩余期限。

3.5.3 建设用地使用权的抵押

建设用地使用权的抵押，是指抵押人以其建设用地使用权向抵押权人提供债务履行担保的行为，债务人不履行到期债务或出现当事人约定的实现抵押权的条件时，抵押权人有权依法从抵押的建设用地使用权的变价款中优先受偿。

设立建设用地使用权抵押的应当订立书面合同，并应办理抵押登记，抵押权自登记时设立。建设用地使用权抵押时，其地上建筑物、其他附着物也随之抵押。根据“房随地走”、和“地随房走”的规则，《物权法》第 182 条规定，以建筑物抵押的，该建筑物占用范围内的建设用地使用权一并抵押。以建设用地使用权抵押的，该土地上的建筑物一并抵押。抵押人未依照上述规定一并抵押的，未抵押的财产视为一并抵押。

第四章　城乡规划法律制度

4.1　城乡规划与城乡规划法

4.1.1　城乡规划的概念、种类与体系构成

1. 城乡规划的概念

城乡规划是指为了实现一定时期内城市和乡村的经济和社会发展目标，确定城乡的性质、规模和发展方向，合理利用城乡土地，协调城市空间布局和各项建设的综合部署和具体安排。城乡，包括了城市、村庄、集镇三个层面。其中，城市是历史上形成的、具有一定规模的非农业人口聚居的地域单元，它是国家或者地区的政治、经济、文化中心，包括国家按行政建制设立的直辖市、市、建制镇。村庄是指农村村民居住和从事各种生产的聚居点；集镇是指乡、民族乡人民政府所在地和经县级人民政府确认由集市发展而形成的作为农村一定区域经济文化和生活服务中心的非建制镇。

城乡规划是城乡建设的基本依据，是保证城乡土地合理利用和城乡生产、生活协调运行的重要手段。实践证明，要把城乡建设好、管理好首先必须把城乡规划好。只有科学合理地编制城乡规划，明确城乡的发展方向，发展格局，通过规划指导建设和管理，在规划的引导和控制下，逐步实现城乡经济和社会发展目标。因此，在城乡建设过程中，城乡规划始终处于“龙头”的重要地位。

与城乡规划相关的一个重要概念是规划区。根据《城乡规划法》第 2 条规定，规划区是指城市、镇和村庄的建成区以及因城乡建设和发展需要，必须实行规划控制的区域。规划区的具体范围由有关人民政府在组织编制的城市总体规划、镇总体规划、乡规划和村庄规划中，根据城乡经济社会发展水平和统筹城乡发展的需要划定。规划区内的各项建设必须依照既定的城乡规划有序进行。

2. 城乡规划的种类

（1）城镇体系规划

城镇体系规划是指一定地域范围内，以区域生产力合理布局和城镇职能分工为依据，确定不同人口规模等级和职能分工的城镇的分布和发展规划。城镇体系规划分为全国城镇体系规划、省域城镇体系规划、市域（镇域）城镇体系规划以及县域城镇体系规划。

（2）城市总体规划

城市总体规划是一定时期内城市发展目标、发展规模、土地利用、空间布局以及各项建设的综合部署和实施措施，是引导和调控城市建设，保护和管理城市空间资源的重要依据和手段。

（3）镇总体规划

镇总体规划包括县人民政府所在地镇的总体规划和其他镇的总体规划。镇总体规划是对镇行政区内的土地利用、空间布局以及各项建设的综合部署，是管制空间资源开发、保护生态环境和历史文化遗产、创造良好生活生产环境的重要手段，在指导镇的科学建设、有序发展，充分发挥规划的协调和社会服务等方面具有先导作用。

(4) 详细规划

详细规划是以总体规划为依据，详细规划建设用地的各项控制指标和其他规划管理要求或者直接对建设做出具体的安排和规划设计。详细规划分为控制性详细规划和修建性详细规划。

(5) 控制性详细规划

控制性详细规划是以总体规划为依据，确定建设地区的土地使用性质和使用强度的控制指标、道路和工程管线控制性位置以及空间环境控制的规划要求。

(6) 修建性详细规划

修建性详细规划是以总体规划和控制性详细规划为依据，制定用以指导各项建筑和工程建设的设计和施工的规划设计。

(7) 近期建设规划

近期建设规划是根据城市总体规划、镇总体规划、土地利用总体规划和年度计划以及国民经济和社会发展规划，对短期内建设目标、发展布局和主要建设项目的实施所作的安排。

(8) 专项规划

专项规划是在总体规划的指导下，为更有效实施规划意图，对城乡建设要素中系统性强、关联度大的内容或对城乡整体、长期发展影响比较深远的建设项目进行的规划。

3. 城乡规划的体系构成

《城乡规划法》第 2 条规定，本法所称城乡规划，包括城镇体系规划、城市规划、镇规划、乡规划和村庄规划。城市规划、镇规划分为总体规划和详细规划。详细规划分为控制性详细规划和修建性详细规划。第 12 条、第 13 条又规定了全国城镇体系规划和省域城镇体系规划。第 34 条还规定了近期建设规划。这些共同形成了法定的城乡规划体系。城乡规划体系由上述各项规划有机组成，如图 4-1 所示。

4.1.2　城乡规划与相关规划的关系

根据《城乡规划法》的规定，城市总体规划、镇总体规划以及乡规划和村庄规划的编制，应当依据国民经济和社会发展规划，并与土地利用总体规划相衔接。

1. 城乡规划与国民经济和社会发展计划

《城乡规划法》第 5 条规定，城市总体规划、镇总体规划以及乡规划和村庄规划的编制，应当依据国民经济和社会发展规划。因此，编制城乡规划除依据当地的自然条件（地形、地质、地理位置、气候）、资源条件（水、地下矿藏、风景名胜）、历史情况（文物古迹、历史传统）、现状特点（民族特色、经济技术发展水平）外，还要依据城乡的国民经济和社会发展计划。国民经济和社会发展长远计划，或者称之为城乡发展战略，或者称之为城乡发展大纲，是城乡规划确定的建设项目得以实施的保证。规划和计划不能“两张皮”，否则规划确定的建设项目，计划列不上去，计划上列入的项目又不符合城乡规划的要求。因此，城乡规划确定的近期需要建设的城乡基础设施项目，应当列入五年计划和年

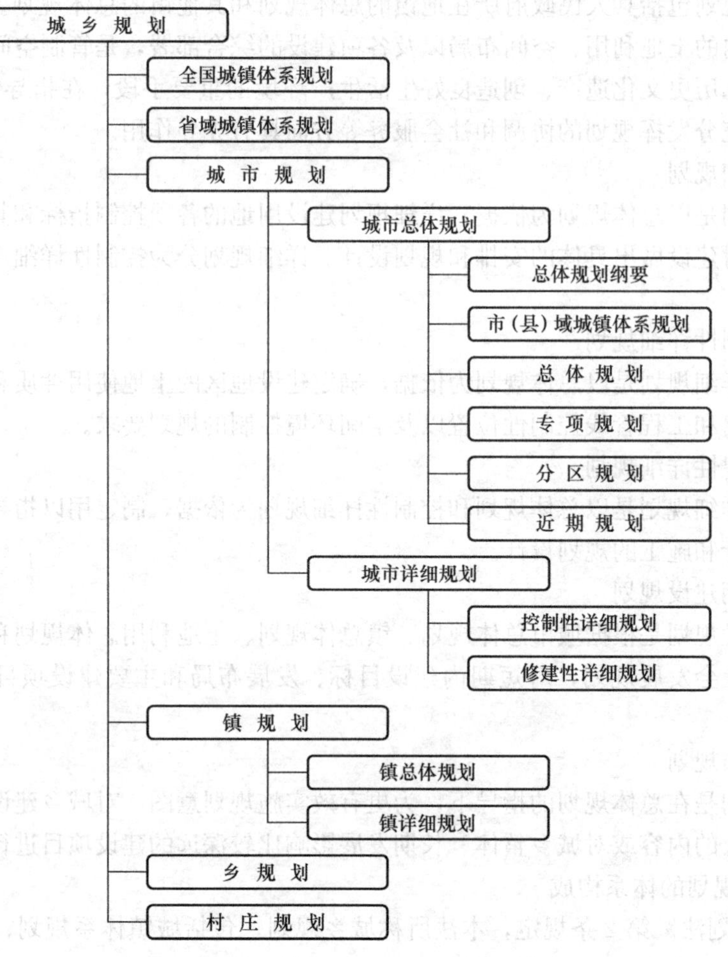

图 4-1　城乡规划的体系构成

度计划，按照基本建设规定的程序有计划、分期分批的实施。

2. 城乡规划与国土规划、区域规划

国土规划是对国土资源（土地、水、气候、生物、劳动力等）提出整治开发任务，确定重点开发区和目标，指导各地区、各部门进行国土资源整治、开发的蓝图。区域规划是部分地区国土资源整治、开发的蓝图。例如，京津唐、珠江三角洲等区域规划。国土规划、区域规划、城乡规划是不同层次、涉及不同地域范围的发展规划，它们组成一个完整的规划系列。城乡规划应当与国土规划、区域规划相协调，但同时彼此之间，在性质、适用范围、目标、实施方法等方面有所不同。

从合理利用国土资源，促进经济、社会和环境的全面协调可持续发展等宏观规划的目标上，城乡规划与土地利用规划是一致的。《中华人民共和国土地管理法》（以下简称《土地管理法》）第 22 条对城乡规划与土地利用规划的衔接关系做出了明确规定，城市总体规划、镇总体规划、乡和村庄规划中建设用地规模不得超过土地利用总体规划确定的城市和镇、乡、村庄建设用地规模，同时城乡规划确定的规划区内的建设用地必须符合相应的城乡规划。《城乡规划法》第 5 条规定：城市总体规划、镇总体规划以及乡规划和村庄规划的编制，应当依据国民经济和社会发展规划，并与土地利用总体规划相衔接。

3. 城乡规划与城镇体系规划

根据《城乡规划法》第12条和第13条的规定，国务院城乡规划主管部门会同国务院有关部门组织编制全国城镇体系规划，省、自治区、直辖市人民政府组织编制省域城镇体系规划。随着我国经济和社会的发展，城乡化水平将不断提高，根据城乡发展的基本方针，制定符合国情、符合城乡化进程和目标的城镇体系规划，是引导生产力和人口合理布局，实现国民经济和社会发展战略的重要基础工作。城乡的发展并不孤立，在很大程度上受周围城乡发展的影响或制约。因此，编制城乡规划时，应当以城镇体系规划为依据，城乡规划确定的城乡性质、规模、发展方向等应当和城镇体系规划的有关内容相协调。通常，城镇体系规划的主要内容有：①对全国和省、自治区、直辖市产业结构的变化和城乡化水平进行预测和规划；②对城镇的规模和分布进行预测和规划；③分析各级中心城乡的影响范围，确定中心城乡的性质及发展方向；④规划市、镇的数量及近期重点发展城乡；⑤提出完善城镇体系所必需的重要基础设施项目和布局。

4.1.3 城乡规划法的概念与适用范围

1. 城乡规划法的概念

城乡规划法有广义狭义之分。广义的城乡规划法是指国家制定和认可的，旨在调整城乡规划活动中发生的各种社会关系的法律规范的总称。其调整对象包括城乡规划的制定、实施管理、修改、监督检查等活动中所产生的各种社会关系。其法律渊源包括宪法、法律、法规、规章以及技术标准等形式。狭义的城乡规划法是指全国人大常委会2007年10月28日通过的，并于2008年1月1日开始实施的《城乡规划法》这部法律。

2.《城乡规划法》的产生历程

随着社会主义市场经济体制逐步建立和完善，改革开放的不断深入，特别是城市的飞速发展，对城市规划工作提出了更高的要求，使《城市规划法》越来越显得有些"力不从心"。另外，城乡分割的规划管理体制已不能适应城镇化快速发展的需要；城乡规划制定的科学性、严肃性需要进一步加强；城乡规划管理机制应当适应土地有偿使用的需要；对城乡规划行政管理权的监督制约机制需要完善；法律责任需要进一步具体化，加大对违法建设的处罚力度。

为此，建设部开始着手《城市规划法》修订的准备工作。2000年8月，建设部成立了修改《城市规划法》工作领导小组，并组建了专门的起草工作班子；2001年7月，《城乡规划法》（征求意见稿）起草完成，印发各省、自治区、直辖市征求意见；2001年10月起，建设部利用修改《城市规划法》所掌握的材料，起草报国务院的城乡规划工作汇报材料；2002年10月，再次征求各省（区）建设厅、直辖市规划局以及国务院有关部门的意见；2003年5月形成《城乡规划法》（修订送审稿），上报国务院。经过反复征求各地、各部门及有关专家意见，多轮讨论修改，修订后的《城乡规划法（草案）》2007年4月提交全国人大常委会审议，2007年10月28日经过三次审议，《城乡规划法》通过，2008年1月1日起实施。

3.《城乡规划法》内容简介

《城乡规划法》分七章，共七十条。

第一章是总则，主要包括《城乡规划法》的指导思想、目的、原则、管理体制。

第二章是城乡规划的制定，包括城乡规划制定的编制、审议、审查、审批、公布、备案等程序以及城乡规划编制单位资质等规则。

第三章是城乡规划的实施，主要包括城乡规划实施的原则、近期建设、新区开发、旧区改建、风景名胜区以及历史文化名城、名村、名镇的保护、地下空间建设、特殊用地规划、建设用地规划许可、建设工程规划许可、乡村建设规划许可、临时建设许可、竣工的规划核实等规则。

第四章是城乡规划的修改，主要包括城乡规划修改的条件及审批、城乡规划修改的补偿制度等内容。

第五章是监督检查，主要包括监督检查的主体、职权等内容。

第六章是法律责任，主要包括城乡规划制定、实施过程中编制单位、制定主体、管理主体违法的行政责任、民事责任、刑事责任以及行政强制措施等内容。

第七章是附则，主要规定了《城乡规划法》的生效时间以及效力问题。

4. 城乡规划法的适用范围

(1) 城乡的含义

按照国家有关划分城乡标准的规定，直辖市、设市城乡、建制镇属于城市的范畴。因此，城乡规划法所规定的城市是指按国家行政建制设立的直辖市、市、镇。其中镇不是指以镇一词命名的自然村，建制镇主要有县人民政府所在地的镇和其他县以下的镇。我国的建制镇数量较多，其规模、发展水平差异较大，但从性质上说，都是城乡型居民点，都是一定区域内政治或经济或交通或文化的中心。从城乡化的趋势及发展上看，为了避免建制镇的盲目发展，浪费土地、布局混乱，环境污染，要求其编制城乡规划，按规划进行建设是非常必要的，另外未设镇建制的工矿区居民点，应当参照规划法执行。因为这些居民点，伴随着城乡化的进程，必将逐步达到建制镇的标准。这些居民点，事先编制城乡规划，按照规划进行建设，就可以保证在设立行政建制后，使城乡建设顺利地承前启后。

1982 年，中华人民共和国宪法明确了乡是我国最低级别的行政区划单位。乡与镇是同一级别的行政区划单位。在我国的城市化过程中，渐行撤乡建镇。1984 年国务院批转民政部《关于调整建镇标准的报告》中规定：县级地方国家机关所在地应设镇；总人口在 2 万以下的乡、乡政府驻地非农业人口超过 2000 的，可以建镇；总人口在 2 万以上的乡、乡政府驻地非农业人口占全乡人口 10%以上的，也可以建镇。少数民族地区，人口稀少的边远地区，山区和小型工矿区、小港口、风景旅游、边境口岸等地，非农业人口虽不足 2000，如确有必要，也可设镇。该报告明确了乡和镇的基本区分。

(2) 城乡规划法适用的地域范围

城乡规划法地域上的适用范围是指城乡规划区。是指城市、镇和村庄的建成区以及因城乡建设和发展需要，必须实行规划控制的区域。规划区的具体范围由有关人民政府在组织编制的城市总体规划、镇总体规划、乡规划和村庄规划中，根据城乡经济社会发展水平和统筹城乡发展的需要划定。

城乡规划区范围不宜过小，也不必过大，范围过小，势必造成城乡外围建设失控，城乡接合部管理混乱，影响城乡的进一步发展。范围过大，也不符合规定城乡规划区的基本含义。过去有些地方的城乡总体规划中没有城乡规划区的具体界限，这既不利于实施严格的规划管理，也造成了规划管理与土地管理等相互矛盾、各自为政的现象。《城乡规划法》颁布之后，已经划定城乡规划区的应当依据规划法的原则规定进行调整，没有划定城乡规划区的城乡应当补划，统一城乡规划的范围。

(3) 城乡规划法约束的行为范畴

从规划实施管理的角度，城乡规划法约束的行为范畴主要是指制定和实施城乡规划，在城乡规划区内的土地利用和各项建设。

1) 土地利用活动。城乡土地是指各项城乡建设用地，土地利用也就是利用土地进行城乡建设的活动。城乡土地包括国有土地和城乡规划区内的集体土地。土地法规定，城乡土地的利用必须符合城乡规划。跟城乡规划法的规定，城乡规划区内各项建设必须符合城乡规划，服从规划管理。因此，无论是出让土地、转让土地使用权或者征用集体土地都必须符合城乡规划。例如，出让一幅土地，出让前必须由规划行政主管部门规定该幅土地的用途、规划要求，才能够进行出让。转让土地使用权，受让人在取得土地使用权之后，必须遵守该幅土地原来规定的用途和规划要求。再例如，征用集体土地进行建设时，必须由规划部门选址定点，取得建设用地规划许可证后才能办理征用土地的手续。

2) 各项建设活动。所谓各项建设是指与城乡规划管理有关各项建设。它包括：以新建、扩建、改建的方式进行各类房屋的建设；城乡道路、桥梁、地铁、港口、机场及附属设施等城乡基础的建设；各类防灾工程（抗震工程、人防工程），绿化工程（公园、绿地、雕塑等）及其他工程（农贸市场、广告牌等）的建设。例如，建造一幢住宅，必须事先由规划部门提出规划设计要求（容积率、建筑率、立面、颜色等），设计图纸经审查符合规划要求，取得建设工程规划许可证后，才能施工。在城乡规划区进行土地利用和各项建设活动的有关部门、单位和个人，其活动必须符合城乡规划，并服从城乡规划行政主管部门的规划管理。

4.2 城乡规划的制定与修改制度

4.2.1 制定和实施城乡规划的基本原则

城乡规划的目的在于促进城乡人类社会生活与环境的和谐、有序、有效的发展。城乡规划应该兼顾经济效益、社会效益、环境效益，为人类居民创造良好的生活环境，并实现可持续发展。《城乡规划法》第4条规定，制定和实施城乡规划，应当遵循城乡统筹、合理布局、节约土地、集约发展和先规划后建设的原则，改善生态环境，促进资源、能源节约和综合利用，保护耕地等自然资源和历史文化遗产，保持地方特色、民族特色和传统风貌，防止污染和其他公害，并符合区域人口发展、国防建设、防灾减灾和公共卫生、公共安全的需要。在规划区内进行建设活动，应当遵守土地管理、自然资源和环境保护等法律、法规的规定。县级以上地方人民政府应当根据当地经济社会发展的实际，在城市总体规划、镇总体规划中合理确定城市、镇的发展规模、步骤和建设标准。因此在制定城乡规划时应当遵循下列基本原则。

1. 保护和改善生态环境原则

近百年来，人类活动对于地球生态环境的破坏已经带来巨大灾难，例如土地沙漠化、气候变暖、河湖污染等，保护和改善人类环境已经成为一个人类的迫切任务。在我国，日益恶化的生态环境，给我国经济和社会带来极大危害，严重影响可持续发展。目前，全国农村贫困人口90%以上生活在生态环境比较恶劣的地区，恶劣的生态环境是当地群众贫困的主要根源，同时加剧经济和社会发展的压力。为保护和改善我国的生态环境，1987年以来，先后编制并发布了《中国自然保护纲要》《中华人民共和国环境与发展报告》《中国环境与发展》《中国环境保护行动计划》《中国21世纪议程》《中国21世纪初可持续发展行动纲要》《关于加速科学技术进步的决定》《全国生态环境规划》（国务院1998年颁布）《全国生态环境纲要》（全国人民代表大会2000年颁布）等等。根据《全国生态环境规划》的要求："各地要在全国生态环境建设规划的指导下，因地制宜地制定本地区的生态环境建设规划，作为当地经济和社会发展规划的重要组成部分，一任接着一任干，一代接着一代干，一张蓝图干到底；把生态环境建设与当地农村经济发展结合起来；建立生态环境建设目标责任制，把生态环境建设情况列入领导干部政绩考核的内容，定期检查，向社会公布"。可以说，生态环境规划已经成为我国城乡规划的基本组成部分，保护环境已成为我国的基本国策。

2. 节约和合理利用自然资源原则

人来生活物质来源是自然资源，随着经济的发展，人口的膨胀，有限的资源越来越难以满足人类的需求，过度的开发与滥用，导致大量自然资源枯竭。例如，当前，我国661个城市中大约三分之二缺水。当前，关系到国计民生的土地资源和水资源问题比较严重，在城乡规划中应该特别关注。

我国土地资源短缺，人多地少，尤其是耕地少。因此，城乡建设必须严格执行规定的建设用地标准，不得随意扩大用地规模。在确定具体建设项目的位置范围时，应当对各项定额指标精打细算，尽量利用荒地、劣地、非耕地，尽少占菜地良田。城乡新区开发，旧区改建应当统一规划、综合量开发，配套建设，避免零星、分散建设。通过综合开发满足工业、交通、住宅、商业、办公、基础设施、科教文卫等各方面的要求，切实充分发挥每一寸土地的价值。

3. 保护自然和文化遗产原则

自然和文化遗产是自然界进化选择、人类社会长期积淀、扬弃的产物，在科研、历史或文化价值上的具有独一无二、不可代替、不可再现性质。保护自然和文化遗产是传承人类历史文化和可持续发展的基本途径。1972年，联合国文教科组织在巴黎通过了《保护世界文化和自然遗产公约》，成立联合国文科教组织世界遗产委员会，其宗旨在于促进各国和各国人民之间的合作，为合理保护和恢复全人类共同的遗产做出积极的贡献。

20世纪，由于战争、灾害及其他原因，我国的自然和历史文化遗产破坏比较严重。例如北京城的保护，50年代，梁思成等学者极力主张将旧城整个保护下来，到三里河外围建新北京，但没被采纳，现在北京城旧城基本不复原貌。这种做法的后果是，我们的历史文化传统的重要见证已经不复存在。迄今为止，申请世界遗产城市 ，我国像北京这样的古都一个都没有获得成功。保护自然和历史文化遗产已经成为刻不容缓的任务。当前我国遗产保护的立法远远滞后于开发，基本的立法有《文物保护法》、《风景名胜区条例》、《森林法》、《自然保护区条例》等，但是没有专门针对自然和文化遗产的保护法。因此，在城乡规划中将保护自然和文化遗产作为基本的原则，显得尤为重要。

4. 保持民族特色和地方特色原则

当前，我国城乡建设中盲目追求三大在建设过程中贪大求“洋”，有些大城市盲目追求大马路、大广场、大草坪、盲目追求高层次、超高层建筑，建筑设计流行“欧陆风”。另外，城乡建设有时又强调建筑个体的面孔与性格，追求形式上的独特和怪异，很少考虑它与环境的文化关系，建筑的民族传统、地方特色不断失落。

“建筑是空间的艺术，城市是时间的艺术”，城乡村落的个性是在一定的时空条件下，城市和村落社会为了生存和发展，利用自然和文明条件，创造出来的独特的物质和精神文明的外在表现。实际上，城乡规划就是它本身的规划，它自身的规划很难放到其他地方实施，它具有本地的特色。城乡规划要根据当地的历史文化和自然条件，充分挖掘城乡发展的内涵，努力塑造特色鲜明的城市和乡村文化。在城乡规划中，保持民族特色和地方特色要注意以下几点：其一，确定特色；其二，突出主题特色；其三，保持特色；其四，实现特色与现代的和谐发展。

5. 符合防灾、防空和交通合理便利原则

城乡规划中，在进行城乡布局和各项建设具体安排时，应当充分考虑城市中各种自然、人为灾害预防及控制的需要，不得在居民区安排可能危及居民生命、财产安全的建设项目；应当充分考虑各类防灾专业规划（消防、抗震、治安、防洪、人防等）中疏散路线、避灾场所，管理单位，设施设备的要求，与各类防灾专业规划协调，并在建设用地和建设项目投资中予以保证。

交通是促进贸易发展的一条基本途径。进入20世纪80年代以来，随着改革开放政策的贯彻实施，我国的社会主义市场经济得到了快速发展，日益频繁的社会交往和商品交易，对城乡交通运输不断提出新的需求，使原本落后的交通基础设施供不应求的矛盾明显尖锐化，当前，交通已经成为我国经济发展的瓶颈之一。为了保证城乡交通合理、有序的可持续性发展，就必须从城乡交通系统的内在机制及其与外部环境条件之间的相互作用关系出发来进行合理的交通管理规划。

6. 合理建设、优化结构和布局的原则

城乡规划的制定应当依据国民经济和社会发展规划确定发展的规模和速度，应当依据当地自然环境、资源条件、历史情况、现实状况以及未来发展趋势，统筹兼顾，综合布局，要处理好局部利益与整体利益、近期建设与远期发展、经济发展与社会发展、城乡建设与环境保护、现代建设与历史文化的继承等一系列关系。在确定城市布局和具体安排各项建设时，应当合理配制产业结构、形成完善的经济社会运行机制；应当充分考虑原材料工业与加工工业、重工业与轻工业、第一、二产业与第三产业、传统产业与高新技术产业的关系；应当尽量满足男女人口比例、交通、通信以及科研、教育、文化、体育、卫生等生活方面的需求。在合理建设与布局的基础上，以实现经济的持续发展，同时为居民创造良好的人居环境。

4.2.2 制定和实施城乡规划的基本依据

1. 依据上一层次城乡规划

我国的城乡规划由不同等级层次的具体规划组成，一般来说，上一层次规划是制定下一层次规划的依据。具体层次体系如图4-2所示：

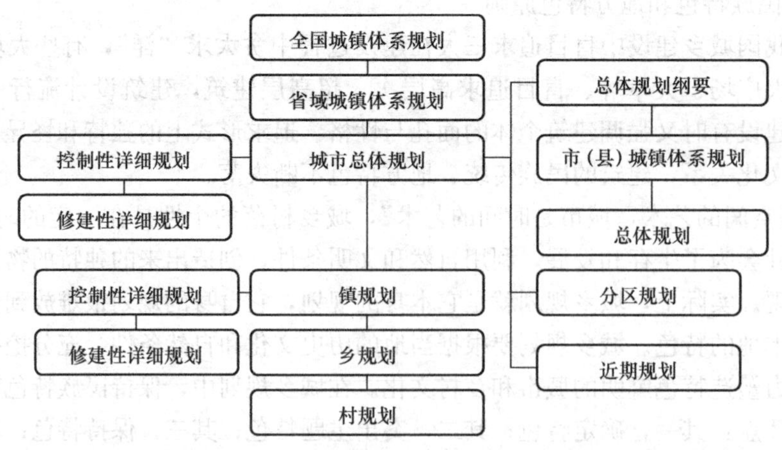

图 4-2 城乡规划的层次

2. 依据相关法律规范及技术规范与标准

城乡规划是一项涉及面广、综合性强的系统工作，制定城乡规划，依据《城乡规划法》外，还应依据关于城乡建设的其他法律规范，如，《中华人民共和国土地管理法》《中华人民共和国水法》《中华人民共和国环境保护法》《中华人民共和国森林法》《中华人民共和国防震减灾法》等等一系列法律、法规、规章等。

除依据法律规范外，根据《城乡规划法》第 24 条："编制城乡规划必须遵守国家有关标准"。对于该条，可以理解为，制定城乡规划应该依据有关技术规范与标准。这些技术规范与标准涉及城乡规划过程中具体指标，是编制城乡规划的具体依据。目前，我国的我国城乡规划的标准和技术规范分为两个层次。第一层次是与城乡规划相关的国家和部级标准与规范，如《城市规划基本术语标准》《城市用地分类与规划建设用地标准》等等；第二层次是省、自治区、直辖市及国务院确定较大的城市根据当地的实际情况颁布的地方性标准与技术规范，如《上海市城市规划管理技术规定》《深圳市城市规划标准与准则》等等。

3. 依据基础资料

根据《城乡规划法》第 25 条规定，编制城乡规划，应当具备国家规定的勘察、测绘、气象、地震、水文、环境等基础资料。县级以上地方人民政府有关主管部门应当根据编制城乡规划的需要，及时提供有关基础资料。

（1）勘察资料

城乡勘察资料是指与城乡规划和建设有关的地质资料。主要包括工程地质，即城乡所在地区的地质构造，地面土层物理状况，城乡规划区内不同地段的地基承载力以及滑坡、崩塌等基础资料；地震地质，即城乡所在地区断裂带的分布及活动情况，城乡规划区内地震烈度区划等基础资料；水文地质，即城乡所在地区地下水的存在形式、储量、水质、开采及补给条件等基础资料。我国的许多城乡，特别是北方地区城乡，地下水往往是城乡的重要水源。勘明地下水资源，对于城乡选址、预测城乡发展规模、确定城乡的产业结构等都具有重要意义。

（2）测绘资料

主要包括城乡平面控制网和高程控制网、城乡地下工程及地下管网等专业测量图以及编制城乡规划必备的各种比例尺的地形图等。

(3) 气象资料

主要包括温度、湿度、降水、蒸发、风向、风速、日照、冰冻等基础资料。

(4) 地震资料

主要包括地震地质、工程地质、水文地质、地形地貌、土层分布及地震活动性等情况。

(5) 水文资料

主要包括江河湖海水位、流量、流速、水量、洪水淹没界线等。大河两岸城乡应收集流域情况、流域规划、河道整治规划、现有防洪设施。山区城乡应收集山洪、泥石流等基础资料。

(6) 环境资料

主要包括城市的自然环境资料，例如地理位置、生态环境、气象、水文等；城市的社会与经济状况，如人口、国民生产总值等；环境状况的调查分析，如大气、水体、噪声的监测资料、固体废物的来源与历年累计量，对污染的治理状况等；城市生态环境现状分析与功能区划等。

(7) 其他基础资料

《城乡规划法》虽然只勘察、测绘、气象、地震、水文、环境六类基础资料。但是，制定城乡规划还需要其他基础资料，这些基础资料主要包括：城乡历史资料；经济与社会发展资料；城乡人口资料；市域自然资源资料；城乡土地利用资料；工矿企事业单位的现状及规划资料；交通运输资料；各类仓储资料；城乡行政、经济、社会、科技、文教、卫生、商业、金融、涉外等机构以及人民团体的现状和规划资料；建筑物现状资料；工程设施资料；城乡园林、绿地、风景区、文物古迹、优秀近代建筑等资料；城乡人防设施及其他地下建筑物、构筑物等资料。

4. 其他依据

(1) 国民经济和社会发展规划

根据《城乡规划法》第5条规定，城市总体规划、镇总体规划以及乡规划和村庄规划的编制，应当依据国民经济和社会发展规划。国民经济和社会发展规划是全国或者某一地区经济、社会发展的总体纲要，是具有战略意义的指导性规则，因此它也是城乡规划制定的依据。《城乡规划法》第34条规定：城市、县、镇人民政府应当根据国民经济和社会发展规划，制定近期建设规划。另外规定近期建设规划的规划期限为五年，这与国民经济和社会发展规划的期限一致。

(2) 土地利用总体规划

《城乡规划法》第5条规定：城市总体规划、镇总体规划以及乡规划和村庄规划的编制，应当与土地利用总体规划相衔接。土地利用总体规划是在一定区域内，根据国家社会经济可持续发展的要求和当地自然、经济、社会条件，对土地的开发、利用、治理、保护在空间上、时间上所作的总体安排和布局，是国家实行土地用途管制的基础。土地是国家发展的最基本的物质基础，城乡建设离不开土地，我国现在人居土地资源相对较少，土地利用总体规划是国家发展战略规划的重点，因此，城乡规划中的土地利用方面的规划必须与土地利用总体规划协调。

(3) 国家发展方针

城乡规划大部分是国家的行政行为，基本定位为国家的公共政策，而国家公共政策离不开国家发展方针的指导。城乡规划是政治、经济、文化、社会等各方面发展的综合体现，要体现与落实党和国家的方针政策例。如：1980 年 10 月，国家建委在北京召开的全国城市规划工作会议确定了“控制大城市规模，合理发展中等城市，积极发展小城市”的城市发展方针；1989 年国家又将城市发展方针修改为“严格控制大城市规模，合理发展中等城市和小城市”的城市发展方针；这些方针在当时的城乡规划中都有体现。再如，《城乡规划法》第 10 条规定：国家鼓励采用先进的科学技术，增强城乡规划的科学性，提高城乡规划实施及监督管理的效能，这充分体现了中国共产党十六大和十七大提出和发展的科学发展观。

4.2.3　城乡规划的制定主体

参与城乡规划制定的组织和个人很多，例如有编制单位、组织编制机关、审批机关、注册规划师、城市规划委员会、参与意见的公众等。在这些参与者当中，能够对城乡规划承担独立法律责任的主体有组织编制机关、编制单位、注册规划师、审批机关等。根据城乡规划的制定阶段及主体的权利和义务，可以将城乡规划制定主体分为编制主体和确定主体。

1. 城乡规划编制主体

城乡规划的编制主体是指按照法定权限和程序组织或参与城乡规划编制的组织或个人，主要包括城乡规划编制的组织主体和实施主体两大类。

(1) 城乡规划编制的组织主体

城乡规划编制的组织主体是依照法定权限组织有关单位或者个人编制城乡规划的法定主体，在我国主要表现为各级政府及城乡规划行政主管部门，是典型的行政运作模式。我国城乡规划编制的组织主体体系见表 4-1：

我国城乡规划编制的组织主体体系　　　　表 4-1

<table>
<tr><th>城乡规划体系</th><th colspan="3">组织编制主体</th></tr>
<tr><td>全国城镇体系规划</td><td colspan="3">国务院城乡规划主管部门会同国务院有关部门组织编制</td></tr>
<tr><td>省域城镇体系规划</td><td colspan="3">省、自治区人民政府组织</td></tr>
<tr><td rowspan="3">城市规划</td><td>总体规划</td><td colspan="2">城市人民政府负责组织编制城市总体规划（具体编制组织一般工作由城市人民政府城乡规划主管部门承担）</td></tr>
<tr><td rowspan="2">详细规划</td><td>控制性详细规划</td><td>由城市人民政府城乡规划主管部门依据已经批准的城市总体规划组织编制</td></tr>
<tr><td>修建性详细规划</td><td>城市、县人民政府城乡规划主管部门可以组织编制重要地块的修建性详细规划。修建性详细规划由建设单位负责编制</td></tr>
<tr><td rowspan="3">镇规划</td><td>总体规划</td><td colspan="2">县人民政府组织编制县人民政府所在地镇的总体规划。其他镇的总体规划由镇人民政府组织编制</td></tr>
<tr><td rowspan="2">详细规划</td><td>控制性详细规划</td><td>镇人民政府根据镇总体规划的要求，组织编制镇的控制性详细规划。县人民政府所在地镇的控制性详细规划，由县人民政府城乡规划主管部门根据镇总体规划的要求组织编制</td></tr>
<tr><td>修建性详细规划</td><td>镇人民政府可以组织编制重要地块的修建性详细规划。修建性详细规划由建设单位负责编制</td></tr>
</table>

续表

城乡规划体系	组织编制主体
乡规划	乡、镇人民政府组织编制
村庄规划	乡、镇人民政府组织编制
风景名胜区规划	国家级风景名胜区规划由省、自治区人民政府建设主管部门或者直辖市人民政府风景名胜区主管部门组织编制。省级风景名胜区规划由县级人民政府组织编制
历史文化名城、名镇、名村保护规划	历史文化名城人民政府应当组织编制历史文化名城保护规划。历史文化名镇、名村批准公布后，所在地县级人民政府应当组织编制历史文化名镇、名村保护规划
自然保护区规划	国务院环境保护行政主管部门应当会同国务院有关自然保护区行政主管部门，在对全国自然环境和自然资源状况进行调查和评价的基础上，拟订国家自然保护区发展规划。自然保护区管理机构或者该自然保护区行政主管部门应当组织编制自然保护区的建设规划

（2）城乡规划编制的实施主体

城乡规划编制的实施主体是指具有法定资格，受城乡规划编制组织主体委托具体负责编制城乡规划工作的编制单位。它与城乡规划编制组织主体的关系是受托和委托的关系。城乡规划是一项技术性很强的系统工程，我国对城乡规划编制单位实行资质准入制度。城乡规划编制单位经国务院城乡规划主管部门或者省、自治区、直辖市人民政府城乡规划主管部门依法审查合格，取得相应等级的资质证书后，方可在资质等级许可的范围内从事城乡规划编制工作。

为实施《城乡规划法》的规定，国务院住房城乡建设部制定《城乡规划编制单位资质管理规定》（住房城乡建设部令第 12 号），于 2012 年 9 月 1 日开始生效，原建设部 2001 年 1 月 23 日发布的《城市规划编制单位资质管理规定》（建设部令第 84 号）同时废止。根据《城乡规划编制单位资质管理规定》，城乡规划编制单位资质分为甲级、乙级、丙级。省、自治区、直辖市人民政府城乡规划主管部门可以根据实际情况，设立专门从事乡和村庄规划编制单位的资质，并将资质标准报国务院城乡规划主管部门备案。

城乡规划编制单位的高级职称技术人员或注册规划师年龄应当在 70 岁以下，其中，甲级城乡规划编制单位 60 岁以上高级职称技术人员或注册规划师不应超过 4 人，乙级城乡规划编制单位 60 岁以上高级职称技术人员或注册规划师不应超过 2 人。城乡规划编制单位的其他专业技术人员年龄应当在 60 岁以下。高等院校的城乡规划编制单位中专职从事城乡规划编制的人员不得低于技术人员总数的 70%。

城乡规划编制单位甲级资质许可，由国务院城乡规划主管部门实施。城乡规划编制单位申请甲级资质的，应当向登记注册所在地省、自治区、直辖市人民政府城乡规划主管部门提出申请。省、自治区、直辖市人民政府城乡规划主管部门应当自受理申请之日起 20 日内初审完毕并将初审意见和申请材料报国务院城乡规划主管部门。国务院城乡规划主管部门应当自受理申请材料之日起 20 日内完成审查，公示审查意见，公示时间为 10 日。城乡规划编制单位对审查结果有异议的，可以进行陈述申辩。城乡规划编制单位乙级、丙级资质许可，由登记注册所在地省、自治区、直辖市人民政府城乡规划主管部门实施。资质许可的实施办法由省、自治区、直辖市人民政府城乡规划主管部门依法确定。省、自治区、直辖市人民政府城乡规划主管部门应当自做出决定之日起30日内，将准予资质许可的决定报国务院城乡规划主管部门备案。资质许可机关做出准予资质许可的决定，应当予以公告，公众有权查阅。城乡规划编制单位初次申请，其申请资质等级最高不超过乙级。乙级、丙级城乡规划编制单位取得资质证书满2年后，可以申请高一级别的城乡规划编制单位资质。

甲级城乡规划编制单位承担城乡规划编制业务的范围不受限制。乙级城乡规划编制单位可以在全国承担下列业务：①镇、20万现状人口以下城市总体规划的编制；②镇、登记注册所在地城市和100万现状人口以下城市相关专项规划的编制；③详细规划的编制；④乡、村庄规划的编制；⑤建设工程项目规划选址的可行性研究。丙级城乡规划编制单位可以在全国承担下列业务：①镇总体规划（县人民政府所在地镇除外）的编制；②镇、登记注册所在地城市和20万现状人口以下城市的相关专项规划及控制性详细规划的编制；③修建性详细规划的编制；④乡、村庄规划的编制；⑤中、小型建设工程项目规划选址的可行性研究。

2. 城乡规划的确定主体

城乡规划的确定主体是指按照法定权限和程序对已编制完成的城乡规划草案进行审查，决定其是否具有法定效力的法定主体。在我们国家，城乡规划的确定主体包括审议主体、审查主体和审批主体。审议主体是指对已完成的城乡规划草案在报批前审议的有关国家权力机关（人大和人大常委会）；审查主体是指对已完成的城乡规划草案在报批前审查的有关政府机关；审批主体是指对已编制完成的城乡规划草案进行审查，决定其是否具有最终法定效力的法定主体。

根据《城乡规划法》，我国城乡规划的确定主体体系具体见表4-2：

我国城乡规划的确定主体体系 **表4-2**

<table>
<tr><th colspan="3">城乡规划体系</th><th>审议主体</th><th>审查主体</th><th>审批主体</th></tr>
<tr><td colspan="3">全国城镇体系规划</td><td>无</td><td>无</td><td>国务院城乡规划主管部门报国务院审批</td></tr>
<tr><td colspan="3">省域城镇体系规划</td><td>先经本级人民代表大会常务委员会审议</td><td>无</td><td>国务院审批</td></tr>
<tr><td rowspan="3">城市规划</td><td colspan="2">总体规划</td><td>城市、县人民政府组织编制的总体规划，在报上一级人民政府审批前，应当先经本级人民代表大会常务委员会审议</td><td>省、自治区人民政府所在地的城市以及国务院确定的城市的总体规划，由省、自治区人民政府审查同意</td><td>直辖市的城市总体规划由直辖市人民政府报国务院审批。省、自治区人民政府所在地的城市以及国务院确定的城市的总体规划，报国务院审批。其他城市的总体规划，由城市人民政府报省、自治区人民政府审批</td></tr>
<tr><td rowspan="2">详细规划</td><td>控制性详细规划</td><td>无</td><td>无</td><td>经本级人民政府批准</td></tr>
<tr><td>修建性详细规划</td><td>无</td><td>无</td><td>需要建设单位编制修建性详细规划的建设项目，应当提交修建性详细规划。对符合控制性详细规划和规划条件的，由城市、县人民政府城乡规划主管部门或者省、自治区、直辖市人民政府确定的镇人民政府核发建设工程规划许可证</td></tr>
</table>

续表

城乡规划体系			审议主体	审查主体	审批主体
镇规划	总体规划		先经镇人民代表大会审议	无	镇人民政府组织编制的镇总体规划，报上一级人民政府审批
	详细规划	控制性详细规划	无	无	报镇人民政府上一级人民政府审批
		修建性详细规划	无	无	需要建设单位编制修建性详细规划的建设项目，应当提交修建性详细规划。对符合控制性详细规划和规划条件的，由城市、县人民政府城乡规划主管部门或者省、自治区、直辖市人民政府确定的镇人民政府核发建设工程规划许可证
乡规划			无	无	报乡镇上一级人民政府审批
村庄规划			无	无	报乡镇上一级人民政府审批
风景名胜区规划	总体规划		无	国家级风景名胜区的总体规划由省、自治区、直辖市人民政府审查	国家级风景名胜区的总体规划，报国务院审批；省级风景名胜区的总体规划，由省、自治区、直辖市人民政府审批
	详细规划		无	无	国家级风景名胜区的详细规划，由省、自治区人民政府建设主管部门或者直辖市人民政府风景名胜区主管部门报国务院建设主管部门审批；省级风景名胜区的详细规划，由省、自治区人民政府建设主管部门或者直辖市人民政府风景名胜区主管部门审批
历史文化名城、名镇、名村保护规划			无	无	历史文化名城保护规划由省、自治区、直辖市人民政府审批；历史文化名镇、名村保护规划由省、自治区、直辖市人民政府审批
自然保护区规划			无	国家自然保护区发展规划经国务院计划部门综合平衡	国家自然保护区发展规划，经国务院计划部门综合平衡后，报国务院批准实施 自然保护区管理机构或者该自然保护区行政主管部门应当组织编制自然保护区的建设规划，按照规定的程序纳入国家的、地方的或者部门的投资计划，并组织实施

通过上表的归纳，可以看出，我国的审批主体基本是以国家各级政府为主，部分规划需要国家权力机关——人民代表大会或其常委会的审议❶。总的来说，我国城乡规划实行

❶ 在《城乡规划法草案》中，规定人民代表大会或其常委会对城乡规划草案有审查权。全国人大常委会李明豫委员说在审议时认为："权力机关审查决定的事项报上级行政机关审批，好像和宪法上对权力机关和行政机关职能的规定不太符合。所以，这个审批程序建议再很好地推敲一下。如果把"审查同意"改为"审议"可能合适一些，这样人大行使的是监督权。"

的是行政审批体制。

3. 城乡规划专业人员——注册规划师

注册规划师是从事城乡规划工作的专业人士。注册规划师不是接受城乡规划编制组织主体委托，进行城乡规划编制的独立主体，只是城乡规划制定主体的组成人员。根据建设部1999年颁布的《注册城市规划师执业资格制度暂行规定》，城市规划部门和单位，应在其相应的城市规划编制、审批，城市规划实施管理，城市规划政策法规研究制定，城市规划技术咨询，城市综合开发策划等关键岗位配备注册城市规划师。前文讲述的城乡规划编制单位资质标准也充分体现了这一点。另外，《注册城市规划师执业资格制度暂行规定》第17条规定：注册城市规划师对所经办的城市规划工作成果的图件、文本以及建设用地和建设工程规划许可文件有签名盖章权，并承担相应的法律和经济责任❶。从规划原理的角度，注册规划师作为专业人士，从专业主导城乡规划的编制和确定，据此，作为主要的专业人员，应该在法律上享有或承担特殊的权利或义务。虽然他不是城乡规划制定的独立主体，但享有一定独立权利或义务，因此，在这里我们将单独介绍城乡规划师职业资格制度。因为缺少统一的城乡规划职业资格制度，本部分只介绍注册城市规划师职业资格制度。❷

（1）注册城市规划师的界定

注册城市规划师是指通过全国统一考试，取得注册城市规划师执业资格证书，并经注册登记后从事城市规划业务工作的专业技术人员。注册城市规划师执业资格制度属职业资格证书制度范畴，纳入专业技术人员执业资格制度的统一规划，由国家确认批准。

（2）成为注册城市规划师的条件

成为注册城市规划师应满足三个基本条件：其一，遵纪守法，遵守职业道德，身体健康的人员；其二，已取得注册城市规划师执业资格证书；其三，经过注册登记。

（3）注册城市规划师执业资格

我国从1997年开始准备实施城市规划师职业资格，1999年《注册城市规划师执业资格制度暂行规定》、《注册城市规划师执业资格认定办法》颁布后正式实施。2000年《注册城市规划师执业资格考试实施办法》取代《注册城市规划师执业资格认定办法》，将注册城市规划师执业资格取得的考试制度推入正轨。有关注册城市规划师执业资格认定制度的内容详见下述文件。

2017年5月22日人力资源社会保障部和住房城乡建设部以人社部规〔2017〕6号发布了《关于印发〈注册城乡规划师职业资格制度规定〉和〈注册城乡规划师职业资格考试实施办法〉的通知》。通知规定，自本通知发布之日起，原人事部、原建设部发布的《关于印发〈注册城市规划师执业资格制度暂行规定〉及〈注册城市规划师执业资格认定办法〉的通知》（人发〔1999〕39号）和《关于印发〈注册城市规划师执业资格考试实施办

❶ 这里的法律责任和经济责任实际上应统称为法律责任，应包括刑事、民事、行政责任。经济责任不是一个严格意义上的法律术语，这里的经济责任一般理解为规划师对于自己过错造成的经济损失应承担的赔偿责任。对于城市规划师的这种责任是否包括对于其本人所属单位以外的第三者造成损害的连带赔偿责任，现在我国法理和实践开始支持连带赔偿责任的观点。如国家安全生产监督管理局2004年颁布的《注册安全工程师注册管理办法》规定：注册安全工程师在执业中，因其过失给当事人造成损失的，由其聘用单位承担连带赔偿责任。

❷ 从实践连续性要求来说，将来的注册城乡规划师资格制度将主要参考现在的注册城市规划师资格制度。

法》的通知》(人发〔2000〕20号),原人事部办公厅、原建设部办公厅发布的《关于注册城市规划师执业资格认定工作及有关问题的通知》(人办发〔1999〕121号)和《关于注册城市规划师执业资格考试报名补充规定的通知》(人办发〔2001〕38号)同时废止。

4.2.4 城乡规划制定程序概述

1. 城乡规划的编制程序

城乡规划制定的基本程序包括编制和确定程序。《城乡规划法》对此作了概略的规定:城乡规划组织编制主体组织编制——报批前公众参与——法定主体审议、审查——审批主体组织审查——审批主体审批——已通过的城乡规划备案——公布已批准通过的城乡规划成果。本节主要根据《城乡规划法》,结合2005年颁布的《城市规划编制办法》、2014年《广东省城市控制性详细规划管理条例》等文件及城乡规划的实践来讲述城乡规划编制程序。

(1) 城乡规划总体规划的编制程序

《城乡规划法》对于城乡总体规划没有制定详细的程序。而《城市规划编制办法》特别对城市总体规划的编制程序作了规定,在这里只根据《城市规划编制办法》讲城市总体规划的编制程序,其他规划中总体规划的编制程序可参考该程序。根据《城市规划编制办法》,城市总体规划的编制程序具体如下:

1) 前期研究。规划前,应当对现行城市总体规划以及各专项规划的实施情况进行总结,对基础设施的支撑能力和建设条件做出评价;针对存在问题和出现的新情况,从土地、水、能源和环境等城市长期的发展保障出发,依据全国城镇体系规划和省域城镇体系规划,着眼区域统筹和城乡统筹,对城市的定位、发展目标、城市功能和空间布局等战略问题进行前瞻性研究,作为城市总体规划编制的工作基础。

2) 编制工作报告。

3) 编制城市总体规划纲要。

4) 编制城市总体规划成果并报批。

(2) 城乡详细规划的编制程序

《城乡规划法》没有对各类型城乡规划的详细规划作具体规定,《城市规划编制办法》也没有详细规定,而许多地方对城市控制性详细规划有明确规定,如《广东省城市控制性详细规划管理条例》。不过对于修建性详细规划迄今还没有规范文件进行详细规定。

城乡规划的编制程序一般包括城乡规划组织编制主体制订编制计划、前期研究、选定编制单位编制草案、对编制单位编制的草案审查、征询公众意见、制定审议和审查草案。

2. 城乡规划的确定程序

《城乡规划法》对城乡规划的审批程序规定比较简单概括,主要包括审议、审查审批、备案、公布等。

(1) 城乡规划审查程序

城乡规划审查程序是指在审批前法定审查主体根据职权对城乡规划编制组织主体报送的城乡规划草案进行审查的阶段和步骤。我国《城乡规划法》对我国大多数类型的规划规定了审查制度,但是并没有具体规定审查程序,需要进一步立法完善。根据《城乡规划法》、《风景名胜区条例》、《自然保护区条例》等有关文件,需要审查的规划具体如下:

1) 省、自治区人民政府所在地的城市以及国务院确定的城市的总体规划,由省、自治区人民政府审查同意后，报国务院审批。

2）村庄规划在报送审批前，应当经村民会议或者村民代表会议讨论同意。

3）国家级风景名胜区规划总体规划由省、自治区、直辖市人民政府审查，报国务院审批。

4）国家自然保护区发展规划，经国务院计划部门综合平衡后，报国务院批准实施。

（2）审议程序

城乡规划的审议程序是指国家权力机关依法对城乡规划草案按权力机关的议事规则进行审议的阶段和步骤。根据《城乡规划法》、《风景名胜区条例》、《自然保护区条例》等有关文件，需要审议的规划具体如下：

1）省、自治区人民政府组织编制的省域城镇体系规划，城市、县人民政府组织编制的总体规划，在报上一级人民政府审批前，应当先经本级人民代表大会常务委员会审议，常务委员会组成人员的审议意见交由本级人民政府研究处理。

2）镇人民政府组织编制的镇总体规划，在报上一级人民政府审批前，应当先经镇人民代表大会审议，代表的审议意见交由本级人民政府研究处理。

对于审议意见的处理，根据《城乡规划法》，组织编制机关报送审批省域城镇体系规划、城市总体规划或者镇总体规划时，应当将本级人民代表大会常务委员会组成人员或者镇人民代表大会代表的审议意见和根据审议意见修改规划的情况一并报送。

（3）审批程序

城乡规划审批程序是指法定审批机关依法对城乡规划草案及有关参与公众意见、审议意见进行审查，决定其最终效力的程序。《城乡规划法》第 27 条规定：省域城镇体系规划、城市总体规划、镇总体规划批准前，审批机关应当组织专家和有关部门进行审查[1]。实践中我国早已实行类似制度，很多城市总体规划在批准前进行了专家论证[2]。不过《城乡规划法》没有对该审查意见的效力作明确规定，如果城乡规划草案在该类审查如果没有通过，或者审查意见认为有重大缺陷，是否意味着不批准城乡规划草案。这有待于立法进一步明确。

（4）备案程序

备案制度是指依照法定程序报送有关机关备案，对符合法定条件的，有关机关应当予以登记的法律性要求。《城乡规划法》对于已批准的城乡规划实行备案制度。根据《城乡规划法》、《风景名胜区条例》等文件，需要备案的城乡规划具体如下：

1）城市人民政府城乡规划主管部门根据城市总体规划的要求，组织编制城市的控制性详细规划，经本级人民政府批准后，报本级人民代表大会常务委员会和上一级人民政府备案。

2）镇人民政府根据镇总体规划的要求，组织编制镇的控制性详细规划，报上一级人

---

[1] 《城乡规划法》审议稿没有该条规定，比较类似的是审议稿第十四条，它规定：“规划审批机关应当委托具备相应资质的单位对上报的规划方案进行技术评审，未经评审或者未通过评审的，规划审批机关不得批准”。《城乡规划法》第二十七条的规定相对于审议稿第十四条更合理，因为各部门以及各方面的专家比城乡规划编制单位的人员代表性更广泛；另外，由一个编制单位对另一个编制单位编制的方案进行评审并不合理。

[2] 例如《苏州市城市总体规划（2007—2020）》，江苏省政府在审批前委派了专家组进行论证，2007 年 7 月 30 日论证通过。

民政府审批。县人民政府所在地镇的控制性详细规划，由县人民政府城乡规划主管部门根据镇总体规划的要求组织编制，经县人民政府批准后，报本级人民代表大会常务委员会和上一级人民政府备案。

3）省级风景名胜区的总体规划，由省、自治区、直辖市人民政府审批，报国务院建设主管部门备案。

（5）公布程序

根据《城乡规划法》第 8 条规定："城乡规划组织编制机关应当及时公布经依法批准的城乡规划。但是，法律、行政法规规定不得公开的内容除外。"该法条确定了我国城乡规划的公示制度。根据该条规定，城乡规划公布的主体是组织编制机关；公布的时间是批准后及时[1]；公布的内容是经批准的城乡规划全部内容，但是，法律、行政法规规定不得公开的内容除外，非公开的内容一般是涉及国家秘密的内容；至于公布的方式，《城乡规划法》没有规定，一般是在当地公开发行的新闻媒介上公示。

4.2.5 城乡规划的基本内容

1. 省域城镇体系规划的基本内容

根据《城乡规划法》，省域城镇体系规划的内容应当包括：城镇空间布局和规模控制，重大基础设施的布局，为保护生态环境、资源等需要严格控制的区域。

2. 城镇总体规划的基本内容

城市总体规划、镇总体规划的内容应当包括：城市、镇的发展布局，功能分区，用地布局，综合交通体系，禁止、限制和适宜建设的地域范围，各类专项规划等。规划区范围、规划区内建设用地规模、基础设施和公共服务设施用地、水源地和水系、基本农田和绿化用地、环境保护、自然与历史文化遗产保护以及防灾减灾等内容，应当作为城市总体规划、镇总体规划的强制性内容。

3. 乡村规划的基本内容

乡规划、村庄规划的内容应当包括：规划区范围，住宅、道路、供水、排水、供电、垃圾收集、畜禽养殖场所等农村生产、生活服务设施、公益事业等各项建设的用地布局、建设要求，以及对耕地等自然资源和历史文化遗产保护、防灾减灾等的具体安排。乡规划还应当包括本行政区域内的村庄发展布局。

4.2.6 城乡规划的期限

《城乡规划法》对于城乡规划没有从总体的角度规定实施期限，仅就城镇总体规划和近期规划作了规定。根据《城乡规划法》，城市总体规划、镇总体规划的规划期限一般为 20 年，城市总体规划还应当对城市更长远的发展做出预测性安排；近期建设规划的规划期限为 5 年。

根据《省域城镇体系规划编制审批办法》，城镇体系规划的期限一般为 20 年。根据《村镇规划编制办法（试行）》，村镇总体规划的期限一般为 10～20 年；村镇建设规划的期限一般为 10～20 年，宜与总体规划一致；村镇近期建设规划的期限一般为 3～5 年。对于详细规划和专项规划，全国性的法律规范没有有关规定，一般来说应该在总体规划期限内或与总体规划的期限一致。

---

[1] 对于"及时"怎么理解，《城乡规划法》没有界定，笔者认为应该是批准日起 2～3 日。

4.2.7　城乡规划的修改

1. 省域城镇体系规划、城市总体规划及镇总体规划修改

（1）修改的条件

根据《城乡规划法》第47条规定，有下列情形之一的，组织编制机关方可按照规定的权限和程序修改省域城镇体系规划、城市总体规划、镇总体规划：①上级人民政府制定的城乡规划发生变更，提出修改规划要求的；②行政区划调整确需修改规划的；③因国务院批准重大建设工程确需修改规划的；④经评估确需修改规划的；⑤城乡规划的审批机关认为应当修改规划的其他情形。

（2）修改的程序

修改省域城镇体系规划、城市总体规划、镇总体规划前，组织编制机关应当对原规划的实施情况进行总结，并向原审批机关报告；修改涉及城市总体规划、镇总体规划强制性内容的，应当先向原审批机关提出专题报告，经同意后，方可编制修改方案。修改后的省域城镇体系规划、城市总体规划、镇总体规划，应当依照《城乡规划法》第13条、第14条、第15条和第16条规定的城乡规划制定审批程序报批。

2. 修改控制性详细规划

修改控制性详细规划的，组织编制机关应当对修改的必要性进行论证，征求规划地段内利害关系人的意见，并向原审批机关提出专题报告，经原审批机关同意后，方可编制修改方案。修改后的控制性详细规划，应当依照《城乡规划法》第19条、第20条规定的控制性详细规划制定的审批程序报批。控制性详细规划修改涉及城市总体规划、镇总体规划的强制性内容的，应当先修改总体规划。

3. 乡规划、村庄规划的修改

修改乡规划、村庄规划的，应当依照《城乡规划法》第22条规定的乡规划、村庄规划制定的审批程序报批。

4. 近期建设规划的修改

城市、县、镇人民政府修改近期建设规划的，应当将修改后的近期建设规划报总体规划审批机关备案。

5. 城乡规划修改补偿制度

《城乡规划法》第50条规定了城乡规划修改给利害关系人造成损害的补偿制度。具体内容如下：在选址意见书、建设用地规划许可证、建设工程规划许可证或者乡村建设规划许可证发放后，因依法修改城乡规划给被许可人合法权益造成损失的，应当依法给予补偿。经依法审定的修建性详细规划、建设工程设计方案的总平面图不得随意修改；确需修改的，城乡规划主管部门应当采取听证会等形式，听取利害关系人的意见；因修改给利害关系人合法权益造成损失的，应当依法给予补偿。

4.2.8　我国城乡规划公众参与制度的历程

1. 试点阶段

早在20世纪90年代初，部分城市开始探索城市规划的公众参与，例如广东省中山市将小区规划、雕塑作品、滨江规划进行展示，听取公众意见，让市民投票，并按比例纳入影响决策的总分。

2. 地方立法阶段

经过试点示范以及经验总结，部分地方开始立法，将公众参与纳入法制轨道。例如1998年实施的《深圳市城市规划条例》，该条例第13条规定："市政府应组织制定全市发展策略，指导全市总体规划的编制。全市总体规划由市政府组织编制，市规划委员会在审议全市总体规划草案前，应将规划草案内容公开展览30日，征集社会各界和公众的意见。市规划委员会应对意见进行全面审议，吸收科学合理的意见。"20世纪90年代和21世纪初，大量的地方城乡规划立法都规定了公众参与程序。

3. 全国行政规章立法阶段

在地方试点的基础上，2005年建设部通过的《城市规划编制办法》在全国范围内将公众参与程序纳入立法。《城市规划编制办法》第16条规定："在城市总体规划报送审批前，城市人民政府应当依法采取有效措施，充分征求社会公众的意见。在城市详细规划的编制中，应当采取公示、征询等方式，充分听取规划涉及的单位、公众的意见。对有关意见采纳结果应当公布。"

4.《城乡规划法》统一阶段

在地方立法和行政立法的基础上，2007年10月28日全国人大常委会颁布了《城乡规划法》，以法律的形式将城乡规划公众参与制度确定下来，具体规定如下：

其第26条规定："城乡规划报送审批前，组织编制机关应当依法将城乡规划草案予以公告，并采取论证会、听证会或者其他方式征求专家和公众的意见。公告的时间不得少于三十日。组织编制机关应当充分考虑专家和公众的意见，并在报送审批的材料中附具意见采纳情况及理由。"

其第46条规定："省域城镇体系规划、城市总体规划、镇总体规划的组织编制机关，应当组织有关部门和专家定期对规划实施情况进行评估，并采取论证会、听证会或者其他方式征求公众意见。组织编制机关应当向本级人民代表大会常务委员会、镇人民代表大会和原审批机关提出评估报告并附具征求意见的情况。"

其第48条规定："修改控制性详细规划的，组织编制机关应当对修改的必要性进行论证，征求规划地段内利害关系人的意见，并向原审批机关提出专题报告，经原审批机关同意后，方可编制修改方案……"

其第50条规定："……经依法审定的修建性详细规划、建设工程设计方案的总平面图不得随意修改；确需修改的，城乡规划主管部门应当采取听证会等形式，听取利害关系人的意见……"

4.3 城乡规划的实施制度

城乡规划实施，指的是城乡规划行政主管部门根据城乡规划法律规范和已批准的城乡规划，对城乡规划区内各项建设用地和建设活动进行规划审查，并核发规划许可的行政行为❶。因此，城乡规划的实施是把城乡规划的内容付诸现实的活动。城乡规划实施管理行政许可主要表现为"一书三证"，即建设项目选址意见书、建设用地规划许可证、建设工程规划许可证和乡村建设规划许可证。城乡规划行政主管部门通过"一书三证"，根据依

❶ 耿毓修：《城市规划管理与法规》，东南大学出版社，2004版，第120页。

法审批的城乡规划和有关法律规范，对各项建设用地和各类工程建设进行组织、控制、引导和协调，将其纳入城乡规划的轨道。

"一书三证"构成我国城乡规划实施管理的主要法定手段和形式，依法核发"一书三证"是《城乡规划法》赋予城乡规划行政主管部门的法定职责，各类建设工程必须严格实行规划许可制度，不得以政府文件、会议纪要、领导批示等形式取代。这一许可制度是确保开发建设符合规划的关键环节，基本上保证了规划区内的土地利用和各项建设依照规划实施，避免了城市混乱无序发展。

4.3.1　城乡规划的实施概述

1. 城乡规划实施评估制度

《城乡规划法》第46条规定，省域城镇体系规划、城市总体规划、镇总体规划的组织编制机关，应当组织有关部门和专家定期对规划实施情况进行评估，并采取论证会、听证会或者其他方式征求公众意见。组织编制机关应当向本级人民代表大会常务委员会、镇人民代表大会和原审批机关提出评估报告并附具征求意见的情况。该条确定了我国将实行城乡规划评估制度，对于省域城镇体系规划、城市总体规划、镇总体规划，其组织编制机关应当组织有关部门和专家定期对规划实施情况进行评估，并采取论证会、听证会或者其他方式征求公众意见。组织编制机关应当向本级人民代表大会常务委员会、镇人民代表大会和原审批机关提出评估报告并附具征求意见的情况。

2. 城乡规划实施的依据

城乡规划主管部门在实施城乡规划时，必须坚持依法行政，贯彻执行与城乡规划法相关的法律规范，坚持先规划后建设。城乡规划法规是按照国家立法程序所制定的关于城乡规划编制、审批和实施管理的法律、行政法规、部门规章、地方法规和地方规章的总称。以《城乡规划法》为核心法、以相关法律、行政法规和部门规章，地方性法规和技术规范为内容的城乡规划法规体系，包括：与城乡规划相关的法律规范、已制定的城乡规划、技术标准依据和政策，均为城乡规划实施的主要依据。以山东省城市规划协会訾龙亮主编的《城市规划工作手册》为例，其将城市规划编制和实施的主要依据划分为：法律、行政法规、地方性法规、部门规章、政府规章、规范性文件、规划与标准、国际文献八个部分。

3. 地方各级人民政府实施城乡规划时应遵守的原则

《城乡规划法》第28条规定了保障城乡规划实施的基本原则，即："地方各级人民政府应当根据当地经济社会发展水平，量力而行，尊重群众意愿，有计划、分步骤地组织实施城乡规划"。根据《城乡规划法》第29条的规定，城市的建设和发展，应当优先安排基础设施以及公共服务设施的建设，妥善处理新区开发与旧区改建的关系，统筹兼顾进城务工人员生活和周边农村经济社会发展、村民生产与生活的需要。镇的建设和发展，应当结合农村经济社会发展和产业结构调整，优先安排供水、排水、供电、供气、道路、通信、广播电视等基础设施和学校、卫生院、文化站、幼儿园、福利院等公共服务设施的建设，为周边农村提供服务。乡、村庄的建设和发展，应当因地制宜、节约用地，发挥村民自治组织的作用，引导村民合理进行建设，改善农村生产、生活条件。地方各级人民政府实施城乡规划时应当遵守的原则主要有[1]：

---

[1] 吴高盛：《中华人民共和国城乡规划法释义》，中国法制出版社，2007版，第64页到第65页。

(1) 根据当地经济社会发展水平实施城乡规划的原则

经济社会发展水平，是指地方各级人民政府管辖范围内的社会生产力发展水平以及由生产力发展水平所决定的产业结构的基本情况、当地市场的发育情况。当地市场的发育情况与当地的经济社会发展水平有着密切的联系。地方的经济社会发展水平是确保城乡规划得以全面实施的重要条件。因此，本原则是城乡规划实施的一条总原则。

科学的城乡规划体现了党的十七大提出的"城乡、区域协调互动发展机制基本形成"的目标要求。各地在制定城乡规划的过程中应统筹考虑城市、镇、乡和村庄发展，根据各类规划的内容要求和特点，编制好相关规划。实施城乡规划时，要根据城乡特点，强化对乡村规划建设的管理，完善乡村规划许可制度，坚持便民利民和以人为本。

(2) 量力而行的原则

本原则指的是，指的是地方各级人民政府实施城乡规划时，在当地经济社会发展水平的情况下，根据本地区的人力、物力、财力等实际情况，实事求是地提出实施城乡规划的工作思路，制定切实可行的奋斗目标。这一原则体现了唯物主义的认识论，是科学发展观及构建和谐社会的要求。

(3) 尊重群众意愿的原则

本原则指的是，地方各级人民政府实施城乡规划时在根据当地经济社会发展水平的情况下，要端正对人民群众的态度，虚心接受群众监督，充分听取人民群众的意见，要有民主作风，不能粗暴强制推行。尊重群众意愿，是我党分群众路线的重要体现，是构建和谐社会的重要基础。

坚持把维护公共利益、促进社会公平、关注和改善民生，作为实施城乡规划的重要目标；要按照《城乡规划法》的有关要求，落实党的十七大提出的加快推进以改善民生为重点的社会建设的重要战略部署，在实施城乡规划时进一步重视社会公正和改善民生。要有效配置公共资源，合理安排城市基础设施和公共服务设施，改善人居环境，方便群众生活。要关注中低收入阶层的住房问题，做好住房建设规划。要加强对公共安全的研究，提高城乡居民点的综合防灾减灾能力。

(4) 有计划、分步骤地组织实施的原则

本原则指的是，实施城乡规划时在根据当地经济社会发展水平的情况下，要制定落实城乡规划的具体实施意见和配套措施，要确定不同阶段的工作重点和工作方向，要分阶段、分步骤地扎扎实实地给予落实。

4. 城市新区开发和旧区建设的规划要求

(1) 新区开发的规划要求

新区开发，是指在城市建成区之外，集中成片地在一定规模的地段内，通过统一规划，合理布局、配套建设、综合开发，进行城市建设的一种活动。新区开发伴随着城市经济和社会发展，城市规模扩大，为了进一步满足城市生产、生活的需求，而逐步地发展起来。它是目前城市建设和发展的主要途径和重要组成部分。城市新区的开发和建设，应当合理确定建设规模和时序，充分利用现有市政基础设施和公共服务设施，严格保护自然资源和生态环境，体现地方特色。在城市总体规划、镇总体规划确定的建设用地范围以外，不得设立各类开发区和城市新区。

(2) 旧区改建的规划要求

旧区改建，是指在建成区内，对不能适应城市经济、社会发展的地区进行改造，对有保护价值的文物古迹、传统街区进行保护、利用，以改造、保护、发挥建成区的潜力、功能而进行的一种建设活动。城市旧区是长期发展过程中，逐步形成的进行各类政治、经济、文化活动的聚集地区。城市旧区体现了各个历史阶段的发展，具有较强的吸引力，但同时，也遗留下种种弊端。例如，许多城市旧区布景混乱、房屋破旧、居住拥挤、交通阻塞、环境污染、市政公用设施短缺，也不能适用，甚至妨碍了城市经济、社会的进一步发展。因此，只有通过旧区改建，才能挖掘旧区的潜力，发挥出它固有的优势，真正地实施城市总体规划的设想，实现城市的经济和社会发展目标。

《城乡规划法》第 31 条的规定："旧城区的改建，应当保护历史文化遗产和传统风貌，合理确定拆迁和建设规模，有计划地对危房集中、基础设施落后等地段进行改建。历史文化名城、名镇、名村的保护以及受保护建筑物的维护和使用，应当遵守有关法律、行政法规和国务院的规定。"

无论是新区开发，还是旧区改建，还是各个建设项目的具体安排，都是为了实施城市规划。因此，城市新区开发和旧区改建必须坚持统一规划、合理布局、因地制宜、综合开发、配套建设的原则。各项建设工程的选址、定点，不得妨碍城市的发展，危害城市的安全，污染和破坏城市环境，影响城市各项功能的协调。

5. 近期建设规划的要求

近期建设规划，是落实城镇总体规划的必要、重要步骤，是城镇近期建设项目安排的依据。根据《城乡规划法》第 34 条，城市、县、镇人民政府应当根据城市总体规划、镇总体规划、土地利用总体规划和年度计划以及国民经济和社会发展规划，制定近期建设规划，报总体规划审批机关备案。

近期建设规划应当以重要基础设施、公共服务设施和中低收入居民住房建设以及生态环境保护为重点内容，明确近期建设的时序、发展方向和空间布局。近期建设规划的规划期限为五年。根据《近期建设规划工作暂行办法》，城乡规划行政主管部门向规划设计单位和建设单位提供规划设计条件，审查建设项目，核发建设项目选址意见书、建设用地规划许可证、建设工程规划许可证，必须符合近期建设规划。

6. 城市地下空间利用的规划要求

城市地下空间规划是城市规划的重要组成部分。各级人民政府在组织编制城市总体规划时，应根据城市发展的需要，编制城市地下空间开发利用规划。各级人民政府在编制城市详细规划时，应当依据城市地下空间开发利用规划对城市地下空间开发利用做出具体规定。城市地下空间开发利用规划的主要内容包括：地下空间现状及发展预测，地下空间开发战略，开发层次、内容、期限，规模与布局，以及地下空间开发实施步骤等。

城市地下空间的工程建设必须符合城市地下空间规划，服从规划管理。附着地面建筑进行地下工程建设，应随地面建筑一并向城市规划行政主管部门申请办理选址意见书、建设用地规划许可证、建设工程规划许可证。独立开发的地下交通、商业、仓储、能源、通信、管线、人防工程等设施，应持有关批准文件、技术资料，依据《城乡规划法》的有关规定，向城市规划行政主管部门申请办理选址意见书、建设用地规划许可证、建设工程规划许可证。

城市地下空间的开发和利用，应当与经济和技术发展水平相适应，遵循统筹安排、综合开发、合理利用的原则，充分考虑防灾减灾、人民防空和通信等需要，并符合城市规划，履行规划审批手续。

7. 保护风景名胜资源和公共设施用地的规划要求

根据《城乡规划法》第32条规定，城乡建设和发展实施城乡规划过程中应当严格保护和合理利用风景名胜资源；统筹安排风景名胜区及周边镇、乡，村庄的建设；风景名胜区的规划、建设和管理，应当遵守有关法律、行政法规和国务院的规定。

根据《城乡规划法》第35条规定，城乡规划确定的铁路、公路、港口、机场、道路、绿地、输配电设施及输电线路走廊、通信设施、广播电视设施、管道设施、河道、水库、水源地、自然保护区、防汛通道、消防通道、核电站、垃圾填埋场及焚烧厂、污水处理厂和公共服务设施的用地以及其他需要依法保护的用地，禁止擅自改变用途。

4.3.2 建设项目选址意见书

1. 建设项目选址意见书的概念

建设项目选址意见书，指的是在建设工程前期可行性研究阶段，由城市规划行政主管部门依已被批准的城市规划对工程选址和布局做出要求的法定文件。[1] 通过建设项目选址意见书的核发，既可以从规划上对建设项目加以引导和控制，充分合理利用现有土地资源，避免无序建设；又可以为项目审批或核准提供依据，有利于从源头上把好项目开工建设关，维护投资建设秩序，促进国民经济又好又快发展。

2. 建设项目选址意见书的适用范围

1978年国家计委、国家建委、财政部颁发的《关于基本建设程序的若干规定》中规定了，建设项目要认真调查原料、工程地质、水文地质、能源等条件，必须慎重选择建设地点，凡在城市辖区选点的，要取得城市规划部门的同意，并且要有协议文件。《城市规划法》第30条规定，城市规划区内的建设工程的选址和布局必须符合城市规划。设计任务书报请批准时，必须附有城市规划行政主管部门的选址意见书。选址意见书制度正是通过法律的形式将选址的规划管理固定下来，使设计任务书的编制符合城市规划要求，保证城市规划的实施。

新《城乡规划法》修改了《城市规划法》，在其36条规定："按照国家规定需要有关部门批准或者核准的建设项目，以划拨方式提供国有土地使用权的，建设单位在报送有关部门批准或者核准前，应当向城乡规划主管部门申请核发选址意见书。前款规定以外的建设项目不需要申请选址意见书。"该条款将城乡规划对重大建设项目的用地管理和控制与放松政府管制有机地结合起来，

根据《城乡规划法》的规定，需要核发建设项目选址意见书的项目包括：

(1) 按照国家规定需要有关部门批准或者核准的建设项目

按照国家规定需要有关部门批准或者核准的建设项目，是指列入《国务院投资体制改革的决定》之中的项目。国家规定，包括法律的规定，行政法规的规定，国务院及国务院有关部门的规定。另外，《国务院办公厅关于加强和规范新开工项目管理的通知》（国办发〔2007〕64号文件）严格规范了投资项目新开工条件，表明在建设项目可行性研究阶段，国家对建设项目选址的宏观管理主要是通过计划管理、规划管理、土地管理和环境管理来

[1] 王庆海：《城市规划与管理》，中国建筑工业出版社，2006年版，第248页。

实现的。符合《城乡规划法》的规定要求应当申请选址意见书的或按照前述文件需要发改委批准或核准的建设项目，都应当申请核发选址意见书。

（2）通过划拨方式取得土地使用权的建设项目

根据我国《土地管理法》的规定，建设项目土地使用权的获得包括有偿出让和无偿划拨两种方式。根据我国《城市房地产管理法》第23条规定，土地使用权的无偿划拨是指县级以上人民政府依法批准，在土地使用者缴纳补偿、安置等费用后，将该幅土地交付其使用，或者将土地使用权无偿交给土地使用者使用的行为。根据我国《城市房地产管理法》第24条规定，划拨土地主要用于保障社会公共事业用地，包括：国家机关用地和军事用地、城市基础设施和公益事业用地、国家重点扶持的能源、交通、水利等基础设施用地，以及法律法规规定的其他用地，除上述四类土地经县级以上人民政府依法批准可以采取无偿划拨方式外，其余均采取有偿出让制度，而根据《城乡规划法》的规定，出让地块必须附有城乡规划主管部门提出的规划条件，明确出让地块的面积、使用性质、建设强度、基础设施、公共设施的配置原则等相关要求，可见有偿出让地块的建设项目本身就具有与城乡规划相符合的明确的建设地点和建设条件，不再需要城乡规划主管部门进行建设项目的选址。

按照国家规定需要有关部门批准或者核准的建设项目，往往是涉及基础设施建设和公共利益的重大建设项目，而这些项目多以划拨方式提供国有土地使用权，因此需要城乡规划主管部门核发建设项目选址意见书，使其选址和建设既能为有效实施省域城镇体系规划提供保证，有利于城乡建设功能发挥，又能兼顾建设单位的利益和人民群众的切身利益。不需要核发选址意见书的，城乡规划行政主管部门则直接核发建设用地规划许可证。

3. 建设项目选址意见书的内容

根据建设部、国家计委1991年《建设项目选址规划管理办法》第6条规定，建设项目选址意见书应当包括下列内容：

①建设项目的基本情况；②建设项目规划选址的主要依据；③建设项目选址、用地范围和具体规划要求。

4. 选址意见书的审批

根据《建设项目选址规划管理办法》第7条规定，建设项目选址意见书，按建设项目计划审批权限实行分级规划管理。

1）县人民政府计划行政主管部门审批的建设项目，由县人民政府城市规划行政主管部门核发选址意见书。

2）地级、县级市人民政府计划行政主管部门审批的建设项目，由该市人民政府城市规划行政主管部门核发选址意见书。

3）直辖市、计划单列市人民政府计划行政主管部门审批的建设项目，由直辖市、计划单列市人民政府城市规划行政主管部门核发选址意见书。

4）省、自治区人民政府计划行政主管部门审批的建设项目，由项目所在地县、市人民政府城市规划行政主管部门提出审查意见，报省、自治区人民政府城市规划行政主管部门核发选址意见书。

5）中央各部门、公司审批的小型和限额以下的建设项目，由项目所在地县、市人民政府城市规划行政主管部门核发选址意见书。

6）国家审批的大中型和限额以上的建设项目，由项目所在地县、市人民政府城市规划行政主管部门提出审查意见，报省、自治区、直辖市、计划单列市人民政府城市规划行政主管部门核发选址意见书，并报国务院城市规划行政主管部门备案。建设项目的规划选址分级管理制度应严格落实。

5. 建设项目选址意见审查程序

建设项目选址意见书作为法定审批项目和划拨土地的前置条件，按照下列程序申请核发：

（1）申请

凡按照国家规定需要有关部门批准或者核准的建设项目，以划拨方式提供国有土地使用权的，建设单位在报送有关部门批准或者核准前，应当向审批建设项目同级的城乡规划行政主管部门提出规划选址申请，填写建设项目选址意见书申请表，以便城乡规划主管部门依法进行审核。

（2）选址审查

省、市、县城乡规划行政主管部门收到申请后，应在法定时限内依据已制定的城市规划和相关法律法规对建设项目的选址申请进行审查。一是程序性审查，即审查建设单位是否符合法定资格，申请事项是否符合法定程序和法定形式，申请表及其所附图纸、资料是否完备和符合要求等。二是实质性审查，即根据有关法律规范和依法制定的城乡规划要求，对所申请的建设项目选址提出审查意见。建设项目选址意见书规划许可的法律依据为：《城乡规划法》和《建设项目选址规划管理办法》。经审查符合城乡规划的，依据本法规定核发规划选址意见书；对不符合城乡规划的，不予核发选址意见书，书面告知建设单位，并说明理由。对于跨行政区域的建设项目可以向上级城乡规划行政主管部门申请办理选址意见书，国家级的重大建设项目可以向省级城乡规划主管部门申请办理选址意见书。

（3）核发选址意见书

城市规划行政主管部门经过选址审查后，对符合城乡规划的选址，应分级核发建设项目选址意见书。由国家和自治区有关部门批准或者核准、以划拨方式提供国有土地使用权建设项目，由自治区城乡规划行政主管部门核发选址意见书。由市、县有关部门批准或者核准、以划拨方式提供国有土地使用权的建设项目由市、县城乡规划行政主管部门核发选址意见书。建设项目选址意见书是有关部门批准或者核准建设项目的重要前置条件。对于不符合城乡规划的选址，应当说明理由，给予书面回复。另外，应当加强对建设项目选址的后续管理。对已取得项目选址意见书但建设项目最终未得到审批或核准的，选址意见书自动失效。

4.3.3 建设用地规划许可证制度

1. 建设用地规划许可证的概念

建设用地规划许可证，指的是建设单位在向土地管理部门申请征收、划拨土地前，经城乡规划行政主管部门确认建设项目位置和范围符合城乡规划的法定凭证，是建设单位用地的法律凭证。核发建设用地规划许可证的目的在于：确保土地利用符合城市规划，维护建设单位按照城乡规划使用土地的合法权益。建设项目如果不具备城乡规划行政主管部门核发的建设用地规划许可证，则属非法用地，在该宗地上所建设的项目属非法建设，不能领取房地产权属证件。按照有关规定，房地产商即使取得建设用地的批准文件，但如未取得建设用地规划许可证而占用土地的，其建设用地批准文件无效。

2. 法定的划拨用地的建设用地规划许可证办理程序

根据我国《城乡规划法》第37条规定，在城市、镇规划区内以划拨方式提供国有土地使用权的建设项目，其建设用地规划许可证办理程序如下：

（1）提出建设用地规划许可证申请

建设项目在取得城乡规划行政主管部门核发的建设项目选址意见书，经有关部门批准、核准、备案后，向城市、县人民政府城乡规划主管部门送审建设工程设计方案，申请建设用地规划许可证。

（2）城乡规划主管部门审核

城市、县人民政府城乡规划主管部门审核建设单位申请建设用地规划许可证的各项文件、资料、图纸等是否完备，并依据控制性详细规划，核定建设用地的位置、面积、允许建设的范围。对于具备相关文件且符合城乡规划的建设项目，核发建设用地规划许可证；对于不符合法定要求的建设，应当说明理由，给予书面答复。

（3）建设单位申请土地划拨

建设单位在取得建设用地规划许可证后，可向县级以上地方人民政府土地主管部门申请用地，经县级以上人民政府审批后，由土地主管部门划拨土地。

3. 以出让方式有偿获得土地使用权项目的建设用地规划许可证办理程序

根据《城乡规划法》第38条规定，在城市、镇规划区内以出让方式提供国有土地使用权的，其建设用地规划许可证办理程序如下：

（1）城乡规划主管部门确定土地的规划条件

在国有土地使用权出让前，城市、县人民政府城乡规划主管部门应当依据控制性详细规划，提出出让地块的位置、使用性质、开发强度等规划条件，作为国有土地使用权出让合同的组成部分。未确定规划条件的地块，不得出让国有土地使用权。

土地使用性质、容积率和建筑密度已在建设项目选址规划阶段核定，在建设用地规划管理阶段，是通过审核设计方案控制土地使用性质和土地使用强度的。

土地使用性质，根据其不同用途，土地可分为居住用地、工业用地，教育、文化、卫生、体育用地，商业、旅游、娱乐用地，综合或其他用地等。凡需新建、改建、扩建的建设项目，不得随意改变土地使用性质。确需改变土地性质的，必须按照法定程序审批，以确保各地区规划和各专业规划之间的综合平衡。

土地使用（开发）强度，是通过容积率和建筑密度两个指标来控制的。容积率指项目规划建设用地范围内总建筑面积与规划建设总用地面积之比。建筑密度，指一定地块内所有建筑物的基地总面积与规划建设总用地面积的比例。容积率和建筑密度关系到居住的舒适度，容积率越低，建筑密度越低，居住越舒适，但是对土地的利用率也会降低，因此为了在居住舒适度和土地有效利用率之间寻求一个经济效益最佳的方案，一般由城乡规划主管部门根据本地的实际情况具体确定这两项指标的范围。

（2）建设单位申领建设用地规划许可证

以出让方式取得国有土地使用权的建设项目，在签订国有土地使用权出让合同后，建设单位应当持建设项目的批准、核准、备案文件和国有土地使用权出让合同，向城市、县人民政府城乡规划主管部门领取建设用地规划许可证。

（3）城乡规划主管部门核发建设用地规划许可证

城市、县人民政府城乡规划主管部门审核建设单位申请建设用地规划许可证的各项文件、资料、图纸等是否完备，并依据控制性详细规划，对国有土地使用权出让合同中规定的规划设计条件进行核验，核定建设用地的位置、面积、允许建设的范围。对于具备相关文件且符合城乡规划的建设项目，核发建设用地规划许可证；对于不符合法定要求的建设，应当说明理由，给予书面答复。城市、县人民政府城乡规划主管部门不得在建设用地规划许可证中，擅自改变作为国有土地使用权出让合同组成部分的规划条件。

在城市、镇规划区内以划拨方式提供国有土地使用权的建设项目，经有关部门批准、核准、备案后，建设单位应当向城市、县人民政府城乡规划主管部门提出建设用地规划许可申请，由城市、县人民政府城乡规划主管部门依据控制性详细规划核定建设用地的位置、面积、允许建设的范围，核发建设用地规划许可证。建设单位在取得建设用地规划许可证后，方可向县级以上地方人民政府土地主管部门申请用地，经县级以上人民政府审批后，由土地主管部门划拨土地。

在城市、镇规划区内以出让方式提供国有土地使用权的，在国有土地使用权出让前，城市、县人民政府城乡规划主管部门应当依据控制性详细规划，提出出让地块的位置、使用性质、开发强度等规划条件，作为国有土地使用权出让合同的组成部分。未确定规划条件的地块，不得出让国有土地使用权。以出让方式取得国有土地使用权的建设项目，在签订国有土地使用权出让合同后，建设单位应当持建设项目的批准、核准、备案文件和国有土地使用权出让合同，向城市、县人民政府城乡规划主管部门领取建设用地规划许可证。城市、县人民政府城乡规划主管部门不得在建设用地规划许可证中，擅自改变作为国有土地使用权出让合同组成部分的规划条件。

法定的控制性详细规划以城市、镇总体规划为依据，细分地块，并对具体地块的土地利用和建设提出控制指标和规划管理要求，明确了规划地块内的面积、使用性质、建设强度、基础设施、公共设施的配置原则等相关控制指标和要求，是城乡规划主管部门引导和控制土地使用和各项建设活动的基本依据。根据控制性详细规划，确定规划条件，限定建设单位在进行土地使用和建设活动时必须遵循的基本准则，强化了城乡规划主管部门对国有土地使用状况的规划调控和引导，有利于促进土地利用符合规划发展确定的发展目标，为实现城乡协调、可持续发展提供了保障。城市、县人民政府城乡规划主管部门根据控制性详细规划，提出规划条件，作为国有土地使用权出让合同的组成部分。

建设用地规划许可的法律依据主要是：《城乡规划法》和《城市国有土地使用权出让转让规划管理办法》（1992 年 12 月 4 日建设部令第 22 号）。我国《城乡规划法》第 39 条规定：规划条件未纳入国有土地使用权出让合同的，该国有土地使用权出让合同无效；对未取得建设用地规划许可证的建设单位批准用地的，由县级以上人民政府撤销有关批准文件；占用土地的，应当及时退回；给当事人造成损失的，应当依法给予赔偿。

4. 建设用地规划许可的限制

我国《城乡规划法》第 42 条规定："城乡规划主管部门不得在城乡规划确定的建设用地范围以外作出规划许可。"建设用地是指建造建筑物、构筑物的土地，包括城乡住宅和公共设施用地、工矿用地，能源、交通、水利、通信等基础设施用地、旅游用地、军事用地等。建设用地按其土地使用性质不同，可分为农业建设用地和非农业建设用地；按其土地权属和建设内容，可分为：国家建设用地、乡（镇）建设用地、外商投资企业用地和其他建设用地；按其工程投资和用地规模不同，可分为：大型建设项目用地、中型建设项目用地、小型建设项目用地。国家通过建设用地管理制度保障城乡规划的实施，并在城乡规划的指引下达到合理利用和节约土地的目的。因此，建设用地的规模和范围，以及土地利用的性质和强度必须严格按照城乡规划主管部门确定的内容进行，各级土地主管部门在进行规划许可时不可与逾越该范围❶。

4.3.4 建设工程规划许可证制度

1. 建设工程规划许可证的概念

建设工程规划许可证，是指在城市、镇规划区内进行建筑物、构筑物、道路、管线和其他工程建设的建设单位或者个人依照规定，向城市、县人民政府城乡规划主管部门或者省、自治区、直辖市人民政府确定的镇人民政府申请领取建设工程的法律凭证。❷建设工程规划许可证是建设单位提出申请，经规划行政主管部门审查，确认建设工程符合城市规划、并准予开工的凭证。建设工程规划许可证是证明建设活动合法、保护建设单位和个人合法权益的依据；是规划行政主管部门检查、验收建设工程，对违反建设工程规划许可证规定的内容进行处罚的依据。建设工程规划许可证适用于城镇规划区。建设工程规划许可证是有关建设工程符合城乡规划要求的法律凭证，是建设单位建设工程的法律凭证，是建设活动中接受监督检查时的法定依据。房地产商如未取得《建设工程规划许可证》或者违反《建设工程规划许可证》的规定进行开发建设，严重影响城乡规划的，由城乡规划行政主管部门责令停止建设，限期拆除或者没收违法建筑物、构筑物及其他设施，对有关责任人员，可由所在单位或者上级主管机关给予行政处分。

2. 建设工程规划管理的内容

在城市、镇规划区内进行建筑物、构筑物、道路、管线和其他工程建设的，建设单位或者个人应当向城市、县人民政府城乡规划主管部门或者省、自治区、直辖市人民政府确定的镇人民政府申请办理建设工程规划许可证。

申请办理建设工程规划许可证，应当提交使用土地的有关证明文件、建设工程设计方案等材料。需要建设单位编制修建性详细规划的建设项目，还应当提交修建性详细规划。对符合控制性详细规划和规划条件的，由城市、县人民政府城乡规划主管部门或者省、自治区、直辖市人民政府确定的镇人民政府核发建设工程规划许可证。

城市、县人民政府城乡规划主管部门或者省、自治区、直辖市人民政府确定的镇人民政府应当依法将经审定的修建性详细规划、建设工程设计方案的总平面图予以公布。

3. 建设工程规划许可证的办理程序

（1）建设单位或个人申请

根据《城乡规划法》第40条第2款规定："申请办理建设工程规划许可证，应当提交

---

❶ 《中华人民共和国城乡规划法》释义及实用指南，中国民主法制出版社，2007年版，第210页到211页。

❷ 吴高盛：《城乡规划法释义》，中国法制出版社，2007年版，第132页。

使用土地的有关证明文件、建设工程设计方案等材料。需要建设单位编制修建性详细规划的建设项目，还应当提交修建性详细规划。”修建性详细规划是指以城镇总体规划或分区规划、控制性详细规划为依据，制定用以指导各项建筑和工程设施的设计和施工的规划设计。它是控制性详细规划的深化和具体化，其任务是对城市建设地区内的房屋建筑、市政工程、公用事业设施、园林绿地和其他公共设施做出具体布置，选定技术经济指标，提出建筑空间和艺术处理要求，确定各项建设用地的控制点坐标和标高，为各项工程设计提供依据。❶

（2）审批机关的审查决定

城市、县人民政府城乡规划主管部门收到建设单位或个人申请后，应在法定期限内对申请人的申请及提交的资料进行审核。审核的具体内容包括：根据原建设部《关于统一实行建设用地规划许可证和建设工程规划许可证的通知》（1990年2月22日）的规定，建设工程规划许可证所包括的附图和附件，按照建筑物、构筑物、道路、管线以及个人建房等不同要求，由发证单位根据法律、法规规定和实际情况制定。附图和附件是建设工程规划许可证的配套证件，具有同等的法律效力。对符合控制性详细规划和规划条件的，由城市、县人民政府城乡规划主管部门或者省、自治区、直辖市人民政府确定的镇人民政府核发建设工程规划许可证。

（3）修建性详细规划、建设工程设计方案的总平面图予以公布

《城乡规划法》第40条第3款规定：“城市、县人民政府城乡规划主管部门或者省、自治区、直辖市人民政府确定的镇人民政府应当依法将经审定的修建性详细规划、建设工程设计方案的总平面图予以公布。”该条是为了对建设工程规划许可制度设置的一项监督制度。

建设工程规划许可证核发后，建设行政主管部门应当依法将审定的建设工程修建性详细规划、设计方案总平面图在固定的媒体和建设项目所在区域予以公布和明示。取得建设工程规划许可证一年内未开工建设、又未办理延期手续的，建设工程规划许可证自行失效。

4.3.5 乡村建设规划许可证

根据《城乡规划法》第41条规定：“在乡、村庄规划区内进行乡镇企业、乡村公共设施和公益事业建设的，建设单位或者个人应当向乡、镇人民政府提出申请，由乡、镇人民政府报城市、县人民政府城乡规划主管部门核发乡村建设规划许可证……在乡、村庄规划区内进行乡镇企业、乡村公共设施和公益事业建设以及农村村民住宅建设，不得占用农用地；确需占用农用地的，应当依照《中华人民共和国土地管理法》有关规定办理农用地转用审批手续后，由城市、县人民政府城乡规划主管部门核发乡村建设规划许可证。”

由此，在乡、村庄规划区内进行乡镇企业、乡村公共设施和公益事业建设的，建设单位或者个人应当向乡、镇人民政府提出申请，由乡、镇人民政府报城市、县人民政府城乡规划主管部门核发乡村建设规划许可证。在乡、村庄规划区内使用原有宅基地进行农村村民住宅建设的规划管理办法，由省、自治区、直辖市制定。在乡、村庄规划区内进行乡镇企业、乡村公共设施和公益事业建设以及农村村民住宅建设，不得占用农用地；确需占用

❶《中华人民共和国城乡规划法》释义及实用指南，中国民主法制出版社，第204页。

农用地的，应当依照《中华人民共和国土地管理法》有关规定办理农用地转用审批手续后，由城市、县人民政府城乡规划主管部门核发乡村建设规划许可证。建设单位或者个人在取得乡村建设规划许可证后，方可办理用地审批手续。

乡村建设许可证制度的设置，破解农村建设无规划的无序状态，其意义在于：一是有利于保证有关的建设工程能够依据法定的城乡规划和村庄规划进行；二是有利于为土地管理部门在乡、村庄规划区内行使权属管辖职能提供必要的法律依据；三是有利于维护建设单位按照规划使用土地的合法权益。

4.3.6 临时建设规划许可

1. 临时用地和临时建设

临时用地，即临时建设用地，是指在城市、镇规划区内进行临时建设时施工堆料、堆物或其他情况需要临时使用并按期收回的土地。临时建设，是指城市规划主管部门批准的在城市、镇规划区内建设的临时性使用并在限期内拆除的建筑物、构筑物及其他设施。任何单位或个人在城市规划区内需临时使用土地的，必须向城乡规划主管部门提出临时用地申请，经审查同意并核发建设用地规划许可证后，方可向土地行政管理部门申请领取临时建设用地使用权证。临时建设工程、临时用地的使用期限不得超过两年，使用期满，使用单位或个人必须无条件拆除临时建设工程，恢复原地貌，按期退还临时用地。临时建设工程在使用期限内，因国家建设需要拆除的，使用单位或个人必须在规定期限内拆除，退还临时用地。

在城市、镇规划区内进行临时建设的，应当经城市、县人民政府城乡规划主管部门批准。临时建设影响近期建设规划或者控制性详细规划的实施以及交通、市容、安全等的，不得批准。临时建设应当在批准的使用期限内自行拆除。临时建设和临时用地规划管理的具体办法，由省、自治区、直辖市人民政府制定。

2. 审批临时建设用地规划许可的依据

《城乡规划法》第 44 条 和《土地管理法》第 57 条是审批临时建设用地规划许可的依据。我国《城乡规划法》第 44 条规定："在城市、镇规划区内进行临时建设的，应当经城市、县人民政府城乡规划主管部门批准。临时建设影响近期建设规划或者控制性详细规划的实施以及交通、市容、安全等的，不得批准。临时建设应当在批准的使用期限内自行拆除。临时建设和临时用地规划管理的具体办法，由省、自治区、直辖市人民政府制定。"我国《土地管理法》第 57 条规定："建设项目施工和地质勘查需要临时使用国有土地或者农民集体所有的土地的，由县级以上人民政府土地行政主管部门批准。其中，在城市规划区内 的临时用地，在报批前，应当先经有关城市规划行政主管部门同意。土地使用者应当根据土地权属，与有关土地行政主管部门或者农村集体经济组织、村民委员会签订临时使用土地合同，并按照合同的约定支付临时使用土地补偿费。临时使用土地的使用者应当按照临时使用土地合同约定的用途使用土地，并不得修建永久性建筑物。临时使用土地期限一般不超过二年。"

3. 临时建设用地规划许可的申请

在城市、镇规划区因临时建设或其他用途需要临时用地和临时建设的，应当向建设行政主管部门申请办理临时用地规划许可证和临时建设工程规划许可证。

申请材料一般包括：①《临时用地规划许可证申请表》、《临时建设工程规划许可证申请表》；②土地权属证件一份；③建设工程项目涉及消防、环保、市政、绿化、文物、产权、安全监督的，须附有关部门审核意见一份；④建筑施工图；⑤规划要求提供的其他材料。

4.3.7　建设规划条件的变更

建设单位应当按照规划条件进行建设；确需变更的，必须向城市、县人民政府城乡规划主管部门提出申请。变更内容不符合控制性详细规划的，城乡规划主管部门不得批准。城市、县人民政府城乡规划主管部门应当及时将依法变更后的规划条件通报同级土地主管部门并公示。建设单位应当及时将依法变更后的规划条件报有关人民政府土地主管部门备案。

4.3.8　规划许可在现场检查制度和竣工验收制度中的落实

1. 规划许可在现场检查制度中的落实

现场检查是指城乡规划行政主管部门工作人员进入有关单位或者施工现场，了解有无违章用地、违章建筑情况，检查建设工程是否符合规划设计条件或者要求、并对各类违章用地、违章建设活动进行处罚的活动。《城乡规划法》第45条规定：县级以上地方人民政府城乡规划主管部门按照国务院规定对建设工程是否符合规划条件予以核实。未经核实或者经核实不符合规划条件的，建设单位不得组织竣工验收。

进入现场，及时发现、纠正和处理各种违章用地、违章建设，才能保证城乡土地利用和各项建设活动符合城乡规划，保证城乡规划的顺利实施。现场检查主要包括：有无未取得建设用地规划许可证，擅自征用和使用土地的行为；有无未取得建设工程规划许可证擅自进行建设的行为；在办理征用土地手续时，有无违背建设用地规划许可证规划的位置、范围的行为；在进行建设活动时，有无违反建设工程规划许可证规定的要求的行为等等。任何单位和个人不得以保密等为借口阻挠规划工作人员进入现场，或者拒绝提供与城乡规划管理有关的情况、文件、图纸等。

2. 规划许可在竣工验收制度中的落实

竣工验收是指规划行政主管部门参加建设工程的验收，检查建设工程是否符合规划设计条件或要求，对符合城乡规划的建设工程予以认可并准允交付使用的活动。《城乡规划法》第45条规定：县级以上地方人民政府城乡规划主管部门按照国务院规定对建设工程是否符合规划条件予以核实。未经核实或者经核实不符合规划条件的，建设单位不得组织竣工验收。建设单位应当在竣工验收后六个月内向城乡规划主管部门报送有关竣工验收资料。

竣工验收是基本建设程序中的最后一个阶段，在立项阶段、征用土地阶段、设计和施工阶段中，通过选址意见书、建设用地规划许可证、建设工程规划许可证，对建设项目是否符合城乡规划进行了强有力的管理。规划主管部门参加建设工程的竣工验收，对建设工程是否符合城乡规划进行最后把关，是对建设项目全过程实施规划管理不可缺少的重要组成部分，是保证建设活动符合城乡规划的重要手段。

城乡规划部门参加建设工程竣工验收，主要内容是检查建设工程规划设计要求，包括：①检查建设工程的位置、用地范围是否符合建设用地规划许可证规定的要求。②检查建设工程的平面布局（坐标、建筑间距、管线走向、出入口布置、与相邻建筑物的关系）是否符合规划设计要求。③检查建设工程的空间布局（地下设施与地面设施的关系、建筑率、容积率、高度、层数、与周围建筑物的关系）是否符合规划设计要求。④检查建设工程造型（造型形式、风格、色彩、与周围环境的协调）是否符合规划设计要求。⑤检查建设工程各项经济技术指标、建设标准、建设质量等是否符合规划设计要求。⑥检查建设工程的配套设施（道路、绿化、停车场、雕塑等）是否符合规划设计要求。

4.3.9 城乡规划法律责任制度

1. 有关人民政府违反《城乡规划法》应承担的法律责任

人民政府依法应当编制城乡规划而未组织编制，或者未按法定程序编制、审批、修改城市规划的，由上级人民政府责令改正，通报批评；对有关人民政府负责人和其他责任人员依法给予处分。

人民政府委托不具有相应资质等级的单位编制城乡规划的，由上级人民政府责令改正，通报批评；对有关人民政府负责人和其他责任人员依法给予处分。

2. 城乡规划行政主管部门违反《城乡规划法》应承担的法律责任

城乡规划行政主管部门有下列行为之一的，由本级人民政府、上级人民政府城乡规划行政主管部门或者监察机关依据职权责令改正，通报批评；对直接负责的主管人员和其他直接责任人员依法给予处分：

1）未依法组织编制城市的控制性详细规划、县人民政府所在地镇的控制性详细规划的。

2）超越职权或者对不符合法定条件的申请人核发选址意见书、建设用地规划许可证、建设工程规划许可证、乡村建设规划许可证的。

3）对符合法定条件的申请人未在法定期限内核发选址意见书、建设用地规划许可证、建设工程规划许可证、乡村建设规划许可证的。

4）未依法对经审定的修建性详细规划、建设工程设计方案的总平面图予以公布的。

5）同意修改修建性详细规划、建设工程设计方案的总平面图前未采取听证会等形式听取利害关系人的意见的。

6）发现未依法取得规划许可或者违反规划许可的规定在规划区内进行建设的行为，而不予查处或者接到举报后不依法处理的。

3. 相关行政部门违反《城乡规划法》应承担的法律责任

县级以上人民政府有关部门有下列行为之一的，由本级人民政府或者上级人民政府有关部门责令改正，通报批评；对直接负责的主管人员和其他直接责任人员依法给予处分：

1）对未依法取得选址意见书的建设项目核发建设项目批准文件的。

2）未依法在国有土地使用权出让合同中确定规划条件或者改变国有土地使用权出让合同中依法确定的规划条件的。

3）对未依法取得建设用地规划许可证的建设单位划拨国有土地使用权的。

4. 城乡规划编制单位违反《城乡规划法》应承担的法律责任

1）城乡规划编制单位有下列行为之一的，由所在地城市、县人民政府城乡规划主管部门责令限期改正，处合同约定的规划编制费1倍以上2倍以下的罚款；情节严重的，责令停业整顿，由原发证机关降低资质等级或者吊销资质证书；造成损失的，依法承担赔偿责任：①超越资质等级许可的范围承揽城乡规划编制工作的；②违反国家有关标准编制城乡规划的。

2）未依法取得资质证书承揽城乡规划编制工作的，由县级以上地方人民政府城乡规划主管部门责令停止违法行为，依照前款规定处以罚款；造成损失的，依法承担赔偿责任。

3）以欺骗手段取得资质证书承揽城乡规划编制工作的，由原发证机关吊销资质证书，依照前款规定处以罚款；造成损失的，依法承担赔偿责任。

4）城乡规划编制单位取得资质证书后，不再符合相应的资质条件的，由原发证机关责令限期改正；逾期不改正的，降低资质等级或者吊销资质证书。

5. 行政相对方违反《城乡规划法》应承担的法律责任

1）未取得建设工程规划许可证或者未按照建设工程规划许可证的规定进行建设的，由县级以上地方人民政府城乡规划主管部门责令停止建设；尚可采取改正措施消除对规划实施的影响的，限期改正，处建设工程造价5%以上10%以下的罚款；无法采取改正措施消除影响的，限期拆除，不能拆除的，没收实物或者违法收入，可以并处建设工程造价10%以下的罚款。

2）建设单位或者个人有下列行为之一的，由所在地城市、县人民政府城乡规划主管部门责令限期拆除，可以并处临时建设工程造价1倍以下的罚款：①未经批准进行临时建设的；②未按照批准内容进行临时建设的；③临时建筑物、构筑物超过批准期限不拆除的。

3）建设单位未在建设工程竣工验收后6个月内向城乡规划主管部门报送有关竣工验收资料的，由所在地城市、县人民政府城乡规划主管部门责令限期补报；逾期不补报的，处1万元以上5万元以下的罚款。

6. 乡村建设违反《城乡规划法》应承担的法律责任

在乡、村庄规划区内未依法取得乡村建设规划许可证或者未按照乡村建设规划许可证的规定进行建设的，由乡、镇人民政府责令停止建设、限期改正；逾期不改正的，可以拆除。

7. 对违反《城乡规划法》建设的强制执行

城乡规划主管部门做出责令停止建设或者限期拆除的决定后，当事人不停止建设或者逾期不拆除的，建设工程所在地县级以上地方人民政府可以责成有关部门采取查封施工现场、强制拆除等措施。

8. 违反《城乡规划法》应承担的刑事法律责任

违反《城乡规划法》规定，构成犯罪的，依法追究刑事责任。

4.4　城乡规划的监督检查制度

《城乡规划法》专门设立了“监督检查”一章，明确了人大监督、公众监督、行政监督以及各项监督检查措施。对城乡规划实施进行监督检查有利于保障城乡规划法律、法规、规章正确实施和城乡规划正确实施，有利于保障城乡规划行政主管部门依法行使职权和纠正违法用地、违法建设行为。城乡规划监督检查贯穿于城乡规划的制定和实施的全过程，是城乡规划管理工作的重要组成部分，也是保障城乡规划工作科学性与严肃性的重要手段。

4.4.1 《城乡规划法》中城乡规划监督检查的内容

《城乡规划法》专设第五章规定城乡规划的监督检查制度，第五章共7条，对城乡规划编制、审批、实施、修改的监督检查做了规定。主要内容包括以下几个方面：一是明确了县级以上人民政府及其城乡规划主管部门负责城乡规划编制、审批、实施、修改的监督检查工作；二是各级人民政府应当向本级人民代表大会或者人民代表大会常务委员会报告城乡规划的实施情况，接受监督；三是县级以上人民政府城乡规划主管部门对城乡规划的实施情况进行监督检查时有权采取的措施以及执法人员的行为规范要求；四是规定了政府及其城乡规划主管部门开展的监督检查情况和处理结果应当依法公开，供公众查询和监督；五是对城乡规划规划主管部门及其工作人员不依法履行职责或者其他国家机关工作人员存在违法行为时的处理，做出明确规定。本章的这些规定对保障行政机关严格依照法定程序，认真负责地实施监督检查，具有重要意义。

《城乡规划法》中的监督检查主要包括城乡规划工作的行政监督和城乡规划的立法监督以及城乡规划的公众监督。

4.4.2 城乡规划的行政监督制度

1. 城乡规划的行政监督的主体

我国城乡规划的行政监督的主体是县级以上人民政府及其城乡规划主管部门。包括国务院和各级人民政府以及国务院建设行政主管部门、县级以上地方人民政府城乡规划行政主管部门。国务院及其城乡规划行政主管部门主管全国的城市规划工作；县级以上地方人民政府及其城乡规划行政主管部门主管本行政区域内的城市规划工作。

2. 城乡规划的行政监督主体的权力来源

县级以上人民政府及其城乡规划行政主管部门监督检查权的取得主要有下列途径：一是通过国家权力机关制定的法律，赋予其监督检查权，二是通过国家最高行政机关确定的智能和职责形式监督检查权。

城乡规划法第51条规定："县级以上人民政府及其城乡规划主管部门应当加强对城乡规划编制、审批、实施、修改的监督检查。"该条规定县级以上人民政府及其城乡规划行政主管部门对城乡规划的编制、审批、实施、修改的行为进行监督检查，是法律赋予县级以上人民政府及其城乡规划行政主管部门的职权。县级以上人民政府及其城乡规划行政主管部门依法行使职权受法律保护，不受其他行政部门、社会团体和个人的干涉。县级以上人民政府及其城乡规划行政主管部门依法行使职权不影响其按照国务院确定的职能履行行政监督管理职责。

3. 城乡规划主管部门执行行政监督检查的具体措施

《城乡规划法》第53条规定了县级以上人民政府城乡规划主管部门对城乡规划的实施情况进行监督检查的职权及其行为规范。县级以上人民政府城乡规划主管部门对城乡规划的实施情况进行监督检查，有权采取以下措施：①要求有关单位和人员提供与监督事项有关的文件、资料，并进行复制；②要求有关单位和人员就监督事项涉及的问题做出解释和说明，并根据需要进入现场进行勘测；③责令有关单位和人员停止违反有关城乡规划的法律、法规的行为。

城乡规划主管部门的工作人员履行上述规定的监督检查职责，应当出示执法证件。被监督检查的单位和人员应当予以配合，不得妨碍和阻挠依法进行的监督检查活动。监督检查情况和处理结果应当依法公开，供公众查阅和监督。

4.4.3 城乡规划的立法监督制度

立法监督是指国家的立法机关对行政实行的监督。在我国，立法监督是指各级人民代表大会及其常务委员会对国家行政机关及其工作人员的行政管理活动实施的监督。

1. 立法监督的权限来源和内容

《宪法》规定："人民行使国家权力的机关是全国人民代表大会和地方各级人民代表大会。国家行政机关由人民代表大会产生，对它负责，受它监督。《地方各级人民代表大会和地方各级人民政府组织法》规定：县级以上的地方各级人民代表大会的常委会是本级人民代表大会的常设机关，对本级人民代表大会负责并报告工作。县级以上各级人民代表大会常委会行使的职权之一是监督本级人民政府的工作。人民代表大会及其常委会对人民政府工作进行监督是人民代表大会监督权的重要内容。"

《城乡规划法》第28条规定："地方各级人民政府应当根据当地经济社会发展水平，量力而行，尊重群众意愿，有计划、分步骤地组织实施城乡规划。"可见有计划、分步骤地组织实施城乡规划是各级人民政府的职责，是地方各级人民政府工作的重要内容之一，对政府实施城乡规划的情况进行监督自然也就成为人民代表大会监督职能的一项重要内容。

2. 城乡规划的立法监督

根据《城乡规划法》第52条地方各级人民政府必须向本级人民代表大会及其常务委员会报告城乡规划的实施情况，也可根据实际需要进行主动报告，也可根据人大及其常委会的要求进行报告，以充分运用听取和审议政府专项工作报告这一基本形式，接受人民代表大会及其常委会的检查和监督。此外，根据宪法和有关法律的规定，地方各级人民政府还应当接受本级人民代表大会常务委员会和乡、镇人民代表大会依法对城乡规划实施情况的其他形式的监督，如接受本级人民代表大会常务委员会组成人员和本级人民代表大会代表对城乡规划工作进行视察；对《城乡规划法》实施情况进行制发检查；人民代表大会及其常委会通过接受人民群众的申诉、控告等，责成人民政府依法进行处理；人民代表大会及其常委会对特定问题进行调查、询问和质询等。具体而言：

1）监督的主体是县级以上人民代表大会常务委员会或者乡、镇人民代表大会。需要注意的是乡镇以及没有常委会，因而监督的主体为乡、镇人民代表大会。

2）监督的对象是地方各级人民政府。县级以上人民代表大会常务委员会或者乡、镇人民代表大会监督检查的是本级人民政府。

3）监督的内容主要各种规范性法律文件的效力情况和地方各级人民政府对城乡规划的实施情况。

4）监督的方式包括法律监督和工作监督。既包括人大常委会对下一级人大及其常委会制定的地方性法规和发布的决议、决定，对本级人民政府制定的行政法规和发布的决议、命令以及最高人民法院和最高人民检察院做出的司法解释等涉及公民、法人和其他组织权利义务并且普遍适用的规范性文件是否符合宪法和法律进行的监督；也包括通过地方各级人民政府向本级人民代表大会常务委员会或者乡、镇人民代表大会报告城乡规划的实施情况，进行的各级权力机关对本级人民政府的工作监督。

4.4.4 城乡规划的公众监督制度

1. 推进城乡规划公众监督的意义

按照《城乡规划法》的规定，县级以上人民政府的城乡规划主管部门的监督检查的其基本情况和处理结果都应当依法公开，供公众查阅和监督。

将监督检查的情况和处理结果公开，对于保障行政相对人、利害关系人和公众的知情权，加强对行政机关的监督具有重要的意义。首先，将监督检查的情况和处理结果予以公开，可以使社会公众了解行政机关的执法及监督的过程和理由，从而有利于社会公众对行政机关的行为进行监督，有利于提高城乡规划工作的透明度，促进人民政府及其城乡规划主管部门依法行政。其次，对于行政相对人、利害关系人来说，监督检查的情况和处理结果公开，有助于其了解行政机关的监督检查的情况，以决定是否采取保护自身权益的措施，寻求相应的司法救济。最后，对于公众来说，监督检查的情况和处理结果的公开，能够更好地保证其知情权，了解自己需要的信息，也是一次的普法教育。还能够保证人民政府及其工作部门同人民群众保持联系，接受人民群众的监督。

2. 城乡规划法中公众参与的体现

增加城乡规划工作的透明度，是这次制定城乡规划法的一个重要特色。《城乡规划法》在增加城乡规划工作的透明度，做了许多方面的规定。如《城乡规划法》第 8 条："城乡规划组织编制机关应当及时公布经依法批准的城乡规划。但是，法律、行政法规规定不得公开的内容除外。"第 9 条规定："任何单位和个人都应当遵守经依法批准并公布的城乡规划，服从规划管理，并有权就涉及其利害关系的建设活动是否符合规划的要求向城乡规划主管部门查询。任何单位和个人都有权向城乡规划主管部门或者其他有关部门举报或者控告违反城乡规划的行为。城乡规划主管部门或者其他有关部门对举报或者控告，应当及时受理并组织核查、处理。"第 26 条规定："城乡规划报送审批前，组织编制机关应当依法将城乡规划草案予以公告，并采取论证会、听证会或者其他方式征求专家和公众的意见。公告的时间不得少于三十日。组织编制机关应当充分考虑专家和公众的意见，并在报送审批的材料中附具意见采纳情况及理由。"第 54 条规定："监督检查情况和处理结果应当依法公开，供公众查阅和监督。"

3. 城乡规划法推进公众监督的缺憾

《城乡规划法》强调城乡规划制定、实施全过程的公众参与，将公众参与纳入规划制定和修改的程序，提出了规划公开的原则规定，确立了公众的知情权作为基本权利，明确了公众表达意见的途径，并对违反公众参与原则的行为进行处罚。对于公众监督，仅在《城乡规划法》第 54 条规定："监督检查情况和处理结果应当依法公开，供公众查阅和监督。"但是《城乡规划法》草案中对公众监督的规定如下：任何单位和个人都有权就涉及其利害关系的建设活动向有关主管部门查询，并有权举报违反城乡规划的行为，有关部门应该及时受理，并公开处理结果。

比较《城乡规划法》草案和《城乡规划法》，我们发现《城乡规划法》只是给了社会公众一个被动监督的权利，公众的监督依赖于我们监督检查机关的监督检查情况和处理结果公开。但是按照《城乡规划法》草案的规定公众的监督权不拘泥于此，可以就涉及其利害关系的建设活动向有关主管部门查询的查询权，对举报违反城乡规划的行为的举报权等等。这不能不算是城乡规划法在推进公众监督方面的缺憾。

第五章　建设许可法律制度

5.1　建 设 许 可 制 度

5.1.1　行政许可权

一般意义上的许可，就是允许、准许的意思。行政许可，顾名思义就是行政上的允许、准许。世界各国对行政许可的理解和规定不同。在英国没有统一的许可法，但存在行政许可制度，英国的行政许可主要是涉及土地开发利用的规划和无线电视的收视许可[1]。在美国，许可和许可证是同一词义：licence。美国《联邦行政程序法》第551节第8项规定："'许可证'包括机关核的执照、证书、批准、登记、特许状、成员资格法定豁免或其他形式的许可的全部或一部。"同节第9项规定："'审批许可证'包括机关对许可证的允许、延长、拒绝、撤销、暂停、废除、撤回、限制、修改、变更、附加条件等行为。"在德国，行政许可是指对法律禁止的解除，而批准特定的行为或者特定的计划的行为。在日本，将行政许可统称为"许认可"，"是指行政机关在具备特定的法定要件时作的具有解除法律、法规设定的一般禁止（不作为义务）的法律效果的行为。"

我国《行政许可法》第2条规定："行政许可，是指行政机关根据公民、法人或者其他组织的申请，经依法审查准许其从事特定活动的行为。"依据《行政许可法》的上述规定，行政许可就是行政机关根据相对人的申请，对符合法定条件的行政相对人，以颁发许可证或执照等形式，确立其从事某种活动或实施某种行为的权利和资格，并通过审查、确认等实施了对相关事务的监督和管理的行政行为。一经行政许可则意味着：一方面，行政机关对相对人予以一般禁止的解除；另一方面，行政相对人因此获取了从事某种活动或实施某种行为的权利和资格。行政机关从而实现了对一定社会事务和国家事务的管理。

行政许可产生于市场经济的需要。经济基础决定上层建筑，法律作为上层建筑的组成部分，也遵循着这一规律。虽然市场经济本身是一部复杂而精良的机器，它通过价格手段和价值规律对个人和法人的各种活动进行协调，并使资源在社会成员之间进行合理分配。正如亚当·斯密所说的那样："个人在力图使自身资源实现最大价值的同时，并不企图增进公共福利，但同时有一只看不见的手在引导着他去帮助实现另一个目标，即通过追逐个人利益而实现公众的最佳福利。"但是人类生活中的大量与"公共物品"有关的问题，则无法完全通过自由的市场体系来调节，在人人都自由追求自己的最大利益的状态下，按照趋利避害的规则，往往采取不计他人利益和社会后果的破坏性竞争手段以达到目的，这样，公共利益容易被忽略，20世纪30年代，过度的自由竞争，最终引起了资本主义世界大规模的经济危机失业、疾病、贫困等一系列社会问题的给社会带来了巨大冲击，也给政

[1] 张越：《英国行政法》，中国政法大学出版社，2004年版，第471页到472页。

府提出了新的要求，要求政府从消极的“守夜人”角色转向积极的“干预者”，即对产业实行规制，由政府采取事先许可管制即许可的手段进行管理。实质上，从行政许可的产生及其宗旨看，行政许可是适应市场经济的发展和需要的产物，是对个人利益和社会利益的平衡。行政许可的真正目的在于追求社会秩序的规范化、有序化和稳定性，限制和禁止只不过行政许可的手段和方式，是行政许可的外在表现形式。因此，可以说，行政许可是一种以控制、规范某类权利或资格的享有为主导，兼具赋权性的行政行为和法律制度[1]。

5.1.2 建设许可制度

1. 建设许可的概念

建设许可是指建设行政主管部门或者其他有关行政主管部门准许、变更和终止公民、法人和其他组织从事建设活动的具体行政行为。建设许可的表现形式为施工许可证、批准证件（开工报告）、资质证书、职业资格证书等。实行建设许可制度旨在有效保证建设工程质量和安全，也是国际上的通行做法。我国《建筑法》规定的建设许可包括施工许可与从业资格许可两种。实践证明，实行施工许可，既可以保证建设工程的合法性和可行性，监督建设单位尽快建成拟建项目，防止闲置土地，影响社会公共利益；又能保证建设项目开工后能够顺利进行，避免由于不具备施工条件而盲目上马，给参与建设工程的单位造成不必要的损失；同时也有助于建设行政主管部门对在建项目实施有效的监督管理。实行从业资格制度，有利于确保从事建设活动的单位和个人的素质，提高建设工程的质量，确保建设工程的安全和国家财产安全。建立建设许可制度实际上类同于在宏观的建设市场的“门口”设立了一个“售票员”和“检票员”，通过这个“售票”和“检票”的程序，防止不具备条件的建设工程的上马，防止不具备法定资格的公民或者企业涉足建设工程。从而维护建设市场秩序，保证建筑业健康、有序的发展。

2. 建设许可的特点

1）建设许可行为的主体是建设行政主管部门，而不是其他行政机关。

2）建设许可时为了对建设工程的开工和建筑从业单位与个人的资格施行行政管理。

3）建设许可的事项与条件必须依据法律法规的规定进行，不能随意设置。

3. 建设许可的类别

根据《建筑法》第2章的规定，建设许可包括建设工程施工许可和建设从业许可。

（1）建设工程施工许可

建设工程施工许可是建设行政主管部门根据建设单位的申请，依法对建设工程是否具备施工条件进行审查，符合条件者，准许该建设工程开始施工并颁发施工许可证的一种特殊行政许可。

（2）建设从业许可

建设从业许可包含单位建设从业许可和个人建设从业许可，单位建设从业许可是建设行政主管部门对从事建设活动的建筑施工企业、勘察单位、设计单位和工程监理在内的人员素质、管理水平、资金数量、业务能力等进行审查，以确定其承担工程任务的范围，并发给相应的资质证书的一种特殊行政许可；个人建设从业许可是建设行政主管部门及有关部门对从事建设活动的专业技术人员，依法进行考试和注册，并颁发执业资格证书的一种

[1] 肖金明：《行政许可要论》，山东大学出版社，2003年版，第60页。

特殊行政许可。

5.2 施工许可制度

5.2.1 实施施工许可证的范围

建设工程施工许可制度是建设行政主管部门根据建设单位的申请，依法对建设工程是否具备施工条件进行审查，符合条件者，准许该建设工程开始施工的一种制度。施工许可证，是指建设工程开始施工前，建设单位向建设行政主管部门申请的可以施工的证明。根据《建筑法》第7条的规定，建设工程开工前，建设单位应当按照国家有关规定向工程所在地县级以上人民政府建设行政主管部门申请领取施工许可证。

但是，国务院建设行政主管部门确定的限额以下的小型工程除外。另外，按照国务院规定的权限和程序批准开工报告的建筑工程，不再领取施工许可证。对于"限额以下的小型工程"的范围，住房城乡建设部于2014年6月25日发布的《建筑工程施工许可证管理办法》中规定是指"工程投资额在30万元以下或者面积在300平方米以下的工程"。

此外，还有一些建设工程不适用建设工程施工许可证制度，主要有：第一，抢险救灾工程。由于此类建设工程的特殊性，现行建设工程施工许可证制度不适用该类建筑工程。第二，临时性建设工程。因各种情况需要建造的临时性建设工程，例如建设工程施工现场的管理人员和工人的宿舍、食堂、建筑材料的临时性仓储用房、其他辅助性建筑物等。这些临时性建设工程由于不属于建设单位投资建设的永久性建设工程的范畴，且其生命周期短，现行建设工程施工许可制度不适用该类建设工程。

5.2.2 申请领取施工许可证的条件

施工许可证的申请条件，是指申请领取施工许可证应当达到的要求。施工许可证申请条件的确定一是为了保证工程的合法性，如规定要"已经办理该建设工程的用地批准手续"、"已经取得规划许可证"等；二是为了保证建设工程开工后，组织施工能够顺利进行，如规定要"有满足施工要求的施工图纸及技术资料"、"建设资金已经落实"等。

根据《建筑法》第8条规定，申请领取施工许可证，应当具备下列条件：

1. 已经办理该建设工程用地批准手续

根据《城市房地产管理法》、《土地管理法》规定，建设单位取得建设工程用地土地使用权，可以通过出让、转让和划拨等方式。土地使用权出让，是指国家将国有土地使用权在一定年限内出让给土地使用者，由土地使用者向国家支付土地使用权出让金的行为。土地使用权转让，是指土地使用权权利人通过买卖、赠予或者其他合法方式将其所有的土地使用权转移给他人的行为。土地使用权划拨是指经县级以上人民政府依法批准，在土地使用者缴纳补偿、安置等费用后将该幅土地交付其使用，或者将土地使用权无偿交付给土地使用者的行为。建设单位或个人依法以出让、转让或划拨方式取得土地使用权，应当向县级以上地方人民政府土地管理部门申请登记，经县级以上地方人民政府土地管理部门核实，由同级人民政府颁发土地使用权证书。建设单位取得土地使用权证书表明已经办理了该建设工程用地批准手续。

2. 在城市规划区内的建设工程，已经取得规划许可证

根据《城乡规划法》的规定，规划许可证包括建设用地规划许可证和建设工程规划许可证。建设用地规划许可证是由建设单位和个人提出建设用地申请，城市规划行政主管根据规划和建设项目的用地需要，确定建设用地位置、面积、界限的法定凭证。根据《城乡规划法》第 37 条条规定："在城市、镇规划区内以划拨方式提供国有土地使用权的建设项目，经有关部门批准、核准、备案后，建设单位应当向城市、县人民政府城乡规划主管部门提出建设用地规划许可申请，由城市、县人民政府城乡规划主管部门依据控制性详细规划核定建设用地的位置、面积、允许建设的范围，核发建设用地规划许可证。建设单位或者个人在取得建设用地规划许可证后，方可向县级以上地方人民政府土地管理部门申请用地，经县级以上人民政府审查批准后，由土地管理部门划拨土地。"建设单位必须在取得建设工程用地土地使用权之前申请领取建设用地规划许可证。建设工程规划许可证是由城市规划行政主管部门核发的，用于确认建设工程是否符合城市规划要求的法律凭证。《城乡规划法》第 40 条规定："在城市、镇规划区内进行建筑物、构筑物、道路、管线和其他工程建设的，建设单位或者个人应当向城市、县人民政府城乡规划主管部门或者省、自治区、直辖市人民政府确定的镇人民政府申请办理建设工程规划许可证。"建设工程规划许可证的取得是申请领取施工许可证的必要条件之一。

3. 需要拆迁的，其拆迁进度符合施工要求

这里的拆迁一般是指房屋拆迁。房屋拆迁是指根据城市规划专项工程的拆建计划以及当地政府的用地文件，拆除和迁移建设用地范围内的房屋及其附属物，并由拆迁人对原房屋及其附属物的所有人或使用人进行补偿和安置的行为。对在城市旧区进行建设工程的新建、改建、扩建，拆迁是施工准备的一项重要任务。对成片进行综合开发的，应根据建设工程建设计划，在满足施工要求的前提下，分期分批进行拆迁。拆迁必须按计划和施工进度要求进行，过早或过迟，都会造成损失和浪费。拆迁应当根据 2011 年颁布的《国有土地上的房屋征收与补偿条例》的规定进行。

4. 已经确定建设施工企业

建设工程的施工必须由具备相应资质的建设施工企业来承担。在建设工程开工前，建设单位必须确定承包该建设工程的建设施工企业。否则，建设工程的施工就无法进行。建设单位确定建设施工企业可以通过招标或直接发包两种方式。(关于招标发包的相关规定，请见本书第六章)。建设单位通过以上方式确定建设施工企业后，双方应当签订书面的建设安装工程承包合同，并将该合同的副本作为申领施工许可证的必备资料之一报建设行政主管机关。

5. 有满足施工需要的施工图纸及技术资料

这一项包括两个方面：一方面要有满足施工需要的施工图纸，另一方面要有满足施工需要的技术资料。施工图纸是实现建设工程的最根本技术文件，是施工的依据。依照《建设工程质量管理条例》第 11 条的规定，建设单位应当将施工图设计文件报县级以上人民政府建设行政主管部门或者其他有关部门审查。施工技术资料根据所施工工程的不同而不同。但不管是什么工程，都应当依据相应标准、规范、规程等规定，具备必需的技术资料，以保证开工后工程施工的顺利进行。

6. 有保证工程质量和安全的具体措施

按照《建设工程质量管理条例》、《建设工程安全生产管理条例》的规定，建设单位在领取施工许可证或者开工报告前，应当按照国家有关规定办理工程质量监督手续。建设单位在申请领取施工许可证时，应当提供建设工程有关安全施工措施的资料。

7. 建设资金已经落实

建设资金的落实是建设工程开工后顺利实施的关键。近年来，一些建设单位无视国家固定资产投资的宏观调控和自身的经济实力，违反工程建设程序，在建设资金不落实或资金不足的情况下，盲目上建设项目，强行要求建设施工企业带资承包工程和垫款施工，转嫁投资缺口，造成拖欠工程款数额急剧增加。这不仅干扰了国家对固定资产投资的宏观调控和工程建设的正常进行，严重影响了投资效益的提高，也加重了建设施工企业生产经营的困难。因此，在建设工程开工前，建设资金必须足额落实。按照国家有关规定应当纳入投资计划的，必须列入年度计划。计划、财政、审计等部门应严格审查建设项目开工前和年度计划中的资金来源，据实出具资金证明。对建设资金不落实或资金不足的建设工程，建设行政主管部门不予颁发施工许可证。

8. 法律、行政法规规定的其他条件

这是指法律、行政法规对施工许可证申领条件的特别规定。由于建设工程的施工活动本身复杂，各类建设工程的质量及安全要求、施工方法、技术要求等不同，申请领取施工许可证的条件也有不同的特点和要求，《建筑法》不可能也没有必要用列举的方式把这些条件都包容进去。况且，对建设活动的管理正在不断完善，施工许可证的申领条件也会发生变化。法律、行政法规可以根据实践的需要，发展和完善施工许可证的申领条件。但需要指出的是，本项规定中所讲的“法律、行政法规”应理解为由全国人大及其常委会制定的法律和国务院制定的行政法规，不应包括部门规章、地方性法规、规章等规定。

5.2.3 施工许可证的颁发程序及其管理规定

1. 施工许可证的颁发

依照《建筑法》第7条、第8条等规定，建设单位应当在建设工程开工前，申请领取施工许可证。建设行政主管部门应当自收到申请之日起十五日内，对符合条件的申请颁发施工许可证。施工许可证的颁发程序如下：①建设单位必须向有权颁发施工许可证的建设行政部门提出书面申请；②提出申请的时间是在建设工程开工前；③有权颁发施工许可证的部门是工程所在地县级以上人民政府建设行政主管部门；④建设行政主管部门应当自收到申请之日起十五日内，做出是否颁发施工许可证的决定，对符合条件的申请颁发施工许可证。对有权颁发施工许可证的建设行政部门不批准施工许可证的申请，或未在规定时间内颁发施工许可证，建设单位可以根据《行政复议法》的规定，向复议机关申请行政复议，对行政复议决定不服的，可以向人民法院提起行政诉讼；建设单位也可以根据《行政诉讼法》第12条的规定，直接向人民法院提起行政诉讼。

2. 施工许可证的有效期与延期

领取施工许可证后，建设单位应当自领取施工许可证之日起三个月内开工。因故不能按期开工的，应当向发证机关申请延期；延期以两次为限，每次不超过三个月。既不开工又不申请延期或者超过延期时限的，施工许可证自行废止。

3. 中止施工与恢复施工

中止施工是指建设工程开工后，在施工过程中，因特殊情况的发生而中途停止施工的一种行为。恢复施工是指建设工程中止施工后，造成中断施工的情况消除，而继续进行施工的一种行为。在建建设工程因故中止施工的，建设单位应当自中止施工之日起一个月内，向发证机关报告，并按照规定做好建设工程的维护管理工作。建设工程恢复施工时，应当向发证机关报告；中止施工满一年的工程恢复施工前，建设单位应当报发证机关核验施工许可证。

此外，按照国务院有关规定批准开工报告的建设工程，因故不能按期开工或者中止施工的，应当及时向批准机关报告情况。因故不能按期开工超过六个月的，应当重新办理开工报告的批准手续。

5.3 建设单位从业资格许可制度

5.3.1 建设单位从资格许可制度概述

建设单位从业资格许可的内容包括：建设企业、勘察单位、设计单位和监理单位从事建设活动应具备的条件；建设施工企业、勘察单位、设计单位和工程监理单位应在许可范围内从事建设活动；专业技术人员从事建设活动应依法取得执业资格证书。

1. 从业单位的基本条件

从事建设活动的建设施工企业、勘察、设计单位和工程监理单位，应当具备下列条件：有符合国家规定的注册资本；有与其从事的建设活动相适应的，具有法定执业资格的专业技术人员；具备从事相关建设活动所应有的技术装备；法律、行政法规规定的其他条件。

2. 从业单位的资质审查制度

资质审查是指从事建设活动的建设施工企业、勘察单位、设计单位和工程监理等单位，按照其拥有的注册资本、专业技术人员、技术装备和已完成的建设工程业绩等资质条件，划分为不同的资质等级，经资质审查合格，取得相应等级的资质证书后，方可在其资质等级许可的范围内从事建设活动。

5.3.2 建设施工企业

2015 年 1 月 22 日住房城乡建设部发布的《建筑业企业资质管理规定》和 2007 年 3 月 13 日住房城乡建设部修订的《建筑业企业资质等级标准》以及 2015 年 1 月 31 日住房城乡建设部发布的《建筑业企业资质管理规定和资质标准实施意见》等文件，对施工企业的资质等级、资质标准、申请与审批、业务范围等做出了明确规定。

1. 企业资质类别划分

建设施工企业资质分为施工总承包企业、专业承包企业和劳务分包三个序列。获得施工总承包资质的企业，可以对工程实施总承包或者主体工程实行施工承包。承担施工总承包的企业可以对所承接的工程全部自行施工，也可以将非主体工程或者劳务作业分包给具有相应专业承包资质或者劳务分包资质的其他建筑业企业。获得专业承包资质的企业，可以承接施工总承包企业分包的专业工程或者建设单位按照规定发包的专业工程。专业承包企业可以对所承接的工程全部自行施工，也可以将劳务作业分包给具有相应劳务分包资质的劳务分包企业。获得劳务分包资质的企业，可以承接施工总承包企业或者专业承包企业分包的劳务作业。

施工总承包资质、专业承包资质、劳务分包资质序列按照工程性质和技术特点划分为若干资质类别。

施工总承包企业资质划分为12个资质类别：房屋建设工程施工总承包企业资质；公路工程施工总承包企业资质；铁路施工总承包企业资质；港口与航道工程施工总承包企业资质；水利水电工程施工总承包企业资质；电力工程施工总承包企业资质；矿山工程总承包企业资质；冶炼工程施工总承包企业资质；化工石油工程施工总承包企业资质；市政公用工程施工总承包企业资质；通信工程施工总承包企业资质；机电安装工程施工总承包企业资质。

专业承包企业资质划分为60个资质类别：地基与基础工程专业承包企业资质；土石方工程专业承包企业资质；建筑装修装饰工程专业承包企业资质；建筑幕墙工程专业承包企业资质；预拌商品混凝土专业承包企业资质；混凝土预制构件专业企业资质；园林古建工程专业承包企业资质；钢结构工程专业承包企业资质；高耸构筑物工程专业承包企业资质；电梯安装工程专业承包企业资质；消防设施工程专业承包企业资质；建筑防水工程专业承包企业资质；防腐保温工程专业承包企业资质；附着升降脚手架工程专业承包企业资质；金属门窗工程专业承包企业资质；预应力工程专业承包企业资质；起重设备安装工程专业承包企业资质；机电设备安装工程专业承包企业资质；爆破与拆除工程专业承包企业资质；建筑智能化工程专业承包企业资质；环保工程专业承包企业资质；电信工程专业承包企业资质；电子工程专业承包企业资质；桥梁工程专业承包企业资质；隧道工程专业承包企业资质；公路路面工程专业承包企业资质；公路路基工程专业承包企业资质；公路交通工程专业承包企业资质；铁路电务工程专业承包企业资质；铁路铺轨架梁工程专业承包企业资质；铁路电气化工程专业承包企业资质；机场场道工程专业承包企业资质；机场空管及航站楼弱电系统工程专业承包企业资质；机场目视助航工程专业承包企业资质；港口与海岸工程专业承包企业资质；港口装卸设备安装工程专业承包企业资质；航道工程专业承包企业资质；通航建筑工程专业承包企业资质；通航设备安装工程专业承包企业资质；水上交通管制工程专业承包企业资质；水工建筑物基础处理工程专业承包企业资质；水工金属结构制作与安装工程专业承包企业资质；水电机电设备安装工程专业承包企业资质；河湖整治工程专业承包企业资质；堤防工程专业承包企业资质；水工大坝工程专业承包企业资质；水工隧洞工程专业承包企业资质；火电设备安装工程专业承包企业资质；送变电工程专业承包企业资质；核工程专业承包企业资质；炉窑工程专业承包企业资质；冶炼机电设备安装工程专业承包企业资质；化工石油设备管道安装工程专业承包企业资质；管道工程专业承包企业资质；无损检测工程专业承包企业资质；海洋石油工程专业承包企业资质；城市轨道交通工程专业承包企业资质；城市及道路照明工程专业承包企业资质；体育场地设施工程专业承包企业资质；特种专业工程专业承包企业资质。

劳务分包企业资质划分为13个资质类别：木工作业分包企业资质；砌筑作业分包企业资质；抹灰作业分包企业资质；油漆制作分包企业资质；油漆作业分包企业资质；钢筋作业分包企业资质；混凝土作业分包企业资质；脚手架作业分包企业资质；模板作业分包企业资质；焊接作业分包企业资质；水暖电安装作业分包企业资质；钣金作业分包企业资

质；架线作业分包企业资质。

2. 企业资质等级划分

各资质类别按照规定的条件划分为若干等级。施工总承包企业资质分为特级、一、二、三级；专业承包企业资质分为一、二、三级和无级别；劳务分包企业资质分为一、二级和无级别。其中，房屋建设工程施工总承包企业资质分为特级、一级、二级、三级，其资质标准及允许承包的工程范围如下：

（1）特级资质标准

企业注册资本金为3亿元以上；企业净资产3.6亿元以上；企业近三年上缴建筑业营业税均在5000万元以上；企业银行授信额度近三年均在5亿元以上。

（2）一级资质标准：

1）企业近5年承担过下列6项中的4项以上工程的施工总承包或主体工程承包，工程质量合格：25层以上的房屋建筑工程；高度100米以上的构筑物或建筑物；单体建筑面积3万平方米以上的房屋建筑工程；单跨跨度30米以上的房屋建筑工程；建筑面积10万平方米以上的住宅小区或建筑群体；单项建安合同额1亿元以上的房屋建筑工程。

2）企业经理具有10年以上从事工程经理工作经历或具有高级职称；总工程师具有10年以上从事建设施工技术管理工作经历并具有本专业高级职称；总会计师具有高级会计师职称；总经济师具有高级职称。企业有职称的工程技术和经济管理人员不少于300人，其中工程技术人员不少于200人；工程技术人员中，具有高级职称人员不少于10人，具有中级职称的人员不少于60人。企业具有的一级资质项目经理不少于12人。

3）企业注册资本金5000万元以上，企业净资产6000万元以上。

4）企业近3年最高年工程结算收入2亿元以上。

5）企业具有与承包工程范围相适应的施工机械和质量检测设备。

（3）二级资质标准

1）企业近5年承担过下列6项中的4项以上工程的施工总承包或主体工程承包，工程质量合格：12层以上的房屋建筑工程；高度50米以上的构筑物或建筑物；单体建筑面积1万平方米以上的房屋建筑工程；单跨跨度21米以上的房屋建筑工程；建筑面积5万平方米以上的住宅小区或建筑群体；单项建安合同额3000万元以上的房屋建筑工程；

2）企业经理具有8年以上从事工程管理工作经历或具有中级以上职称；技术负责人具有8年以上从事建设或施工技术管理工作经历并具有本专业高级职称；财务负责人具有中级以上会计职称。企业有职称的工程技术和经济管理人员不少于150人，其中工程技术人员不少于100人；工程技术人员中，具有高级职称的人员不少于2人，具有中级职称的人员不少于20人。企业具有的二级资质以上项目经理不少于12人；

3）企业注册资本金2000万元以上，企业净资产2500万元以上；

4）企业近3年最高工程结算收入8000万元以上；

5）企业具有与承包工程范围相适应的施工机械和质量检测设备。

（4）三级资质标准

1）企业近5年承担过下列5项中的3项以上工程的施工总承包或主体工程承包，工程质量合格：6层以上的房屋建筑工程；高度25米以上的构筑物或建筑物；单体建筑面积5000平方米以上的房屋建筑工程；单跨跨度15米以上的房屋建筑工程；单项建安合同额500万元以上的房屋建筑工程；

2）企业经理具有5年以上从事工程管理工作经历；技术负责人具有5年以上从事建筑施工技术管理工作经历并具有本专业中级以上职称；财务负责人具有初级以上会计职称。企业有职称的工程技术和经济管理人员不少于50人，其中工程技术人员不少于30人；工程技术人员中，具有中级以上职称人员不少于10人。企业具有三级资质以上项目经理不少于10人；

3）企业注册资本金6000万元以上，企业净资产700万元以上；

4）企业近3年最高年工程结算收入2400万元以上；

5）企业具有与承包工程范围相适应的施工机械和质量检测设备。

3. 承包工程范围

1）特级企业：可承担各类房屋建筑工程的施工。

2）一级企业：可承担单项建安合同额不超过企业注册资本金5倍的下列房屋建筑工程的施工：40层及以下、各类跨度的房屋建筑工程；高度240米及以下的构筑物；建筑面积20万平方米及以下的住宅小区或建筑群体。

3）二级企业：可承担单项建安合同额不超过企业注册资本金5倍的下列工程的施工：28层及以下、单跨跨度36米及以下的房屋建筑工程；高度120米及以下的构筑物；建筑面积12万平方米及以下的住宅小区或建筑群体。

4）三级企业：可承担单项建安合同额不超过企业注册资本金5倍的下列工程的施工：14层及以下、单跨跨度24米及以下的房屋建筑工程；高度70米及以下的构筑物；建筑面积6万平方米及以下的住宅小区或建筑群体。

5.3.3 勘察单位和设计单位

2007年6月26日建设部发布的《建设工程勘察设计资质管理规定》，2013年1月21日住房城乡建设部发布的《工程勘察资质标准》、2007年3月29日建设部发布的《工程设计资质标准》，对工程勘察单位，工程设计单位的资质等级与标准、申请与审批、业务范围等做出了明确规定。

工程勘察资质范围包括建设项目的岩土工程，水文地质勘查和工程测量等专业。其中岩土工程是指：岩土工程勘察、设计、测试、监测、检测、岩土工程咨询、监理、岩土工程治理。工程勘察资质分综合类、专业类和劳务类三类。综合类包括工程勘察所有专业；专业类是指岩土工程、水文地质勘查、工程测量等专业中的某一项，其中岩土工程专业类可以是岩土工程勘察、设计、测试、检测、咨询、监理中的一项或全部；劳务类是指岩土工程治理、钻探、凿井等。工程勘察综合类资质只设甲级，工程勘察专业类资质原则上设甲、乙两个级别，确有必要设置丙级勘察资质的地区经建设部批准后方可设置，工程勘察劳务类资质不分级别。

工程设计范围包括本行业建设工程项目的主体工程和必要的配套工程（含厂区内的自备电站、道路、铁路专用线、各种管网和配套的建筑物等全部配套工程）以及与主体工程、配套工程相关的工艺、土木、建筑、环境保护、消防、安全、卫生、节能等工程。工程设计资质分工程设计综合资质（分级标准另行公布）、工程设计行业资质和工程设计专项资质三类。工程设计综合资质分级标准另行公布；工程设计行业资质设甲、乙、丙三个级别。除建筑工程、市政公用、水利和公路等行业设工程设计丙级资质可独立进入设计市场外，其他行业工程设计丙级资质设置的对象仅为企业内部所属的非独立法人设计单位；工程设计专项资质根据专业发展需要设置级别，工程设计专项资质的设立，需由相关行业部门或授权的行业协会提出，并经建设部批准。

5.3.4　监理单位

2007年6月26日建设部发布的《工程监理企业资质管理规定》，对工程监理单位的资质等级与标准、申请与审批、业务范围等做出了明确规定。工程监理企业的资质等级分为甲级、乙级和丙级，并按照工程性质和技术特点划分为若干工程类别。

1. 甲级资质标准

企业负责人和技术负责人应当具有15年以上工程建设工作的经历，企业技术负责人应当取得监理工程师注册证书；取得监理工程师注册证书的人员不少于25人；注册资本金不少于100万元；近三年内监理过五个以上二等房屋建筑工程项目或者三个以上二等专业工程项目。

2. 乙级资质标准

企业负责人和技术负责人应当具有10年以上从事工程建设工作的经历，企业技术负责人应当取得监理工程师注册证书；取得监理工程师注册证书的人员不少于15人；注册资本金不少于50万元；近三年内监理过五个以上三等房屋建筑工程项目或者三个以上三等专业工程项目。

3. 丙级资质标准

企业负责人和技术负责人应当具有8年以上从事工程建设工作的经历，企业技术负责人应当取得监理工程师注册证书；取得监理工程师注册证书的人员不少于5人；注册资本不少于10万元；承担过二个以上房屋工程项目或者一个以上专业工程项目。

甲级工程监理企业可以监理经核定的工程类别中一、二、三等工程；乙级工程监理企业可以监理经核定的工程类别中二、三等工程；丙级工程监理企业可以监理经核定的工程类别中三等工程。

5.3.5　工程造价咨询单位

2006年3月22日建设部发布的《工程造价咨询企业管理办法》，对工程造价咨询单位的资质等级与标准、申请与审批、业务范围等做出了明确规定。工程造价咨询单位资质等级分为甲级、乙级。

1. 甲级资质标准

专职技术负责人具有高级专业职称，从事工程造价专业工作10年以上，并取得造价工程师注册证书；具有专业技术职称、从事工程造价专业工作的专职人员不少于20人，其中具有造价专业技术职称的人员不少于6人，中级专业技术职称的人员不少于10人，取得造价工程师注册证书的人员不少于8人；注册资本金不少于100万元；具有固定的办公场所，健全的组织机构，完善的技术经济档案管理制度和严格的质量保证体系；近三年已完成5个大型或者8个中型以上建设项目工程报价的咨询工作；有良好的社会信誉。

2. 乙级资质标准

专职技术负责人具有高级专业技术职称，从事工程造价专业工作八年以上，并取得造价工程师注册证书；具有专业技术职称、从事工程造价专业工作的专职人员不少于12人，其中有高级专业技术职称的人员不少于 3 人，中级专业技术职称的人员不少于 6 人，取得造价工程师注册证书的专业人员不少于 4 人；注册资本金不少于 50 万元；具有固定的办公场所，健全的组织机构，完善的技术经济档案管理制度和严格的质量保证体系；近三年已完成 5 个以上中型建设项目工程造价的咨询工作；有较好的社会信誉。

甲级工程造价咨询单位在全国范围内承接各类建设项目的工程造价咨询业务；乙级工程造价咨询单位在本省、自治区、直辖市范围内承接中、小型建设项目的工程造价咨询业务。

5.4 建设专业技术人员从业资格许可制度

执业资格制度是指对具备一定专业学历、资历的从事建筑活动的专业技术人员，通过考试和注册确定其执业的技术资格，获得相应建筑工程文件签字权的一种制度。从事建筑活动的专业技术人员，应当依法取得相应的执业资格证书，并在执业资格证书许可的范围内从事建筑活动。目前，我国对从事建筑活动的专业技术人员已建立起六种执业资格制度，即注册建筑师、监理工程师、注册结构工程师、注册城市规划师、造价工程师以及注册建造师，此外，注册岩土工程师制度等也将实施。

5.4.1 注册建筑师

注册建筑师是指依法取得注册建筑师证书，并从事房屋建筑设计及相关业务的人员。1995 年 9 月国务院颁布的《中华人民共和国注册建筑师条例》，2008 年建设部颁布的《中华人民共和国注册建筑师条例实施细则》，对注册建筑师的考试注册管理、执业范围等做出了具体规定，我国注册建筑师分为两级，即一级注册建筑师和二级注册建筑师。

1. 报考的条件

一级注册建筑师报考的条件，符合下列条件之一者，可申请参加一级注册建筑师考试：①已取得建筑学硕士以上学历或者相近专业博士学位，并从事建筑设计或者相关业务 2 年以上的；②取得建筑学硕士学位或者相近专业工学硕士学位，并从事建筑设计或者相关业务 3 年以上的；③具有建筑学专业大学本科毕业学历并从事建筑设计或者相关业务 5 年以上的，或者具有建筑学相近专业大学本科毕业学历并从事建筑设计或者相关业务 7 年以上的；④取得高级工程师技术职称并从事建筑设计或者相关业务 3 年以上的，或者取得工程师技术职称并从事建筑设计或者相关业务 5 年以上的；⑤不具有前四项规定的条件，但设计成绩突出，经全国注册建筑师管理委员会认定的达到前四项专业水平的。

二级注册建筑师报考的条件，符合下列条件之一的，可以申请参加二级注册建筑师考试：①具有建筑学或者相近专业大学本科毕业以上学历，从事建筑设计或者相关业务 2 年以上的；②具有建筑设计技术专业或者相近专业大学本科毕业以上学历，并从事建筑设计或者相关业务 3 年以上的；③具有建筑设计技术专业 4 年制中专毕业学历，并从事建筑设计或者相关业务 5 年以上的；④具有建筑设计技术相近专业中专毕业学历，并从事建筑设计或者相关业务 7 年以上的；⑤取得助理工程师以上技术职称，并从事建筑设计或者相关业务 3 年以上的。

2. 注册建筑师的注册

一级注册建筑师考试合格者，由全国注册建筑师管理委员会核发《一级注册建筑师考试合格证书》；二级注册建筑师考试合格者，由省、自治区、直辖市注册建筑师管理委员会核发《二级注册建筑师考试合格证书》。经注册建筑师考试合格，取得注册建筑师资格。一级注册建筑师的注册机构是全国注册建筑师管理委员会；二级注册建筑师的注册机构是省、自治区、直辖市注册建筑师管理委员会。下列情形不予注册：①不具有完全民事行为能力的；②因受刑事处罚，自刑罚执行完毕之日起至申请注册之日止不满5年的；③因在建筑设计或者相关业务中犯有错误，受行政处罚或者撤职以上行政处分的，自处罚、处分决定之日起至申请注册之日止不满2年的；④受吊销注册建筑师证书的行政处罚，自处罚决定之日起至申请注册之日止不满5年的；⑤有国务院规定不予注册的其他情形的。

注册证书每两年注册一次。已经注册的注册建筑师需继续注册时，应在注册有效期终止日前30日内向注册建筑师管理委员会提出注册申请。已取得注册建筑师证书的人员，注册后有下列情形之一的，由准予注册的全国注册建筑师管理委员会或者省、自治区、直辖市注册建筑师管理委员会撤销注册，收回注册建筑师证书：①完全丧失民事行为能力的；②受刑事处罚的；③因在建筑设计或者相关业务中犯有错误，受到行政处罚或者撤职以上行政处分的；④自行停止注册建筑师业务满2年的。被撤销注册的人员可以依照规定重新注册。

3. 注册建筑师的执业范围

注册建筑师的执业范围包括：①建筑设计；②建筑设计技术咨询；③建筑物调查与鉴定；④对本人主持设计的项目进行施工指导和监督；⑤国务院建设行政主管部门规定的其他业务。一级注册建筑师的业务范围与二级注册建筑师的业务范围有所不同。一级注册建筑师业务范围不受建筑规模和工程复杂程度的限制，二级注册建筑师的业务范围限定在国家规定的建筑规模和工程复杂程度范围内。

4. 注册建筑师的权利和义务

注册建筑师的权利有：①注册建筑师有权以注册建筑师的名义执行注册建筑师业务。非注册建筑师不得以注册建筑师的名义执行注册建筑师业务。二级注册建筑师不得以一级注册建筑师的名义执行业务，也不得超越国家规定的二级注册建筑师的执业范围执行业务；②国家规定的一定跨度、跨径和高度以上的房屋建筑，应当由注册建筑师主持设计并在文件上签字；③任何单位和个人修改注册建筑师的设计图纸，应当征得该注册建筑师同意，但是，因特殊情况不能征得该注册建筑师同意的除外。

注册建筑师的义务有：①遵守法律、法规和职业道德，维护社会公共利益；②保证建筑设计的质量，并在其负责的设计图纸上签字；③保守在执业中知悉的单位和个人的秘密；④不得同时受聘于两个以上建筑设计单位执行业务；⑤不能准许他人以本人名义执行业务。

5. 注册建筑师的责任

如因设计质量造成经济损失，首先由设计单位承担赔偿责任。再由设计单位对签字的注册建筑师根据其责任大小，进行追偿。

5.4.2 监理工程师

监理工程师系岗位职务，是指经全国统一考试合格并经注册取得监理工程师岗位证书的工程建设监理人员。1992年6月建设部颁布的《监理工程师资格考试和注册试行办法》，对注册监理工程师的考试、注册管理、权利义务等做出了具体规定。

1. 报考的条件

监理工程师资格考试，在全国监理工程师资格考试委员会的统一组织指导下进行，原则上每两年进行一次。参加监理工程师资格考试者，必须具备两项条件：①具有高级专业技术职称或取得中级专业技术职称后具有 3 年以上工程设计或施工管理实践经验；②在全国监理工程师注册管理机关认定的培训单位经过监理业务培训，并取得培训结业证书。经监理工程师资格考试合格者，由监理工程师注册机关核发《监理工程师资格证书》。《监理工程师资格证书》的持有者，自领取证书起，5 年内未经注册，其证书失效。1995 年底以前，对少数具有高级技术职称和三年监理实践经验、年龄在 55 岁以上、工作能力较强的监理人员，经地区、部门监理工程师注册机关推荐，全国监理工程师考试委员会审查，全国监理工程师注册管理机关批准，可以免考取得《监理工程师资格证书》。

2. 监理工程师的注册

取得《监理工程师资格证书》，并同时具备以下三个条件的人员，可以由拟聘用申请者的工程建设监理单位统一向本地区或本部门的监理工程师注册机关提出申请：①热爱中华人民共和国，拥护社会主义制度，遵纪守法，遵守监理工程师职业道德；②身体健康，胜任工程建设的现场监理工作；③已取得《监理工程师资格证书》。

监理工程师注册机关收到申请后，对符合条件的，再根据全国监理工程师注册管理机关批准的计划，择优予以注册，颁布《监理工程师岗位证书》，并报全国监理工程师注册管理机关备案。监理工程师注册机关每五年要对《监理工程师岗位证书》持有者复查一次。对不符合条件的，注销注册，收回《监理工程师岗位证书》。已取得《监理工程师资格证书》但未注册的人员，不得以监理工程师的名义从事工程建设监理业务。已经注册的监理工程师，不得以个人名义私自承接工程建设监理业务。

5.4.3　注册结构工程师

注册结构工程师是指取得注册结构工程师执业资格和注册证书，从事房屋结构、桥梁结构及塔架结构等工程设计及相关业务的专业技术人员。1997 年 9 月 1 日建设部、人事部联合颁布的《注册结构工程师执业资格制度暂行规定》，对注册结构工程师的考试、注册管理、权利义务、法律责任等做出了具体规定。

我国注册结构工程师分为一级注册结构工程师和二级注册结构工程师。

1. 报考的条件

注册结构工程师考试实行全国统一大纲、统一命题、统一组织的方法，原则上每年举行一次。一级注册结构工程师资格考试由基础考试和专业考试两部分组成。通过基础考试的人员，从事结构工程师设计或相关业务符合规定年限，方可申请参加专业考试。

2. 注册结构工程师的注册

注册结构工程师资格考试合格者，颁布注册结构工程师执业资格证书。对准予注册的申请人，分别由全国注册结构工程师管理委员会和省、自治区、直辖市注册结构工程师管理委员会核发注册结构工程师注册证书。有下列情形之一的，不予注册：①不具备完全民事行为能力的；②因受刑事处罚，自处罚完毕之日起至申请注册之日止不满 5 年的；③因在结构工程设计或相关业务中犯有错误受到行政处罚或者撤职以上行政处分，自处罚、处分决定之日起至申请注册之日止不满 2 年的；④受吊销注册结构工程师注册证书处罚，自处罚决定之日起至申请注册之日止不满 5 年的；⑤建设部和国务院有关部门规定不予注册的其他情形的。注册结构工程师注册有效期为2年，有效期届满需要继续注册的，应当在期满前30日内办理注册手续。

注册结构工程师注册后，有下列情形之一的，由全国或省、自治区、直辖市注册结构工程师管理委员会撤销注册，收回注册证书：①完全丧失民事行为能力的；②受刑事处罚的；③因在工程设计或者相关业务中造成工程事故，受到行政处罚或者撤职以上行政处分的；④自行停止注册结构工程师业务满2年的。

3. 注册结构工程师的执业范围

注册结构工程师的执业范围包括：①结构工程设计；②结构工程设计技术咨询；③建筑物、构筑物、工程设施等调查和鉴定；④对本人主持设计的项目进行施工指导和监督；⑤建设部和国务院有关部门规定的其他业务。一级注册结构工程师的执业范围不受工程规模及工程复杂程度的限制。二级注册结构工程师执业范围另行规定。

4. 注册结构工程师的权利和义务

注册结构工程师的权利有：①注册结构工程师有权以注册结构工程师的名义执行注册结构工程师业务。非注册结构工程师不得以注册结构工程师的名义执行注册结构工程师业务；②国家规定的一定跨度、高度等以上的结构工程设计，应当由注册结构工程师主持设计；③任何单位和个人修改注册结构工程师的设计图纸，应当征得该注册结构工程师同意；但是因特殊情况不能征得该注册结构工程师同意的除外。

注册结构工程师应当履行下列义务：①遵守法律、法规和职业道德，维护社会公众利益；②保证工程设计的质量，并在其负责的设计图纸上签字盖章；③保守在执业中知悉的单位和个人的秘密；④不得同时受聘于两个以上勘察设计单位执行业务；⑤不得准许他人以本人名义执行业务；⑥按规定接受必要的继续教育，定期进行业务和法规培训。

5. 注册结构工程师的责任

因结构设计质量造成的经济损失，由勘察设计单位承担赔偿责任，勘察设计单位在承担赔偿责任后有权向签字的注册结构工程师追偿。

5.4.4 造价工程师

造价工程师是指经全国造价工程师执业资格统一考试合格，并取得造价工程师注册证，从事建设工程造价活动的人员。1996年8月26日人事部与建设部联合颁布了《造价工程师执行资格制度暂行规定》，对注册造价师的考试、注册管理、权利义务关系做出了具体规定。2006年12月25日建设部发布了《注册造价工程师管理办法》。

1. 报考的条件

造价工程师执业资格考试实行全国统一大纲、统一命题、统一组织的办法。原则上每年举行一次。凡中华人民共和国公民，遵纪守法并具备以下条件之一者，均可申请参加造价工程师执业资格考试：①工程造价专业大专毕业后，从事工程造价业务工作满5年；工程或工程经济类大专毕业后，从事工程造价业务工作满6年；②工程造价专业本科毕业后，从事工程造价业务工作满4年；工程或工程经济类本科毕业后，从事工程造价业务工作满5年；③获上述专业第二学士学位或研究生班毕业和获硕士学位后，从事工程造价业务工作满3年；④获上述专业博士学位后，从事工程造价业务工作满2年。通过造价工程师执业资格考试的合格者，由省、自治区、直辖市人事（职改）部门颁发人事部统一印制、人事部和建设部共同用印的造价工程师执业资格证书，该证书在全国范围内有效。

2. 造价工程师的注册

经全国造价工程师执业资格统一考试合格的人员，应当在取得造价工程师执业资格考试合格证书后三个月内，到省级注册机构或者部门注册机构申请初始注册。申请造价工程师初始注册应当提交下列材料：①造价工程师注册申请表；②造价工程师执业资格考试合格证书；③工作业绩证明。超过规定期限申请初始注册的，除提交上述材料外，还应当提交国务院建设行政主管部门认可的造价工程师继续教育证明。

有下列情形之一的，不予注册：①丧失民事行为能力的；②受过刑事处罚，且自刑事处罚执行完毕之日起至申请注册之日不满五年的；③在工程造价业务中有重大过失，受过行政处罚或者撤职以上行政处分，且处罚、处分决定之日至申请注册之日不满两年的；④在申请注册过程中有弄虚作假行为的。造价工程师初始注册的有效期限为两年，自核准注册之日起计算。

注册有效期满要求继续执业的，造价工程师应在注册有效期满前两个月向省级注册机构或者部门注册机构申请续期注册。造价工程师申请续期注册，应提交下列材料：①从事工程造价活动的业绩证明和工作总结；②国务院建设行政主管部门认可的工程造价继续教育证明。

造价工程师有下列情形之一的，不予续期注册：①无业绩证明和工作总结的；②同时在两个以上单位执业的；③未按照规定参加造价工程师继续教育或者继续教育未达到标准的；④允许他人以本人名义执业的；⑤在工程造价活动中有弄虚作假行为的；⑥在工程造价活动中有过失，造成重大损失的。续期注册的有效期限为两年，自准予续期注册之日起计算。

3. 造价工程师的执业范围包括

执业范围包括：①建设项目投资估算的编制、审核及项目经济评价；②工程概算、工程预算、竣工决算、工程招标标底价、投标报价的编制、审核；③工程变更及合同价款的调整和索赔费用的计算；④建设项目各阶段的工程造价控制；⑤工程经济纠纷的鉴定；⑥工程造价计价依据的编制、审核；⑦与工程造价业务有关的其他事项。

4. 造价工程师的权利和义务

造价工程师享有下列权利：①使用造价工程师名称；②依法独立执行业务；③签署工程造价文件、加盖执业专用章；④申请设立工程造价咨询单位；⑤对违反国家法律、法规的不正当计价行为，有权向有关部门举报。

造价工程师应当履行下列义务：①遵守法律、法规，遵守职业道德；②接受继续教育，提高业务技术水平；③在执业中保守技术和经济秘密；④不得允许他人以本人名义执业；⑤按照有关规定提供工程造价资料。

5.4.5 建造师

建造师是指依法取得建造师注册证，从事建设工程项目总承包、施工管理的专业技术人员。2002年12月5日人事部与建设部联合颁布了《建造师执业资格制度暂行规定》，该两部门并于2004年2月19日以国人部发〔2004〕16号文件印发了《建造师执业资格考试实施办法》和《建造师执业资格考核认定办法》。上述规定和办法对建造师的考试、注册管理、建造师的职责等做出了具体规定。

依据上述规定和办法，目前我国实行一级建造师（Constructor）和二级建造师（Associate Constructor）两种资格并存的制度。按照建设部颁布的《建筑业企业资质等级标准》的规定，一级建造师可以担任特级、一级建筑业企业资质的建设工程项目施工的项目经理；二级建造师可以担任二级及以下建筑业企业资质的建设工程项目施工的项目经理。

1. 报考的条件

凡遵守法律、法规，具备下列条件之一者，可申请参加一级注册建造师考试：①取得工程类或工程经济类大学专科学历，工作满6年，其中从事建设工程项目施工管理工作满4年；②取得工程类或工程经济类大学本科学历，工作满4年，其中从事工程项目施工管理工作满3年；③取得工程类或工程经济类双学士学位或研究生班毕业，工作满3年，其中从事建设工程项目施工管理工作满2年；④取得工程类或工程经济类硕士学位，工作满2年，其中从事建设工程项目管理工作满1年；⑤取得工程类或工程经济类博士学位，从事建设工程项目施工管理工作满1年。参加一级建造师执业资格考试合格者，由各省、自治区、直辖市人事部门颁发人事部统一印制，人事部、建设部用印的《中华人民共和国一级建造师执业资格证书》。该证在全国范围内有效。

凡遵纪守法并具备工程类或工程经济类中等专科以上学历并从事建设工程项目施工管理工作满2年的，可报名参加二级建造师执业资格考试。二级建造师执业资格考试合格者，由省、自治区、直辖市人事部门颁发由人事部、建设部统一格式的《中华人民共和国二级建造师执业资格证书》。该证书在所在行政区域内有效。

2. 注册建造师的注册

取得建造师执业资格证书的人员，必须经过注册登记，方可以建造师名义执业。其中一级建造师执业资格的注册管理机构为建设部或其授权的机构；二级建造师执业资格的注册管理机构为省、自治区、直辖市建设行政主管部门或其授权的机构。

申请注册的人员必须同时具备以下条件：①取得建造师执业资格证书；②无犯罪记录；③身体健康，能坚持在建造师岗位上工作；④经所在单位考核合格。

一级建造师执业资格注册，由本人提出申请，由各省、自治区、直辖市建设行政主管部门或其授权的机构初审合格后，报建设部或其授权的机构注册。准予注册的申请人，由建设部或其授权的注册管理机构发放由建设部统一印制的《中华人民共和国一级建造师注册证》。二级建造师执业资格的注册办法，由各省、自治区、直辖市建设行政主管部门制定，颁发辖区内有效的《中华人民共和国二级建造师注册证》，并报建设部或其授权的注册管理机构备案。

3. 注册建造师的执业范围及权利和义务

建造师经注册后，有权以建造师名义担任建设工程项目施工的项目经理及从事其他施工活动的管理。建造师在工作中，必须严格遵守法律、法规和行业管理的各项规定，恪守职业道德。

建造师的执业范围有：①担任建设工程项目施工的项目经理；②从事其他施工活动的管理工作；③法律、行政法规或国务院建设行政主管部门规定的其他业务。

按照建设部颁布的《建筑业企业资质等级标准》，一级建造师可以担任特级、一级建筑企业的建设工程项目施工的项目经理；二级建造师可以担任二级及以下建筑业企业资质的建设工程项目施工的项目经理。

第六章　建设工程承包与发包法律制度

6.1　建设工程承包与发包概述

6.1.1　建设工程发包与承包的概念

建设工程发包与承包，是指发包方通过合同委托承包方为其完成某一工程的全部或其中一部分工程的交易行为。其中，把某项工作交给他人完成并有义务接受工作成果，支付工作报酬的是发包。承揽他人交付某项工作，并按成该项工作任务，有权利接受工作报酬的是承包。

建设工程发包是建设单位或者受其委托的招标代理机构通过招标方式或直接发包方式将建设工程的全部或部分交由他人承包，并支付相应费用的行为。工程发包方一般为建设单位或工程总承包单位；工程承包方一般为工程勘察设计单位、施工单位、工程设备供应及设备安装制造单位等。发包方与承包方的权利、义务都由双方签订的承包合同来加以规定。

6.1.2　建设工程发包与承包的历史发展

在计划经济时期，我国的工程建设任务采取由行政主管部门分配的方式。自 1982 年起，我国建设领域开始进行改革，逐步确定了建设工程发包与承包制度，把工程设计与施工推向市场，由相关企业在公平竞争的环境中竞争承包。实践证明，建设工程发包与承包制度，能鼓励竞争，防止垄断，有效提高工程质量、严格控制工程造价和工期，对市场经济的建设和发展有良好的促进作用。

但是在经济转轨过程中，建筑市场尚不规范，建设工程发包与承包中至今仍存在不少混乱现象，比如：有的发包单位或其工作人员将本应由一家或者少数几家承包即可完成的建设工程人为肢解发包，不顾工程质量，以获取不正当利益；有的承包单位将承包工程层层转包，牟取暴利；有的低资质或者无资质证书的承包单位通过“挂靠”，承包超出自己施工能力的建设工程。这些问题，扰乱了建筑市场的正常秩序，严重影响了建设工程的质量，提高了建设工程造价。为解决上述问题，必须严格实行建设工程发包与承包制度。为此，我国《建筑法》规定了建设工程发包与承包应当遵循的基本原则及行为规范，如实行招标发包和直接发包的范围；不得违法肢解发包；总包单位分包时须经建设单位认可；禁止承包单位将其承包的工程转包给他人；招标方不得与任何投标方相互勾结，妨碍其他投标方的公平竞争；投标方不得串通投标，故意抬高或者压低标价等等。

6.1.3　建设工程发包与承包的立法概况

目前，我国现行的与建设工程承、发包有关的主要法规有：1997 年《中华人民共和国建筑法》（2011 年修订）和 1999 年《中华人民共和国招标投标法》两部法律；以及建设部颁布的部委规章和规范性文件，主要包括：2017 年 1 月 24 日住房城乡建设部发布的

《建设工程设计招标投标管理办法》(住房城乡建设部第33号令，自2017年5月1日起施行)；2000年5月1日《工程建设项目招标范围和规模标准规定》(中华人民共和国国家发展计划委员会第3号令，自发布之日起施行)；2013年3月11日修改的《工程建设项目自行招标试行办法》(中华人民共和国国家发展计划委员会第5号令，自发布之日起施行)；2001年6月1日《房屋建筑和市政基础设施工程施工招标投标管理办法》(建设部第89号令，自发布之日起施行)；2003年国家计委、建设部、铁道部、交通部、信息产业部、水利部、中国民用航空总局审议通过的《工程建设项目施工招标投标办法》(自2003年5月1日起施行)；2014年8月27日住房城乡建设部修改的《房屋建筑和市政基础设施工程施工分包管理办法》(建设部第124号令，自2004年4月1日起施行)，该办法的目的在于目的是为了规范房屋建筑和市政基础设施工程施工分包活动，维护建筑市场秩序，保证工程质量和施工安全；2006年12月30日经建设部颁布的《工程建设项目招标代理机构资格认定办法》(建设部第154号令，自2007年3月1日起施行)。

6.1.4 建设工程发包与承包的一般原则

建筑工程发包与承包是一项特殊的商品交易活动，同时又是一项重要的法律活动，因此，承发包双方必须共同遵循交易活动的一些基本原则，依法进行，才能确保活动的顺利、高效、公平地进行。《建筑法》将这些基本原则以法律的形式作了如下规定：

1. 承发包双方依法订立书面合同和全面履行合同义务的原则

这是国际通行的原则。此处所称“书面合同”是指建筑工程承包合同。由于建筑工程承包合同所涉及的内容特别复杂，合同履行期较长，为便于明确各自的权利与义务，减少纷争，《建筑法》和《合同法》都明确规定，建筑工程承包合同应当采用书面形式。这包括建筑工程合同的订立、合同条款的变更，均应采用书面形式。全部或者部分使用国有资金投资或者国家融资的建筑工程应当采用国家发布的建设工程示范合同文本。

订立建筑工程合同时，应当以发包单位发出的招标文件和中标通知书规定的承包范围、工期、质量和价款等实质性内容为依据；非招标工程应当以当事人双方协商达成的一致意见为依据订立合同。承发包双方应根据建筑工程承包合同约定的时间、地点、方式、内容及标准等要求，全面、准确地履行合同义务。一旦发生不按照合同约定履行义务的情况，违约方将依法承担违约责任。

2. 建筑工程发包、承包实行以招标、投标为主，直接发包为辅的原则

工程发包分为招标发包与直接发包两种形式。招标发包是国际通用的形式，因此，《建筑法》规定：建筑工程依法实行招标发包，对不适于招标发包的可以直接发包。由于我国已于2000年1月1日起，开始实施《中华人民共和国招标投标法》，因此，对于符合该法要求招标范围的建筑工程，必须依照《招标投标法》实行招标发包。招标投标活动，应该遵循公开、公正、公平的原则，择优选择承包单位。

3. 禁止承发包双方采取不正当竞争手段的原则

发包单位及其工作人员在建筑工程发包中不得收受贿赂、回扣或者索取其他好处。承包单位及其工作人员不得利用向发包单位及其他工作人员行贿、提供回扣或者给予其他好处等不正当手段承揽工程。

6.2 建设工程发包

6.2.1 建设工程发包的方式

《建筑法》第 19 条规定，建筑工程依法实行招标发包，对不适于招标发包的可以直接发包。因此，建设工程发包有两种方式：招标投标和直接发包。

1. 招标发包

建设工程招标与投标是指发包方事先通过招标公告或者投标邀请书标明其拟建工程的内容和要求，由存在承包意愿的单位递交投标书，明确承包工程的价格工期、质量等条件，再由发包方从中择优选择工程承包方的交易方式。

招标发包又分为两种方式：公开招标和邀请招标。公开招标是指由建设单位按照放到程序，在规定的公开媒体上发布招标公告，提供载有招标工程的主要技术要求、主要的合同条款、评标的标准和方法以及开标、评标、定标的程序等内容的招标文件，使所有潜在的投标人都可以平等参加投标竞争，并从中择优选定中标人。邀请招标是指招标人根据自己所掌握的情况，预先确定符合招标项目基本要求的一定数量的潜在的投标人并发出邀请，从中确定承包单位。

2. 直接发包

建设工程直接发包是指发包方与承包方直接进行协商，以约定工程建设的价格、工期、质量和其他条件的交易方式。比如，建设单位直接同相应资质等级的建筑施工企业洽谈建设工程的事宜，通过协商来确定承包单位。

建设工程招标发包比直接发包更有利于实现承包单位候选人之间的公平竞争，也更符合市场经济的内在规律。通过招投标，建设单位和承包单位进入市场，公平交易、公平竞争，有利于控制建设工期，确保工程质量，提高投资效益。我国《招标投标法》等相关法律法规都提倡招投标发包方式，对直接发包予以限制。《招标投标法》第 3 条规定，在中华人民共和国境内进行下列工程建设项目包括项目的勘察、设计、施工、监理以及与工程建设有关的重要设备、材料等的采购，必须进行招标的项目包括：①大型基础设施、公用事业等关系社会公共利益、公众安全的项目；②全部或者部分使用国有资金投资或者国家融资的项目；③使用国际组织或者外国政府贷款、援助资金的项目。《招标投标法》第 66 条规定，涉及国家安全、国家秘密、抢险救灾或者属于利用扶贫资金实行以工代赈、需要使用农民工等特殊情况，不适宜进行招标的项目，按照国家有关规定可以不进行招标。《工程建设项目招标范围和规模标准规定》第 7 条确定了工程建设项目招标的规模标准。该条规定，上述《招标投标法》规定强制招标范围内的各类工程建设项目，包括项目的勘察、设计、施工、监理以及与工程建设有关的重要设备、材料等的采购，达到下列标准之一的，必须进行招标：①施工单项合同估算价在 200 万元人民币以上的；②重要设备、材料等货物的采购，单项合同估算价在 100 万元人民币以上的；③勘察、设计、监理等服务的采购，单项合同估算价在 50 万元人民币以上的；④单项合同估算价低于第①、②、③项规定的标准，但项目总投资额在 3000 万元人民币以上的。

由此可见，依照我国现行法律法规规定，只有涉及国家安全、国家秘密、抢险救灾或者属于利用扶贫资金实行以工代赈、需要使用农民工等特殊情况及项目总投资额不足

3000万元、施工单项合同估算价不足200万元、重要设备材料等货物单项采购合同估算价不足100万元、勘察设计监理等单项合同估算价不足50万元等规模太小情况下，才可以不进行招标投标而采取直接发包的方式。而对使用国际组织或者外国政府贷款、援助资金的项目，全部或者部分使用国有资金投资或国家融资的项目以及所有大中型基础设施、公用事业等关系社会公共利益、公共安全的项目，则实行强制招投标。对于必须进行招标的项目而不招标的，将必须进行招标的项目化整为零或者以其他任何方式规避招标的，责令限期改正，可以处项目合同金额5‰以上10‰以下的罚款；对全部或者部分使用国有资金的项目，可以暂停项目执行或者暂停资金拨付；对单位直接负责的主管人员和其他直接责任人员依法给予处分。

6.2.2 招标发包的过程

招投标是建设工程发包承包的主要方法。《建筑法》规定：建设工程依法实行招标发包，对不适于招标发包的保密工程、特殊工程可以直接发包。《建筑市场管理规定》指出，凡具备招标条件的建设项目，必须按照有关规定进行招标。通过招投标，建设单位和承包单位进入市场，公平交易、公平竞争，有利于控制建设工期，确保工程质量，提高投资效益。

建设工程的招投标活动，应当依照有关法律的规定公开、公平、公正进行。根据相关法律法规的规定，建设工程招投标活动通常应当包括招标、投标、开标和评标、定标等步骤。

6.2.3 建设工程发包行为的一般规定

建设工程发包单位必须依照法律、行政法规的规定发包建设工程。依据《建筑法》以及其他法律、行政法规的规定，建设工程发包是必须遵守以下一般规定：

1. 建设工程发包单位应当将建设工程发包给相应资质的承包人

《建筑法》第22条规定，建筑工程实行招标发包的，发包单位应当将建筑工程发包给依法中标的承包单位。建筑工程实行直接发包的，发包单位应当将建筑工程发包给具有相应资质条件的承包单位。建设活动不同于一般的经济活动，它具有技术要求高、社会影响大等特点。因此，世界上大多数国家对于工程建设活动都实行职业资格制度，我国也不例外。承包建设工程勘察、设计、施工、监理的单位，必须持有营业执照和相应的资质证书。

《建筑法》第65条第1款规定，发包单位将工程发包给不具有相应资质条件的承包单位的，或者违反本法规定将建筑工程肢解发包的，责令改正，处以罚款。至于罚款的数额，《建筑法》未做具体规定，由国务院《建筑工程质量管理条例》予以规定。《建筑工程质量管理条例》第54条规定："违反本条例规定，建设单位将建设工程发包给不具有相应资质等级的勘察、设计、施工单位或者委托给不具有相应资质等级的工程监理单位的，责令改正，处50万元以上100万元以下的罚款。"根据《最高人民法院关于审理建设工程施工合同纠纷案件适用法律问题的解释》之规定，发包人与不具有相应资质承包单位签订的建设工程施工合同属于无效合同。

2. 建设工程发包与承包中，禁止行贿和受贿

通过行贿获取建设工程承包权是一种我国《反不正当竞争法》规定的不正当竞争手段之一，也是危害社会正常经济秩序的犯罪行为，它严重违背市场竞争的公平原则，是一种

非法行为，应当予以禁止。这对于保护其他合法承包市场参与者的权益和打击不法市场经济行为是非常有益的。《建筑法》第17条规定，发包单位及其工作人员在建筑工程发包中不得收受贿赂、回扣或者索取其他好处。承包单位及其工作人员不得利用向发包单位及其工作人员行贿、提供回扣或者给予其他好处等不正当手段承揽工程。《反不正当竞争法》第7条规定，经营者不得采用财物或者其他手段贿赂下列单位或者个人，以谋取交易机会或者竞争优势：①交易相对方的工作人员；②受交易相对方委托办理相关事务的单位或者个人；③利用职权或者影响力影响交易的单位或者个人。经营者在交易活动中，可以以明示方式向交易相对方支付折扣，或者向中间人支付佣金。经营者向交易相对方支付折扣、向中间人支付佣金的，应当如实入账。接受折扣、佣金的经营者也应当如实入账。我国《刑法》对此也有明确规定，并规定对单位犯罪采取双罚制，除对单位判处罚金外，还对直接负责的主管人员和其他直接责任人员判处相应的刑罚。

3. 发包单位应当按照合同的约定，及时拨付工程款项

《建筑法》第18条规定，建筑工程造价应当按照国家有关规定，由发包单位与承包单位在合同中约定。公开招标发包的，其造价的约定，须遵守招标投标法律的规定。发包单位应当按照合同的约定，及时拨付工程款项。在我国工程建设领域，工程款拖欠是普遍现象，而且势头似乎有增无减。拖欠工程款不仅仅造成施工企业的困难，拖欠行为继续延伸，甚至形成了债务的锁链；建设单位拖欠建筑企业工程款，建筑企业将拖欠转嫁，又拖欠分包企业的工程款、材料设备商的货款、农民工工资、国家税款和银行贷款等等。有的建筑企业为转嫁拖欠工程款的风险，将工程分包给技术管理水平较低的企业或者包工头，造成施工中偷工减料，使工程质量水平大大降低，甚至留下安全隐患，从而产生工程质量事故。

4. 发包单位应当依照法律、行政法规规定的程序和方式进行公开招标并接受有关行政主管部门的监督

《建筑法》第20条规定："建筑工程实行公开招标的，发包单位应当依照法定程序和方式，发布招标公告，提供载有招标工程的主要技术要求、主要的合同条款、评标的标准和方法以及开标、评标、定标的程序等内容的招标文件。开标应当在招标文件规定的时间、地点公开进行。开标后应当按照招标文件规定的评标标准和程序对标书进行评价、比较，在具备相应资质条件的投标者中，择优选定中标者。"第21条规定："建筑工程招标的开标、评标、定标由建设单位依法组织实施，并接受有关行政主管部门的监督。"

5. 发包人不得将建设工程肢解发包

《建设工程质量管理条例》第78条第1款规定："本条例所称肢解发包，指建设单位将应当由一个承包单位完成的建设工程分解成若干部分发包给不同的承包单位的行为。"《建筑法》第24条规定："提倡对建筑工程实行总承包，禁止将建筑工程肢解发包。建筑工程的发包单位可以将建筑工程的勘察、设计、施工、设备采购一并发包给一个工程总承包单位，也可以将建筑工程勘察、设计、施工、设备采购的一项或者多项发包给一个工程总承包单位；但是，不得将应当由一个承包单位完成的建筑工程肢解成若干部分发包给几个承包单位。"《建设工程质量管理条例》第55条规定："违反本条例规定，建设单位将建设工程肢解发包的，责令改正，处工程合同价款0.5%以上1%以下的罚款；对全部或者部分使用国有资金的项目，并可以暂停项目执行或者暂停资金拨付。"从上述规定可看

出，肢解发包属违法行为，应予处罚。肢解发包中，本应由一个承包单位完成的建筑工程，如果分解成若干部分由几个承包单位完成任务，使原本很狭小的工作面同时涌入过多的承包单位，导致工作界面不清，责任主体不明，合同纠纷增多，工作秩序必然混乱。因肢解发包人为地增加了承发包单位对项目的管理难度和管理成本，稍有不慎，就会引起工作质量和安全事故，故其是我国明令禁止的违法行为。但由于《建筑法》，《建设工程质量管理条例》未对“应当由一个承包单位完成的建设工程分解成若干部分发包给不同的承包单位的行为”做出更加明确的解释或界定，又因平行发包与肢解发包都有一个以上承包单位承担工程勘察、设计，以及究竟什么是“应当由一个承包单位完成的建设工程”没有界定，导致实践中很多人把合法的平行发包模式误认为肢解发包。

6. 发包人不得向承包人指定购入用于建设工程的建筑材料、建筑构配件和设备或指定生产厂、供应商

《建筑法》第 25 条规定：“按照合同约定，建筑材料、建筑构配件和设备由工程承包单位采购的，发包单位不得指定承包单位购入用于工程的建筑材料、建筑构配件和设备或者指定生产厂、供应商。”这并不意味着建设单位不可以采购材料。如果建设单位自行采购建筑材料，必须先合同约定，否则就是剥夺了合同中属于承包人的权利，属于违约。《建设工程质量管理条例》第 14 条规定，按照合同约定，由建设单位采购建筑材料、建筑构配件和设备的，建设单位应当保证建筑材料、建筑构配件和设备符合设计文件和合同要求。建设单位不得明示或者暗示施工单位使用不合格的建筑材料、建筑构配件和设备。

6.3 建设工程承包

6.3.1 承包单位资质管理法律规定

《建筑法》第 26 条规定：“承包建筑工程的单位应当持有依法取得的资质证书，并在其资质等级许可的业务范围内承揽工程。禁止建筑施工企业超越本企业资质等级许可的业务范围或者以任何形式用其他建筑施工企业的名义承揽工程。禁止建筑施工企业以任何形式允许其他单位或者个人使用本企业的资质证书、营业执照，以本企业的名义承揽工程。”承包建设工程的单位，包括建筑施工企业、监理单位、勘察设计单位，因其单位性质和技术、设备不同，其资质等级也不完全一样。级别不同，所从事的业务范围也不完全相同。一般情况下，高资质等级的企业可以从事低资质等级企业的业务，但低资质等级的企业不能从事高资质等级企业的业务。如果低资质等级单位从事高资质等级单位的业务，则会因其不具备从事高资质等级单位的业务条件，而给承揽的工作带来质量与安全问题。所以，承包建设工程的单位应当在其资质等级许可的业务范围内承揽工程。若违反此项规定，则应当承担法律责任。

1. 超越本单位资质等级承揽工程的法律责任

《建筑法》第13条规定：“从事建筑活动的建筑施工企业、勘察单位、设计单位和工程监理单位，按照其拥有的注册资本、专业技术人员、技术装备和已完成的建筑工程业绩等资质条件，划分为不同的资质等级，经资质审查合格，取得相应等级的资质证书后，方可在其资质等级许可的范围内从事建筑活动。对承包单位违反本法规定，超越其经依法核定的资质等级所许可的业务范围承揽工程的行为，应依照《建筑法》第 65 条的规定追究

其法律责任。”《建筑法》第 65 条第 2 款规定，超越本单位资质等级承揽工程的，责令停止违法行为，处以罚款，可以责令停业整顿，降低资质等级；情节严重的，吊销资质证书；有违法所得的，予以没收。《建筑工程质量管理条例》第 60 条第 1 款规定，违反本条例规定，勘察、设计、施工、工程监理单位超越本单位资质等级承揽工程的，责令停止违法行为，对勘察、设计单位或者工程监理单位处合同约定的勘察费、设计费或者监理酬金 1 倍以上 2 倍以下的罚款；对施工单位处工程合同价款百分之二以上百分之四以下的罚款，可以责令停业整顿，降低资质等级；情节严重的，吊销资质证书；有违法所得的，予以没收。

2. 未取得资质证书承揽工程的法律责任

2015 年 1 月 22 日住房城乡建设部第 22 号令发布的《建筑业企业资质管理规定》（2016 年 9 月 13 日修改）和 2001 年 3 月原建设部发的《施工总承包企业资质等级标准》（2007 年 3 月 13 日修改）等对建筑施工企业的资质等级与标准、申请与审批、监督与管理、业务范围等作了明确规定。依照《建筑法》等相关法律法规的规定，从事建筑活动的建筑施工企业、勘察单位、设计单位和工程监理单位，按照一定的资质条件，划分为不同的资质等级，经资质审查合格，取得相应的资质等级证书后，方可在其资质等级许可的业务范围内从事建筑活动。违反法律的这一规定，未取得资质证书承揽建设工程的，应依法追究其法律责任。

《建筑法》第 65 条第 3 款规定：“未取得资质证书承揽工程的，予以取缔，并处罚款，违法所得的，予以没收。”对未依法取得资质证书承揽工程的行为，由有关行政执法机关予以取缔，并处以罚款；违法承揽工程所签订的工程承包合同无效，对其违法所得，予以没收。《建筑工程质量管理条例》第 60 条第 2 款规定，未取得资质证书承揽工程的，予以取缔，对勘察、设计单位或者工程监理单位处合同约定的勘察费、设计费或者监理酬金 1 倍以上 2 倍以下的罚款；对施工单位处工程合同价款 2%以上 4%以下的罚款，可以责令停业整顿，降低资质等级；情节严重的，吊销资质证书；有违法所得的，予以没收。

3. 以欺骗手段取得资质证书承揽工程的法律责任

以欺骗手段取得资质证书的行为是指建筑施工企业、勘察单位、设计单位和工程监理单位用瞒报、谎报其拥有的注册资金、专业技术人员、技术装备和已完成的建设工程业绩等手段欺骗资质等级管理机关取得资质证书的行为。《建筑法》第 65 条第 4 款规定，以欺骗手段取得资质证书的，吊销资质证书，处以罚款；构成犯罪的，依法追究刑事责任。对这种明知违法而采取不正当手段的行为，不仅要按《建筑法》第 65 条第 1 款给予罚款，并没收违法所得对以欺骗手段取得资质证书的，依照《建筑法》第 65 条第 4 款的规定，由行政执法机关吊销其骗取的资质证书，并处以罚款；对构成犯罪的。由司法机关依照《刑法》的有关规定追究刑事责任。而且要按《建设工程质量管理条例》第 60 条第 3 款规定：“以欺骗手段取得资质证书承揽工程的，吊销资质证书，依照本条第 1 款规定处以罚款；有违法所得的，予以没收。”第 1 款的规定为，违反本条例规定，勘察、设计、施工、工程监理单位超越本单位资质等级承揽工程的，责令停止违法行为，对勘察、设计单位或者工程监理单位处合同约定的勘察费、设计费或者监理酬金 1 倍以上 2 倍以下的罚款；对施工单位处工程合同价款百分之二以上百分之四以下的罚款，可以责令停业整顿，降低资质等级；情节严重的，吊销资质证书；有违法所得的，予以没收。

4. 建筑施工企业转让、出借资质证书或者以其他方式允许他人以本企业的名义承揽工程的法律责任

建筑施工企业转让、出借资质证书是指该建筑施工企业将其依法取得的资质证书转让或者借给其他低资质等级或者不具备资质条件的施工单位使用，并从中谋取非法利益的行为。以其他方式允许他人以本企业的名义承揽工程是指允许低资质等级或者不具备资质条件的施工单位或者个人利用假“联营”、“挂靠”等方式以本施工企业的名义承揽工程的行为。

《建筑法》第26第2款规定，建筑施工企业不得以转让、出借本企业的资质证书或其他任何形式允许其他单位或者个人以本企业的名义承揽工程。勘察、设计、施工、监理单位转让、出借资质证书或以其他方式允许他人以本单位名义承揽工程业务，将造成建设工程实际需要的资金、人才、设备、技术、管理等保证能力达不到预期的要求，从而工程质量保证体系失控，质量保证能力下降。如果借用名义承包的单位和个人不熟悉建设技术业务的，将导致工程质量失控，甚至产生严重质量事故，危及国家、公众、投资者的利益，因此不仅要对违法行为责令改正，还必须给予必要的行政处罚。

《建筑法》第66条对建筑施工企业转让、出借本企业的资质证书或者以其他方式允许他人以本企业的名义承揽工程的违法行为，规定了其应承担的行政责任和民事责任。即建筑施工企业转让、出借资质证书或者以其他方式允许他人以本企业的名义承揽工程的，责令改正，没收违法所得，并处罚款，可以责令停业整顿，降低资质等级；情节严重的，吊销资质证书。对因该项承揽工程不符合规定的质量标准造成的损失，建筑施工企业与使用本企业名义的单位或者个人承担连带赔偿责任。

5. 承包单位将其承包的工程转包或者违法分包的法律责任

1）承包单位将承包的工程转包的法律责任。依照《建筑法》第28条规定，禁止承包单位将承包的全部建设工程转包给他人，禁止承包单位将其承包的全部工程肢解以后以分包的名义分别转包给他人。对违反本法规定转包工程的行为，应依照本条规定追究其法律责任。依照《建筑法》第67条规定，承包单位将承包的工程转包的，或者违反本法规定进行分包的，责令改正，没收违法所得，并处罚款，可以责令停业整顿，降低资质等级；情节严重的，吊销资质证书。承包单位有前款规定的违法行为的，对因转包工程或者违法分包的工程不符合规定的质量标准造成的损失，与接受转包或者分包的单位承担连带赔偿责任。

2）承包单位违法分包的法律责任。依照《建筑法》第29条规定，建筑工程总承包单位可以将承包工程中的部分工程发包给具有相应资质条件的分包单位；但是，除总承包合同中约定的分包外，必须经建设单位认可。施工总承包的，建筑工程主体结构的施工必须由总承包单位自行完成。建筑工程总承包单位按照总承包合同的约定对建设单位负责；分包单位按照分包合同的约定对总承包单位负责。总承包单位和分包单位就分包工程对建设单位承担连带责任。禁止总承包单位将工程分包给不具备相应资质条件的单位。禁止分包单位将其承包的工程再分包。对于违反法律规定进行工程分包的行为，可依照《建筑法》追究相应法律责任。

依照《建筑法》第67条规定，承包单位将承包的工程转包的，或者违反本法规定进行分包的，责令改正，没收违法所得，并处罚款，可以责令停业整顿，降低资质等级；情

节严重的，吊销资质证书。承包单位有前款规定的违法行为的，对因转包工程或者违法分包的工程不符合规定的质量标准造成的损失，与接受转包或者分包的单位承担连带赔偿责任。

6.3.2 建设工程承包的一般规定

建设单位不得直接指定分包工程承包人。任何单位和个人不得对依法实施的分包活动进行干预。承包单位及其工作人员不得利用向发包单位及其工作人员行贿、提供回扣或者给予其他好处等不正当手段承揽工程。禁止承包单位转让、出借企业资质证书或者以其他方式允许他人以本企业名义承揽工程。

禁止承包单位将承包的工程进行违法分包。承包单位分包工程应符合《建筑法》第29条的规定：建筑工程总承包单位可以将承包工程中的部分工程发包给具有相应资质条件的分包单位；但是，除总承包合同中约定的分包外，必须经建设单位认可。施工总承包的，建筑工程主体结构的施工必须由总承包单位自行完成。建筑工程总承包单位按照总承包合同的约定对建设单位负责；分包单位按照分包合同的约定对总承包单位负责。总承包单位和分包单位就分包工程对建设单位承担连带责任。禁止总承包单位将工程分包给不具备相应资质条件的单位。禁止分包单位将其承包的工程再分包。根据国务院颁布施行的《建设工程质量管理条例》第78条第2款的规定，违法分包主要是指下列行为：①总承包单位将建设工程分包给不具备相应资质条件的单位的；②建设工程总承包合同中未有约定，又未经建设单位认可，承包单位将其承包的部分建设工程交由其他单位完成的；③施工总承包单位将建设工程主体结构的施工分包给其他单位的；④分包单位将其承包的建设工程再分包的。

禁止承包单位转包工程。关于转包的界定，国务院颁布施行的《建设工程质量管理条例》第78条第3款做出了明确规定："本条例所称转包，是指承包单位承包建设工程后，不履行合同约定的责任和义务，将其承包的全部建设工程转给他人或者将其承包的全部工程肢解以后以分包的名义分别转给他人承包的行为。"转包的形式有两种：一种是承包单位将其承包的全部建设工程转包给他人；另一种是承包单位将其承包的全部工程直接以后以分包的名义发包给他人即变相的转包。分包工程的发包人将工程分包后，没有在施工现场设立项目管理机构和派驻相应人员，也没有对该工程的施工活动进行组织管理的，视同转包行为。因为转包行为容易使建设单位失去对承包人的监督和控制，引起建设工程质量和安全事，因此《建筑法》等相关法律法规予以明确禁止。

6.4 建设工程承包方式

6.4.1 建设工程总承包

1. 建设工程总承包的概念

建设工程总承包制度是建设工程承包方式多样化的产物，起源于基本建设管理体制改革。我国总承包制度的相关政策源于1984年第六届全国人大第二次会议政府工作报告，该报告提出："着手组建多种形式的工程承包公司和综合开发公司。工业、交通等生产性建设项目由专业性工程承包公司投标，从可行性研究、设计、设备配套、工程施工到竣工试车进行全过程的总承包；然后再由工程承包公司向各设计、施工、设备供应单位招标，签订分包经济合同。”之后，国务院《关于改革建筑业和基本建设管理体制若干问题的暂行规定》明确指出：“各部门各地区都要组建若干具有法人地位、独立经营、自负盈亏的工程承包公司，并使之逐步成为组织项目建设的主要形式……可以选择部分设计单位或者组织部分设计人员，组建工程咨询公司和工程承包公司。工程承包公司的主要任务，是受主管部门或建设单位的委托，承包项目的建设。可以从项目的可行性研究开始直到建成试车投产的建设全过程实行总承包，也可以实行单项承包。”

1984 年国务院颁发国发〔1984〕123 号《关于改革建筑业和基本建设管理体制若干问题的暂行规定》中就提出建立工程总承包企业的设想；1997 年，我国颁布的《建筑法》明确提倡对建筑工程进行总承包，确立了工程总承包的法律地位。2003 年 2 月 13 日，建设部发出建市〔2003〕30 号《关于培育发展工程总承包和工程项目管理企业的指导意见》，明确了工程总承包的基本概念，开始在全国范围内全面推广工程总承包。工程总承包是指从事工程总承包的企业受业主委托、按照合同约定对工程项目的勘察、设计、采购、施工、试运行、竣工时实施全过程或若干阶段的承包。工程总承包企业按照合同约定对工程项目的质量、工期、造价等向业主负责。工程总承包企业可依法将所承包工程中的部分工作发包给具有相应资质的分包企业；分包企业按照分包合同的约定对总承包企业负责。

2. 工程总承包的方式

工程总承包的具体方式、工作内容和责任等，由业主与工程总承包企业在合同中约定。工程总承包主要有如下方式：

1）设计—采购—施工（EPC）/交钥匙总承包。设计—采购—施工总承包（EPC）是指工程总承包企业按照合同约定，承担工程项目的设计、采购、施工、试运行服务等工作，并对承包工程的质量、安全、工期、造价全面负责。

交钥匙总承包是设计采购施工总承包业务和责任的延伸，最终是向业主提交一个满足使用功能、具备使用条件的工程项目。“交钥匙”总承包即设计—采购—施工总承包，简称“EPC”，要求总承包商按照约定完成工程设计、设备材料采购、施工、试运行等服务工作合理交叉与紧密配合，并对质量、安全、工期、造价全面负责，承包商在试运行阶段还需要承担技术服务。工程总承包的主要意义在于通过设计与施工过程的组织集成，促进设计与施工的紧密结合，克服了由于设计施工分离导致的投资增加和工期延长等弊病；对于勘察、设计、施工企业调整经营结构，加快与国际工程承包和管理接轨，适应社会主义市场经济和加入 WTO 后新形势具有决定作用。业主基本不参与，总承包商即在“交钥匙”时，提供一个配套完整、可以运行的设施。该合同适用于在交钥匙的基础上进行的工厂或其他类型的开发项目的实施。

2）设计—施工总承包（D—B）。设计—施工总承包是指工程总承包企业按照合同约定，承担工程项目设计和施工，并对承包工程的质量、安全、工期、造价全面负责。根据工程项目的不同规模、类型和业主要求，工程总承包还可采用设计—采购总承包（E—P）、采购—施工总承包（P—C）等方式。

3. 工程总承包的优势

EPC 合同条件更适用于设备专业性强、技术性复杂的工程项目，FIDIC《设计采购施工（EPC）交钥匙工程合同条件》前言推荐此类合同条件：“可适用于以交钥匙方式提供加工或动力设备、工厂或类似设施或基础设施工程或其他类型开发项目。”

目前国内主要采用的是施工总承包，业主一般自行组建项目管理部，并将勘察、设计和施工分别发包给勘察、设计单位和施工企业，很多业主还直接分包专业工程，如桩基础工程、门窗工程、幕墙工程等，采购方面则由业主和施工企业分别采购。工程总承包（EPC）相对于国内目前采用的施工总承包方式，能有效降低工程造价和提高建设运行效率，有利于业主建设目标的实现。

4. EPC 总承包模式下的分包

EPC 总承包模式由业主选择一家总承包商负责整个项目的设计、相关建筑材料、设备的采购、工程施工。总承包商可将工程再次分包，分包方式有两类：一是将工程全部分包，总承包商只负责工程的设计、相关建筑和设备的采购、管理分包商的任务；二是总承包商除完成第一种情况下应履行的任务外，还应承担工程主体的施工。但根据我国《建筑法》规定：“建筑工程总承包单位可以将承包工程中的部分工程发包给具有相应资质条件的分包单位；但是，除总承包合同中约定的分包外，必须经建设单位认可。施工总承包的，建筑工程主体结构的施工必须由总承包单位自行完成。”因此，在我国只准许 EPC 模式的第二种情况。

5. EPC 总承包商的法定资质

建筑活动资质管理制度，是《建筑法》的基本制度。《建筑法》规定：“从事建筑活动的建筑施工企业、勘察单位、设计单位和工程监理单位，按照其拥有的注册资本、专业技术人员、技术装备和已完成的建筑工程业绩等资质条件，划分为不同的资质等级，经资质审查合格，取得相应等级的资质证书后，方可在其资质等级许可的范围内从事建筑活动。”对于项目总承包资质，虽然《设计单位进行工程总承包资格管理的有关规定》（建设〔1992〕805 号）给予了明确规定。但建设部《关于培育发展工程总承包和工程项目管理企业的指导意见》（建市〔2003〕30 号）的颁布后，《设计单位进行工程总承包资格管理的有关规定》被废止。目前尚未有关于工程总承包资质的新规定出台。因此，总承包商从事 EPC 总承包应否具备资质，应该具备何种资质，形成了两种主要观点：一种观点认为 EPC 总承包商必须同时具备相应的设计和施工资质。理由在于，实行资质管理是建筑法的强制性规定，既然 EPC 总承包活动同时包括设计活动及施工活动，那么，EPC 总承包商自然就应依法具备这两个方面的相应资质。另一种观点认为：EPC 总承包商只需具备相应的设计资质或者施工资质即可，但其不具备资质的活动应该分包给具有资质的单位来实施。

建设部办公厅在建办市函〔2003〕573 号《关于工程总承包市场准入问题的复函》中明确指出“具有工程勘察、设计或施工总承包资质的企业可以在其资质等级许可的工程项目范围内开展工程总承包业务。因此，工程设计企业可以在其工程设计资质证书许可的工程项目范围内开展工程总承包业务，但工程的施工应由具有相应施工承包资质的企业承担。”这一观点的理由是，如需同时具备设计和施工两个相应资质，则国内很少有单位有能力从事 EPC 总承包。至于很少有单位同时具备设计和施工资质的问题，可以通过具有相应资质的设计单位和施工单位进行联合总承包等方式解决。我们认同第一种观点，这也符合我国《建筑法》的基本规定和精神[1]。根据建设部建市函〔2003〕161号文《关于工程总承包市场准入问题说明的函》的规定，具有工程勘察、设计或施工总承包资质的企业可以在其资质等级许可的工程项目范围内开展工程总承包业务，但是工程的施工应由具有相应施工承包资质的企业承担。因此，开展工程总承包的关键，是总承包企业必须具备相应的勘察、设计或施工总承包的资质，而具体的工程施工，必须由具有相应施工承包资质的企业承担。

6. 工程总承包商的地位问题

工程总承包商承揽工程后，一般还需要将部分项目分包出去（如设计单位就需要将设计以外的勘察、施工等分包出去），因工程总承包商并不是真正的业主，其将他人的工程发包出去，工程总承包商此时是否处于代理人的地位呢？有种观点认为此时工程总承包商处于间接代理人的地位。根据《合同法》第402条、403条的规定，间接代理系指代理人以自己的名义为委托人的利益行事。该观点认为工程总承包商虽然以自己的名义对外发包，但因工程项目并非其所有，其只是代理业主，其身份为代理人。

但《建筑法》第29条规定："建筑工程总承包单位按照总承包合同的约定对建设单位负责；分包单位按照分包合同的约定对总承包单位负责。"另外国际流行的FIDIC合同在"承包商的一般义务"条款中规定，承包商对所有现场作业、所有施工方法，以及全部的完备性、稳定性和安全性承担责任。承包商对所有承包商文件、临时工程，以及按照合同要求的每项生产、设备和材料的设计承担责任；承包商应把任何分包商、其代理人或雇员的行为或违约视同承包商自己的行为或违约，并对其负责。在实践中，正如FIDIC合同规定的那样，业主只与总承包商有合同关系，业主不与任何第三方发生法律关系。同样，在总承包模式下，业主不与分包发生法律关系，分包企业也无权绕开工程总承包商直接接触业主。

因此，工程总承包的方式下，工程总承包商并非处于代理人的地位，其对其所签订的合同独立的承担责任。这不论是对工程总承包商而言还是对分包商而言，都是一个相当大的挑战，因工程总承包商包揽了设计、施工、采购，任一环节的错误，均视作是工程总承包商的违约；对于工程总承包商的分包商特别是施工分包商而言，其合同向对方是工程总承包商，和真正的工程业主之间并无合同关系，各项费用均由工程总承包商来支付。

6.4.2 建设工程联合承包

我国《建筑法》第27条规定："大型建筑工程或结构复杂的建筑工程，可以由两个以上的承包单位联合承包。"《招标投标法》第31条规定："两个以上法人或其他组织，可以组成一个联合体，以一个投标人的身份共同投标。"《建设部关于培育发展工程总承包和工程项目管理企业的指导意见》（建市〔2003〕30号）第4条第1项第2款规定："工程勘察、设计、施工企业也可以组成联合体，对工程项目进行联合总承包。"根据上述法律、规章的规定，承包人可以单独承包工程，也可以与其他企业联合共同承包（包括联合总承包）。《工程建设项目施工招标投标办法》第42条第1款、《工程建设项目货物招标投标办法》第38条第1款作了相同的规定。这些就阐明工程联合承包的定义应为两个以上实行独立核算、能够独立承担民事责任、具备承担工程项目能力的法人或其他组织，组成的以

[1] 王娜：《建设工程EPC总承包模式及相关法律问题》，《法制与经济》，2006年第2期，第9页到11页。

一个承包单位的身份承揽工程项目行为。在具体项目操作过程中，如果工程建设联合体中标，联合投标就转化成联合承包。建设工程联合承包是由两个以上的单位共同组成非法人联合体，以该联合体的名义承包某项建设工程的承包方式。如果两个以上的单位组成一个法人实体进行承包某一建设工程，与发包方签订了建设工程承包合同，那么这就属于该法人实体的单独承包，不属于联合承包。

1. 建设工程联合承包的适用范围

联合共同承包形式，适用于大中型建筑工程和结构复杂的建筑工程。也即对于一些中小型工程以及结构不复杂的不适宜采取联合承包的方式。大中型建筑工程和结构复杂的建筑工程，工程任务量大、技术要求复杂、建设周期较长，需要承包方有较强的经济、技术实力和抗风险的能力。由多家单位组成联合体共同承包，可以集中各方的经济、技术力量，发挥各自的优势，大大增强投标竞争的实力；对发包方来说，也有利于提高投资效益，保证工程建设质量。

2. 建设工程联合承包的责任分担

在联合承包形式中，由参加联合的各承包单位共同组成的联合体作为一个单一的承包主体，与发包方签订承包合同，承担履行合同义务的全部责任。在联合体内部，则由参加联合体的各方以协议约定各自在联合承包中的权利、义务，包括联合体的管理方式及共同管理机构的产生办法、各方负责承担的工程任务的范围、利益分享与风险分担的办法等等。

《建筑法》第 27 条第 1 款规定，大型建筑工程或者结构复杂的建筑工程，可以由两个以上的承包单位联合共同承包。共同承包的各方对承包合同的履行承担连带责任。在联合共同承包中，参加联合承包的各方应就承包合同的履行向发包方承担连带责任。所谓“连带责任”，是指在同一债权债务关系的两个以上的债务人中，任何一个债务人都负有向债权人履行全部债务的义务；债权人可以向其中任何一个或多个债务人请求履行债务，可以请求部分履行，也可以请求全部履行；负有连带责任的债务人不得以债务人之间对债务分担比例有约定而拒绝履行部分或全部债务。连带债务人中一人或多人履行了全部债务后，其他连带债务人对债权人的履行义务即行解除。而对连带债务人内部关系而言，清偿债务超过按照债务人之间的协议约定应由自己承担的份额的债务人，有权要求其他连带债务人偿还他们各自应当承担的份额。

3. 建设工程联合承包的资质确定

联合承包是由两个以上的承包单位共同承包，当参加联合承包的具有相同专业的各单位资质等级不同时，为防止出现越级承包的问题，在这种情况下，联合体只能按资质等级较低的单位的许可业务范围承揽工程。

《建筑法》第 27 条第 2 款规定，两个以上不同资质等级的单位实行联合共同承包的，应当按照资质等级低的单位的业务许可范围承揽工程。两个以上的承包单位联合承包工程，资质类别不同的，按照各方资质证书许可范围承揽工程；资质类别相同的，按照较低资质等级许可范围承揽工程。实行联合承包的，应当明确主承包单位，由其负责整个工程项目的总体协调。

6.4.3 建设工程平行承发包

1. 建设工程平行承发包的概念

建设工程平行承发包，又称为分别承发包，是指发包方根据建设工程项目的特点、项目进展情况和控制的要求等因素，建筑工程勘察、设计、施工和设备材料的采购其中之一项或多项工作按工程部位或者专业进行合理分解，分别发包给一家或者多家资质、信誉等条件符合要求的勘察、设计、施工承包单位和供应商，并分别与之签订工程承包合同或供销合同。发包单位与各个勘察、设计、施工、供应单位之间的关系是平行的，分别对发包单位负责。这是国际上通行的承发包模式之一，也是我国允许的承发包模式。平行承发包的一般工作程序为"施工图设计完成→施工招投标→施工→完工验收。"一般情况下，发包人在选择施工承包单位时通常根据施工图进行施工招标，即施工图设计已经完成，每个施工承包合同都可以实行总价合同。

平行承发包适合边设计边施工、涉及行业较广的项目。采用平行发包模式，由于有隶属不同和专业不同的多家承包单位共同承担同一个建设项目，同时工作作业面增多，施工空间扩大，总体力量增大，勘察、设计、施工各个建设阶段以及施工各阶段搭接顺畅，有利于缩短项目建设周期。平行发包模式由于合同个数较多，合同界面之间存在相互制约关系，具有他人控制质量的特点，在我国目前具有一般承包资质的单位总体多于具有总承包资质的单位情况下，平行发包模式有利于建设单位择优选择承包单位，有利于繁荣建筑市场❶。

2. 平行发包的表现形式

平行发包的表现形式主要有：①把群体工程中的勘察、设计、施工、材料供应等多项工作分别发包给勘察、设计、施工、材料供应等承包单位；②把群体工程中的勘察、设计、施工、材料供应的某一项工作，例如，勘察设计或者施工任务分别发包给不同的承包单位；③把单体工程中的勘察、设计、施工、材料供应分别发包给不同的承包单位；④取得群体工程总承包资格的承包单位，将不同的单体工程分别发包给不同的施工、勘察、设计、材料供应单位。这种发包模式，也叫总分包模式。这时，总包单位代行了建设单位部分职能，成了发包单位❷。

3. 平行发包与肢解发包

肢解发包是指将应当由一个承包单位完成的建筑工程肢解成若干部分发包给几个承包单位的行为。平行发包与肢解发包有其相似之处：都是由一个以上的承包单位在承担工程勘察、设计、施工中的一项工作，发包单位既可以是建设单位，也可以是总包单位，各承包单位之间的关系是平行的。两种发包模式主要区别在于发包的工程是不是"应当由一个承包单位完成的工程。"如果是应当由一个承包单位完成的工程，且只有一个承包单位在完成这项工程，那么，这种发包模式就是平行发包模式。反之，则是肢解发包模式。平行发包与肢解发包二者争议的关键就在于如何理解《建筑法》第 24 条规定的"应当由一个承包单位完成的工程。"

6.4.4 建设工程分包

《建筑法》第 29 条规定，建筑工程总承包单位可以将承包工程中的部分工程发包给具有相应资质条件的分包单位；但是，除总承包合同中约定的分包外，必须经建设单位认

❶ 袁受权：《浅议平行发包与肢解发包》，《建设监理》2003 年第 2 期，第 61 页到 63 页。

❷ 袁受权：《浅议平行发包与肢解发包》，《建设监理》2003 年第 2 期，第 61 页到 63 页。

可。施工总承包的，建筑工程主体结构的施工必须由总承包单位自行完成。据此现行法律违反法律法规的分包行为为违法分包，违法分包的建设工程合同则为无效合同。

1. 建设工程分包的概念

《合同法》第 272 条规定：总承包人或者勘察、设计、施工承包人经发包人同意，可以将自己承包的部分工作交由第三人完成。《建筑法》第 29 条规定，建筑工程总承包单位可以将承包工程中的部分工程发包给具有相应资质条件的分包单位；但是，除总承包合同中约定的分包外，必须经建设单位认可。施工总承包的，建筑工程主体结构的施工必须由总承包单位自行完成。禁止总承包单位将工程分包给不具备相应资质条件的单位。禁止分包单位将其承包的工程再分包。禁止承包人将工程分包给不具备相应资质条件的单位。禁止分包单位将其承包的工程再分包。建设工程主体结构的施工必须由承包人自行完成。

综上所述，所谓建设工程的分包是指从事建筑工程总承包的单位将所承包的建筑工程的一部分依法发包给具有相应资质的承包单位的行为，该总承包人与分包人就分包人完成的工程成果向发包人承担连带责任。总承包人、施工承包人只能将部分工程分包给具有相应资质条件的单位。从事建设活动的建设勘察人、设计人和施工人，按照其拥有的注册资本、专业技术人员、技术装备和已完成的建设工程业绩等资质条件、划分为不同的资质等级，经资质审查合格，取得相应等级的资质证书后，方可在其资质等级许可的范围内从事建设活动。总承包人在将工程分包时，应当审查分包人是否具备承包该部分工程建设的资质条件。总承包人将工程分包给不具备相应资质条件的分包人，该分包合同无效。

2. 建设工程分包的法律性质

《合同法》第 272 条规定："第三人就其完成的工作成果与总承包人或者勘察、设计、施工承包人向发包人承担连带责任。"《建筑法》第 29 条第 2 款同时规定："总承包单位和分包单位就分包工程对建设单位承担连带责任。"所谓连带责任是指，对分包工程发生的责任，建设单位既可以向分发包人请求赔偿，也可以向分承包人请求赔偿，分发包人或分承包人进行赔偿后，有权利根据分包合同对不属于自己的责任赔偿向另一方追偿。对建设工程分包的法律性质，学者间存在不同的认识，主要存在以下三种观点。

(1) 分包人向发包人的履行属于第三人代为履行[❶]。

第三人代替履行，又称履行承担，是指第三人与债务人约定，由其代为履行债务的合同。从第三人处于债务关系之外这一点上看，与分包人在总包合同中所处的地位相同。但二者存在着如下区别：

1）成立条件不同。《合同法》第 272 条第 2 款明确规定："总承包人或者勘察、设计、施工承包人经发包人同意，可以将自己承包的部分工作交由第三人完成。"因此，分包合同的成立必须征得发包人的同意。而在履行承担中第三人只是代替债务人履行合同义务，债务人的主体地位不变，所以履行承担合同的订立，无须债权人的同意，只需第三人单方表示其愿意代替债务人清偿债务，或者与债务人达成代替其清偿债务的协议即可产生效力。

2）法律效力不同。在分包中，由于分包人须承担连带责任，所以分包工程的质量问题或者违约，发包人可以向总包人主张权利也可以直接向分包人请求，要求其承担责任。

❶ 李显东：《中国合同法要义与案例释解》，中国民主法制出版社，1999 年版，第 974 页。

而在履行承担当中，第三人仅为履行主体而非义务主体，对于合同的债权人而言，他只能将第三人作为债务履行的辅助人而不能作为合同的当事人对待，只有债务人可以向第三人请求其代为履行的义务，债权人则无权直接请求第三人履行其与债务人之间的合同义务，当第三人拒绝履行时，由合同债务人负责履行。

3）法律后果不同。建设工程分包，分包人对其完成的工作成果所出现的质量问题除应对总包人负责外，按照《合同法》第272条的规定，还应与总包人向发包方承担连带责任。第三人代为履行中第三人并没有加入到合同关系中来，也没有承担债务而成为合同当事人；在发生纠纷时第三人并无直接的法律责任❶。

（2）在法律性质上，建设工程分包合同属“并存的债务转移”❷

并存的债务转移又称并存的债务承担，是指债权人与第三人订立协议，或者债务人和第三人订立协议，原债务人并不脱离合同关系，而第三人加入债务关系，与债务人连带承担合同义务的债务承担方式。结合实际情况，建筑工程分包合同应当属于“债务人与第三人，或者债权人、债务人与第三人之间共同约定，由第三人加入债的关系”的这种情况。这种情况下，债务人与第三人承担连带责任。虽然从分包人就其完成的工作成果与总包人一起向发包人承担连带责任来看，似乎与并存的债务承担有着相似之处。但是建设工程分包不同于并存的债务承担，在实质上二者之间存在着明显的差异：

1）订立合同的方式不同。分包合同是总包人与分包人达成的协议，订立分包合同的只能是总包人和分包人，发包人无权与分包人订立分包合同；债务承担的协议；则既可以由债务人与第三人订立，也可以由债权人与第三人订立。

2）成立的条件不同。分包人与总包人订立分包合同，必须经发包方同意方为有效；债权人与承担人订立的债务承担协议，不必征得债务人同意。

3）当事人的法律地位不同。在分包情况下，原承包合同关系不变，而是在此基础上，再成立一个新的合同关系，因此发包方不是分包合同的当事人，原承包合同的当事人仍是总包人与发包人，分包人并未因为其与总包人间的分包合同关系而加入到总承包合同当中，成为总承包合同的当事人。在并存的债务承担的情况下，合同主体发生了变更，第三人加入到合同关系中，成为原债权债务关系的当事人，与原债务人一起就债务的履行对债权人承担连带责任。

4）法律后果不同。分包合同的生效并不可能使分包人成为总承包合同的当事人。他只承担了承担连带责任的义务，却没取得相应的权利，分包人对发包人无抗辩权，只能依照法律的规定就其分包的工程对发包人承担连带责任。而在并存的债务承担中，债务转移生效后，第三人成为合同的连带债务人。根据《合同法》第85条规定，新债务人可主张原债务人对债权人的抗辩❸。

（3）建设工程分包在理论上类似于债务代替履行，但具有特殊性

分包人向发包人的履行类似于第三人，但是分包人对于发包人并非完全不负责任，并

❶ 周娟：《建设工程分包若干法律问题探析》，《安徽工业大学学报（社会科学版）》，2005年第4期，第9页到第10页。

❷ 李健，张庆云：《建筑工程分包合同若干法律问题的分析》，《建筑》2001年第8期。

❸ 周娟：《建设工程分包若干法律问题探析》，《安徽工业大学学报（社会科学版）》，2005年第4期，第9页到第10页。

且总承包人将其部分工作交于第三人时，须取得发包人同意，这又使其具有了债的转让的性质，所以建设工程分包的性质较为特殊[1]。结合上面的分析，本书同意这一观点。因此，建设工程分包既不同于债的转让，也不同于第三人代替履行，而是具有较为特殊的性质。

3. 建设工程合法分包与违法分包的区别

在建筑市场中，资质高、管理能力强的施工企业往往凭借自己的实力获得总承包权后，可将一部分非主体工程分包给分包商完成。合法分包是指从事工程总承包的单位将所承包的建设工程的一部分依法发包给具有相应资质的承包单位的行为，该总承包人并不退出承包关系，其与第三人就第三人完成的工作成果向发包人承担连带责任。

合法的分包须满足以下几个条件：①分包必须取得发包人的同意；②分包只能是一次分包，即分包单位不得再将其承包的工程再次分包出去；③分包必须是分包给具备相应资质条件的单位；④总承包人可以将承包工程中的部分工程发包给具有相应资质条件的分包单位，但不得将主体工程分包出去。此外，有些规定对合法分包的工程量做出限制，例如交通部颁布的《公路建设市场管理办法》第 38 条规定：允许分包的工程范围应当在招标文件中规定，分包的工程不得超过总工程量的 30%。各项专业工程分包的总量超过承包人合同工程总量的 30%的，或者专业工程分包管理费超过 30%的（招标文件规定的税费除外）均认定为违法分包。

违法分包指的是违反《合同法》、《建筑法》等法律法规的行为，主要包括总承包单位将建设工程分包给不具备相应资质条件的单位；建设工程总承包合同中未有约定，又未经建设单位认可，承包单位将其承包的部分建设工程交由其他单位完成；施工总承包单位将建设工程主体结构的施工分包给其他单位；分包单位将其承包的建设工程再分包[2]。

4. 建设工程分包的分类

(1) 劳务分包和专业项目分包

按分包范围的不同，可分为劳务分包和专业项目分包。我国建设主管部门鼓励发展专业工程分包企业和劳务作业分包企业，提倡分包活动进入有形建筑市场公开交易，完善有形建筑市场的分包工程交易功能。建设工程的分包活动必须依法进行。专业工程分包是指施工总承包企业将其所承包工程中的专业工程发包给具有相应资质的其他建筑业企业完成的活动[3]。劳务分包是指总承包单位或专业承包单位将其所承接建筑工程的劳务作业依法分包给具有相应资质的劳务分包单位进行施工。我国建设部的《建筑业劳务分包企业资质标准》中规定有 13 种类别属劳务作业范围。

(2) 指定分包和协议分包

按分包方式的不同，可分为指定分包和协议分包。指定分包是指总承包合同中约定的由指定分包商施工部分项目的分包方式。协议分包是指总承包商与资质条件、施工能力适合于分包项目的分包商协商一致达成的分包方式。

---

[1] 王红亮：《承揽合同·建设工程合同》，中国法制出版社，2000 年版，第 204 页。

[2] 何兴：《工程建设领域非法转包、违法分包的法律界定与现实鉴别》，《建筑经济》，2010 年第 6 期，第 57 页到第 59 页。

[3] 《中华人民共和国建设部房屋建筑和市政基础设施工程施工分包管理办法》

5. 建设工程领域内违法分包的主要表现形式

(1) 建设工程违法分包的表现形式

依《建设工程质量管理条例》第 78 条第 2 款规定“违法分包”是指下列行为：①总承包单位将建设工程分包给不具备相应资质条件的单位的；②建设工程总承包合同中未有约定，又未经建设单位认可，承包单位将其承包的部分建设工程交由其他单位完成的；③施工总承包单位将建设工程主体结构的施工分包给其他单位的；④分包单位将其承包的建设工程再分包的。

(2)“建设工程主体结构”和“专业工程”的区分

《建设工程质量管理条例》第 78 条第 2 款规定“违法分包”的四种情形，其他三种情形不难认定，只有其中的第三种情形“将建设工程主体结构的施工分包给其他单位”与《房屋建筑和市政基础设施工程施工分包管理办法》第 4 条规定的合法分包形式“将其所承包的房屋建筑和市政基础设施工程中的专业工程……发包给其他建筑业企业完成”难以区分。

现行建筑法律、法规、规章尚未对“主体结构”进行定义。学理上解释一般认为：“建筑物的主体结构是指在建筑中，由若干构件连接而成的能承受作用的平面或空间体系。主体结构要具备足够的强度、刚度、稳定性，用以承重建筑物上的各种荷载，建筑物主体结构可以由一种或多种材料构成。建筑物的主体工程更是建筑物的重要组成部分。”根据上述学理解释，可以通俗地认为：建筑工程的主体结构是建筑的“骨骼”，是建筑工程的主要承重及传力体，是工程的主要部分、重要部分。如以房屋建筑为例：梁、柱、剪力墙及楼面板，屋面梁及屋面板，就是建筑工程的主体结构；屋内上下水、电、煤气、通信、闭路、宽带等各种管道、线路安装工程，楼地面、墙体抹灰喷涂贴砖、门窗安装、防水工程，屋面瓦铺设、立面及屋面造型安装等，则不属于工程的主体结构。专业工程是指非主体结构、需要专业化施工的分部分项工程。参照建设部《专业承包企业资质等级标准》的规定，可以分包的专业工程包括 60 种[1]。

6. 专业工程分包

专业工程分包是指建筑工程总承包单位根据总承包合同的约定或者经建设单位的允许，将承包工程中的部分工程发包给具有相应资质的分包单位的行为。专业项目分包适用于技术含量较高、施工较复杂的工程项目。具有下列行为之一可以认定为专业工程违法分包：

1) 分包工程发包人将专业工程或者劳务作业分包给不具备相应资质条件的分包工程承包单位的；

2) 施工总承包合同中未有约定，又未经建设单位认可，分包工程发包人将承包工程中的部分专业工程分包给他人的；

3) 专业工程分包人再次实施分包的；

4) 分包工程承包人没有将其承包的工程进行分包，在施工现场所设项目管理机构的项目负责人、技术负责人、项目核算负责人、质量管理人员、安全管理人员不是工程承包人本单位人员的，视同允许他人以本企业名义承揽工程；

[1] 高晓英：《浅谈建设工程施工中的转包和分包》，《科学之友》，2010 年第 2 期，第 94 页到第 95 页。

5）转让、出借企业资质证书或者以其他方式允许他人以本企业名义承揽工程。

此外，对分包的工程还有量的限制，例如交通部颁布《公路建设市场管理办法》第38条规定：允许分包的工程范围应当在招标文件中规定，分包的工程不得超过总工程量的30%。各项专业工程分包的总量超过承包人合同工程总量的30%的，或者专业工程分包管理费超过30%的（招标文件规定的税费除外），这是底线，逾越底线均认定为违法分包。该办法还强调分包工程不得再次分包，凡再次分包也被认定为违法分包。

7. 劳务分包

（1）劳务分包的概念

1997年以来，我国先后颁布了《中华人民共和国建筑法》、《中华人民共和国合同法》、《建筑业企业资质管理规定》，均提到劳务分包的概念，并将建筑业企业资质分为施工总承包、专业承包和劳务分包三个序列，但没有给出明确的法律定义。明确分包定义的是2003年原建设部颁布的《房屋建筑和市政基础设施工程施工分包管理办法》第5条第3款："本办法所称劳务作业分包，是指施工总承包企业或者专业承包企业（以下简称劳务作业发包人）将其承包工程中的劳务作业发包给劳务分包企业（以下简称劳务作业承包人）完成的活动。"自2005年7月开始，原建设部将完善劳务分包制度作为建筑业市场管理的重点之一，拟定从2005年7月1日起，用3年时间在全国建立基本规范的建筑劳务分包制度的目标，强化劳务分包企业承揽项目劳务分包作业的市场机制，明确了劳务分包企业的法律地位，以及建筑业实行由劳务分包企业提供劳务作业分包等形式的行业用工制度。但迄今为止，没有对劳务分包概念在法律上加以明确规定。我们认为，劳务分包是指施工总承包企业或者专业承包企业即劳务作业发包人将其承包工程中的劳务作业发包给具有相应资质的劳务承包企业即劳务作业承包人完成的活动❶。劳务分包的核心内容是从事劳务作业的承包人必须具有相应的资质，承包指向的对象是完成工程分包的劳务作业而不是分包工程本身。这一核心内容也是区别专业工程分包和劳务分包的根本界限。

劳务分包适用于技术较为简单、劳动密集型的工程项目，一般将分包商作为总承包商施工力量或资源调配的补充。2001年3月8日建设部发布的《建筑业劳务分包企业资质标准》，规定了13项劳务作业分包种类及各种类的资质标准，13种劳务作业分别为：木工、砌筑、抹灰、石制作、油漆、钢筋、混凝土、脚手架、模板、焊接、水暖、钣金、架线。劳务分包企业需要具有劳务分包资质，并在资质等级许可的范围内承揽工程，否则被视为违法分包。《房屋建筑和市政基础设施工程施工分包管理办法》第14条第1款规定，禁止将承包的工程进行违法分包。下列行为属于违法分包：分包工程发包人将专业工程或者劳务作业分包给不具备相应资质条件的分包工程承包人。

（2）劳务分包的特征

劳务分包具有以下特征：①从属性。劳务分包在存在工程施工合同的前提下派生，属于总承包施工合同等合同的从合同，即没有建设工程施工合同，就不会派生出劳务分包合同❷。②客体的无形性。劳务分包合同的客体是劳动力的使用，是劳务分包的劳务作业而不是分包工程本身。发包的是施工劳务作业而非分部、分项工程。劳务作业发包人仅将其

---

❶ 最高人民法院民一庭：《建设工程施工合同司法解释的理解与适用》。

❷ 王东：《扩大化的劳务分包法律探析》，《建筑经济》2011年第6期，第37页到第39页。

承包建设工程任务中的劳务作业任务分包给劳务作业承包人，分包所指向的对象是完成工程的劳务。劳务分包合同的内容指向的是工程的施工劳务，其发包人是建设工程总承包人，也可以是专业分包的承包人，而劳务承包人是具有相应资质的劳务企业。③劳务分包合同的对象是计件或计时的施工劳务，主要是指人工费用以及劳务施工的相应管理费用，而不是指向分部分项工程，不能计取分包的工程款。④劳务分包合同仅存于施工劳务的承包之间，其发包的是施工劳务而非分部分项工程，总承包人或专业分包的承包人发包劳务，无须经过建设单位或总承包人的同意[1]。

(3) 专业工程分包与劳务作业分包的区分

现行法律、行政法规对专业工程分包规定十分严格，对劳务作业分包的规定则十分宽松，导致许多施工承包企业都变相把建设工程肢解以后以劳务作业的名义，或者把专业工程以劳务作业的名义进行分包。因此，区分“专业工程分包”与“劳务作业分包”在实践中显得十分重要。

区分专业工程分包和劳务作业分包的关键有两点[2]：①区分工程施工与劳务作业。工程施工合同的履行过程是“将劳动和建筑材料等物化到建筑产品的过程”，而且承包人要对施工的工程质量、安全、工期负责，即通常所说的包工、包料、包技术、包质量、包安全、包工期；但劳务工作是“将简单劳动从复杂劳动剥离出来单独进行施工的劳动”，劳务作业承包人提供的仅仅是劳务，不负责投入建筑材料，且只对其劳务质量、安全及工期负责。如果分包工程发包人与分包工程承包人签订《劳务作业分包合同》，但约定分包工程承包人包工、包料、包质量、包工期，那就是名为“劳务作业分包”，实为“专业工程”或“肢解工程”分包。②区分专业工程与劳务作业。可以分包的“专业工程”，建设部在《专业承包企业资质等级标准》中已有规定，如上已述。可以分包的“劳务作业”，建设部在《建筑业劳务分包企业资质标准》(2000 年 3 月 8 日) 中也有规定，共有 13 种。只有分包合同约定的分包对象属于《建筑业劳务分包企业资质标准》中规定的 13 种劳务作业，才属于劳务作业分包；如果分包合同约定的分包对象是《专业承包企业资质等级标准》中规定的“专业工程”，那就属于名为合法的“劳务作业分包”，实为违法的“专业工程分包。”

专业工程分包和劳务分包均是法律允许的，但两者存在区别如下：①分包主体的资质不同。专业工程分包持有的是专业承包企业资质，其不同资质条件共有地基与基础工程等 60 种；劳务分包人持有的是劳务作业企业资质，其不同资质条件共有木工作业等 13 种。②合同标的的指向不同。专业工程分包合同指向的标的是分部分项的工程，计取的是工程款，其表现形式主要体现为包工包料；劳务分包合同指向的是工程施工的劳务，计取的是人工费，其表现形式主要体现为包工不包料，俗称“包清工。”③分包条件的限制不同。总承包人对工程分包有一系列的限制，并且必须具备的一个重要条件是事先经发包人的同意；而总包人包括工程分包人的劳务分包则无须事先获得发包人的同意。④承担责任的范围不同。专业工程分包条件下，总包要对分包工程实施管理，总分包双方要对分包的工程以及分包工程的质量缺陷向发包人承担连带责任；而劳务分包条件下，分包人可自行进行

[1] 何兴：《建设工程劳务分包常见问题与对策研究》，《中国水运》2011 年第 9 期，第 119 页到第 121 页。

[2] 高晓英：《浅谈建设工程施工中的转包和分包》，《科学之友》，2010 年第 2 期，第 94 页到第 95 页。

管理，并且只对总包或工程分包人负责，总包和工程分包人对发包人负责，劳务分包人对发包人不直接承担责任❶。

8. 指定分包

(1) 指定分包的概念

指定分包是指由于发包人认为某一分包商在工程建设某方面的专业技能值得信赖或其熟悉某一工序、能提供某种令发包人满意的材料或工程设备等，发包人希望其为本工程所雇用，并指定其为分包商，由总承包商与其签订分包合同。该过程被实务界称为指定分包。

"指定分包人"一词援引自 FIDIC（国际咨询工程师联合会）编制的《土木工程施工合同条件》，原意是指发包人或工程师指定的进行与工程实施、货物采购等工作有关的分包人。对这些分包人的指定，可以在招标文件中指定，也可以在工程开工后指定。但是这些分包人并不直接与发包人签订合同，而是与承包人签订合同，由总承包人对他们进行协调和管理。指定分包现象在大型公共建筑中尤为普遍。

对于指定分包，我国相关法律法规规定并不明确。如我国《建筑法》第 29 条规定："建设工程总承包单位可以将承包工程中的部分工程发包给具有相应资质条件的分包单位；但是，除总承包合同约定的分包外，必须经建设单位认可。"可见，《建筑法》并没有禁止指定分包。建设部发布的《房屋建筑和市政基础设施工程施工管理办法》第 7 条规定："建设单位不得直接指定分包工程承包人。任何单位和个人不得对依法实施的分包活动进行干预。"该条以部门规章的形式禁止指定分包。国家计委和建设部等七部委第 30 号令《工程建设项目施工招标投标办法》第 66 条规定："招标人不得直接指定分包人。"最高人民法院发布的《关于审理建设工程施工合同纠纷案件适用法律问题的解释》规定发包人具有下列情形之一，造成工程质量缺陷，应当承担过错责任：①提供的设计有缺陷；②提供或者指定购买的建筑材料、建筑构配件、设备不符合强制性标准；③直接指定分包人分包专业工程。在该司法解释中提及在指定分包专业工程的情况下，对于工程质量缺陷，发包人承担过错责任。指定分包虽然违反相关强制性规定，但是其并非无效约定。根据《中华人民共和国合同法》第 52 条合同无效情形第 5 款的规定，只有违反法律、行政法规的强制性规定才能认定为无效合同。而《工程建设项目施工招标投标办法》、《房屋建筑和市政基础设施工程施工分包管理办法》从法律渊源角度仅属于部门规章，其效力等级低于法律和行政法规，人民法院不能据此判定指定分包约定无效。而《关于审理建设工程施工合同纠纷案件适用法律问题的解释》第 12 条的规定亦只是对指定分包情形下的质量缺陷责任承担做出规定。因此，实践中存在着大量的发包方以各种形式指定分包的行为。显然，发包方过错责任承担的事后司法救济并不能弥补事前立法层面的缺陷，况且责任承担从一定意义上只是一种可能性，所以发包方指定分包的行为仍然存在可行空间。

(2) 指定分包的特征

指定分包必须符合《建筑法》第 29 条和《工程质量管理条例》有关工程分包规定。指定分包有如下本质特征：①指定分包的工程必须是总包合同中的承包范围中专业工程；②分包人签订合同必须是与总承包人签订；③分包人的确定不是总承包人的选定。就工程合同管理而言，如果分包工程不在总承包范围内，则总承包人无权分包工程，分包人与总

❶ 田野：《劳务分包的界限》，《施工企业管理》，2006 年第 220 期，第 50 页。

承包人签订的合同则有可能是无效合同；如果分包工程的分包人是与发包人签订合同，则工程分包演变成为发包人直接发包工程，那么，这里的分包人成为与工程总承包人并列的承包人；指定分包人的界定关键在"指定"，表明在工程分包中对分包人的选定是发包人的权利。

(3) 指定分包与一般分包的区别

虽然指定分包与一般分包存在共性，但二者并非完全一致，主要差异体现在以下几个方面：①选择分包单位的权利不同。承担指定分包工作任务的单位由发包人自由选定；一般分包人则由承包人选择，但必须经发包人同意。②分包合同的工作内容不同。指定分包人工作不属于总包合同约定的总承包人承包工作范围；一般分包人的工作则为总承包人承包工作范围的一部分。③工程款的支付开支项目不同。为了不损害承包人的利益，给指定分包人的付款应从暂列金额内开支。而对一般分包人的付款，则从工程量清单中相应工作内容项内支付。由于发包人选定的指定分包人要与承包人签订分包合同，并需指派专职人员负责施工过程中的监督、协调、管理工作，因此也应在分包合同内具体约定双方的权利和义务，明确收取分包管理费的标准和方法。如果施工中需要指定分包人，在招标文件中应给予较详细说明，承包人在投标书中填写收取分包合同价的某一百分比作为协调管理费，该费用包括现场管理费、公司管理费和利润。④发包人对分包人利益的保护不同。尽管指定分包人与承包人签订分包合同后，按照权利义务关系他直接对承包人负责，但由于指定分包人终究是发包人选定的，而且其工程款的支付从暂列金额内开支，因此，在合同条件内列有保护指定分包人的条款。对于一般分包人则无相应规定，发包人和工程师不介入一般分包合同履行的监督。

(4) 指定分包的具体模式

现实中指定分包的合同订立，主要有以下几种模式[❶]：

1) FIDIC条款模式。根据FIDIC合同红皮本，指定分包商是指合同中提出的指定的分包商或者工程师根据其合同授予其的权利指示承包人雇用的分包商。常规指定分包模式(FIDIC分包模式)下，发包人通过招标或议标选定指定分包人后，由总承包人与分包人签订分包合同。总承包人对指定分包人进行协调和管理，分包人通过总承包人支付工程款。分包人对总承包人负责，总承包人对发包人负责。在这种模式中发包人只有分包人的选定权，而没有实质的管理权。这种模式是将工程全部交由总承包人统一协调管理，发包人不承担总承包人和分包人之间的协调工作，有利于保障工程总体合同的履约。这种模式对发包人的有利之处是将全部工程管理的责任交给总包单位，发包人不承担各承包人之间的协调工作，由总包单位统一协调管理，有利于保障整个工程进程。这种模式的不利之处在于发包人对指定分包人的控制力较弱，在发包人对指定分包项目的价款谈判、工程管理等方面有赖于总承包人的配合；实践中指定分包人出于工程款支付方面的考虑，更愿意与发包人直接签订合同，由发包人将工程款直接付给指定分包人，指定分包人一般在满足这一条件的前提下才愿意将工程价款予以优惠。FIDIC中的指定分包商的特征包括以下几点：①业主合同中事先指定或施工过程中指定，承包人不享有自主选择权。②虽为指定，

❶ 王立敏：《建筑工程指定分包研究—在总承包模式下》，http：//www. unilawyers. com/member/lawyerintro-54817-1555-5. html.

但其属性仍然是分包商，因此一般情况下总包商仍需就总承包范围内的全部工程（包括指定分包工程）向业主承担全部责任。③承包人依然享有对指定分包商付款的生杀大权，并且如有合理证据有权利扣减相应分包工程款。

2）国内的指定分包模式。指定分包在国内的实际操作中，由于配套制度的不完善，以及各种法律漏洞及利益驱使，产生了各种各样的变异。常见形式如下：①常规指定分包。由总承包人与指定分包人签订分包合同，指定分包人的工程款先经过总承包人的账户，再由总承包人支付给指定分包人，这种模式一定程度上有利于总承包人对指定分包人的监管。这也是目前对总承包人来说相对较好的指定分包模式。②发包人直接付工程款。该种形式中由发包人直接将货款支付给指定分包人，分包合同仍然是由总承包人与指定分包人签订。发包人不签订分包合同，却将工程款直接支付给指定分包人。无论指定分包工程款是否包含在总承包款内，发包人对分包工程款的支付都有绝对的支配权。在这种模式下，总承包人承担的风险最大，一旦发包人不及时付款，指定分包人自然会依据合同向总承包人追索。很容易想象总包对分包人的控制权将大大的减弱，增加了总包管理的难度。③三方签约。该种形式中，由发包人指定分包人，但分包合同由发包人、总承包人和指定分包人三方签订。

实际操作中更多见的是发包人直接与特定分包人签订单项工程分包合同，分包人直接对发包人负责。实践中，指定分包人从自身利益的角度考虑，更愿意与发包人直接签订合同，以便从发包人手中直接获取工程款。这种模式并不是严格意义上的指定分包，实际上是独立承包的形式。

（5）指定分包的法律后果

1）指定分包工程价款结算应遵从合同相对性原则和合同约定优先原则。指定分包人应和签订合同的总承包人遵守合同约定结算工程价款。通常情况下，发包人直接支付工程款给指定分包人不合法，因为既无法律规定也无合同约定。在这种情况下，发包人支付工程款给指定分包人并不能免除发包人对总承包人所负的债务。这里关键在于发包人支付给指定分包人工程款是否经过总承包人同意，如果没有经过总承包人同意，则发包人有直接发包工程之嫌，既不免除合同责任，又可能为法律所禁止。作为发包人对此风险应格外注意[1]。

2）指定分包造成建设工程质量缺陷的，发包人承担过错责任，但总承包人并不因此全面免责，仍应对免责范围之外的建设工程质量负责。《关于审理建设工程施工合同纠纷案件适用法律问题的解释》第12条规定旨在说明承包人的免责事由，即发包人承担过错责任，并不是说指定分包工程只要存在质量缺陷总承包人就不承担任何责任。工程总承包人应当对该分包工程进行项目管理，即总承包人承担项目管理责任。否则，根据《房屋建筑和市政基础设施工程施工分包管理办法》第13条第2款规定，该指定分包工程很容易演变成为总承包人转包工程，为法律所严格禁止。在建设工程质量缺陷纠纷中，形成质量缺陷往往存在混合过错，即指定分包人和总承包人都有过错，例如指定分包人施工中擅自降低质量标准承包人发现后不予以拒绝或者是承包人没有发现质量缺陷等等。根据《建设工程质量管理条例》第26条第3款规定，建设工程实行总承包的，总承包单位应当对全

[1] 陈旭虎：《论总承包人在指定分包合同下的法律风险防范》，《知识经济》2009年14期，第48页到第49页。

部建设工程质量负责。总承包人对质量缺陷依然不能免责，这时总承包人依然和指定分包人承担质量缺陷连带责任[1]。

6.4.5 建设工程转包

1. 建设工程转包的概念和特征

(1) 建设工程转包的概念

关于对转包的界定，我国法律、法规及部门规章中均有涉及，早在建设部 1992 年颁发的建施〔1992〕第 189 号《工程总承包企业资质管理暂行规定》第 16 条规定："工程总承包企业不得倒手转包建设工程项目。前款所称倒手转包，是指将建设项目转包给其他单位承包，只收取管理费，不派项目管理班子对建设项目进行管理，不承担技术经济责任的行为。"这里的倒手转包就是建设工程实务中的转包行为。1998 年颁布施行的《建筑法》第 28 条规定："禁止承包单位将其承包的全部建筑工程转包给他人，禁止承包单位将其承包的全部建筑工程肢解以后以分包的名义分别转包给他人。"1999 年颁布施行的《合同法》第 272 条第 2 款进一步规定："承包人不得将其承包的全部建设工程转包给第三人或者将其承包的全部建设工程肢解以后以分包的名义分别转包给第三人。"《建筑法》《合同法》虽然没有明确规定转包的定义，但却明确规定了法律禁止的两种转包行为。根据《建筑法》制定的《建设工程质量管理条例》，在《建筑法》及《合同法》对转包行为界定的基础上明确对转包的定义做出了界定，2000 年 1 月 30 日，国务院颁布施行的《建设工程质量管理条例》第 78 条第 3 款规定："本条例所称转包，是指承包单位承包建设工程后，不履行合同约定的责任和义务，将其承包的全部建设工程转给他人或者将其承包的全部工程肢解以后以分包的名义分别转给他人承包的行为。"

因此转包的定义可以概括为，承包单位承包建设工程后，不履行合同约定的责任和义务，将其承包的全部建设工程转给第三人或者将其承包的全部工程肢解以后以分包的名义分别转给第三人承包的行为。

(2) 转包的实质

转包的实质是工程承包人将质量安全、工程管理等责任转移给其他单位或个人承担，对工程不进行实际管理和控制，仅向受转让方收取一定费用。我国《建筑法》第 28 条规定："禁止承包单位将其承包的全部建筑工程转包给他人，禁止承包单位将其承包的全部建筑工程肢解以后以分包的名义分别转包。"《招标投标法》第 48 条规定："中标人不得向他人转让中标项目，也不得将中标项目肢解后分别向他人转让。"《房屋建筑和市政基础设施工程施工分包管理办法》第 14 条规定："禁止将承包的工程进行转包。不履行合同约定，将其承包的全部工程发包给他人，或者将其承包的全部工程肢解后以分包的名义分别发包给他人的，属于转包行为。违反本办法第 11 条规定，分包工程发包人将工程分包后，未在施工现场设立项目管理机构和派驻相应人员，并未对该工程的施工活动进行组织管理的，视同转包行为。"

(3) 建设工程转包的特征

由于我国《合同法》第 270 条、《建筑法》第 28 条及建设部颁布施行的《建设工程质

[1] 王立敏：《建筑工程指定分包研究—在总承包模式下》，http：//www. unilawyers. com/member/lawyerintro-54817-1555-5. html.

量管理条例》均禁止转包行为，即转包为我国法律法规所禁止，转包因违反法律、法规的强制性规定而无效，所以转包并不适用于我国《合同法》关于权利与义务转让的规定。根据转包的概念并结合建设部体改法规司1996年颁发的（96）建法法字第14号《关于如何界定工程转包和分包问题的复函》的相关规定，笔者认为转包具有下列法律特征：

1）转包人不履行建设工程合同全部义务，不履行施工、管理、技术指导等技术经济责任。转包人在承包工程后，并不成立项目经理部，也不委派技术人员和管理人员对工程建设进行管理和技术指导，往往以收取总包管理费的方式，将全部工程转让给转承包人，转包人不履行建设工程合同中应由承包人（转包人）履行的全部义务。

2）转包人将合同权利与义务全部转让给转承包人，转承包人与原合同发包人之间建立了新的事实合同关系（原合同指发包人或总包人与转包人之间的建设工程合同，下同）。转包后，转包人不履行原合同约定的全部建设工程任务，全部的建设工程均由转承包人完成，这样在转承包人与原合同发包人之间建立了新的事实合同关系。

3）转包人对转承包人的履行行为承担连带责任。工程转包后，在转包人并不退出原合同关系的前提下，转承包人与原合同发包人建立了新的事实合同关系，转承包人应就建设工程的质量、工期、安全对原合同发包人承担责任。同时，转包人也应按照原合同就建设工程的质量、工期、安全对原合同发包人承担责任。这里要特别指出的是，按照法律规定，承担连带责任必须有法律定规定或合同的约定，《建筑法》第67条第2款规定："承包单位有前款规定的违法行为的，对因转包工程或者违法分包的工程不符合规定的质量标准造成的损失，与接受转包或者分包的单位承担连带赔偿责任。"因此转包人与转承包人应就建设工程的质量对原合同发包人承担连带责任。

2. 建设工程转包的形态

转包在建设工程实务中有多种形态，根据不同的标准可分类如下[1]：

1）依据转包的方式及转承包人的人数，转包的形态可分为：直接转包与变相转包。

所谓直接转包是指承包单位将其承包的全部建筑工程直接转包给某一施工人；所谓变相转包是指承包单位将其承包的全部工程通过肢解后，以分包的名义转包给他人即变相的转包。直接转包与变相转包两者只是形式的不同，并无实质的区别，其本质均是转包人不履行原合同中全部的建设工程任务，而由转承包人实际完成全部的建设工程任务。因此，《房屋建筑和市政基础设施工程施工分包管理办法》明确规定，承包单位在承接工程后，对该工程不派驻项目经理管理，不进行质量、安全、进度管理，不依照合同约定履行承包义务，无论将工程全部转包给他人，还是以分包的名义将工程肢解后分别转包给他人的，均属转包行为。

2）依据转包的次数，转包的形态可分为：一次转包与层层转包。

所谓一次转包是指承包单位承包建设工程后，不履行合同约定的责任和义务，将其承包的全部建设工程转给他人或者将其承包的全部工程肢解以后以分包的名义分别转给他人承包后不再转让的行为；所谓层层转包是指承包单位承包建设工程后，不履行合同约定的责任和义务，将其承包的全部建设工程转给他人或者将其承包的全部工程肢解以后以分包

[1] 曹文衔，宋仲春：《论建设工程中非法转包的认定及法律处理原则》，http：//www. law-lib. com/lw/lw_view. asp? no=7866.

的名义分别转给他人承包后工程被再次或数次转让的行为。

3）依据转包的对象，转包的形态可分为：工程总承包（包括勘察、设计、施工）转包、施工转包、勘察转包、设计转包；施工转包又可以分为施工总承包转包，专业工程转包。

工程总承包转包是指工程总承包单位承包建设工程后，不履行合同约定的责任和义务，将其承包的全部建设工程转给他人或者将其承包的全部工程肢解以后以分包的名义分别转给他人承包的行为。施工转包是指施工承包单位承包建设工程后，不履行合同约定的责任和义务，将其承包的全部建设工程施工义务转给他人或者将其承包的全部工程施工义务肢解以后以分包的名义分别转给他人。相应的施工总承包人转让全部工程施工义务的属于施工总承包转包，专业承包人转包全部的专业工程施工义务的属于专业工程转包。勘察转包是指勘察承包单位承包建设工程后，不履行合同约定的责任和义务，将其承包的全部建设工程勘察转给他人或者将其承包的全部工程勘察肢解以后以分包的名义分别转给他人承包的行为。设计转包是指设计承包单位承包建设工程设计任务后，不履行合同约定的责任和义务，将其承包的全部建设工程设计任务转给他人或者将其承包的全部工程设计任务肢解以后以分包的名义分别转给他人承包的行为。

3. 建设工程领域非法转包的主要表现形式

承包人不履行合同约定的责任和义务，将其承包的全部工程转给他人承包；承包人将其承包的全部工程肢解后以分包的名义转给他人承包，俗称“化整为零”；承包人将主体结构工程转给他人承包；承包人将部分专业工程分包后未在施工现场设立项目管理机构和派驻相应人员进行组织管理。

4. 转包与相关概念的区别

（1）转包与内部承包的联系与区别

内部承包一般表现为以总公司或母公司的名义对外承揽工程，但总公司或母公司只收取管理费，并不直接参与工程项目的实际施工和对质量、安全生产进行统一管理，具体施工和管理由下属的分公司或子公司来负责；主要有两种模式[1]：

1）总公司和分公司之间的内部承包模式。所谓总公司和分公司之间的内部承包模式就是指总公司承包建设工程后，并不实际履行建设工程合同的权利与义务，而是将承包的全部建设工程任务转给下属的分公司承包的行为。

按照我国《公司法》第14条第1款规定：“公司可以设立分公司，设立分公司应向公司登记机关申请登记，领取营业执照。分公司不具有法人资格，其民事责任由公司承担。”因此总公司和分公司之间这种内部承包方式，因不具备前文所述转包的构成要件，并不是《合同法》和《建筑法》意义上的转包，只是公司内部的分工属于公司经营策略的范畴。

2）母公司与子公司之间的内部承包模式。所谓母公司与子公司之间的内部承包模式就是指母公司承包建设工程后，并不实际履行建设工程合同的权利与义务，而是将承包的全部建设工程任务转给下属的子公司承包的行为。

---

[1] 曹文衔，宋仲春：《论建设工程中非法转包的认定及法律处理原则》，http://www.law-lib.com/lw/lw_view.asp?no=7866.

依照我国《公司法》第 14 条第 2 款规定："公司可以设立子公司，子公司具有法人资格，依法独立承担民事责任。"因此子公司相对于母公司来说具有独立的法人人格，子公司可以视为独立为母公司之外的第三人。据此母公司与子公司之间的所谓内部承包实际上属于转包。当然如果子公司本身也有承揽该工程的资质，这种所谓的内部承包就完全属于转包；如果子本身没有承揽该工程的资质，那么子公司的行为同时也属于借用资质的情况。

(2) 转包与劳务分包的区别

1) 转包与劳务分包指向的对象不同。转包的对象是工程或分部分项的工程；而劳务分包仅指向工程中的劳务。在转包的情况下，转包人是将承包的全部建设工程任务转让给转承包人，包括建设工程任务中的经济技术责任，管理责任及劳务作业任务；而劳务分包的情况下，劳务作业发包人仅将其承包建设工程任务中的劳务作业任务分包给劳务作业承包人。

2) 两者承担责任范围不同。在劳务分包中，劳务作业承包人按照劳务分包合同的约定向劳务分包的发包人负责，劳务作业发包人和劳务作业承包人仅对工程的劳务作业部分向总承包人及建设单位承担连带责任；按照我国法律规定，在转包行为中，转包人和转承包人对因此造成的工程质量、工期或其他工程问题向发包人承担连带责任。

3) 两者的合同效力不同。劳务分包属于合法行为，法律对劳务分包并不禁止，劳务分包是建设工程施工分包中的一种合法类型；转包属于法律法规所明确禁止的无效行为。最高人民法院《关于审理建设工程施工合同纠纷案件适用法律问题的解释》第 7 条规定："具有劳务作业法定资质的承包人与总承包人、分包人签订的劳务分包合同，当事人以转包建设工程违反法律规定为由请求确认无效的，不予支持。"由此司法解释明确界定了劳务分包的合法性和转包的非法性，依法进行的劳务分包是合法有效的，而转包行为是无效的。

(3) 建设工程施工转包与分包的区别

转包，除"将其承包的全部建设工程转给他人"这种形式与发包有明显的区别外，另一种形式即"将其承包的全部建设工程肢解以后以分包的名义分别转给其他单位承包"与分包有共同之处：二者都是分别把建设工程的部分工作交由第三人完成。在此情形下"转包"与"分包"就容易混淆。区分二者的关键有两点：一是审查承包人发包的是"全部"工程还是其中的"部分"工程。"全部建设工程"肢解以后分别转给他人的是转包，如转给他人的只是专业部分的工程则是分包；如果发包给他人的是肢解以后的部分工程，那也并非转包，而属分包，只不过属于违法分包。二是审查承包人是将承包的工程"肢解"发包，还是将"专业工程"发包。即其发包的对象是"肢解后的工程"还是"专业工程。"所谓"肢解发包"，是把一个建设工程肢解成几个部分进行发包，该"肢解"的各个部分并非都是"专业工程"；"专业工程"是指整个建设工程中专业性较强或需要进行专业化施工的分部或分项工程。"专业工程"具体种类可参照建设部《专业承包企业资质等级标准》对"专业工程"的列举。❶

❶ 丁茂福：《论建设工程施工的转包与分包》，http：//www. yuanyilaw. cn/InfoView. asp? InfoID=2579&classID=282.

5. 建设工程转包的法律处理原则

(1) 转包行为无效

我国《合同法》、《建筑法》及《建设工程质量管理条例》均明确禁止转包行为，我国《合同法》第52条明确规定违反法律法规的强制性规定无效，《最高人民法院关于审理建设工程施工合同纠纷案件适用法律问题的解释》第4条更是进一步明确规定承包人非法转包建设工程的行为无效。

(2) 转包人因非法转包建设工程所获取的非法所得要予以没收

《最高人民法院关于审理建设工程施工合同纠纷案件适用法律问题的解释》第4条规定："承包人非法转包、违法分包建设工程或者没有资质的实际施工人借用有资质的建筑施工企业名义与他人签订建设工程施工合同的行为无效。人民法院可以根据民法通则第134条规定，收缴当事人已经取得的非法所得。"在建设工程实务中，转包人的非法所得通常表现为管理费，因此，在转包的情况下，转包人实际并没有对转承包人的建设工程建设活动进行管理，转包人所收取的管理费就应作为非法所得予以没收。

(3) 建设工程质量合格的，转承包人可以直接向发包人主张工程价款

虽然承包人非法转包工程被依法认定为无效，债权关系依旧存在，根据《最高人民法院关于审理建设工程施工合同纠纷案件适用法律问题的解释》第2条、第3条的相关规定，无效行为后工程款的结算取决于工程竣工验收是否合格。建设工程施工合同无效，但建设工程经竣工验收合格，承包人可以请求参照合同约定支付工程价款。建设工程施工合同无效，且建设工程经竣工验收不合格的，按照以下情形分别处理：修复后的建设工程经竣工验收合格，发包人请求承包人承担修复费用的，应予支持；修复后的建设工程经竣工验收不合格，承包人请求支付工程价款的，不予支持。因建设工程不合格造成的损失，发包人有过错的，按过错大小承担相应的民事责任。

(4) 转包工程的，转包人还可能受到行政处罚

我国《建筑法》第67条第1款规定："承包单位将承包的工程转包的，或者违反本法规定进行分包的，责令改正，没收违法所得，并处罚款，可以责令停业整顿，降低资质等级；情节严重的，吊销资质证书。"国务院颁布施行的《建设工程质量管理条例》第62条规定："违反本条例规定，承包单位将承包的工程转包或者违法分包的，责令改正，没收违法所得，对勘察、设计单位处合同约定的勘察费、设计费25%以上50%以下的罚款；对施工单位处工程合同价款0.5%以上1%以下的罚款；可以责令停业整顿，降低资质等级；情节严重的，吊销资质证书。工程监理单位转让工程监理业务的，责令改正，没收违法所得，处合同约定的监理酬金25%以上50%以下的罚款；可以责令停业整顿，降低资质等级；情节严重的，吊销资质证书。"

6.4.6 BOT 模式

建设部《关于培育发展工程总承包和工程项目管理企业的指导意见》第4条第7款提倡具备条件的建设项目，采用工程总承包、工程项目管理方式组织建设。鼓励有投融资能力的工程总承包企业，对具备条件的工程项目，根据业主的要求，按照建设—转让(BT)、建设—经营—转让（BOT)、建设—拥有—经营（BOO)、建设—拥有—经营—转让（BOOT）等方式组织实施。

1. BOT 模式的概念

BOT 是英文 Build-Operate-Transfer 的缩写，即建设—运营—移交，是指“政府授予私营企业以一定期限的特许经营权，许可其融资建设和经营特定的公用基础设施，并准许其通过向用户收取费用或出售产品以清偿贷款、回收投资并赚取利润；特许权期满时，该基础设施无偿移交给政府[1]。”BOT 是英文 Build-Operate-Transfer 的缩写，通常直译为“建设—经营—转让。”这种译法直截了当，但不能反映 BOT 的实质。BOT 模式实质是 BOT 实质上是基础设施投资、建设和经营的一种方式，以政府和私人机构之间达成协议为前提，由政府向私人机构颁布特许，允许其在一定时期内筹集资金建设某一基础设施并管理和经营该设施及其相应的产品与服务。政府对该机构提供的公共产品或服务的数量和价格可以有所限制，但保证私人资本具有获取利润的机会。整个过程中的风险由政府和私人机构分担。当特许期限结束时，私人机构按约定将该设施移交给政府部门，转由政府指定部门经营和管理。所以，BOT 一词意译为“基础设施特许权”更为合适，如图 6-1 所示。

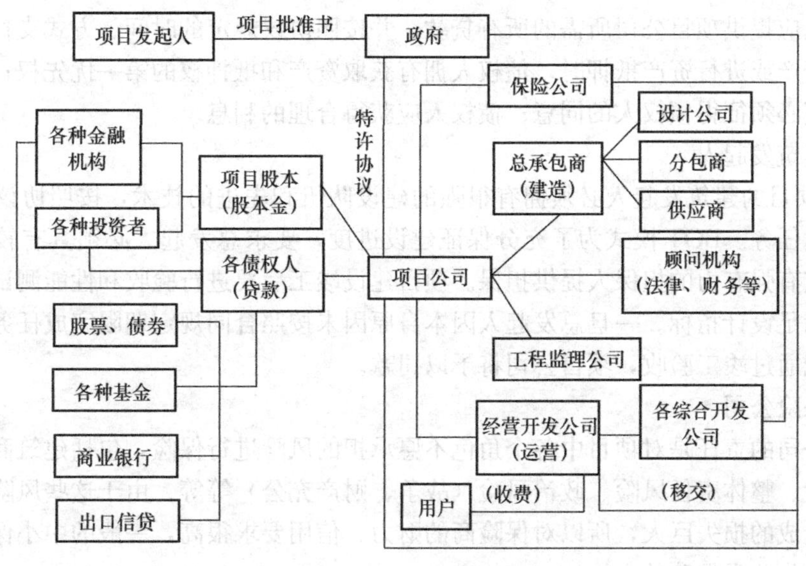

图 6-1 BOT 模式典型结构框架

BOT 是 20 世纪 80 年代以后在国际上兴起的一种新的投资合作方式。BOT 广泛应用于一些国家的交通运输、自来水处理、发电、垃圾处理等服务性或生产性基础设施的建设中，显示了旺盛的生命力。1984 年，BOT 投资方式首先出现于土耳其，由土耳其总理奥扎尔提出，并首先应用于该国的公共设施的私有化项目，具有融资能力强，自有资本需要量小，投资收益有保障等众多优点，现已受到各国的高度重视和广泛采用。我国的香港海底隧道、深圳沙角火力发电厂、广西来宾厂、马来西亚纳闽岛淡水供应工程和马来西亚南北高速公路项目、澳大利亚悉尼港隧道工程、英法共建的英吉利海峡海底隧道、美国的道斯威尔火电厂等都是实施 BOT 模式成功的案例。

2. BOT 模式的参与者

(1) 项目发起人

---

[1] 余劲松：《国际投资法》，法律出版社，1997，第 142 页到第 143 页。

作为项目发起人，首先应作为股东，分担一定的项目开发费用。在 BOT 项目方案确定时，就应明确债务和股本的比例，项目发起人应做出一定的股本承诺。同时，应在特许协议中列出专门的备用资金条款，当建设资金不足时，由股东们自己垫付不足资金，以避免项目建设中途停工或工期延误。项目发起人拥有股东大会的投票权，以及特许协议中列出的资产转让条款所表明的权力，即当政府有意转让资产时，股东拥有除债权人之外的第二优先权，从而保证项目公司不被怀有敌意的人控制，保护项目发起人的利益。

（2）产品购买商或接受服务者

在项目规划阶段，项目发起人或项目公司就应与产品购买商签订长期的产品购买合同。产品购买商必须有长期的盈利历史和良好的信誉保证，并且其购买产品的期限至少与 BOT 项目的贷款期限相同，产品的价格也应保证使项目公司足以回收股本、支付贷款本息和股息，并有利润可赚。

（3）债权人

债权人应提供项目公司所需的所有贷款，并按照协议规定的时间、方式支付。当政府计划转让资产或进行资产抵押时，债权人拥有获取资产和抵押权的第一优先权；项目公司若想举新债必须征得债权人的同意；债权人应获得合理的利息。

（4）建筑发起人

BOT 项目的建筑发起人必须拥有很强的建设队伍和先进的技术，按照协议规定的期限完成建设任务。BOT 模式为了充分保证建设进度，要求总发起人必须具有较好的工作业绩，并应有强有力的担保人提供担保。项目建设竣工后要进行验收和性能测试，以检测建设是否满足设计指标。一旦总发起人因本身原因未按照合同规定期限完成任务，或者完成任务未能通过竣工验收，项目公司将予以罚款。

（5）保险公司

保险公司的责任是对项目中各个角色不愿承担的风险进行保险，包括建筑商风险、业务中断风险、整体责任风险、政治风险（战争、财产充公）等等。由于这些风险不可预见性很强，造成的损失巨大，所以对保险商的财力、信用要求很高，一般的中小保险公司是没有能力承作此类保险的。

（6）供应商

供应商负责供应项目公司所需的设备、燃料、原材料等。由于在特许期限内，对于燃料（原料）的需求是长期的和稳定的，供应商必须具有良好的信誉和较强而稳定的盈利能力，能提供至少不短于还贷期的一段时间内的燃料（原料），同时供应价格应在供应协议中明确注明，并由政府和金融机构对供应商进行担保。

（7）运营商

运营商负责项目建成后的运营管理，为保持项目运营管理的连续性，项目公司与运营商应签订长期合同，期限至少应等于还款期。运营商必须是 BOT 项目的专长者，既有较强的管理技术和管理水平，也有此类项目较丰富的管理经验。在运营运程中，项目公司每年都应对项目的运营成本进行预算，列出成本计划，限制运营商的总成本支出。对于成本超支或效益提高，应有相应的罚款和奖励制度。

（8）政府

政府是 BOT 项目成功与否的最关键角色之一，政府对于 BOT 的态度以及在 BOT 项目实施过程中给予的支持将直接影响项目的成败。

3. BOT 的合作方式及其演变形式

(1) BOT 的三种基本合作形式

根据世界银行《1994 年世界发展报告》，BOT 至少有三种建设方式：BOT、BOOT 和 BOO。

1) BOT (Build-Operate-Transfer)：即建设—运营—移交。私人合伙人或国际财团，在获得政府对项目建设的特许权后，融资、建设基础设施，通过对设施的经营收回投资并取得合理利润后，将其无偿移交给业主国政府。政府授予项目公司建设新项目的特许权时，通常采用这种方式。

2) BOOT (Build-Own-Operate-Transfer)：建设—所有—经营—移交。私人合伙人或某国际财团融资建设基础设施项目，项目建成后，在规定的期限内拥有所有权并进行经营，期满后将项目移交给政府。

3) BOO (Build-Own-Operate)：即建设—拥有—运营。这种方式是开发商按照政府授予的特许权，建设并经营某项基础设施，但并不将此基础设施移交给政府或公共部门。项目一旦建成，项目公司对其拥有所有权，当地政府只是购买项目服务。

(2) BOT 的演变形式

BOT 经历了数百年的发展，为了适应不同的条件，还有 BT、BOOST、ROT、POT、TOT、BRT、DBOT、SOT、DOT、OT、OMT、DCMF、DBOM、ROMT、SLT、MOT 等演变形式。

1) BT (Build-Transfer)：建设—移交。即政府通过特许协议，引入国外资金或民间资金进行专属于政府的基础设施建设，项目建成后立即移交，可按项目的收购价格分期付款。是指民营机构与政府方签约后，设立项目公司以阶段性业主身份负责某项基础设施的融资、建设，并在完工后即交付给政府，从而享有在一定期限内分次收回回购款的权利。也即采取“企业投资建设、政府一次回购、资金分期支付”的模式。

2) BOOST (Build-Own-Operate-Subsidy-Transfer)：建设—拥有—运营—补贴—移交。发展商在项目建成后，在授权期限内，既直接拥有项目资产又经营管理项目，但由于存在相当高的风险，或非经营管理原因的经济效益不佳，须由政府提供一定的补贴，授权期满后将项目的资产转让给政府。

3) ROT (Renovate-Operate-Transfer)：重整—经营—移交。重整是指在获得政府特许专营权的基础上，对政府陈旧的项目设施、设备进行改造更新，由投资者经营若干年后再转让给政府。这是 BOT 模式适用于已经建成，但已陈旧过时的基础设施改造项目的一个变体，其差别在于“建设”变为“重整”。

4) POT (Purchase-Operate-Transfer)：购买—经营—移交。即政府出售已建成的、基本完好的基础设施并授予特许专营权，由投资者购买基础设施项目的股权和特许专营权。

5) TOT (英文 Transfer-Operate-Transfer 的缩写) 即“转让—经营—转让”，指投资者购买一国国家所有的已经投产运行的公用基础设施的所有权，由该国政府授予投资者以特许经营权，投资者在约定的时间内拥有该设施的所有权和经营权，通过经营活动取得的收入收回全部投资并获取利润。约定期间届满时，投资者将该基础设施的所有权和经营权无偿移交给该国政府。

4. 我国关于 BOT 的立法

我国第一个 BOT 项目是深圳沙角火力发电厂，1984 年由香港合和实业公司投资兴建，在项目特许期结束后由投资人交给当地公司，这在国际 BOT 领域是一个典型案例，经常被国际专家引用。1994 年我国政府开始研究 BOT 投资方式，1995 年原对外贸易经济合作部发布《关于以 BOT 方式吸收外商投资有关问题的通知》（以下简称《通知》）。《通知》规定 BOT 仍然纳入我国现行的有关外商投资企业法律和审批体制，外商可以以合作、合资或独资的方式建立 BOT 项目公司，原外贸合作部按照现有利用外资的有关法律和审批程序对项目公司合同、章程进行审批。1995 年 8 月，原国家计委、原电力部和交通部联合下发《关于试办外商投资特许权项目审批管理有关问题的通知》（以下简称“联合”《通知》），为国内运作 BOT 项目提供了法规依据。其中“联合”《通知》对特许权项目的内容、所有权、项目公司权利与义务、政府权力与保证责任、投资范围及项目的审批程序均做出了具体规定。

但是这两个《通知》属于国务院下属各部委制定的部门行政规章，效力层次较低。另外这两个《通知》条文内容过于简单，难以指导和规范 BOT 项目的实际运作。如《关于以 BOT 方式吸收外商投资有关问题的通知》第 3 条明确规定：“政府机构一般不应对项目做任何形式的担保或承诺（如外汇兑换担保、贷款担保等）。”而《关于试办外商投资特许权项目审批管理有关问题的通知》第 3 条则规定：“对于项目公司偿还贷款本金、利息和红利汇出所需要外汇，国家保证兑换或汇出境外。”对于 BOT 方式中应否转移项目所有权的问题在内容上也存在冲突，外经贸部的《通知》将 BOT 界定为“建设—运营—转交”的狭义模式，即认为在 BOT 方式中，东道国政府不转移项目的所有权；而联合《通知》的第 2 条则规定，在特许期内项目公司拥有特许权项目的所有权，认为东道国政府应转移项目所有权，两部规章内部上的冲突不利于 BOT 方式在我国的良好发展。此外，两个《通知》与我国现行的一些法律法规之间也存在着一些矛盾。如 BOT 项目中的政府保证违背了《担保法》第 8 条的规定，即“除了经国务院批准为使用外国政府或国际组织贷款而为的保证外，国家机关不得为保证人”。BOT 项目中成立项目公司时采用的“先登记，后出资”的授权资本制与《公司法》规定的“先出资，后登记”的法定资本制相矛盾。

由于两个《通知》都是在我国 BOT 项目试点期间颁布的，当时基本上都是外资 BOT 项目，因此文件中的各条款也主要是针对外资 BOT 投资方式中出现的问题制定的。而且我国目前关于 BOT 的鼓励政策及相关法规都是以外商作为政策制定对象和法规实施对象，对于国内民间资本参与投资的政策和法规甚少，缺乏内资 BOT 投资项目的政策法规。与外资 BOT 项目相比，内资 BOT 就更加缺乏顺利运行的法律环境。

第七章 建设工程招标投标法律制度

招标投标是在市场经济条件下进行工程建设、货物买卖、财产出租、中介服务等经济活动的一种竞争形式和交易方式，是引入竞争机制订立合同的一种法律形式。建筑工程招标是指招标人对工程建设、货物买卖、劳务承担等交易业务，事先公布采购条件和要求，吸引愿意承接业务的投标人参加竞争，并由招标人按照规定的程序和办法择优选定中标人的经济活动。建筑工程投标是建设工程招标的对称概念，指投标人依据自身资格和能力，按照招标文件规定的条件和要求，经过初步研究和估算，在指定期限内编制并递交投标文件，争取获得承接业务机会的经济活动。

在工程建设领域实行招标投标，是我国建筑市场走向规范化、完善化的重要举措。其意义在于，将竞争机制引入工程建设领域，反对和防止垄断，通过公平竞争，实现投资效益的最优化；把工程项目的发包方、承包方和中介方统一纳入市场，实现交易公开化，赋予交易行为以极大的透明度；通过严格、规范、科学、合理的运作程序和监督机制，有力地保证了竞争过程的公正和市场交易的安全。

7.1 概　　述

7.1.1 建设工程招标投标在我国的发展

我国的招标投标制度经历了“试行—推广—成熟—法制”等四个发展阶段。

1. 试行阶段

“招标投标”字样，在规范性文件中首次出现的时间可以追溯至改革开放初期。1980年10月17日，国务院发布了《关于开展和保护社会主义竞争的暂行规定》。该《规定》提出，为改革现行经济管理体制，进一步开展社会主义竞争，“对一些适宜于承包的生产建设项目和经营项目，可以试行招投标方法”。

20世纪80年代初，深圳市率先推出了由建设单位邀请数家施工单位“商议”、“评定”以选择工程承包单位的做法，该做法为其他城市所效仿。国家城乡建设环境保护部及时总结各地的实践经验，于1983年6月7日印发了《建筑安装工程招标投标试行办法》，并在全国试行。该《办法》规定：“凡经国家和省、市、自治区批准的建筑安装工程，均可按本办法的规定，通过招标，择优选定施工单位，持有营业执照的国营建筑企业和集体所有制施工单位，均可通过投标，承揽任务。”

1984年9月18日，国务院做出了《关于改革建筑业和基本建设管理体制若干问题的暂行规定》。该《规定》指出，要大力推行工程招标承包制；要改革单纯用行政手段分配建设任务的老办法，实行招标投标；由发包单位择优选定勘察设计单位、建筑安装企业。它是有关工程建设招标投标的第一个行政法规。

在这一时期，工程招标方式以议标为主，招标过程多为暗箱操作，其公正性得不到保障。

2. 推广阶段

20世纪90年代，全国各地普遍加强了对建设工程招标投标活动的监管工作，招标方式实现了从以议标为主到以邀请招标为主的转变，建设工程招标投标管理体系基本形成。1992年12月30日，建设部发布了《工程建设施工招标投标管理办法》。该办法规定："凡政府和公有制企、事业单位投资的新建、改建、扩建和技术改造工程项目的施工，除某些不适宜招标的特殊工程外，均应按本办法实行招标投标。"它的实施极大地推动了全国建设工程招标投标工作的开展。

1994年6月2日，建设部、监察部印发了《关于在工程建设中深入开展反对腐败和反对不正当竞争的通知》；1996年4月9日，国务院办公厅转发了建设部、监察部、国家计委、国家工商行政管理局《关于开展建设工程项目执法监察的意见》，明确了执法监察的范围和重点，进一步规范了建筑市场。

3. 成熟阶段

为了进一步深化工程建设管理体制改革，探索适应社会主义市场经济体制的工程建设管理方式，1997年2月5日，建设部印发了《关于建立建设工程交易中心的指导意见》。1998年3月1日，《中华人民共和国建筑法》在全国施行，其正式确立了招标投标活动在建筑工程发包与承包过程中的法律地位。1998年8月7日，建设部印发了《关于进一步加强工程招标投标管理的规定》。该规定要求凡未建立有形建筑市场的地级以上城市，在年内要建立起有形建筑市场。有形建筑市场（即建设工程交易中心）的建立，规范了工程建设招标投标工作的管理，结束了工程建设招标投标工作各自为政、执法监察不力等状况。

4. 法制阶段

1999年8月30日，第九届全国人大常委会第十一次会议通过了《中华人民共和国招标投标法》，该法自2000年1月1日起施行。《招标投标法》是我国招标投标法律体系中的基本法律。它的颁布和施行标志着我国将招标投标活动纳入了法制轨道，这对引导招标投标活动的规范化运作具有重要意义。

《招标投标法》在推进招标采购制度的实施，促进公平竞争，加强反腐败制度建设，节约公共采购资金，保证采购质量等方面发挥了重要作用。随着招标采购方式的广泛运用，招标投标活动中也出现了一系列亟待解决的问题。例如，一些依法必须招标的项目规避招标或者搞"明招暗定"的虚假招标，有的领导干部利用权力干预招标投标活动，搞权钱交易，使工程建设和其他公共采购领域成为腐败现象易发、多发的重灾区；又如，一些招标投标活动的当事人相互串通，严重扰乱招标投标活动的正常秩序，破坏公平竞争。

为了应对招标投标活动中存在的突出问题，国务院于2011年12月20日颁布了《中华人民共和国招标投标法实施条例》，该《条例》于2012年2月1日起施行。《招标投标法实施条例》认真总结了招标投标法实施以来的实践经验，将法律规范进一步具体化，增强了可操作性；同时，针对新情况、新问题补充、完善了有关规定。其进一步筑牢工程建设和其他公共采购领域预防和惩治腐败的制度屏障，对维护招标投标活动的有序开展具有积极意义。

7.1.2 建设工程招标投标的立法概况

目前，我国规制建设工程招标投标活动的规范性法律文件主要有法律、行政法规、部门规章等形式，详细情况见表 7-1；另外，还有一些地方性法规和地方政府规章。

建设工程招标投标相关法律文件一览表 **表 7-1**

法律文件名称	简 称	施行时间	性 质
《中华人民共和国招标投标法》	《招标投标法》	2000.1.1	法律
《中华人民共和国招标投标法实施条例》	《招标投标法实施条例》	2012.2.1	行政法规
《工程建设项目招标范围和规模标准规定》	计委 3 号令	2000.5.1	部门规章
《工程建设项目施工招标投标办法》	七部委 30 号令	2003.5.1	部门规章
《工程建设项目勘察设计招标投标办法》	八部委 2 号令	2003.8.1	部门规章
《工程建设项目货物招标投标办法》	七部委 27 号令	2005.3.1	部门规章
《评标委员会和评标方法暂行规定》	七部委 12 号令	2001.7.5	部门规章
《工程建设项目招标投标活动投诉处理办法》	七部委 11 号令	2004.8.1	部门规章
《工程建设项目招标代理机构资格认定办法》	建设部 154 号令	2007.3.1	部门规章

7.1.3 建设工程招标投标活动的基本原则

我国《招标投标法》第 5 条规定："招标投标活动应当遵循公开、公平、公正和诚实信用的原则。"招标投标行为是市场经济的产物，其必须遵循市场经济活动的基本原则。

1. 公开原则

公开原则，就是要求建设工程招标投标活动应具有较高的透明度。首先，招标投标的信息应公开，通过建立和完善建设工程项目报建登记制度，及时向社会发布工程招标投标信息，让有资格的投标者均能便捷地知悉该信息；其次，招标投标的条件应公开，招标的适用范围，招标人及投标人的资格须向社会公开，便于社会监督；再次，招标投标的程序应公开，在建设工程招标投标过程中，招标单位的主要招标活动程序、投标单位的主要投标活动程序和招标投标管理机构的主要监管程序，必须公开；最后，招标投标的结果应公开，参与投标的单位以及最终中标的单位，应当予以公开。

2. 公平原则

公平原则，就是要求在招标投标活动中，双方当事人的权利义务要大致相等，合情合理。招标人和投标人在招标投标活动中的地位平等；任何一方不得歧视对方，不得向对方提出不合理要求，不得将自己的意志强加给对方；招标人对不同的投标人应当采用相同标准，投标人不得以不正当手段参加竞争。

3. 公正原则

公正原则，就是要求招标人在评标时按事先公布的程序和标准对待所有投标人。评标标准应当明确、严格，对所有在投标截止日期以后送达的投标文件都应拒收，与投标人有利害关系的人员都不得作为评标委员会的成员。

鉴于"公开、公平、公正"这"三公"原则在招标投标活动中的重要性，《招标投标法》始终以其为主线，在总则及分则的各个条款中予以了具体体现。

4. 诚实信用原则

诚实信用原则，也称诚信原则，是民事活动的基本原则之一。该原则的含义是，招标投标活动的当事人应当以诚实、善意的态度行使权利，履行义务，以维持双方利益的平衡，以及自身利益与社会利益的平衡。在当事人之间的利益关系中，诚信原则要求尊重他人利益，以对待自己事务的注意义务对待他人事务，以确保双方均能在招标投标活动中获得应得利益。在当事人与社会的利益关系中，诚信原则要求当事人不得通过自己的活动损害第三人和社会的利益，其必须在法律范围内以符合社会经济目的的方式行使权利。遵循这一原则，《招标投标法》将招标投标活动中当事人的规避招标、串通投标、泄露标底、骗取中标、非法转包等行为规定为禁止性规范，并设置了相应的罚则。

7.1.4　建设工程强制招标的项目范围和规模标准

工程建设项目，是指工程以及与工程建设有关的货物、服务。工程，是指建设工程，包括建筑物和构筑物的新建、改建、扩建及其相关的装修、拆除、修缮等；与工程建设有关的货物，是指构成工程不可分割的组成部分，且为实现工程基本功能所必需的设备、材料等；与工程建设有关的服务，是指为完成工程所需的勘察、设计、监理等服务。

依据招标的自愿与否，工程建设项目分为可以不进行招标的项目和依法必须进行招标的项目（即强制招标项目）两种类型。强制招标项目的招标投标活动违反法律和行政法规的规定，对中标结果造成实质性影响，且不能采取补救措施予以纠正的，招标、投标、中标无效，应当依法重新招标或者评标。

1. 强制招标的工程建设项目的范围

《招标投标法》第3条和国家发展计划委员会发布的《工程建设项目招标范围和规模标准规定》对强制招标的工程建设项目的范围问题做出了规定。

(1)《招标投标法》第3条的有关规定

《招标投标法》第3条规定：在中华人民共和国境内进行下列工程建设项目包括项目的勘察、设计、施工、监理以及与工程建设有关的重要设备、材料等的采购，必须进行招标：①大型基础设施、公用事业等关系社会公共利益、公众安全的项目。②全部或者部分使用国有资金投资或者国家融资的项目。③使用国际组织或外国政府贷款、援助资金的项目。

大型基础设施、公用事业等关系社会公共利益、公众安全的项目，是针对项目性质做出的规定。基础设施，是指为国民经济生产过程提供的基本条件，通常包括能源、交通运输、邮电通信、水利、城市设施、环境与资源保护设施等；公用事业，是指为适应生产和生活需要而提供的具有公共用途的服务，如供水、供电、供热、供气、科技、教育、文化、体育、卫生、社会福利等。

全部或者部分使用国有资金投资或者国家融资的项目，是针对资金来源做出的规定。国有资金是指国家财政性资金，国家机关、国有企事业单位和社会团体的自有资金及借贷资金。

使用国际组织或外国政府贷款、援助资金的项目必须招标，是国际金融组织和外国政府所普遍要求的。我国在与这些国际组织或外国政府签订的双边协议中，也对这一要求予以了认可。另外，这些贷款大多属于国家的主权债务，由政府统借统还，在性质上应视同国有资金投资。

(2)《工程建设项目招标范围和规模标准规定》的有关规定

《招标投标法》中所规定的强制招标范围，只是一个原则性的规定，针对这种情况，原国家发展计划委员会在《工程建设项目招标范围和规模标准规定》中做出了更为具体的规定。强制招标项目的具体范围，详见表 7-2。

强制招标项目范围　　表 7-2

项目类别	具体范围
关系社会公共利益、公众安全的基础设施项目	煤炭、石油、天然气、电力、新能源等能源项目 铁路、公路、管道、水运、航空以及其他交通运输业等交通运输项目 邮政、电信枢纽、通信、信息网络等邮电通信项目 防洪、灌溉、排涝、引（供）水、滩涂治理、水土保持、水利枢纽等水利项目 道路、桥梁、地铁和轻轨交通、污水排放及处理、垃圾处理、地下管道、公共停车场等城市设施项目 生态环境保护项目 其他基础设施项目
关系社会公共利益、公众安全的公用事业项目	供水、供电、供气、供热等市政工程项目 科技、教育、文化等项目 体育、旅游等项目 卫生、社会福利等项目 商品住宅，包括经济适用住房 其他公用事业项目
使用国有资金投资项目	使用各级财政预算资金的项目 使用纳入财政管理的各种政府性专项建设基金的项目 使用国有企业事业单位自有资金，并且国有资产投资者实际拥有控制权的项目
国家融资项目	使用国家发行债券所筹资金的项目 使用国家对外借款或者担保所筹资金的项目 使用国家政策性贷款的项目 国家授权投资主体融资的项目 国家特许的融资项目
使用国际组织或外国政府资金的项目	使用世界银行、亚洲开发银行等国际组织贷款资金的项目 使用外国政府及其机构贷款资金的项目 使用国际组织或者外国政府援助资金的项目

2. 强制招标的工程建设项目的规模标准

按照《工程建设项目招标范围和规模标准规定》第 7 条的规定，表 7-2 所列各类工程建设项目，包括项目的勘察、设计、施工、监理以及与工程建设有关的重要设备、材料等的采购，达到下列标准之一的，必须进行招标：①施工单项合同估算价的 200 万元人民币以上的。②重要设备、材料等货物的采购，单项合同估算价在 100 万元人民币以上的。③勘察、设计、监理等服务的采购，单项合同估算价在 50 万元人民币以上的。④单项合同估算价低于第①、②、③项规定的标准，但项目总投资额在 3000 万元人民币以上的。

3. 可以不进行招标的工程建设项目

按照《招标投标法》第 66 条、《招标投标法实施条例》第 9 条、《工程建设项目招标范围和规模标准规定》第 8 条的规定，可以不进行招标的工程建设项目包括八类，详见表 7-3。

可以不进行招标的工程建设项目　表 7-3

法律规范	可以不进行招标的工程建设项目类型
《招标投标法》第 66 条	涉及国家安全、国家秘密或抢险救灾而不适宜招标的属于利用扶贫资金实行以工代赈需要使用农民工的
《招标投标法实施条例》第 9 条	需要采用不可替代的专利或者专有技术的 采购人依法能够自行建设、生产或者提供的 已通过招标方式选定的特许经营项目投资人依法能够自行建设、生产或者提供的 需要向原中标人采购工程、货物或者服务，否则将影响施工或者功能配套要求的
《工程建设项目招标范围和规模标准规定》第 8 条	建设项目的勘察、设计，采用特定专利或者专有技术的 建设项目的建筑艺术造型有特殊要求的

7.2　招　标

7.2.1　招标人

《招标投标法》第 8 条规定，招标人是依照本法规定提出招标项目、进行招标的法人或者其他组织。该定义包含两个层面的含义：

（1）招标人须是提出招标项目、进行招标的人

所谓“招标项目”，即采用招标方式进行采购的工程、货物或服务项目。工程建设项目招标发包的招标人，通常为该项建设工程的投资人即项目业主；国家投资的工程建设项目，招标人通常为依法设立的项目法人（就经营性建设项目而言）或者项目的建设单位（就非经营性建设项目而言）。货物招标采购的招标人，通常为货物的买主。服务项目招标采购的招标人，通常为该服务项目的需求方。

（2）招标人须是法人或其他组织，自然人不能成为招标人

按照《民法总则》的规定，法人是具有民事权利能力和民事行为能力，依法独立享有民事权利和承担民事义务的组织；法人包括企业法人、事业单位法人、机关法人和社会团体法人。其他组织是指除法人以外的其他实体，包括合伙企业、个人独资企业、外国企业以及企业的分支机构等。鉴于招标采购的项目通常标的大，耗资多，影响范围广，招标人责任较大，为了切实保障招投标各方的权益，法律未赋予自然人成为招标人的资格。不过，这并不意味着个人投资的项目不能采用招标的方式进行采购。个人投资的项目，可以成立项目公司作为招标人。

7.2.2　招标方式

按招标方式的不同，招标可分为公开招标和邀请招标两类。

1. 公开招标

公开招标，是指招标人以招标公告的方式邀请不特定的法人或者其他组织投标。招标人采用公开招标方式的，应当发布招标公告。依法必须进行招标的项目的招标公告，应当通过国家指定的报刊、信息网络或者其他媒介发布。招标公告应当载明招标人的名称和地址、招标项目的性质、数量、实施地点和时间以及获取招标文件的办法等事项。

2. 邀请招标

邀请招标，是指招标人以投标邀请书的方式邀请特定的法人或者其他组织投标。招标人采用邀请招标方式的，应当向三个以上具备承担招标项目的能力、资信良好的特定的法人或者其他组织发出投标邀请书。《招标投标法》和《招标投标法实施条例》对可以邀请招标的项目范围作了规定，详细情况见表 7-4。

可以邀请招标的项目范围　　　　**表 7-4**

法律规范	可以邀请招标的项目	有权做出批准或认定决定的主体
《招标投标法》第 11 条	国务院发展计划部门确定的国家重点项目和省、自治区、直辖市人民政府确定的地方重点项目不适宜公开招标的，可以邀请招标	经国务院发展计划部门或者省、自治区、直辖市人民政府批准
《招标投标法实施条例》第 8 条	国有资金占控股或者主导地位的依法必须进行招标的项目，有下列情形之一的，可以邀请招标： （1）技术复杂、有特殊要求或者受自然环境限制，只有少量潜在投标人可供选择 （2）采用公开招标方式的费用占项目合同金额的比例过大	有第（2）项所列情形，并属于需要履行项目审批、核准手续的项目，由项目审批、核准部门在审批、核准项目时做出认定 其他项目由招标人申请有关行政监督部门做出认定

3. 公开招标与邀请招标的区别

公开招标和邀请招标在信息发布方式、招标人选择的范围、投标人竞争的范围、招投标活动公开性程度、所需时间和费用以及资格审查时间等方面存在区别，具体情况见表 7-5。

公开招标与邀请招标的区别　　　　**表 7-5**

项　目	公开招标	邀请招标
信息发布方式	招标公告	投标邀请书
选择的范围	针对一切潜在的对招标项目感兴趣的法人或其他组织 招标人事先不知道投标人的数量	针对特定的法人或其他组织 招标人事先已经知道投标人的数量
竞争的范围	竞争范围较广，竞争性体现得也比较充分，容易获得最佳招标效果	投标人的数量有限，竞争的范围有限，有可能将某些在技术上或报价上更有竞争力的投标人漏掉
公开的程度	所有的活动都必须严格按照预先指定并为大家所知的程序和标准公开进行，大大减少了作弊的可能	公开程度要逊色一些，产生不法行为的机会也就多一些
时间和费用	程序复杂，耗时较长，费用也比较高	缩短了整个招标投标时间，其费用相对减少
资格审查时间	投标前进行资格预审	投标后进行资格后审

7.2.3　招标项目应当满足的条件

招标项目按照国家有关规定需要履行项目审批手续的，应当先履行审批手续，取得批准。招标人应当有进行招标项目的相应资金或者资金来源已经落实，并应当在招标文件中如实载明。因招标投标适用对象的不同，招标项目应当满足的条件也略有差别，工程建设项目的施工招标、货物招标、勘察设计招标的条件详见表 7-6。

工程建设项目招标条件 表 7-6

法律规范	招标项目应当满足的条件
《工程建设项目施工招标投标办法》第8条	依法必须招标的工程建设项目，应当具备下列条件才能进行施工招标： （1）招标人已经依法成立 （2）初步设计及概算应当履行审批手续的，已经批准 （3）招标范围、招标方式和招标组织形式等应当履行核准手续的，已经核准 （4）有相应资金或资金来源已经落实 （5）有招标所需的设计图纸及技术资料
《工程建设项目货物招标投标办法》第8条	依法必须招标的工程建设项目，应当具备下列条件才能进行货物招标： （1）招标人已经依法成立 （2）按照国家有关规定应当履行项目审批、核准或者备案手续的，已经审批、核准或者备案 （3）有相应资金或者资金来源已经落实 （4）能够提出货物的使用与技术要求
《工程建设项目勘察设计招标投标办法》第9条	依法必须进行勘察设计招标的工程建设项目，在招标时应当具备下列条件： （1）按照国家有关规定需要履行项目审批手续的，已履行审批手续，取得批准 （2）勘察设计所需资金已经落实 （3）所必需的勘察设计基础资料已经收集完成 （4）法律法规规定的其他条件

7.2.4 招标组织形式

按照组织形式的不同，招标可分为自行招标和代理招标。招标人有权自行选择招标代理机构，委托其办理招标事宜。任何单位和个人不得以任何方式为招标人指定招标代理机构。招标人具有编制招标文件和组织评标能力的，可以自行办理招标事宜。任何单位和个人不得强制其委托招标代理机构办理招标事宜。依法必须进行招标的项目，招标人自行办理招标事宜的，应当向有关行政监督部门备案。

1. 自行招标

招标人自行办理招标事宜，应当具有编制招标文件和组织评标的能力，具体包括：①具有项目法人资格（或者法人资格）。②具有与招标项目规模和复杂程度相适应的工程技术、概预算、财务和工程管理等方面专业技术力量。③有从事同类工程建设项目招标的经验。④设有专门的招标机构或者拥有 3 名以上专职招标业务人员。⑤熟悉和掌握招标投标法及有关法规规章。

招标人自行招标的，项目法人或者组建中的项目法人应当在上报项目可行性研究报告时，一并报送符合以上规定的书面材料。书面材料至少应包括：①项目法人营业执照、法人证书或者项目法人组建文件。②与招标项目相适应的专业技术力量情况。③内设的招标机构或者专职招标业务人员的基本情况。④拟使用的专家库情况。⑤以往编制的同类工程建设项目招标文件和评标报告，以及招标业绩的证明材料。⑥其他材料。

2. 代理招标

工程建设项目代理招标，是指工程招标代理机构接受招标人的委托，从事工程的勘察、设计、施工、监理以及与工程建设有关的重要设备（进口机电设备除外）、材料采购招标的代理业务。

工程招标代理机构应当与招标人签订书面合同，在合同约定的范围内实施代理，并按照国家有关规定收取费用；超出合同约定实施代理的，依法承担民事责任。工程招标代理机构应当在其资格证书有效期内，妥善保存工程招标代理过程文件以及成果文件。工程招标代理机构不得伪造、隐匿工程招标代理过程文件以及成果文件。

3. 招标代理机构

招标代理机构是依法设立、从事招标代理业务并提供相关服务的社会中介组织。

(1) 成立条件

申请工程招标代理资格的机构应当具备下列条件：①是依法设立的中介组织，具有独立法人资格。②与行政机关和其他国家机关没有行政隶属关系或者其他利益关系。③有固定的营业场所和开展工程招标代理业务所需设施及办公条件。④有健全的组织机构和内部管理的规章制度。⑤具备编制招标文件和组织评标的相应专业力量。⑥具有可以作为评标委员会成员人选的技术、经济等方面的专家库。⑦法律、行政法规规定的其他条件。

(2) 资格认定

国务院建设主管部门负责全国工程招标代理机构资格认定的管理；省、自治区、直辖市人民政府建设主管部门负责本行政区域内的工程招标代理机构资格认定的管理。

从事工程招标代理业务的机构，应当依法取得国务院建设主管部门或者省、自治区、直辖市人民政府建设主管部门认定的工程招标代理机构资格，并在其资格许可的范围内从事相应的工程招标代理业务。

工程招标代理机构资格分为甲级、乙级和暂定级。甲级工程招标代理机构可以承担各类工程的招标代理业务；乙级工程招标代理机构只能承担工程总投资1亿元人民币以下的工程招标代理业务；暂定级工程招标代理机构，只能承担工程总投资6000万元人民币以下的工程招标代理业务。工程招标代理机构可以跨省、自治区、直辖市承担工程招标代理业务。任何单位和个人不得限制或者排斥工程招标代理机构依法开展工程招标代理业务。

(3) 行为准则

招标代理机构代理招标业务，应当遵守法律、行政法规关于招标人的规定。工程招标代理机构在工程招标代理活动中不得有下列行为：①与所代理招标工程的招投标人有隶属关系、合作经营关系以及其他利益关系。②从事同一工程的招标代理和投标咨询活动。③超越资格许可范围承担工程招标代理业务。④明知委托事项违法而进行代理。⑤采取行贿、提供回扣或给予其他不正当利益等手段承接工程招标代理业务。⑥未经招标人书面同意，转让工程招标代理业务。⑦泄露应当保密的与招标投标活动有关的情况和资料。⑧与招标人或者投标人串通，损害国家利益、社会公共利益和他人合法权益。⑨对有关行政监督部门依法责令改正的决定拒不执行或者以弄虚作假方式隐瞒真相。⑩擅自修改经招标人同意并加盖了招标人公章的工程招标代理成果文件。⑪涂改、倒卖、出租、出借或者以其他形式非法转让工程招标代理资格证书。⑫法律、法规和规章禁止的其他行为。

7.2.5 招标的程序

招标是招标人选择中标人并与其签订合同的过程，按招标人和投标人参与的程度，可将招标过程划分为招标准备阶段和招标阶段。

1. 招标准备阶段

(1) 工程报建

报建时应交验的文件资料包括：立项批准文件或年度投资计划；固定资产投资许可证；建设工程规划许可证和资金证明文件。

(2) 确定招标组织形式

招标人根据项目情况及自身能力，按照国家相关法律法规的规定，组建招标机构或委托招标代理机构。

(3) 选择招标方式

根据实际情况确定发包范围；由工程情况确定招标次数和内容；由招标的准备情况选择合同的计价方式；综合各方面因素，最终确定工程的招标方式。

(4) 办理招标审批手续

建设工程项目具备必要的条件后，招标人可向当地建设行政主管部门或其招标办事机构提出招标申请。申请招标文件应说明，招标范围、招标方式、招标组织形式、计划工期、对投标人的资质要求、招标项目的前期准备工作的完成情况等内容。上述内容经审批后，方可开展招标活动。

按照国家有关规定需要履行项目审批、核准手续的依法必须进行招标的项目，其招标范围、招标方式、招标组织形式应当报项目审批、核准部门审批、核准。项目审批、核准部门应当及时将审批、核准确定的招标范围、招标方式、招标组织形式通报有关行政监督部门。

(5) 编制与招标有关的各种文件

招标准备阶段应编制好招标过程中可能涉及的有关文件，保证招标活动的正常进行。这些文件主要包括：

1) 招标公告或投标邀请书。招标公告或投标邀请书应载明：招标人的名称和地址、招标项目的性质、数量、实施地点和时间以及获取招标文件的办法等事项。

2) 资格预审文件。招标人采用资格预审办法对潜在投标人进行资格审查的，应当编制资格预审文件。

3) 招标文件。招标人应当根据招标项目的特点和需要编制招标文件。招标文件应当包括招标项目的技术要求、对投标人资格审查的标准、投标报价要求和评标标准等所有实质性要求和条件以及拟签订合同的主要条款。国家对招标项目的技术、标准有规定的，招标人应当按照其规定在招标文件中提出相应要求。招标项目需要划分标段、确定工期的，招标人应当合理划分标段、确定工期，并在招标文件中载明。

4) 标底。招标人可根据项目特点决定是否编制标底。编制标底的，标底编制过程和标底必须保密。招标项目编制标底的，应根据批准的初步设计、投资概算，依据有关计价办法，参照有关工程定额，结合市场供求状况，综合考虑投资、工期和质量等方面的因素合理确定。标底由招标人自行编制或委托中介机构编制。接受委托编制标底的中介机构不得参加受托编制标底项目的投标，也不得为该项目的投标人编制投标文件或者提供咨询。一个招标项目只能有一个标底。任何单位和个人不得强制招标人编制或报审标底，不得干预其确定标底。招标项目可以不设标底，进行无标底招标。

2. 招标阶段

(1) 发布公告、文件

依法必须进行招标的项目的资格预审公告和招标公告，应当在国务院发展改革部门依法指定的媒介发布。在不同媒介发布的同一招标项目的资格预审公告或者招标公告的内容应当一致。招标人采用邀请招标方式的，应当向三个以上具备承担招标项目的能力、资信良好的特定的法人或者其他组织发出投标邀请书。

招标人应当按照资格预审公告规定的时间、地点发售资格预审文件，资格预审文件的发售期不得少于5日。招标人应当合理确定提交资格预审申请文件的时间。依法必须进行招标的项目提交资格预审申请文件的时间，自资格预审文件停止发售之日起不得少于5日。

(2) 资格审查

资格审查分为资格预审和资格后审。资格预审是指在投标前对潜在投标人进行的资格审查。资格后审是指在开标后对投标人进行资格审查。进行资格预审的一般不进行资格后审，但招标文件另有规定的除外。招标人采用资格后审办法对投标人进行资格审查的，应当在开标后由评标委员会按照招标文件规定的标准和方法对投标人的资格进行审查。

资格预审应当按照资格预审文件载明的标准和方法进行。国有资金占控股或者主导地位的依法必须进行招标的项目，招标人应当组建资格审查委员会审查资格预审申请文件。资格审查委员会及其成员应当遵守法律、行政法规有关评标委员会及其成员的规定。

资格审查应主要审查潜在投标人或者投标人是否符合下列条件：①具有独立订立合同的权利。②具有履行合同的能力，包括专业、技术资格和能力，资金、设备和其他物质设施状况，管理能力，经验、信誉和相应的从业人员。③没有处于被责令停业，投标资格被取消，财产被接管、冻结，破产状态。④在最近三年内没有骗取中标和严重违约及重大工程质量问题。⑤法律、行政法规规定的其他资格条件。

资格预审结束后，招标人应当及时向资格预审申请人发出资格预审结果通知书。未通过资格预审的申请人不具有投标资格。通过资格预审的申请人少于3个的，应当重新招标。

(3) 招标文件的发售

招标人应当按照招标公告或投标邀请书规定的时间、地点发售招标文件，招标文件的发售期不得少于5日。招标人应当确定投标人编制投标文件所需要的合理时间；但是，依法必须进行招标的项目，自招标文件开始发出之日起至投标人提交投标文件截止之日止，最短不得少于20日。招标人应当在招标文件中载明投标有效期。投标有效期从提交投标文件的截止之日起算。

招标人在招标文件中要求投标人提交投标保证金的，投标保证金不得超过招标项目估算价的2%。投标保证金有效期应当与投标有效期一致。依法必须进行招标的项目的境内投标单位，以现金或者支票形式提交的投标保证金应当从其基本账户转出。招标人不得挪用投标保证金。

招标人发售招标文件收取的费用应当限于补偿印刷、邮寄的成本支出，不得以营利为目的。招标文件售出后，不予退还。对于所附的设计文件，招标人可以向投标人酌收押金；对于开标后投标人退还设计文件的，招标人应当向投标人退还押金。

(4) 组织投标人踏勘现场

招标人根据招标项目的具体情况，可以组织潜在投标人踏勘项目现场。招标人不得组织单个或者部分潜在投标人踏勘项目现场。潜在投标人根据招标人介绍的情况做出的判断和决策，由投标人自行负责。

(5) 召开标前会议

标前会议是投标截止日期以前，按投标须知规定的时间和地点召开的会议。对于潜在投标人在阅读招标文件和现场踏勘中提出的疑问，招标人可以书面形式或召开投标预备会的方式解答，但需同时将解答以书面方式通知所有购买招标文件的潜在投标人。该解答内容为招标文件的组成部分。

标前会议应在招标管理机构监督下，由招标人或其委托的招标代理机构组织并主持召开，参加会议的人员包括招标人、投标人、投标代理人员、招标文件的编制人员等。

(6) 招标文件的澄清和修改

招标人可以对已发出的资格预审文件或招标文件进行必要的澄清或修改。澄清或修改的内容可能影响资格预审申请文件或投标文件编制的，招标人应当在提交资格预审申请文件截止时间至少3日前，或者投标截止时间至少15日前，以书面形式通知所有获取资格预审文件或招标文件的潜在投标人；不足3日或15日的，招标人应当顺延提交资格预审申请文件或投标文件的截止时间。

(7) 招标的终止

招标人终止招标的，应当及时发布公告，或以书面形式通知被邀请的或已经获取资格预审文件、招标文件的潜在投标人。已经发售资格预审文件、招标文件或已经收取投标保证金的，招标人应当及时退还所收取的资格预审文件、招标文件的费用，以及所收取的投标保证金及银行同期存款利息。

3. 关于招标的其他法律规定

为了维护投标人之间的公平竞争，《招标投标法》做出了一些约束招标人行为的规定，这些规定主要有：

1）招标人不得以不合理的条件限制、排斥潜在投标人或投标人，不得对潜在投标人实行歧视待遇。

招标人有下列行为之一的，属于以不合理条件限制、排斥潜在投标人或投标人：①就同一招标项目向潜在投标人或投标人提供有差别的项目信息。②设定的资格、技术、商务条件与招标项目的具体特点和实际需要不相适应或与合同履行无关。③依法必须进行招标的项目以特定行政区域或特定行业的业绩、奖项作为加分条件或中标条件。④对潜在投标人或投标人采取不同的资格审查或评标标准。⑤限定或指定特定的专利、商标、品牌、原产地或供应商。⑥依法必须进行招标的项目非法限定潜在投标人或投标人的所有制形式或组织形式。

2）招标文件不得要求或标明特定的生产供应者以及含有倾向或排斥潜在投标人的其他内容。

3）招标人不得向他人透露已获取招标文件的潜在投标人的名称、数量以及可能影响公平竞争的有关招标投标的其他情况。

4）招标人不得强制投标人组成联合体共同投标，不得限制投标人之间的竞争。

5）招标人编制的资格预审文件、招标文件的内容违反法律、行政法规的强制性规定，违反公开、公平、公正和诚实信用原则，影响资格预审结果或潜在投标人投标的，依法必须进行招标的项目的招标人应当在修改资格预审文件或招标文件后重新招标。

7.3 投　标

7.3.1 投标人

投标人是响应招标、参加投标竞争的法人或者其他组织。投标人应当具备承担招标项目的能力；国家有关规定对投标人资格条件或者招标文件对投标人资格条件有规定的，投标人应当具备规定的资格条件。招标人的任何不具独立法人资格的附属机构（单位），或者为招标项目的前期准备或者监理工作提供设计、咨询服务的任何法人及其任何附属机构（单位），都无资格参加该招标项目的投标。

依法招标的科研项目允许个人参加投标的，投标的个人适用《招标投标法》有关投标人的规定。除此之外，自然人原则上不能成为建设工程的投标人。

投标人参加依法必须进行招标的项目的投标，不受地区或者部门的限制，任何单位和个人不得非法干涉。与招标人存在利害关系可能影响招标公正性的法人、其他组织或者个人，不得参加投标；单位负责人为同一人或者存在控股、管理关系的不同单位，不得参加同一标段投标或者未划分标段的同一招标项目投标。违反前述规定的，相关投标无效。

7.3.2 投标程序

1. 投标准备

在正式投标前，招标人应做好大量的准备工作。这些工作主要是对投资项目宏观环境和微观环境的调查。对投资项目宏观环境的调查，包括对项目所处地的政治法律、自然环境和市场情况的调查；对投资项目微观环境的调查，包括对投资项目情况、业主情况和竞争对手情况的调查。

2. 投标文件的编制

投标文件是投标人根据招标人在招标文件中的要求并结合自身的情况而编制以提供给招标人的一系列文件。投标文件是衡量一个施工企业的资历、质量和技术水平、管理水平的综合文件，也是评标和决标的主要依据。投标人做出投标决策之后，就应着手按照招标文件的要求编制标书，对招标文件提出的实质性要求和条件做出响应。在编制投标文件时，应注意做好校核工程量、编制施工规划以及报价计算等工作。因所从事活动的不同，投标文件的内容也有所区别。例如：

《工程建设项目施工招标投标办法》第 36 条规定，投标文件一般包括下列内容：投标函、投标报价、施工组织设计、商务和技术偏差表。投标人根据招标文件载明的项目实际情况，拟在中标后将中标项目的部分非主体、非关键性工作进行分包的，应当在投标文件中载明。

《房屋建筑和市政基础设施工程施工招标投标管理办法》第 25 条规定，招标文件允许投标人提供备选标的，投标人可以按照招标文件的要求提交替代方案，并作出相应报价作备选标。

《建筑工程设计招标投标管理办法》第 13 条规定，投标人应当按照招标文件、建筑方案设计文件编制深度规定的要求编制投标文件；进行概念设计招标的，应当按照招标文件要求编制投标文件。投标文件应当由具有相应资格的注册建筑师签章，加盖单位公章。

投标人根据招标文件载明的项目实际情况，拟在中标后将中标项目的部分非主体、非关键性工作进行分包的，应当在投标文件中载明。

3. 投标文件的送达

投标人应当在招标文件要求提交投标文件的截止时间前，将投标文件送达投标地点。招标人收到投标文件后，应当向投标人出具标明签收人和签收时间的凭证，在开标前任何单位和个人不得开启投标文件。

未通过资格预审的申请人提交的投标文件，以及逾期送达或者不按照招标文件要求密封的投标文件，招标人应当拒收。招标人应当如实记载投标文件的送达时间和密封情况，并存档备查。

提交投标文件的投标人少于三个的，招标人应当依法重新招标。重新招标后投标人仍少于三个的，属于必须审批的工程建设项目，报经原审批部门批准后可以不再进行招标；其他工程建设项目，招标人可自行决定不再进行招标。

4. 投标文件的补充、修改或撤回

投标人在招标文件要求提交投标文件的截止时间前，可以补充、修改或撤回已提交的投标文件，并书面通知招标人。补充、修改的内容为投标文件的组成部分。投标人撤回已提交的投标文件，应当在投标截止时间前书面通知招标人。招标人已收取投标保证金的，应当自收到投标人书面撤回通知之日起5日内退还。投标截止后投标人撤销投标文件的，招标人可以不退还投标保证金。

7.3.3 投标担保

投标担保是指在招标投标活动中，投标人随投标文件一同提交给招标人的一定形式、一定金额的投标责任担保。其主要作用，在于约束投标人审慎地参与投标活动。

（1）投标担保的形式、金额、有效期限

投标保证金除现金外，可以是银行出具的银行保函、保兑支票、银行汇票或现金支票。招标人在招标文件中要求投标人提交投标保证金的，投标保证金不得超过招标项目估算价的2%。投标保证金有效期应当与投标有效期一致。依法必须进行招标的项目的境内投标单位，以现金或者支票形式提交的投标保证金应当从其基本账户转出。招标人不得挪用投标保证金。

（2）没收投标保证金的情形

1）投标人在投标有效期内撤回其投标文件的。

2）中标人未能在规定的期限内提交履约保证金或签署合同的。

7.3.4 联合体投标

联合体投标是指两个以上法人或其他组织组成一个联合体，以一个投标人的身份所进行的投标。联合体投标是一种特殊的投标形式，常见于一些大型复杂的项目，这些项目依赖一个投标人的力量往往难以完成。组成联合体的目的是增强投标竞争能力，减少联合体各方因支付巨额履约保证而产生的资金负担，分散联合体各方的投标风险，弥补有关各方技术力量的相对不足，提高共同承担的项目完工的可靠性。

（1）联合体的组成

从组成来看，联合体可以是两个以上法人组成的联合体，两个以上非法人组织组成的联合体或者是法人与其他组织组成的联合体。联合体是一个临时性的组织，不具有法人资格。如果是共同注册并进行长期经营活动的"合资公司"等法人形式的联合体，则不属于《招标投标法》所称的联合体。

(2) 联合体的资质

联合体各方均应当具备承担招标项目的相应能力；国家有关规定或者招标文件对投标人资格条件有规定的，联合体各方均应当具备规定的相应资格条件。由同一专业的单位组成的联合体，按照资质等级较低的单位确定资质等级。

(3) 联合体投标的特殊规定

联合体虽然不是一个法人组织，但其对外投标应以联合体的名义进行，而不能以其中部分主体的名义进行。联合体各方应当签订共同投标协议，明确约定各方拟承担的工作和责任，并将共同投标协议连同投标文件一并提交招标人。联合体中标的，联合体各方应当共同与招标人签订合同，就中标项目向招标人承担连带责任。

招标人应当在资格预审公告、招标公告或者投标邀请书中载明是否接受联合体投标。招标人接受联合体投标并进行资格预审的，联合体应当在提交资格预审申请文件前组成。资格预审后联合体增减、更换成员的，其投标无效。联合体各方在同一招标项目中以自己名义单独投标或者参加其他联合体投标的，相关投标均无效。投标人发生合并、分立、破产等重大变化的，应当及时书面告知招标人。投标人不再具备资格预审文件、招标文件规定的资格条件或者其投标影响招标公正性的，其投标无效。

7.3.5 招标投标的禁止性规定

投标人之间串通投标，投标人与招标人之间串通投标，投标人违法竞标、违法谋取中标和骗标是法律和行政法规所禁止的行为。

(1) 投标人之间串通投标

投标人不得相互串通投标报价，不得排挤其他投标人的公平竞争，损害招标人或者其他投标人的合法权益。

有下列情形之一的，属于投标人相互串通投标：①投标人之间协商投标报价等投标文件的实质性内容。②投标人之间约定中标人。③投标人之间约定部分投标人放弃投标或者中标。④属于同一集团、协会、商会等组织成员的投标人按照该组织要求协同投标。⑤投标人之间为谋取中标或者排斥特定投标人而采取的其他联合行动。

有下列情形之一的，视为投标人相互串通投标：①不同投标人的投标文件由同一单位或者个人编制。②不同投标人委托同一单位或者个人办理投标事宜。③不同投标人的投标文件载明的项目管理成员为同一人。④不同投标人的投标文件异常一致或者投标报价呈规律性差异。⑤不同投标人的投标文件相互混装。⑥不同投标人的投标保证金从同一单位或者个人的账户转出。

(2) 投标人与招标人之间串通招标投标

投标人不得与招标人串通投标，损害国家利益、社会公共利益或者他人的合法权益。

有下列情形之一的，属于招标人与投标人串通投标：①招标人在开标前开启投标文件并将有关信息泄露给其他投标人。②招标人直接或者间接向投标人泄露标底、评标委员会成员等信息。③招标人明示或者暗示投标人压低或者抬高投标报价。④招标人授意投标人撤换、修改投标文件。⑤招标人明示或者暗示投标人为特定投标人中标提供方便。⑥招标人与投标人为谋求特定投标人中标而采取的其他串通行为。

(3) 投标人违法竞标、违法谋取中标和骗标

投标人不得以低于成本的报价竞标，禁止投标人以向招标人或者评标委员会成员行贿的手段谋取中标，投标人不得以他人名义投标或以其他方式弄虚作假，骗取中标。使用通过受让或租借等方式获取的资格、资质证书投标的，属于以他人名义投标。投标人有下述情形之一的，属于以其他方式弄虚作假的行为：①使用伪造、变造的许可证件。②提供虚假的财务状况或者业绩。③提供虚假的项目负责人或者主要技术人员简历、劳动关系证明。④提供虚假的信用状况。⑤其他弄虚作假的行为。

7.4 开标、评标和中标

7.4.1 开标

1. 开标的概念

开标，指招标人按照招标文件所规定的时间和地点，开启投标人提交的投标文件，公开宣布投标人的名称、投标价格及投标文件中的其他主要内容的活动。

开标应当公开进行，即应当向所有投标人公开投标文件，其行为在投标人及有关机构的监督下进行，从而体现招标投标活动的公平、公正、公开和诚实信用的原则。

2. 开标的时间和地点

开标应当在招标文件确定的提交投标文件截止时间的同一时间公开进行；开标地点应当为招标文件中预先确定的地点。投标人少于3个的，不得开标；招标人应当重新招标。投标人对开标有异议的，应当在开标现场提出，招标人应当当场作出答复，并制作记录。

3. 开标的参加人

开标由招标人主持，邀请所有投标人参加。开标主持人可以是招标人，也可是招标人委托的招标代理机构。开标时，除邀请所有投标人参加外，还可邀请招标主管部门、评标委员会、公证部门的有关人员参加。

4. 开标的程序

开标时，由投标人或者其推选的代表检查投标文件的密封情况，也可以由招标人委托的公证机构检查并公证；经确认无误后，由工作人员当众拆封，宣读投标人名称、投标价格和投标文件的其他主要内容。招标人在招标文件要求提交投标文件的截止时间前收到的所有投标文件，开标时都应当当众予以拆封、宣读。开标过程应当记录，并存档备查。

(1) 投标文件密封情况的检查

主持人应请投标人或其推选的代表当众检查所有已接收的投标文件的密封情况，并签字确认。招标人也可委托公证机构检查所有已经接收的投标文件的密封情况，并当众宣布检查结果。

(2) 投标文件的拆封

由招标人或招标代理机构的工作人员当众拆封所有符合密封要求的投标文件。

(3) 唱标

唱标人应按照招标文件中规定的内容和要求，宣读投标人名称、投标价格、质量目标、工期和投标文件的其他主要内容。在投标文件中提出的附加条件、补充声明、优惠条件、替代方案等也应宣读。

（4）开标过程的记录

招标人应对开标过程进行记录。开标记录的内容包括：项目名称、招标号、刊登招标公告的日期、发售招标文件的日期、购买招标文件的单位名称、投标人的名称、投标价格等。

7.4.2 评标

评标就是依据招标文件的要求和规定，对投标文件进行审查、评审和比较，最终确定中标人的过程。

1. 评标委员会和评标专家

（1）评标委员会的组成

评标由招标人依法组建的评标委员会负责。依法必须进行招标的项目，其评标委员会由招标人的代表和有关技术、经济等方面的专家组成，成员人数为五人以上单数，其中技术、经济等方面的专家不得少于成员总数的三分之二。上述专家由招标人从国务院有关部门或者省、自治区、直辖市人民政府有关部门提供的专家名册或者招标代理机构的专家库内的相关专业的专家名单中确定；一般招标项目可以采取随机抽取方式，特殊招标项目可以由招标人直接确定。特殊招标项目，是指技术复杂、专业性强或者国家有特殊要求，采取随机抽取方式确定的专家难以保证胜任评标工作的项目。

任何单位和个人不得以明示、暗示等任何方式指定或者变相指定参加评标委员会的专家成员。与投标人有利害关系的人不得进入相关项目的评标委员会；已经进入的应当更换。评标委员会成员的名单在中标结果确定前应当保密。

（2）评标专家的条件

评标专家应符合下列条件：①从事相关专业领域工作满八年并具有高级职称或者同等专业水平。②熟悉有关招标投标的法律法规，并具有与招标项目相关的实践经验。③能够认真、公正、诚实、廉洁地履行职责。

有下列情形之一的，不得担任评标委员会成员：①投标人或者投标人主要负责人的近亲属。②项目主管部门或者行政监督部门的人员。③与投标人有经济利益关系，可能影响对投标公正评审的。④曾因在招标、评标以及其他与招标投标有关活动中从事违法行为而受过行政处罚或刑事处罚的。评标委员会成员有前述规定情形之一的，应当主动提出回避。

（3）评标委员会成员的行为准则

评标委员会成员应当客观、公正地履行职务，遵守职业道德，对所提出的评审意见承担个人责任。

评标委员会成员不得私下接触投标人，不得收受投标人给予的财物或其他好处，不得向招标人征询确定中标人的意向，不得接受任何单位或个人明示或暗示提出的倾向或排斥特定投标人的要求，不得透露对投标文件的评审和比较、中标候选人的推荐情况以及与评标有关的其他情况，不得有其他不客观、不公正履行职务的行为。

2. 评标方法

评标方法包括经评审的最低投标价法、综合评估法或者法律、行政法规允许的其他评标方法。

（1）经评审的最低投标价法

经评审的最低投标价法一般适用于具有通用技术、性能标准或者招标人对其技术、性能没有特殊要求的招标项目。根据经评审的最低投标价法，能够满足招标文件的实质性要求，并且经评审的最低投标价的投标，应当推荐为中标候选人。

采用经评审的最低投标价法的，评标委员会应当根据招标文件中规定的评标价格调整方法，以所有投标人的投标报价以及投标文件的商务部分作必要的价格调整。采用经评审的最低投标价法的，中标人的投标应当符合招标文件规定的技术要求和标准，但评标委员会无需对投标文件的技术部分进行价格折算。

经评审的最低投标价法，其优点在于操作简单、目标明了。缺陷在于，当招标文件对标书技术参数表述不全或评标专家对技术细节查看不够仔细时，易产生中标方降低工程标准、偷换建筑材料的风险。

（2）综合评估法

综合评估法，是指将评审内容分类后赋予不同权重，评标委员会根据评分标准对各类内容进行打分，并按预先设定的权重，计算出每一投标的综合评估分的评标方法。不宜采用经评审的最低投标价法的招标项目，一般应当采取综合评估法进行评审。

根据综合评估法，最大限度地满足招标文件中规定的各项综合评价标准的投标，应当推荐为中标候选人。衡量投标文件是否最大限度地满足招标文件中规定的各项评价标准，可以采取折算为货币的方法、打分的方法或者其他方法。

需量化的因素及其权重应当在招标文件中明确规定。评标委员会对各个评审因素进行量化时，应当将量化指标建立在同一基础或者同一标准上，使各投标文件具有可比性。对技术部分和商务部分进行量化后，评标委员会应当对这两部分的量化结果进行加权，计算出每一投标的综合评估价或者综合评估分。

综合评估法的优点是，定标过程所参照的因素比较多，评标结果量化，说服力较强；缺点是评标过程相对复杂。

3. 评标程序

评标程序可分为评标准备阶段和标书评审阶段。小型招标项目的评标可以采用“即开、即评、即定”的方法，简化评标程序；大型、复杂工程项目的标书评审阶段，因评审内容复杂，通常分为初步评审和详细评审两个步骤。

（1）评标的准备

评标委员会成员应当编制供评标使用的相应表格，认真研究招标文件，至少应了解和熟悉以下内容：①招标的目标。②招标项目的范围和性质。③招标文件中规定的主要技术要求、标准和商务条款。④招标文件规定的评标标准、评标方法和在评标过程中考虑的相关因素。

招标人或其委托的招标代理机构应当向评标委员会提供评标所需的重要信息和数据。招标人设有标底的，标底应当保密，并在评标时作为参考。

（2）初步评审

评标委员会应当根据招标文件规定的评标标准和方法，对投标文件进行系统的评审和比较。招标文件中没有规定的标准和方法不得作为评标的依据。评标委员会应当按照投标报价的高低或招标文件规定的其他方法对投标文件排序。

评标委员会可以书面方式要求投标人对投标文件中含义不明确、对同类问题表述不一致或者有明显文字和计算错误的内容作必要的澄清、说明或者补正。澄清、说明或者补正应以书面方式进行并不得超出投标文件的范围或者改变投标文件的实质性内容。

在评标过程中出现下列情形的，评标委员会可将相关投标作为废标处理：

1）评标委员会发现投标人以他人的名义投标、串通投标、以行贿手段谋取中标或者以其他弄虚作假方式投标的，该投标人的投标应作废标处理。

2）评标委员会发现投标人的报价明显低于其他投标报价或者在设有标底时明显低于标底，使得其投标报价可能低于个别成本的，应当要求该投标人作出书面说明并提供相关证明材料。投标人不能合理说明或者不能提供相关证明材料的，由评标委员会认定该投标人以低于成本报价竞标，其投标应作废标处理。

3）评标委员会应当审查每一投标文件是否对招标文件提出的所有实质性要求和条件作出响应。未能在实质上响应的投标，应作废标处理。

有下列情形之一的，评标委员会应当否决其投标：①投标文件未经投标单位盖章和单位负责人签字。②投标联合体没有提交共同投标协议。③投标人不符合国家或者招标文件规定的资格条件。④同一投标人提交两个以上不同的投标文件或投标报价，但招标文件要求提交备选投标的除外。⑤投标报价低于成本或者高于招标文件设定的最高投标限价。

评标委员会应当根据招标文件，审查并逐项列出投标文件的全部投标偏差。投标偏差分为重大偏差和细微偏差。

下列情况属于重大偏差：①没有按照招标文件要求提供投标担保或者所提供的投标担保有瑕疵。②投标文件没有投标人授权代表签字和加盖公章。③投标文件载明的招标项目完成期限超过招标文件规定的期限。④明显不符合技术规格、技术标准的要求。⑤投标文件载明的货物包装方式、检验标准和方法等不符合招标文件的要求。⑥投标文件附有招标人不能接受的条件。⑦不符合招标文件中规定的其他实质性要求。投标文件有上述情形之一的，为未能对招标文件做出实质性响应，应作废标处理。招标文件对重大偏差另有规定的，从其规定。

细微偏差是指投标文件在实质上响应招标文件要求，但在个别地方存在漏项或者提供了不完整的技术信息和数据等情况，并且补正这些遗漏或者不完整不会对其他投标人造成不公平的结果。细微偏差不影响投标文件的有效性。评标委员会应当书面要求存在细微偏差的投标人在评标结束前予以补正。拒不补正的，在详细评审时可以对细微偏差作不利于该投标人的量化，量化标准应当在招标文件中规定。

评标委员会根据法律规定否决不合格投标或界定为废标后，因有效投标不足三个使得投标明显缺乏竞争的，评标委员会可以否决全部投标。投标人少于三个或所有投标被否决的，招标人应当依法重新招标。

(3) 详细评审

经初步评审合格的投标文件，评标委员会应当根据招标文件确定的评标标准和方法，对其技术部分和商务部分作进一步评审、比较。经评审的最低投标价法、综合评估法是在详细评审中较为经常采用的评标方法。

根据经评审的最低投标价法完成详细评审后，评标委员会应当拟定一份“标价比较表”，连同书面评标报告提交招标人。“标价比较表”应当载明投标人的投标报价、对商务偏差的价格调整和说明以及经评审的最终投标价。

根据综合评估法完成评标后，评标委员会应当拟定一份“综合评估比较表”，连同书面评标报告提交招标人。“综合评估比较表”应当载明投标人的投标报价、所作的任何修正、对商务偏差的调整、对技术偏差的调整、对各评审因素的评估以及对每一投标的最终评审结果。

4. 评标报告

评标委员会完成评标后，应当向招标人提出书面评标报告，并抄送有关行政监督部门。评标报告应当如实记载以下内容：基本情况和数据表；评标委员会成员名单；开标记录；符合要求的投标一览表；废标情况说明；评标标准、评标方法或者评标因素一览表；经评审的价格或者评分比较一览表；经评审的投标人排序；推荐的中标候选人名单与签订合同前要处理的事宜；澄清、说明、补正事项纪要。

评标报告由评标委员会全体成员签字。对评标结论持有异议的评标委员会成员可以书面方式阐述其不同意见和理由。评标委员会成员拒绝在评标报告上签字且不陈述其不同意见和理由的，视为同意评标结论。评标委员会应当对此做出书面说明并记录在案。

向招标人提交书面评标报告后，评标委员会即告解散。评标过程中使用的文件、表格以及其他资料应当即时归还招标人。

7.4.3 中标

1. 确定中标人

评标完成后，评标委员会在向招标人提交书面评标报告的同时，应提交中标候选人名单。评标委员会推荐的中标候选人应当限定在一至三人，并标明排列顺序。

中标人的投标应当符合下列条件之一：能够最大限度满足招标文件中规定的各项综合评价标准；能够满足招标文件的实质性要求，并且经评审的投标价格最低；但是投标价格低于成本的除外。

招标人根据评标委员会提出的书面评标报告和推荐的中标候选人确定中标人。招标人也可以授权评标委员会直接确定中标人。国务院对特定招标项目的评标有特别规定的，从其规定。

2. 发出中标通知书

中标通知书，是指在确定中标人后，招标人向中标人发出的通知其中标的书面凭证。中标人确定后，招标人应当向中标人发出中标通知书，并同时将中标结果通知所有未中标的投标人。中标通知书对招标人和中标人具有法律效力。中标通知书发出后，招标人改变中标结果的，或者中标人放弃中标项目的，应当依法承担法律责任。

招标投标活动是以订立合同为目的的民事活动。从合同法的角度而言，招标人发出的招标公告或投标邀请书，是吸引法人或其他组织向自己投标的意思表示，属于要约邀请；投标人向招标人送达的投标文件，是投标人希望与招标人就招标项目订立合同的意思表示，属于要约；而招标人向中标的投标人发出的中标通知书，属于承诺。

3. 签订承包合同

招标人和中标人应当依照《招标投标法》和《招标投标法实施条例》的规定，自中标通知书发出之日起三十日内，按照招标文件和中标人的投标文件订立书面合同。合同的标的、价款、质量、履行期限等主要条款应当与招标文件和中标人的投标文件的内容一致。招标人和中标人不得再行订立背离合同实质性内容的其他协议。招标人最迟应当在书面合同签订后5日内向中标人和未中标的投标人退还投标保证金及银行同期存款利息。招标文件要求中标人提交履约保证金的，中标人应当按照招标文件的要求提交。履约保证金不得超过中标合同金额的10%。

中标人应当按照合同约定履行义务，完成中标项目。中标人不得向他人转让中标项目，也不得将中标项目肢解后分别向他人转让。中标人按照合同约定或者经招标人同意，可以将中标项目的部分非主体、非关键性工作分包给他人完成。接受分包的人应当具备相应的资格条件，并不得再次分包。中标人应当就分包项目向招标人负责，接受分包的人就分包项目承担连带责任。

4. 提交书面报告

依法必须进行招标的项目，招标人应当自确定中标人之日起15日内，向有关行政监督部门提交招标投标情况的书面报告，如图7-1所示。

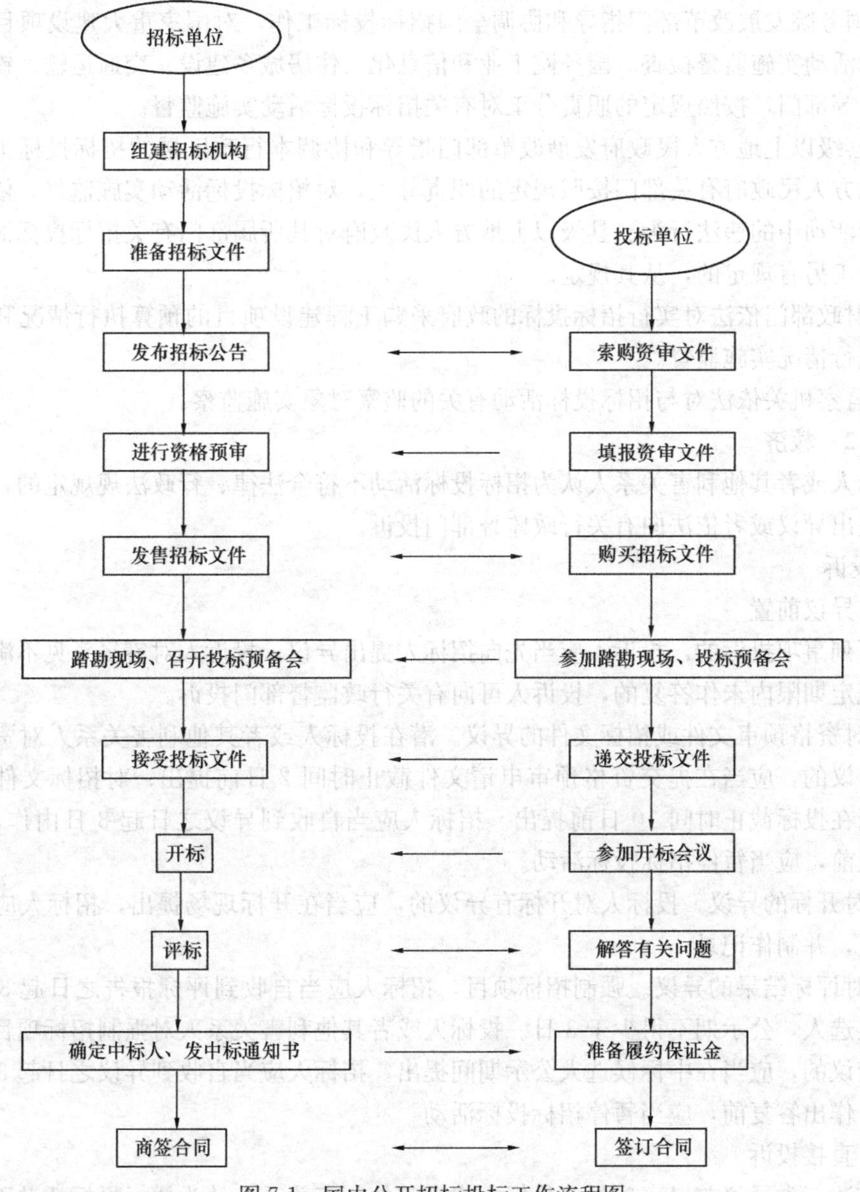

图7-1 国内公开招标投标工作流程图

7.5 监督、救济与法律责任

招标投标活动及其当事人应当接受依法实施的监督；对招标投标活动中出现的违法行为，投标人或其他利害关系人可通过提出异议或进行投诉的方式保障自己的利益；针对不同的违法行为，《招标投标法》及《招标投标法实施条例》设定了多种形式的法律责任，包括民事责任、行政责任和刑事责任。

7.5.1 监督

按照《招标投标法》及《招标投标法实施条例》的规定，有关行政监督部门依法对招标投标活动实施监督，依法查处招标投标活动中的违法行为。

1）国务院发展改革部门指导和协调全国招标投标工作，对国家重大建设项目的工程招标投标活动实施监督检查。国务院工业和信息化、住房城乡建设、交通运输、铁道、水利、商务等部门，按照规定的职责分工对有关招标投标活动实施监督。

2）县级以上地方人民政府发展改革部门指导和协调本行政区域的招标投标工作。县级以上地方人民政府有关部门按照规定的职责分工，对招标投标活动实施监督，依法查处招标投标活动中的违法行为。县级以上地方人民政府对其所属部门有关招标投标活动的监督职责分工另有规定的，从其规定。

3）财政部门依法对实行招标投标的政府采购工程建设项目的预算执行情况和政府采购政策执行情况实施监督。

4）监察机关依法对与招标投标活动有关的监察对象实施监察。

7.5.2 救济

投标人或者其他利害关系人认为招标投标活动不符合法律、行政法规规定的，有权向招标人提出异议或者依法向有关行政监督部门投诉。

1. 投诉

（1）异议前置

就下列事项投诉的，投诉人应当先向招标人提出异议；投诉人对答复意见不满意或招标人在规定期限内未作答复的，投诉人可向有关行政监督部门投诉。

1）对资格预审文件或招标文件的异议。潜在投标人或者其他利害关系人对资格预审文件有异议的，应当在提交资格预审申请文件截止时间 2 日前提出；对招标文件有异议的，应当在投标截止时间 10 日前提出。招标人应当自收到异议之日起 3 日内作出答复；作出答复前，应当暂停招标投标活动。

2）对开标的异议。投标人对开标有异议的，应当在开标现场提出，招标人应当当场作出答复，并制作记录。

3）对评标结果的异议。强制招标项目，招标人应当自收到评标报告之日起 3 日内公示中标候选人，公示期不得少于 3 日。投标人或者其他利害关系人对强制招标项目的评标结果有异议的，应当在中标候选人公示期间提出。招标人应当自收到异议之日起 3 日内作出答复；作出答复前，应当暂停招标投标活动。

（2）直接投诉

除前述三类异议前置事项外，投标人或者其他利害关系人认为招标投标活动不符合法律、行政法规规定的，可以自知道或者应当知道之日起10日内直接向有关行政监督部门投诉。投诉应当有明确的请求和必要的证明材料。

2. 处理

(1) 管辖

投诉人就同一事项向两个以上有权受理的行政监督部门投诉的，由最先收到投诉的行政监督部门负责处理。

(2) 受理

行政监督部门应当自收到投诉之日起3个工作日内决定是否受理投诉，并自受理投诉之日起30个工作日内做出书面处理决定；需要检验、检测、鉴定、专家评审的，所需时间不计算在内。投诉人捏造事实、伪造材料或者以非法手段取得证明材料进行投诉的，行政监督部门应当予以驳回。

(3) 行政监督部门的权利与义务

行政监督部门处理投诉，有权查阅、复制有关文件、资料，调查有关情况，相关单位和人员应当予以配合；必要时，行政监督部门可以责令暂停招标投标活动。行政监督部门的工作人员对监督检查过程中知悉的国家秘密、商业秘密，应当依法予以保密。

7.5.3 法律责任

1. 招标人的法律责任

《招标投标法》和《招标投标法实施条例》对招标人的法律责任作了比较全面的规定，详细情况见表7-7至表7-11。

与招标相关的法律责任 表7-7

违法情形	具体表现形式	法律责任
规避招标	对强制招标项目不招标的；将强制招标项目化整为零规避招标的；强制招标项目不按规定发布资格预审公告或招标公告，构成规避招标的；以其他方式规避招标的	责令改正，并可罚款；对使用国有资金的项目，可暂停项目执行或资金拨付；对直接负责的主管人员和其他直接责任人员给予处分
违反规定时限	招标文件、资格预审文件的发售、澄清、修改的时限，或确定的提交资格预审申请文件、投标文件的时限违法	责令改正，并可罚款
招标方式过程违法	依法应公开招标而采用邀请招标；接受未通过资格预审的单位或个人参加投标；接受应当拒收的投标文件	责令改正，并可罚款；对直接负责的主管人员和其他直接责任人员给予处分

与投标相关的法律责任 表7-8

违法情形	具体表现形式	法律责任
限制或排斥潜在投标人	以不合理的条件限制或排斥潜在投标人的；对潜在投标人实行歧视待遇的；强制要求投标人组成联合体共同投标的；限制投标人之间竞争的	责令改正，并可罚款

续表

违法情形	具体表现形式	法律责任
违反保密义务	强制招标项目的招标人：向他人透露已获取招标文件的潜在投标人情况，可能影响公平竞争的；泄露标底的	警告，并可罚款； 对直接负责的主管人员和其他直接责任人员给予处分；构成犯罪的，追究刑事责任；影响中标结果的，中标无效
违法谈判	强制招标项目的招标人：违反法律规定，与投标人就投标价格、投标方案等实质性内容进行谈判的	警告；对直接负责的主管人员和其他直接责任人员给予处分；影响中标结果的，中标无效
违规收取或处理款项	超过法定比例收取投标保证金、履约保证金或不按规定退还投标保证金及银行同期存款利息的	责令改正，并可罚款；给他人造成损失的，承担赔偿责任

与评标相关的法律责任 **表 7-9**

违法情形	具体表现形式	法律责任
违法确定中标人	在评标委员会依法推荐的中标候选人以外确定中标人的；强制招标项目的招标人在所有投标被评标委员会否决后自行确定中标人的	中标无效；责令改正，并可罚款 对直接负责的主管人员和其他直接责任人员给予处分
违法组建评标委员会	强制招标项目的招标人：不按规定组建评标委员会的；确定、更换评标委员会成员违反法律、行政法规规定的	责令改正，并可罚款；对直接负责的主管人员和其他直接责任人员给予处分；违法确定或更换的评标委员会成员做出的评审结论无效，依法重新进行评审

与中标相关的法律责任 **表 7-10**

违法情形	具体表现形式	法律责任
定标过程及之后的违法行为	强制招标项目的招标人：无正当理由不发出中标通知书的；不按规定确定中标人的；中标通知书发出后无正当理由改变中标结果的；无正当理由不与中标人订立合同的；订立合同时向中标人提出附加条件的	责令改正，并可罚款；给他人造成损失的，承担赔偿责任；对直接负责的主管人员和其他直接责任人员给予处分
违法订立合同	招标人和中标人：不按招标文件和中标人的投标文件订立合同的；所订立的合同的主要条款与招标文件、中标人的投标文件的内容不一致的；订立背离合同实质性内容的协议的	责令改正，并可罚款

其他违法行为的法律责任 **表 7-11**

违 法 行 为	法 律 责 任
招标人不按规定对异议作出答复，继续进行招标投标活动的	责令改正；拒不改正或不能改正并影响中标结果的，招标、投标、中标无效，应重新招标或评标
强制招标项目的招标投标活动违法，对中标结果造成实质性影响，且不能纠正的	招标、投标、中标无效，应重新招标或评标

2. 招标代理机构的法律责任

《招标投标法》和《招标投标法实施条例》对招标代理机构在违反保密义务、恶意串通、违法介入等情形下的法律责任做出了规定，具体见表7-12。

招标代理机构的法律责任 **表7-12**

违法情形	具体表现形式	法律责任
违反保密义务	泄露应保密的与招投标活动有关的情况和资料	对招标代理机构及其直接负责的主管人员和其他直接责任人员处以罚款；并处没收违法所得；情节严重的，暂停直至取消招标代理资格；构成犯罪的，追究刑事责任；给他人造成损失的，承担赔偿责任；影响中标结果的，中标无效
恶意串通	与招标人、投标人串通损害国家利益、社会公共利益或他人合法权益	
违法介入	在所代理的招标项目中投标、代理投标或向该项目投标人提供咨询的；接受委托编制标底的中介机构参加受托编制标底项目的投标或为该项目的投标人编制投标文件、提供咨询的	

3. 投标人的法律责任

《招标投标法》和《招标投标法实施条例》对投标人在恶意串通、行贿、骗取中标、违法投诉等情形下的法律责任做出了规定，具体见表7-13。

投标人的法律责任 **表7-13**

违法情形	具体表现形式	法律责任
恶意串通、行贿	投标人相互串通投标或与招标人串通投标的；投标人以向招标人或评标委员会成员行贿的手段谋取中标的	中标无效；对投标人及其直接负责的主管人员和其他直接责任人员处以罚款；并处没收违法所得；情节严重的，取消其1～2年内参加强制招标项目的投标资格并予以公告，直至吊销营业执照；给他人造成损失的，承担赔偿责任；构成犯罪的，追究刑事责任
骗取中标	投标人以他人名义投标或以其他方式弄虚作假，骗取中标的	中标无效；对投标人及其直接负责的主管人员和其他直接责任人员处以罚款；并处没收违法所得；情节严重的，取消其1～3年内参加强制招标项目的投标资格并予以公告，直至吊销营业执照；给招标人造成损失的，承担赔偿责任；构成犯罪的，追究刑事责任
违法投诉	捏造事实、伪造材料或以非法手段取得证明材料进行投诉，给他人造成损失的	承担赔偿责任

4. 评标委员会成员的法律责任

《招标投标法》和《招标投标法实施条例》对评标委员会在受贿、违反保密义务、不公正履行职务情形下的法律责任做出了规定，具体见表7-14。

评标委员会的法律责任 **表7-14**

违法情形	具体表现形式	法律责任
受贿违反保密义务	收受投标人的财物或其他好处的；向他人透露与评标有关的情况的	警告；没收收受的财物；可并处罚款；取消担任评标委员会成员的资格，不得再参加强制招标项目的评标；构成犯罪的，追究刑事责任

续表

违法情形	具体表现形式	法律责任
不公正履行职务	应回避而不回避；擅离职守；不按招标文件规定的标准和方法评标；私下接触投标人；向招标人征询确定中标人的意向或接受单位、个人提出的倾向或排斥特定投标人的要求；对应否决的投标不提否决意见；暗示或诱导投标人做出澄清、说明或接受其主动提出的澄清、说明；其他不客观、不公正履行职务的行为	责令改正；情节严重的，禁止其在一定期限内参加强制招标项目的评标；情节特别严重的，取消其担任评标委员会成员的资格

5. 中标人的法律责任

《招标投标法》和《招标投标法实施条例》对中标人的违法行为设定了相应的法律责任，具体见表 7-15。

中标人的法律责任　　表 7-15

违法情形	具体表现形式	法律责任
违法转让、违法分包	中标人将中标项目转让给他人的；将中标项目肢解后分别转让给他人的；违法将中标项目的部分主体、关键性工作分包给他人的；分包人再次分包的	转让、分包无效；罚款；并处没收违法所得；可以责令停业整顿；情节严重的，吊销营业执照
违法订立合同	招标人、中标人不按招标文件和中标人的投标文件订立合同的；合同的主要条款与招标文件、中标人的投标文件的内容不一致的；招标人、中标人订立背离合同实质性内容的协议的	责令改正；可处罚款
不正当履行义务	中标人：无正当理由不与招标人订立合同的；签订合同时向招标人提出附加条件的；不按招标文件要求提交履约保证金的	取消其中标资格，投标保证金不予退还；对强制招标项目的中标人，责令改正，可处罚款
不履行合同	不履行与招标人订立的合同的	不退还履约保证金，招标人损失超过履约保证金的，对超过部分赔偿；未交履约保证金的，应对招标人承担赔偿责任。不履行合同义务，情节严重的，取消其 2～5 年内参加强制招标项目的投标资格并予以公告，直至吊销营业执照

6. 国家工作人员的法律责任

《招标投标法》和《招标投标法实施条例》对与招标投标有关的国家工作人员的违法行为设定了相应的法律责任，具体见表 7-16。

国家工作人员的法律责任 表 7-16

违法主体	违法行为	法律责任
审批、核准部门工作人员	不依法审批、核准项目招标范围、招标方式、招标组织形式的	直接负责的主管人员和其他直接责任人员 构成犯罪的，追究刑事责任；不构成犯罪的，给予行政处分
监督部门工作人员	不履行职责，对违法行为不予查处的；不按规定处理投诉的；不依法公告对招标投标当事人违法行为的行政处理决定的	
国家工作人员	利用职务便利非法干涉招标投标活动的；非法干涉选取评标委员会成员的	记过或记大过；情节严重的，降级或撤职；情节特别严重的，开除；构成犯罪的，追究刑事责任

7. 其他主体的法律责任

《招标投标法》和《招标投标法实施条例》对与招标投标有关的其他主体的违法行为设定了相应的法律责任，具体见表 7-17。

其他主体的法律责任 表 7-17

违法主体	违法行为	法律责任
单位法人或其他组织	限制或排斥本地区、本系统以外的法人或其他组织参加投标的；为招标人指定招标代理机构的；强制招标人委托招标代理机构办理招标事宜的；以其他方式干涉招标投标活动的	责令改正；对直接负责的主管人员和其他直接责任人员给予警告、记过、记大过处分，情节较重的，给予降级、撤职、开除处分；个人利用职权进行前述行为的，依前述规定追究责任
法人或其他组织	出让或出租资格、资质证书供他人投标的	给予行政处罚；构成犯罪的，追究刑事责任
利害关系人	捏造事实、伪造材料或以非法手段取得证明材料进行投诉	给他人造成损失的，依法承担赔偿责任
招标职业资格持有人	违反国家有关规定办理招标业务	责令改正，警告；情节严重的，暂停一定期限内从事招标业务；情节特别严重的，取消招标职业资格

第八章　建设工程勘察设计法律制度

8.1　建设工程勘察设计法律制度概述

8.1.1　建设工程勘察设计的概念

建设工程项目可分为规划建议、立项决策、勘察设计、施工、竣工验收等阶段，其中，勘察设计是承前启后，决定项目建设成效的关键阶段。

建设工程勘察，是指根据法律法规和建设工程的要求，查明、分析、评价建设场地的地质地理环境特征和岩土工程条件，编制建设工程勘察文件的活动。建设工程勘察的类别主要有自然条件观测、地形图测绘、资源探测、岩土工程勘查、地震安全性评价、工程水文地质勘查、环境评价和环境基底观测、模型试验和科研等。工程勘察工作所取得的技术基础资料是工程建设项目规划、选址和设计的重要依据。

建设工程设计，是指根据法律法规和建设工程的要求，对建设工程所需的技术、经济、资源、环境等条件进行综合分析、论证，编制建设工程设计文件的活动。提高建设工程设计水平，有助于提高建设工程的质量、节约投资、缩短工期，同时又关系到公众安全和公共利益，在工程基本建设中起关键性作用。

8.1.2　建设工程勘察设计的一般要求

1. 依法设计的原则

为加强对建设工程勘察设计活动的管理，保证建设工程勘察设计质量，我国规定了较为详尽的建设工程勘察设计法律法规制度，建设工程勘察、设计单位必须依法进行建设工程勘察、设计，严格执行工程建设强制性标准，并对建设工程勘察、设计的质量负责。

2. 科学设计的原则

从事建设工程勘察设计活动，应遵循先勘察、后设计、再施工的原则。建设工程设计中所蕴含的科技含量，直接决定了建设工程建成后的市场竞争能力。国家鼓励在建设工程勘察、设计活动中采用先进技术、先进工艺、先进设备、新型材料和现代管理方法。

3. 市场准入原则

勘察设计工作具有极强的专业性与技术性，为保障建设工程勘察设计的质量，保护人民群众生命财产安全，促进国民经济稳健发展，我国对从事工程建设勘察设计活动的单位实行资质管理制度，并对从事工程建设勘察设计活动的专业技术人员实行职业资格注册管理制度。依照《建设工程勘察设计资质管理规定》，从事建设工程勘察、工程设计活动的企业，应当按照其拥有的注册资本、专业技术人员、技术装备和勘察设计业绩等条件申请资质，经审查合格，取得建设工程勘察、工程设计资质证书后，方可在资质许可的范围内从事建设工程勘察、工程设计活动。

8.1.3 建设工程勘察设计法律制度体系

建设工程勘察设计法规，是调整建设工程勘察设计活动中产生的各种社会关系的法律规范的总称。我国目前尚无一部完整的勘察设计法。2000 年 9 月 20 日，国务院第 31 次常务会议颁布了《建设工程勘察设计管理条例》（2015 年 6 月 12 日修订），对建设工程勘察设计的资质管理、发包与承包、勘察设计文件的编制与实施、监督与管理以及违反《建设工程勘察设计管理条例》的法律责任作出了详细阐释。

目前，我国勘察设计方面的立法层次还比较低，主要由住房和城乡建设部（原建设部）以及相关部委的规章和规范性文件组成。现行有效的建设工程勘察设计法规主要有：1978 年国家建设委员会颁发的《设计文件的编制与审批办法》；1980 年国家建设委员会颁发的《工程建设标准规范管理办法》；1981 年国家建设委员会颁发的《全国工程建设标准设计管理办法》；1983 年国家计委颁发的《基本建设设计工作管理暂行办法》；1983 年国家计委颁发的《基本建设勘察工作管理暂行办法》；1992 年建设部颁发的《工程建设国家标准管理办法》与《工程建设行业标准管理办法》；1999 年建设部颁布的《中华人民共和国注册建筑师注册建筑师条例》；2000 年国务院颁布的《建设工程勘察设计管理条例》；2000 年建设部颁布的《建设工程设计招标投标管理办法》；2000 年原建设部《建筑工程施工图设计文件审查暂行办法》；2000 年国务院颁布的《建设工程质量管理条例》；2000 年建设部颁布的《实施工程建设强制性标准监督规定》；2000 年建设部《建设工程勘察质量管理办法》、《中华人民共和国注册建筑师条例》；2002 年国家计委和建设部《工程勘察设计收费标准》；2002 年 9 月，建设部和外经贸部联合颁发了《外商投资建筑业企业管理规定》和《外商投资建设工程设计企业管理规定》，2003 年建设部等 7 部委联合发布的《建筑工程设计招标投标管理办法》；2003 年原建设部和国家知识产权总局联合颁布的《工程勘察设计咨询业知识产权保护与管理导则》；2003 年建设部颁布的《建筑工程设计文件编制深度规定》；2005 年建设部颁布的《勘察设计注册工程师管理规定》；2007 年建设部颁布的《建设工程勘察设计资质管理规定》；2007 年 1 月 5 日生效的原建设部与商务部联合印发的《外商投资建设工程设计企业管理规定实施细则》；2007 年建设部颁布的《建设工程勘察设计资质管理规定实施意见》、2007 年建设部颁布的《工程设计资质标准》；2008 年建设部《注册建筑师条例实施细则》；2008 年住房城乡建设部颁布的《建设工程设计文件编制深度规定》；2013 年 4 月住房和城乡建设部修订并发布的《房屋建筑和市政基础设施工程施工图设计文件审查管理办法》。

8.1.4 建设工程勘察、设计的发包与承包

1. 发包与承包的方式

依照《中华人民共和国招投标法》、《建设工程勘察设计管理条例》以及《工程建设工程招标投标管理办法》的规定，建设工程勘察、设计发包依法实行招标发包或者直接发包。《建设工程勘察设计管理条例》第 16 条规定，可以直接发包的建设工程的勘察设计有：①采用特定的专利或者专有技术的；②建筑艺术造型有特殊要求的；③国务院规定的其他建设工程的勘察、设计。除上述规定外，建设工程勘察设计任务的委托均应依据《招标投标法》进行招标发包。

2. 发包与承包的具体法律规定

1）建设工程勘察、设计方案评标，应当以投标人的业绩、信誉和勘察、设计人员的

能力以及勘察、设计方案的优劣为依据，进行综合评定。

2）建设工程勘察、设计的招标人应当在评标委员会推荐的候选方案中确定中标方案。但是，建设工程勘察、设计的招标人认为评标委员会推荐的候选方案不能最大限度满足招标文件规定的要求的，应当依法重新招标。

3）发包方可以将整个建设工程的勘察、设计发包给一个勘察、设计单位；也可以将建设工程的勘察、设计分别发包给几个勘察、设计单位。

4）除建设工程主体部分的勘察、设计外，经发包方书面同意，承包方可以将建设工程其他部分的勘察、设计再分包给其他具有相应资质等级的建设工程勘察、设计单位。

5）发包方不得将建设工程勘察、设计业务发包给不具有相应勘察、设计资质等级的建设工程勘察、设计单位。

6）建设工程勘察、设计单位不得将所承揽的建设工程勘察、设计转包。

7）承包方必须在建设工程勘察、设计资质证书规定的资质等级和业务范围内承揽建设工程的勘察、设计、业务。

8）建设工程勘察、设计的发包方与承包方，应当执行国家规定的建设工程勘察、设计程序。

9）建设工程勘察、设计的发包方与承包方应当签订建设工程勘察、设计合同。

10）建设工程勘察、设计发包方与承包方应当执行国家有关建设工程勘察费、设计费的管理规定。

8.2　建设工程勘察设计文件的编制与审批

8.2.1　建设工程勘察、设计文件编制的依据、原则与编制要求

1. 建设工程勘察设计文件的编制依据

依照《建设工程勘察设计管理条例》，编制建设工程勘察、设计文件，应当以下列规定为依据：①项目批准文件；②城市规划；③工程建设强制性标准；④国家规定的建设工程勘察、设计深度要求。

铁路、交通、水利等专业建设工程，还应当以专业规划的要求为依据。项目建议书是进行工程设计、编制设计文件的主要依据。

2. 建设工程勘察设计的原则

1）贯彻经济、社会发展规划，城乡规划和产业政策。

2）综合利用资源，满足环保要求。

3）遵守工程建设技术标准。

4）采用新技术、新工艺、新材料、新设备。

5）重视技术和经济效益的结合。

6）公共建筑和住宅要注意美观、适用和协调。

3. 建设工程勘察、设计文件的编制要求

1）编制建设工程勘察文件应当真实、准确，满足建设工程规划、选址、设计、岩土治理和施工的需要。

2）编制方案设计文件应当满足编制初步设计文件和控制概算的需要；编制初步设计

文件，应当满足编制施工招标文件、主要设备材料订货和编制施工图设计文件的需要；编制施工图设计文件，应当满足设备材料采购、非标准设备制作和施工的需要，并注明建设工程合理使用年限。

3）材料、设备的选用。设计文件中选用的材料、构配件、设备，应当注明其规格、型号、性能等技术指标，其质量要求必须符合国家规定的标准。除有特殊要求的建筑材料、专用设备和工艺生产线等外，设计单位不得指定生产厂、供应商。建设工程勘察、设计文件中规定采用的新技术、新材料，可能影响建设工程质量和安全，又没有国家技术标准的，应当由国家认可的检测机构进行试验、论证，出具检测报告，并经国务院有关部门或者省、自治区、直辖市人民政府有关部门组织的建设工程技术专家委员会审定后，方可使用。

8.2.2 建设工程的设计内容及深度要求

根据《基本建设设计工作管理暂行办法》的规定，工程设计的内容有：总体设计、初步设计、技术设计和施工图设计。一般建设项目分初步设计和施工图设计两个阶段进行。技术复杂的建设项目，分初步设计、技术设计和施工图设计三个阶段。存在总体部署的建设项目如大型的矿区、油田、垦区、林区、联合企业等，在一般设计之前可进行总体设计。

1. 总体设计

总体设计一般由文字说明和图纸两部分组成。总体设计的内容包括：建设规模、产品方案、原料来源、工艺流程等概况；主要设备配置、主要建筑物和构筑物、公用及辅助工程；“三废”治理和环境保护方案；占地面积估计、总图布置、运输方案；生产组织概况和劳动定员估计；生活区规划设想；施工基地的部署和地方材料的来源；建设总进度及进度配合要求；投资估算等。总体规划设计的深度须能满足初步设计的开展、主要大型设备和材料的预先安排以及土地征用准备工作的要求。

2. 初步设计

初步设计的内容，一般包括以下文字说明和必要的图纸：建设规模、设计依据、设计指导思想、产品方案、原料、燃料、动力的用量和来源、工艺流程、主要设备选址及配置、总图运输、主要建筑物、构筑物、公用、辅助设施；新技术采用情况；主要材料用量；外部协作条件；占地面积及土地利用情况；综合利用和“三废”治理方案措施；生活区建设；抗震和人防措施；生产组织和劳动定员；各项技术经济指标；建设顺序和期限；总概算等。初步设计的深度要求为：设计方案的比选和确定、主要设备材料的订货、土地征用、基建投资的控制、施工招标文件的编制、施工图设计文件的编制、施工组织设计的编制、施工准备和生产准备等。

3. 技术设计

技术设计的内容，有关部门可根据工程的特点和需要，自行制定。它是为了解决某些重大或特殊项目在初步设计阶段无法解决的某些技术问题而进行的。主要包括特殊工艺流程方面的试验、研究和确定；新型设备的试验、研制及确定；某些技术复杂慎重对待的问题的研究和方案的确定等。

4. 施工图设计

施工图设计的内容，主要是根据批准的初步设计和技术设计，绘制出正确，完整和尽可能详尽的施工图纸，施工图经过审查后方可使用。具体要求为：①进一步完善、落实初步设计要求；②由设计说明书、施工图纸、施工图预算组成；③图纸绘制正确、完整，避免错漏；④尽可能采用标准设计；⑤满足施工要求的建筑、结构、安装图纸与文件。其深度要求为：设备材料的安排和非标准设备的制作与施工、施工图预算的编制、施工要求等并应注明建设工程合理使用年限。

8.2.3 建设工程的抗震和防灾

建设工程的抗震和防灾是指通过编制抗震、防灾规划，对建设工程进行抗震设防和加固，最大限度地抵抗和防御地震灾害的活动；对工程在建设和使用中可能出现的其他灾害情况做一定的考虑，预防重大灾害发生或在灾害发生时能减少损失。地震烈度为六度以及六度以上的地区和今后可能发生破坏性地震地区的所有新建、扩建、改建建设工程，应当达到抗震设防要求。重大建设工程和可能发生严重次生灾害的建设工程，应当按照国务院有关规定进行地震安全性评价，并按照经审定的地震安全性评价报告所确定的抗震设防要求进行抗震设防。工程勘察设计单位应按规定的业务范围承担项目的抗震设计，严格遵守现行抗震设计规范和有关规定。工程项目的设计文件应有抗震设防的内容，包括设防的依据、设防标准、方案论证等。建设工程的地震安全性评价单位应当按照国家有关标准进行地震安全性评价，并对地震安全性评价报告的质量负责。

8.2.4 设计的周期

设计的周期是完成设计的全过程所需要的时间。根据建设项目的性质、规模、难易程度、技术要求、工作量的大小等因素确定设计周期的长短。一般而言，小型项目的初步设计需要一至三个月，中型项目需要三至六个月，大型项目需要半年以上的时间。

8.2.5 设计文件的审批与修改

1. 设计文件的审批

我国建设项目设计文件的审批，实行分级管理、分级审批的原则。

根据《设计文件的编制和审批办法》，设计文件具体审批权限如下：

1）大型建设项目的初步设计和总概算，按隶属关系，由国务院主管部门或省、市、自治区组织审查，提出审查意见，报国家建委批准；特大、特殊项目，由国家建委报请国务院批准。技术设计按隶属关系由国务院主管部门或省、市、自治区审批。

2）中型建设项目的初步设计和总概算，按隶属关系，由国务院主管部门或省、市、自治区审查批准。批准文件抄送国家建委备案。国家指定的中型项目的初步设计和总概算要报国家建委审批。

3）小型建设项目初步设计的审批权限，由主管部门或省、市、自治区自行规定。

4）总体规划设计（或总体设计）的审批权限，与初步设计的审批权限相同。

5）各部直接代管的下放项目的初步设计。

6）施工图设计除主管部门规定要审查外，一般不再审批。

2. 设计文件的修改

设计文件是工程建设的主要依据，经批准以后不得任意修改。设计文件的修改权限，根据修改的内容所涉及的范围而定。

建设单位、施工单位、监理单位不得修改建设工程勘察、设计文件；确需修改建设工程勘察、设计文件的，应当由原建设工程勘察、设计单位修改。经原建设工程勘察、设计单位书面同意，建设单位也可以委托其他具有相应资质的建设工程勘察、设计单位修改。修改单位对修改的勘察、设计文件承担相应责任。

凡涉及计划任务书的主要内容如建设规模、产品方案、建设地点、主要协作关系等方面的修改，须经原计划任务书审批机关批准。涉及初步设计的主要内容如总平面布置、主要工艺流程、主要设备、建筑面积、建筑标准、总定员、总概算等方面的修改须经原设计审批机关批准。修改设计工作由原设计单位负责进行。施工单位、监理单位发现建设工程勘察、设计文件不符合工程建设强制性标准、合同约定的质量要求的，应当报告建设单位，建设单位有权要求建设工程勘察、设计单位对建设工程勘察、设计文件进行补充、修改。

建设工程勘察、设计文件内容需要作重大修改的，建设单位应当报经原审批机关批准后，方可修改。施工图的修改，应经过原设计单位的同意。

8.3 施工图设计文件的审查

我国施工图审查制度的设立源于2000年颁布的《建设工程质量管理条例》，建设部2000年发布的《建筑工程施工图设计文件审查暂行办法》进一步细化和完善了此项制度。2013年8月1日起施行的《房屋建筑和市政基础设施工程施工图设计文件审查管理办法》对原规定进行了修订。

8.3.1 施工图设计文件审查的概念

施工图审查是指国务院建设行政主管部门和省、自治区、直辖市人民政府建设行政主管部门，依法认定的设计审查机构，根据国家的法律、法规、技术标准与规范，对施工图进行结构安全和强制性标准、规范执行情况等进行的独立审查。施工图审查是政府主管部门对建筑工程勘察设计质量监督管理的重要环节，是基本建设必不可少的程序，工程建设有关各方必须认真贯彻执行。

8.3.2 施工图设计文件审查的范围及内容

依照《建筑工程施工图设计文件审查暂行办法》，建筑工程设计等级分级标准中的各类新建、改建、扩建的建筑工程项目均属审查范围。省、自治区、直辖布人民政府建设行政主管部门，可结合本地的实际，确定具体的审查范围。

施工图审查的主要内容：①建筑物的稳定性、安全性审查，包括地基基础和主体结构体系是否安全、可靠；②是否符合消防、节能、环保、抗震、卫生、人防等有关强制性标准、规范；③施工图是否达到规定的深度要求；④是否损害公众利益。

依照《房屋建筑和市政基础设施工程施工图设计文件审查管理办法》规定，施工图设计文件的审查内容包括：①是否符合工程建设强制性标准；②地基基础和主体结构的安全性；③是否符合民用建筑节能强制性标准，对执行绿色建筑标准的项目，还应当审查是否符合绿色建筑标准；④勘察设计企业和注册执业人员以及相关人员是否按规定在施工图上加盖相应的图章和签字；⑤法律、法规、规章规定必须审查的其他内容。

8.3.3 施工图审查机构

1. 施工图审查机构的性质

施工图审查工作的专业性与技术性极强，必须由政府主管部门审定批准的审查机构来承担。施工图审查机构是不以盈利为目的的，具有独立法人资格的公益性中介组织。

2. 施工图审查机构的业务范围

施工图审查机构按承接业务范围分为两类：一类机构承接房屋建筑、市政基础设施工程施工图审查，业务范围不受限制；二类机构可以承接二级及以下房屋建筑、市政基础设施工程的施工图审查。

3. 施工图审查机构应具备的条件

设计审查机构的设立，应当坚持内行审查的原则。符合以下条件的机构方可申请承担设计审查工作：①具有符合设计审查条件的工程技术人员组成的独立法人实体；②有固定的工作场所，注册资金不少于20万元；有健全的技术管理和质量保证体系；③地级以上城市（含地级市）的审查机构，具有符合条件的结构审查人员不少于6人；④勘察、建筑和其他配套专业的审查人员不少于7人。县级城市的设计审查机构应具备的条件，由省级人民政府建设行政主管部门规定；⑤审查人员应当熟练掌握国家和地方现行的强制性的标准、规范。

4. 施工图审查机构的认定

符合法定条件的直辖市、计划单列市、省会城市的设计审查机构，由省、自治区、直辖市建设行政主管部门初审后，报国务院建设行政主管部门审批，并颁发施工图设计审查许可证；其他城市的设计审查机构由省级建设行政主管部门审批，并颁发施工图设计审查许可证。取得施工图设计审查许可证的机构，方可承担审查工作。

5. 施工图审查设计人员应具备的条件

1）具有10年以上结构设计工作经历，独立完成过五项二级以上（含二级）项目工程设计的一级注册结构工程师、高级工程师，年满35周岁，最高不超过65周岁；

2）有独立工作能力，并有一定语言文字表达能力；

3）有良好的职业道德。

8.3.4 施工图设计文件审查的程序

1. 施工图审查报送

设计单位完成施工图后，建设单位应当将施工图连同该项目批准立项的文件或初步设计批准文件及主要的初步设计文件一起报送建设行政主管部门，由建设行政主管部门委托有关审查机构，进行结构安全和强制性标准、规范执行情况等内容的审查。施工图审查是建设程序的审批环节。

施工图审查涉及消防、环保、抗震、卫生等多方面内容，为简化手续，提高办事效率，凡需进行消防、环保、抗震等专项审查的项目，应当逐步做到有关专业审查与结构安全性审查统一报送、统一受理；通过有关专项审查后，由建设行政主管部门统一颁发设计审查批准书。

2. 施工图审查的要求

审查机构应当在完成审查工作后，向建设行政主管部门提交项目施工图审查报告，施工图审查报告的主要内容应当符合相关要求，并由审查人员签字、审查机构盖章。

审查合格的项目，审查机构向建设行政主管部门提交项目施工图审查报告，由建设行政主管部门向建设单位通报审查结果，并颁发施工图审查批准书。对审查不合格的项目，提出书面意见后，由审查机构将施工图退回建设单位，并由原设计单位修改，重新送审。

审查机构审查材料的期限：审查机构应当在收到审查材料后20个工作日内完成审查工作，并提出审查报告；特级和一级项目应当在30个工作日内完成审查工作，并提出审查报告，其中重大及技术复杂项目的审查时间可适当延长。

施工图一经审查批准，不得擅自进行修改。如遇特殊情况需要进行涉及审查主要内容的修改时，必须重新报请原审批部门，由原审批部门委托审查机构审查后再批准实施。

凡应当审查而未经审查或者审查不合格的施工图项目，建设行政主管部门不得发放施工许可证，施工图也不得交付施工。

3. 争议的解决

建设单位或者设计单位对审查机构做出的审查报告如有重大分歧时，可由建设单位或者设计单位向所在省、自治区、直辖市人民政府建设行政主管部门提出复查申请，由省、自治区、直辖市人民政府建设行政主管部门组织专家论证并做出复查结果。

8.3.5 施工图审查中各方的责任

1. 设计单位及设计人员的责任

勘察设计企业应当依法进行建设工程勘察、设计，严格执行工程建设强制性标准，并对建设工程勘察、设计的质量负责。施工图审查机构依照法律规定和相关标准对施工图进行审查，并不能代替设计单位承担设计质量责任，工程建设质量出现问题，勘察设计单位及人员必须依据实际情况和相关规定，承担相应的民事责任、行政责任与刑事责任。

2. 审查机构及审查人员的责任

《建筑工程施工图设计文件审查暂行办法》第21条明确规定，施工图审查机构和审查人员应当依据法律、法规和国家与地方的技术标准认真履行审查职责。施工图审查机构应当对审查的图纸质量负相应的审查责任。依照《房屋建筑和市政基础设施工程施工图设计文件审查管理办法》规定，审查机构对施工图审查工作负责，承担审查责任。施工图经审查合格后，仍有违反法律、法规和工程建设强制性标准的问题，给建设单位造成损失的，审查机构依法承担相应的赔偿责任。

3. 政府主管部门的责任

依照《房屋建筑和市政基础设施工程施工图设计文件审查管理办法》规定，省、自治区、直辖市人民政府住房城乡建设主管部门未按照规定确定审查机构的，国务院住房城乡建设主管部门责令改正。国家机关工作人员在施工图审查监督管理工作中玩忽职守、滥用职权、徇私舞弊，构成犯罪的，依法追究刑事责任；尚不构成犯罪的，依法给予行政处分。

8.4 建设工程勘察设计知识产权保护制度

工程勘察设计是富有创造性的智力劳动。加强对工程勘察设计知识产权的保护，有利于鼓励工程技术人员创新与发展，促进工程勘察设计业的技术进步，维护建设单位和公众的合法利益。我国已经加入世界贸易组织（WTO），面对日益激烈的市场竞争，我国勘察设计咨询业也迫切需要增强自身知识产权保护意识，同时承认并尊重他人的知识产权及合法权益。为此，原建设部和国家知识产权局联合制定并颁布了《工程勘察设计咨询业知识产权保护与管理导则》，对工程勘察设计咨询业知识产权所涉及的范围和归属都做了详尽而明确的界定。

8.4.1 勘察设计知识产权的范围

根据《工程勘察设计咨询业知识产权保护与管理导则》，知识产权包括著作权及与著作权有关的权利（邻接权）；专利权；专有技术（技术秘密）权；商业秘密权；商标专用权及相关识别性标志权利；依照国家法律、法规规定，或者由合同约定由企业享有的其他知识产权。

1. 勘察设计咨询业著作权及其邻接权

勘察设计咨询业的著作权主要包括勘察、设计、咨询活动和科研活动中形成的，以各种载体所表现的文字作品、图形作品、模型作品、建筑作品等勘察设计咨询作品的著作权。

勘察设计咨询作品包括以下内容：

1）工程勘察投标方案，专业工程设计投标方案，建筑工程设计投标方案（包括创意或概念性投标方案），工程咨询投标方案等；

2）工程勘察和工程设计阶段的原始资料、计算书、工程设计图及说明书、技术文件和工程总结报告等；

3）工程咨询的项目建议书、可行性研究报告、专业性评价报告、工程评估书、监理大纲等；

4）科研活动的原始数据、设计图及说明书、技术总结和科研报告等；

5）企业自行编制的计算机软件、企业标准、导则、手册、标准设计等。

2. 工程勘察设计咨询业的专利权

工程勘察设计咨询业的专利权是指获得授权并有效的发明专利权、实用新型专利权和外观设计专利权，包括各种具有新颖性、创造性和实用性的新工艺、新设备、新材料、新结构等新技术和新设计，以及对原有技术的新改进、新组合等的专利权。

3. 工程勘察设计咨询业的专有技术权

勘察设计咨询业的专有技术权系指对没有申请专利，具有实用性，能为企业带来利益，并采取了保密措施，不为公众所知悉的技术享有的权利，包括各种新工艺、新设备、新材料、新结构、新技术、产品配方、各种技术诀窍及方法等。

4. 工程勘察设计咨询业的商业秘密

勘察设计咨询业除技术秘密以外的其他商业秘密，是指具有实用性，能为企业带来利益，并采取了保密措施，不为公众所知悉的经营信息，包括生产经营、企业管理、科技档案、客户名单、财务账册、统计报表等。

5. 勘察设计咨询业的商标权及相关识别性标志权

勘察设计咨询业的商标权及相关识别性标志权系指企业名称、商品商标、服务标志，以及依照法定程序取得的各种资质证明等依法享有的权利。

8.4.2 勘察设计的知识产权归属

勘察设计咨询业知识产权的归属可分为以下八种情形：

1. 勘察设计咨询业著作权及邻接权的归属

勘察设计咨询业著作权及邻接权的归属，一般按以下原则认定：

1）执行勘察设计咨询企业的任务或主要利用企业的物质技术条件完成的，并由企业承担责任的工程勘察、设计、咨询的投标方案和各类文件等职务作品，其著作权及邻接权归企业所有。直接参加投标方案和文件编制的自然人（包括企业职工和临时聘用人员，下同）享有署名权。建设单位（业主）按照国家规定支付勘察、设计、咨询费后所获取的工程勘察、设计、咨询的投标方案或各类文件，仅获得在特定建设项目上的一次性使用权，其著作权仍属于勘察设计咨询企业所有。

2）勘察设计咨询企业自行组织编制的计算机软件、企业标准、导则、手册、标准设计等是职务作品，其著作权及邻接权归企业所有。直接参加编制的自然人享有署名权。

3）执行勘察设计咨询企业的任务或主要利用企业的物质技术条件完成的，并由企业承担责任的科技论文、技术报告等职务作品，其著作权及邻接权归企业所有。直接参加编制的自然人享有署名权。

4）勘察设计咨询企业职工的非职务作品的著作权及邻接权归个人所有。

2. 勘察设计咨询业专利权和专有技术权的归属

勘察设计咨询业专利权和专有技术权的归属，一般按以下原则认定：

1）执行勘察设计咨询企业的任务，或主要利用本企业的物质技术条件所完成的发明创造或技术成果，属于职务发明创造或职务技术成果，其专利申请权和专利的所有权、专有技术的所有权，以及专利和专有技术的使用权、转让权归企业所有。直接参加专利或专有技术开发、研制等工作的自然人依法享有署名权。

2）勘察设计咨询企业职工的非职务专利或专有技术权归个人所有。

3）勘察设计咨询企业在科研、生产、经营、管理等工作中所形成的，能为企业带来经济利益的，采取了保密措施不为公众所知悉的技术、经营、管理信息等商业秘密属于企业所有。

4）勘察设计咨询企业的名称、商品商标、服务标志，以及依法定程序取得的各种资质证明等的权利为企业所有。

5）勘察设计咨询企业与其他企事业单位合作所形成的著作权及邻接权、专利权、专有技术权等知识产权，为合作各方所共有，合同另有规定的按照约定确定其权属。

6）勘察设计咨询企业接受国家、企业、事业单位的委托，或者委托其他企事业单位所形成的著作权及邻接权、专利权、专有技术权等知识产权，按照合同确定其权属。没有合同约定的，其权属归完成方所有。

3. 勘察设计咨询企业的人员，在离开企业期间形成的知识产权的归属

1）企业派遣出国开展合作设计、访问、进修、留学等，或者派遣到其他企事业单位短期工作的人员，在企业尚未完成的勘察、设计、咨询、科研等项目，在国外或其他单位完成而可能获得知识产权的，企业应当与派遣人员和接受派遣人员的单位共同签订协议，明确其知识产权的归属。

2）企业的离休、退休、停薪留职、调离、辞退等人员，在离开企业一年内形成的，且与其在原企业承担的工作或任务有关的各类知识产权归原企业所有。

4. 勘察设计咨询企业接收的培训、进修、借用或临时聘用等人员，在接收企业工作或学习期间形成的职务成果的知识产权归属

勘察设计咨询企业接收的培训、进修、借用或临时聘用等人员，在接收企业工作或学习期间形成的职务成果的知识产权归属，要按照接收企业与派出方的协议确定归属，没有协议的其权利属于接收企业。

8.4.3　勘察设计知识产权的侵权与处理

1. 侵犯他人的著作权与邻接权

著作权及邻接权的权利人依法享有著作人身权和财产权，即发表权、署名权、修改权、保护作品完整权、复制权、发行权、改编权、信息网络传播权等。他人未经著作权人同意，不得发表、修改和使用其作品。发生以下行为或情况的为侵犯或者侵占他人的著作权：

1）勘察设计咨询企业或工程技术人员不遵守行业道德和从业公约，抄袭、剽窃他人的勘察、设计、咨询文件（设计图）及其作品的；

2）勘察设计咨询企业的职工，未经许可擅自将本企业的勘察设计文件（设计图）、工程技术资料、科研资料等复制、摘录、转让给其他单位或个人的；

3）勘察设计咨询企业的职工，将职务作品或计算机软件作为非职务成果进行登记注册或转让的；

4）勘察设计咨询企业的职工未经审查许可，擅自发表、出版本企业业务范围内的科技论文、作品，或许可他人发表的；

5）任何单位或个人，未经著作权人同意或超出勘察设计咨询合同的规定，擅自复制、超范围使用、重复使用、转让他人的工程勘察、设计、咨询文件（设计图）及其他作品等。

2. 侵犯他人的专利权与专有技术权

专利权人对其发明创造享有独占权。任何单位或个人未经专利权人许可不得进行为生产经营目的制造、使用、许诺销售、销售和进口其专利产品，或者未经专利权人许可为生产经营目的使用其专利方法，以及使用、许诺销售、销售和进口依照其专利方法直接获得的产品。专有技术是受国家法律保护的具备法定条件的技术秘密，任何单位或个人不得以不正当手段获取、使用他人的技术秘密，不得以任何形式披露、转让他人的技术秘密。侵犯或者侵占他人的专利权或专有技术权的表现形式：

1）勘察设计咨询企业的职工违反规定，在工程项目或科研工作完成后，不按时将有关勘察设计文件、设计图、技术资料等归档，私自保留、据为已有的；

2）勘察设计咨询企业的职工违反规定，将应属于单位的职务发明创造和科技成果申请为非职务专利，或者将其据为己有的；

3）勘察设计咨询企业的职工，擅自转让本企业或他人的专利或专有技术的；

4）勘察设计咨询企业或工程技术人员，未经权利人允许，擅自在工程勘察设计中使用他人具有专利权或专有技术权的新工艺、新设备、新技术的；

5）任何单位或个人，采用盗窃、利诱、胁迫或者其他不正当手段获取、使用或者披露他人含有专有技术标识的文件、设计图及说明的；

6）任何单位或个人，违反双方保密约定，将含有专有技术标识的文件、设计图及说明转让给第三方，以及第三方明知是他人的保密文件、设计图及说明仍擅自使用等。

3. 侵犯他人的商标权及相关识别性标志权

商标权的所有人对其注册商标依法享有专用权。他人未经商标权人的同意，不得在经营活动中擅自使用。侵犯他人的商标及相关识别性标志权的表现形式：

1）勘察设计咨询企业擅自在其勘察设计咨询文件上使用其他勘察设计咨询企业的名称、注册商标、资质证明、图签、出图专用章等企业标识的；

2）任何单位或个人，未经勘察设计咨询企业授权，以勘察设计咨询企业的名义进行生产经营活动或其他活动的。

4. 侵犯他人的商业秘密权

国家依法保护公民和法人的商业秘密。侵犯他人的商业秘密的表现形式：

1）勘察设计咨询企业的职工，私自将与本企业签有正式业务合同的客户介绍给其他企业，给企业造成损失的；

2）勘察设计咨询企业的职工，违反企业保守商业秘密的要求，泄露或私自许可他人使用其所掌握商业秘密的；

3）第三人明知或应知有前述1）和2）的违法行为，仍获取、使用或者披露他人的商业秘密等。

此外，勘察设计咨询企业的离休、退休、离职、停薪留职人员将离开企业一年内形成的，且与其在原企业承担的工作或任务有关的知识产权视为己有或转让给他人的，均为侵犯了企业的知识产权。勘察设计咨询企业的离休、退休、离职、停薪留职人员泄露在职期间知悉的企业商业秘密的，均为侵犯了企业的商业秘密权。

发生侵犯或侵占知识产权行为的，权利人在获得确切的证据后，可以直接向侵权者发出信函，要求其停止侵权，并说明侵权的后果。双方当事人可就赔偿等问题进行协商，达成协议的按照协议解决；达不成协议的，可以采取调解、仲裁或诉讼等方式解决。

8.5 外商投资勘察设计企业

我国于2001年12月加入了WTO，2002年9月，建设部与外经贸部联合颁发了《外商投资建筑业企业管理规定》和《外商投资建设工程设计企业管理规定》。

8.5.1 外商投资建设工程设计企业的概念

外商投资建设工程设计企业是指根据中国法律、法规的规定，在中华人民共和国境内投资设立的外资建设工程设计企业、中外合资经营建设工程设计企业以及中外合作经营建设工程设计企业。外国投资者在中华人民共和国境内设立外商投资建设工程设计企业，并从事建设工程设计活动，应当依法取得对外贸易经济行政主管部门颁发的外商投资企业批准证书，在国家工商行政管理总局或者其授权的地方工商行政管理局注册登记，并取得建设行政主管部门颁发的建设工程设计企业资质证书。外商投资建设工程设计企业在中华人民共和国境内从事建设工程设计活动，应当遵守中国的法律、法规、规章。外商投资建设工程设计企业在中华人民共和国境内的合法经营活动及合法权益受中国法律、法规、规章的保护。

8.5.2 外商投资建设工程设计企业设立与资质的申请和审批

外商投资建设工程设计企业设立与资质的申请和审批，实行分级、分类管理。申请设立建筑工程设计甲级资质及其他建设工程设计甲、乙级资质外商投资建设工程设计企业的，其设立由国务院对外贸易经济行政主管部门审批，其资质由国务院建设行政主管部门审批；申请设立建筑工程设乙级资质、其他建设工程设计丙级及以下等级资质外商投资建设工程设计企业的，其设立由省、自治区、直辖市人民政府对外贸易经济行政主管部门审批，其资质由省、自治区、直辖市人民政府建设行政主管部门审批。

设立外商投资建设工程设计企业，申请建筑工程设计甲级资质及其他建设工程设计甲、乙级资质的程序：①申请者向拟设立企业所在地的省、自治区、直辖市人民政府对外贸易经济行政主管部门提出设立申请；②省、自治区、直辖市人民政府对外贸易经济行政主管部门在受理申请之日起30日内完成初审；初审同意后，报国务院对外贸易经济行政主管部门；③国务院对外贸易经济行政主管部门在收到初审材料之日起10日内将申请材料送国务院建设行政主管部门征求意见。国务院建设行政主管部门在收到征求意见函之日起30日内提出意见。国务院对外贸易经济行政主管部门在收到国务院建设行政主管部门书面意见之日起30日内做出批准或者不批准的书面决定。予以批准的，发给外商投资企业批准证书；不予批准的，书面说明理由；④取得外商投资企业批准证书的，应当在30日内到登记主管机关办理企业登记注册；⑤取得企业法人营业执照后，申请建设工程设计企业资质的，按照建设工程设计企业资质管理规定办理。

设立外商投资建设工程设计企业，申请建筑工程乙级资质和其他建设工程设计丙级及以下等级资质的程序，由各省、自治区、直辖市人民政府建设行政主管部门和对外贸易经济行政主管部门，结合本地区实际情况，参照本规定第七条以及建设工程设计企业资质管理规定执行。省、自治区、直辖市人民政府建设行政主管部门审批的外商投资建设工程设计企业资质，应当在批准之日起30日内报国务院建设行政主管部门备案。

8.5.3 外商投资建设工程设计企业的特殊法律规定

中外合资经营建设工程设计企业、中外合作经营建设工程设计企业中方合营者的出资总额不得低于注册资本的25%。

外商投资建设工程设计企业申请建设工程设计企业资质，应当符合建设工程设计企业资质分级标准要求的条件。外资建设工程设计企业申请建设工程设计企业资质，其取得中国注册建筑师、注册工程师资格的外国服务提供者人数应当各不少于资质分级标准规定的注册执业人员总数的1/4；具有相关专业设计经历的外国服务提供者人数应当不少于资质分级标准规定的技术骨干总人数的1/4。中外合资经营、中外合作经营建设工程设计企业申请建设工程设计企业资质，其取得中国注册建筑师、注册工程师资格的外国服务提供者人数应当各不少于资质分级标准规定的注册执业人员总数的1/8；具有相关专业设计经历的外国服务提供者人数应当不少于资质分级标准规定的技术骨干总人数的1/8。

外商投资建设工程设计企业中，外国服务提供者在中国注册的建筑师、工程师及技术骨干，每人每年在中华人民共和国境内累计居住时间应当不少于6个月。

第九章　建设工程合同法律制度

9.1　建设工程合同的概念和种类

9.1.1　建设工程合同的概念和法律特征

1. 建设工程合同的概念

《合同法》第 269 条第 1 款规定："建设工程合同是承包人进行工程建设，发包方支付价款的合同。"建设工程合同包括工程勘察、设计、施工合同。建设工程合同的当事人，即从事建设工程合同的主体是发包人和承包人。在建设工程合同中，发包人委托承包人进行建设工程的勘察、设计、施工，承包人接受委托并完成建设工程的勘察、设计、施工任务，发包人向承包人支付工程价款。由此看出，建设工程合同属于承揽合同的一种，德国、日本、法国及我国台湾地区民法均把建设工程合同的规定纳入承揽合同中。我国《合同法》将承揽合同与建设工程合同作为合同法分论中的两种不同的有名合同，分别为十五章和十六章予以单独规定，但是基于建设工程合同的本质属性是对不动产的加工承揽，所以在建设工程合同一章的最后一条规定，"本章没有规定的，适用承揽合同的有关规定"。虽然建设工程监理合同与勘察、设计、施工等建设工程合同密切关联，《合同法》也未将其列入建设工程合同，因此建设工程监理合同严格说来不属于建设工程合同。

2. 建设工程合同的特征

建设工程合同具有承揽合同的一般法律特征如诺成合同、双务合同、有偿合同之外，还具有以下特征：

(1) 承包人的主体资格受到严格限定

作为建设工程合同当事人一方的承包人，一般情况下只能是具有从事勘察、设计、施工资格的法人，而且必须具有由建设行政主管部门核准的资质等级。这是由建设工程合同的复杂性所决定的。由于建设工程合同的标的是完成建设工程的行为，具有投资大、周期长、质量要求高、技术力量全面、影响国计民生等特点，作为自然人是不能够独立完成的，所以，自然人不具有作为承包人的资格，不能签订建设工程合同。

(2) 建设工程合同的标的是特定的，仅限于完成建设工程工作的行为

建设工程合同是从承揽合同中分离出来的，也属于一种完成一定工作任务的合同，与承揽合同不同的是，建设工程合同的标的具有特殊性，仅限于完成建设工程工作的行为。这就使得建设工程合同具有了内容复杂、履行期限长、投资规模大、风险较大等特点。

(3) 建设工程合同具有严格的计划性和程序性

对于承揽合同，国家一般不予以特殊的监督和管理，而对于建设工程合同，由于其建设周期长，质量要求高、涉及的方面广，因此该合同的订立和履行，必须符合国家基本建设计划的要求，并接受有关政府部门的管理和监督。

(4) 建设工程合同的签订及履行，受到国家的监督管理

合同的签订和履行，须接受国家的监督。建设工程合同从订立到履行，从资金的投放到最终的竣工验收，都受到国家严格的管理和监督。根据《建筑法》的规定，建设单位必须在建设工程立项批准后，工程发包前，向建设行政主管部门或其授权的部门办理工程报建登记手续。未办理报建登记手续的工程，不得发包，不得签订工程合同。建筑工程开工前，除个别工程外，建设单位应当按照国家有关规定向工程所在地县级以上人民政府建设行政主管部门申请领取施工许可证。未领取施工许可证的，不得开工。国家直接投资的工程其工程造价必须根据国家规定的建设资金，通过银行的基本建设贷款进行支付，专款专用，国家有关部门对基本建设投资实行监督。根据《合同法》第279规定，建设工程竣工后，发包人应当根据施工图纸及说明书、国家颁发的施工验收规范和质量检验标准及时进行验收。验收合格的，发包人应当按照约定支付价款，并接收该建设工程。建设工程竣工经验收合格后，方可交付使用；未经验收或者验收不合格的，不得交付使用。工程竣工后，必须组织验收，由国家质量监督部门核定工程质量等级。

（5）建设工程合同为要式合同

《合同法》第270条规定：建设工程合同应当采用书面形式。某些建设工程合同还必须采取批准形式，如《合同法》第273条规定，国家重大建设工程合同，应当按照国家规定的程序和国家批准的投资计划、可行性研究报告等文件订立。

出于保护社会公共利益的目的，同时为了便于建设工程合同当事人，建设部、国家工商局相继发布了建筑行业的合同示范文本，由国家行业主管部门制订并向全国推荐使用。如：建设工程施工合同示范文本（GF-2017-0201），建设工程委托监理合同示范文本（GF-2000-0202）等等。实践中，当事人可以根据自己的需要参照有关的合同示范文本订立建设工程合同。

9.1.2　建设工程合同的分类

1. 按照工程建设阶段分类

按照工程建设阶段分类，建设工程合同可分为建设工程勘察、建设工程设计合同和建设工程施工合同

（1）建设工程勘察合同

勘察合同，指的是发包人与勘察人就完成建设工程地理、地质等状况的调查研究工作而达成的协议。勘察合同是反映并调整发包人与受托地质工程单位之间权利义务关系的依据。经发包人同意，承包人也可以与勘查人签订勘查合同。

（2）建设工程设计合同

根据我国现行规定，一般建设项目按初步设计和施工图设计两个阶段进行，所以设计合同实际上包括两个合同，一是初步设计合同，即在建设工程立项阶段承包人为项目决策提供可行性资料的设计而与发包人签订的合同。二是施工设计合同，是指国家计划部门批准立项之后，承包人与发包人就具体施工设计达成的协议。

（3）建设工程施工合同

建筑工程施工合同，又称为建筑工程承包合同，指的是建设单位为发包方，施工企业为承包方，依据基本建设程序，为完成特定建筑安装工程，协商订立的明确双方权利义务关系的协议。经发包人同意，承包方也可以与施工企业签订施工分包合同。建设工程施工合同都是在平等自愿的基础上由双方当事人协商签订的，合同成立一般不需要批准。施工

合同主要包括建筑和安装两方面内容，这里的建筑是指对工程进行营造的行为，安装是指与工程有关的线路、管道、设备等设施的装配。施工企业要负责整个建筑物的完工，承担着工程项目施工责任（如文物保护、环境保护、地下管线设施保护等）和施工安全责任，因此，在建设工程合同中，施工合同的签订和履行是核心。

2. 按合同联系结构分类

根据合同联系结构不同，建设工程合同可以分为总包合同和分包合同。

(1) 总承包合同与分别承包合同

总承包合同，是指发包人将整个建设工程承包给一个总承包人而订立的建设工程合同。总承包人就整个工程对发包人负责。分别承包合同，是指发包人将建设工程的勘察、设计、施工工作分别承包给勘察人、设计人、施工人而订立的勘察合同、设计合同、施工合同。勘察人、设计人、施工作为承包人，就其各自承包的工程勘察、设计、施工部分，分别对发包人负责。

(2) 总包合同与分包合同

总包合同，是指发包人与总承包人或者勘察人、设计人、施工人就整个建设工程或者建设工程的勘察、设计、施工工作所订立的承包合同。总包合同包括总承包合同与分别承包合同，总承包人和承包人都直接对发包人负责。分包合同，是指总承包人或者勘察人、设计人、施工人经发包人同意，将其承包的部分工作承包给第三人所订立的合同。分包合同与总包合同是不可分离的。分包合同的发包人就是总包合同的总承包人或者承包人（勘察人、设计人、施工人）。分包合同的承包人即分包人，就其承包的部分工作与总承包人或者勘察、设计、施工承包人向总包合同的发包人承担连带责任。上述几种承包方式，均为我国法律所承认和保护。但对于建设工程的肢解承包、转包以及再分包这几种承包方式，均为我国法律所禁止。

3. 按建设工程承包合同的主体进行分类

按建设工程承包合同的主体进行分类，建设工程合同可以分为国内工程合同和国际工程合同。

(1) 国内工程合同

国内工程承包合同，是指建设工程合同的承发包双方都属于我国的建设工程合同，该合同适用我国的法律法规。

(2) 国际工程合同

国际工程合同，是指一国的建筑工程发包人与他国的建筑工程承包人之间，为承包建筑工程项目，就双方权利义务达成一致的协议。国际工程承包合同的主体一方或双方是外国人，其标的是特定的工程项目，如道路建设，油田、矿井的开发，水利设施建设等。合同内容是双方当事人依据有关国家的法律和国际惯例并依据特定的为世界各国所承认的国际工程招标投标程序，确立的为完成本项特定工程的双方当事人之间的权利义务。

9.2 建设工程合同的订立

9.2.1 建设工程合同订立的形式

合同的形式，又称合同的方式，是当事人合意的表现形式。具体来说，是指订立合同的当事人各方协商一致而成立合同的外在表现方式。我国现行法对合同形式的态度，主要体现在《民法总则》第135条的规定中，《合同法》继承并完善了它，在第10条规定："当事人订立合同，有书面形式、口头形式和其他形式。法律、行政法规规定采用书面形式的，应当采用书面形式。当事人约定采用书面形式的，应当采用书面形式。"

1. 口头形式

口头形式，是指当事人只用口头语言为意思表示订立合同，而不用文字表达协议内容的形式。凡当事人无约定，法律未规定须采用特定形式的合同，均可采用口头形式。以口头形式订立合同，可以简化手续、方便交易提高效益，但其缺点是发生合同纠纷时难以取证，不易分清责任。所以，对于不能即时清结的合同和标的数额较大的合同，不宜采用这种形式。

2. 书面形式

书面形式，是指以文字表现当事人所订立的合同的形式。合同书以及任何记载当事人要约、承诺和权利义务内容的文件，都是合同的书面形式的具体表现。《合同法》第11条规定："书面形式是指合同书、信件和数据电文（包括电报、电传、传真、电子数据交换和电子邮件）等可以有形地表现所载内容的形式。"

在我国，除了上述普通书面形式之外，还有特殊书面形式的规定。特殊书面形式是指除文字表述协议内容之外，合同还须经过公证、鉴证、审批、登记等手续。合同的公证是指国家公证机关对合同的真实性和合法性所作的公证证明。合同的鉴证是指合同管理机关对合同真实性和合法性依法做出的证明。合同的审批是指根据法律或主管机关的规定，由主管机关或部门对合同加以审核批准。合同的登记是指由主管机关进行登记。

书面形式的最大优点是合同有据可查，发生纠纷时容易举证，便于分清责任。因此，对于关系复杂的合同、重要的合同，最好采取书面形式。因建设工程合同比较复杂，工期相对较长，因此《合同法》第270条明确规定，建设工程合同应当采用书面形式。

3. 推定形式

推定形式，是指当事人未用语言、文字表达其意思表示，仅用行为向对方发出要约，对方接受该要约，做出一定或指定的行为作为承诺的，合同成立。例如商店安装自动售货机，顾客将规定的货币投入机器内，买卖合同即成立。

9.2.2 建设工程合同的订立程序

《合同法》第13条规定："当事人订立合同，采取要约、承诺方式。"要约和承诺是合同订立的必经阶段。建设工程合同作为合同的一种，其成立必然遵循合同成立的一般规则。但就建设工程合同本身而言，它的成立，存在两种具体的方式：一种为直接发包，即发包人经过批准或按有关规定就建设工程合同内容直接与承包人协商，在双方达成一致意思后签订建设工程承包合同。在这种建设工程合同的成立方式中，它的成立中的要约和承诺的表现形式与其他合同没有什么区别，完全符合合同订立的一般程序。另一种方式为招标发包，即通过招标投标发包建设工程项目，确定发包人与承包人的合同关系。与直接发包方式相比，招标投标缔约方式发包费时长、费用大、程序比较复杂，合同的成立受到诸多的限制。但是，由于招标投标这种程序固有的优势以及建设工程合同自身的特殊性，招标投标发包已经成为建设工程合同成立的主要途径。在建设工程合同的这种订立过程中，其缔约形式与一般合同表现很多不同。

1. 一般的要约和承诺方式

(1) 要约

要约指的是希望和他人订立合同的意思表示。根据《合同法》第 14 条规定，要约的构成要件是：①要约是由具有缔约能力的特定人做出的意思表示。②要约需具有订立合同的意图。要约是具有法律约束力的，要约人在要约有效期间要受自己要约的约束，并负有与做出承诺的受要约人签订合同的义务。要约一经要约人发出，并经受要约人承诺，合同即告成立。③要约须向要约人希望与其缔结合同的受要约人发出。④要约的内容须具体确定。由于要约一经受要约人承诺，合同即为成立，所以要约必须是能够决定合同主要内容的意思表示。要约的内容首先应当确定，不能含糊不清；其次还应当完整和具体，应包含合同得以成立的必要条款。

要约不同于要约邀请。根据《合同法》第 15 条规定，要约邀请是希望他人向自己发出要约的意思表示，也称要约引诱。寄送的价目表、拍卖广告、招标公告、招股说明书、商业广告等为要约邀请。当然，如果商业广告的内容符合要约规定的，则视为要约。

关于要约的生效，我国采取到达主义的立法体例，即要约到达受要约人时生效。要约自生效时起对要约人产生约束力，受要约人承诺时，要约人负有与其签订合同的义务，而不得随意撤销要约。

(2) 承诺

根据《合同法》第 21 条规定，承诺是指受要约人同意要约的意思表示。承诺的构成要件包括：①承诺须由受要约人做出。②承诺的内容应当与要约的内容一致。根据《合同法》第 30 条和第 31 条的规定，受要约人对要约的内容做出实质性变更的，为新要约。有关合同标的、数量、质量、价款或者报酬、履行期限、履行地点和方式、违约责任和解决争议方法等的变更，是对要约内容的实质性变更。承诺对要约的内容做出非实质性变更的，除要约人及时表示反对或者表明承诺不得对要约的内容做出任何变更的以外，该承诺有效，合同的内容以承诺的内容为准。

关于承诺生效的时间，《合同法》第 22 条规定："承诺应当以通知的方式做出，但根据交易习惯或要约表明可通过行为做出承诺的除外。"《合同法》第 26 条规定，承诺通知到达要约人时生效。承诺不需要通知的，根据交易习惯或者要约的要求做出承诺的行为时生效。采用数据电文形式订立合同的，承诺到达时间的确定方式与确定要约到达时间的方式相同。

2. 招标投标缔约方式

招标投标缔约方式是由招标人向数个相对人或不特定人发出邀请，并在诸投标人中选择最优者与其订立合同的缔约方式。如在某建设工程施工合同的签订过程中，建设方发出招标公告，希望有承揽意图的施工企业投标，施工企业制作标书投标。招标公告属于要约邀请，投标属于要约。

建设工程与国家利益及社会公共利益的关系密切，基于建设工程本身的这一特殊性，我国《招标投标法》出于维护国家利益和社会公共利益的需要，在第 3 条中的规定，关系社会公共利益、公众安全的基础设施项目等建设工程应当依法进行招标。招标投标方式充分体现了市场竞争机制，招标人可以利用投标人之间的竞争，达到优中选优的最佳目标。因此，尽管我国招标投标法并未要求所有的工程项目实行招投标制，但实践中招标人出于自身的利益考虑，也会自愿选择通过招标投标的方式选择承包人。于是招标投标缔约方式便成为建设工程合同成立的重要方式。

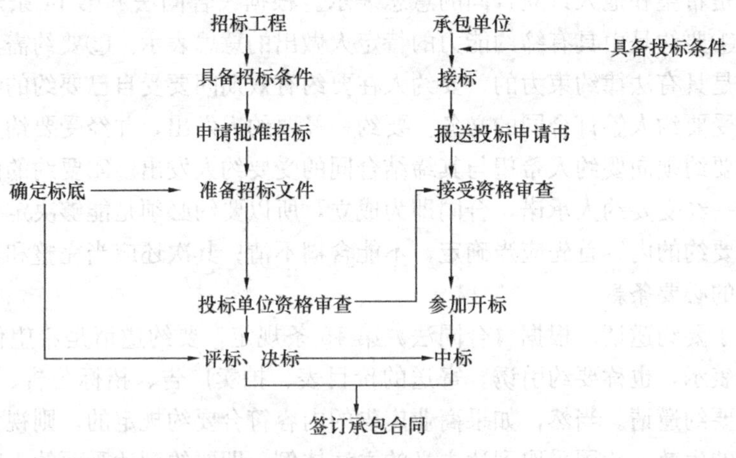

图 9-1　招标投标一般程序

3. 国家重大建设工程合同的订立程序

订立任何建设工程合同都要有一定依据。一般工程项目的确定，首先要立项，即由有关业务主管部门和建设单位提出项目建议书，经批准后进行可行性研究，编制可行性研究报告。选定工程地址。只有在可行性研究报告批准后，才能根据可行性研究报告签订勘察、设计合同。只有在勘察设计合同履行后，才看根据批准的初步设计、技术设计、施工图纸和总概算等签订施工合同。建设工程合同因涉及基本建设规划，其标的物为不动产的工程，承包人所完成的工作成果不仅具有不可移动性，而且须长期在方和发挥效用，事关国计民生。因此，国家要实行严格的监督和管理。合同法第 273 条规定，国家重大建设工程合同，应当根据国家规定的程序和国家批准的投资计划、可行性研究报告等文件订立。

国家重大建设工程在事先应当进行可行性研究，对工程的投资规模、建设效益进行论证分析，并编制可行性研究报告，然后到申请立项，立项批准后，再根据立项进行投资计划并报有关国家计划部门进行批准，投资计划批准后，有关建设单位根据工程的可行性研究报告和国家批准的投资计划，遵照国家规定的程序进行发包，与承包人订立建设工程合同。国家重大建设工程合同必须实行公开招标发包，发包人应当按照法定的程序和方式，发布招标公告，提供载有招标工程的主要技术要求、主要合同条款。评标的标准和方法以及开标、评标、定标的程序等内容的招标文件。开标应当在招标文件规定的时间、地点公开进行。开标后应当按照招标文件规定的评标标准和程序对标书进行评价、比较，确定中标候选名单，中标候选单位必须具备能够建设该重大工程项目的相应资质。发包人在具有相同资质条件的投标者中，择优选择中标者。发包人应当同中标者订立建设工程承包合同。国家重大工程建设项目一般都属于国家强制监理的建设工程，因此发包人应当委托具有相应资质条件的工程监理单位对工程建设进行监理。发包人应当与其委托的工程监理单位订立书面的委托监理合同。

9.2.3 建设工程合同的主要内容

1. 合同的主要条款

《合同法》第12条规定，合同的内容由当事人约定，一般包括以下条款：当事人的名称或者姓名和住所；标的；数量；质量；价款或者报酬；履行期限、地点和方式；违约责任；解决争议的方法。当事人可以参照各类合同的示范文本订立合同。

合同的条款是合同中经双方当事人协商一致、规定双方当事人权利义务的具体条文。合同的条款就是合同的内容。合同的权利义务，除法律规定的以外，主要由合同的条款确定。合同的主要条款或者合同的内容要由当事人约定，一般包括这些条款，但不限于这些条款。不同的合同，由其类型与性质决定，其主要条款或者必备条款可能是不同的。

2. 建设工程勘察设计合同的主要条款

《合同法》第274条规定，勘察、设计合同的内容包括提交有关基础资料和文件（包括概预算）的期限、质量要求、费用以及其他协作条件等条款。参照《建设工程勘察合同(示范文本)》(GF-2016-0203)，建设工程勘察合同的主要内容包括：工程概况、勘察范围和阶段、技术要求及工作量、合同工期、质量标准、合同价款、合同文件构成、承诺、词语定义、签订时间、签订地点、合同生效和合同份数等内容以及一般约定、发包人、勘察人、工期、成果资料、后期服务、合同价款与支付、变更与调整、知识产权、不可抗力、合同生效与终止、合同解除、责任与保险、违约、索赔、争议解决及补充条款等条款。

根据《合同法》第280条规定，勘察、设计的质量不符合要求或者未按照期限提交勘察、设计文件拖延工期，造成发包人损失的，勘察人、设计人应当继续完善勘察、设计，减收或者免收勘察、设计费并赔偿损失。

3. 建筑工程施工合同的主要条款

《合同法》第275条规定："施工合同的内容包括工程范围、建设工期、中间交工工程的开工和竣工时间、工程质量、工程造价、技术资料交付时间、材料和设备供应责任、拨款和结算、竣工验收、质量保修范围和质量保证期、双方相互协作等条款"。

4. 缔约过失责任

缔约过失责任是指在订立合同的过程中，当事人一方因违背其诚实信用原则所产生的先合同义务，而导致另一方的信赖利益的损失，并应承担损害赔偿责任。我国《合同法》第42条确立了缔约过失责任制度，该条规定，当事人在订立合同过程中有下列情形之一，给对方造成损失的，应当承担损害赔偿责任：

①假借订立合同，恶意进行磋商；②故意隐瞒与订立合同有关的重要事实或者提供虚假情况，此种情况属于缔约过程中的欺诈行为；③泄露或不正当地使用商业秘密；④其他违背诚实信用原则的行为。

9.3 建设工程合同的效力

9.3.1 建设工程合同的成立及生效

1. 合同成立

承诺生效时合同成立。当事人采用合同书形式订立合同的，自双方当事人签字或者盖章时合同成立。当事人采用信件、数据电文等形式订立合同的，可以在合同成立之前要求签订确认书，签订确认书时合同成立。

2. 合同的实际成立

根据《合同法》第36条、第37条的规定，法律、行政法规规定或者当事人约定采用书面形式订立合同，当事人未采用书面形式但一方已经履行主要义务，对方接受的，该合同成立。采用合同书形式订立合同，在签字或者盖章之前，当事人一方已经履行主要义务，对方接受的，该合同成立。

3. 建设工程施工合同的备案

建设工程施工合同备案是指为达到一定的管理目的，建设行政主管部门对已签订的施工合同进行登记、办理存备的行为。1993年1月29日颁发的《建设工程施工合同管理办法》，《财政部、建设部关于印发〈建设工程价款结算暂行办法〉的通知》（财建〔2004〕369号），《国务院办公厅转发建设部等部门关于进一步解决建设领域拖欠工程款问题意见的通知》（国办发〔2004〕78号通知）中都明确指出施工合同应当在有关部门办理备案登记。《房屋建筑和市政基础设施施工招标投标管理办法》（建设部令第89号）第47条对施工合同备案作了强制性要求，但未对备案内容、审查方式、法律后果进行统一规定，从而使得各地方建设行政主管部门在制定建设工程施工合同备案管理办法或细则时，所持态度存在较大差异。建设工程施工合同备案是一种行政管理措施，是建设行政主管部门以“备案”的形式对外实施的行政管理行为。在行政法上，行政管理行为从法律性质上可以划分为行政法律行为、准行政法律行为和行政事实行为三种类型。

4. 合同的生效

根据《合同法》第44条的规定：“依法成立的合同，自成立时生效。法律、行政法规规定应当办理批准、登记等手续生效的，依照其规定。”从民事法律理论的角度看，对于建设工程合同来说，其成立和生效同样是两个不同性质的问题，是两个有着严格区别的法律概念。

合同成立的条件一般就是承诺生效的条件。而合同生效的条件才是判断合同是否具有法律效力的标准。虽然我国现行合同法律没有就合同生效要件做出明确的规定，但结合《民法总则》和《合同法》的相关规定，合同的生效要件可分为实质要件和形式要件。实质要件主要包括《民法总则》第143条之规定，具备下列条件的民事法律行为有效：一是行为人具有相应的民事行为能力；二是意思表示真实；三是不违反法律、行政法规的强制性规定，不违背公序良俗。这些规定也就是合同生效的一般要件，亦称实质要件。至于形式要件，对于有些合同，合同的生效还须具备特殊要件，也称形式要件。这些合同主要包括两种情形：一是当事人根据《合同法》第45、46条的规定所订立的合同，在所附条件成就时或所附生效时间到来时，合同才能生效；二是根据《合同法》第44条第2款规定，依照法律、行政法规规定应当办理批准、登记等手续的，在办理了批准、登记等手续后，合同才能生效。

具体说来，建设工程合同的生效要件应当包括：

(1) 合同的主体要件

合同当事人必须具有相应的缔约能力，即相应的民事权利和民事行为能力，发包方应当具备开发建设的条件，承包方应当具备承揽工程的相应资质，才能成为合格的合同主体。虽然《合同法》在总则和关于建设工程合同的第16章没有明确规定建设工程合同的承包人的主体资格限制，但在《建筑法》和大量的建设方面的行政法规中均明确规定了建设工程施工合同的承包人必须是“单位”，尤其是最高人民法院公布的《审理建设工程施工合同司法解释》明确了建设工程的承包人必须是法人单位，《关于审理建设工程施工合同纠纷案件适用法律问题的解释》第1条规定，承包人未取得建筑施工企业资质或者超越资质等级的，合同无效。而按照现行法规，符合申领资质的必须是单位。《建筑法》第26条规定，承包建筑工程的单位应当持有依法取得的资质证书，并在其资质等级许可的业务范围内承揽工程。禁止建筑施工企业超越本企业资质等级许可的业务范围或者以任何形式用其他建筑施工企业的名义承揽工程。所以，从《合同法》的角度来看，这里的单位则只能是法人。其次，承包人必须具备建筑经营资格。只有经依法核准拥有从事建筑经营活动资格的企业法人，才有资格进行建设工程承包经营活动。1995年10月15日起施行的《建筑业企业资质管理规定》，将建筑业企业分为工程总承包企业、施工承包企业和专项分包企业三类，并规定了具体的标准和条件。再次，承包人必须在自身拥有的资质等级许可的业务范围内承揽工程。在我国，对于建设工程承包人实行严格的市场准入制度。2000年1月30日国务院令第279号发布的《建设工程质量管理条例》第25条规定，从事建设工程施工的单位应当依法取得相应等级的资质证书，并在其资质等级许可的范围内承揽工程。

(2) 合同当事人意思表示真实

当事人意思表示真实，是指行为人的意思表示应当真实反映其内心的意思，即当事人是否订立建设工程合同，合同对方当事人的选择，以及合同内容的确定等均出于真实的意愿，非受到欺诈、胁迫或乘人之危，也不属于因产生重大误解而订立或合同内容显失公平，违背对方真实意思订立合同的情况。由于合同成立后，当事人的意思表示是否真实往往难以从其外部判断，法律对此一般不主动干预，是否缺乏意思表示真实，应当由当事人举证证明，因此，意思表示不真实，并不导致合同绝对无效。

(3) 合同不违反法律或者社会公共利益

合同不违反法律或者社会公共利益是指：①合同的内容合法，即合同条款中约定的权利、义务及其指向的对象及标的等，应符合法律的规定和社会公共利益的要求。②合同的目的合法，即当事人缔约的原因和预达目的是合法的，不存在以合法的方式达到非法目的等规避法律的事实。

在《合同法》颁布实施以后，最高人民法院的两个司法解释先后对这个问题进行了进一步的明确界定：最高人民法院《关于适用〈中华人民共和国合同法〉若干问题的解释（一）》第4条明确规定：“合同法实施以后，人民法院确认合同无效，应当以全国人大及其常务委员会制定的法律和国务院制定的行政法规为依据，不得以地方性法规、行政规章为依据。”而最高人民法院《关于审理建设工程施工合同纠纷案件适用法律问题的解释》则将建设工程施工合同认定无效的标准再次严格界定为五种情况（下文将详细论述）。

(4) 具备法律、行政法规规定的合同生效必须具备的形式要件

形式要件是法律、行政法规对合同形式上的要求，通常不是合同生效的要件，但如果法律、行政法规规定将其作为合同生效的条件时，便成为合同生效的要件之一，不具备这

些要件，合同不能生效。当然法律另有规定的除外。建设工程施工合同的当事人即发包人和承包人在签订合同的过程中应当履行法律和行政法规规定的必须履行的程序这一条件是建设工程合同所特有的条件。建设工程往往涉及国计民生而且一般投资规模较大，所以国家对建设行为予以更多的关注并通过法律、行政法规和部门规章以及地方性法规来进行约束和规范。如依照《招标投标法》规定了强制招标的工程建设项目的范围。《合同法》第270条规定，建设工程合同应当采用书面形式。对有些建设工程合同，国家有关部门制定了统一的示范文本。采用示范文本或其他书面形式订立的建设工程施工合同，在组成上并不是单一的，凡能体现发包人和承包人协商一致内容的文字材料，包括各种文书、电报、图表等，均为建设工程施工合同的组成部分。

建设工程合同同时具备以上四个要件，即为有效的建设工程合同，当事人应当信守合同，不履行合同或者履行合同不符合约定的，要承担相应的违约责任。

9.3.2 无效的建设工程合同

1. 无效合同的主要类型

无效合同，指的是欠缺合法性要件而订立的合同，不能产生当事人订立合同所预期的效果。按照《合同法》第52条规定，无效合同包括：①一方欺诈、胁迫的手段订立合同，损害国家利益的；②恶意串通，损害国家、集体或者第三人利益的；③以合法形式掩盖非法目的；④损害社会公共利益的；⑤违反法律、行政法规的强制性规定的。

另外，根据《合同法》第53条规定，合同当事人在合同中预先约定的，旨在限制或免除其未来责任的下列免责条款无效：①造成对方人身伤害的；②因故意或者重大过失造成对方财产损失的。

2. 无效的建设工程合同

建设工程合同的无效，是指合同虽然已经成立，但因违反法律、行政法规的强制性规定或者社会公共利益，自始不能产生法律约束力的合同。建设工程合同的无效主要是因为合同当事人不具备适格的主体资格或者合同内容违法等原因。无效的建设工程合同自始确定不发生任何法律效力。《最高人民法院关于审理建设工程施工合同纠纷案件适用法律问题的解释》（法释〔2004〕号，2004年10月27日发布，2005年1月1日开始实施）（以下简称《建设工程施工合同纠纷案件解释》）明文规定了无效的建设工程施工合同的种类。根据《建设工程施工合同纠纷案件解释》第1条和第4条规定，有下列情形之一的，应当根据合同法第52条第（5）项的规定，认定建设工程合同无效：①承包人未取得建筑施工企业资质或者超越资质等级的。②没有资质的实际施工人借用有资质的建筑施工企业名义的。③建设工程必须进行招标而未招标或者中标无效的。④承包人非法转包建设工程的。⑤承包人违法分包建设工程的。

9.3.3 可撤销的建设工程合同

可撤销可变更的合同，指的是欠缺当事人真实意思表示而订立的合同，又称为相对无效的合同，一方当事人可以依照自己的意思，请求人民法院或仲裁机构做出变更或者撤销。可撤销可变更的合同包括：

1. 因重大误解订立的

根据《民法总则》第147条规定，基于重大误解实施的民事法律行为，行为人有权请求人民法院或者仲裁机构予以撤销。《合同法》第54条也规定，因重大误解订立的合同，一方可以请求法院和仲裁机构变更或撤销。所谓重大误解，是指一方因自己的过错而对合同的内容等发生误解，订立了合同。误解直接影响到当事人所应享有的权利和承担的义务。误解既可以是单方面的误解（如出卖人误将某一标的物当作另一标的物），也可以是双方的误解（如买卖双方误将本为复制品的油画当成真品买卖）。误解须符合一定条件才能构成并产生使合同变更或撤销的法律后果。

2. 在订立合同时显失公平的

显失公平的合同是指一方在订立合同时因情况紧迫或缺乏经验而订立的明显对自己有重大不利的合同。我国《合同法》第 54 条规定，在订立合同时显失公平的，合同应予撤销，这不仅是公平原则的具体体现，而且切实保障了公平原则的实现。

一方以欺诈、胁迫的手段或者乘人之危，使对方在违背真实意思的情况下订立的合同，受害方有权请求人民法院或者仲裁机构变更或者撤销。所谓欺诈是指一方当事人故意实施某种欺诈他人的行为，并使他人陷入错误而订立合同。最高人民法院《关于贯彻执行〈中华人民共和国民法通则〉若干问题的意见（试行）》（以下简称《意见》）第 68 条规定："一方当事人故意告知对方虚假情况，或者故意隐瞒真实情况，诱使对方当事人做出错误意思表示的，可以认定为欺诈行为。"所谓胁迫是以将来要发生的损害或以直接施加损害相威胁，使对方产生恐惧并因此而订立合同。所谓乘人之危，是指行为人利用他人的为难处境或紧迫需要，强迫对方接受某种明显不公平的条件并做出违背其真实意志的意思表示。

根据《合同法》第 55 条规定，具有撤销权的当事人自知道或者应当知道撤销事由之日起一年内没有行使撤销权的，撤销权消灭；如果具有撤销权的当事人知道撤销事由后明确表示或者以自己的行为放弃撤销权的，撤销权消灭。

9.3.4 效力待定的建设工程合同

效力待定的合同，指的是合同当事人欠缺相应的缔约能力而订立的合同，其法律效力能否发生，尚未确定，一般须经有权人表示追认方能生效，有权人拒绝追认，或无权处分人事后未取得处分权的，或与越权行为人订立合同的相对人为恶意的，合同无效。效力待定合同包括：

1. 限制民事行为能力人订立的合同

根据我国法律规定，8 周岁以上不满 18 周岁的未成年人和不能完全辨认自己行为的精神病人，可以实施某些与其年龄、智力和健康状况相适应的民事行为，其他民事活动由其法定代理人代理，或在征得其法定代理人同意后实施。《合同法》第 47 条规定："限制民事行为能力人订立的合同，经法定代理人追认后，该合同有效，但纯获利益的合同或者与其年龄、智力、精神健康状况相适应而订立的合同，不必经法定代理人追认。"限制民事行为能力人依法不能独立实施的行为，可以在征得其法定代理人的同意后实施。限制民事行为能力人依法不能独立实施的而又未经其法定代理人同意的民事行为，只能由其法定代理人代理进行。如果限制民事行为能力人未经其法定代理人的事先同意，独立实施其依法不能独立实施的民事行为，则要区分两种情况处理：

1）如果限制民事行为能力人实施的是单方民事行为，如抛弃财产，则行为当然无效。

2）如果限制民事行为能力人实施的是双方民事行为，如与他人订立合同，则与其发生关系的相对人可以在规定的期限内，催告其法定代理人是否承认这些行为。

《合同法》第 47 条规定："相对人可以催告法定代理人在一个月内予以追认。法定代理人未作表示的，视为拒绝追认。合同被追认之前，善意相对人有撤销的权利。撤销应当以通知的方式做出。"

2. 无权代理人的订立的合同

无权代理，是指无权代理人代理他人从事民事行为，简言之，是指欠缺代理权的代理。无权代理主要有四种情况：①根本无权代理；②授权行为无效的代理；③超越代理权范围进行的代理；④代理权消灭以后的代理。这些无权代理行为虽然具有代理行为的表面特征，但由于行为人缺乏代理权，因而并不符合有权代理的要件。

《合同法》第 48 条规定，行为人没有代理权、超越代理权或者代理权终止后以被代理人名义订立的合同，未经被代理人追认，对被代理人不发生效力，由行为人承担责任。

无权代理行为只有经过本人追认才能使本人承担民事责任。所谓追认，是指本人对无权代理行为在事后予以承认的一种单方意思表示。承认的意思表示应当以明示方式向相对人做出，如果仅向无权代理人做出这种表示，则必须使相对人知晓才能产生承认效果。一旦做出承认，在性质上视为补授代理权，从而使无权代理具有与有权代理一样的法律效果。承认具有溯及既往的效力，也就是说，一旦承认，因无权代理所订立的合同从成立之时开始即产生法律效力。如果本人明确表示拒绝承认，则无权代理行为自始无效，因无权代理所订立的合同不能对本人产生法律效力。

对因无权代理而订立的合同，相对人享有催告权。所谓催告，是指相对人催促本人在合理的一定期限内明确答复是否承认无权代理行为。相对人可以催告被代理人在一个月内予以追认。被代理人未作表示的，视为拒绝追认。相对人有权要求本人必须在一个月内予以追认，催告的意思必须向本人或其法定代理人做出。被代理人未作表示的，视为拒绝追认。在此情况下，可认为本人明知他人以自己名义从事代理行为而不做否认的意思表示，根据《民法通则》的规定，视为同意。

因无权代理而订立的合同在本人没有做出承认之前，其效力处于待定状态。法律为保护相对人的利益，除规定相对人享有催告权以外，还应允许其享有撤销权。所谓撤销权，指相对人在本人未承认无权代理行为之前，可撤销其对无权代理人做出的意思表示。《合同法》第 48 条规定："合同被追认之前，善意相对人有撤销的权利。撤销应当以通知的方式做出。"可见撤销必须是在本人没有做出追认以前做出，且必须通知本人。

3. 无处分权人处分他人财产的合同

我国《合同法》第 51 条规定："无处分权的人处分他人财产，经权利人追认或者无处分权的人订立合同后取得处分权的，该合同有效。"为保护交易秩序和买受人的利益，《最高人民法院关于审理买卖合同纠纷案件适用法律问题的解释》（2012 年 3 月 31 日由最高人民法院审判委员会第 1545 次会议通过，自 2012 年 7 月 1 日起施行）。第 3 条规定，当事人一方以出卖人在缔约时对标的物没有所有权或者处分权为由主张合同无效的，人民法院不予支持。出卖人因未取得所有权或者处分权致使标的物所有权不能转移，买受人要求出卖人承担违约责任或者要求解除合同并主张损害赔偿的，人民法院应予支持。该规定遵循严格规制对合同的无效认定的司法立场，进一步肯定无权处分合同的效力。

建设领域里，效力待定的合同主要是因为无权代理订立的建设工程合同。无权代理行为，是指行为人没有代理权、超越代理权限范围或者代理权终止后仍以被代理人的名义订立的合同。无权代理订立的建设工程合同，如果无权代理行为具有“外表授权”的假象，即客观上使第三人有理由相信该无权代理人有代理权，而与之订立建设工程合同，则该无权代理行为属于表见代理，对被代理人发生有权代理的法律效果。如建筑公司借用其他具有较高资质的建筑公司承揽工程所订立的合同，由于被借用单位出具合同专用章、印鉴等，足以使第三人信赖借用单位有代理权，此时订立的建设工程合同，虽属于无权代理，但发生与有权代理相同的法律后果。不具备“外表授权”假象的无权代理合同属于效力待定的合同。未经被代理人追认，对被代理人不发生效力，由无权代理的行为人自己承担责任。

9.3.5 无效或者可撤销的建设工程合同的法律后果

建设工程合同被确认无效或者撤销后，虽不能使当事人双方依据合同产生预期的结果，但是仍会产生一定的法律后果，应根据《合同法》及其他相关法律的规定，进行处理。

1. 无效的合同或被撤销的合同，丧失法律效力

(1) 合同部分或全部丧失法律效力

《合同法》第56条规定：“无效的合同或者被撤销的合同自始没有法律约束力。合同部分无效，不影响其他部分效力的，其他部分仍然有效。”《合同法》第58条规定：“合同无效或者被撤销后，因该合同取得的财产，应当予以返还；不能返还或者没有必要返还的，应当折价补偿。”据此，建设工程合同被确认无效后，产生溯及力，使合同从订立时起即不具有法律约束力，尚未履行的合同不再履行，一方从对方取得的财产，如工程预付款等，应当作为不当得利返还；正在履行的，应立即终止履行。

(2) 解决争议的条款不因合同无效而无效

《合同法》第57条规定：“合同无效、被撤销或者终止时，不影响合同中独立存在的有关解决争议的条款的效力。”据此，建设工程合同中关于解决争议的方法条款的效力具有相对的独立性，合同无效后，当事人可能会产生谁是合同无效的责任人，以及经济责任如何承担等争议，对善后事宜的处理应当依据原合同中的争议解决条款。如，建设工程施工合同的当事人约定采用仲裁方式解决争议的，合同无效后，仍应依据当事人关于仲裁的约定，通过仲裁途径解纷止争。

2. 建设工程施工合同无效但建设工程质量合格的，也可参照合同约定结算工程价款

施工合同被确认无效后，原则上不应依据合同约定确定工程价款。但建设工程施工合同具有特殊性，合同履行的过程，就是将劳动和建筑材料物化在建筑产品的过程，施工方付出了劳动，投入了资金，在施工过程中，上述财产只是从一种形态转化为另一种形态，其价值并未改变，并已全部转移到新的建筑工程之中，因此，合同被确认无效后，已经履行的内容不能适用返还的方式使合同恢复到签约前的状态，而只能按照折价补偿的方式处理。

从建设工程施工合同的实际履行情况看，合同无效后的折价补偿方式主要有两种：

(1) 以工程定额为标准，通过鉴定确定建设工程价值

由于我国目前建筑市场上，有的发包人签订合同时往往把工程价款压得很低，并不按照定额取费，如果合同被确认无效还按照工程定额折价补偿，将会造成无效合同比有效合同的工程价款还高，超出了当事人签订合同的预期。

(2) 参照合同约定结算工程价款

这种折价补偿的方式不仅符合双方当事人在订立合同时的真实意思，而且还可以节省鉴定费用，提高诉讼效率。根据我国建筑行业的现状，平衡合同各方当事人的利益，《建设工程施工合同纠纷案件解释》第 2 条和第 3 条规定，建设工程施工合同被确认无效以后，建设工程质量合格的，可以参照合同约定结算工程价款。也就是说，此种情况下，如果双方在合同中对工程结算的计价标准和方法有明确约定，且不违反法律规定的，可以按合同约定结算工程价款。当然，参照合同约定结算工程价款的折价补偿原则，仅适用于建设工程质量合格的无效合同，不包括质量不合格的建设工程。也就是说，虽然建设工程合同因某种原因而被认定无效，但建设工程经竣工验收合格，或者经竣工验收不合格，但是经过承包人修复后，再验收合格，可以按照合同约定结算工程价款，当然修复费用应当根据发包人的要求，或者在工程款中抵扣或者另行支付。

3. 建设工程施工合同无效，且建设工程经竣工验收不合格的，承包人请求支付工程价款的，不予支持

1）根据《建设工程施工合同纠纷案件解释》第 3 条的规定，建设工程经竣工验收不合格的，修复后也未经竣工验收合格的，承包人请求支付工程价款的，不予支持。

建设工程施工合同属于特殊形式的承揽合同，法律规定承包人的主要合同义务就是按照合同约定向发包人交付合格的建设工程，如果承包人交付的建设工程质量不合格，发包人订立合同的目的就无法实现，发包人不仅可以拒绝受领该工程，而且也可以不支付工程价款。这是民事法律调整加工承揽关系的原则。另外，根据《建设工程施工合同纠纷案件解释》规定，承包人对经验收不合格的建设工程可以进行修复，经过修复建设工程质量合格的，发包人应当按照约定支付工程价款；如果经修复建设工程仍不合格的，该工程就没有利用价值，在这样的情况下让发包人支付工程价款是不公平的。

2）因建设工程不合格造成的损失，发包人有过错的，也应承担相应的民事责任。

不能按照合同约定支付工程价款，会给承包人造成损失，但承包人是建设工程的建设者，对工程质量不合格应当承担主要责任，因此，一般说来，造成的损失也应当由承包人承担。但是，如果发包人对造成工程质量不合格也有过错的，也应当承担与过错相适应的责任。也就是说，在发包人有过错的情况下，发包人虽然可以不承担按照合同约定支付工程价款的给付义务，但是应当对承包人不能得到工程价款的损失按照过错承担赔偿责任。

《合同法》第 58 条规定，合同无效后，有过错的一方应当赔偿对方因此受到的损失，双方都有过错的，应当各自承担相应的责任。承、发包双方当事人按照过错分别承担相应的责任，这样规定不仅符合建筑市场的实际情况和民法原则，同时也有利于承包人重视建设工程质量，加强对工程质量的监督和管理。对于建设工程施工合同的无效，发包方和承包方应当根据当事人的过错大小各自承担相应的法律责任。由于承包人未取得建筑施工企业资质或者超越资质等级，或者承包人未取得建筑施工企业资质或者超越资质等级等原因，导致合同无效的，承包人对合同无效在主观上应负主要过错，承担主要责任，建设方因未尽到必要的审查义务，也负有相应的过错责任。由于建设工程必须进行招标而发包方未招标或者中标依法无效的，以及其他严重违反国家基本建设程序导致合同无效的，对建设工程不合格造成的损失，发包方承担主要过错责任，承包方承担次要过错责任。

4. 一方或双方故意违法损害社会公共利益的，应对其非法所得予以收缴

根据《建设工程施工合同纠纷案件解释》第 4 条的规定："承包人非法转包、违法分包建设工程或者没有资质的实际施工人借用有资质的建筑施工企业名义与他人签订建设工程施工合同的行为无效。人民法院可以根据民法通则第 134 条规定，收缴当事人已经取得的非法所得。"合同无效，并且存在"当事人恶意串通，损害国家、集体或者第三人利益"的情形的，可以按照《合同法》第 59 条的规定进行处理。《合同法》第 59 条的内容为："当事人恶意串通，损害国家、集体或者第三人利益的，因此取得的财产收归国家所有或者返还集体、第三人。"

9.4 建设工程合同的履行

9.4.1 合同履行概述

1. 合同履行的概念

合同的履行，是指债务人全面地、适当地完成其合同义务，债权人的合同债权得到完全实现。如交付约定的标的物，完成约定的工作并交付工作成果，提供约定的服务等。

从合同效力方面观察，合同的履行是依法成立的合同所必然发生的法律效果，并且是构成合同法律效力的主要内容。因此，许多立法例把合同的履行规定在债的效力或合同的效力标题下。但从合同关系消灭的角度观察，债务人全面而适当地履行合同，导致了合同关系的消灭；合同履行是合同关系消灭的原因，并且是正常消灭的原因。因此，合同的履行又称作债的清偿。合同的履行不仅是合同的法律效力的主要内容，而且是整个合同法的核心。

2. 合同履行的原则

合同履行的原则，是当事人在履行合同债务时所应遵循的基本准则。在这些基本准则中，有的是民法基本原则，例如诚实信用原则、公平原则、平等原则等；有的是专属合同履行的原则，例如适当履行原则、协作履行原则、经济合理原则、情事变更原则等。

(1) 实际履行原则

实际履行原则是指合同当事人按照合同规定的标的履行。除非由于不可抗力，否则合同当事人应交付和接受标的，不得任意降低标的物的标准、变更标的物或以货币代替实物。建设工程合同的实际履行就是建设工程合同当事人必须依据建设工程合同规定的标的不折不扣地实现其内容的行为。当然，实际履行不是绝对的，在某些特殊情况下可不加以适用。如以特定物为标的的合同，当该标的灭失时，实际履行已不可能。

(2) 诚实信用原则

合同履行中的诚实信用原则具体来说，包括了适当履行原则和协作履行原则。适当履行原则，又称正确履行原则或全面履行原则，是指当事人按照合同规定的标的及其质量、数量，由适当的主体在适当的履行期限、履行地点以适当的履行方式，全面完成合同义务的履行原则。适当履行原则所要求的履行主体适当、履行标的适当、履行期限适当、履行

方式适当等（将在后面予以详述）。协作履行原则，是指当事人不仅适当履行自己的合同债务，而且应协助对方当事人履行债务的履行原则。

（3）经济合理原则

经济合理原则要求在履行合同时，讲求经济效益，付出最小的成本，取得最佳的合同利益。在履行合同中贯彻经济合理原则，表现在许多方面：债务人选择最经济合理的运输方式，选择履行期限履行合同义务，选择设备体现经济合理原则，变更合同，对违约进行补救也体现经济合理原则。如《合同法》第119条规定："当事人一方违约后，对方应当采取适当措施防止损失的扩大；没有采取适当措施致使损失扩大的，不得就扩大的损失要求赔偿。"

（4）情事变更原则

情事变更原则，是指合同依法成立后，因不可归责于双方当事人的原因发生了不可预见的情事变更，致使合同的基础丧失或动摇，若继续维护合同原有效力则显失公平，从而允许变更或解除合同的原则。情事变更原则有其存在的合理性。合同依法成立之时，有其信赖的客观环境，当事人在合同中约定的权利义务是与这种客观环境相适应的。权利义务的对等，也是就该环境而言的。在合同成立之后，该客观环境发生改变或不复存在，原来约定的权利义务如与新形成的客观环境不适应，也就不再公平合理了。只有将合同加以改变乃至解除，才符合公平，符合诚实信用原则的要求。

1999年《合同法》在制定过程中由于对情势变更原则争议较大，最后颁布的《合同法》未规定情势变更原则，从而使得《合同法》奉行严格责任，法定免责事由均为不可抗力，除此之外均需承担违约责任。2009年2月9日最高人民法院颁布了《关于适用〈中华人民共和国合同法〉若干问题的解释（二）》（下称《合同法司法解释（二）》）。该解释第26条规定："合同成立以后客观情况发生了当事人在订立合同时无法预见的、非不可抗力造成的不属于商业风险的重大变化，继续履行合同对于一方当事人明显不公平或者不能实现合同目的，当事人请求人民法院变更或者解除合同的，人民法院应当根据公平原则，并结合案件的实际情况确定是否变更或者解除。"这一规定等于重新确认了情势变更，弥补了《合同法》之不足。

3. 合同履行的规则

合同履行的规则主要是指当事人就某些事项没有约定时的处理方法。我国《合同法》第61条规定："合同生效后，当事人就质量、价款或者报酬、履行地点等内容没有约定或者约定不明确的，可以协议补充；不能达成补充协议的，按照合同有关条款或者交易习惯确定。"有时，当事人依照《合同法》第61条仍然无法确定，此时，《合同法》第62条规定了一些具体的规则。

（1）关于质量条款约定不明

合同中质量要求不明确的，按照国家标准、行业标准履行；没有国家标准、行业标准的，按照通常标准或者符合合同目的的特定标准履行。

（2）关于价款、报酬条款约定不明

价款或者报酬不明确的，按照订立合同时履行地的市场价格履行；依法应当执行政府定价或者政府指导价的，按照规定履行。

（3）关于履行地点约定不明

履行地点不明确，给付货币的，在接受货币一方所在地履行；交付不动产的，在不动产所在地履行；其他标的，在履行义务一方所在地履行。

(4) 关于履行期限约定不明

履行期限不明确，债务人可以随时履行，债权人也可以随时要求履行，但应当给对方必要的准备时间。《合同法》第 71 条规定，债权人可以拒绝债务人提前履行债务，但提前履行不损害债权人利益的除外。债务人提前履行给债权人增加的费用，由债务人负担。

(5) 关于履行方式约定不明

履行方式不明确的，按照有利于实现合同目的的方式履行。

(6) 关于履行费用的负担约定不明

履行费用的负担不明确的，由履行义务一方负担。

4. 合同履行中的第三人

(1) 向第三人履行的合同

向第三人履行的合同 是指债务人不向债权人履行合同的义务，而向债权人指定的第三人进行履行。向第三人履行的合同，债权人须通知债务人。债务人未向第三人履行债务或者履行债务不符合约定，应当向债权人，而不是第三人承担违约责任。同时，债权人要求债务人向第三人履行时，不得增加债务人的履行费用，否则，该费用应由债权人承担。

(2) 由第三人履行的合同

由第三人履行的合同 是指双方当事人约定由债务人指定的第三人代替债务人向债权人履行合同的义务。由第三人履行的合同必须经债权人同意。第三人并不是合同的当事人，因此，因为第三人不履行债务或者履行债务不符合约定，应当由债务人，而不是第三人承担违约责任。

9.4.2 建设工程合同履行中的抗辩权

抗辩权是指当事人一方依法对抗对方要求和否认对方的权利主张的权利。合同履行中的抗辩权仅仅存在于双务合同中，是指以符合法定条件时，当事人一方对抗对方当事人的履行请求权，暂时拒绝履行其债务的权利。它包括同时履行抗辩权、先履行抗辩权和不安履行抗辩权。双务合同履行中的抗辩权，是合同效力的表现。建设工程合同是承包人进行工程建设，发包人支付相应价款的合同，是典型的双务合同，因此在建设工程合同的履行过程中也存在同时履行抗辩权、先履行抗辩权与不安抗辩权三种。

1. 同时履行抗辩权

同时履行抗辩权，是指在建设工程合同个未约定履行的先后顺序的，承发包当事人应该同时履行，一方当事人在对方当事人未为对待给付以前，有权拒绝其履行请求。如在建设工程合同中，承包人没有交付工作成果，发包人可以同时履行抗辩权为由，拒绝支付报酬或价款。《合同法》规定："当事人互负债务，没有先后履行顺序的应当同时履行。一方在对方未履行之前有权拒绝其履行要求。一方在对方履行债务不符合约定时，有权拒绝其相应的履行要求。"在建设工程合同履行中，成立同时履行抗辩权须具备一定条件：①双方当事人的债务因同一建设工程合同而发生；②两项给付没有先后顺序；③对方当事人未履行债务或未提出履行债务；④同时履行抗辩权的行使，以对待给付尚属可能时为限。

双务合同履行上的牵连性是同时履行抗辩权存在的法理基础，在具体的建设工程合同中，要注意区分和适用同时履行抗辩权。如在建设施工合同中，双方主要给付义务中并不都具有牵连性，仅在建设方的工程款和材料、设备给付义务与施工方按设计、质量要求和约定工期施工义务之间互为前提。建设方提供场地和技术资料的义务是施工的条件，属于先履行义务，而非同时履行义务。违反主给付义务可行使同时履行抗辩。一般情况下，主给付义务对附随义务或从给付义务的履行不得作同时履行抗辩。但如果附随义务或从给付义务的履行与合同目的的实现以及对方利益密切相关，依照诚实信用原则，当事人可以援引同时履行抗辩。一个建设工程合同中，建设方应履行诸多从给付义务或附随义务，但需注意其中许多义务属于先履行义务，不发生同时履行抗辩。发生施工方行使同时履行抗辩的主要指建设方违反协助义务的情形。施工方违反从给付义务或附随义务的，一般不发生建设方同时履行抗辩。

2. 先履行抗辩权

先履行抗辩权是指依照建设工程合同约定或法律规定负有先履行义务的一方当事人，届期未履行义务、履行义务有重大瑕疵或预期违约时，相对方为保护自己的期待利益、顺序利益或为保证自己履行合同的条件而中止履行建设工程合同的权利。

《合同法》规定："当事人互负债务，有先后履行顺序，先履行一方未履行的，后履行一方有权拒绝其履行要求。先履行一方履行债务不符合约定的，后履行一方有权拒绝其相应的履行要求。"

在建设工程合同履行中，只要一方的履行是另一方履行的先决条件，后履行者就可以行使先履行抗辩权；先履行抗辩权不可能永久存续，当先期违约人纠正违约，使建设工程合同的履行趋于正常时，先履行抗辩权消灭，行使先履行抗辩权的一方应当及时恢复履行。

例如：在建设工程施工合同中，如合同双方约定了发包人支付工程预付款义务的，在发包人未能按约定支付工程预付款时，承包人就可以主张暂不开工、开工期顺延和损失赔偿的权利。同理，在发包人没有按合同约定支付工程进度款时，承包人也可以主张停工、工期顺延和停工损失赔偿的权利。因为，在此时发包人支付工程预付款和支付工程进度款是合同约定的先履行义务，而承包人实施施工是后履行的义务。在发包人没有履行先行义务的情况下，承包人就有权主张"先履行抗辩权"。

3. 不安抗辩权

不安抗辩权是指在建设工程合同履行中，负有先给付义务的一方当事人，在对方财产明显减少，不能保证对待给付时，拒绝给付的权利。

《合同法》规定："应当先履行债务的当事人，有确切证据证明对方有下列情形之一的，可以中止履行：经营状况严重恶化；转移财产、抽逃资金，以逃避债务；丧失商业信誉；有丧失或者可能丧失履行债务能力的其他情形"。在建设工程合同履行中，成立不安抗辩权须具备一定的条件：①双方债务因同一建设工程合同而发生；②负有先履行义务的一方当事人才能享有不安抗辩权；③对方有不能为对待给付的现实危险。为保护对方当事人的合法权益，维护正常的经济秩序，《合同法》对不安抗辩权的行使做了限制。这种限制主要表现在以下三方面：①要有确切证据，当事人没有确切证据就中止履行的，应认定为违约，并应承担相应责任；②依法中止履行时，必须及时通知对方当事人，否则仍应承担相应责任；③中止履行后，一旦对方当事人提供了适当担保，就应当恢复履行，否则将被认定为违约。当然，在中止履行后，对方当事人如在合理期限内未恢复履行能力并且未提供适当担保，先履行的一方可解除合同。

建筑施工合同分为一次性合同与继续性合同。当合同属于一次性合同时，不安抗辩权的行使无特别要求。当合同属于继续性合同时，由于继续性合同本身的特点，合同当事人有权自由选择行使不安抗辩权或者行使解除权。承包人在有预付款的情况下能否行使不安抗辩权？如之前所述，工程预付款是发包人为承包人能够有效地启动项目所提供的无息贷款，属借贷法律关系，需要承包人偿还。预付款在性质上既不是进度款的支付，在功能上也不是进度款的担保。预付款与承发包之间承发包合同关系不是基于统一合同法律关系而互负义务，故当发包人因破产或丧失信誉危及履约能力时，不妨碍承包人不安抗辩权的行使。

9.4.3 建设工程合同履行的担保

建设工程合同履行的担保，是保证建设工程合同履行的一项法律制度，是建设工程合同当事人为全面履行建设工程合同及避免因对方违约遭受损失而设定的保证措施。建设工程合同履行的担保是通过签订担保合同或是在建设工程合同中设立担保条款来实现的。担保合同是从合同，被担保合同是主合同。担保合同将随着被担保合同的履行而消失。而当被担保人不履行其义务且不承担相应责任时，担保人则应承担其担保责任。就合同的担保方式而言，主要有保证、抵押、质押、留置和定金。由于设定质押的标的主要为动产或权利，物权法规定作为法定担保物权的留置权仅存在于动产之上，因此建设工程合同的担保形式主要有保证、抵押和定金三种。

1. 保证

保证是指保证人与债权人约定，当债务人不履行债务时，由保证人按照约定代为履行或代为承担责任的担保方式。《担保法》主要从以下几方面对保证进行了规定：

(1) 保证人

具有代为清偿债务能力的法人、其他组织或者公民，可以作保证人。国家机关不得为保证人，但经国务院批准为使用外国政府或者国际经济组织贷款进行转贷的除外。学校、幼儿园、医院等以公益为目的的事业单位、社会团体不得为保证人。企业法人的分支机构、职能部门不得为保证人。企业法人的分支机构有法人书面授权的，可以在授权范围内提供保证。任何单位和个人不得强令银行等金融机构或者企业为他人提供保证；银行等金融机构或者企业对强令其为他人提供保证的行为，有权拒绝。同一债务有两个以上保证人的，保证人应当按照保证合同约定的保证份额，承担保证责任。没有约定保证份额的，保证人承担连带责任，债权人可以要求任何一个保证人承担全部保证责任，保证人都负有担保全部债权实现的义务。已经承担保证责任的保证人，有权向债务人追偿，或者要求承担连带责任的其他保证人清偿其应当承担的份额。

(2) 保证合同

保证人与债权人应当以书面形式订立保证合同。保证人与债权人可以就单个主合同分别订立保证合同，也可以协议在最高债权额限度内就一定期间连续发生的借款合同或者某项商品交易合同订立一个保证合同。保证合同应当包括以下内容：①被保证的主债权种类、数额；②债务人履行债务的期限；③保证的方式；④保证担保的范围；⑤保证的期间；⑥双方认为需要约定的其他事项。保证合同不完全具备前述规定内容的，可以补正。

(3) 保证方式

保证方式有一般保证与连带责任保证。当事人在保证合同中约定，债务人不能履行债务时，由保证人承担保证责任的，为一般保证。一般保证的保证人在主合同纠纷未经审判或者仲裁，并就债务人财产依法强制执行仍不能履行债务前，对债权人可以拒绝承担保证责任。有下列情形之一的，一般保证的保证人不得行使前述规定的权利：①债务人住所变更，致使债权人要求其履行债务发生重大困难的；②人民法院受理债务人破产案件，中止执行程序的；③保证人以书面形式放弃前述规定的权利的。当事人在保证合同中约定保证人与债务人对债务承担连带责任的，为连带责任保证。连带责任保证的债务人在主合同规定的债务履行期届满没有履行债务的，债权人可以要求债务人履行债务，也可以要求保证人在其保证范围内承担保证责任。当事人对保证方式没有约定或者约定不明确的，按照连带责任保证承担保证责任。一般保证和连带责任保证的保证人享有债务人的抗辩权。债务人放弃对债务的抗辩权的，保证人仍有权抗辩。抗辩权是指债权人行使债权时，债务人根据法定事由，对抗债权人行使请求权的权利。

(4) 保证责任

保证合同生效后，保证人就应当在合同约定的保证范围和保证期间承担保证责任。保证担保的范围包括主债权及利息、违约金、损害赔偿金和实现债权的费用。保证合同另有约定的，按照约定。当事人对保证担保的范围没有约定或者约定不明确的，保证人应当对全部债务承担责任。保证期间，债权人依法将主债权转让给第三人的，保证人在原保证担保的范围内继续承担保证责任。保证合同另有约定的，按照约定。保证期间，债权人许可债务人转让债务的，应当取得保证人书面同意，保证人对未经其同意转让的债务，不再承担保证责任。债权人与债务人协议变更主合同的，应当取得保证人书面同意，未经保证人书面同意的，保证人不再承担保证责任。保证合同另有约定的，按照约定。一般保证的保证人与债权人未约定保证期间的，保证期间为主债务履行期届满之日起 6 个月。连带责任保证的保证人与债权人未约定保证期间的，债权人有权自主债务履行期届满之日起 6 个月内要求保证人承担保证责任。

保证是建设工程活动中最为常用的担保方式。由于建设工程活动中担保的标的额较大，保证人往往是银行，也有信用较高的其他担保人（如担保公司）。银行出具的书面保证通常称为保函，其他保证人出具的书面保证一般称为保证书。

2. 抵押

抵押是指债务人或者第三人不转移对财产的占有，将该财产作为债权的担保。债务人不履行债务时，债权人有权依照法律规定以该财产折价或者以拍卖、变卖该财产的价款优先受偿。其中，债务人或者第三人为抵押人，债权人为抵押权人，提供担保的财产为抵押物。在国际上抵押是一种非常受欢迎的担保方式，因为它能比较充分地保障债权人的利益。采用抵押担保时，抵押人和抵押权人应以书面形式订立抵押合同。

《物权法》规定，可以设定抵押的财产包括：①建筑物和其他土地附着物；②建设用地使用权；③以招标、拍卖、公开协商等方式取得的荒地等土地承包经营权；④生产设备、原材料、半成品、产品；⑤正在建造的建筑物、船舶、航空器；⑥交通运输工具；⑦

法律、行政法规未禁止抵押的其他财产。

3. 定金

定金是合同签订后，但还没有履行前，当事人一方向另一方支付一定数额的金钱或其他有价代替物，以保证合同履行的担保方式。定金担保作用体现在：交付定金的一方不履行合同，则无权要求返还定金；收取定金的一方不履行合同，则应双倍返还定金。

应当注意的是，定金与预付款在形式上好像完全一样，但它们的性质是完全不同的，定金起担保作用，而预付款只是起资助作用。当当事人违约时，定金起着制裁违约方、补偿被违约方的作用，而预付款则无此作用，无论哪一方违约，均不得采取扣留预付款或要求双倍返还预付款的行为。定金也不同于违约金，定金是合同的一种担保方式，而违约金只是对违约的一种制裁手段，违约金并不事先支付，被违约方只能通过事后请求支付的方式才能真正获得。在建设工程勘察和设计合同中，通常都采用定金这种担保方式。

4. 留置权不适用于工程担保

《担保法》第 82 条规定："本法所称留置，是指依照本法第 84 条的规人按照合向约定占有债务人的动产，债务人不按照合同约定的期限的，债权人有权依照本法规定留置该财产，以该财产折价或者以拍该财产的价款优先受偿。"第 84 条规定："因保管合同、运输合同、合同发生的债权，债务人不履行债务的，债权人有留置权。法律规定的其他合同，适用前款规定。"《物权法》第 230 条规定："债务人不履行债务，债权人可以留置已经合法占有的债务人的动产，并有权就该动偿。前款规定的债权人为留置权人，占有的动产为留置财产。"依据我国《担保法》和《物权法》的规定，留置只成立于债务人的动产，针对建设工程不动产实施留置存在着法律上的障碍。况且留置权行使的前提是债权人必须依法占有对方的动产，即该动产在合同订立之时就已经存在了，但建设工程并不是在建设合同订立之时就存在的，它是根据合同的履行程度而逐渐形成的。所以从这个角度而言，建设工程是不能被留置的。

5. 我国的工程履约担保制度

(1) 投标保证金

我国《施工招标投标管理办法》中明确了投标保函和投标保证金两种投标担保方式，并说明投标保证金可以使用支票、银行汇票等，而且根据该法规所编制的《房屋建筑和市政基础设施工程施工招标文件范本》中，投标人可以提交的投标担保包括现金方式的投标保证金。在实务操作中，包括提交现金在内的投标保证金是我国建设工程领域认可的担保方式，并且被广泛采用。

(2) 履约保证金

履约保证金是履约担保形式之一。而履约担保是工程发包人为防止承包人在合同执行过程中违反合同规定或违约，并弥补给发包人造成的经济损失。其形式有履约保证金、履约银行保函和履约担保书三种。

2001 年 1 月 1 日起实施的《招标投标法》第 46 条规定："招标文件要求中标人提交履约保证金的，中标人应当提交。"该法没有明确交纳标准、方式及退还时间。2003 年 3 月 8 日正式施行的七部委即国家发展计划委员会、建设部、铁道部、交通部、信息产业部、水利部、中国民用航空总局《工程建设项目施工招标投标办法》第 62 条规定："招标人要求中标人提交履约保证金或其他形式的履约担保的，招标人应当同时向中标人提供工程款支付担保。”该文件同样也没有明确履约保证金的测算依据和缴纳办法。同时，该办法第85条规定：“招标人不履行与中标人订立的合同的，应当双倍返还中标人的履约保证金。”明显与担保法及其司法解释规定冲突。当履约保证金的约定具备定金性质时，发生纠纷则应适用《最高人民法院关于适用〈中华人民共和国担保法〉若干问题的解释》第115条规定“当事人约定以交付定金作为订立主合同担保的，给付定金的一方拒绝订立主合同的，无权要求返还定金；收受定金的一方拒绝订立合同的，应当双倍返还定金”。否则，应适用该解释第118条规定：“当事人交付留置金、担保金、保证金、定约金、押金或订金等，但没有约定定金性质，当事人主张定金权利的，人民法院不予支持。”

(3) 质量保修金与质量保证金

在工程领域，质量保修金指的是建设单位与施工单位在建设工程承包合同中约定或由施工单位做出承诺，在建筑工程竣工验收交付使用后，从应付的工程款中预留的用以维修建筑工程质量缺陷的资金。根据这一概念界定，可知质量保修金性质上是一种保证，针对的是维修义务，而非质量，即在保修期限和保修范围内，出现质量缺陷的，施工单位收到通知之后应负责维修，如果不履行维修义务，建设单位可以自行或者委托第三人代为修理，所产生的维修费用将来在预留的质量保修金中予以扣除。质量保修金的比例和数额由当事人双方在合同中约定，但不应超过施工合同价款的3%，实践中现在一般为5%。保修期内原施工单位负责保修，但由于保修而发生的费用由责任方承担。保修期限届满，如未发生修理费用，或只发生部分应由承保人承担的修理费用，发包人在质量保修期满后14天内，将剩余的保修金和利息返还承包人。

质量保证金，仅从字面理解，就可以看出其保证的对象是质量，而非维修，这点与质量保修金的保证对象不同。它指的是合同一方就所供设备（货物）的质量向对方所作的一种承诺，如果设备（货物）的质量符合约定，那么购买方就必须向对方给付该款项，如果设备（货物）质量不合格，应当将质量保证金作为违约金来处理。在工程领域，质量保证金指的是承包人根据建设单位的要求，在建设工程承包合同履行前，交付给建设单位，用以保证施工质量的资金，如果工程质量不能达到约定标准，施工方不仅需要无偿修复直至工程合格，且已付质量保证金充任违约金应被扣缴，质量保证金的保证对象一般是担保竣工验收前出现的质量问题。

在工程法律领域方面，唯一出现“质量保证金”这一提法的工程法规是建设部、财政部在2005年1月12日颁布的《建设工程质量保证金管理暂行办法》，然而该《办法》第2条规定：本办法所称建设工程质量保证金（保修金）是指发包人与承包人在建设工程承包合同中约定，从应付的工程款中预留，用以保证承包人在缺陷责任期内对建设工程出现的缺陷进行维修的资金。显然对于建设工程质量保证金和建设工程质量保修金是在同一含义上使用的。

6. 建设工程价款优先受偿权

(1) 建设工程价款优先受偿权的概念和确立

为了规范建筑行业的交易秩序，保护施工承包人的权益，解决工程款拖欠现象，《合同法》第286条规定：“发包人未按照约定支付价款的，承包人可以催告发包人在合理期限内支付价款。发包人逾期不支付的，除按照建设工程的性质不宜折价、拍卖的以外，承包人可以与发包人协议将该工程折价，也可以申请人民法院将该工程依法拍卖。建设工程的价款就该工程折价或者拍卖的价款优先受偿。”该条确立了建设工程承包人的优先受偿权。建设工程承包人价款的优先受偿权，是指建筑工程竣工后，建设工程承包人在发包人未按照合同约定给付工程价款时，工程价款的债权与抵押权或其他债权同时并存时，承包人就该工程折价或者拍卖所得的价款，享有优先于抵押权和其他债权受偿的权利。

2002 年 6 月 20 日公布《最高人民法院关于建设工程价款优先受偿权问题的批复》(法释〔2002〕16 号)，对于上海市高级人民法院《关于合同法第 286 条理解与适用问题的请示》，进行了答复，主要内容如下：①人民法院在审理房地产纠纷案件和办理执行案件中，应当依照《中华人民共和国合同法》第二百八十六条的规定，认定建筑工程的承包人的优先受偿权优于抵押权和其他债权。②消费者交付购买商品房的全部或者大部分款项后，承包人就该商品房享有的工程价款优先受偿权不得对抗买受人。③建筑工程价款包括承包人为建设工程应当支付的工作人员报酬、材料款等实际支出的费用，不包括承包人因发包人违约所造成的损失。④建设工程承包人行使优先权的期限为六个月，自建设工程竣工之日或者建设工程合同约定的竣工之日起计算。

在《批复》中，最高人民法院一方面强化了对建筑工程款债权的保护，明确指出建筑工程的承包人的优先受偿权不仅优先于一般债权还优先于抵押权；另一方面，也对建筑工程优先受偿权的行使进行了限制，即在消费者交付购买商品房的全部或者大部分款项后，承包人就该商品房享有的工程价款优先受偿权不得对抗买受人；同时，对享有优先受偿权的工程价款的范围和行使优先受偿权的期限进行了规定。这一司法解释的出台，在司法层面上有针对性地解决了建设工程优先受偿权在实务中的部分问题。

(2) 建设工程价款优先受偿权行使的条件

根据《合同法》第 286 条的规定，建设工程价款优先受偿权的成立应符合下列条件：①必须是建设工程合同中的施工合同所产生的建设工程价款。②必须是已经竣工验收合格的建设工程。③必须是为建设工程实际支出的劳务报酬、材料款等费用。④必须是经承包人催告后仍不支付的建设工程价款。⑤必须是允许折价、拍卖的建设工程。⑥承包人履行了催告义务。

(3) 建设工程价款优先受偿权行使的方式

根据《合同法》第 286 条的规定，行使建设工程价款优先受偿权的方式有两种：①由承包人与发包人协议将该建设工程折价；②由承包人申请法院依法拍卖。

9.4.4 建设工程合同的保全

合同的保全是指法律为防止合同债务人的财产不当减少，维护其财产状况，允许合同的债权人向债务人行使一定权利的制度。合同的保全也可理解为法律强制实施的一般担保，即债务人应以其所有的全部财产来保证其合同债务的履行。它可弥补保证、抵押、定金、留置等特殊担保及民事强制执行的不足。《合同法》所设立的合同保全有两种：代位权和撤销权。

1. 代位权

代位权是指因债务人怠于行使其到期债权，对债权人造成损害的，债权人可以向人民法院请求以自己的名义代位行使债务人的债权的权利。但是，按照《合同法》的规定，该债权专属于债务人自身的除外。代位权的行使范围以债权人的债权为限。债权人行使代位权的必要费用，由债务人负担。根据《合同法》司法解释（一）等，提起代位权诉讼，应当符合下列条件：①债权人对债务人的债权合法；②债务人怠于行使其到期债权，对债权人造成损害；③债务人的债权已到期；④债务人的债权不是专属于债务人自身的债权。

（1）建设工程领域应用代位权的主体

1）分包商对发包人的代位权。在工程项目实施过程中，总承包商不能从建设单位获得工程款，进而不能支付分包商合同价款的情况非常普遍。在这种情况下，分包商可以行使代位权维护自身利益，以自己的名义向发包人提起代位权之诉。

2）劳务工人、供应商对总承包商的代位权。在由分包商选择劳务施工队伍或材料设备供应商的项目管理模式之下，当分包商不能给付工人工资或材料款时，劳务工人（劳务公司）及供应商得以向拖欠分包商款项的总承包商提起代位权之诉。在工程实践中，一个工程项目中往往涉及多个施工队和供应商，在这种情况下需注意，根据合同法的司法解释，两个或者两个以上债权人以同一次债务人为被告提起代位权诉讼的，人民法院可以合并审理。当然，部分劳务工人作为债权人依法向次债务人（总承包商）提起代位权诉讼，法院判决对未成为原告的其他债权人同样发生法律拘束力。

（2）实际施工人的法律地位

最高人民法院关于审理《建设工程施工合同纠纷案件适用法律问题的解释》第26条规定："实际施工人以发包人为被告主张权利的，发包人只在欠付工程价款范围内对实际施工人承担责任。"该《解释》允许实际施工人以发包人被告主张权利，但是发包人只在欠付工程款的范围内对实际施工人承担责任。如果发包人与承包人（其上家）已完成工程价款结算，实际施工人则无权要求重新结算，只能要求发包人在欠付工程款的范围内支付工程款。因此有学者认为《解释》第26条其实是代位权的延伸，如果发包人与承包人已结清工程款，则实际施工人就丧失了要求发包人支付工程款的权利。

2. 撤销权

撤销权是指因债务人放弃其到期债权或者无偿转让财产，对债权人造成损害的，债权人可以请求人民法院撤销债务人的行为。债务人以明显不合理的低价转让财产，对债权人造成损害，并且受让人知道该情形的，债权人也可请求人民法院撤销债务人的行为。撤销权的行使范围以债权人的债权为限。债权人行使撤销权的必要费用，由债务人负担。撤销权自债权人知道或者应当知道撤销事由之日起一年内行使。自债务人的行为发生之日起五年内没有行使撤销权的，该撤销权消灭。

9.5 建设工程合同的变更、终止

9.5.1 建设工程合同的变更

1. 建设工程合同的变更的概念

建设工程合同变更的概念有广义和狭义之分。从广义上理解，建设工程合同的变更不仅包括合同内容的变更，而且还包括合同主体的变更。从狭义上理解，建设工程合同的变更仅指合同内容的变更。由于合同主体的变更实际上是合同权利义务的转让，而且我国《合同法》将合同变更与合同转让进行了区分，因此这里的建设工程合同的变更是指狭义上的变更，即建设工程合同内容的变更，不包括主体的变更，即不包括合同的转让。建筑工程项目具有规模大、结构复杂、建设周期长的特点，因此建设工程合同在履行的过程中不可避免地会因为工程施工条件和环境的变化对建设工程合同进行内容变更。

建设工程合同的变更一般指的是，建设工程合同依法成立后，在尚未履行或未完全履行时，当事人依法经过协商，或直接依据法律规定，对建设工程合同的内容进行修订或调整。

2. 建设工程合同变更的情形

根据我国《合同法》的规定，建设工程合同的变更，包括法定变更与协议变更两种情形。法定变更即依据法律规定而变更合同内容。协议变更，即合同当事人在合意的基础上，以协议的方式对合同的内容进行变更。

(1) 法定原因的变更

《合同法》第 283 条规定："发包人未按照约定的时间和要求提供原材料、设备、场地、资金、技术资料的，承包人可以顺延工程日期，并有权要求赔偿停工、窝工等损失。"这是在一方当事人违约的情形下，法律直接赋予另一方当事人变更合同的权利。

另外，根据《合同法》第 54 条的规定，当事人因重大误解、显失公平、欺诈、胁迫或者乘人之危而订立的合同，受损害一方有权请求人民法院或者仲裁机构变更或者撤销。根据《合同法》第 114 条的规定，约定的违约金低于造成的损失的，当事人可以请求人民法院或者仲裁机构予以增加；约定的违约金过分高于造成的损失的，当事人可以请求人民法院或者仲裁机构予以适当减少。

《合同法》司法解释（二）第 26 条规定，合同成立以后客观情况发生了当事人在订立合同时无法预见的、非不可抗力造成的不属于商业风险的重大变化，继续履行合同对于一方当事人明显不公平或者不能实现合同目的，当事人请求人民法院变更或者解除合同的，人民法院应当根据公平原则，并结合案件的实际情况确定是否变更或者解除。

(2) 协议变更

《合同法》第 77 条规定："当事人协商一致，可以变更合同。法律、行政法规规定变更合同应当办理批准、登记手续的，依照其规定。"这种变更必须取得当事人意思一致，当事人对合同变更的内容约定不明确的，推定为未变更。

建设工程的变更是通过工程签证来加以确认的。在中国建设工程造价管理协会于 2002 年发布的《工程造价咨询业务操作指导规程》中，工程签证被解释和定义为："按承发包合同约定，一般由承发包双方代表就施工过程中涉及合同价款之外的责任事件所作的签认证明。"建设工程施工合同所出现的工程签证，从法律定性上看，属于建设工程施工合同履行过程中的有关合同权利义务的增加或变更之性质。最高人民法院《关于审理建设工程施工合同纠纷案件适用法律问题的解释》的明确了工程签证的法律意义，《建设工程施工合同纠纷案件司法解释》第 19 条规定，当事人对工程量有争议的，按照施工过程中形成的签证等书面文件确认。承包人能够证明发包人同意其施工，但未能提供签证文件证明工程量发生的，可以按照当事人提供的其他证据确认实际发生的工程量。从该司法解释可以看到工程签证不是工程事实的简单记载，而是工程量争议确定的重要依据。

3. 建设工程合同变更的处理

(1) 除了法定情形外，一般应由当事人协商一致

通常情况下，工程量的增减，均有建设单位或施工方的工程变更单，经双方确认（签证）后施工。根据《建设工程施工合同（示范文本）》31.1 条的规定，承包人在工程变更

确定后 14 天内，提出变更工程价款的报告，经工程师确认后调整合同价款。

(2) 必须遵循法定程序和方式

根据《合同法》第 77 条第 2 款规定："法律、行政法规规定变更合同应当办理批准、登记手续的，依照其规定。"依据国务院 2017 年《建设工程质量管理条例》等相关规定，建设单位应当将施工图设计文件报县级以上人民政府建设行政主管部门或者其他有关部门审查，施工图设计文件未经审查批准的，不得使用。依据国务院 2015 年《建设工程勘察设计管理条例》等相关规定，建设工程勘察、设计文件内容需要作重大修改的，建设单位应当报经原审批机关批准后，方可修改。由此可见，施工图设计文件和勘察设计文件作为当事人之间合同权利义务的主要内容，如发生变更，应当经有关部门批准后才可以变更，否则应为无效。

根据《合同法》第 273 条的规定，"国家重大建设工程合同，应当按照国家规定的程序和国家批准的投资计划、可行性研究报告等文件订立"。国家重大建设工程合同的变更，若涉及内容的重大变化，如规模扩大、工期变化、质量标准改变等，都应当按照合同订立审批的程序进行合同变更的审批。

(3) 建设工程合同的变更不具有溯及力

建设工程合同变更的效力，由于建设工程合同的变更是在原合同的基础上将合同内容发生变化，因此建设工程合同依法变更后，发包人与承包人应按变更后的合同履行义务，任何一方违反变更后的合同内容都将违约。同时，由于建设工程合同的变更只是原合同内容的局部变更而非全部变更，因此对原合同中未变更的内容，仍然继续有效，双方应继续按原合同约定的内容履行义务。

建设工程合同的变更不具有溯及既往的效力，已经履行的债务不因合同的变更而失去法律依据。也就是说，无论是发包人还是承包人，均不得以变更后的合同条款来作为重新调整双方在变更前的权利义务关系的依据。

9.5.2 建设工程合同的转让

1. 建设工程合同的转让的概念

建设工程合同的转让，指的是合同的一方当事人依法将合同的权利义务全部或部分地转让给第三人，而合同内容并未发生变化的行为。其实质是建设工程合同主体的变更。

2. 建设工程合同的转让的种类

(1) 建设工程合同权利的转让

建设工程合同权利的转让指的是建设工程合同的权利人与第三人订立合同，将自己的合同权利全部或部分转移给第三人。根据《合同法》第 78 条规定，债权人可以将合同的权利全部或者部分转让给第三人，如承包人按照施工合同完工后，发包人拖欠工程款，承包人将索要工程款的权利转让给第三人。

因为当事人将合同权利转让给第三人对于债务人来说，基本不会增加债务人的负担，所以《合同法》79 条的规定，债权人转让权利的，应当通知债务人。未经通知，该转让对债务人不发生效力。

(2) 建设工程合同义务的转让

建设工程合同义务的转让指的是建设工程合同中负有义务的一方当事人，将自己的合同义务全部或部分转让给第三人的行为。如发包人将支付拖欠工程款的义务协议转让给第三人。因为合同义务的转让关系到债权人的权利能否实现和在多大程度上实现，所以根据《合同法》第 84 条规定，债务人将合同的义务全部或者部分转移给第三人的，应当经债权人同意。

(3) 建设工程合同权利义务的概括转让

建设工程合同权利义务的概括转让指的是建设工程合同的当事人将其在合同中的权利义务一并转移给第三人的行为，包括：合同转让和企业合并或分立引起的概括转让。如发包方与承包人签订施工合同后，因故将合同转让给第三人，由第三人取代原发包方在施工合同中的地位，承受其权利义务。因为权利义务的概括转让，涉及受让人的履行能力和债权人的权利实现，所以根据《合同法》第 88 条的规定，当事人一方经对方同意，可以将自己在合同中的权利和义务一并转让给第三人。

3. 建设工程合同转让与建设工程合同转包

建设工程合同的转包，指的是建设项目的承包人，在与发包人订立建设工程合同之后，将自己在合同中的权利义务全部转让给第三人。建设工程合同的转让与转包表面看来，有相似之处，但二者存在本质区别：

(1) 建设工程合同转让与转包的主体不同

一方面，转让主体可以是发包人或承包人；转包主体则只能是承包人。另一方面，合同权利义务依法全部转让后，转让人退出原建设工程合同，受让人取代转让人的法律地位，成为原合同的一方当事人，受让人直接对发包人负责。承包人转包后，存在两个合同关系，一个是原合同，当事人是发包人与承包人，另一个是转包合同，当事人是承包人与受让转包的新承包人，新承包人对原承包人负责，原承包人对发包人负责。

(2) 建设工程合同的转让只要依法进行，就是有效的；而转包是无效的

建设工程合同的转让，发包方转让合同的，只要经过了承包方的同意即可；承包方转让合同的，受让人应当具备相应的资质，并经过发包方同意即可。不过经过招标投标程序订立的建设工程合同，不能转让，因为根据《招标投标法》规定，中标人将中标项目转让给他人，或者将中标项目肢解后分别转让给他人的，转让无效。

转包过程中，第三人成为建设工程合同的受让人，合同的最终受让人成为实际履行人。转包的内在驱动力是以营利为目的的，因此合同层层转包的结果就会导致最终承建项目的实际施工单位，成本增大利润大幅减少，从而偷工减料谋取非法利益；另外，转包过程中也不可避免出现受让人不具备相应的资质而承揽工程的现象出现，这些都导致了建设工程质量的严重降低，甚至出现“豆腐渣”工程，因此，我国现行法律明确规定禁止转包。《建筑法》第 28 条规定：“禁止承包单位将其承包的全部建筑工程转包给他人，禁止承包单位将其承包的全部建筑工程肢解以后以分包的名义分别转包给他人。”由此可见，无论建设项目的转包是否经过发包人的同意，转包合同都是无效的。

4. 建设工程合同的转让与分包

建设工程合同的分包，指的是建设工程合同的总承包人将自己承建的部分工程项目发包给分包单位的行为。我国现行法律允许建设工程项目的分包。《合同法》第 272 条第 2 款和第 3 款规定：“总承包人或者勘察、设计、施工承包人经发包人同意，可以将自己承包的部分工作交由第三人完成。第三人就其完成的工作成果与总承包人或者勘察、设计、施工承包人向发包人承担连带责任。承包人不得将其承包的全部建设工程转包给第三人或

者将其承包的全部建设工程肢解以后以分包的名义分别转包给第三人。禁止承包人将工程分包给不具备相应资质条件的单位。禁止分包单位将其承包的工程再分包。建设工程主体结构的施工必须由承包人自行完成。”《建筑法》第 29 条规定：“建筑工程总承包单位可以将承包工程中的部分工程发包给具有相应资质条件的分包单位；但是，除总承包合同中约定的分包外，必须经建设单位认可。”建设工程项目的分包与转让都要经过合同对方当事人的同意，有相似之处，但也有本质区别：转让主体可以是建设项目的发包人，也可以是建设项目的承包人。当事人之间仅存在发包人与受让人之间的一个合同法律关系，而且合同转让的次数不受限制。分包主体只能是与发包人订立了建设工程合同的总承包人，合同的分包中存在总包合同与分包合同两个合同关系，而且，分包合同的内容不得超越总包合同。分包是承包人与分包人之间独立的合同法律关系，因此分包工程价款应由承包人与分包单位结算。

为了保证工程的质量，防止某些承包单位在拿到工程项目后以分包的名义倒手转包，损害发包人的利益，破坏建设市场秩序，现行法律对建设项目的分包作了严格的限制：

1）以承包合同施工总承包分包的，建筑工程主体结构的施工必须由总承包单位自行完成。

2）建筑工程总承包单位按照总承包合同的约定对建设单位负责；分包单位按照分包合同的约定对总承包单位负责。总承包单位和分包单位就分包工程对建设单位承担连带责任。

3）禁止总承包单位将工程分包给不具备相应资质条件的单位。承包人将工程分包给不具备相应资质条件的分包人，该分包合同无效。

4）禁止分包单位将其承包的工程再分包。以避免因层层分包造成责任不清以及因中间环节过多造成实际用于工程费用减少的问题。

5）禁止承包单位将其承包的全部建筑工程肢解以后以分包的名义分别转包给他人。

9.5.3　建设工程合同权利义务的终止

1. 建设工程合同的终止的概念

建设工程合同的终止，指的是建设工程合同因某种原因而引起当事人权利义务的消灭。建设工程合同终止的原因大致有三类：一是基于当事人的意思。二是基于合同目的的消灭。三是基于法律直接规定。建设工程合同终止主要包括合同履行完毕的自然终止，和履行过程中某种原因导致的合同终止。

根据《合同法》第 91 条的规定，导致合同终止的原因主要有：①债务已经按照约定履行；②合同解除；③债务相互抵消；④债务人依法将标的物提存；⑤债权人免除债务；⑥债权债务同归于一人（即混同）；⑦法律规定或者当事人约定终止的其他情形。如具有人身性质的合同之债，因当事人死亡而解除。

上述情形同样适用于建设工程合同的终止。建设工程实践中，除承发包双方当事人按照合同约定履行义务而导致合同的自然终止以外，最常见的就是因为合同解除而导致的建设工程合同的终止。

2. 建设工程合同的解除

（1）建设工程合同解除的概念

建设工程合同的解除，指合同成立之后，尚未履行或未全部履行之前，合同当事人依法行使解除权或者双方协商决定，提前解除合同效力，使基于合同而发生的债权债务关系归于消灭的行为。

(2) 建设工程合同解除的种类

根据合同解除是由单方面行使解除权解除合同，还是由双方当事人协商解除合同，合同解除可以分为：单方解除和双方解除。单方解除指的是具备当事人约定的或法律规定的解除条件时，享有解除权的一方行使解除权，单方通知对方解除合同，解除合同的通知到达对方时合同解除。双方解除，又称为协议解除，指的是当事人协商一致解除合同。根据合同解除的依据是法律规定还是当事人约定，可分为约定解除和法定解除。

1) 约定解除。根据《合同法》第93条规定，“当事人协商一致，可以解除合同。当事人可以约定一方解除合同的条件。解除合同的条件成就时，解除权人可以解除合同。”约定解除包括：①当事人协商一致解除合同。由于建设工程周期较长，在履行过程中，出现了某种情况，当事人认为没有必要继续履行合同，双方协商一致，解除原合同。②约定一方解除合同条件的解除。当事人在合同中约定了解除合同的条件，在履行过程中，约定解除条件出现时，当事人一方单方行使解除权，从而终止合同关系。

《建设工程施工合同（示范文本）》(GF-2017-0201)“通用条款”第16.1.3规定了因发包人违约解除合同。除专用合同条款另有约定外，承包人按第16.1.1项〔发包人违约的情形〕约定暂停施工满28天后，发包人仍不纠正其违约行为并致使合同目的不能实现的，或出现第16.1.1项〔发包人违约的情形〕第(7)(发包人明确表示或者以其行为表明不履行合同主要义务的)目约定的违约情况，承包人有权解除合同，发包人应承担由此增加的费用，并支付承包人合理的利润。

《建设工程施工合同（示范文本）》(GF-2017-0201)“通用条款”第16.2.3规定了因承包人违约解除合同。除专用合同条款另有约定外，出现第16.2.1项〔承包人违约的情形〕第(7)(承包人明确表示或者以其行为表明不履行合同主要义务的)目约定的违约情况时，或监理人发出整改通知后，承包人在指定的合理期限内仍不纠正违约行为并致使合同目的不能实现的，发包人有权解除合同。合同解除后，因继续完成工程的需要，发包人有权使用承包人在施工现场的材料、设备、临时工程、承包人文件和由承包人或以其名义编制的其他文件，合同当事人应在专用合同条款约定相应费用的承担方式。发包人继续使用的行为不免除或减轻承包人应承担的违约责任。

2) 法定解除。法定解除主要是适用于当事人不履行合同的主要义务，致使合同的目的无法实现的情形，《合同法》第94条规定：“有下列情形之一的，当事人可以解除合同：①因不可抗力致使不能实现合同目的；②在履行期限届满之前，当事人一方明确表示或者以自己的行为表明不履行主要债务；③当事人一方迟延履行主要债务，经催告后在合理期内仍未履行；④当事人一方迟延履行债务或者有其他违约行为致使不能实现合同目的；⑤法律规定的其他情形。”

(3) 解除权的行使

《合同法》第95条规定：“法律规定或者当事人约定解除权行使期限，期限届满当事人不行使的，该权利消灭。法律没有规定或者当事人没有约定解除权行使期限，经对方催告后在合理期限内不行使的，该权利消灭。”解除权的行使期限一般只存在于约定解除期限的解除和法定解除中，而协商解除是当事人双方协商解除合同，一般不会发生解除期限问题。《合同法》第96条规定，当事人一方依照《合同法》第93条第2款、第94条的规定主张解除合同的，应当通知对方。合同自通知到达对方时解除。对方有异议的，可以请求人民法院或者仲裁机构确认解除合同的效力。法律、行政法规规定解除合同应当办理批准、登记手续的，依照其规定。

(4) 合同解除的法律后果

根据《合同法》第97条和第98条的规定，建设工程合同解除后的法律后果有：①合同解除后，尚未履行的，终止履行。无论何种情形的解除，都是因为合同没有履行的必要或合同不能继续履行下去，因此，建设工程合同解除后，原合同失去法律效力，不应继续履行。②已经履行的，根据履行情况和合同性质，当事人可以要求恢复原状、采取其他补救措施，并有权要求赔偿损失。因为施工人已完成的工程存在严重的质量瑕疵，必须拆除重建，发包人会因承包人的严重违约解除合同，同时有权要求承包人拆除已建工程，恢复原状。当然，如果承包人已建部分工程符合质量安全等法律和合同约定的标准，发包人因其他原因解除合同的，就不能要求承包人拆除。另外，建设工程因一方违约导致合同解除的，违约方应当赔偿因此而给对方造成的损失。③合同的权利义务终止，不影响合同中结算和清理条款的效力。建设工程合同终止后，往往还涉及施工人已完成了部分工程，发包人也已支付部分工程款，已履行部分如何结算等等，合同当事人进行经济结算以及处理合同善后事宜，仍需要有依据，因此结算和清理条款具有相对的独立性，不因合同的解除而失效。

(5) 建设工程施工合同解除的特殊规定

最高人民法院2004年《建设工程施工合同纠纷案件司法解释》第8条和第9条，分别规定了发包人和承包人的解除权，对合同法第94条关于合同解除权规定适用于建设工程施工合同进行了具体规定，其目的是通过明确解除合同的条件，防止合同随意被解除，从而保证建设工程施工合同全面实际履行。

1) 发包人的合同解除权。根据《关于审理建设工程施工合同纠纷案件适用法律问题的解释》第8条规定，承包人具有下列情形之一，发包人请求解除建设工程施工合同的，应予支持：①明确表示或者以行为表明不履行合同主要义务的；该规定基本上套用了《合同法》第94条第（2）项的相关规定，对于发包人而言，承包人在合同中的主要债务即是承包人完成建设工程，如果承包人明示或者以自己的行为表示不履行合同的主要债务，也即不履行合同约定的主要义务，发包人有权解除合同。这一条是《合同法》本身赋予守约方解除权的情形。一般情况下，承包人是不愿意解除合同的，所以承包人明确表示其不履行合同主要义务即明示毁约的情形较少，但以行为表示不再履行合同即默示毁约在实务中普遍存在，如擅自停工。②合同约定的期限内没有完工，且在发包人催告的合理期限内仍未完工的；承包人在合同约定的期限内按时完工，是承包人的主要合同义务。没有完工即没有履行合同约定的主要义务。该条基本上是源于《合同法》第94条第（3）项的规定。③已经完成的建设工程质量不合格，并拒绝修复的；该项规定来源于《合同法》第94条第（4）项的规定。合同订立以后，当事人一方不按照合同的约定，履行合同义务，或者当事人一方履行合同义务不符合约定的，即是该当事人违约。当事人一方有违约行为并不导致另一方享有解除权，只有在一方违约致使不能实现合同目的时，另一方才享有解除权。④将承包的建设工程非法转包、违法分包的。《建设工程质量管理条例》第78条第2

款将违法分包列为下列行为：总承包单位将建设工程分包给不具备相应资质条件的单位的；建设工程总承包合同中未有约定，又未经建设单位认可，承包单位将其承包的部分建设工程交由其他单位完成的；施工总承包单位将建设工程主体结构的施工分包给其他单位的；分包单位将其承包的工程再分包的。因《关于审理建设工程施工合同纠纷案件适用法律问题的解释》第4条已明确了承包人非法转包、违法分包因违反《建筑法》的强制性规定无效。《合同法》分则关于建设工程施工合同一章最后一条即第287条规定："本章没有规定的，适用承揽合同的有关规定。"而承揽合同一章中则有定作人解除合同的规定，建设工程施工合同作为承揽合同的一种特殊形式，发包人也即定作人。故在承包人未经发包人同意或者说转包合同、违法分包合同无效的前提下，依照定作人解除合同的规定，发包人可以行使合同解除权，旨在对发包人利益的保护。

2）承包人的合同解除权。根据《关于审理建设工程施工合同纠纷案件适用法律问题的解释》第9条规定，发包人具有下列情形之一，致使承包人无法施工，且在催告的合理期限内仍未履行相应义务，承包人请求解除建设工程施工合同的，应予支持：

①未按约定支付工程价款的。在建设工程施工合同中，除合同约定需由施工单位带款垫资的情形外，按约定金额及期限支付工程款是发包人的主要合同义务，如果发包人未按约定支付工程款项，导致施工单位无法继续施工，施工单位可向发包人发出通知付款的催告，给对方以合理期限，只有在合理期限届满后发包人仍不履行支付义务的，承包人（施工单位）方可行使合同解除权。

②提供的主要建筑材料、建筑构配件和设备不符合强制性标准的。建筑材料、建筑构配件及设备直接关系到建筑工程质量，为此，《建设工程质量管理条例》第14条规定，由发包方提供的建筑材料、建筑构配件和设备应当符合设计文件及合同要求，同时施工单位必须按照工程设计要求、施工技术标准及合同约定，对建筑材料、建筑构配件等进行检验，未经检验或检验不合格的，不得在工程中使用，否则，除需承担赔偿责任外，还会受到较重的行政处罚。《中华人民共和国标准化法》第2条规定："强制性标准必须执行。"第25条规定："不符合强制性标准的产品、服务，不得生产、销售、进口或者提供。"《标准化法实施条例》第18条第3项规定："工程建设的质量、安全、卫生标准及国家需要控制的其他工程建设标准属于强制性标准。"第23条规定："从事科研、生产、经营的单位和个人，必须严格执行强制性标准。不符合强制性标准的产品，禁止生产、销售和进口"。由此看出，国家强制性标准是必须执行的最低质量标准，在发包人提供的建筑材料、建筑构配件或设备不符合该标准时，施工单位应当要求发包人在合理期限内进行更换修理，发包人拒绝履行的，施工单位有权行使合同解除权，解除施工合同。

③不履行合同约定的协助义务的。建设工程施工合同是承揽合同的特殊形式，因此，《合同法》第15章中有关承揽合同的一些规定，在建设工程合同中同样可以适用，依照《合同法》第259条的规定：承揽工作需要定作人协助的，定作人有协助的义务；定作人不履行协助义务致使承揽工作不能完成的，承揽人可催告其在合理期限内履行义务；定作人逾期不履行的，承揽人可以解除合同。一般而言，发包人必须履行的协助义务包括按约定的时间和要求提供原材料、设备、场地、资金及技术资料，办理施工所需的相关手续以及隐蔽工程检查等等，如果发包人未能履行有关协助义务，使施工单位无法继续施工，施工单位有权要求发包人在合理期限内提供，发包人仍不提供的，施工单位有权行使合同解

除权，解除施工合同。

3）建设工程施工合同解除的法律后果。根据《合同法》97、98 条和《关于审理建设工程施工合同纠纷案件适用法律问题的解释》第 10 条第 1 款规定，建设工程施工合同解除后，已经完成的建设工程质量合格的，发包人应当按照约定支付相应的工程价款；已经完成的建设工程质量不合格的，参照本解释第 3 条规定处理。而《关于审理建设工程施工合同纠纷案件适用法律问题的解释》第 3 条规定的处理原则是：经修复后的建设工程经竣工验收合格的，发包人应支付工程价款，但承包人应承担相应修复费用；如修复后的建设工程经竣工验收不合格，承包人请求支付工程价款的，不予支持。从这些规定中可以看出，合同解除后施工单位工程款能否得到结算的关键在于已完成工程的质量状况，如工程质量验收合格或虽不合格但经修复验收合格的，其工程款的结算要求仍可得到支持，但如果经修复后仍无法验收合格，其工程款的结算要求将不被支持。

依照《合同法》第 97 条及《关于审理建设工程施工合同纠纷案件适用法律问题的解释》第 10 条第 2 款的规定，因发包方违约导致合同解除的，发包人应赔偿因此而给施工单位造成的损失。一般而言，合同解除给施工方造成的损失应包括实际损失及可得利益的损失。其中实际损失包括因发包人违约导致停工的人工损失、工地管理费用增加的损失、机械设备租赁费用增加的损失以及因合同解除后撤场引起的费用损失等；而可得利益损失主要指由于未能完成施工使施工单位蒙受的预期可得利润的损失；因一方违约导致合同解除的，违约方应赔偿因此给对方造成的损失。因建设工程不合格造成的损失，发包人有过错的，也应承担相应的民事责任。

根据《建设工程施工合同（示范文本）》（GF-2017-0201）中通用条款的规定，在因发包人违约解除合同的情形中，承包人应妥善做好已完工程和与工程有关的已购材料、工程设备的保护和移交工作，并将施工设备和人员撤出施工现场，发包人应为承包人撤出提供必要条件。除专用合同条款另有约定外，出现承包人明确表示或者以其行为表明不履行合同主要义务的违约情形时；或监理人发出整改通知后，承包人在指定的合理期限内仍不纠正违约行为并致使合同目的不能实现的，发包人有权解除合同。合同解除后，因继续完成工程的需要，发包人有权使用承包人在施工现场的材料、设备、临时工程、承包人文件和由承包人或以其名义编制的其他文件，合同当事人应在专用合同条款约定相应费用的承担方式。发包人继续使用的行为不免除或减轻承包人应承担的违约责任。

除此之外，根据《合同法》中有关诚实信用原则的规定，施工单位还应履行解除合同后的相关通知、协助及保密等义务。

（6）建设工程设计合同解除的法律后果

《建设工程设计合同示范文本（房屋建筑工程）》（GF-2015-0209）第 14.1.1 规定，合同生效后，发包人因非设计人原因要求终止或解除合同，设计人未开始设计工作的，不退还发包人已付的定金或发包人按照专用合同条款的约定向设计人支付违约金；已开始设计工作的，发包人应按照设计人已完成的实际工作量计算设计费，完成工作量不足一半时，按该阶段设计费的一半支付设计费；超过一半时，按该阶段设计费的全部支付设计费。该阶段设计费的全部支付。合同解除后，设计人仍应对已提交设计资料及文件出现的遗漏或错误负责修改或补充。

（7）建设工程勘察合同解除的法律后果

《建设工程勘察合同（示范文本）》(GF-2016-0203) 第 14.1.2 规定，合同生效后，发包人无故要求终止或解除合同，勘察人未开始勘察工作的，不退还发包人已付的定金或发包人按照专用合同条款约定向勘察人支付违约金；勘察人已开始勘察工作的，若完成计划工作量不足 50%的，发包人应支付勘察人合同价款的 50%；完成计划工作量超过 50%的，发包人应支付勘察人合同价款的 100%。

9.6 建设工程合同的违约责任

9.6.1 违约责任的概念和特征

违约责任是违反合同的民事责任的简称，是指合同当事人一方不履行合同义务或履行合同义务不符合合同约定所应承担的民事责任。《民法总则》第 179 条、《合同法》第 107 条对违约责任均做了概括性规定。

1. 违约责任是一种民事责任

法律责任有民事责任、行政责任、刑事责任等类型，民事责任是指民事主体在民事活动中，因实施民事违法行为或基于法律的特别规定，依据民法所应承担的民事法律后果。《民法总则》专设“民事责任”一章（第八章），规定了违约责任和侵权责任两种民事责任。违约责任作为一种民事责任，在目的、构成要件、责任形式等方面均有别于其他法律责任。

2. 违约责任是违约方对相对方承担的责任

合同关系的相对性决定了违约责任的相对性，即违约责任是合同当事人之间的民事责任，合同当事人以外的第三人对当事人之间的合同不承担违约责任。合同法第 121 条规定：当事人一方因第三人的原因造成违约的，应当向对方承担违约责任。当事人一方和第三人之间的纠纷，依照法律规定或者按照约定解决。

3. 违约责任是履行合同不完全或不履行合同义务而承担的责任

违约责任是违反有效合同的责任。合同有效是承担违约责任的前提。违约责任以当事人不履行或不完全履行合同为条件。

4. 违约责任具有补偿性和一定的任意性

违约责任以补偿守约方因违约行为所受损失为主要目的，以损害赔偿为主要责任形式，故具有补偿性质。违约责任可以由当事人在法律规定的范围内约定，具有一定的任意性。合同法第 114 条第 1 款规定：当事人可以约定一方违约时应当根据违约情况向对方支付一定数额的违约金，也可以约定因违约产生的损失赔偿额的计算方法。

5. 违约责任是财产责任，不是人身责任

违约责任可以约定，如，约定违约金、约定定金；也可以直接适用法律的规定，如，支付赔偿金、强制实际履行等。

6. 违约责任有一定的选择性

违约相对人可以选择违约人承担违约责任的方式，比如说违约人违反约定没有完成合同义务，相对人可以在损害赔偿和违约金中选择一项要求违约人承担责任。不过这种选择是一种形成权，因此违约相对人一旦选择就不能改变，不然将会对违约人造成很多负担，不利于法律关系的稳定。

9.6.2 违约责任的构成要件和免责事由

1. 违约责任的构成要件

由于我国《合同法》实行严格的违约责任归责原则，因此采用的学说应为四要件说，也即违约责任的构成要件包括：有违约行为；有损害事实；违约行为与损害事实之间存在因果关系；无免责事由。

违约行为，是指当事人一方不履行合同义务或者履行合同义务不符合约定条件的行为。根据不同标准，可将违约行为做以下分类：

1）不能履行。又叫给付不能，是指债务人在客观上已经没有履行能力，或者法律禁止债务的履行。不能履行以订立合同时为标准，可分为自始不能履行和嗣后不能履行。前者可构成合同无效；后者是违约的类型。不能履行还可分为永久不能履行和一时不能履行。前者是指在合同履行期限或者可以为履行期限届满时不能履行；后者指在履行期限届满时因暂时的障碍而不能履行。

2）延迟履行。又称债务人延迟或者逾期履行，指债务人能够履行，但在履行期限届满时却未履行债务的现象。

3）不完全履行。是指债务人虽然履行了债务，但其履行不符合债务的本旨，包括标的物的品种、规格、型号、数量、质量、运输的方法、包装方法等不符合合同约定等。

4）拒绝履行。是债务人对债权人表示不履行合同。这种表示一般为明示的，也可以是默示的。

5）债权人延迟。或者成受领延迟，是指债权人对于以提供的给付，未为受领或者未为其他给付完成所必需的协力的事实。

6）预期违约。预期违约也称先期违约，是指在合同履行期限到来之前，一方无正当理由但明确表示其在履行期到来后将不履行合同，或者其行为表明其在履行期到来后将不可能履行合同。预期违约包括两种形态，即明示预期违约（明示毁约）和默示预期违约（默示毁约）。

2. 违约责任的免责事由

免责事由也称免责条件，是指当事人对其违约行为免于承担违约责任的事由。合同法上的免责事由可分为两大类，即法定免责事由和约定免责事由。法定免责事由是指由法律直接规定、不需要当事人约定即可援用的免责事由，主要指不可抗力；约定免责事由是指当事人约定的免责条款。

（1）不可抗力

所谓不可抗力，是指不能预见、不能避免并不能克服的客观情况。不可抗力主要包括以下几种情形：①自然灾害，如台风、洪水、冰雹；②政府行为，如征收、征用；③社会异常事件，如罢工、骚乱。不可抗力的免责效力。因不可抗力不能履行合同的，根据不可抗力的影响，违约方可部分或全部免除责任。

（2）免责条款

免责条款是指当事人在合同中约定免除将来可能发生的违约责任的条款，其所规定的免责事由即约定免责事由。免责条款必须在合同中明示做出，并且其构成合同的组成部分是合同有效的前提之一。免责条款不能排除当事人的基本义务，也不能排除故意或重大过失的责任，免责条款必须不得违背法律规定和社会公益，也就是不能违背公序良俗，以免造成对相对人的不利。

9.6.3 违约责任的承担方式

违约责任的形式，即承担违约责任的具体方式。对此，《民法总则》第111条和合同法第107条做了明文规定。《合同法》第107条规定：当事人一方不履行合同义务或者履行合同义务不符合约定的，应当承担继续履行、采取补救措施或者赔偿损失等违约责任。据此，违约责任有三种基本形式，即继续履行、采取补救措施和赔偿损失。当然，除此之外，违约责任还有其他形式，如违约金和定金责任。

1. 继续履行

当事人一方未支付价款或者报酬的，对方可以要求其支付价款或者报酬。当事人一方不履行非金钱债务或者履行非金钱债务不符合约定的，对方可以要求履行，但有下列情形之一的除外：①法律上或者事实上不能履行；②债务的标的不适于强制履行或者履行费用过高；③债权人在合理期限内未要求履行。

2. 采取补救措施

质量不符合约定的，应当按照当事人的约定承担违约责任。对违约责任没有约定或者约定不明确，依照合同法的规定仍不能确定的，受损害方根据标的的性质以及损失的大小，可以合理选择要求对方承担修理、更换、重作、退货、减少价款或者报酬等违约责任。

3. 赔偿损失

当事人一方不履行合同义务或者履行合同义务不符合约定的，在履行义务或者采取补救措施后，对方还有其他损失的，应当赔偿损失。当事人一方不履行合同义务或者履行合同义务不符合约定，给对方造成损失的，损失赔偿额应当相当于因违约所造成的损失，包括合同履行后可以获得的利益，但不得超过违反合同一方订立合同时预见到或者应当预见到的因违反合同可能造成的损失。经营者对消费者提供商品或者服务有欺诈行为的，依照《中华人民共和国消费者权益保护法》的规定承担损害赔偿责任。

当事人一方违约后，对方应当采取适当措施防止损失的扩大；没有采取适当措施致使损失扩大的，不得就扩大的损失要求赔偿。当事人因防止损失扩大而支出的合理费用，由违约方承担。

4. 违约金

当事人可以约定一方违约时应当根据违约情况向对方支付一定数额的违约金，也可以约定因违约产生的损失赔偿额的计算方法。约定的违约金低于造成的损失的，当事人可以请求人民法院或者仲裁机构予以增加；约定的违约金过分高于造成的损失的，当事人可以请求人民法院或者仲裁机构予以适当减少。当事人就迟延履行约定违约金的，违约方支付违约金后，还应当履行债务。

5. 定金

当事人可以依照《中华人民共和国担保法》约定一方向对方给付定金作为债权的担保。债务人履行债务后，定金应当抵作价款或者收回。给付定金的一方不履行约定的债务的，无权要求返还定金；收受定金的一方不履行约定的债务的，应当双倍返还定金。当事人既约定违约金，又约定定金的，一方违约时，对方可以选择适用违约金或者定金条款。

9.7　建设工程合同的示范文本和主要内容

9.7.1　建设工程合同的示范文本

由于建设工程合同的特殊性，国家对其合同文本的使用有较强的指导性，建设部等行政主管部门定期发布建设工程合同的示范文本，作为指导各建设工程发包人与承包人明确双方权利义务的主要参照。

1. 建设工程勘察设计合同示范文本

为了指导建设工程勘察合同当事人的签约行为，维护合同当事人的合法权益，依据《中华人民共和国合同法》、《中华人民共和国建筑法》、《中华人民共和国招标投标法》等相关法律法规的规定，住房和城乡建设部、国家工商行政管理总局于 2016 年对《建设工程勘察合同（一）〔岩土工程勘察、水文地质勘察（含凿井）、工程测量、工程物探〕》（GF-2000-0203）及《建设工程勘察合同（二）〔岩土工程设计、治理、监测〕》（GF-2000-0204）进行修订，制定了《建设工程勘察合同（示范文本）》（GF-2016-0203）。该示范文本合同条款的主要内容包括：一般约定、发包人、勘察人、工期、成果资料、后期服务、合同价款与支付、变更与调整、知识产权、不可抗力、合同生效与终止、合同解除、责任与保险、违约、索赔、争议解决及补充条款等。

建设工程设计合同示范文本按照适用工程种类的不同，分为两个版本，它们分别是《建设工程设计合同示范文本（房屋建筑工程）》（GF-2015-0209）和《建设工程设计合同示范文本（专业建设工程）》（GF-2015-0210）。

为了指导建设工程设计合同当事人的签约行为，维护合同当事人的合法权益，依据《中华人民共和国合同法》、《中华人民共和国建筑法》、《中华人民共和国招标投标法》以及相关法律法规，住房城乡建设部、工商总局于 2015 年对《建设工程设计合同（一）（民用建设工程设计合同）》（GF-2000-0209）进行了修订，制定了《建设工程设计合同示范文本（房屋建筑工程）》（GF-2015-0209）。该示范文本合同条款的主要内容包括：一般约定、发包人、设计人、工程设计资料、工程设计要求、工程设计进度与周期、工程设计文件交付、工程设计文件审查、施工现场配合服务、合同价款与支付、工程设计变更与索赔、专业责任与保险、知识产权、违约责任、不可抗力、合同解除、争议解决等。

为了指导建设工程设计合同当事人的签约行为，维护合同当事人的合法权益，依据《中华人民共和国合同法》、《中华人民共和国建筑法》、《中华人民共和国招标投标法》以及相关法律法规，住房城乡建设部、工商总局于 2015 年对《建设工程设计合同（二）（专业建设工程设计合同）》（GF-2000-0210）进行了修订，制定了《建设工程设计合同示范文本（专业建设工程）》（GF-2015-0210）。该示范文本合同条款的主要内容包括：一般约定、发包人、设计人、工程设计资料、工程设计要求、工程设计进度与周期、工程设计文件交付、工程设计文件审查、施工现场配合服务、合同价款与支付、工程设计变更与索赔、专业责任与保险、知识产权、违约责任、不可抗力、合同解除、争议解决等。

2. 建设工程施工合同示范文本

为了指导建设工程施工合同当事人的签约行为，维护合同当事人的合法权益，依据《中华人民共和国合同法》、《中华人民共和国建筑法》、《中华人民共和国招标投标法》以及相关法律法规，住房城乡建设部、国家工商行政管理总局于2017年对《建设工程施工合同（示范文本）》（GF-2013-0201）进行了修订，制定了《建设工程施工合同（示范文本）》(GF-2017-0201)。该《示范文本》由合同协议书、通用合同条款和专用合同条款三部分组成。

（1）合同协议书

《示范文本》合同协议书共计13条，主要包括：工程概况、合同工期、质量标准、签约合同价和合同价格形式、项目经理、合同文件构成、承诺以及合同生效条件等重要内容，集中约定了合同当事人基本的合同权利义务。

（2）通用合同条款

通用合同条款是合同当事人根据《中华人民共和国建筑法》、《中华人民共和国合同法》等法律法规的规定，就工程建设的实施及相关事项，对合同当事人的权利义务做出的原则性约定。通用合同条款共计20条，具体条款分别为：一般约定、发包人、承包人、监理人、工程质量、安全文明施工与环境保护、工期和进度、材料与设备、试验与检验、变更、价格调整、合同价格、计量与支付、验收和工程试车、竣工结算、缺陷责任与保修、违约、不可抗力、保险、索赔和争议解决。前述条款安排既考虑了现行法律法规对工程建设的有关要求，也考虑了建设工程施工管理的特殊需要。

（3）专用合同条款

专用合同条款是对通用合同条款原则性约定的细化、完善、补充、修改或另行约定的条款。合同当事人可以根据不同建设工程的特点及具体情况，通过双方的谈判、协商对相应的专用合同条款进行修改补充。

《示范文本》为非强制性使用文本，适用于房屋建筑工程、土木工程、线路管道和设备安装工程、装修工程等建设工程的施工承发包活动，合同当事人可结合建设工程具体情况，根据《示范文本》订立合同，并按照法律法规规定和合同约定承担相应的法律责任及合同权利义务。

3. FIDIC合同条件

FIDIC即是国际咨询工程师联合会，它于1913年在英国成立。第二次世界大战结束后FIDIC发展迅速起来。至今已有60多个国家和地区成为其会员。中国于1996年正式加入。FIDIC是世界上多数独立的咨询工程师的代表，是最具权威的咨询工程师组织，它推动着全球范围内高质量、高水平的工程咨询服务业的发展。FIDIC专业委员会编制了一系列规范性合同条件，构成了FIDIC合同条件体系。它们不仅被FIDIC会员国在世界范围内广泛使用，也被世界银行、亚洲开发银行、非洲开发银行等世界金融组织在招标文件中使用。在FIDIC合同条件体系中，最著名的有：《土木工程施工合同条件》（Conditions of Contract for Work Of Civil Engineering Construction，通称FIDIC“红皮书”）、《电气和机械工程合同条件》(Conditions of Contract for Electrical and Mechanical Works，通称FIDIC“黄皮书”)、《业主/咨询工程师标准服务协议书》（Client/Consulant Model Services Agreement，通称FIDIC“白皮书”）、《设计—建造与交钥匙工程合同条件》（Conditions of Contract for Design-Build and Turnkey，通称FIDIC“桔皮书”）等。

为了适应国际工程业和国际经济的不断发展，FIDIC对其合同条件要进行修改和调整，以令其更能反映国际工程实践，更具有代表性和普遍意义，更加严谨、完善，更具权威性和可操作性。尤其是近十几年，修改调整的频率明显增大。如被誉为土木工程合同的圣经的“红皮书”，第一版制定于1957年，随后于1963、1977、1987年分别出了第二、三、四版。1988、1992年又2次对第四版进行修改，1996年又作了增补。1999年，FIDIC在原合同条件基础上又出版了2份新的合同条件。这是迄今为止FIDIC合同条件的最新版本。施工合同条件（Condition of Contract for Construction，简称“新红皮书”）。新红皮书与原红皮书相对应，但其名称改变后合同的适用范围更大。该合同主要用于由业主设计的或由咨询工程师设计的房屋建筑工程（Building Works）和土木工程（Engineering Works）。永久设备和设计—建造合同条件（Conditions of Contract for Plant and Design-Build，简称“新黄皮书”）。新黄皮书与原黄皮书相对应，其名称的改变便于与新红皮书相区别。在新黄皮书条件下，承包商的基本义务是完成永久设备的设计、制造和安装。EPC交钥匙项目合同条件（Conditions of Contract for EPC Turnkey Projects，简称“银皮书”）。银皮书又可译为“设计-采购-施工交钥匙项目合同条件”，它与桔皮书相似但不完全相同。它适于工厂建设之类的开发项目。是包含了项目策划、可行性研究、具体设计、采购、建造、安装、试运行等在内的全过程承包方式。承包商“交钥匙”时，提供的是一套配套完整的可以运行的设施。合同的简短格式（Short Form of Contract），该合同条件主要适于价值较低的或形式简单、重复性的、工期短的房屋建筑和土木工程。以上几个合同文本日前正由中国工程咨询协会FIDIC文献编译委员会翻译和组织出版。

(1) FIDIC出版的各类合同条件

FIDIC出版的各类合同条件先后有：①《土木工程施工合同条件》(1987年第4版，1992年修订版)(红皮书)；②《电气与机械工程合同条件》(1988年第2版)(黄皮书)；③《土木工程施工分包合同条件》(1994年第1版)(与红皮书配套使用)；④《设计—建造与交钥匙工程合同条件》(1995年版)(桔皮书)；⑤《施工合同条件》(1999年第一版)；⑥《生产设备和设计—施工合同条件》(1999年第一版)；⑦《设计采购施工(EPC)/交钥匙工程合同条件》(1999年第一版)；⑧《简明合同格式》(1999年第一版)；⑨多边开发银行统一版《施工合同条件》(2005年版)等。

FIDIC于1999年出版的四种新版的合同条件，是在继承了以往合同条件的优点的基础上，在内容、结构和措辞等方面作了较大修改，进行了重大的调整。称为第一版可为今后改进留有余地。2002年，中国工程咨询协会经FIDIC授权将新版合同条件译成中文本。

(2) 四种新版的合同条件及其适用范围

1)《施工合同条件》。《施工合同条件》(Conditions of Contract for Construction)，简称“新红皮书”。该文件推荐用于有雇主或其代表-工程师设计的建筑或工程项目，主要用于单价合同。在这种合同形式下，通常由工程师负责监理，由承包商按照雇主提供的设计施工，但也可以包含由承包商设计的土木、机械、电气和构筑物的某些部分。

2)《生产设备和设计—施工合同条件》。《生产设备和设计—工合同条件》(Conditions of Contract for Plant and Design-Build)，简称“新黄皮书”。该文件推荐用于电气和（或）机械设备供货和建筑或工程的设计与施工，通常采用总价合同。由承包商按照雇主的要求，设计和提供生产设备和（或）其他工程，可以包括土木、机械、电气和建筑物的任何组合，进行工程总承包。但也可以对部分工程采用单价合同。

3)《设计采购施工(EPC)/交钥匙工程合同条件》。《设计采购施工(EPC)/交钥匙工程合同条件》(Conditions of Contract for EPC/Turnkey Projects)，简称“银皮书”该文件可适用于以交钥匙方式提供工厂或类似设施的加工或动力设备、基础设施项目或其他类型的开发项目，采用总价合同。这种合同条件下，项目的最终价格和要求的工期具有更大程度的确定性；由承包商承担项目实施的全部责任，雇主很少介入。即由承包商进行所有的设计、采购和施工，最后提供一个设施配备完整、可以投产运行的项目。

4)《简明合同格式》。《简明合同格式》(Short Form of Contract)，简称“绿皮书”。该文件适用于投资金额较小的建筑或工程项目。根据工程的类型和具体情况，这种合同格式也可用于投资金额较大的工程，特别是较简单的或重复性的、工期短的工程。在此合同格式下，一般都由承包商按照雇主或其代表—工程师提供的设计实施工程，但对于部分或完全由承包商设计的土木、机械、电气和（或）构筑物的工程，此合同也同样适用。

FIDIC合同条件是在总结了各个国家、各个地区的业主、咨询工程师和承包商各方经验基础上编制出来的，也是在长期的国际工程实践中形成并逐渐发展成熟起来的，是目前国际上广泛采用的高水平的、规范的合同条件。这些条件具有国际性、通用性和权威性。其合同条款公正合理，职责分明，程序严谨，易于操作。考虑到工程项目的一次性、唯一性等特点，FIDIC合同条件分成了“通用条件”(General Conditions)和“专用条件”(Conditions of Particular Application)两部分。通用条件适于某一类工程。如红皮书适于整个土木工程（包括工业厂房、公路、桥梁、水利、港口、铁路、房屋建筑等)。专用条件则针对一个具体的工程项目，是在考虑项目所在国法律法规不同、项目特点和业主要求不同的基础上，对通用条件进行的具体化的修改和补充。

每一种FIDIC合同条件文本主要包括两个部分，即通用条件和专用条件，在使用中可利用专用条件对通用条件的内容进行修改和补充，以满足各类项目和不同需要。FIDIC系列合同条件的优点是，具有国际性、通用性、公正性和严密性；合同各方职责分明，各方的合法权益可以得到保障；处理与解决问题程序严谨，易于操作。FIDIC合同条件把与工程管理相关的技术、经济、法律三者有机地结合在一起，构成了一个较为完善的合同体系。

9.7.2 建设工程勘察、设计合同主要内容

1. 建设工程勘察、设计合同的主要内容

根据《合同法》的规定，建筑工程勘察设计合同应包括以下内容：①工程概况，工程名称、地点、规模；②发包方提供资料的内容、技术要求和期限；③承包方勘察的范围、进度和质量，设计的阶段、进度、质量和设计文件的份数及交付日期；④勘察设计收费的依据、收费标准及拨付办法；⑤双方当事人的权利与义务；⑥违约责任；⑦争议的解决方式等。

2. 建设工程勘察设计合同当事人的权利和义务

一般来说，建设工程勘察。设计合同双方当事人的权利、义务是相互对应的，即发包方的权利往往是承包方的义务，而承包方的权利又往往是发包方的义务。因此，以下只阐述双方当事人的义务。

(1) 建设工程勘察、设计合同发包方的主要义务

建设工程勘察、设计合同发包方的主要义务主要包括：①发包方应向工程勘察项目承包方提供勘察范围图和建筑平面布置图，提交勘察技术要求及附图；向工程设计项目承包方提供设计任务书、选址报告、满足初步设计要求的勘察资料及经过批准的资源、燃料、水电、运输等方面的协议文件。②向勘察设计项目的承包方提供必要的生活和工作条件。

③负责勘查现场的通水、通电、通路和场地平整工作。④及时向有关部门申请取得各设计阶段的批准文件，明确设计的范围和深度。⑤尊重勘察设计方的勘察设计成果，不得私自修改，不得转借他人，如双方约定了保密义务，则委托方不得泄露文件内容。

（2）建设工程勘察设计合同承包方的主要义务

建设工程勘察设计合同承包方的主要义务包括：①按照勘察设计合同的要求向委托方按时提交勘察成果和设计文件。②初步设计经上级主管部门审查后，在原定任务书范围内的必要修改由承包方负责，承包方对于勘察工作中的遗漏项目应及时进行补充勘察并自行承担补充勘察的有关费用。③对勘察设计成果负瑕疵担保责任。勘察人、设计人应对其提交给委托人的勘察、设计成果的质量进行担保。工程即使进入施工安装阶段，如发现属勘察人、设计人的勘察设计成果有质量瑕疵从而引起工程返工、窝工、建设费用增加的，应由勘察设计人负担造成的损失。④承包方对所承担设计任务的建设项目应配合施工，进行施工前设计技术交底，解决施工过程中的有关设计问题，负责设计变更和修改预算，参加试车考核和隐蔽工程及工程竣工验收，必要时应派员现场设计。

3. 建设工程勘察设计合同当事人的违约责任

（1）发包方的违约责任

发包方因所提供勘察设计的资料不准或未按合同约定支付勘察设计费等应承担相应的违约责任。主要表现在以下几个方面：①发包方未按期提供勘察设计所需的原材料、设备、场地、资金、技术资料，致使工程未能按期进行的，承包方可以顺延工期，承包人由此造成的损失，应由发包人承担；②发包方提供的资料不准确，或中途改变建设计划造成勘察设计工作的返工、窝工、停工或修改计划的，发包方应按承包人的实际消耗工作量增付费用；③发包方未能按期接收承包方的工作成果的，应偿付逾期违约金；④发包方如不履行合同，无权请求返还定金。

（2）承包方的违约责任

承包方的责任主要是承包方未能按合同的约定提交勘察设计文件以及由于勘察设计错误而应承担的有关违约责任。主要表现在以下几个方面：①因勘察、设计质量低劣而引起工程返工，勘察、设计单位应当承担返工所支出的各种费用；②勘察设计单位未能按期提交勘察设计文件，致使拖延工期造成损失的，由勘察、设计单位继续完善勘察、设计，承担相应部分的勘察、设计费，并赔偿因拖延工期造成的损失；③由于勘察、设计错误而造成工程重大质量事故的，承包方除免收损失部分的勘察设计费用外，还应承担一定数额的赔偿金；④承包方如不能履行合同，应双倍返还定金。

9.7.3 建设工程施工合同的主要内容

建设工程施工合同是发包方（建设单位或总包单位）和承包方（施工单位）为完成特定的建筑安装工程任务，明确相互权利义务关系的协议。建设工程施工合同是建筑、安装合同的合称。

1. 建设工程施工合同应具备的条款

根据《合同法》的规定，建筑工程施工合同应包括以下条款：

1）工程名称和地点；

2）建设工期，中间交工工程开、竣工时间；

3）工程质量；

4）工程造价；

5）承包工程的预付金、工程进度款及工程决算的支付时间与方式；

6）材料和设备的供应责任；

7）当一方提出迟延开工日期或中止工程的全部或一部分时，有关工期变更、承包金额变更或损失的承担及估算方法；

8）由于价格变动而变更承包金额或工程内容的规定和估算方法；

9）竣工验收；

10）违约责任；

11）合同争议的解决方式；

12）其他约定条款。

2. 发包方的主要义务

（1）许可或批准

发包人应遵守法律，并办理法律规定由其办理的许可、批准或备案，包括但不限于建设用地规划许可证、建设工程规划许可证、建设工程施工许可证、施工所需临时用水、临时用电、中断道路交通、临时占用土地等许可和批准。发包人应协助承包人办理法律规定的有关施工证件和批件。因发包人原因未能及时办理完毕前述许可、批准或备案，由发包人承担由此增加的费用和（或）延误的工期，并支付承包人合理的利润。

（2）发包人代表

发包人应在专用合同条款中明确其派驻施工现场的发包人代表的姓名、职务、联系方式及授权范围等事项。发包人代表在发包人的授权范围内，负责处理合同履行过程中与发包人有关的具体事宜。发包人代表在授权范围内的行为由发包人承担法律责任。发包人更换发包人代表的，应提前7天书面通知承包人。发包人代表不能按照合同约定履行其职责及义务，并导致合同无法继续正常履行的，承包人可以要求发包人撤换发包人代表。不属于法定必须监理的工程，监理人的职权可以由发包人代表或发包人指定的其他人员行使。

（3）发包人员

发包人应要求在施工现场的发包人员遵守法律及有关安全、质量、环境保护、文明施工等规定，并保障承包人免于承受因发包人员未遵守上述要求给承包人造成的损失和责任。发包人员包括发包人代表及其他由发包人派驻施工现场的人员。

（4）施工现场、施工条件和基础资料的提供

提供施工现场。除专用合同条款另有约定外，发包人应最迟于开工日期7天前向承包人移交施工现场。

提供施工条件。除专用合同条款另有约定外，发包人应负责提供施工所需要的条件，包括：将施工用水、电力、通信线路等施工所必需的条件接至施工现场内；保证向承包人提供正常施工所需要的进入施工现场的交通条件；协调处理施工现场周围地下管线和邻近建筑物、构筑物、古树名木的保护工作，并承担相关费用；按照专用合同条款约定应提供的其他设施和条件。

提供基础资料。发包人应当在移交施工现场前向承包人提供施工现场及工程施工所必需的毗邻区域内供水、排水、供电、供气、供热、通信、广播电视等地下管线资料，气象和水文观测资料，地质勘查资料，相邻建筑物、构筑物和地下工程等有关基础资料，并对

所提供资料的真实性、准确性和完整性负责。按照法律规定确需在开工后方能提供的基础资料，发包人应尽其努力及时地在相应工程施工前的合理期限内提供，合理期限应以不影响承包人的正常施工为限。

逾期提供的责任。因发包人原因未能按合同约定及时向承包人提供施工现场、施工条件、基础资料的，由发包人承担由此增加的费用和（或）延误的工期。

（5）资金来源证明及支付担保

除专用合同条款另有约定外，发包人应在收到承包人要求提供资金来源证明的书面通知后 28 天内，向承包人提供能够按照合同约定支付合同价款的相应资金来源证明。除专用合同条款另有约定外，发包人要求承包人提供履约担保的，发包人应当向承包人提供支付担保。支付担保可以采用银行保函或担保公司担保等形式，具体由合同当事人在专用合同条款中约定。

（6）支付合同价款

发包人应按合同约定向承包人及时支付合同价款。

（7）组织竣工验收

发包人应按合同约定及时组织竣工验收。

（8）现场统一管理协议

发包人应与承包人、由发包人直接发包的专业工程的承包人签订施工现场统一管理协议，明确各方的权利义务。施工现场统一管理协议作为专用合同条款的附件。

3. 承包方的主要义务

承包人在履行合同过程中应遵守法律和工程建设标准规范，并履行以下义务：

（1）办理法律规定应由承包人办理的许可和批准，并将办理结果书面报送发包人留存；

（2）按法律规定和合同约定完成工程，并在保修期内承担保修义务；

（3）按法律规定和合同约定采取施工安全和环境保护措施，办理工伤保险，确保工程及人员、材料、设备和设施的安全；

（4）按合同约定的工作内容和施工进度要求，编制施工组织设计和施工措施计划，并对所有施工作业和施工方法的完备性和安全可靠性负责；

（5）在进行合同约定的各项工作时，不得侵害发包人与他人使用公用道路、水源、市政管网等公共设施的权利，避免对邻近的公共设施产生干扰。承包人占用或使用他人的施工场地，影响他人作业或生活的，应承担相应责任；

（6）按照第 6.3 款〔环境保护〕约定负责施工场地及其周边环境与生态的保护工作；

（7）按第 6.1 款〔安全文明施工〕约定采取施工安全措施，确保工程及其人员、材料、设备和设施的安全，防止因工程施工造成的人身伤害和财产损失；

（8）将发包人按合同约定支付的各项价款专用于合同工程，且应及时支付其雇用人员工资，并及时向分包人支付合同价款；

（9）按照法律规定和合同约定编制竣工资料，完成竣工资料立卷及归档，并按专用合同条款约定的竣工资料的套数、内容、时间等要求移交发包人；

（10）应履行的其他义务。

4. 发包人违约的责任

发包人应承担因其违约给承包人增加的费用和(或)延误的工期，并支付承包人合理的利润。此外，合同当事人可在专用合同条款中另行约定发包人违约责任的承担方式和计算方法。

5. 承包人违约的责任

承包人应承担因其违约行为而增加的费用和（或）延误的工期。此外，合同当事人可在专用合同条款中另行约定承包人违约责任的承担方式和计算方法。

第十章　建设工程监理法律制度

10.1　建设工程监理法律制度概述

10.1.1　建设工程监理的产生与发展

1. 建设工程监理的产生背景

从中华人民共和国成立直至20世纪80年代，由于经济基础薄弱，建设投资和物资短缺，我国固定资产投资基本上是由国家统一安排计划，由国家统一财政拨款。当时项目管理通常采用两种形式：对于一般建设工程，由建设单位组成筹建机构，自行管理；对于重大建设工程，则从与该工程相关的单位抽调人员组成工程建设指挥部，由指挥部进行管理。由于这两种形式都是针对一个特定的建设工程临时组建的管理机构，相当一部分人员不具有建设工程管理的知识和经验，使我国建设工程管理水平长期在低水平徘徊，当时建设工程领域中概算超估算、预算超概算、结算超预算、工期延长的现象较为普遍。

20世纪80年代，我国进入了改革开放的新时期，国务院决定在基本建设和建筑业领域采取一些重大的改革措施。改革传统的建设工程管理形式，已经势在必行。改革开放以后，"三资"项目、贷款项目越来越多，在这些项目的建设管理中，业主基本上都要求采用国际通用的工程管理制度，这其中最有代表性、最有划时代意义的就是"鲁布革水电站"项目。1982年，我国与世界银行为"鲁布革水电站引水工程"签订借款1.45亿美元的协议。世界银行作为贷款条件之一，要求中方必须采用FIDIC合同管理条件，建立能够代表业主全权履行合同业务及对项目进行统筹管理的项目管理班子，即设置"工程师"(Engineer) 机构，按国际合同管理方式代表业主对工程进行现场综合监督管理，以保证项目管理的顺利实施。这种工程建设项目管理组织实施方式，影响了工程监理的理论定位，从而形成了最初提出的工程监理是代表业主对建设工程全过程、全面监督管理的概念。"工程师"的设置，使得该工程工期大大提前，费用大大节约，产生显著经济效益，在工期、劳动生产率和工程质量方面创造了当时三项全国纪录。

在随后的项目建设中，监理的介入使项目在投资控制、进度控制和质量控制方面均取得了令人满意的效果。例如，利用世界银行贷款的京津塘高速公路建设，由我国监理工程师为主进行工程监理，在工程质量方面取得了突出成绩，赢得了国内外的好评，监理在工程建设上的突出表现，最终引起了我国建设领域上层的重视与认同。

2. 我国建设工程监理的历史发展

1988年7月，建设部发布了《关于开展建设监理工作的通知》，提出建立具有中国特色的建设监理制度。该通知明确阐述了在我国建立实施建设监理制度的必要性，建设监理的范围和对象，建设监理的组织机构和工作内容以及实施建设监理的步骤。该通知的发布标志着我国监理事业的正式开始。此后，政府部门先后出台了《工程建设监理规定》、《工程建设监理单位资质管理试行办法》等多项规范性文件，这些规定的发布，进一步加强了政府对建设监理工作的管理，规范了工程监理行为，保障并促进了工程监理工作的健康发展。

1995年12月15日，建设部和国家计委印发《工程建设监理规定》的通知，自1996年1月1日起实施，同时废止建设部1989年7月28日发布的《建设监理施行规定》。至此，建设监理制度进入全面推行阶段。1997年《中华人民共和国建筑法》以法律制度的形式作出规定，国家推行建设工程监理制度，从而使建设工程监理在全国范围内进入全面推行阶段。

2000年1月30日，国务院发布施行的《建设工程质量管理条例》（国务院令第279号），对工程监理单位的质量责任和义务做出具体的规定。2004年2月1日起施行的国务院颁布的《建设工程安全生产管理条例》（国务院令第393号），对工程监理企业承担建设工程安全生产的监理责任作出规定。《建设工程质量管理条例》和《建设工程安全生产管理条例》的出台，进一步明确了工程监理在质量管理和安全生产管理方面的法律责任、权利和义务。

2006年1月26日，建设部发布《注册监理工程师注册管理规定》（建设部令第147号），同时废止1992年6月4日建设部颁布的《监理工程师资格考试和注册试行办法》（建设部令第18号）。自2006年4月1日起施行的《注册监理工程师注册管理规定》，对于加强和规范注册监理工程师的管理，提高工程监理质量和水平，维护公共利益和建筑市场秩序，保障监理工程师的权利和义务等方面，都具有重要的意义。2006年10月16日，建设部发布《关于落实建设工程安全生产监理责任若干意见》（建市〔2006〕248号），对建设工程安全生产监理的主要工作内容、工作程序、监理责任等做出了规定。

国家建设部2003年3月10日出台的《关于培育发展工程总承包和工程项目管理企业的指导意见》四（五）中规定："对于依法必须实行监理的工程项目，具有相应监理资质的工程项目管理企业受业主委托进行项目管理，业主可不再另行委托工程监理，该工程项目管理企业依法行使监理权限，承担监理责任；没有相应监理资质的工程项目管理企业受业主委托进行项目管理，业主应该另行委托监理。"工程监理是工程项目管理的重要组成部分，管理和监理单位职能的合并，符合不断发展的建筑市场运作关系，也符合项目管理的要求。同时，监理单位应逐步向项目管理公司过渡。这既为我国建设监理事业的发展指出了方向，也提供了机遇。随着上述规范性法律文件的出台，建设工程监理法律法规体系进一步完善，工程监理的行为及服务范围得到了明确和拓展。

通过20年的发展，我国监理队伍迅速壮大。目前，国有投资的工程项目基本上实施了工程监理，非国有投资项目，尤其是外资项目大多也委托了工程监理。推行建设监理制，使我国工程建设项目管理体制逐步由传统的自筹、自建、自管的小生产管理模式，向社会化、专业化、现代化的管理模式转变，是工程建设领域里的一项重大改革。它对于完善建设项目管理体制，提高工程建设水平，保证工程质量，实现投资综合效益等方面发挥了重要作用[1]。

---

[1] 上海同济工程咨询有限公司工程咨询研究中心：《改革开放催生我国建设监理制度》，《建筑时报》2008年12月15日。

10.1.2　建设工程监理的概念和性质

1. 建设工程监理的概念

《建筑法》第 30 条至第 35 条对建筑工程监理做出了具体规定。国家推行建筑工程监理制度。国务院可以规定实行强制性监理的工程范围。具有相应资质条件的工程监理单位应当依照法律、行政法规及有关的技术标准、设计文件和建筑工程承包合同，对承包单位在施工质量、建设工期和建设资金使用方面，代表建设单位实施监督。工程监理单位不按照委托监理合同的约定履行监理义务，对应当监督检查的项目不检查或者不按照规定检查，给建设单位造成损失的，应当承担相应的赔偿责任。

1995 年原建设部所制定的《工程建设监理规定》中的解释，即“所谓建设监理，是指监理单位受项目法人的委托，依据国家批准的工程项目建设文件、有关工程建设的法律、法规和工程建设监理合同及其他工程建设合同，对工程建设实施的监督管理”。各种建设工程类的教科书通常也逐渐采纳这一解释。法条对建设监理的定义指明了建设监理的实施者、监理权利的来源、监理的依据、服务的对象以及监理工作的内容，但是，该法条对监理工作内容中的“监督管理”仍是比较模糊和不够明确的用语。住房城乡建设部发布的《建设工程监理规范》（GB 50319—2013）在其前言部分对建设工程监理的定义为：“所谓建设工程监理，是指具有相应资质的监理单位受工程项目建设单位的委托，依据国家有关工程建设的法律法规，经建设主管部门批准的工程项目，建设文件建设工程委托监理合同及其他建设工程合同，对工程建设实施的专业化监督、管理。”

《建设工程监理规范》中对建设工程监理工作的主要内容规定是，“协助建设单位进行工程项目可行性研究，优选设计方案、设计单位和施工单位，审查设计文件，控制工程质量、造价和工期，监督、管理建设工程合同的履行，以及协调建设单位与工程建设有关各方的工作关系等”，该法条对监理工作内容的规定反映出监理制的实质特征，对监理工作给予了明确的规定。

虽然上述两种定义略有差别，但都是对于建设工程监理共性的认识。我们认为建设工程监理是指具有相应资质的工程监理企业，接受建设单位的委托，承担其项目管理工作，依据法律、行政法规以及有关的技术标准、设计文件和建设工程监理合同及建设工程承包合同，代表建设单位对承包单位工程的建设行为实施监督管理的专业化服务活动。可以从以下角度对建设工程监理予以分析和解读：

（1）建设工程监理与建设行政主管部门的行政管理行为不同

工程建设监理与政府工程质量监督都属于工程建设领域的监督管理活动。但是，它们之间存在着明显的区别。建设工程监理的实施者是专业化、社会化的是建设工程监理企业。建设行政主管部门对工程建设中的计划、规划、用地、环保、消防、安全、招标投标、工程质量验收和资质审查等整个过程和各个环节进行全面的监督管理，这种监督管理具有明显的强制性，是行政性的监督管理，它的任务、职责、内容与建设工程监理不同。

（2）建设工程监理与总承包单位对分包单位的监督管理不同

根据《建筑法》第 55 条规定，建筑工程实行总承包的，工程质量由工程总承包单位负责，总承包单位将建筑工程分包给其他单位的，应当对分包工程的质量与分包单位承担连带责任。分包单位应当接受总承包单位的质量管理。总承包单位将建筑工程分包给其他单位的，分包单位应当接受总承包单位的质量管理。总承包单位要对总承包合同项下的全部工程任务的质量，包括分包工程的质量承担责任，当然也有权对分包工程实施质量管理。总承包单位应当在对分包单位的资质条件进行严格的审查，慎重选择分包人的基础上，通过向分包工程派出管理、监督人员，对分包单位的质量管理情况进行指导、监督以及对分包工程的质量进行定期检查等方式，加强对分包工程的质量管理；分包单位应当接受总承包单位的质量管理，不得拒绝。在监理的权限来源、监理的依据等方面总承包单位对分包单位的监督管理均不相同，因此总承包单位对分包单位的监督管理也不能视为建设工程监理。

（3）建设工程监理的实施需要建设单位的委托和授权

工程监理企业应根据委托监理合同和有关建设工程合同的规定实施监理。建设工程监理只有在建设单位委托的情况下才能进行。只有与建设单位订立书面委托监理合同，明确了监理的范围、内容、权利、义务、责任等，工程监理企业才能在规定的范围内行使管理权，合法地开展建设工程监理。工程监理企业在委托监理的工程中拥有一定的管理权限，能够开展管理活动，是建设单位授权的结果。承建单位根据法律、法规的规定和它与建设单位签订的有关建设工程合同的规定接受工程监理企业对其建设行为进行的监督管理，接受并配合监理是其履行合同的一种行为。工程监理企业根据有关建设工程合同对建设行为实施监理，仅委托施工阶段监理的工程，只能根据委托监理合同和施工合同对施工行为实行监理；委托全过程监理的工程，可根据委托监理合同以及勘察合同、设计合同、施工合同对勘察单位、设计单位和施工单位实行监理。

（4）建设工程监理的定位

建设工程监理的定位不清楚，监理的工作范围及内容狭小。建设部、国家计委决定从1996年开始全面推行建设监理制，所谓“全面推行”，一方面是指从质量监理为主向“三控制”监理拓展；另一方面是指从施工阶段向建设的其他阶段拓展（如设计阶段）。“三大控制”即工程建设监理的质量、进度、投资三大目标的控制，三大目标之间是对立统一的关系，在监理过程中只有系统地把三大目标协调起来考虑，才能使工程项目的经济性、实用性、可靠性以及整体功能达到最优，也只有这样才能提高工程建设的投资效益和我国工程建设的管理水平。但是由于体制原因，机制上不配套，监理的“三控”即投资、进度、质量管理的职能被异化，实际操作中绝大多数监理单位仅是以“质量监理为主”，投资控制基本上由建设单位实施，很少项目给予监理实行“三控制”，因此长期以来，监理的“三控、二管、一协调”未得到有效贯彻。[1]

目前，我国绝大部分工程监理单位从事的都是施工阶段的监理，而且侧重于工程质量方面，远未达到建设监理应有的预期效果。从事前期咨询、勘察设计、招标代理、设备采购与建造等阶段咨询服务的则占比例不大。前期阶段监理的缺乏，使得前期阶段在功能策划、可行性研究、设计图纸的完善性等方面不够完善，导致施工阶段设计变更较多，工期失控，有的甚至影响工程质量。

2. 建设工程监理的性质

按照建设工程监理概论多本教材的观点，建设工程监理的性质包括服务性、科学性、独立性和公正性，本书对此持不同意见（下文在建设工程监理的法律地位处详述），在此

[1] 姜早龙，苏文辉：《关于完善和发展中国建设监理制度的思考》，《基建优化》2001年1期，第23页到第26页。

将建设工程监理领域的通说或主流观点简单加以阐释。[1]

(1) 服务性

建设工程监理具有服务性，是从它的业务性质方面定性的。建设工程监理是工程监理企业接受建设单位的委托而开展的一种高智能的有偿技术服务活动，是监理人员利用自己的工程建设知识、技能和经验为建设单位提供的监督管理服务。建设工程监理的主要手段是规划、控制、协调，主要任务是控制建设工程的投资、进度和质量，最终应当达到的基本目的是协助建设单位在计划的目标内将成投入使用。这就是建设工程监理的管理服务的内涵。在工程建设中，监理单位和人员利用自己的知识、技能和经验、信息以及必要的试验、检测手段，为建设单位提供管理服务。工程监理企业不能完全取代建设单位的管理活动。它不具有工程建设重大问题的决策权，它只能在授权范围内代表建设单位进行管理。建设工程监理的服务对象是建设单位。监理服务是按照委托监理合同的规定进行的，是受法律约束和保护的。

(2) 科学性

科学性是由建设工程监理要达到的基本目的决定的。建设工程监理是为建设单位提供高智能的技术服务，是以协助建设单位实现其投资目的，力求在预定的投资、进度、质量目标内实现工程项目为己任的。监理的任务决定了建设工程监理必须遵循科学性的准则，即必须具有科学的思想、理论、方法和手段，必须具有发现和解决工程设计问题和处理施工中存在的技术与管理问题的能力，能够为建设单位提供高水平的专业服务，而这种科学性又必须以工程监理人员的高素质为前提。按照国际工程管理惯例，监理企业的监理工程师，必须具有相当的学历，并有长期从事工程建设工作的丰富实践经验，精通技术与管理，通晓经济与法律，他们需经有关部门考核合格并经政府主管部门登记注册，发给岗位证书，方能取得公认的合法资格。

(3) 独立性

独立性是建设工程监理的一项国际惯例。国际咨询工程师联合会认为，工程监理企业是“作为一个独立的专业公司受聘于业主去履行服务的一方”，应当“根据合同进行工作”，监理工程师应当“作为一名独立的专业人员进行工作”，工程监理企业“相对于承包商、制造商、供应商，必须保持其行为的绝对独立性，不得从他们那里接受任何形式的好处，而使他的决定的公正性受到影响或不利于他行使委托人赋予他的职责”，监理工程师“不得与任何妨碍他作为一个独立的咨询工程师工作的商务活动有关”。《建筑法》明确指出，工程监理企业应当根据建设单位的委托，客观、公正地执行监理任务。2013 年 5 月 13 日发布的《建设工程监理规范》(GB 50319—2013) 中规定：“监理单位应公正、独立、自主的开展工作，维护建设单位和承包单位的合法权益”。从事建设工程监理活动的监理企业是直接参与建设工程项目的“第三方”，它与建设单位及施工企业之间是一种平等的合同约定关系。当委托监理合同确定后，建设单位不得干涉监理企业的正常工作。按照独立性要求，工程监理单位应当严格地按照有关法律、法规、规章、工程建设文件、工程建设技术标准、建设工程委托监理合同、有关的建设工程合同等的规定实施监理；在委托监

[1] 郑惠虹，胡红霞：《建设工程监理概论》，中国电力出版社 2009 年版；巩天真，张泽平：《建设工程监理概论(第 2 版)》，北京大学出版社，2009 年版；韩庆：《土木工程监理概论》，中国水利水电出版社，2008 年版。

理的工程中，与承建单位不得有隶属关系和其他利害关系；在开展工程监理的过程中，必须建立自己的组织，按照自己的工作计划、程序、流程、方法、手段，根据自己的判断，独立地开展工作。

(4) 公正性

在我国现有法规中，对工程监理单位的公正性做了如下的规定："《建筑法》第 34 条规定，工程监理单位应当根据建设单位的委托，客观、公正地执行监理任务。《工程建设监理规定》第 18 条规定：建设监理单位应按照'公正、独立、自主'的原则开展工程监理工作，公平地维护项目法人和被监理单位的合法权益。第 26 条规定，总监理工程师要公正地协调项目法人与被监理单位的争议"等。

但是关于建设工程监理公正性的观点也是广受质疑的。由于建设监理单位的监理职责来于建设单位的授权，按照建设单位的要求对施工单位的工程建设行为进行监督，同时收取建设单位的报酬，因此很难保证监理单位的公正性。要求监理企业排除各种干扰，以公正的态度对待委托方和被监理方更成为无稽之谈。故要求监理单位站在"公正的第三方"的立场上，以事实为依据，以有关的法律法规和双方所签订的建设工程合同为准绳，独立、公正地解决和处理问题。就相当于要工程建设监理既当运动员又当裁判员，从而不可能做到公正的争议调解。

国际咨询工程师联合会（FIDIC）对公正性已经有所认识，并在 1999 年版 FIDIC 施工合同条件中对监理工程师的责任范围进行了相应的修订，否认了监理工程师是公正的第三方，免除了监理工程师的调解责任，并主张由 DAB—即争端裁决委员会对建设单位及承包商间产生的争议行使调解的权利。为了保证 DAB 的独立性和公正性，DAB 的成员均得到双方当事人的认可，且酬金由双方当事人分摊。至于在建设单位与承包商之间发生争议并提交仲裁时，工程监理需承担的举证责任，由于工程监理与建设单位间存在利害关系，也就不能保证工程监理所提供证据的有效性和可信性。其提供的证据只能作为一般当事人提供的证据采用，不应具有专家意见或鉴定结论的性质❶。

3. 监理单位的法律地位

目前社会各界对工程监理的认识存在分歧，对于监理单位的法律地位，主要有以下观点：有的认为监理企业应是独立的第三方，有的认为应是业主方的代表，还有的认为监理应代表政府等等。这种定位的不清晰，影响了工程监理行业的健康发展❷。

(1) 观点一：工程监理单位不是业主的代理人

蔡福田认为监理单位是独立于工程项目业主和承建商之外的企业法人❸。建设监理单位均以其严谨的科学知识和技能，以及丰富的实践知识和管理经验为支柱，在与业主签订的委托合同范围内，根据国家的建筑法规、规范、规定，对工程建设项目的投资、进度、质量进行控制和监督，对合同、信息进行有效的管理，对业主和承建商进行协调。尽管建设监理单位的工作任务和权力，是与业主间通过平等协商和以合同形式确定下来，并从业

❶ 王冠男、朱宏亮：《工程建设监理的法律地位及其公正性初探》，《建筑》2003 年 11 期。

❷ 蒋维郛：《从国际工程管理的视角论我国监理行业的发展》，《建设监理》2011 年 4 期 。

❸ 蔡福田：《一个被忽视的误区——监理单位是业主的代理人吗?》，《建设监理》1996 年第 2 期，第 41 页到第 43 页。

主方取得相应报酬，但监理单位是以自己的名义实施监理，不以业主方的名义实施监理，同时，我国的建设监理法规也赋予监理单位具有监督建设法规、技术法规实施的职责。因此，建设监理单位不是业主代理人。另外，建设监理单位在实施监理的过程中，监理人员一旦发生有明显失职、指令错误、违反法律等行为，从而给业主造成了损失，按照惯例，监理单位要以（与业主）双方在监理委托合同中事先约定的办法，承担一定的经济赔偿责任。这与我国《民法总则》中的委托代理、《合同法》关于委托合同的法律责任的归属界定显著不同。

周国翠认为监理单位是依法成立的、专门从事监理业务的法人，具有自己的名称、组织机构、场所以及必要的财产和经费，受业主的委托和授权，运用计划、组织、协调、控制工程项目的投资、进度和质量目标，以使“三大目标”顺利实现，并取得最大的投资效益❶。监理单位以自己的名义从事监理工作，在工程项目建设过程中是独立的一方，周国翠从监理单位的委托性、服务性、独立性和公正性可以清楚地了解到监理单位与代理人是不能混为一谈的。二者尽管有某些类似，但有根本性的区别。

马忠诚、胡炎从 FIDIC 合同条件出发，监理单位（工程师）作为独立的一方，公正地行使合同所赋予的权力，进行三控制两管理一协调❷。FIDIC 合同条件中对监理工程师的权力作了明确规定，在工程承包合同中，监理单位（工程师）不仅仅只对承包人行使权力，而且往往对业主也有约束。不仅如此，对在合同履行过程中，当事人双方的争议，监理单位（工程师）有裁决权，如果争议提议仲裁解决，必要时监理单位（工程师）有义务作为证人出庭作证。而这些权限显然不是委托代理能囊括的。

牛汝麒认为业主与监理单位是两家独立法人，通过合同建立具有独立承担民事责任经济实体的责任关系，相互间并无隶属关系❸。如果仅从实现业主建设目标这一点出发，就把监理单位说成是业主的代理人，那是片面而不正确的。

（2）观点二：工程监理单位是建设单位受托人的法律地位

我国《建设工程施工合同（示范文本）》示范文本更是明确规定：“实行社会监理的工程，甲方（即业主）委托的总监理工程师按协议条款的约定，部分或全部行使合同中甲方代表的权力，履行甲方代表的职责”。何红锋认为监理单位是接受业主的委托后实施监理的，监理的职权来自于业主，业主应向监理单位支付监理费用，监理单位是以业主的名义实施监理的；监理单位在监理过程中的失误而致施工企业的损失，首先应由业主承担（业主可以根据监理委托合同要求监理单位承担相应责任）。以上足以说明监理单位与业主之间存在着代理关系❹。何红锋进一步指出必须明确监理单位与业主间存在着委托代理关系❺。《建筑法》第 32 条规定，建筑工程监理应当依照法律、行政法规及有关的技术标

❶ 周国翠：《监理单位不是业主的代理人》，《建设监理》1996 年第 6 期，第 46 页到第 47 页。

❷ 马忠诚，胡炎：《不应把监理单位（工程师）看成是业主的代理人——与何红锋同志商榷》，《建设监理》1996 年第 6 期，第 44 页到第 45 页。

❸ 牛汝麒：《也谈“监理单位是业主的代理人吗?”》，《建设监理》1996 年第 5 期，第 36 页到第 37 页。

❹ 何红锋：《应当明确监理单位在合同中的法律地位——与蔡福田同志商榷》，《建设监理》1996 年第 4 期，第 30 页到第 31 页。

❺ 何红锋，王雪青，徐万鹏：《试论建设监理单位的法律性质》，《天津大学学报》（社会科学版）1999 年第 1 期，第 75 页到第 77 页。

准、设计文件和建筑工程承包合同，对承包单位在施工量、建设工期和建设资金使用等方面，代表建设单位实施监督。这一规定明确了监理单位是业主代理人的地位。王冠男，朱宏亮对此持相同的观点❶。工程监理的权利义务是通过与建设单位所签订的委托监理合同加以确定的。由此也就确定了工程监理是建设单位受托人的法律地位。

(3) 本书的观点

以上两种观点各有理据，我们认为对监理单位的法律地位的分析应该以下三个方面来理解：

1) 监理单位作为一个企业而言，它具有独立的法律地位，具有独立性。监理单位，是指取得监理资质证书，具有法人资格的监理公司、监理事务所和兼承监理业务的工程设计、科学研究及工程建设咨询的单位。因此，监理单位是具有法人资格的企业，具有独立的法律地位，区别于监理单位的设立人，是我国法律体系中独立的民商事主体。依据住房城乡建设部于2013年5月13日发布了《建设工程监理规范》GB 50319—2013，自2014年3月1日起实施。建筑工程监理单位的资质等级分为甲、乙、丙三级，不同资质等级的建筑工程监理单位承担不同的建筑工程监理业务。新设立的工程监理企业，到工商行政管理部门登记注册并取得企业法人营业执照后，方可到建设行政主管部门办理资质申请手续。

2) 从监理单位与建设单位、被监理单位的关系而言，监理单位的履行监理职责的权限来自于建设单位的授权。《建筑法》第31条规定，实行监理的建筑工程，有建设单位委托具有相应资质条件的工程监理单位监理。建设单位与其委托的工程监理单位应当订立书面委托合同。可见工程建设监理的权利与义务是通过与业主所签订的委托监理合同赋予的：建设单位（业主、项目法人）是监理任务的委托方，工程监理企业是监理任务的受托方。监理单位与施工单位是监理与被监理的关系。建设单位（业主、项目法人）在工程建设中拥有选择勘查、设计、施工、监理单位以及确定建设规模、标准、功能等重大问题的决策权，工程监理企业则在业主的授权范围内从事项目管理服务。监理工程师则代表监理企业完成合同约定的委托事项。由此，工程监理对工程建设进行监督管理的权利完全来自于建设单位的委托授予，而委托授权的依据就是它与建设单位所签订的委托监理合同，这就决定了在现实工作中它必须依据合同的约定来行使相应的权利。

建设单位与监理单位之间签订的建设工程监理合同就本质来讲应属于委托合同，建设工程的委托监理也属于委托关系，应该遵循《合同法》关于委托合同的规定。根据《合同法》第276条的规定，发包人与监理人的权利义务以及法律责任，应当依照合同法关于委托合同以及有关其他法律、行政法规的规定。《合同法》第396条规定，委托合同是委托人和受托人约定，由受托人处理委托人事务的合同，第399条规定，受托人应当按照委托人的指示处理委托事务，以及第405条规定，受托人完成委托事务的，委托人应当向其支付报酬。由此工程监理在履行监理职责时是作为委托监理合同中的受托人，按照建设单位这一委托人的意见，来替建设单位处理工程建设过程中的有关监督管理事务。同时工程监理单位将从建设单位处获取报酬。

3) 应该区分的认识误区。虽然监理单位是受建设单位委托，代表建设单位对工程实

❶ 王冠男，朱宏亮：《工程建设监理的法律地位及其公正性初探》，《建筑》2003年11期。

施监理，并不意味着监理单位应当受建设单位指使，无条件听从建设单位的意见，对施工单位提出对工程的意见。如果把监理单位当作建设单位（或业主）的质量员代言人，或是建设单位的现场质量管理员，就是片面理解了工程监理员的职责。

监理单位的监理区别与被监理企业内部设立的质量监督员。《建设工程质量管理条例》第 26 条规定，施工单位对建设工程的施工质量负责。施工单位应当建立质量责任制，确定工程项目的项目经理、技术负责人和施工管理负责人。第 30 条规定，施工单位必须建立、健全施工质量的检验制度，严格工序管理，做好隐蔽工程的质量检查和记录。隐蔽工程在隐蔽前，施工单位应当通知建设单位和建设工程质量监督机构。施工企业对承包的工程质量应负全面责任，建设工程实行总承包的，总承包单位应当对全部建设工程质量负责；建设工程勘察、设计、施工、设备采购的一项或者多项实行总承包的，总承包单位应当对其承包的建设工程或者采购的设备的质量负责。总承包单位依法将建设工程分包给其他单位的，分包单位应当按照分包合同的约定对其分包工程的质量向总承包单位负责，总承包单位与分包单位对分包工程的质量承担连带责任。履行合同，按期、保质竣工是企业应该做到的，企业内部设立质量员是企业内部管理机制的一个组成部分，决不能把企业内部设置的质量员作为监理，这种监督和管理者本身实际上是本企业的员工，与企业有着密切的经济利害关系。

10.2 建设工程监理制度的实施

10.2.1 建设工程监理范围和规模标准规定

1. 建设工程监理的工作范围

建设部于 2000 年 12 月 7 日发布了《建设工程监理规范》（GB 50319—2000），自 2001 年 5 月 1 日起施行。在其条文说明中明确指出在我国的建设监理制度中，监理的工作范围包括两个方面：一是工程类别，其范围确定为各类土木工程、建筑工程、线路管道工程、设备安装工程和装修工程；二是工程建设阶段，其范围确定为工程建设投资决策阶段、勘察设计招投标与勘察设计阶段、施工招投标与施工阶段（包括设备采购与制造和工程质量保修）。因此，该规范在工程类别方面适用各类新建、扩建、改建建设工程；由于目前我国的监理工作在工程建设投资决策阶段、勘察设计招投标与勘察设计阶段尚不够成熟，需要进一步探索完善，在施工招投标方面国家已有比较系统完整的规定和办法，而在施工阶段（包括设备采购与制造和工程质量保修）的监理工作已经摸索总结出一套比较成熟的经验和做法，因而在工程建设阶段方面，该规范适用范围仅限于建设工程施工阶段的监理工作。

2. 建设工程强制监理的范围

《建筑法》第 30 条规定，国务院可以规定实行强制监理的建筑工程的范围。《建设工程质量管理条例》第 12 条规定了必须实行监理的建设工程范围。在此基础上，《建设工程监理范围和规模标准规定》（2001 年 1 月 17 日建设部令第 86 号发布）则对必须实行监理的建设工程做出了更具体的规定。我国现阶段必须实行工程建设监理的工作项目范围，具体包括以下几类工程：

(1) 国家重点建设工程

国家重点建设工程，是指依据《国家重点建设项目管理办法》所确定的对国民经济和社会发展有重大影响的骨干项目。

(2) 大中型公用事业工程

大中型公用事业工程，是指项目总投资额在3000万元以上的下列工程项目：①供水、供电、供气、供热等市政工程项目；②科技、教育、文化等项目；③体育、旅游、商业等项目；④卫生、社会福利等项目；⑤其他公用事业项目。

(3) 成片开发建设的住宅小区工程

成片开发建设的住宅小区工程，建筑面积在5万平方米以上的住宅建设工程必须实行监理；5万平方米以下的住宅建设工程，可以实行监理，具体范围和规模标准，由省、自治区、直辖市人民政府建设行政主管部门规定。为了保证住宅质量，对高层住宅及地基、结构复杂的多层住宅应当实行监理。

(4) 利用外国政府或者国际组织贷款、援助资金的工程

利用外国政府或者国际组织贷款、援助资金的工程范围包括：①使用世界银行、亚洲开发银行等国际组织贷款资金的项目；②使用国外政府及其机构贷款资金的项目；③使用国际组织或者国外政府援助资金的项目。

(5) 国家规定必须实行监理的其他工程

国家规定必须实行监理的其他工程是指：①项目总投资额在3000万元以上关系社会公共利益、公众安全的下列基础设施项目：煤炭、石油、化工、天然气、电力、新能源等项目；铁路、公路、管道、水运、民航以及其他交通运输业等项目；邮政、电信枢纽、通信、信息网络等项目；防洪、灌溉、排涝、发电、引（供）水、滩涂治理、水资源保护、水土保持等水利建设项目；道路、桥梁、地铁和轻轨交通、污水排放及处理、垃圾处理、地下管道、公共停车场等城市基础设施项目；生态环境保护项目；其他基础设施项目。②学校、影剧院、体育场馆项目。

10.2.2 建设工程监理的依据

《建筑法》第32条规定，建筑工程监理应当依照法律、行政法规及有关的技术标准、设计文件和建筑工程承包合同，对承包单位施工质量、建设工期和建设资金使用等方面，代表建设单位实施监督。工程监理人员认为工程施工不符合工程设计要求、施工技术标准和合同约定的，有权要求建筑施工企业改正。工程监理人员发现工程设计不符合建筑工程质量标准或者合同约定的质量要求的，应当报告建设单位要求设计单位改正。具体来说建设工程监理的依据主要有：

1. 工程建设相关的法律法规、标准、规范

1）与工程建设相关的法律主要包括：《中华人民共和国建筑法》、《中华人民共和国合同法》、《中华人民共和国招标投标法》等。

2）国务院制定的行政法规主要包括：《建设工程质量管理条例》、《建设工程安全生产管理条例》等。

3）标准、规范主要包括：《工程建设标准强制性条文》、《建设工程监理规范》以及有关的工程技术标准、规范、规程等。

2. 工程建设文件

工程建设文件通常包括：批准的可行性研究报告、建设项目选址意见书、建设用地规

划许可证、建设工程规划许可证、审查批准的施工图设计文件、施工许可证等。

3. 建设工程承包合同和建设工程委托监理合同

工程监理企业应当根据下述两类合同进行监理，一是建设单位与工程监理企业签订的建设工程委托监理合同；二是建设单位与其他单位签订的建设工程合同，包括建设工程勘察设计合同、建设工程施工合同等。依法签订的工程建设合同，是工程建设监理工作具体控制工程投资、质量、进度的主要依据。监理工程师以此为尺度严格监理，并努力达到工程实施的依据。实施建设工程监理前，监理单位必须与建设单位签订合法的书面委托监理合同，以明确双方的权利和义务。建设工程委托监理合同是监理单位进行监理工作的主要依据。

10.2.3 建设工程监理的程序

建设单位可以通过招标投标或者直接协商的方式选择建设工程监理单位，建设单位应当与选定的建设工程监理单位签订书面的建设工程委托监理合同。建设工程监理单位在签订委托合同后，即可着手实施建设工程监理。建设工程监理一般按照下列程序进行：

1. 确定项目总监理工程师，成立项目监理机构

监理单位应根据建设工程的规模、性质、业主对监理的要求，委派称职的人员担任项日总监理工程师，总监理工程师是一个建设工程监理工作的总负责人，他对内向监理单位负责，对外向业主负责。监理机构的人员构成是监理投标书中的重要内容，是业主在评标过程中认可的，总监理工程师在组建项目监理机构时，应根据监理大纲内容和签订的委托监理合同内容组建，并在监理规划和具体实施计划执行中进行及时的调整。

2. 编制建设工程监理规划

建设工程监理规划是开展工程监理活动的纲领性文件。监理计划是在总监理工程师的主持下，针对项目的实际情况编制，经监理单位技术负责人批准，用来明确项目监理机构的工作目标，确定具体的监理工作制度、程序、方法和措施，指导项目监理机构全面开展监理工作的指导性文件。监理规划应由总监理工程师主持专业监理工程师参加编制。监理规划应在签订委托监理合同及收到设计文件后开始编制完成后必须经监理单位技术负责人审核批准并应在召开第一次工地会议前报送建设单位。编制监理规划应依据建设工程的相关法律法规及项目审批文件，与建设工程项目有关的标准、设计文件、技术资料，监理大纲、委托监理合同文件，以及与建设工程项目相关的合同文件。在监理工作实施过程中如实际情况或条件发生重大变化而需要调整监理规划时应由总监理工程师组织专业监理工程师研究修改按原报审程序经过批准后报建设单位。

3. 制定各专业监理实施细则

监理实施细则应分专业编制，体现该工程项目在各专业技术、管理和目标控制方面的具体要求，以达到规范监理工作的目的。对中型及以上或专业性较强的工程项目，项目监理机构应编制监理实施细则。监理实施细则是根据监理规划，由专业监理工程师编写，并经总监理工程师批准，针对工程项目中某一专业或某一方面监理工作的操作性文件。监理实施细则应在相应工程施工开始前由专业监理工程师编制完成并必须经总监理工程师批准。编制监理实施细则的依据是已批准的监理规划，与专业工程相关的标准、设计文件和技术资料，施工组织设计。

4. 规范化地开展监理工作

监理工作的规范化体现在：①工作的时序性。这是指监理的各项工作都应按一定的逻辑顺序先后展开。②职责分工的严密性。建设工程监理工作是由不同专业、不同层次的专家群体共同来完成的，他们之间严密的职责分工是协调进行监理工作的前提和实现监理目标的重要保证。③工作目标的确定性。在职责分工的基础上，每一项监理工作的具体目标都应是确定的，完成的时间也应有时限规定，从而能通过报表资料对监理工作及其效果进行检查和考核。

5. 参与建设工程竣工预验收，签署建设工程监理意见

建设工程施工完成以后，监理单位应在正式验交前组织竣工预验收，在预验收中发现的问题，应及时与施工单位沟通，提出整改要求。监理单位应参加业主组织的工程竣工验收，签署监理单位意见。总监理工程师应组织专业监理工程师，依据有关法律、法规、工程建设强制性标准、设计文件及施工合同，对承包单位报送的竣工资料进行审查，并对工程质量进行竣工预验收。对存在的问题，应及时要求承包单位整改。整改完毕由总监理工程师签署工程竣工报验单，并应在此基础上提出工程质量评估报告，工程质量评估报告应经总监理工程师和监理单位技术负责人审核签字。

6. 向业主提交建设工程监理档案资料

建设工程监理工作完成后，监理单位向业主提交的监理档案资料应在委托监理合同文件中约定。如在合同中没有做出明确规定，监理单位一般应提交：设计变更、工程变更资料，监理指令性文件，各种签证资料等档案资料。

7. 监理工作总结

监理工作完成后，项目监理机构应及时从两方面进行监理工作总结。包括向业主提交的监理工作总结和向监理单位提交的监理工作总结

10.2.4 建设工程监理的内容

由于建设工程监理工作具有技术管理、经济管理、合同管理、组织管理和工作协调等多项业务、职能。因此，对其工作内容方式方法范围和深度均有特殊要求。监理工作的内容在工程建设的不同阶段也不尽相同。一般来说建设工程监理工作的主要内容包括：协助建设单位进行工程项目可行性研究、优选设计方案、设计单位和施工单位审查设计文件、控制工程质量造价和工期监督、管理建设工程合同的履行以及协调建设单位与工程建设有关各方的工作、关系等。

1. 建设工程监理的任务

我国把建设监理的任务归纳为“三控制、两管理、一协调”。即投资控制、质量控制、进度控制，合同管理、信息管理和组织协调。其中心任务是实现三控制目标，且以合同管理为主要依据和手段来保证三控制目标最优实现。

(1)“三控制”

“三控制”是建设工程监理的核心工作，主要包括项目目标控制包括质量控制、投资控制和工期控制。工程进度控制是指项目实施阶段（包括设计准备、设计、施工、施工前准备各阶段）的进度控制。控制的目的是：通过采用控制措施，确保项目交付使用时间目标的实现。工程质量控制是指监理工程师组织参加施工的承包商，按合同标准进行建设，并对形成质量的诸因素进行检测、核验，对差异提出调整、纠正措施的监督管理过程。工程投资（成本）控制是针对施工单位是成本控制，而对于建设单位和监理单位来说，就是

成本控制了。不是指投资越省越好，而是指在工程项目投资范围内得到合理控制。

工程项目的投资、进度和质量目标是相互关联、相互制约，具有对立统一关系的目标系统。三大目标是一个不可分割的目标系统，监理工程师在进行目标控制时应注意统筹兼顾，合理确定投资、进度、质量三大目标的标准，针对整个目标系统实施控制，防止盲目追求单一目标而冲击或干扰其他目标，以实现项目目标系统作为衡量目标控制效果的标准，追求目标系统整体效果。

(2) “两管理”

“两管理”是监理在项目内部的管理，主要是对建设工程合同管理、工程建设过程中有关信息的管理和安全管理。建设项目监理的合同贯穿于合同的签订、履行、变更或终止等活动的全过程。职业健康安全与环境管理是围绕着动态目标控制展开的，而安全则是固定资产建设过程中最重要的目标控制的基础。施工项目管理是一项复杂的现代化的管理活动，更要依靠大量的信息以及对大量信息的管理，并应用电子计算机进行辅助。

(3) “一协调”

“一协调”是协调参与工程建设各方的包括业主、施工、监理、审计、设计院、工程相关行政管理部门等工作关系。“一协调”包括全面地组织协调（协调的范围分为内部的协调和外部的协调）。

2. 建设工程监理的内容

建设工程监理工作内容根据项目进度的不同，分为决策阶段监理、设计阶段监理、施工阶段监理和其他服务等四个部分。鉴于目前监理工作在建设工程投资决策阶段和设计阶段尚未形成系统成熟的经验，需要通过进一步研究探索。《建设工程监理规范》并未涉及工程项目前期可行性研究和设计阶段的监理工作。

(1) 工程建设决策阶段的监理工作内容

工程建设的决策咨询是受建设单位或政府委托选择决策咨询单位，协助建设单位或政府与决策咨询单位签订咨询合同，并监督合同履行，对咨询意见进行评估。工程建设决策阶段的工作主要是对投资决策、立项决策和可行性决策的咨询。

(2) 工程建设设计阶段的监理工作内容

工程设计阶段监理工作的内容主要包括：协助业主组织设计招标或设计方案竞赛，选择设计单位；协助业主签订设计合同；整理并提供设计所需的基础性资料；参与设计方案的比选和优化；按设计进度要求，配合业主做好与建设有关各方的协调工作，重点是为业主提供技术支持；参与设备和材料的选型；审核设计文件和造价文件；检查、控制设计进度及质量。

(3) 工程建设施阶段的监理工作内容

工程施工阶段的监理包括施工准备阶段监理、施工阶段监理和保修阶段监理。

1) 施工准备阶段监理工作内容主要包括：协助业主组织招标（项目报建、施工（设备、材料）招标文件编制、标底编制、资格预审、评标组织）；协助业主签订施工合同及设备、材料采购合同；在设计交底前，熟悉设计文件，并对图纸中存在的问题通过建设单位向设计单位提出书面意见和建议；参加由建设单位组织的设计技术交底会，总监签认会议纪要；工程项目开工前，审查承包单位报送的施工组织设计（方案）报审表，提出审查意见，并经总监理工程师审核、签认后报建设单位；审查承包单位现场项目管理机构的质量管理体系、技术管理体系和质量保证体系（包括：质量管理、技术管理和质量保证的组织机构；质量管理、技术管理制度；专职管理人员和特种作业人员的资格证、上岗证等）；审查分包商的资格。分包工程开工前，专业监理工程师应审查承包单位报送的分包单位资格报审表和分包单位有关资质资料；检查测量放线控制成果及保护措施；审批开工申请。专业监理工程师审查承包单位报送的工程开工报审表及相关资料，具备开工条件时，由总监理工程师签发，并报建设单位。

2）施工阶段监理工作内容。施工阶段监理工作内容主要包括工程质量控制、工程进度控制和工程造价控制。工程质量控制主要内容有：施工组织设计进行调整、补充或变动时，应经专业监理工程师审查，并应由总监签认；要求承包单位报送重点部位、关键工序的施工工艺和确保工程质量的措施；审定新材料、新工艺、新技术、新设备的施工工艺措施和证明材料，必要时组织专题论证；复验和确认承包单位在施工过程中报送的施工测量放线成果。专业监理工程师考核承包单位的试验室；审核承包单位报送的拟进场工程材料、构配件和设备报审表及其质量证明资料，并对进场的实物按照委托监理合同约定或有关工程质量管理文件规定的比例采用平行检验或见证取样方式进行抽检；定期检查承包单位的直接影响工程质量的计量设备的技术状况；施工过程进行巡视和检查。对隐蔽工程的隐蔽过程、下道工序施工完成后难以检查的重点部位，专业监理工程师应安排监理员进行旁站监理；现场检查隐蔽工程报验申请表和签认自检结果；审核承包单位报送的分项工程质量验评资料；对施工过程中出现的质量缺陷，应及时下达监理工程师通知，要求承包单位整改，并检查整改结果，做好记录；施工存在重大质量隐患，可能造成质量事故或已经造成质量事故，总监理工程师应及时下达工程暂停令，要求承包单位停工整改。下达工程暂停令和签署工程复工报审表，宜事先向建设单位报告；对需要返工处理或加固补强的质量事故，总监理工程师应责令承包单位报送质量事故调查报告和经设计单位等相关单位认可的处理方案，项目监理机构应对质量事故的处理过程和处理结果进行跟踪检查和验收。

工程造价控制主要内容有：工程款支付。包括：现场计量，按施工合同的约定审核工程量清单和工程款支付申请表；总监理工程师签署工程款支付证书，并报建设单位；竣工结算。包括：审核承包单位报送的竣工结算报表；总监与建设单位、承包单位协商一致后，签发竣工结算文件和最终的工程款支付证书，报建设单位；造价风险分析与管理；审查工程变更的方案，确定工期、费用变更；及时收集、整理有关的施工和监理资料，为处理费用索赔提供证据；未经监理人员质量验收合格的工程量，或不符合施工合同规定的工程量，监理人员应拒绝计量和该部分的工程款支付申请。

工程进度控制的主要内容有：总监理工程师审批承包单位报送的施工总进度计划；总监理工程师审批承包单位编制的年、季、月度施工进度计划；专业监理工程师对进度计划实施情况进行检查、分析；对进度目标进行风险分析，制定防范性对策，报送建设单位；总监理工程师应在监理月报中向建设单位报告工程进度和所采取进度控制措施的执行情况，并提出合理预防由建设单位原因导致的工程延期及其相关费用索赔的建议。

(4) 工程竣工验收阶段监理的工作内容

工程竣工验收阶段监理的工作内容主要包括：①审查承包单位报送的竣工资料，并对工程质量进行竣工预验收。合格的，签署工程竣工报验单，并提出工程质量评估报告。工程质量评估报告应经总监理工程师和监理单位技术负责人审核签字。②参加由建设单位组织的竣工验收，并提供相关监理资料。③对验收中提出的整改问题，项目监理机构应要求承包单位进行整改。④总监理工程师会同参加验收的各方签署竣工验收报告。

(5) 工程质量保修期的监理工作内容

监理单位应依据委托监理合同约定的工程质量保修期、监理工作的时间、范围和内容开展工作。承担质量保修期监理工作时，监理单位应安排监理人员对建设单位提出的工程质量缺陷进行检查和记录，对承包单位进行修复的工程质量进行验收合格后予以签认。监理人员应对工程质量缺陷原因进行调查分析，并确定责任归属。对非承包单位原因造成的工程质量缺陷，监理人员应核实修复工程的费用和签署工程款支付证书，并报建设单位。

(6) 施工合同管理的其他工作

施工合同管理的其他工作包括：工程暂停及复工；工程变更的管理；费用索赔的处理；工程延期及工程延误的处理；合同争议的调解和合同的解除以及监理资料的管理。

(7) 各阶段都可以开展的其他委托业务

监理企业可以接受业主委托，承担以下技术服务：协助业主办理项目报建手续；协助业主办理项目申请供水、供电、供气、电信线路等协议或批文；协助业主制定商品房营销方案等。

10.2.5 建设工程监理模式

1. 平行承发包模式条件下的监理模式

(1) 业主委托一家监理单位监理

这种模式要求被委托的监理单位应该具有较强的合同管理与组织协调能力，并能做好全面规划工作。

(2) 业主委托多家监理单位监理

这种监理委托模式是指业主委托多家监理单位为其进行监理服务。采用这种模式，监理单位对象相对单一，便于管理。但建设工程监理工作被肢解，各监理单位各负其责，缺少一个对建设工程进行总体规划与协调控制的监理单位。

2. 设计或施工总分包模式条件下的监理模式

对设计或施工总分包模式，业主可以委托一家监理单位进行实施阶段全过程的监理，也可以分别按照设计阶段和施工阶段委托监理单位。前者的优点是监理单位可以对设计阶段和施工阶段的工程投资、进度、质量控制统筹考虑，合理进行总体规划协调，更可使监理工程师掌握设计思路与设计意图，有利于施工阶段的监理工作。虽然总包单位对承包合同承担乙方的最终责任，但分包单位的资质、能力直接影响着工程质量、进度等目标的实现，所以，监理工程师必须做好对分包单位资质的审查、确认工作。

3. 项目总承包模式条件下的监理模式

在项目总承包模式下，一般宜委托一家监理单位进行监理。在这种模式下，监理工程师需具备较全面的知识，做好合同管理工作。

4. 项目总承包管理模式条件下的监理模式

在项目总承包管理模式下，一般宜委托一家监理单位进行监理，这样便于监理工程师对项目总承包管理合同和项目总承包管理单位进行分包等活动的监理。

10.3 建设工程监理各方的关系

建设工程监理中最主要的当事人有建设单位、监理单位及承包商。他们逐渐的法律关系主要是通过建设单位与监理单位之间签订的委托监理合同和建设单位与承包商之前签订的建设工程合同来约定的。

10.3.1 建设单位与承包商之间的关系

建设单位采用招投标等手段选择承包商，建设单位与承包商双方当事人权利义务关系的法律依据是双方所签订的建设承包合同。承包商按照合同条件的约定，对合同约定范围内的工程进行施工。同样，建设单位也按照合同条件的约定履行自己的职责。

建设单位与承包商的关系是一种建设承包合同关系。建设单位与承包商之间是平等主题之间的民事法律关系，他们之间的权利义务由建设工程承包合同确定。承包商按照合同的约定，对合同范围内的工程进行设计、施工和竣工，并修补缺陷。业主按照合同的约定履行职责。在建设工程监理制度下，施工过程中建设单位不是直接与承包商打交道，而是通过监理单位打交道；建设单位与承包商之间相互提出的任何工作要求，均应通过建立单位负责传送。建设单位通过建设工程委托监理合同将自己对承包商建设活动的监督管理的权利委托授权给了监理单位，建设单位就不能直接指挥承包商的建设活动。对于建设单位直接指挥承包商的建设行为的活动，承包商有权拒绝。

10.3.2 建设单位与监理单位之间的关系

实行监理的建筑工程，由建设单位委托具有相应资质条件的工程监理单位监理。工程监理单位应当依法取得相应等级的资质证书，在其资质等级许可的范围内承担监理业务。监理单位与建设单位之间的关系是平等的主体之间的关系，双方法律地位平等，各自享有民事权利并承担相应的民事义务。

《建筑法》第 31 条规定："……建设单位与其委托的工程监理单位应当订立书面委托监理合同。"《工程建设监理规定》第 18 条也规定："……监理单位与项目法人（也即业主）之间是委托与被委托的合同关系。"由此可知，我国监理单位与业主之间是委托合同关系，委托关系的存在以业主与监理单位所签的委托监理合同为依据。《合同法》第 276 条规定，建设工程实行监理的，发包人应当与监理人采用书面形式订立委托监理合同。发包人与监理人的权利、义务和法律责任，应依照《合同法》关于委托合同以及其他有权法律法规的规定。在建设工程项目建设上，建设单位与监理单位是一种委托与被委托的关系，建设单位委托监理单位监理的内容和授予的权利，是通过双方平等协商并以监理委托合同的形式予以确立。建设单位和监理单位根据双方订立的书面委托监理合同的约定，由监理单位处理建设单位委托处理的监督管理的事务，即通常所说的"三控制、两管理和一协调"。但是不同的业主委托监理单位监理的内容不同，同样，不同的建设单位对建设监理单位授予的权力也不一样。监理单位必须在委托合同中规定的工作任务和授权范围内履行职责。实施建筑工程监理前，建设单位应当将委托的工程监理单位、监理的内容及监理权限，书面通知被监理的建筑施工企业。禁止工程监理单位超越本单位资质等级许可的范围或者其他工程监理单位的名义承担监理业务。禁止工程监理单位允许其他工程监理单位或者个人以本单位的名义承担监理业务。

监理单位与建设单位之间是一种平等的关系，监理单位和建设单位都是建筑市场中独立的企业法人。不同行业的企业法人，只有经营性质的不同、业务范围的不同。在建设单位和监理单位之间的关系中，虽然监理单位要依合同约定开展工作，完成业主所委托的监理事项，但监理单位绝不是业主的代言人，并不受业主的完全支配。业主对监理单位的人力、财力、物力等方面没有任何支配权和管理权。

监理单位在执业过程中，始终是以自己的名义从事监理服务活动，并不是以建设单位的名义进行活动，而且在建设单位授权的范围内，根据相关法律、法规、建筑承包合同和委托监理合同的规定或约定，独立自主地决定自身的活动，不受建设单位的非法干涉，因此，监理人员不是建设单位的雇员，不接受建设单位的指示[1]。

10.3.3　监理单位与承包商之间的关系

监理单位与承包商之间没有订立合同，不存在合同法律关系。但在工程建设中，他们之间又有着十分密切的法律关系。业主授权监理单位来监理工程，监理单位及其监理工程师接受委托之后，业主就把对工程建设的监理权授予监理单位。这样使得监理方在建设中的处于核心地位。

监理单位与承包商之间的关系属于监理与被监理的关系。监理单位和承包商之间的关系应该是平等的关系，虽然双方为了完成工程建设任务而承担的具体责任不同。在工程项目建设上，监理单位和承包商之间并不存在合同关系，监理单位和承包商之间的关系明确体现在建设单位与承包商签订的建设工程承发包合同中。《建筑法》第33条规定，实施建筑工程监理前，建设单位应当将委托的工程监理单位、监理的内容及监理权限，书面通知被监理的建筑施工企业。虽然在民事法律地位上，监理单位与施工单位之间是平等的，两者之间不存在合同的关系，同为建筑市场的主体，但是，施工单位根据法律法规的规定和合同的约定，必须接受监理单位依法进行的监理[2]。在这种关系中，被监理单位应当尊重和服从监理单位依照法律、法规、规章、标准、规范以及建设单位与被监理单位签订的合同进行的监理工作。监理单位及监理工程师应当客观公正的履行和行使监理职责和权利。

监理单位与承包商之间没有签订任何经济合同，监理方之所以对工程建设中的行为有监理的资格：一是因为业主的授权，监理单位与业主签订有工程建设委托监理合同；二是因为承包商与业主签订有工程建设承包合同，工程建设承包合同中规定，"监理单位受业主委托，对承建工程建设各方实行监理"，可见监理授权在施工承包合同中也事先予以了确定；三是国家建设监理法规也给予监理方监督建设法规和技术规程实施的责任[3]。从而与承包商之间产生了监理和被监理的工作关系。在监理单位和承包商之间的关系中，监理方的指挥与协调，对承包商的进度和成本无疑都有重大影响。但是，监理方对承包商的任何监督和管理都必须具有相应的法律依据、合同约定和工程实际，不能滥用监理权。建设单位必须在监理单位实施监理前，将监理的内容、总监理工程师姓名及所授予的权限，书面通知承建单位。总监理工程师也应及时将其授予监理工程师的有关权限以书面形式通知承建单位。承建单位必须接受监理单位的监理，并为其开展工作提供方便，按照要求提供

---

[1] 席绪军：《建设工程监理的法律责任问题研究》，复旦大学硕士论文，2009年。

[2] 李永泉：《建筑法与房地产法概论》，西南交通大学出版社，2004年9月第1版，第86页。

[3] 周坚，倪炜："三元建设主体关系研究"，《浙江大学学报》，1997年6月第11卷，第2期。

完整的原始记录、检测记录、技术及经济资料。总之，正确处理好监理单位与承包方的关系，建设工程就能安全有序地强力推进，监理工作也能顺利地开展❶。

监理单位处理同承建单位关系的基本原则是，一方面要严格监督承建单位全面履行合同规定的义务；另一方面，又要积极维护其合法的权益。建设单位与承建单位在执行工程合同中发生争端，由监理工程师代表协调解决；如果双方或其中任何一方不同意监理工程师代表的意见，可直接请建设监理主管部门协调。经调解仍有不同意，可请当地经济仲裁机关进行仲裁。

监理单位的独立性不仅仅是针对建设单位的，同时也是针对被监理单位的。监理单位与施工单位以及材料设备供应商不得有隶属关系或者其他利害关系，《建筑法》第 34 条第 3 款规定，工程监理单位与被监理工程的承包单位以及建筑材料、建筑构配件和设备供应单位不得有隶属关系或者其他利害关系。有隶属关系的情形时，监理单位应当不参与该项目的监理服务合同招投标活动，已经参与的应当主动退出。工程监理单位与被监理工程的施工承包单位以及建筑材料、建筑构配件和设备供应单位有隶属关系或者其他利害关系承担该项建设工程的监理业务的依据《建设工程质量管理条例》予以处理。《建设工程质量管理条例》第 68 条规定，违反本条例规定，工程监理单位与被监理工程的施工承包单位以及建筑材料、建筑构配件和设备供应单位有隶属关系或者其他利害关系承担该项建设工程的监理业务的，责令改正，处 5 万元以上 10 万元以下的罚款，降低资质等级或者吊销资质证书；有违法所得的，予以没收。第 73 条规定，依照本条例规定，给予单位罚款处罚的，对单位直接负责的主管人员和其他直接责任人员处单位罚款数额百分之五以上百分之十以下的罚款。

10.3.4 监理单位与监理人员的关系

监理单位与监理人员之间是劳动合同关系，监理单位与具备资质要求的监理人员签订劳动合同，监理单位与监理人员之间是管理与被管理的关系，监理人员有义务服从监理单位正常的、合法的管理。监理人员必须通过相应的考试或考核，取得相应的资格，才可以从事监理工作。监理人员在提供监理服务活动过程中，造成对他人的损害，不论是对建设单位还是施工单位，或者其他第三人，都由监理单位承担责任，监理人员对外不是独立的责任主体，监理单位可以根据法律、法规的规定和劳动合同的约定，对有过错的监理人员进行追偿。对于注册监理人员，还必须在所注册的监理单位从事监理执业活动❷。《建设工程质量管理条例》第 37 条规定，工程监理单位应当选派具备相应资格的总监理工程师和监理工程师进驻施工现场。当监理个人的行为代表了监理单位的意志时，监理单位应当对监理个人的行为承担责任，至于如何判断监理个人的行为是否代表了监理单位的意志，则应根据客观情况具体分析，一般在以下几种情况下，可以认定监理个人的行为代表了监理单位的意志；经监理单位负责人指示或同意的监理个人行为；使用监理单位印章进行签章所从事的监理个人行为；监理个人代表监理单位履行委托监理合同所进行的行为；监理单位事后追认的监理个人行为等❸。

---

❶ 杜英华，郭秋玲："处理好'三个方面'的关系是做好监理工作的重要保证"，《建设监理》，2005 年第 5 期。

❷ 席绪军：《建设工程监理的法律责任问题研究》，复旦大学硕士论文，2009 年。

❸ 洪学军：《房地产法原理精要与实务指南》，人民法院出版社，2008 年 1 月第 1 版，第 302 页到第 303 页。

综上所述，本书认为建设监理三方主体间法律关系为：业主和监理单位之间是委托合同关系，监理单位与承包商之间是监理与被监理关系，承包商与业主是建设工程合同关系。三方主体尤其是监理单位要严格按照法律的规定和合同的约定从事监理行为，而违反监理法定的义务或超越监理法定权利的行为，就要承担监理的法律责任❶。

10.4　建设工程监理合同

10.4.1　建设工程监理合同概述

实行监理的建设工程，委托方和监理方需要签订书面委托监理合同。《合同法》第276条规定："建设工程实行监理的，发包人应当与监理人采用书面形式订立委托监理合同。发包人与监理人的权利和义务以及法律责任，应当依照本法委托合同以及其他有关法律、行政法规的规定。"《建设工程监理规范》（GB 50319—2013）中指出："监理单位在实施建设工程监理之前，应当与建设单位签订书面建设工程委托监理合同，合同中应包括监理单位对建设工程质量、造价、进度进行全面控制和管理的条款。"

1. 建设工程监理合同的概念

建设工程监理合同的全称叫建设工程委托监理合同，也简称为监理合同，是指工程建设单位聘请监理单位代其对工程项目进行管理，明确双方权利、义务的协议。也即委托人和监理人就委托的工程项目管理内容签订的明确双方权利义务的协议。建设单位（业主）称委托人、监理单位称受托人或监理人。

2. 建设工程监理合同的特征

建设工程监理合同在性质上属于委托合同，因此具有委托合同的特征，如诺成合同，非要式合同。除此之外还有以下特点：

1）监理合同的当事人双方应当是具有民事权利能力和民事行为能力、取得法人资格的企事业单位、其他社会组织，个人在法律允许范围内也可以成为合同当事人。作为委托人必须是有国家批准的建设项目，落实投资计划的企事业单位、其他社会组织及个人，作为委托人必须是依法成立具有法人资格的监理单位，并且所承担的工程监理业务应与单位资质相符合。

2）监理合同的订立必须符合工程项目建设程序。

3）委托监理合同的标的是服务。监理合同与建设工程实施阶段所签订的其他合同的最大区别，就是标的性质上的差异。工程建设实施阶段所签订的其他合同，如勘察设计合同、施工承包合同、物资采购合同、加工承揽合同的标的物是产生新的物质或信息成果，而监理合同的标的是服务，即监理工程师凭据自己的知识、经验、技能受业主委托为其所签订的其他合同的履行实施监督和管理。正因为监理合同标的这一特殊性，因此《合同法》将监理合同划入委托合同的范畴。《合同法》第276条规定："建设工程实施监理的，发包人应当与监理人采用书面形式订立委托监理合同。发包人与监理人的权利和义务以及法律责任，应当依照本法委托合同以及其他有关法律、行政法规的规定。"

---

❶ 张佳峰：《我国建设监理责任的法律分析》，西南政法大学，2009年硕士论文。

10.4.2 建设工程监理合同的订立

订立建设工程监理合同是一种法律行为，因此必须按照法律、行政法规规定的程序签订。建设单位在为其建设工程委托监理企业时，从合同的签订前的准备到合同的谈判直至合同的签订，一般应遵循以下程序：

1. 委托人对监理人的资格预审

监理单位及其监理人员必须具有相应的监理资质。根据《工程建设监理规定》第17条规定，监理单位实行资质审批制度。设立监理单位，须报工程建设监理主管机关进行资质审查合格后，向工商行政管理机关申请企业法人登记。监理单位应当按照核准的经营范围承接工程建设监理业务。其次，《建设工程监理规范》对各类监理人员都做了相应的资质要求，作为合同一方的监理单位派出的监理人员，要符合《建设工程监理规范》的要求。

委托人对监理人的资格预审可以通过招标预审进行，也可以通过社会调查进行。主要包括：①审查其法人资格；②审查其单位资质；③审查其实际能力及社会信誉，包括：监理人员素质、主要检测设备情况、监理业绩等。

2. 监理人对委托人及工程的调查

监理人对委托人及工程的调查包括：①核查委托人是否具有签订合同的合法资格；②核查该工程是否合法可行；③核查委托人是否具有相当的经济基础。

3. 监理人的风险、利益评估

监理企业应考量自身实际条件，判断承担该项目所能获得的预计利润。监理企业应充分考虑自己的特点和竞争对手的实力后，判断投标风险及投标报价。

4. 中标后的合同谈判

无论是建设单位还是监理单位，都应本着平等协商的观念对合同条款进行磋商。在使用《建设工程委托监理合同（示范文本）》时，对标准条件的哪些条款不予采用，专用条件哪些需要具体规定，以及有附加协议条款的，都应逐条加以确认。签订合同时讨论越充分、内容越具体、责任越明确，将来的争议越少，越有利于合同的履行。

5. 监理合同的签订

建设单位和监理单位双方就建设工程委托监理合同的各项条款达成一致后，就可以正式签订合同文件。合同的签订，意味着委托关系的形成，双方的行为将受到合同的约束。

10.4.3 建设工程监理合同应具备的条款

监理合同是委托任务履行过程中当事人双方的行为准则，内容应全面、用词要严谨。合同条款的组成结构包括以下方面：合同内所涉及的词语定义和遵循的法规；监理人的义务；委托人的义务；监理人的权利；委托人的权利；监理人的责任；委托人的责任；合同生效、变更与终止；监理报酬；其他；争议的解决。

10.4.4 建设工程监理合同的履行

监理合同的履行，是指委托人与监理人双方依据监理合同的规定，实现各自享有的权利，并承担各自负有的义务。

1. 监理人应完成的监理工作

监理工作包括正常工作、附加工作和额外工作。根据示范合同文本标准条件，“工程监理的正常工作”是指双方在专用条件中约定，委托人委托的监理工作范围和内容。“工程监理的附加工作”是指委托人委托监理范围以外，通过双方书面协议另外增加的工作内容；由于委托人或承包人原因，使监理工作受到阻碍或延误，因增加工作量或持续时间而增加的工作。“工程监理的额外工作”是指正常工作和附加工作以外或非监理人自己的原因而暂停或终止监理业务，其善后工作及恢复监理业务的工作。

2. 监理人监理合同的履行

通常，监理人履行监理合同程序如下：确定项目总监理工程师，建立项目监理机构；制定工程项目监理规划；制定工程项目监理实施细则；在监理规划和实施细则的指导下开展监理工作；提交工程建设监理档案资料。

3. 监理酬金的支付

监理合同的专用条件及附加协议条款都可以对监理酬金的计取和支付作详细约定。监理酬金包括正常监理工作的酬金和附加监理工作的酬金以及额外监理工作的酬金。

4. 奖金

监理人在监理过程中提出的合理化建议使委托人得到了经济效益，有权按专用条款的约定获得经济奖励。

5. 支付

在监理合同实施中，监理酬金支付方式可以根据工程的具体情况双方协商确定。一般采取首期支付多少，以后每月（季）等额支付，工程竣工验收后结算尾款。支付过程中，如果委托人对监理人提交的支付通知书中酬金或部分酬金项目提出异议，应在收到支付通知书24小时内向监理人发出表示异议的通知，但不得拖延其他无异议酬金项目支付。当委托人在议定的支付期限内未予支付的，自规定之日起向监理人补偿应支付酬金的利息。利息按规定支付期限最后一日银行贷款利息率乘以拖欠酬金时间计算。

10.4.5　建设工程委托监理合同示范文本

《建设工程委托监理合同（示范文本）》，是由监理业务主管部门，依据有关法律、法规，组织有关各方面的专家共同编制的。它能够比较准确地反映出合同双方所要实现的意图，具有很好的指导和示范作用。推行建设工程委托监理合同示范文本，有利于提高合同签订的质量，有利于减少双方签订合同的工作量，也有利于保护合同当事人的合法权益。中华人民共和国建设部、国家工商行政管理2000年2月颁布的《建设工程委托监理合同（示范文本）》（GF—2000—0202）由“建设工程委托监理合同”（在本节中简称“合同”）、“标准条件”和“专用条件”组成。

1. 工程建设委托监理合同

“合同”是一份标准的格式文件，其主要内容为工程概况，合同签订、生效、完成的时间，合同文件的组成等。除双方签署的“合同”协议外，还包括以下文件：①监理投标书或中标通知书；②建设工程委托监理合同标准条件；③建设工程委托监理合同专用条件；④在实施过程中双方共同签署的补充与修正文件。“合同”是一份标准的格式文件，经当事人双方在有限的空格内填写具体规定的内容并签字盖章后，即发生法律效力。

2. 标准条件

标准条件部分包括了合同中所用词语定义、适用范围和法规；签约双方的责任、权利和义务；合同生效、变更与终止；监理报酬；争议的解决以及其他一些情况。标准条件是委托监理合同的通用文件，适用于各类建设工程项目监理，是所有签约工程都应遵守的基本条件，各个委托人、监理人都应遵守。

3. 专用条件

由于标准条件适用于所有的工程建设监理委托，因此其中的某些条款规定得比较笼统，需要在签订具体工程项目的监理委托合同时，就地域特点、专业特点和委托监理项目的特点，对标准条件中的某些条款进行补充、修正。如对委托监理的工作内容而言，认为标准条件中的条款还不够全面，允许在专用条件中增加双方议定的条款内容。

(1) 补充条款

“补充”是指标准条件中的某些条款明确规定，在该条款确定的原则下，在专用条件的条款中进一步明确具体内容，使两个条件中相同序号的条款共同组成一条内容完备的条款。如标准条件中规定“监理合同适用的法律是国家法律、行政法规，以及专用条件中议定的部门规章或工程所在地的地方法规、地方规章。”这就要求在专用条件的相同序号条款内写入应遵循的部门规章和地方法规的名称，作为双方都必须遵守的条件。

(2) 修正条款

“修正”是指标准条件中规定的程序方面的内容，如果双方认为不合适，可以协议修改。在“示范文本”最后一页有“附加协议条款”。如标准条件中规定“委托人对监理人提交的支付通知书中酬金或部分酬金项目提出异议，应在收到支付通知书 24 小时内向监理人发出表示异议的通知”。如果委托人认为这个时间太短，在与监理人协商达成一致意见后，可在专用条件的相同序号内延长时效。

10.4.6 双方当事人的权利、义务和责任

1. 建设单位（委托方）的权利、义务和责任

(1) 建设单位（委托方）的权利

建设单位（委托方）的权利主要包括：①建设单位（委托方）有权选定建设工程总承包方，建设工程设计单位、承包单位及监理单位，并与之订立合同的权利。②建设单位（委托方）有对工程规模、设计标准、规划设计、生产工艺设计和设计使用功能要求的认定权，以及对工程设计变更的审批权。③监理人调换总监理工程师须事先经建设单位（委托方）同意。④建设单位（委托方）有权要求监理人提交监理工作月报及监理业务范围内的专项报告。⑤当建设单位（委托方）发现监理人员不按监理合同履行监理职责，或与承包人串通给建设单位（委托方）或工程造成损失的，建设单位（委托方）有权要求监理人更换监理人员，直到终止合同并要求监理人承担相应的赔偿责任或连带赔偿责任。

(2) 建设单位（委托方）的义务

建设单位（委托方）的义务主要包括：①建设单位（委托方）在监理人开展监理业务之前应向监理人支付预付款。②建设单位（委托方）应当负责工程建设的所有外部关系的协调，为监理工作提供外部条件。根据需要，如将部分或全部协调工作委托监理人承担，则应在专用条件中明确委托的工作和相应的报酬。③建设单位（委托方）应当在双方约定的时间内免费向监理人提供与工程有关的为监理工作所需要的工程资料。④建设单位（委托方）应当在专用条款约定的时间内就监理人书面提交并要求做出决定的一切事宜做出书面决定。⑤建设单位（委托方）应当授权一名熟悉工程情况、能在规定时间内做出决定的常驻代表（在专用条款中约定），负责与监理人联系。更换常驻代表，要提前通知监理人。⑥建设单位（委托方）应当将授予监理人的监理权利，以及监理人主要成员的职能分工、

监理权限及时书面通知已选定的承包合同的承包人，并在与第三人签订的合同中予以明确。⑦建设单位（委托方）应在不影响监理人开展监理工作的时间内提供如下资料：与本工程合作的原材料、构配件、机械设备等生产厂家名录。提供与本工程有关的协作单位、配合单位的名录。⑧建设单位（委托方）应免费向监理人提供办公用房、通信设施、监理人员工地住房及合同专用条件约定的设施，对监理人自备的设施给予合理的经济补偿（补偿金额＝设施在工程使用时间占折旧年限的比例×设施原值＋管理费）。⑨根据情况需要，如果双方约定，由建设单位（委托方）免费向监理人提供其他人员，应在监理合同专用条件中予以明确。

（3）建设单位（委托方）的责任

建设单位的责任主要包括：①建设单位（委托方）应当履行委托监理合同约定的义务，如有违反则应当承担违约责任，赔偿给监理人造成的经济损失。监理人处理委托业务时，因非监理人原因的事由受到损失的，可以向建设单位（委托方）要求补偿损失。②建设单位（委托方）如果向监理人提出赔偿的要求不能成立，则应当补偿由该索赔所引起的监理人的各种费用支出。

2. 监理单位（监理人）的权利、义务和责任

（1）监理单位（监理人）的权利

监理人在委托人委托的工程范围内，享有以下权利：①选择工程总承包人的建议权。②选择工程分包人的认可权。③对工程建设有关事项包括工程规模、设计标准、规划设计、生产工艺设计和使用功能要求，向委托人的建议权。④对工程设计中的技术问题，按照安全和优化的原则，向设计人提出建议；如果拟提出的建议可能会提高工程造价，或延长工期，应当事先征得委托人的同意。当发现工程设计不符合国家颁布的建设工程质量标准或设计合同约定的质量标准时，监理人应当书面报告委托人并要求设计人更正。⑤审批工程施工组织设计和技术方案，按照保质量、保工期和降低成本的原则，向承包人提出建议，并向委托人提出书面报告。⑥主持工程建设有关协作单位的组织协调，重要协调事项应当事先向委托人报告。⑦征得委托人同意，监理人有权发布开工令、停工令、复工令，但应当事先向委托人报告。如在紧急情况下未能事先报告时，则应在 24 小时内向委托人做出书面报告。⑧工程上使用的材料和施工质量的检验权。对于不符合设计要求和合同约定及国家质量标准的材料、构配件、设备，有权通知承包人停止使用；对于不符合规范和质量标准的工序、分部分项工程和不安全施工作业，有权通知承包人停工整改、返工。承包人得到监理机构复工令后才能复工。⑨工程施工进度的检查、监督权，以及工程实际竣工日期提前或超过工程施工合同规定的竣工期限的签认权。⑩在工程施工合同约定的工程价格范围内，工程款支付的审核和签认权，以及工程结算的复核确认权与否决权。未经总监理工程师签字确认，委托人不支付工程款。

（2）监理单位（监理人）的义务

监理单位（监理人）的义务主要包括：①监理人按合同约定派出监理工作需要的监理机构及监理人员，向委托人报送委派的总监理工程师及其监理机构主要成员名单、监理规划，完成监理合同专用条件中约定的监理工程范围内的监理业务。在履行合同义务期间，应按合同约定定期向委托人报告监理工作。②监理人在履行本合同的义务期间，应认真、勤奋地工作，为委托人提供与其水平相适应的咨询意见，公正维护各方面的合法权益。③

监理人使用委托人提供的设施和物品属委托人的财产。在监理工作完成或中止时，应将其设施和剩余的物品按合同约定的时间和方式移交给委托人。④在合同期内或合同终止后，未征得有关方同意，不得泄露与本工程、本合同业务有关的保密资料。

（3）监理单位（监理人）的责任

监理单位的责任主要包括：①监理人的责任期即委托监理合同有效期。在监理过程中，如果因工程建设进度的推迟或延误而超过书面约定的日期，双方应进一步约定相应延长的合同期。②监理人在责任期内，应当履行约定的义务。如果因监理人过失而造成了委托人的经济损失，应当向委托人赔偿。累计赔偿总额不应超过监理报酬总额（除去税金）。③监理人对承包人违反合同规定的质量要求和完工（交图、交货）时限，不承担责任。因不可抗力导致委托监理合同不能全部或部分履行，监理人不承担责任。但对违反第五条规定引起的与之有关的事宜，向委托人承担赔偿责任。④监理人向委托人提出赔偿要求不能成立时，监理人应当补偿由于该索赔所导致委托人的各种费用支出。

第十一章　建设工程安全生产法律制度

11.1　建设工程安全生产管理概述

建设工程施工具有人员流动性大，露天高处作业多，手工操作，体力劳动繁重等特点，这决定了建设工程施工安全事故的多发性和易发性。随着我国建设工程和科学技术的发展，新材料、新工艺、新设备被广泛应用，国家鼓励建设工程安全生产的科学技术研究和先进技术的推广应用，推进建设工程安全生产的科学管理。建设工程安全生产管理是指在新建、改建、扩建和拆除等建设活动中，运用各种有效资源，通过计划、组织、协调和控制等手段，控制物的不安全因素和人的不安全行为，防止和减少安全事故，实现安全生产的管理活动。

与该管理活动相关的法律制度包括建设工程安全生产监督管理制度、建设工程安全生产责任制度、建设工程安全生产许可制度、建设工程重大安全事故的处理制度以及建设工程安全生产法律责任制度等。这些制度作为一个整体，共同发挥着保障建设工程生产安全的作用建筑工程安全生产意义重大，它直接关系到公众生命与财产安全，关系到社会稳定与和谐发展，因此，国家建立了建筑工程安全生产管理制度。建筑工程安全生产管理是指建设行政主管部门、建筑安全监督管理机构、建筑施工企业及有关单位对建筑生产过程中的安全工作，所进行的计划、组织、指挥、控制、监督等一系列管理活动。其目的在于保障建筑工程的安全和建筑职工的人身安全。

11.1.1　建筑工程安全生产管理的立法概况

建筑业是全国事故高发行业之一。按照每年施工的死亡人数进行统计，建筑业仅次于交通运输业和矿山井下作业，在全国各行业中位居第三。建筑安全事故给国家、社会，特别是给事故死伤人员的家庭造成了极为重大的损失和影响。

建筑安全生产管理直接关系到生命和财产安全，是建筑活动管理的重要内容之一。为此，全国人民代表大会常务委员会和国务院制定了一系列有关建筑安全生产的法律、法规，具体见表11-1。

建设安全生产的法律、法规一览表　　**表11-1**

法律文件	简称	文件性质	施行日期
《中华人民共和国建筑法》	《建筑法》	法律	1998年3月1日
《中华人民共和国安全生产法》	《安全生产法》	法律	2002年11月1日
《建设工程安全生产管理条例》	无	行政法规	2004年2月1日
《特种设备安全监察条例》	无	行政法规	2003年6月1日
《生产安全事故报告和调查处理条例》	无	行政法规	2007年6月1日
《安全生产许可证条例》	无	行政法规	2004年1月13日

国务院建设行政主管部门也通过了一些关于建设安全生产的部门规章和其他规范性法律文件。具体见表 11-2。

建设安全生产的部门规章及规范性法律文件　　表 11-2

文件名称	文号
《关于印发〈关于进一步规范房屋建筑和市政工程生产安全事故报告和调查处理工作的若干意见〉的通知》	建质〔2007〕257 号
《关于印发〈危险性较大的分部分项工程安全管理办法〉的通知》	建质〔2009〕87 号
《建筑工程安全防护、文明施工措施费用及使用管理规定》	建办〔2005〕89 号
《关于印发〈建筑工程安全生产监督管理工作导则〉的通知》	建质安函〔2005〕108 号
《关于印发〈建筑施工人员个人劳动保护用品使用管理暂行规定〉的通知》	建质〔2007〕255 号
《关于印发〈绿色施工导则〉的通知》	建质〔2007〕223 号
《建筑起重机械安全监督管理规定》	建设部 166 号令
《建筑起重机械备案登记办法》	建质〔2008〕76 号
《建筑施工特种作业人员管理规定》	建质〔2008〕75 号
《建筑施工企业安全生产许可证动态监管暂行办法》	建质〔2008〕121 号
《建筑施工企业安全生产管理机构设置及专职安全生产管理人员配备办法》	建质〔2008〕91 号
《关于印发〈建设工程高大模板支撑系统施工安全监督管理导则〉的通知》	建质〔2009〕254 号
《关于印发〈城市轨道交通工程安全质量管理暂行办法〉的通知》	建质〔2010〕5 号

除前述法律、行政法规、部门规章和其他规范性法律文件之外，国家还颁布了很多关于建设安全生产管理的安全生产标准和技术规范，具体见表 11-3。

建筑安全生产标准和技术规范　　表 11-3

文件名称	代号
《建筑施工安全检查标准》	JGJ 59—2011
《施工企业安全生产评价标准》	JGJ/T 77—2010
《建筑施工现场环境与卫生标准》	JGJ 146—2013
《施工现场临时建筑物技术规范》	JGJ/T 188—2009
《建筑施工高处作业安全技术规范》	JGJ 80—91
《施工临时用电安全技术规范》	JGJ 46—2005
《建筑基坑支护技术规程》	JGJ 120—2012
《建筑基坑工程监测技术规范》	GB 50497—2009
《建筑边坡工程技术规范》	GB 50330—2013
《锚杆喷射混凝土支护技术规范》	GB 50086—2001
《建筑桩基技术规范》	JGJ 94—2008
《建筑施工扣件式钢管脚手架安全技术规范》	JGJ 130—2011

续表

文 件 名 称	代 号
《建筑施工碗扣式钢管脚手架安全技术规范》	JGJ 166—2008
《建筑施工门式钢管脚手架安全技术规范》	JGJ 128—2010
《建筑施工工具式脚手架安全技术规范》	JGJ 202—2010
《高处作业吊篮》	GB 19155—2003
《建筑施工大模板技术规程》	JGJ 47—2003
《建筑施工模板安全技术规范》	JGJ 162—2008
《建筑机械使用安全技术规程》	JGJ 33—2012
《钢管满堂支架预压技术规程》	JGJ/T 194—2009
《塔式起重机安全技术规程》	GB 5144—2006
《建筑拆除工程安全技术规范》	JGJ 147—2004
《施工现场机械设备检查技术规程》	JGJ 160—2008
《建筑施工塔式起重机安装、使用、拆卸安全技术规程》	JGJ 196—2010
《塔式起重机安全技术规范》	GB 5144—2006
《起重设备安装工程施工及验收规范》	GB 50278—2010
《建筑起重机械安全评估技术规程》	JGJ/T 189—2009
《施工升降机安全规程》	GB 10055—2007
《建筑施工升降机安装、使用、拆卸安全技术规程》	JGJ 215—2010
《龙门架及井架物料提升机安全技术规范》	JGJ 88—2010
《盾构法隧道施工与验收规范》	GB 50446—2008

目前，在建筑工程安全生产领域，我国已经形成了以《建筑法》、《安全生产法》、《建设工程安全管理条例》、《生产安全事故报告和调查处理条例》、《安全生产许可证条例》等法律和行政法规为主干，以建设部、劳动部、国家质量监督局、国家安全生产监督管理局、国家经贸委等相关部委发布的部门规章、强制性安全技术规范及地方性法规为分支的法律法规体系。

建筑业相关法律、法规，是国家从宏观层面上对建筑业进行监管的法律依据；建筑标准规范属于技术法规，是国家从微观层面上对建筑工程各个生产阶段、各种工序及产品进行管理的法律依据。前述规范构成了广义的建筑安全生产管理法规。

11.1.2　建筑工程安全生产管理的方针

《建筑法》第36条规定："建筑工程安全生产管理必须坚持安全第一、预防为主的方针，建立健全安全生产的责任制度和群防群治制度。"《安全生产法》第3条规定："安全生产管理，坚持安全第一、预防为主的方针。"前述法律规范确立了建筑工程安全管理必须坚持的方针。坚持"安全第一、预防为主"的方针，是指将建筑工程安全管理放在第一位，采取切实有效的措施防范不安全因素的产生，控制不安全因素的扩大，防止建筑工程事故的发生。

安全第一、预防为主的方针，是国家“以人为本”的社会治理理念在建筑工程安全生产领域的反映，体现了国家对劳动者权利和生产力发展问题的重视。安全第一，是从保护和发展生产力的角度，表明在生产领域安全与生产的关系，肯定了安全这一要素在建筑生产活动中的重要性和首要地位。预防为主，是从事故控制角度，表明在生产领域预防与处理的关系，强调了预防这一要素在建筑生产活动中的首要性和重要地位。安全第一、预防为主要求相关责任主体在建筑工程生产领域要做到未雨绸缪、防患于未然，把可能发生的事故消灭在萌芽状态。

11.1.3 建筑工程安全生产管理的原则

1.“管生产必须管安全”原则

一切从事生产、经营活动的单位和管理部门都必须管安全，必须依照国务院“安全生产是一切经济部门和生产企业的头等大事”的指示精神全面开展安全生产工作。“管生产必须管安全”这一原则，要求有关单位和部门在管理生产的同时，认真贯彻执行国家有关安全生产的法律、政策和标准；严格制定遵守本单位本部门的安全生产规章制度——包括安全生产责任制、安全生产管理规定、安全卫生技术规范、岗位安全操作规程等；建立健全安全生产管理机构、配齐专兼职人员。

2.“安全具有否决权”原则

“安全具有否决权”原则，是指安全工作是衡量企业经营管理工作好坏的一项基本指标。按照该原则的要求，在对企业进行各项考核、评选先进时必须首先考虑安全指标的完成情况。安全生产指标具有一票否决的效力。

3.“三同时”原则

“三同时”原则，是指在我国境内新建、改建、扩建的基本建设项目工程、技术改造项目工程和引进的建设项目，其劳动安全卫生设施必须符合国家规定的标准，必须与主体工程同时设计、同时施工、同时投入生产和使用。

4.“五同时”原则

“五同时”原则，是指企业的生产组织及领导者对生产工作进行计划、布置、检查、总结、评比的同时需一并对安全工作进行计划、布置、检查、总结、评比。

5.“四不放过”原则

“四不放过”原则，是指在调查处理工伤事故时必须坚持的四个“不放过”原则，即事故原因分析不清不放过；事故责任者和群众没有受到教育不放过；没有采取切实可行的防范措施不放过；事故责任者没有被处理不放过。

6.“三个同步”原则

“三个同步”原则，是指安全生产与经济建设、深化改革、技术改造同步规划、同步发展、同步实施。

11.2 建设工程安全生产监督管理制度

11.2.1 安全生产监督管理制度的发展历程

党和国家历来重视劳动保护工作。中华人民共和国成立前夕，中国人民政治协商会议通过的《共同纲领》明确规定，“公私企业一般实行8小时至10小时工作制”；“保护女工的特殊利益”；“实行工矿检查制度，以改进工矿的安全和卫生设备”。新中国建立之初，中央人民政府就设立了劳动部。劳动部下设劳动保护司，各地方劳动部门设劳动保护处、科，作为劳动保护工作的专门管理机构。政府许多产业部相继在部内的生产或人事部门设立了专管劳动保护工作的机构。中华全国总工会在各级工会中设立了劳动保护部，工会基层组织一般设立了劳动保护委员会，以加强对企业劳动保护的监督。

1950年10月，政务院批准的《中央人民政府劳动部试行组织条例》和《省、市劳动局暂行组织通则》均规定，各级劳动部门自建立伊始，即担负起监督、指导各产业部门和工矿企业劳动保护工作的任务，对工矿企业的劳动保护和安全生产工作实施监督管理。

1956年9月，国务院批准的《中华人民共和国劳动部组织简则》规定，劳动部在本部门权限内，有权发布有关劳动工作的命令、指示和规章。这些命令、指示和规章，各级劳动部门和企业、事业单位必须遵守和执行。《简则》还规定，劳动部负责管理劳动保护工作，监督检查国民经济各部门的劳动保护、安全技术和工业卫生工作，领导劳动保护监督机构的工作，检查企业中的重大事故并且提出结论性的处理意见。

党的十一届三中全会以后，劳动保护工作得到了进一步的加强。经国务院批准，原国家劳动总局会同有关部门，从伤亡事故和职业病最严重的采掘工业入手，研究加强安全立法和国家监察工作。1979年5月，原国家劳动总局召开全国劳动保护座谈会，重新肯定了加强安全生产立法和建立安全生产监察制度的重要性和迫切性。

1982年2月，国务院发布《矿山安全条例》、《矿山安全监察条例》和《锅炉压力容器安全监察暂行条例》，宣布在各级劳动部门设立矿山、职业安全卫生和锅炉压力容器安全监察机构。1983年5月，国务院常务会议批准的《劳动人事部任务与职责》中规定：劳动人事部“负责贯彻执行党和国家的方针、政策、法律和指示，研究拟定有关劳动保护的具体方针、政策和规章制度”；“综合管理劳动保护、矿山安全、锅炉压力容器安全工作，实行国家监察”；“提出劳动保护规划要求，督促各地区、各部门改善劳动条件，推动劳动保护科学研究和宣传教育工作，参加重大伤亡事故的处理”；“劳动人事部设劳动保护局、矿山安全监察局和锅炉压力容器安全监察局”。

为了协调各部门更有利地开展全国安全生产监督管理工作，我国于1985年1月成立了全国安全生产委员会。该委员会由国务院有关部、委及中华全国总工会领导人组成。其任务是，在国务院领导下，研究、统筹、协调、指导关系全局的重大安全生产问题；具体工作由各部门分别管理。全国安全生产委员会为我国的安全生产工作做出了巨大贡献。由于种种原因，该机构于1993年被撤销。

1993年，国务院下发了《关于加强安全生产工作的通知》。该《通知》明确规定原劳动部负责综合管理全国安全生产工作，对安全生产实行国家监察；明确要求各级综合管理生产的部门和行业主管部门，在管生产的同时必须管安全；提出在建设社会主义市场经济的过程中，实行新的安全生产管理体制，即“企业负责、行业管理、国家监察、群众监督”体制。随后，在实践中，新的安全生产管理体制又增加了劳动者遵章守纪的内容，进而形成了“企业负责、行业管理、国家监察、群众监督、劳动者遵章守纪”的安全管理体制。

1998年，国务院实行机构改革，决定成立劳动和社会保障部。将原劳动部承担的安全生产综合管理、职业安全卫生监察、矿山安全卫生监察的职能，交由国家经济贸易委员会（简称国家经贸委）承担；原劳动部承担的职业卫生监察职能，交由卫生部承担；原劳动部承担的锅炉压力容器监察职能，交由国家质量技术监督局承担；劳动保护工作中的女职工和未成年工作特殊保护、工作时间和休息时间，以及工伤保险、劳动保护争议与劳动关系仲裁等职能，仍由劳动和社会保障部承担。国家经贸委成立安全生产局后，综合管理全国安全生产工作，对安全生产行使国家监督监察管理职权；拟订全国安全生产综合法律、法规、政策、标准；组织协调对全国重大安全事故的处理工作。

2000 年 12 月，为适应我国安全生产工作的需要，进一步加强对安全生产的监督管理，预防和减少各类伤亡事故，国务院决定成立国家安全生产监督管理局和国家煤矿安全监察局。国家安全生产监督管理局是综合管理全国安全生产工作、履行国家安全生产监督管理和煤矿安全监察职能的行政机构，由原国家经贸委负责管理；涉及煤矿安全监察方面的工作，以国家煤矿安全监察局的名义实施。

2001 年 3 月，国务院决定成立国务院安全生产委员会。该委员会由国家经贸委、公安部、监察部、全国总工会等部门的主要负责人组成；其办公室设在国家安全生产监督管理局。

2003 年 3 月，第十届全国人民代表大会第一次会议通过了《国务院机构改革方案》。《方案》将国家经贸委管理的国家安全生产监督管理局改为国务院直属机构，负责全国生产综合监督管理和煤矿安全监察。安全生产机构从削减到恢复，再到单独设置的历程，体现了我国政府对安全生产工作的高度重视，标志着我国安全生产监督管理工作达到了一个新的高度。

2004 年 11 月，国务院调整补充了部分省级煤矿安全监察机构，将煤矿安全监察办事处改为监察分局。与国家煤矿安全监察局的垂直管理不同的是，安全生产监督管理的体制是在省、地、市分别设置安全生产监督管理部门，由各级地方政府分级管理。

2005 年 2 月，国家安全生产监督管理局调整为国家安全生产监督管理总局，升为正部级，为国务院直属机构；国家煤矿安全监察局单独设立，为副部级，是国家安全生产监督管理总局管理的国家局。把国家安全监管局升为总局，提高了政府安全生产监督管理工作的权威性和严肃性，加大了政府对企业安全生产管理的力度；有利于规范安全生产监督管理体制和机制。

11.2.2 行政机关对建筑工程安全生产的监督管理

行政机关对建筑工程安全生产的监督管理，是指各级人民政府建设行政主管部门及其授权的建筑工程安全生产监督机构，对建筑工程安全生产所实施的行政监督管理。目前，我国对建设工程（含土木工程、建筑工程、线路管道和设备安装工程）安全生产的行政监督管理是分级进行的，各个建设行政主管部门，因级别不同，其具有的监督管理职责也有所不同。

1. 建筑工程安全生产的监督管理体制

我国在建筑工程安全生产的监督管理领域，实行的是统一管理与分级管理，综合管理与专门管理相结合的管理体制。《建筑法》第 43 条，《安全生产法》第 9 条和《建设工程安全生产管理条例》第 39 条、第 40 条对这一管理体制做出了明确规定。按照前述规定，对于建筑工程安全生产工作的监督管理，各部门的分工如下：县级以上各级政府的安全生产监督管理部门是“综合管理”部门；县级以上各级政府的建设行政主管部门是“具体主管”部门；县级以上各级政府的其他有关部门，是“专项管理”部门。“综合管理”部门负责指导、协调和监督政府各有关主管部门的安全生产监督管理工作；“具体主管”和“专项管理”部门负责本行业或领域内的安全生产监督管理工作并承担相应的行政监管责任。

“综合管理”：国务院负责安全生产监督管理的部门，对全国建设工程安全生产工作实施综合监督管理；县级以上地方人民政府负责安全生产监督管理的部门，对本行政区域内建设工程安全生产工作实施综合监督管理。按照全国人大九届一次会议和十届一次会议批准的国务院机构改革方案和《国务院关于机构设置的通知》的规定，目前建筑工程安全生产的“综合管理”部门是国家安全生产监督管理局和地方各级安全生产监督管理局。

“具体主管”：国务院建设行政主管部门对全国的建设工程安全生产实施监督管理；县级以上地方人民政府建设行政主管部门对本行政区域内的建设工程安全生产实施监督管理。建筑工程安全生产的“具体主管”部门是建设部和劳动部及地方各级建设厅、委员会、局和地方各级劳动厅、局。

“专项管理”：国务院铁路、交通、水利等有关部门按照国务院规定的职责分工，负责有关专业建设工程安全生产的监督管理；县级以上地方人民政府交通、水利等有关部门在各自的职责范围内，负责本行政区域内的专业建设工程安全生产的监督管理。

2. 建筑工程安全生产监督管理部门的职责

国务院建设行政主管部门和县级以上地方人民政府建设行政主管部门是建筑工程安全生产的具体主管部门，其主要职责详见表 11-4。

建筑工程安全生产的具体主管部门　　表 11-4

部　门	主 要 职 责
国务院建设行政主管部门	制定和执行规范：贯彻执行国家有关安全生产的法规和方针、政策，起草或制定建筑安全生产管理的法规和标准 监督与管理工作：统一监督管理全国工程建设方面的安全生产工作，完善建筑安全生产的组织保证体系 制定规划与推广技术：制定建筑安全生产管理的中、长期规划和近期目标，组织建筑安全生产技术的开发与推广应用 指导与检查工作：指导和监督检查省、自治区、直辖市人民政府建设行政主管部门开展建筑安全生产的行业监督管理工作 统计及发布工作：统计全国建筑职工因工伤亡人数，掌握并发布全国建筑安全生产动态 审查与审批工作：负责对申报资质等级一级企业和国家一、二级企业以及国家和部级先进建筑企业进行安全资格审查或审批，行使安全生产否决权 组织与总结工作：组织全国建筑安全生产检查，总结交流建筑安全生产管理经验，并表彰先进 调查与处理工作：检查和监督工程建设重大事故的调查处理，组织或者参与工程建设特别重大事故的调查

续表

部　门	主要职责
县级以上地方人民政府建设行政主管部门	制定和执行规范：贯彻执行国家和地方有关安全生产的法规、标准和方针、政策，起草或者制定本行政区域建筑安全生产管理的实施细则或实施办法 制定规划与推广技术：制定本行政区域建筑安全生产管理的中、长期规划和近期目标，组织建筑安全生产技术的开发与推广应用 建立与落实工作制度：建立健全安全生产的监督管理体系，制定本行政区域建筑安全生产监督管理工作制度，组织落实各级领导分工负责的建筑安全生产责任制 统计及上报工作：负责本行政区域建筑职工因工伤亡的统计和上报工作，掌握和发布本行政区域建筑安全生产动态 审查与审批工作：负责对申报晋升企业资质等级、企业升级和报评先进企业的安全资格进行审查或审批，行使安全生产否决权 调查、处理及上报工作：组织或参与本行政区域工程建设中人身伤亡事故的调查处理工作，并依照有关规定上报重大伤亡事故 组织与总结工作：组织开展本行政区域建筑安全生产检查，总结交流建筑安全生产管理经验，并表彰先进 监督检查工作：监督检查施工现场、构配件生产车间等安全管理和防护措施，纠正违章指挥和违章作业 培训考核工作：组织开展本行政区域建筑企业安全生产管理人员、作业人员的安全生产教育、培训、考核及发证工作，监督检查建筑企业对安全技术措施费的提取和使用 领导及管理工作：领导和管理建筑安全生产监督机构的工作

3. 建筑施工安全生产的监督管理

(1) 建筑施工安全生产的监督管理部门及权限

对建筑施工安全生产的监督管理，实际上是对建筑施工四个安全要素的监督管理，这四个安全要素为：施工企业的资力，施工作业人员，施工作业机械设备、建筑材料，施工作业流程。根据有关行政法规、部门规章以及安全技术规范的规定，各级建设行政主管部门是建筑施工安全生产的主管部门，其对建筑施工的以上四个要素均有监管权。

各级建设行政主管部门，有权依照法律、法规的规定，对涉及安全生产的事项进行审查、批准或验收；监督查处超越资质等级承揽工程的行为；督促检查施工企业安全生产的具体实施并纠正违反安全规范规程的行为；调查处理建筑施工安全事故；对违反建筑施工安全管理规定的行为予以行政处罚。当然，建设行政主管部门更侧重于对施工企业安全资力、施工作业机械设备安全和施工作业流程安全的监管。

劳动行政部门依据《劳动法》及《建设项目（工程）劳动安全卫生监察规定》等法规，侧重于对建筑施工人员安全保障的监管。质量技术监督主管部门依据《产品质量法》、《特种设备质量监督与安全监督规定》等法规，对建筑材料、施工用特种设备的安全予以监管。消防部门依据消防安全法规，对建筑施工的消防安全进行监管。

(2) 建筑施工安全生产的监督管理措施

建筑施工安全生产的监督管理措施主要有四个，即审批、检查、调查和处罚。

建筑施工安全生产的审批，主要包括：建设行政主管部门依据《安全生产许可证条例》，审查、批准、颁发安全生产许可证；劳动行政主管部门依据《建设项目（工程）劳动安全卫生监察规定》，审查批准有关建筑施工劳动安全保障的许可认证；特种设备行政主管部门依据《特种设备安全管理条例》，审查批准有关建筑特种设备的认证等。

建筑施工安全生产的检查，主要包括：建设行政主管部门对建筑施工安全制度、规范的贯彻执行情况的检查；劳动部门对建设工程“三同时”、施工人员的劳动安全防护措施的检查；特种设备管理部门对建筑施工特种机械设备的使用、建筑材料的安全性的检查等。

建筑施工安全生产的调查，主要是指建筑施工安全生产事故发生后，相关主管部门对事故原因、后果、责任等进行的调查。

建筑施工安全生产的处罚，是指各有关行政主管部门依据有关法律、法规的规定，对违反安全生产法规的行为做出的处罚。

11.2.3　生产经营单位对建筑工程安全生产的监督管理

生产经营单位在日常的生产经营活动中，必须加强对安全生产的监督管理；对于存在较大危险因素的场地、设备及施工作业，更应依法进行重点检查、管理，以防生产安全事故的发生。对此，《安全生产法》做出了明确的规定。

1. 管理机构、人员

建筑施工单位应当设置安全生产管理机构或者配备专职安全生产管理人员。

2. 检查及处理

生产经营单位的安全生产管理人员应当根据本单位的生产经营特点，对安全生产状况进行经常性检查。对检查中发现的安全问题，应立即处理；不能处理的，应及时报告本单位的有关负责人，检查及处理情况应记录在案。

3. 相关义务

（1）教育、督促及告知义务

生产经营单位应教育和督促从业人员严格执行本单位的安全生产规章制度和安全操作规程；并向从业人员如实告知作业场所和工作岗位存在的危险因素、防范措施以及事故应急措施。

（2）警示义务

生产经营单位应当在存有较大危险因素的生产经营场所和有关设施、设备上，设置明显的安全警示标志，以引起人们对危险因素的注意，预防生产安全事故的发生。

4. 管理措施

（1）危险作业的管理

生产经营单位进行爆破、吊装等危险作业，应安排专门人员进行现场安全管理，确保操作规程的遵守和安全措施的落实。

（2）重大危险源的管理

生产经营单位对危险物品大量聚集的重大危险源应当登记建档，进行定期检测、评估、监控，并制定应急预案，告知从业人员和相关人员在紧急情况下应当采取的应急措施。

（3）设备的管理

生产经营单位不得使用国家明令淘汰、禁止使用的危及生产安全的工艺、设备；对使用的安全设备必须进行经常性维护、保养，并定期检测，以保证正常运转。维护、保养、检测应当做好记录，并由有关人员签字。

（4）特种设备及危险物品的管理

生产经营单位使用的涉及生命安全、危险性较大的特种设备（如锅炉、压力容器、电梯、起重机械等）以及危险物品（如易燃易爆品、危险化学品等）的容器、运输工具，必须是按照国家有关规定，由专业生产单位生产，并且必须经具有专业资质的检测、检验机构检测，检测合格，取得安全使用证或安全标志后，方可投入使用。

11.2.4 社会对建筑工程安全生产的监督管理

安全生产工作关系到各类生产经营单位和社会的方方面面，涉及范围极广，要开展好这项工作，除依赖生产单位自律以及政府部门的监督管理之外，还需要充分调动和发挥社会各界的积极性，齐抓共管，群防群治，这样，才能建立起经常性的、更为有效的监督机制，从根本上保障生产安全。安全生产的社会监督主要包括社会组织的监督和社会公众的监督。

1. 社会组织的监督

(1) 工会的监督

工会有权对建设项目的安全设施与主体工程同时设计、同时施工、同时投入生产和使用进行监督，提出意见。工会对生产经营单位违反安全生产法律、法规，侵犯从业人员合法权益的行为，有权要求纠正；发现生产经营单位违章指挥、强令冒险作业或者发现事故隐患时，有权提出解决的建议，生产经营单位应当及时研究答复；发现危及从业人员生命安全的情况时，有权向生产经营单位建议组织从业人员撤离危险场所，生产经营单位必须立即做出处理。工会有权依法参加事故调查，向有关部门提出处理意见，并要求追究有关人员的责任。

(2) 基层群众性自治组织的监督

居民委员会、村民委员会发现其所在区域内的生产经营单位存在事故隐患或安全生产违法时，应当向当地人民政府或有关部门报告。

(3) 新闻媒体的监督

新闻、出版、广播、电影、电视等单位有进行安全生产教育的义务，同时，对违反安全生产法律、法规的行为有进行舆论监督的权利。

(4) 社会中介机构的监督

承担安全评价、认证、检测、检验的中介机构，可通过其服务行为对相关安全生产事项实施监督管理。

2. 社会公众的监督

任何单位和个人对事故隐患和安全违法行为，均有向安全生产监督管理部门报告或举报的权利。安全生产监督管理部门应建立举报制度，公开举报电话、信箱或电子邮件地址。

11.3 建筑工程安全生产责任制度

为了加强建筑工程安全生产监督管理，保障人民群众生命和财产安全，在中华人民共和国境内从事建筑工程的新建、扩建、改建和拆除等活动，建设单位、勘察单位、设计单位、施工单位、工程监理单位及其他与建筑工程安全生产有关的单位，必须遵守安全生产法律、法规的规定，保证建设工程安全生产，依法承担建筑工程安全生产责任。

11.3.1　建设单位的安全生产责任

1. 积极义务

(1) 向施工单位提供资料

建设单位应当向施工单位提供施工现场及毗邻区域内供水、排水、供电、供气、供热、通信、广播电视等地下管线资料，气象和水文观测资料，相邻建筑物和构筑物、地下工程的有关资料，并保证资料的真实、准确、完整。

(2) 报送安全施工措施资料

建设单位在申请领取施工许可证时，应当提供建设工程有关安全施工措施的资料。依法批准开工报告的建设工程，建设单位应当自开工报告批准之日起15日内，将保证安全施工的措施报送建设工程所在地的县级以上人民政府建设行政主管部门或其他有关部门备案。

(3) 施工单位的资质保证及材料报送

建设单位应当将拆除工程发包给具有相应资质等级的施工单位。建设单位应当在拆除工程施工15日前，将下列资料报送建设工程所在地的县级以上地方人民政府建设行政主管部门或其他有关部门备案：①施工单位资质等级证明；②拟拆除建筑物、构筑物及可能危及毗邻建筑的说明；③拆除施工组织方案；④堆放、清除废弃物的措施。

(4) 办理申请批准手续

建设单位进行特殊作业，应办理申请批准手续。按照《建筑法》第42条的规定，特殊作业包括：需要临时占用规划批准范围以外场地的；可能损坏道路、管线、电力、邮电通讯等公共设施的；需要临时停水、停电、中断道路交通的；需要进行爆破作业的；法律、法规规定需要办理报批手续的其他情形。

(5) 保证安全生产的资金投入

建设单位在编制工程概算时，应当确定建设工程安全作业环境及安全施工措施所需费用；该费用由建设单位的决策机构、主要负责人或个人经营的投资人予以保证，并对由于安全生产所必需的资金投入不足导致的后果承担责任。

2. 消极义务

(1) 不提影响安全生产的违法要求

建设单位不得对勘察、设计、施工、工程监理等单位提出不符合建设工程安全生产法律、法规和强制性标准规定的要求，不得压缩合同约定的工期。

(2) 不使用不符合安全要求的物资

建设单位不得明示或暗示施工单位购买、租赁、使用不符合安全施工要求的安全防护用具、机械设备、施工机具及配件、消防设施和器材。

11.3.2　勘察、设计、监理单位的安全生产责任

1. 勘察单位的安全生产责任

建设工程勘察是工程建设的基础性工作。建设工程勘察文件，是建设工程项目规划、选址和设计的重要依据，其勘察成果是否科学、准确，对建设工程安全生产具有重要影响。建设工程勘察单位的安全生产责任，主要体现在勘察活动中和勘察文件上。

(1) 科学勘察

勘察单位在进行勘察作业时，应当严格按照操作规程，采取措施保证各类管线、设施和周边建筑物、构筑物的安全。

(2) 确保勘察文件的质量

勘察单位应当按照法律、法规和工程建设强制性标准进行勘察；提供的勘察文件应当真实、准确，满足建设工程安全生产的需要。

2. 设计单位的安全生产责任

建筑工程设计是建设工程的重要环节，工程设计质量的优劣直接影响建设活动和建筑产品的安全。按照《建设工程安全生产管理条例》第 13 条的规定，设计单位的安全生产责任包括四个方面。

(1) 合理设计义务

设计单位应当按照法律、法规和工程建设强制性标准进行设计，防止因设计不合理导致生产安全事故的发生。

(2) 注明义务

设计单位应当考虑施工安全操作和防护的需要，对涉及施工安全的重点部位和环节在设计文件中注明，并对防范生产安全事故提出指导意见。

(3) 建议义务

采用新结构、新材料、新工艺的建设工程和特殊结构的建设工程，设计单位应当在设计中提出保障施工作业人员安全和预防生产安全事故的措施建议。

(4) 承担设计责任

设计单位和注册建筑师等注册执业人员应当对其设计负责。

3. 工程监理单位的安全生产责任

(1) 审查义务

工程监理单位应当审查施工组织设计中的安全技术措施或专项施工方案是否符合工程建设强制性标准。

(2) 报告义务

工程监理单位在实施监理过程中，发现存在安全事故隐患的，应当要求施工单位整改；情况严重的，应当要求施工单位暂时停止施工，并及时报告建设单位。施工单位拒不整改或者不停止施工的，工程监理单位应当及时向有关主管部门报告。

(3) 承担监理责任

工程监理单位和监理工程师应当按照法律、法规和工程建设强制性标准实施监理，并对建设工程安全生产承担监理责任。

11.3.3 施工单位的安全生产责任

施工单位是工程建设活动中的重要主体之一，在施工安全中居于核心地位，是绝大部分生产安全事故的直接责任方。《建设工程安全生产管理条例》对施工单位的市场准入条件、安全生产行为规范以及施工单位主要负责人、项目负责人、安全管理人员和作业人员的安全责任，做出了明确的规定。

1. 施工单位的安全生产资质

建筑法律的有关规定确立了建筑市场准入制度，为施工单位的安全资质设定了法律规范。施工单位从事建设工程的新建、扩建、改建和拆除等活动，应当具备国家规定的注册资本、专业技术人员、技术装备和安全生产等条件，依法取得相应的资质等级证书，并在其资质等级许可的范围内承揽工程。施工单位的资质等级是由建设行政主管部门根据企业的建筑业绩、人员素质、管理水平、资金数量、技术装备和安全生产条件等基本条件确定的，它反映了施工单位承揽工程的综合能力。

法律禁止建筑施工企业超越本企业资质等级许可的业务范围或者以任何形式用其他施工企业的名义承揽工程。禁止建筑施工企业以任何形式允许其他单位或者个人使用本企业的资质证书、营业执照，以本企业的名义承揽工程。

2. 总承包单位与分包单位的安全管理

建筑工程实行总承包的，由总承包单位对施工现场的安全生产负总责。总承包单位应当自行完成建设工程主体结构的施工。

总承包单位依法将建设工程分包给其他单位的，分包合同中应当明确各自的安全生产方面的权利、义务。总承包单位和分包单位对分包工程的安全生产承担连带责任。分包单位应当服从总承包单位的安全生产管理，分包单位不服从管理导致生产安全事故的，由分包单位承担主要责任。

3. 主要负责人和项目负责人的安全施工责任

施工单位主要负责人和项目负责人的安全意识直接关系到建设项目的施工安全，因此，法律对二者的安全施工责任做出了明确的规定。

（1）主要负责人的安全施工责任

施工单位主要负责人依法对本单位的安全生产工作全面负责。其职责主要有：①建立、健全本单位安全生产责任制。②组织制定本单位安全生产规章制度和操作规程。③保证本单位安全生产投入的有效实施。④督促、检查本单位的安全生产工作，及时消除生产安全事故隐患。⑤组织制定并实施本单位的生产安全事故应急救援预案。⑥及时、如实报告生产安全事故。

（2）项目负责人的安全施工责任

项目负责人在施工活动中占有非常重要的地位，代表施工企业法定代表人对项目组织实施中劳动力的调配、资金的使用、建筑材料的购进等行使决策权。因此，施工单位的项目负责人应当对建设工程项目施工安全负全面责任，是项目安全生产的第一责任人。

为了加强对项目负责人的管理，明确其安全生产职责，《建设工程安全生产管理条例》第 21 条第 2 款规定，施工单位的项目负责人应当由取得相应执业资格的人员担任，对建设工程项目的安全施工负责，落实安全生产责任制、安全生产规章制度和操作规程，确保安全生产费用的有效使用，并根据工程的特点组织制定安全施工措施，消除安全事故隐患，及时、如实报告生产安全事故。

4. 施工单位安全生产保障措施

（1）安全生产费用的使用

施工单位对列入建设工程概算的安全作业环境及安全施工措施所需费用，应当用于施工安全防护用具及设施的采购和更新、安全施工措施的落实、安全生产条件的改善，不得挪作他用。

（2）安全生产管理机构的设置

施工单位应当设立安全生产管理机构，配备专职安全生产管理人员。专职安全生产管理人员负责对安全生产进行现场监督检查。发现安全事故隐患，应当及时向项目负责人和安全生产管理机构报告；对违章指挥、违章操作的，应当立即制止。

(3) 安全技术措施及专项施工方案的编制

施工单位应当在施工组织设计中编制安全技术措施和施工现场临时用电方案；对达到一定规模的危险性较大的分部分项工程编制专项施工方案，并附具安全验算结果，经施工单位技术负责人、总监理工程师签字后实施，由专职安全生产管理人员进行现场监督。前述所指工程，包括基坑支护与降水工程，土方开挖工程，模板工程，起重吊装工程，脚手架工程，拆除、爆破工程和国务院建设行政主管部门或其他有关部门规定的其他危险性较大的工程。对上述工程中涉及深基坑、地下暗挖工程、高大模板工程的专项施工方案，施工单位还应当组织专家进行论证、审查。

(4) 安全施工技术要求的说明

建设工程施工前，施工单位负责项目管理的技术人员应当对有关安全施工的技术要求向施工作业班组、作业人员做出详细说明，并由双方签字确认。

(5) 施工现场的安全维护

1) 安全警示标志的设置。施工单位应当在施工现场入口、起重机械、临时用电设施、脚手架、出入通道口、楼梯口、电梯井口、孔洞口、桥梁口、隧道口、基坑边沿、爆破物，有害危险气体、液体的存放处等危险部位，设置明显的安全警示标志。安全警示标志必须符合国家标准。施工单位应当根据不同施工阶段和周围环境及季节、气候的变化，在施工现场采取相应的安全施工措施。施工现场暂时停止施工的，施工单位应当做好现场防护。

2) 施工现场的封闭管理。施工单位应当对施工现场实行封闭管理。施工现场对毗邻的建筑物、构筑物和特殊作业环境可能造成损害的，建筑施工企业应当采取安全防护措施。施工单位应当将施工现场的办公、生活区与作业区分开设置，并保持安全距离；办公、生活区的选址应当符合安全性要求。职工的膳食、饮水、休息场所等应当符合卫生标准。施工单位不得在尚未竣工的建筑物内设置员工集体宿舍。

(6) 施工现场的消防管理

施工单位应当在施工现场建立消防安全责任制度，确定消防安全责任人，制定用火、用电、使用易燃易爆材料等各项消防安全管理制度和操作规程，设置消防通道、消防水源，配备消防设施和灭火器材，并在施工现场入口处设置明显标志。

(7) 施工现场的环境保护

施工单位应当遵守有关环境保护法律、法规的规定，在施工现场采取措施，防止或减少粉尘、废气、废水、固体废物、噪声、振动和施工照明对人和环境的危害和污染。

(8) 设备安全管理

生产经营单位应当在有较大危险因素的生产经营场所和有关设施、设备上，设置明显的安全警示标志。安全设备的设计、制造、安装、使用、检测、维修、改造和报废，应当符合国家标准或行业标准。生产经营单位必须对安全设备进行经常性维护、保养，并定期检测，保证正常运转。维护、保养、检测应当做好记录，并由有关人员签字。生产经营单位不得使用国家明令淘汰、禁止使用的危及生产安全的工艺、设备。

(9) 劳动安全管理

施工单位应当向作业人员提供安全防护用具和安全防护服装，并书面告知危险岗位的操作规程和违章操作的危害。施工单位应当为施工现场从事危险作业的人员办理意外伤害保险。作业人员应当遵守安全施工的强制性标准、规章制度和操作规程，正确使用安全防护用具、机械设备。

作业人员有权对施工现场的作业条件、作业程序和作业方式中存在的安全问题提出批评、检举和控告，有权拒绝违章指挥和强令冒险作业。在施工中发生危及人身安全的紧急情况时，作业人员有权立即停止作业或在采取必要的应急措施后撤离危险区域。

（10）安全生产教育培训

安全生产教育培训制度是对广大建筑企业职工进行安全教育培训，提高安全意识，增加安全知识和技能的制度。

1）特种作业人员的培训和持证上岗。建设施工特种作业人员直接从事具有较大危险性的施工特种作业，其安全意识和安全技能，直接关系到施工安全。因此，特种作业人员，包括垂直运输机械作业人员、安装拆卸工、爆破作业人员、起重信号工、登高架设作业人员等，必须按照国家有关规定经过专门的安全作业培训，并取得特种作业操作资格证书后，方可上岗作业。

2）作业人员的上岗教育培训。作业人员进入新的岗位或新的施工现场前，应当接受安全生产教育培训。未经教育培训或教育培训考核不合格的人员，不得上岗作业。施工单位在采用新技术、新工艺、新设备、新材料时，应当对作业人员进行相应的安全生产教育培训。

3）安全管理人员的考核。施工单位的主要负责人、项目负责人、专职安全生产管理人员应当经建设行政主管部门或其他有关部门考核合格后方可任职。

4）管理人员、作业人员的常规教育培训。施工单位应当对管理人员和作业人员每年至少进行一次安全生产教育培训，其教育培训情况记入个人工作档案。安全生产教育培训考核不合格的人员，不得上岗。

11.3.4 其他单位的安全生产责任

1. 供应单位的安全生产责任

为建设工程提供机械设备和配件的单位，应当按照安全施工的要求配备齐全有效的保险、限位等安全设施和装置。

2. 出租单位的安全生产责任

出租的机械设备和施工机具及配件，应当具有生产（制造）许可证、产品合格证，并应当对出租的机械设备和施工机具及配件的安全性能进行检测；在签订租赁协议时，应当出具检测合格证明。禁止出租检测不合格的机械设备和施工机具及配件。

3. 拆装单位的安全生产责任

在施工现场安装、拆卸施工起重机械和整体提升脚手架、模板等自升式架设设施，必须由具有相应资质的单位承担；拆装作业，应当编制拆装方案、制定安全施工措施，并由专业技术人员现场监督；安装作业完毕后，安装单位应当自检，出具自检合格证明，并向施工单位进行安全使用说明，办理验收手续并签字。

4. 检验检测单位的安全生产责任

从事施工起重机械定期检验检测的机构，应当经国务院特种设备安全监督部门核准，取得核准后方可从事检验检测活动。检验检测机构必须具备与所从事的检验检测工作相适应的检验检测人员、检验检测仪器和设备，有健全的检验检测管理制度和检验检测责任制度。

检验检测机构和检验检测人员进行特种设备检验检测，应当遵循诚信原则和方便企业的原则，为施工单位提供可靠、便捷的检验检测服务。检验检测机构和检验检测人员应当客观、公正、及时地出具检验检测结果、鉴定结论。检测合格的，应当出具安全合格证明文件。检验检测结果、鉴定结论经检验检测人员签字后，由检验检测机构负责人签署。设备检验检测机构和检验检测人员对检验检测结果、鉴定结论负责。设备检验检测机构进行设备检验检测时发现严重事故隐患，应当及时告知施工单位，并立即向特种设备安全监督管理部门报告。

11.4 建筑工程安全生产许可制度

《建筑施工企业安全生产许可证管理规定》（建设部令第128号）第2条规定，国家对建筑施工企业实行安全生产许可制度。建筑施工企业未取得安全生产许可证的，不得从事建筑施工活动。

11.4.1 安全生产许可证的管理机关

国务院建设主管部门负责中央管理的建筑施工企业安全生产许可证的颁发和管理。省、自治区、直辖市人民政府建设主管部门负责本行政区域内中央管理的建筑施工企业以外的建筑施工企业安全生产许可证的颁发和管理，并接受国务院建设主管部门的指导和监督。市、县人民政府建设主管部门负责本行政区域内建筑施工企业安全生产许可证的监督管理，并将监督检查中发现的企业违法行为及时报告安全生产许可证颁发管理机关。

11.4.2 安全生产许可证的取得条件

建筑施工企业取得安全生产许可证，应当具备下列安全生产条件：

1）建立、健全安全生产责任制，制定完备的安全生产规章制度和操作规程；

2）保证本单位安全生产条件所需资金的投入；

3）设置安全生产管理机构，按照国家有关规定配备专职安全生产管理人员；

4）主要负责人、项目负责人、专职安全生产管理人员经建设主管部门或者其他有关部门考核合格；

5）特种作业人员经有关业务主管部门考核合格，取得特种作业操作资格证书；

6）管理人员和作业人员每年至少进行一次安全生产教育培训并考核合格；

7）依法参加工伤保险，依法为施工现场从事危险作业的人员办理意外伤害保险，为从业人员交纳保险费；

8）施工现场的办公、生活区及作业场所和安全防护用具、机械设备、施工机具及配件符合有关安全生产法律、法规、标准和规程的要求；

9）有职业危害防治措施，并为作业人员配备符合国家标准或者行业标准的安全防护用具和安全防护服装；

10）有对危险性较大的分部分项工程及施工现场易发生重大事故的部位、环节的预防、监控措施和应急预案；

11）有生产安全事故应急救援预案、应急救援组织或者应急救援人员，配备必要的应急救援器材、设备；

12）法律、法规规定的其他条件。

11.4.3 安全生产许可证的申请与颁发

建筑施工企业从事建筑施工活动前，应当依照规定向省级以上建设主管部门申请领取安全生产许可证。中央管理的建筑施工企业（集团公司、总公司）应当向国务院建设主管部门申请领取安全生产许可证；其他建筑施工企业，包括中央管理的建筑施工企业（集团公司、总公司）下属的建筑施工企业，应当向企业注册所在地省、自治区、直辖市人民政府建设主管部门申请领取安全生产许可证。

建筑施工企业申请安全生产许可证时，应当向建设主管部门提供下列材料：建筑施工企业安全生产许可证申请表，企业法人营业执照，与申请安全生产许可证应当具备的安全生产条件相关的文件、材料。建筑施工企业申请安全生产许可证，应对申请材料实质内容的真实性负责，不得隐瞒有关情况或提供虚假材料。

建设主管部门应当自受理建筑施工企业的申请之日起45日内审查完毕。经审查符合安全生产条件的，颁发安全生产许可证；不符合安全生产条件的，不予颁发安全生产许可证，书面通知企业并说明理由。企业自接到通知之日起应当进行整改，整改合格后方可再次提出申请。

11.4.4 安全生产许可证的管理

1. 安全生产许可证的有效期

安全生产许可证的有效期为3年；有效期满需要延期的，企业应当于期满前3个月向原安全生产许可证颁发管理机关办理延期手续。企业在安全生产许可证有效期内，严格遵守有关安全生产的法律法规，未发生死亡事故的，安全生产许可证有效期届满时，经原安全生产许可证颁发管理机关同意，不再审查，安全生产许可证有效期延期3年。

2. 安全许可证的变更、注销、补办

建筑施工企业变更名称、地址、法定代表人等，应当在变更后10日内，到原安全生产许可证颁发管理机关办理安全生产许可证变更手续；建筑施工企业破产、倒闭、撤销的，应当将安全生产许可证交回原安全生产许可证颁发管理机关予以注销；建筑施工企业遗失安全生产许可证，应当立即向原安全生产许可证颁发管理机关报告，并在公众媒体上声明作废后，方可申请补办。

3. 建筑施工企业应当遵守的强制性规定

1）未取得安全生产许可证的，不得从事建筑施工活动。县级以上人民政府建设主管部门应当加强对建筑施工企业安全生产许可证的监督管理。安全生产许可证颁发管理机关发现企业不再具备安全生产条件的，应当暂扣或吊销安全生产许可证。建设主管部门在审核发放施工许可证时，应当对已经确定的建筑施工企业是否有安全生产许可证进行审查，对没有取得安全生产许可证的，不得颁发施工许可证。

2）建筑施工企业不得转让、冒用安全生产许可证或使用伪造的安全生产许可证。

3）建筑施工企业取得安全生产许可证后，不得降低安全生产条件，并应当加强日常安全生产管理，接受建设主管部门的监督检查。

11.5 建设工程重大安全事故的处理

11.5.1 生产安全事故的应急救援

1. 应急救援预案和应急救援体系

应急救援预案是指事先制定的关于特大生产安全事故发生时进行紧急救援的组织、程序、措施、责任以及协调等方面的方案和计划。应急救援体系是指保证应急救援预案的具体落实所需要的组织、人力、物力等各种要素及其调配关系的总和，是应急救援预案届时能够落实的保证。因此，应急救援体系应当与应急救援预案相协调。同时，应急救援体系应当是一个统一指挥、分工明确、协调配合，在发生特大生产安全事故时能迅速启动的体系。

由于制定应急救援预案和建立应急救援体系涉及多个部门和方面，需要有较大的权威和有力的指挥、协调，单靠任何一个或几个部门都难以完成。因此《安全生产法》第 77 条和《建设工程安全生产管理条例》第 47 条均规定了县级以上地方各级人民政府有组织有关部门制定本行政区域内特大生产安全事故应急救援预案和建立应急救援体系的义务。

特大生产安全事故，是指造成特别重大人身伤亡或巨大经济损失，以及性质特别严重、产生重大影响的生产安全事故。包括特大火灾事故、特大建筑质量安全事故、民用爆炸物品和危险化学品特大生产安全事故、煤矿和其他矿山特大生产安全事故、锅炉、压力容器、压力管道和特种设备特大生产安全事故以及其他特大生产安全事故。

特大生产安全事故后果极其严重，影响特别重大，应当采取积极措施，以预防为主。但是，特大生产安全事故的发生不可能完全杜绝。实践中，特大生产安全事故多半具有突发性、紧迫性的特点，如果不事先做好充分的应急准备工作，很难在短时间内组织起有效的救援，防止事故扩大，减少人员伤亡和财产损失。因此，事先制定应急救援预案，建立应急救援体系的工作十分重要。

2. 施工单位应急救援预案的制定和责任落实

施工单位应当制定本单位生产安全事故应急救援预案，建立应急救援组织或者配备应急救援人员，配备必要的应急救援器材、设备，并定期组织演练。为了保证应急救援组织能够适应救援工作需要，应急救援组织应当对应急救援人员进行培训和必要的演练，使其了解本行业安全生产方针、政策、有关法律、法规以及安全救护规程；熟悉应急救援组织的任务和职责，掌握救援行动的方法、技能和注意事项；熟悉本单位安全生产情况；掌握应急救援器材、设备的性能、使用方法、常见故障处理和维护保养的要求。

施工单位应当根据建设工程施工的特点、范围，对施工现场易发生重大事故的部位、环节进行监控，制定施工现场生产安全事故应急救援预案。实行施工总承包的，由总承包单位统一组织编制建设工程生产安全事故应急救援预案，工程总承包单位和分包单位按照应急救援预案，各自建立应急救援组织或配备应急救援人员，配备救援器材、设备，并定期组织演练。

11.5.2 生产安全事故的等级划分

2007 年 4 月 7 日，国务院颁布了《生产安全事故报告和调查处理条例》。按照该条例的规定，生产安全事故（以下简称事故）的等级，是根据其造成的人员伤亡或直接经济损失进行划分的，具体标准详见表 11-5。

生产安全事故的等级　　表 11-5

事故等级	具体标准	备注
特别重大事故	造成 30 人以上死亡 或者 100 人以上重伤（包括急性工业中毒，下同） 或者 1 亿元以上直接经济损失	国务院安全生产监督管理部门可以会同国务院有关部门，制定事故等级划分的补充性规定。前述分类中涉及的“以上”包括本数；“以下”不包括本数
重大事故	造成 10 人以上 30 人以下死亡 或者 50 人以上 100 人以下重伤 或者 5000 万元以上 1 亿元以下直接经济损失	
较大事故	造成 3 人以上 10 人以下死亡 或者 10 人以上 50 人以下重伤 或者 1000 万元以上 5000 万元以下直接经济损失	
一般事故	造成 3 人以下死亡 或者 10 人以下重伤 或者 1000 万元以下直接经济损失	

11.5.3 生产安全事故的报告及救援

1. 事故报告

施工单位发生生产安全事故，应当按照国家有关伤亡事故报告和调查处理的规定，及时、如实地向负责安全生产监督管理的部门、建设行政主管部门或其他有关部门报告；特种设备发生事故的，还应当同时向特种设备安全监督管理部门报告。接到报告的部门应当按照国家有关规定，如实上报。实行施工总承包的建设工程，由总承包单位负责上报事故。事故报告应当及时、准确、完整，任何单位和个人对事故不得迟报、漏报、谎报或瞒报。

（1）报告的程序

事故发生后，事故现场有关人员应当立即向本单位负责人报告；单位负责人接到报告后，应当于 1 小时内向事故发生地县级以上人民政府安全生产监督管理部门和负有安全生产监督管理职责的有关部门报告。情况紧急时，事故现场有关人员可以直接向事故发生地县级以上人民政府安全生产监督管理部门和负有安全生产监督管理职责的有关部门报告。

安全生产监督管理部门和负有安全生产监督管理职责的有关部门接到事故报告后，应当依照下列规定上报事故情况，并通知公安机关、劳动保障行政部门、工会和人民检察院：①特别重大事故、重大事故逐级上报至国务院安全生产监督管理部门和负有安全生产监督管理职责的有关部门。②较大事故逐级上报至省、自治区、直辖市人民政府安全生产监督管理部门和负有安全生产监督管理职责的有关部门。③一般事故上报至设区的市级人民政府安全生产监督管理部门和负有安全生产监督管理职责的有关部门。

安全生产监督管理部门和负有安全生产监督管理职责的有关部门依照前述规定上报事故情况，应当同时报告本级人民政府。国务院安全生产监督管理部门和负有安全生产监督管理职责的有关部门以及省级人民政府接到发生特别重大事故、重大事故的报告后，应当立即报告国务院。必要时，安全生产监督管理部门和负有安全生产监督管理职责的有关部门可以越级上报事故情况。安全生产监督管理部门和负有安全生产监督管理职责的有关部门逐级上报事故情况，每级上报的时间不得超过 2 小时。

(2) 报告的内容

报告应当包括下列内容：事故发生单位概况；事故发生的时间、地点以及事故现场情况；事故的简要经过；事故已经造成或可能造成的伤亡人数（包括下落不明的人数）和初步估计的直接经济损失；已经采取的措施；其他应当报告的情况。事故报告后出现新情况的，应当及时补报。道路交通事故、火灾事故自发生之日起 7 日内，其他事故自事故发生之日起 30 日内，事故造成的伤亡人数发生变化的，应当及时补报。

2. 事故救援

事故发生单位负责人接到事故报告后，应当立即启动事故相应应急预案或采取有效措施，组织抢救，防止事故扩大，减少人员伤亡和财产损失。事故发生地有关地方人民政府、安全生产监督管理部门和负有安全生产监督管理职责的有关部门接到事故报告后，其负责人应当立即赶赴事故现场，组织事故救援。

事故发生后，有关单位和人员应当妥善保护事故现场以及相关证据，任何单位和个人不得破坏事故现场、毁灭相关证据。因抢救人员、防止事故扩大以及疏通交通等原因，需要移动事故现场物件的，应当做出标志，绘制现场简图并做出书面记录，妥善保存现场重要痕迹、物证。事故发生地公安机关根据事故的情况，对涉嫌犯罪的，应当依法立案侦查，采取强制措施和侦查措施。犯罪嫌疑人逃匿的，公安机关应当迅速追捕归案。安全生产监督管理部门和负有安全生产监督管理职责的有关部门应当建立值班制度，并向社会公布值班电话，受理事故报告和举报。

11.5.4 生产安全事故的调查与处理

生产安全事故的调查与处理应当按照实事求是、尊重科学的原则，及时、准确地查清事故原因，查明事故性质和责任，总结事故教训，提出整改措施，并对事故责任者提出处理意见。

1. 生产安全事故的调查

(1) 事故调查机关

特别重大事故由国务院或国务院授权有关部门组织事故调查组进行调查。重大事故、较大事故、一般事故分别由事故发生地省级人民政府、设区的市级人民政府、县级人民政府负责调查。省级人民政府、设区的市级人民政府、县级人民政府可以直接组织事故调查组进行调查，也可以授权或委托有关部门组织事故调查组进行调查。未造成人员伤亡的一般事故，县级人民政府也可以委托事故发生单位组织事故调查组进行调查。

上级人民政府认为必要时，可以调查由下级人民政府负责调查的事故。道路交通事故、火灾事故自事故发生之日起 7 日内，其他事故自事故发生之日起 30 日内，因事故伤亡人数变化导致事故等级发生变化，依照相关规定应当由上级人民政府负责调查的，上级人民政府可以另行组织事故调查组进行调查。

特别重大事故以下等级事故，事故发生地与事故发生单位不在同一个县级以上行政区域的，由事故发生地人民政府负责调查，事故发生单位所在地人民政府应当派人参加。

(2) 事故调查组的组成

事故调查组的组成应当遵循精简、效能的原则。根据事故的具体情况，事故调查组由有关人民政府、安全生产监督管理部门、负有安全生产监督管理职责的有关部门、监察机关、公安机关以及工会所派人员组成，并应当邀请人民检察院派人参加。事故调查组可以聘请有关专家参与调查。

事故调查组成员应当具有事故调查所需要的知识和专长，并与所调查的事故没有直接利害关系。事故调查组组长由负责事故调查的人民政府指定；事故调查组组长主持事故调查组的工作。

(3) 事故调查组的职责

事故调查组履行下列职责：查明事故发生的经过、原因、人员伤亡情况及直接经济损失；认定事故的性质和事故责任；提出对事故责任者的处理建议；总结事故教训，提出防范和整改措施；提交事故调查报告。

事故调查组有权向有关单位和个人了解与事故有关的情况，并要求其提供相关文件、资料，有关单位和个人不得拒绝。事故发生单位的负责人和有关人员在事故调查期间不得擅离职守，并应当随时接受事故调查组的询问，如实提供有关情况。

事故调查中发现涉嫌犯罪的，事故调查组应当及时将有关材料或其复印件移交司法机关处理。事故调查中需要进行技术鉴定的，事故调查组应当委托具有国家规定资质的单位进行技术鉴定。必要时，事故调查组可以直接组织专家进行技术鉴定。技术鉴定所需时间不计入事故调查期限。

事故调查组成员在事故调查工作中应当诚信公正、恪尽职守，遵守事故调查组的纪律，保守事故调查的秘密。未经事故调查组组长允许，事故调查组成员不得擅自发布有关事故的信息。

(4) 事故调查报告

1) 事故调查报告的提交期限及内容。事故调查组应当自事故发生之日起60日内提交事故调查报告；特殊情况下，经负责事故调查的人民政府批准，提交事故调查报告的期限可以适当延长，但延长的期限最长不超过60日。

事故调查报告应当包括下列内容：事故发生单位概况；事故发生经过和事故救援情况；事故造成的人员伤亡和直接经济损失；事故发生的原因和事故性质；事故责任的认定以及对事故责任者的处理建议；事故防范和整改措施。

事故调查报告应当附具有关证据材料。事故调查组成员应当在事故调查报告上签名。事故调查报告报送负责事故调查的人民政府后，事故调查工作即告结束。事故调查的有关资料应当归档保存。

2) 对事故调查报告异议的处理。事故调查报告是对事故情况的全面反映。其中，对事故性质和责任的判断部分，直接影响事故有关当事人的权益，是调查报告的关键部分。有关行政部门应在事故调查报告中客观真实地反映事故原因和损害后果，准确界定事故性质，明确事故责任方及其行政责任。

事故调查组应当自事故发生之日起60日内提交事故调查报告，有关人民政府应当做出事故处理批复，这是在事故调查阶段和事故处理阶段形成的重要法律文书。安全生产监督管理机关根据同级人民政府对该事故调查报告的批复，做出相应的行政处罚和处分。行政关系相对人对行政处罚、处分有异议的，可以提起行政诉讼。

2. 生产安全事故的处理

对于重大事故、较大事故、一般事故，负责事故调查的人民政府应当自收到事故调查报告之日起15日内做出批复；对于特别重大事故，应当自收到事故调查报告之日起30日内做出批复，特殊情况下，批复时间可以适当延长，但延长的时间最长不超过30日。

有关机关应当按照人民政府的批复，依照法律、行政法规规定的权限和程序，对事故发生单位和有关人员进行行政处罚，对负有事故责任的国家工作人员进行处分。事故发生单位应当按照负责事故调查的人民政府的批复，对本单位负有事故责任的人员进行处理。负有事故责任的人员涉嫌犯罪的，依法追究刑事责任。

事故发生单位应当认真吸取事故教训，落实防范和整改措施，防止事故再次发生。防范和整改措施的落实情况应当接受工会和职工的监督。安全生产监督管理部门和负有安全生产监督管理职责的有关部门应当对事故发生单位落实防范和整改措施的情况进行监督检查。事故处理的情况由负责事故调查的人民政府或者其授权的有关部门、机构向社会公布，依法应当保密的除外。

11.6 建筑工程安全生产法律责任

《安全生产法》第14条规定："国家实行生产安全事故责任追究制度，依照安全生产法和有关法律、法规的规定，追究生产安全事故责任人员的法律责任。"

11.6.1 生产安全事故责任追究制度

生产经营活动中发生安全事故，其直接原因是多种多样的，但究其深层次原因，则大多是由于行为人违反安全生产的法律、法规、标准和有关技术规程、规范等人为因素所致。如生产经营活动的作业场所不符合保证安全生产的规定；设施、设备、工具、器材不符合安全标准，存在缺陷；未按规定配备安全防护用品；未对职工进行安全教育培训，职工缺乏安全生产知识；劳动组织不合理；管理人员违章指挥；职工违章冒险作业等。鉴于生产安全事故的巨大危害，对人为原因造成的责任事故，有必要追究责任者的法律责任，以示警诫和教育。为此，《安全生产法》明确规定，对生产安全事故实行责任追究制度。

11.6.2 建设工程安全生产事故法律责任类型

依照安全生产法和有关法律、行政法规的规定，对生产安全事故的责任者，由有关主管机关依法追究其行政责任；造成损失的，承担赔偿责任；构成犯罪的，追究刑事责任。

1. 民事责任

建设工程施工造成的人身伤害或财产损失，主要有两种类型：一是因责任方原因造成建设工程之外的第三人人身或财产损害，二是因建设工程有关方的原因造成自身的人身或财产损害。

建设工程施工造成第三人人身或财产损害，责任方应当承担侵权责任。按照《侵权责任法》的规定，责任方承担侵权责任的情形，主要有如下几种：

1）用人单位的工作人员因执行工作任务造成他人损害的，由用人单位承担侵权责任。劳务派遣期间，被派遣的工作人员因执行工作任务造成他人损害的，由接受劳务派遣的用工单位承担侵权责任；劳务派遣单位有过错的，承担相应的补充责任。

2）建筑物、构筑物或其他设施及其搁置物、悬挂物发生脱落、坠落造成他人损害，所有人、管理人或使用人不能证明自己没有过错的，应当承担侵权责任。所有人、管理人或使用人赔偿后，有其他责任人的，有权向其他责任人追偿。

3）建筑物、构筑物或其他设施倒塌造成他人损害的，由建设单位与施工单位承担连带责任。建设单位、施工单位赔偿后，有其他责任人的，有权向其他责任人追偿。因其他责任人的原因，建筑物、构筑物或其他设施倒塌造成他人损害的，由其他责任人承担侵权责任。

4）从建筑物中抛掷物品或从建筑物上坠落的物品造成他人损害，难以确定具体侵权人的，除能够证明自己不是侵权人的外，由可能加害的建筑物使用人给予补偿。

5）堆放物倒塌造成他人损害，堆放人不能证明自己没有过错的，应当承担侵权责任。

6）在公共道路上堆放、倾倒、遗撒妨碍通行的物品造成他人损害的，有关单位或个人应当承担侵权责任。

7）在公共场所或道路上挖坑、修缮安装地下设施等，没有设置明显标志和采取安全措施造成他人损害的，施工人应当承担侵权责任。

其他情况造成的第三人损害，应按照《侵权责任法》规定的过错责任原则处理，由责任方承担民事责任。

因建设工程有关方的原因造成自身财产损失，损失赔偿应当遵循《侵权责任法》规定的过错责任原则，在查明事故过错方的基础上，由过错方承担赔偿责任。施工人员在作业中意外伤亡的，受害方除可向致害方索赔外，还应当按照《劳动法》等法规处理。伤亡的施工人员可以获得工伤保险等社会保险的补偿以及意外伤害商业保险的赔偿。如果施工单位没有为其职工投保，施工单位应当按照社会保险补偿的标准向其伤亡职工予以补偿。不过，需要注意的是，适用有关工伤保险的规定，应当准确判断施工作业人员的劳动关系，明确施工人员劳动合同的用人单位。由于建设工程施工用工的特殊性，大多数施工单位采取施工劳务分包的形式，较少使用其自有职工进行施工作业。

2. 行政责任

依照《安全生产法》第 83 条和第 84 条的规定，在对生产安全事故的调查处理中，必须实事求是地查明事故的性质和责任。对确定为责任事故的，既要查清事故单位责任者的责任，也要查清对安全生产负有监督管理职责的有关部门是否有违法审批或不依法履行监督管理职责的责任。对尚未构成犯罪的事故责任者，按照《安全生产法》中“法律责任”一章的有关规定，根据不同情节，分别给予包括降级、撤职、开除等在内的行政处分，或给予罚款等行政处罚。

此外，国务院在 2001 年 4 月发布的《国务院关于特大安全事故行政责任追究的规定》中规定，对市（地、州）、县（市、区）人民政府依照该规定应当履行职责而未履行，或未按照规定的程序履行，本地区发生特大安全事故的，对政府主要领导人根据情节轻重，给予降级或撤职的行政处分；负责对安全生产有关事项行政审批的政府部门或机构、负责安全生产监督管理的政府有关部门，未依照规定履行职责，发生特大安全事故的，对部门或机构的正职负责人根据情节轻重，给予撤职或开除公职的行政处分；发生特大安全事故，社会影响特别恶劣或性质特别严重的，由国务院对负有领导责任的省长、自治区主席、直辖市市长和国务院有关部门正职负责人给予行政处分。

3. 刑事责任

引发建设工程施工安全生产事故的行为，侵害的是不特定对象的人身权或财产权。由该类行为所构成的犯罪，规定在《刑法》“危害公共安全罪”一章中。具体而言，在“危害公共安全罪”一章中，《刑法》对重大责任事故罪、重大劳动安全事故罪、危险物品肇事罪、工程重大安全事故罪等重大责任事故犯罪的犯罪构成及刑事责任作了规定。

(1) 重大责任事故罪

《刑法》第134条规定了重大责任事故罪。该罪的行为主体为自然人，包括对生产、作业负有组织、指挥或管理职责的负责人、管理人员，以及直接从事生产、作业的人员。该罪的责任形式为过失，既可以是疏忽大意的过失，也可以是过于自信的过失。行为与结果内容为，在生产、作业中违反有关安全管理的规定，因而发生重大伤亡事故或者造成其他严重后果。

犯该罪的，处三年以下有期徒刑或拘役；情节特别恶劣的，处三年以上七年以下有期徒刑。

(2) 重大劳动安全事故罪

《刑法》第135条规定了重大劳动安全事故罪。该罪的行为主体是直接负责的主管人员和其他直接责任人员，包括对生产安全设施或者安全生产条件不符合国家规定负有直接责任的生产经营单位负责人、管理人员，以及对安全生产设施或者安全生产条件负有管理、维护职责的人员。客观行为与结果包括两种情形：一是负责生产设施或生产条件的人员，没有设置合格的安全生产设施或安全生产条件，因而发生重大伤亡事故或者造成其他严重后果；二是在安全生产设施或安全生产条件不符合国家规定的情况下，直接负责的主管人员或其他直接责任人员，不改善安全生产设施与安全生产条件，因而发生重大伤亡事故或者造成其他严重后果。该罪的责任形式为过失。

犯该罪的，对直接负责的主管人员和其他直接责任人员，处三年以下有期徒刑或者拘役；情节特别恶劣的，处三年以上七年以下有期徒刑。

(3) 危险物品肇事罪

《刑法》第136条规定了危险物品肇事罪。该罪的客观构成要件是，具有违反爆炸性、易燃性、放射性、毒害性、腐蚀性物品的管理规定的行为；行为必须发生在生产、储存、运输、使用上述危险物品的过程中，并且发生重大事故，造成严重后果。该罪的责任形式为过失。

犯该罪的，处三年以下有期徒刑或者拘役；后果特别严重的，处三年以上七年以下有期徒刑。

(4) 工程重大安全事故罪

《刑法》第137条规定了工程重大安全事故罪。该罪的行为主体是建设单位、设计单位、施工单位、工程监理单位，但刑法只处罚直接责任人员。客观行为包括违反国家规定，降低工程质量标准，具有导致重大安全事故发生的一切行为。该罪的责任形式为过失。

犯该罪的，对直接责任人员，处五年以下有期徒刑或者拘役，并处罚金；后果特别严重的，处五年以上十年以下有期徒刑，并处罚金。

(5) 消防责任事故罪

《刑法》第139条规定了消防责任事故罪。消防责任事故罪是指违反消防管理法规，经消防监督机构通知采取改正措施而拒绝执行，造成严重后果的行为。“拒绝执行”，包括完全不执行和不按消防监督机构的要求执行。

犯该罪的，对直接责任人员，处三年以下有期徒刑或者拘役；后果特别严重的，处三年以上七年以下有期徒刑。

11.6.3 建设工程安全生产事故责任方的法律责任

建设工程安全生产事故责任方包括建设单位、勘察设计单位、监理单位、施工单位、供应单位、出租单位和拆装单位。前述主体相应违法行为及其对应的法律责任，详见表11-6至表11-9。

建设单位、勘察设计单位、监理单位的法律责任　　表11-6

主体	违法行为	法律责任
建设单位	未提供建设工程安全生产作业环境及安全施工措施所需费用	责令限期改正 逾期未改正的，责令停止施工
	未将保证安全施工的措施或拆除工程的有关资料报送有关部门备案	责令限期改正，给予警告
	对勘察、设计、施工、工程监理等单位提出不符合安全生产法律、法规和强制性标准规定的要求的；要求施工单位压缩合同约定的工期的；将拆除工程发包给不具有相应资质等级的施工单位的	责令限期改正，罚款 构成犯罪的，对直接责任人员，追究刑事责任 造成损失的，承担赔偿责任
勘察设计单位	未按照法律、法规和工程建设强制性标准进行勘察、设计的 采用新结构、新材料、新工艺的建设工程和特殊结构的建设工程，设计单位未在设计中提出保障施工作业人员安全和预防生产安全事故的措施建议的	责令限期改正，罚款 情节严重的，责令停业整顿，降低资质等级，直至吊销资质证书 构成犯罪的，对直接责任人员，追究刑事责任 造成损失的，承担赔偿责任
监理单位	未对施工组织设计中的安全技术措施或专项施工方案进行审查的 发现安全事故隐患未及时要求施工单位整改或暂时停止施工的 施工单位拒不整改或不停止施工，未及时向有关主管部门报告的 未依照法律、法规和工程建设强制性标准实施监理的	责令限期改正 逾期未改正的，责令停业整顿，并处罚款 情节严重的，降低资质等级，直至吊销资质证书 构成犯罪的，对直接责任人员，追究刑事责任 造成损失的，承担赔偿责任

施工单位违反安全生产管理的法律责任　　表11-7

违法情形	具体表现形式	法律责任
未健全安全生产管理制度	未设立安全生产管理机构、专职管理人员的 分部分项工程施工时无专职安全生产管理人员现场监督的；主要负责人、项目负责人、专职安全生产管理人员、作业或特种作业人员，未经安全教育培训或经考核不合格即从事相关工作的；未在施工现场的危险部位设置明显的安全警示标志，或未按国家有关规定在施工现场设置消防通道、消防水源、配备消防设施和灭火器材的；未向作业人员提供安全防护用具和安全防护服装的；未按规定在施工起重机械和整体提升脚手架、模板等自升式架设设施验收合格后登记的；使用国家明令淘汰、禁止使用的危及施工安全的工艺、设备、材料的	责令限期改正 逾期未改正的，责令停业整顿，罚款 构成犯罪的，对直接责任人员，追究刑事责任

续表

违法情形	具体表现形式	法律责任
挪用相关费用	挪用列入建设工程概算的安全生产作业环境及安全施工措施所需费用	责令限期改正，罚款 造成损失的，承担赔偿责任
违反施工现场管理	施工前未对安全施工的技术要求做出详细说明的 未根据施工阶段和环境及季节、气候的变化，在施工现场采取相应的安全施工措施，或在城市市区内的建设工程的施工现场未实行封闭围挡的 在尚未竣工的建筑物内设置员工集体宿舍的 施工现场临时搭建的建筑物不符合安全使用要求 未对因建设工程施工可能造成损害的毗邻建筑物、构筑物和地下管线等采取专项防护措施的	责令限期改正 逾期未改正的，责令停业整顿，罚款 构成犯罪的，对直接责任人员，追究刑事责任 造成损失的，承担赔偿责任
违反安全设施管理	安全防护用具、机械设备、施工机具及配件在进入施工现场前未经查验或查验不合格即投入使用的 使用未经验收或验收不合格的施工起重机械和整体提升脚手架、模板等自升式架设设施的 委托不具有相应资质的单位承担施工现场安装、拆卸施工起重机械和整体提升脚手架、模板等自升式架设设施的；在施工组织设计中未编制安全技术措施、施工现场临时用电方案或专项施工方案的	责令限期改正 逾期未改正的，责令停业整顿，罚款 情节严重的，降低资质等级，直至吊销资质证书 构成犯罪的，对直接责任人员，追究刑事责任 造成损失的，承担赔偿责任
降低安全生产条件	施工单位取得资质证书后，降低安全生产条件的	责令限期改正；仍未达到相应安全生产条件的，责令停业整顿，降低资质等级直至吊销资质证书

施工单位违反安全生产许可证管理的法律责任　　表 11-8

违法情形	法律责任
未取得安全生产许可证擅自从事建筑施工活动	责令停止施工，没收违法所得，罚款 构成犯罪的，追究刑事责任
安全生产许可证有效期满未办理延期手续，继续从事建筑施工活动	责令停止施工，限期补办延期手续，没收违法所得，罚款 逾期仍未办理，继续从事施工活动的，责令停止施工，没收违法所得，罚款；构成犯罪的，追究刑事责任
转让安全生产许可证	没收违法所得，罚款，吊销安全生产许可证 构成犯罪的，追究刑事责任
接受转让安全生产许可证	责令停止施工，没收违法所得，罚款 构成犯罪的，追究刑事责任
冒用安全生产许可证或使用伪造的安全生产许可证	责令停止施工，没收违法所得，罚款 构成犯罪的，追究刑事责任
隐瞒有关情况或提供虚假材料申请安全生产许可证	不予受理或不予颁发安全生产许可证，警告，1 年内不得申请安全生产许可证
以欺骗、贿赂等不正当手段取得安全生产许可证	撤销安全生产许可证，3 年内不得再次申请安全生产许可证；构成犯罪的，追究刑事责任

供应、出租、拆装单位的法律责任　　表 11-9

行为人及违法情形	法律责任
供应单位：未按安全施工要求配备齐全有效的保险、限位等安全设施和装置	责令限期改正，罚款 造成损失的，承担赔偿责任
出租单位：出租未经安全性能检测或经检测不合格的机械设备和施工机具及配件	责令停业整顿，罚款 造成损失的，承担赔偿责任
拆装单位： 未编制拆装方案、制定安全施工措施的 未出具自检合格证明或出具虚假证明的 未由专业技术人员现场监督的 未向施工单位进行安全使用说明，办理移交手续的	责令限期改正，罚款；情节严重的，责令停业整顿，降低资质等级，直至吊销资质证书；造成损失的，承担赔偿责任；有前述第 1、2 项行为，经有关部门或单位职工提出后，对事故隐患仍不采取措施，因而造成严重后果，构成犯罪的，对直接责任人员，追究刑事责任

另外，与施工单位有关的违反安全生产管理的法律责任还有施工单位的主要负责人、项目负责人及作业人员的法律责任。施工单位的主要负责人、项目负责人未履行安全生产管理职责，责令限期改正；逾期未改正的，责令停业整顿；构成犯罪的，追究刑事责任，未构成犯罪的，罚款或撤职；自刑罚执行完毕或受处分之日起，5 年内不得担任任何施工单位的主要负责人、项目负责人。作业人员不服管理、违反规章制度和操作规程冒险作业，构成犯罪的，追究刑事责任。

第十二章　建设工程质量管理法律制度

12.1　建设工程质量管理法律制度概述

12.1.1　建设工程质量的概念

建设工程质量分为狭义和广义两种含义。狭义的工程质量是指工程符合业主需要而具备的使用功能。这一概念强调的是工程的实体质量，如基础是否坚固、主体结构是否安全以及通风、采光是否合理等。广义的工程质量不仅包括工程的实体质量，还包括形成实体质量的工作质量。工作质量是指参与工程的建设者，为了保证工程实体质量所从事工作的水平和完善程度，包括社会工作质量，如社会调查、市场预测、质量回访和保修服务等；生产过程工作质量，如管理工作质量、技术工作质量和后勤工作质量等。工作质量直接决定了实体质量，工程实体质量的好坏是决策、建设工程勘察、设计、施工等单位各方面、各环节工作质量的综合反映。

基于质量管理和控制的角度，国内外大多倾向于从广义上理解建设工程质量。本章涉及的建设工程质量即为狭义上的建设工程质量，仅指工程实体质量，即在国家现行的有关法律、法规、技术标准、设计文件和合同中，对于工程的安全、适用、经济和美观等特性的综合要求。

12.1.2　建设工程质量立法现状

建筑工程质量管理一直是国家工程建设管理的重要内容，建筑工程质量立法也一直是建筑工程立法重点。《中华人民共和国建筑法》第六章将“建设工程质量管理”予以专章规定。为了贯彻《中华人民共和国建筑法》的规定，2000 年 1 月 30 日国务院制定了与《中华人民共和国建筑法》配套实施的《建设工程质量管理条例》。该条例对建设行为主体的有关责任和义务做出了明确的规定。除此以外，国务院建设行政主管部门及其相关部门也先后颁发一系列调整建设工程质量管理的建设行政规章及一般规范性文件，主要包括：1983 年 5 月 7 日原城乡建设环境保护部和国家标准局发布的《建筑工程质量监督条例试行》；1985 年 2 月 5 日原城乡建设环境保护部发布的《建筑工程质量监督站工作暂行规定》；1985 年 10 月 21 日原城乡建设环境保护部发布的《建筑工程质量检验工作规定》；1986 年 4 月 21 日原城乡建设环境保护部发布的《关于确保工程质量的几项措施》；1990 年 4 月 9 日原建设部发布的《建设工程质量监督管理规定》（2001 年废止）；1992 年 8 月 3 日原建设部发布的《关于提高住宅工程质量的规定》；1993 年 11 月 16 日原建设部令第 29 号发布的《建设工程质量管理办法》（2001 年 10 月 26 日由中华人民共和国建设部令第 106 号发布的《建设部关于废止〈建设工程质量管理办法〉等部令的决定》废止）；1995 年 12 月 26 日原建设部发布的《关于建筑企业加强质量管理工作的意见》；1997 年 4 月 2 日原建设部《建设工程质量投诉处理暂行规定》，2000 年 4 月 7 日原建设部令第 78 号发布的《房屋建筑工程和市政基础设施工程竣工验收备案管理暂行办法》（2009 年修订），自发布之日起施行。2000年6月30日原建设部令第80号发布的《房屋建设工程质量保修办法》，自发布之日起施行；2000年7月25日原建设部《关于建设工程质量监督机构深化改革的指导意见》；原建设部于2000年6月30日发布实施《房屋建筑工程和市政基础设施工程竣工验收暂行规定》；2001年原建设部建人教〔2001〕162号《建设工程质量监督工程师资格管理暂行规定》；2002年10月15日对外贸易经济合作部、建设部外经贸发〔2002〕500号发布的《关于对外承包工程质量安全问题处理的有关规定》，自2002年12月1日起实施。

2002年12月4日原建设部令第115号发布的《建设工程勘察质量管理办法》，自2003年2月1日起施行。2007年11月22日根据《建设部关于修改〈建设工程勘察质量管理办法〉的决定》修正；该《办法》为工程测量质量控制，工程地质勘查质量，控制水文地质勘查质量，控制房屋建筑工程勘察质量，管理水利水电工程勘察质量，管理公路和铁路工程勘察质量，管理城市规划工程勘察质量，管理其他建设工程勘察质量，管理因勘察质量原因引起的工程事故及其处理，建设工程勘察承包发包与合同管理，建设工程勘察提供相应的法律依据。

2003年8月5日原建设部发布的《工程质量监督工作导则》，该《导则》规定工程质量监督是建设行政主管部门或其委托的工程质量监督机构（统称监督机构）根据国家的法律、法规和工程建设强制性标准、对责任主体和有关机构履行质量责任的行为以及工程实体质量进行监督检查、维护公众利益的行政执法行为。该监督检查是指监督机构根据有关工程技术标准及规定、对责任主体和有关机构履行质量责任的行为以及对有关工程质量的文件、资料和工程实体质量等随机进行的抽样检查活动。

2003年原建设部建质〔2003〕113号《建设工程质量责任主体和有关机构不良记录管理办法（试行）》；

2004年原建设部建质〔2004〕216号《关于加强村镇建设工程质量安全管理的若干意见》；

2005年1月12日，原建设部、财政部联合发布的《建设工程质量保证金管理办法（暂行）》，目的是为了规范建设工程质量保证金管理，落实工程在缺陷责任期内的维修、修养责任等。

2005年8月23日原建设部令第141号发布的《建设工程质量检测管理办法》，自2005年11月1日起施行。该《办法》适用于申请从事对涉及建筑物、构筑物结构安全的试块、试件以及有关材料检测的工程质量检测机构资质，实施对建设工程质量检测活动的监督管理。明确了建设工程质量检测的法律定位即为工程质量检测机构接受委托，依据国家有关法律、法规和工程建设强制性标准，对涉及结构安全项目的抽样检测和对进入施工现场的建筑材料、构配件的见证取样检测。

2010年8月1日住房城乡建设部发布的2010年第5号令《房屋建筑和市政基础设施工程质量监督管理规定》，自2010年9月1日起施行等。

12.1.3　建设工程质量的管理体系

建设工程质量的优劣直接关系到国民经济的发展和人民生命的安全，要搞好工程质量，一方面要依靠勘察设计、施工、建材等企事业单位，积极推行全面质量管理，搞好质量控制；另一方面必须强化政府对建筑工程质量的监督工作。这两方面是相辅相成的。根据相关法律法规的规定，我国已经建立了对建设工程质量进行管理的体系，具体包括宏观管理和微观管理两个方面。

1. 建设工程质量的纵向管理

纵向管理是国家对建设工程质量所进行的监督管理，它具体由建设行政主管部门及其授权机构实施，这种管理贯穿在工程建设的全过程和各个环节之中。它既对工程建设从计划、规划、土地管理、环保消防等方面进行监督管理，又对工程建设的主体从资质认定和审查、成果质量检测、验证和奖惩等方面进行监督管理，还对工程建设中各种活动如工程招投标、工程施工、验收、维修等进行监督管理。

2. 建设工程质量的横向管理

横向管理包括两个方面。一是工程承包单位，如勘察单位、设计单位、施工单位自己对所承担工作的质量管理。它们要按要求建立专门质检机构，配备相应的质检人员，建立相应的质量保证制度，如审核校对制、培训上岗制、质量抽检制、各级质量责任制和部门领导质量责任制等等。二是建设单位对所建工程的管理。它可成立相应的机构和人员，对所建工程的质量进行监督管理，也可委托社会监理单位对工程建设的质量进行监理。

12.1.4 建设工程质量体系认证制度

产品质量认证是指依据产品标准和相应的技术要求，经认证机构确认并通过办法认证证书和认证标志，来证明某一产品符合相应标准和相应技术要求的活动。国际标准化组织对产品质量认证的定义是：由可以充分信任的第三方证实某一产品或服务符合特定标准或其他技术规范的活动。产品认证分为强制认证和自愿认证两种。一般来说，对有关人身安全、健康和其他法律法规有特殊规定者为强制性认证，即“以法制强制执行的认证制度”；其他产品实行自愿认证制度。

《产品质量法》把质量体系认定制度分为企业质量体系认定制度和产品质量认证制度。国家根据国际通用的质量管理标准，推行企业质量体系认证制度。企业根据自愿原则可以向国务院产品质量监督部门认可的或者国务院产品质量监督部门授权的部门认可的认证机构申请企业质量体系认证。经认证合格的，由认证机构颁发企业质量体系认证证书。《建筑法》第 53 条规定，国家对从事建筑活动的单位推行质量体系认证制度。从事建筑活动的单位根据自愿原则可以向国务院产品质量监督管理部门或者国务院产品质量监督管理部门授权的部门认可的认证机构申请质量体系认证。经认证合格的，由认证机构颁发质量体系认证证书。

1987 年 3 月国际标准化组织正式发布 ISO 9000《质量管理和质量保证》系列标准后，世界各国和地区纷纷表示欢迎，并等同或等效采用该标准。我国于 1992 年颁布了等同国际标准《质量管理和质量保证》(GB/T 19000—ISO 9000) 系列标准。这一系列标准是为了帮助企业建立、完善质量体系，增强质量意识和质量保证能力，提高管理素质和市场经济条件下的竞争能力。我国等同采用 ISO 9000 系列标准制定的 GB/T 19000 系列标准由 5 个标准组成，即《质量管理和质量保证—选择和使用指南》(GB/T 19000—ISO 9000)；《质量体系—设计/开发、生产、安装和服务的质量保证模式》(GB/T 19001—ISO 9001)；《质量体系—生产和安装的质量保证模式》(GB/T 19002—ISO 9002)；《质量体系—最终检验和试验的质量保证模式》(GB/T 19003—ISO 9003)；《质量管理和质量体系要素—指南》（GB/T 19004—ISO 9004）。我国建筑业所涉及的设计、施工、监理等企事业单位，在建立企业内部质量管理体系时，一般情况下应当选择 GB/T 19004—ISO 9004 标准。

12.2　建设工程质量监督制度

12.2.1　建筑工程质量政府监督体制

1. 建筑工程质量政府监督体制

根据《建设工程质量管理条例》的规定，国务院建设行政主管部门对全国的建设工程质量实施统一监督管理。国务院铁路、交通、水利等有关部门按照国务院规定的职责分工，负责对全国的有关专业建设工程质量实施统一监督管理。国务院建设行政主管部门和国务院铁路、交通、水利等有关部门应当加强对有关建设工程质量的法律、法规和强制性标准执行情况的监督检查。国务院发展计划部门按照国务院规定的职责，组织稽查特派员，对国家出资的重大建设项目实施监督检查。国务院经济贸易主管部门按照国务院规定的职责，对国家重大技术改造项目实施监督检查。根据《房屋建筑和市政基础设施工程质量监督管理规定》，国务院住房和城乡建设主管部门负责全国房屋建筑和市政基础设施工程质量监督管理工作。

根据《建设工程质量管理条例》的规定，县级以上地方人民政府建设行政主管部门对本行政区域内的建设工程质量实施监督管理。县级以上地方人民政府交通、水利等有关部门在各自的职责范围内，负责对本行政区域内的专业建设工程质量实施监督管理。县级以上地方人民政府建设行政主管部门和其他有关部门应当加强对有关建设工程质量的法律、法规和强制性标准执行情况的监督检查。根据《房屋建筑和市政基础设施工程质量监督管理规定》，县级以上地方人民政府建设主管部门负责本行政区域内房屋建筑和市政基础设施工程质量监督管理工作。

2. 建设工程质量政府监督的性质

政府质量监督的性质属于行政执法行为，是政府为了保证建设工程质量，保护人民群众生命和财产安全，维护公众利益，依据国家法律、法规和工程建设强制性标准，对责任主体和有关机构履行质量责任的行为以及工程实体质量进行的监督检查。

政府工程质量监督属于工程建设领域的监督管理活动。政府工程质量监督则是一种纵向监督管理行为，是一种宏观性质的、强制性的政府监督行为。政府工程质量监督的执行者则是政府工程建设主管部门的专业执行机构——工程质量监督机构。政府质量监督则只限于施工阶段的工程质量监督，且工作范围变化较小，相对稳定。政府工程质量监督以国家、地方颁发的有关法律和工程质量条例、规定、规范等法规为基本依据，维护法规的严肃性。

3. 监督管理部门职责的划分

国务院建设行政主管部门对全国的建设工程质量实施统一监督管理。国家铁路、交通、水利等有关部门按照国务院规定的职责分工，负责对全国有关专业建设工程质量的监督管理。县级以上地方人民政府建设行政主管部门对本行政区域内的建设工程质量实施监督管理。县级以上地方人民政府交通、水利等有关部门在各自的职责范围内，负责对本行政区域内的专业建设工程质量进行监督管理。

4. 政府质量监督的职能

政府对建设工程质量监督的职能主要包括以下几个方面。

1）监督检查施工现场工程建设参与各方主体的质量行为。主要包括：检查施工现场工程建设各方主体及有关人员的资质或资格；检查勘察、设计、施工、监理单位的质量管理体系和质量责任落实情况；检查有关质量文件、技术资料是否齐全并符合规定。

2）监督检查工程实体的施工质量，特别是基础、主体结构、主要设备安装等涉及结构安全和使用功能的施工质量。

3）监督工程质量验收。监督建设单位组织的工程竣工验收的组织形式、验收程序以及在验收过程中提供的有关资料和形成的质量评定文件是否符合有关规定，实体质量是否存在严重缺陷，工程质量验收是否符合国家标准。

5. 建筑工程质量政府监督内容

参照《房屋建筑和市政基础设施工程质量监督管理规定》，建筑工程质量政府监督内容应当包括下列内容：①执行法律法规和工程建设强制性标准的情况；②抽查涉及工程主体结构安全和主要使用功能的工程实体质量；③抽查工程质量责任主体和质量检测等单位的工程质量行为；④抽查主要建筑材料、建筑构配件的质量；⑤对工程竣工验收进行监督；⑥组织或者参与工程质量事故的调查处理；⑦定期对本地区工程质量状况进行统计分析；⑧依法对违法违规行为实施处罚。

6. 政府质量监督的权限

县级以上人民政府建设行政主管部门和其他有关部门履行监督检查职责时，有权采取下列措施：①要求被检查的单位提供有关工程质量的文件和资料；②进入被检查单位的施工现场进行检查；③发现有影响工程质量的问题时，责令改正。有关单位和个人对县级以上人民政府建设行政主管部门和其他有关部门进行的监督检查应当支持与配合，不得拒绝或者阻碍建设工程质量监督检查人员依法执行职务。

7. 建筑工程质量政府监督程序

参照《房屋建筑和市政基础设施工程质量监督管理规定》，对工程项目实施质量监督，应当依照下列程序进行：①受理建设单位办理质量监督手续；②制订工作计划并组织实施；③对工程实体质量、工程质量责任主体和质量检测等单位的工程质量行为进行抽查、抽测；④监督工程竣工验收，重点对验收的组织形式、程序等是否符合有关规定进行监督；⑤形成工程质量监督报告；⑥建立工程质量监督档案。

12.2.2 政府质量监督的委托实施

建设工程质量监督管理，可以由建设行政主管部门或者其他有关部门委托的建设工程质量监督机构具体实施。从事房屋建筑工程和市政基础设施工程质量监督的机构，必须按照国家有关规定经国务院建设行政主管部门或者省、自治区、直辖市人民政府建设行政主管部门考核；从事专业建设工程质量监督的机构，必须按照国家有关规定经国务院有关部门或者省、自治区、直辖市人民政府有关部门考核。经考核合格后，方可实施质量监督。

监督机构的主要工作内容包括：①对责任主体和有关机构履行质量责任的行为的监督检查；②对工程实体质量的监督检查；③对施工技术资料、监理资料以及检测报告等有关工程质量的文件和资料的监督检查；④对工程竣工验收的监督检查；⑤对混凝土预制构件及预拌混凝土质量的监督检查；⑥对责任主体和有关机构违法、违规行为的调查取证和核实，提出处罚建议或按委托权限实施行政处罚；⑦提交工程质量监督报告；⑧随时了解和掌握本地区工程质量状况；⑨其他内容。

12.2.3 建设工程质量监督机构

为加强对建设工程质量的监督管理，根据国务院 1984 年《关于改革建筑业和基本建设管理体制若干问题的暂行规定》的精神，我国从 20 世纪 80 年代中期逐步建立起了政府建设工程质量监督制度，各地、各部门相继成立了建设工程质量监督机构。2000 年 1 月 30 日发布施行的国务院第 279 号令《建设工程质量管理条例》，明确了在市场经济条件下政府对建设工程质量监督管理的基本原则。政府建设工程质量监督的主要目的是保证建设工程使用安全和环境质量，主要依据是法律、法规和工程建设强制性标准，主要方式是政府认可的第三方强制监督，主要内容是地基基础、主体结构、环境质量和与此相关的工程建设各方主体的质量行为，主要手段是施工许可制度和竣工验收备案制度。

1. 建设工程质量监督机构的性质

根据《建设工程质量管理条例》的规定，建设工程质量监督管理，可由建设行政主管部门或者其他有关部门委托的建设工程质量监督机构具体实施。建设工程质量监督机构是经省级以上建设行政主管部门或有关专业部门考核认定的独立法人。建设工程质量监督机构接受县级以上地方人民政府建设行政主管部门或有关专业部门的委托，依法对建设工程质量进行强制性监督，并对委托部门负责。

按照建设工程质量监督机构社会化、专业化的原则，提倡有条件的城市设立若干个具有独立法人资格的建设工程质量监督机构（包括各类专业工程的质量监督机构），分别接受政府有关部门的委托对工程质量进行监督。地级以上城市也可以设立一个建设工程质量监督机构，接受当地人民政府建设行政主管部门或有关专业部门的委托，组织协调工程质量监督工作，对本行政区内的建设工程质量监督机构进行业务指导和管理。对工程项目具体实施质量监督的机构对委托部门负责。省、自治区人民政府建设行政主管部门可根据本地实际情况，设立建设工程质量监督管理机构，对本行政区内的建设工程质量监督机构进行业务指导和管理，不进行具体工程质量监督。

根据国务院《建设工程质量管理条例》和建设部《关于质量监督机构深化改革的指导意见》，政府质量监督机构必须建立和遵循严格的工程质量监督程序，以加大建设工程质量监督的力度，保证建设工程质量。质量监督机构对建设工程质量监督的依据是国家的法律、法规和强制性标准；主要目的是保证建设工程使用安全和环境质量；主要内容是监督工程建设各方主体质量行为和地基、基础、主体结构和使用功能；主要监督方式是巡回抽查，对建设单位组织的竣工验收实施监督。工程竣工后出具工程质量监督报告。

2. 建设工程质量监督机构应具备的基本条件

1）有一定数量的质量监督工程师和助理质量监督工程师。质量监督工程师和助理质量监督工程师的比例不得低于 1∶8，这些人员应占质监机构总人数的 75%以上。

2）有固定的工作场所和适应工程质量监督检查工作需要的仪器、设备。

3）有健全的技术管理和质量管理制度。从事施工图设计文件审查的建设工程质量监督机构，还应当符合《建筑工程施工图设计文件审查暂行办法》规定的设计审查机构的条件。

3. 建设工程质量监督机构的主要任务

（1）根据政府主管部门的委托，受理建设工程项目质量监督

(2) 制定质量监督工作方案

确定负责该项工程的质量监督工程师和助理质量监督工程师。根据有关法律、法规和工程建设强制性标准，针对工程特点，明确监督的具体内容、监督方式。在方案中对地基基础、主体结构和其他涉及结构安全的重要部位和关键工序，做出实施监督的详细计划安排。建设工程质量监督机构应将质量监督工作方案通知建设、勘察、设计、施工、监理单位。

(3) 检查施工现场工程建设各方主体的质量行为

核查施工现场工程建设各方主体及有关人员的资质或资格。检查勘察、设计、施工、监理单位的质量保证体系和质量责任制落实情况，检查有关质量文件、技术资料是否齐全并符合规定。

(4) 检查建设工程的实体质量

按照质量监督工作方案，对建设工程地基基础、主体结构和其他涉及结构安全的关键部位进行现场实地抽查，对用于工程的主要建筑材料、构配件的质量进行抽查。对地基基础分部、主体结构分部工程和其他涉及结构安全的分部工程的质量验收进行监督。

(5) 监督工程竣工验收

监督建设单位组织的工程竣工验收的组织形式、验收程序以及在验收过程中提供的有关资料和形成的质量评定文件是否符合有关规定，实体质量是否存有严重缺陷，工程质量的检验评定是否符合国家验收标准。

(6) 报送建设工程质量监督报告

工程竣工验收后5日内，应向委托部门报送建设工程质量监督报告。建设工程质量监督报告应包括对地基基础和主体结构质量检查的结论，工程竣工验收的程序、内容和质量检验评定是否符合有关规定，及历次抽查该工程发现的质量问题和处理情况等内容。建设工程质量监督报告必须由质量监督工程师签署。

(7) 对预制建筑构件和商品混凝土的质量进行监督

(8) 受委托部门委托，按规定收取工程质量监督费

(9) 政府主管部门委托的工程质量监督管理的其他工作

4. 建设工程质量监督机构和质量监督工程师的权力与责任

建设工程质量监督机构在进行监督工作中发现有违反建设工程质量管理规定行为和影响工程质量的问题时，有权采取责令改正、局部暂停施工等强制性措施，直至问题得到改正。需要给予行政处罚的，报告委托部门批准后实施。

建设工程质量监督机构及质量监督工程师对监督的工程质量承担监督责任。建设工程质量监督机构不履行监督职责、弄虚作假、提供虚假建设工程质量监督报告，或未认真执行质量监督工作方案而发生重大质量事故的，退还工程质量监督费，根据情节轻重，依法分别给予警告、通报批评、停止执行任务直至撤销建设工程质量监督机构资格的处理。质量监督工程师和助理质量监督工程师发生弄虚作假、玩忽职守、滥用职权、徇私舞弊等行为的，由主管部门视情节轻重，给予批评、警告、记过直至取消质量监督工程师和助理质量监督工程师资格等处理；构成犯罪的，依法追究刑事责任。

12.2.4 建设工程竣工验收备案制度

根据《建设工程质量管理条例》第49条之规定，建设单位应当自建设工程竣工验收

合格之日起15日内，将建设工程竣工验收报告和规划、公安消防、环保等部门出具的认可文件或者准许使用文件报建设行政主管部门或者其他有关部门备案。

建设行政主管部门或者其他有关部门发现建设单位在竣工验收过程中有违反国家有关建设工程质量管理规定行为的，责令停止使用，重新组织竣工验收。

12.2.5　建设工程质量事故报告制度

根据《建设工程质量管理条例》第52条规定，建设工程发生质量事故，有关单位应当在24小时内向当地建设行政主管部门和其他有关部门报告。对重大质量事故，事故发生地的建设行政主管部门和其他有关部门应当按照事故类别和等级向当地人民政府和上级建设行政主管部门和其他有关部门报告。特别重大质量事故的调查程序按照国务院有关规定办理。

12.2.6　建设工程质量群众监督

我国《建筑法》、《建设工程质量管理条例》、《建设工程勘察质量管理办法》等建设法规中都有关于建设工程质量群众监督的规定。根据《建筑法》第63条规定，任何单位和个人对建筑工程的质量事故、质量缺陷都有权向建设行政主管部门或者其他有关部门进行检举、控告、投诉。根据《建设工程质量管理条例》第53条之规定，任何单位和个人对建设工程的质量事故、质量缺陷都有权检举、控告、投诉。《建设工程勘察质量管理办法》第21条规定，任何单位和个人有权向工程勘察质量监督部门检举、投诉工程勘察质量、安全问题。上述建设法规中提及的建设工程质量群众监督主要是指对于建设工程质量事故和质量缺陷，任何单位和个人都有权向建设行政主管部门和其他有关部门进行检举、控告和投诉。

建筑工程质量群众监督所涉及的行为主体包括两方面：一是同工程质量事故及缺陷无利害关系的第三人享有的检举权；二是事故所侵害的当事人的控告和投诉权。这两类行为主体行使其监督权，可以向建设行政主管部门进行，也可以向工商监察等部门进行。这些政府主管部门应当接受其检举、控告和投诉，并积极去处理。

12.3　建设工程质量检测制度

12.3.1　建设工程质量检测概念

建筑工程质量检测工作是建筑工程质量监督管理工作的重要手段。根据《建设工程质量检测管理办法》，建筑工程质量检测工作由工程质量检测机构在建设主管部门的领导下开展。建设工程质量检测（简称质量检测）是指工程质量检测机构（简称检测机构）接受委托，依据国家有关法律、法规和工程建设强制性标准，对涉及结构安全项目的抽样检测和对进入施工现场的建筑材料、构配件的见证取样检测。

12.3.2　建设工程质量检测机构资质管理

建设工程质量检测机构是具有独立法人资格的中介机构。检测机构不得与行政机关，法律、法规授权的具有管理公共事务职能的组织以及所检测工程项目相关的设计单位、施工单位、监理单位有隶属关系或者其他利害关系。检测机构从事质量检测业务，应当依法取得相应资质证书。检测机构未取得相应资质证书，不得承担质量检测业务。检测机构资质按照其承担的检测业务内容分为专项检测机构资质和见证取样检测机构资质。

国务院建设主管部门负责对全国质量检测活动实施监督管理，并负责制定检测机构资质标准。省、自治区、直辖市人民政府建设主管部门负责对本行政区域内的质量检测活动实施监督管理，并负责检测机构的资质审批。市、县人民政府建设主管部门负责对本行政区域内的质量检测活动实施监督管理。

1. 资质标准

(1) 专项检测机构和见证取样检测机构应满足下列基本条件

① 所申请检测资质对应的项目应通过计量认证。②有质量检测、施工、监理或设计经历，并接受了相关检测技术培训的专业技术人员不少于10人；边远的县（区）的专业技术人员可不少于6人。③有符合开展检测工作所需的仪器、设备和工作场所；其中，使用属于强制检定的计量器具，要经过计量检定合格后，方可使用。④有健全的技术管理和质量保证体系。

(2) 专项检测机构除应满足基本条件外，还需满足下列条件

1) 地基基础工程检测类机构应符合条件：专业技术人员中从事工程桩检测工作3年以上并具有高级或者中级职称的不得少于4名，其中1人应当具备注册岩土工程师资格。

2) 主体结构工程检测类机构应符合条件：专业技术人员中从事结构工程检测工作3年以上并具有高级或者中级职称的不得少于4名，其中1人应当具备二级注册结构工程师资格。

3) 建筑幕墙工程检测类机构应符合条件：专业技术人员中从事建筑幕墙检测工作3年以上并具有高级或者中级职称的不得少于4名。

4) 钢结构工程检测类机构应符合条件：专业技术人员中从事钢结构机械连接检测、钢网架结构变形检测工作3年以上并具有高级或者中级职称的不得少于4名，其中1人应当具备二级注册结构工程师资格。

(3) 其他条件

见证取样检测机构应满足基本条件外，专业技术人员中从事检测工作3年以上并具有高级或者中级职称的不少于3名；边远县（区）可不少于2人。

2. 资质申请

申请检测资质的机构应当向省、自治区、直辖市人民政府建设主管部门提交下列申请材料：①《检测机构资质申请表》一式三份；②工商营业执照原件及复印件；③与所申请检测资质范围相对应的计量认证证书原件及复印件；④主要检测仪器、设备清单；⑤技术人员的职称证书、身份证和社会保险合同的原件及复印件；⑥检测机构管理制度及质量控制措施。《检测机构资质申请表》由国务院建设主管部门制定式样。

省、自治区、直辖市人民政府建设主管部门在收到申请人的申请材料后，应当即时做出是否受理的决定，并向申请人出具书面凭证；申请材料不齐全或者不符合法定形式的，应当在5日内一次性告知申请人需要补正的全部内容。逾期不告知的，自收到申请材料之日起即为受理。省、自治区、直辖市建设主管部门受理资质申请后，应当对申报材料进行审查，自受理之日起20个工作日内审批完毕并作出书面决定。对符合资质标准的，自做出决定之日起10个工作日内颁发《检测机构资质证书》，并报国务院建设主管部门备案。

3. 资质证书

《检测机构资质证书》应当注明检测业务范围，分为正本和副本，由国务院建设主管部门制定式样，正、副本具有同等法律效力。检测机构取得检测机构资质后，不再符合相应资质标准的，省、自治区、直辖市人民政府建设主管部门根据利害关系人的请求或者依据职权，可以责令其限期改正；逾期不改的，可以撤回相应的资质证书。任何单位和个人不得涂改、倒卖、出租、出借或者以其他形式非法转让资质证书。

检测机构资质证书有效期为3年。资质证书有效期满需要延期的，检测机构应当在资质证书有效期满30个工作日前申请办理延期手续。检测机构在资质证书有效期内没有下列行为的，资质证书有效期届满时，经原审批机关同意，不再审查，资质证书有效期延期3年，由原审批机关在其资质证书副本上加盖延期专用章；检测机构在资质证书有效期内有下列行为之一的，原审批机关不予延期：①超出资质范围从事检测活动的；②转包检测业务的；③涂改、倒卖、出租、出借或者以其他形式非法转让资质证书的；④未按照国家有关工程建设强制性标准进行检测，造成质量安全事故或致使事故损失扩大的；⑤伪造检测数据，出具虚假检测报告或者鉴定结论的。检测机构变更名称、地址、法定代表人、技术负责人，应当在3个月内到原审批机关办理变更手续。

12.3.3　建设工程质量检测范围及业务内容

《建设工程质量管理条例》第31条规定："施工人员对涉及结构安全的试块、试件以及有关材料，应当在建设单位或者工程监理单位监督下现场取样，并送具有相应资质等级的质量检测单位进行检测。"《建设工程施工质量验收统一标准》（GB 50300—2013）中3.0.3强制性条文中规定："6. 涉及结构安全的试块、试件以及有关材料，应按规定进行见证取样检测……8. 对涉及结构安全和使用功能的重要分部工程应进行抽样检测。"根据《建设工程质量检测管理办法》，检测机构从事的质量检测业务有：

1. 专项检测

（1）地基基础工程检测

地基基础工程检测包括：地基及复合地基承载力静载检测、桩的承载力检测、桩身完整性检测以及锚杆锁定力检测。

（2）主体结构工程现场检测

主要包括：混凝土、砂浆、砌体强度现场检测，钢筋保护层厚度检测，混凝土预制构件结构性能检测以及后置埋件的力学性能检测。

（3）建筑幕墙工程检测

包括：建筑幕墙的气密性、水密性、风压变形性能、层间变位性能检测以及硅酮结构胶相容性检测。

（4）钢结构工程检测

包括：钢结构焊接质量无损检测，钢结构防腐及防火涂装检测，钢结构节点、机械连接用紧固标准件及高强度螺栓力学性能检测，钢网架结构的变形检测。

2. 见证取样检测

见证取样检测包括：①水泥物理力学性能检验；②钢筋（含焊接与机械连接）力学性能检验；③砂、石常规检验；④混凝土、砂浆强度检验；⑤简易土工试验；⑥混凝土掺加剂检验；⑦预应力钢绞线、锚夹具检验；⑧沥青、沥青混合料检验。

建设工程质量检测业务由工程项目建设单位委托具有相应资质的检测机构进行检测。

委托方与被委托方应当签订书面合同。检测机构不得转包建设工程质量检测业务。检测机构跨省、自治区、直辖市承担建设工程质量检测业务的，应当向工程所在地的省、自治区、直辖市人民政府建设主管部门备案。

12.3.4 建设工程质量检测责任

检测机构完成检测业务后，应当及时出具检测报告。检测报告经检测人员签字、检测机构法定代表人或者其授权的签字人签署，并加盖检测机构公章或者检测专用章后方可生效。检测报告经建设单位或者工程监理单位确认后，由施工单位归档。见证取样检测的检测报告中应当注明见证人单位及姓名。任何单位和个人不得明示或者暗示检测机构出具虚假检测报告，不得篡改或者伪造检测报告。

检测机构应当对其检测数据和检测报告的真实性和准确性负责。检测机构违反法律、法规和工程建设强制性标准，给他人造成损失的，应当依法承担相应的赔偿责任。检测机构伪造检测数据，出具虚假检测报告或者鉴定结论的，县级以上地方人民政府建设主管部门给予警告，并处 3 万元罚款；给他人造成损失的，依法承担赔偿责任；构成犯罪的，依法追究其刑事责任。检测机构应当将检测过程中发现的建设单位、监理单位、施工单位违反有关法律、法规和工程建设强制性标准的情况，以及涉及结构安全检测结果的不合格情况，及时报告工程所在地建设主管部门。检测机构应当建立档案管理制度。检测合同、委托单、原始记录、检测报告应当按年度统一编号，编号应当连续，不得随意抽撤、涂改。检测机构应当单独建立检测结果不合格项目台账。

检测机构违反法律、法规的相关规定，有下列行为之一的，由县级以上地方人民政府建设主管部门责令改正，可并处 1 万元以上 3 万元以下的罚款；构成犯罪的，依法追究刑事责任：①超出资质范围从事检测活动的；②涂改、倒卖、出租、出借、转让资质证书的；③使用不符合条件的检测人员的；④未按规定上报发现的违法违规行为和检测不合格事项的；⑤未按规定在检测报告上签字盖章的；⑥未按照国家有关工程建设强制性标准进行检测的；⑦档案资料管理混乱，造成检测数据无法追溯的；⑧转包检测业务的。

12.3.5 建设工程质量检测机构监督检查

县级以上地方人民政府建设主管部门应当加强对检测机构的监督检查，主要检查下列内容：①是否符合规定的资质标准；②是否超出资质范围从事质量检测活动；③是否有涂改、倒卖、出租、出借或者以其他形式非法转让资质证书的行为；④是否按规定在检测报告上签字盖章，检测报告是否真实；⑤检测机构是否按有关技术标准和规定进行检测；⑥仪器设备及环境条件是否符合计量认证要求；⑦法律、法规规定的其他事项。

建设主管部门实施监督检查时，有权采取下列措施：①要求检测机构或者委托方提供相关的文件和资料；②进入检测机构的工作场地（包括施工现场）进行抽查；③组织进行比对试验以验证检测机构的检测能力；④发现有不符合国家有关法律、法规和工程建设标准要求的检测行为时，责令改正。

建设主管部门在监督检查中为收集证据的需要，可以对有关试样和检测资料采取抽样取证的方法；在证据可能灭失或者以后难以取得的情况下，经部门负责人批准，可先行登记保存有关试样和检测资料，并应当在 7 日内及时做出处理决定，在此期间，当事人或者有关人员不得销毁或者转移有关试样和检测资料。县级以上地方人民政府建设主管部门，对监督检查中发现的问题应当按规定权限进行处理，并及时报告资质审批机关。

建设主管部门应当建立投诉受理和处理制度，公开投诉电话号码、通信地址和电子邮件信箱。检测机构违反国家有关法律、法规和工程建设标准规定进行检测的，任何单位和个人都有权向建设主管部门投诉。建设主管部门收到投诉后，应当及时核实并依法对检测机构做出相应的处理决定，于30日内将处理意见答复投诉人。

12.4　建筑材料使用许可制度

建筑材料使用许可制度是为了保证建设工程使用的建筑材料复合现行的国家标准、设备要求和合同约定，确保建设工程质量而制定的一项制度、建筑材料使用许可制度包括建筑材料生产许可制度、建筑材料产品质量认证制度、建筑材料产品推荐制度和建筑材料进场检验制度。

12.4.1　建筑材料生产许可制度

2005年6月29日，国务院第97次常务会议审议通过了《中华人民共和国工业产品生产许可证管理条例》，并于2005年7月9日以国务院第440号令予以公布，决定自2005年9月1日起施行。2014年4月21日，国家质检总局发布了《中华人民共和国工业产品生产许可证管理条例实施办法》对工业产品的生产实行许可证制度。根据《工业产品生产许可证发证产品实施细则及60类工业产品生产许可证实施细则》的规定，钢筋混凝土用变形钢筋、预应力混凝土用钢材、建筑钢管脚手架扣件、建筑外窗、建筑幕墙、水泥、建筑防水卷材等建筑材料均实行工业产品生产许可证制度。生产这些建筑材料用品的企业必须具备许可证规定的生产条件、技术装备、技术人员和产品质量保证体系，经政府部门审核批准获得生产许可证后，方可进行建筑材料的生产和销售。其生产和销售的建材产品或者产品包装上除应标有产品检验合格证明外，还应标明生产许可证的编号、批准日期和有效期。未获生产许可证的企业，不得生产和销售这一类建筑材料。

工业产品生产许可证制度的宗旨是为了保证直接关系公共安全、人体健康、生命财产安全的重要工业产品的质量安全，贯彻国家产业政策，促进社会主义市场经济健康、协调发展。该制度是工业产品生产许可证主管部门通过对涉及人体健康的加工食品、危及人身财产安全的产品、关系金融安全和通信质量安全的产品、保障劳动安全的产品、影响生产安全和公共安全的产品，以及法律法规要求实行生产许可证管理的其他产品的生产企业，进行实地核查和产品检验，确认其具备持续稳定生产合格产品的能力，并颁发生产许可证证书，允许其生产的一种行政许可制度。该制度规定，生产企业必须具备保证产品质量安全的基本条件，并按规定程序取得生产许可证，方可从事相关产品的生产活动。任何企业未取得生产许可证，不得生产实行生产许可证制度管理的产品。

工业产品生产许可证制度管理的对象，是指生产列入目录的重要工业产品的企业。根据《中华人民共和国行政许可法》、《中华人民共和国工业产品生产许可证管理条例》，实行工业产品生产许可证制度管理的产品范围包括：①乳制品、肉制品、饮料、米、面、食用油、酒类等直接关系人体健康的加工食品；②电热毯、压力锅、燃气热水器等可能危及人身、财产安全的产品；③税控收款机、防伪验钞仪、卫星电视广播地面接收设备、无线广播电视发射设备等关系金融安全和通信质量安全的产品；④安全网、安全帽、建筑扣件等保障劳动安全的产品；⑤电力铁塔、桥梁支座、铁路工业产品、水工金属结构、危险化学品及其包装物、容器等影响生产安全、公共安全的产品；⑥法律、行政法规要求依照《管理条例》的规定实行生产许可证管理的其他产品。

实行工业产品生产许可证制度的工业产品目录由国务院工业产品生产许可证主管部门会同国务院有关部门制定，并征求消费者协会和相关产品行业协会的意见，报国务院批准后向社会公布。任何单位和部门都无权增加实行工业产品生产许可证管理的产品类别。通过实施目录管理，可以明确界定工业产品生产许可证制度的管理范围，并告知社会，避免工作中的随意性。目前经国务院行政审批改革领导小组办公室确认，列入目录实行工业产品生产许可证管理的产品共有85类。国务院工业产品生产许可证主管部门应当会同国务院有关部门适时对目录进行评价、调整和逐步缩减，并经国务院批准后实施。根据国家经济生活中出现的新情况、新问题，将不需要继续实施工业产品生产许可证制度的产品调整出目录，将需要实施工业产品生产许可证制度的产品纳入到发证产品目录中来。

12.4.2 建筑材料产品质量认证制度

质量认证也叫合格评定，是国际上通行的管理产品质量的有效方法。质量认证按认证的对象分为产品质量认证和质量体系认证两类；按认证的作用可分为安全认证和合格认证。产品质量认证是指依据产品标准和相应技术要求，经认证机构确认并通过颁发认证证书和认证标志来证明某一产品符合相应标准和相应技术要求的活动。

《中华人民共和国产品质量法》第14条规定：国家根据国际通用的质量管理标准，推行企业质量体系认证制度。企业根据自愿原则可以向国务院产品质量监督部门认可的或者国务院产品质量监督部门授权的部门认可的认证机构申请企业质量体系认证。经认证合格的，由认证机构颁发企业质量体系认证证书。国家参照国际先进的产品标准和技术要求，推行产品质量认证制度。企业根据自愿原则可以向国务院产品质量监督部门认可的或者国务院产品质量监督部门授权的部门认可的认证机构申请产品质量认证。经认证合格的，由认证机构颁发产品质量认证证书，准许企业在产品或者其包装上使用产品质量认证标志。

1. 产品质量认证制度

《中华人民共和国认证认可条例》第2条规定，产品质量认证是依据产品标准是指由认证机构证明产品、服务、管理体系符合相关技术规范、相关技术规范的强制性要求或者标准的合格评定活动。认证的依据或者说获准认证的条件是产品（服务）质量要符合指定的标准的要求，质量体系要满足指定质量保证标准要求，证明获准认证的方式是通过颁发产品认证证书和认证标志。其认证标志可用于获准认证的产品上。产品质量认证又有两种：一种是安全性产品认证，它通过法律、行政法规或规章规定强制执行认证；另一种是合格认证属自愿性认证，是否申请认证，由企业自行决定。安全认证在我国实行强制性监督管理。

实行强制性监督管理的认证是法律、行政法规或联合规章规定强制执行的认证。凡属强制性认证范围的产品，企业必须取得认证资格，并在出厂合格的产品上或其包装上使用认证机构发给特定的认证标志。否则，不准生产、销售或进口和使用。国家对重要的建筑材料和设备，推行产品质量认证制度。经认证合格的产品，由认证机构颁发质量认证证书，准许企业在其产品或者包装上使用质量认证标志。

2. 企业质量体系认证制度

《建筑法》第53条规定，国家对从事建筑活动的单位推行质量体系认证制度。从事建筑活动的单位根据自愿原则可以向国务院产品质量监督管理部门或者国务院产品质量监督管理部门授权的部门认可的认证机构申请质量体系认证。经认证合格的，由认证机构颁发质量体系认证证书。

(1) 质量体系认证的内涵

质量体系是指为保证产品、过程或服务质量，满足规定（或潜有）的要求，由组织机构、职责、程序、活动、能力和资源等构成的有机整体。质量体系的核心内容是人、物和管理。质量体系认证，是指依据国际通用的质量管理和质量保证系列标准，经过国家认可的质量体系认证机构对企业的质量体系进行审核，对于符合规定条件和要求的，通过颁发企业质量体系认证证书的形式，证明企业的质量保证能力符合相应要求的活动。质量体系认证其认证的对象是企业的质量体系，或者说是企业的质量保证能力。质量体系认证的过程就是对企业质量体系的整体水平进行科学的评价，以证明企业的质量保证能力是否符合相应标准的要求。质量体系认证的依据是国际通用的质量管理和质量保证系列标准——ISO 9000《质量管理和质量保证》系列标准，该标准已等同采用为中国国家标准GB/T 19000《质量管理和质量保证》系列标准。质量体系认证获准的标识是注册和发给证书。按规定程序申请认证的企业质量体系，当评定结果判为合格后，由质量体系认证机构对认证企业给予注册和发给证书，列入质量体系认证企业名录，并公开发布。获准质量体系认证的企业可在宣传品、展销会和其他促销活动中使用注册标志，但不得将该标志直接用于产品或其包装上，以免与产品认证相混淆。质量体系认证的原则，是企业自愿申请的原则。

(2) 建筑产品质量体系认证制度

建筑产品是一种特殊产品，对从事建筑活动的单位推行质量体系认证制度，对提高建筑产品质量也是很有益处的。依据《建筑法》从事建筑活动的单位根据自愿原则，可以向国务院产品质量监督管理部门或者国务院产品质量监督管理部门授权的部门认可的认证机构申请质量体系认证。经认证合格的，由认证机构颁发质量体系认证证书。这项建筑企业质量体系认证规定包含以下几方面含义：

1) 申请建筑企业质量体系认证的主体，是从事建筑活动的单位。所谓从事建筑活动的单位，按照《建筑法》规定是指建筑施工企业、建筑勘察单位、建筑设计单位和工程监理单位。

2) 建筑企业质量体系认证由从事建筑活动的单位自愿申请。即，从事建筑活动的单位是否申请建筑企业质量体系认证，由从事建筑活动的单位自主决定。对建筑企业来说，只要其认识到了质量体系认证的必要性及其作用，并具备规定条件，通常会积极地申请质量体系认证。建筑企业质量体系认证的自愿申请原则，是法律赋予建筑企业的自主权和选择权，任何部门和组织不得违反法律规定的自愿原则强制建筑企业申请质量体系认证。

3) 建筑企业申请质量体系认证，应当向国务院产品质量监督管理部门或者国务院产品质量监督管理部门授权的部门认可的认证机构申请。国务院产品质量监督管理部门即国家技术监督局，对全国的企业质量体系认证工作实行统一管理。承担质量体系认证具体工作的认证机构，必须经过国家技术监督局的认可，或者经过国家技术监督局授权的部门认可，方具有开展质量体系认证工作的资格。从事建筑活动的单位根据自愿原则，可以向国家技术监督局认可的认证机构申请质量体系认证，也可以向国家技术监督局授权的部门认可的认证机构申请认证。

4）从事建筑活动的单位向法律规定的认证机构申请质量体系认证。有关认证机构接到申请后，应当认真、及时地进行审核，对申请单位的质量体系状况予以评价，对其质量保证能力做出是否符合标准要求的结论。

5）经过对申请认证的建筑单位按照规定的认证程序审查后，认为合格的，由认证机构向该单位颁发质量体系认证证书，以证明建筑单位的质量体系符合相应标准和技术规范的要求。

12.4.3 建筑材料产品推荐使用制度

国务院于2008年10月1日颁布施行《民用建筑节能条例》第11条规定，国家推广使用民用建筑节能的新技术、新工艺、新材料和新设备，限制使用或者禁止使用能源消耗高的技术、工艺、材料和设备。国务院节能工作主管部门、建设主管部门应当制定、公布并及时更新推广使用、限制使用、禁止使用目录。国家限制进口或者禁止进口能源消耗高的技术、材料和设备。建设单位、设计单位、施工单位不得在建筑活动中使用列入禁止使用目录的技术、工艺、材料和设备。《关于加强建筑节能材料和产品质量监督管理的通知》（建科〔2008〕147号）规定进一步落实建筑节能材料和产品推广、限制、淘汰公告制度。省级住房和城乡建设主管部门要根据建筑节能标准要求和国家的产业政策，结合当地实际，及时制定并发布建筑节能材料和产品的推广、限制和淘汰目录，指导建筑工程正确选购。建立建筑节能材料和产品备案、登记、公示制度。各地住房和城乡建设主管部门应根据当地气候和资源情况，制定适合本地实际的建筑节能材料和产品的推广目录。对建筑工程使用的建筑节能材料和产品，在质量合格和手续齐全的前提下，由设区市级以上住房和城乡建设主管部门进行备案、登记、公示。鼓励建筑工程使用经过备案、登记、公示的节能材料和产品。

《民用建筑节能管理规定》（中华人民共和国建设部令第143号）已于2005年10月28日经第76次部常务会议讨论通过，自2006年1月1日起施行。该《规定》第8条规定，鼓励发展下列建筑节能技术和产品：①新型节能墙体和屋面的保温、隔热技术与材料；②节能门窗的保温隔热和密闭技术；③集中供热和热、电、冷联产联供技术；④供热采暖系统温度调控和分户热量计量技术与装置；⑤太阳能、地热等可再生能源应用技术及设备；⑥建筑照明节能技术与产品；⑦空调制冷节能技术与产品；⑧其他技术成熟、效果显著的节能技术和节能管理技术。鼓励推广应用和淘汰的建筑节能部品及技术的目录，由国务院建设行政主管部门制定；省、自治区、直辖市建设行政主管部门可以结合该目录，制定适合本区域的鼓励推广应用和淘汰的建筑节能部品及技术的目录。

12.4.4 建筑材料进场检验制度

《建设工程质量管理条例》第29条规定，施工单位必须按照工程设计要求、施工技术标准和合同约定，对建筑材料、建筑构配件、设备和商品混凝土进行检验，检验应当有书面记录和专人签字；未经检验或者检验不合格的，不得使用。第31条规定，施工人员对涉及结构安全的试块、试件以及有关材料，应当在建设单位或者工程监理单位监督下现场取样，并送至具有相应资质等级的质量检测单位进行检测。

为规范房屋建筑工程和市政基础设施工程中涉及结构安全的试块、试件和材料的见证取样和送检工作，保证工程质量，根据《建设工程质量管理条例》，原建设部于2000年9

月26日发布了《房屋建筑工程和市政基础设施工程实行见证取样和送检的规定》（建建〔2000〕211号）。该《规定》规定了见证取样和送检制度。严格遵循建筑材料“先检后用”的原则。房屋建筑和市政基础设施工程土建材料、水电材料、节能材料（特别是幕墙工程和建筑门窗）以及建设主管部门或建设、监理单位确定必须送检的其他建筑材料在使用前必须进行检验，未经检验或者检验不合格的不得使用。按照材料检验的方式不同，分为普通送检、见证取样送检、不合格复检和监督抽检。

1. 普通送检

施工单位必须按照工程设计要求、施工技术标准和合同约定，在使用前对建筑材料、建筑构配件、设备和商品混凝土等进行送检，送检数量和频次必须满足工程验收规范的要求。

2. 见证取样和送检

见证取样和送检是指在建设单位或工程监理单位人员的见证下，由施工单位的现场试验人员对工程中涉及结构安全的试块、试件和材料在现场取样，并送至经过省级以上建设行政主管部门对其资质认可和质量技术监督部门对其计量认证的质量检测单位进行检测。工程监理单位必须严格执行《房屋建筑工程和市政基础设施工程实行见证取样和送检的规定》，对涉及结构安全的试件、试块和材料进行见证取样和送检，见证取样和送检的比例不得低于有关技术标准中规定应取样数量的30%。对于下列试块，试件和材料必须实施见证取样和送检：①用于承重结构的混凝土试块；②用于承重墙体的砌筑砂浆试块；③用于承重结构的钢筋及连接接头试件；④用于承重墙的砖和混凝土小型砌块；⑤用于拌制混凝土和砌筑砂浆的水泥；⑥用于承重结构的混凝土中使用的掺加剂；⑦地下、屋面、厕浴间使用的防水材料；⑧国家规定必须实行见证取样和送检的其他试块、试件和材料。

见证人员应由建设单位或该工程的监理单位具备建筑施工试验知识的专业技术人员担任，并应由建设单位或该工程的监理单位书面通知施工单位，检测单位和负责项工程的质量监督机构。在施工过程中，见证人员应按照见证取样和送检计划，对施工现场的取样和送检进行见证，取样人员应在试样或其包装上做出标识、封志。标识和封志应标明工程名称、取样部位、取样日期、样品名称和样品数量，并由见证人员和取样人员签字。见证人员应制作见证记录，并将见证记录归入施工技术档案。见证人员和取样人员应对试样的代表性和真实性负责。见证取样的试块、试件和材料送检时，应由送检单位填写委托单，委托单应有见证人员和送检人员签字。检测单位应检查委托单及试样上的标识和封志，确认无误后方可进行检测。检测单位应严格按照有关管理规定和技术标准进行检测，出具公正、真实、准确的检测报告。见证取样和送检的检测报告必须加盖见证取样检测的专用章。

3. 不合格复检

当材料进场复验出现不合格时，对于规范允许重新取样双倍复检的材料，必须在监理单位的见证下，由施工单位按有关规范标准重新抽取双倍试件进行检测，合格后方可使用。

4. 监督抽检

工程施工过程中，质量监督机构应严格按监督工作方案和工程材料专项抽检计划对工程材料进行监督抽检，监督抽检报告可以作为工程验收资料使用。

12.5 建设工程质量责任制度

12.5.1 建设单位的质量责任与义务

根据《建设工程质量管理条例》，建设单位负有如下质量责任与义务：

1）建设单位应当将工程发包给具有相应资质等级的单位，并不得将建设工程肢解发包。

2）建设单位应当依法对工程建设项目的勘察、设计、施工、监理以及与工程建设有关的重要设备、材料等的采购进行招标。

3）建设单位必须向有关的勘察、设计、施工、工程监理等单位提供与建设工程有关的原始资料，且原始资料必须真实、准确、齐全。

4）建设工程发包单位不得迫使承包方以低于成本的价格竞标，不得任意压缩合理工期；建设单位不得明示或者暗示设计单位或者施工单位违反工程建设强制性标准，降低建设工程质量。

5）建设单位应当将施工图设计文件报县级以上人民政府建设行政主管部门或者其他有关部门审查。

施工图设计文件审查的具体办法，由国务院建设行政主管部门会同国务院其他有关部门制定。施工图设计文件未经审查批准的，不得使用。

6）建设单位应根据工程特点，配备相应的质量管理人员，或委托工程建设监理单位进行管理。

委托监理单位的，建设单位应与工程建设监理单位签订建设工程委托监理合同，明确双方的责任、权利和义务。实行监理的建设工程，建设单位应当委托具有相应资质等级的工程监理单位进行监理，也可以委托具有工程监理相应资质等级并与被监理工程的施工承包单位没有隶属关系或者其他利害关系的该工程的设计单位进行监理。

7）建设单位在领取施工许可证或者开工报告前，应当按照国家有关规定办理工程质量监督手续

组织设计和施工单位认真进行设计交底和图纸会审；施工中应按照国家现行的有关工程建设法律法规、技术标准及合同规定，对工程质量进行检查；建设单位收到建设工程竣工报告后，应当组织设计、施工、工程监理等有关单位进行竣工验收。

8）按照合同约定，由建设单位采购建筑材料、建筑构配件和设备的，建设单位应当保证建筑材料、建筑构配件和设备符合设计文件和合同要求，且建设单位不得明示或者暗示施工单位使用不合格的建筑材料、建筑构配件和设备。

9）涉及建筑主体和承重结构变动的装修工程，建设单位应当在施工前委托原设计单位或者具有相应资质等级的设计单位提出设计方案；没有设计方案的，不得施工。房屋建筑使用者在装修过程中，不得擅自变动房屋建筑主体和承重结构。建设单位按照工程承包合同规定供应的设备等产品的质量，必须符合国家现行的有关法律、法规和技术标准的要求。

10）建设单位应当严格按照国家有关档案管理的规定，及时收集、整理建设项目各环节的文件资料，建立、健全建设项目档案，并在建设工程竣工验收后，及时向建设行政主

管部门或者其他有关部门移交建设项目档案。

12.5.2 勘察设计单位质量责任与义务

建筑工程勘察担负着为工程建设提供准确地质资料的任务，建筑工程设计直接为工程施工提供赖以遵循的技术依据。建筑工程勘察、设计的质量是决定整个建筑工程质量的基础，如果建筑工程勘察、设计的质量存在问题，整个建筑工程的质量也就没有保障。因此，建筑工程勘察设计单位必须依法采取各种措施确保建筑工程勘察设计质量。根据《建设工程质量管理条例》，勘察设计单位承担下列质量责任与义务：

1）从事建设工程勘察、设计的单位应当依法取得相应等级的资质证书，并在其资质等级许可的范围内承揽工程

禁止勘察、设计单位超越其资质等级许可的范围或者以其他勘察、设计单位的名义承揽工程。禁止勘察、设计单位允许其他单位或者个人以本单位的名义承揽工程。勘察、设计单位不得转包或者违法分包所承揽的工程。

2）勘察、设计单位必须按照工程建设强制性标准进行勘察、设计，并对其勘察、设计的质量负责。注册建筑师、注册结构工程师等注册执业人员应当在设计文件上签字，对设计文件负责。

3）勘察单位提供的地质、测量、水文等勘察成果必须真实、准确。

4）设计单位应当根据勘察成果文件进行建设工程设计。

设计文件应当符合国家规定的设计深度要求，注明工程合理使用年限。

5）设计单位在设计文件中选用的建筑材料、建筑构配件和设备，应当注明规格、型号、性能等技术指标，其质量要求必须符合国家规定的标准。除有特殊要求的建筑材料、专用设备、工艺生产线等外，设计单位不得指定生产厂、供应商。

6）设计单位应当就审查合格的施工图设计文件向施工单位做出详细说明。

7）设计单位应当参与建设工程质量事故分析，并对因设计造成的质量事故，提出相应的技术处理方案。

12.5.3 施工单位质量责任与义务

建筑施工企业，作为建筑施工任务的最终完成者，对工程建设的质量负有极其重要的责任。根据《建设工程质量管理条例》，施工单位承担下列质量责任和义务：

1）施工单位应当依法取得相应等级的资质证书，并在其资质等级许可的范围内承揽工程

禁止施工单位超越本单位资质等级许可的业务范围或者以其他施工单位的名义承揽工程。禁止施工单位允许其他单位或者个人以本单位的名义承揽工程。施工单位不得转包或者违法分包工程。

2）施工单位应当对本单位施工的工程质量负责

施工单位应当建立质量责任制，确定工程项目的项目经理、技术负责人和施工管理负责人。建设工程实行总承包的，总承包单位应当对全部建设工程质量负责；建设工程勘察、设计、施工、设备采购的一项或者多项实行总承包的，总承包单位应当对其承包的建设工程或者采购的设备的质量负责。

3）总承包单位依法将建设工程分包给其他单位的，分包单位应当按照分包合同的约定对其分包工程的质量向总承包单位负责，总承包单位与分包单位对分包工程的质量承担

连带责任。

4）施工单位必须按照工程设计图纸和施工技术标准施工，不得擅自修改工程设计，不得偷工减料。施工单位在施工过程中发现设计文件和图纸有差错的，应当及时提出意见和建议。

5）施工单位必须按照工程设计要求、施工技术标准和合同约定，对建筑材料、建筑构配件、设备和商品混凝土进行检验，检验应当有书面记录和专人签字；未经检验或者检验不合格的，不得使用。

6）施工单位必须建立、健全施工质量的检验制度，严格工序管理，作好隐蔽工程的质量检查和记录。隐蔽工程在隐蔽前，施工单位应当通知建设单位和建设工程质量监督机构。

7）施工人员对涉及结构安全的试块、试件以及有关材料，应当在建设单位或者工程监理单位监督下现场取样，并送相应资质等级的质量检测单位检测。

8）施工单位对施工中出现质量问题的建设工程或者竣工验收不合格的建设工程，应当负责返修。

9）施工单位应当建立、健全教育培训制度，加强对职工的教育培训；未经教育培训或者考核不合格的人员，不得上岗作业。

12.5.4 工程监理单位质量责任与义务

依据《建设工程质量管理条例》，工程监理单位承担下列质量责任和义务：

1）工程监理单位应当依法取得相应等级的资质证书，并在其资质等级许可的范围内承担工程监理业务。

禁止工程监理单位超越本单位资质等级许可的范围或者以其他工程监理单位的名义承担工程监理业务。禁止工程监理单位允许其他单位或者个人以本单位的名义承担工程监理业务。工程监理单位不得转让工程监理业务。

2）工程监理单位与被监理工程的施工承包单位以及建筑材料、建筑构配件和设备供应单位有隶属关系或者其他利害关系的，不得承担该项建设工程的监理业务。

3）工程监理单位应当依照法律、法规以及有关技术标准、设计文件和建设工程承包合同，代表建设单位对施工质量实施监理，并对施工质量承担监理责任。

4）工程监理单位应当选派具备相应资格的总监理工程师和监理工程师进驻施工现场

未经监理工程师签字，建筑材料、建筑构配件和设备不得在工程上使用或者安装，施工单位不得进行下一道工序的施工。未经总监理工程师签字，建设单位不拨付工程款，不进行竣工验收。

5）监理工程师应当按照工程监理规范的要求，采取旁站、巡视和平行检验等形式，对建设工程实施监理。

12.5.5 建筑材料、构配件生产及设备供应单位质量责任与义务

1. 建筑材料、构配件生产及设备供应单位对其生产或供应的产品质量负责

建筑材料、构配件生产及设备的供需双方均应签订买卖合同，并按合同条款进行质量验收。建筑材料、构配件生产及设备供应单位必须具备相应的生产条件、技术装备和质量保证体系，具备必要的检测人员和设备，把好产品看样、订货、储存、运输和核验的质量关。

2. 建筑材料、构配件及设备质量应当符合下列要求

符合国家或行业现行有关技术标准规定的合格标准和设计要求；符合在建筑材料、构配件及设备或其包装上注明采用的标准，符合以建筑材料、构配件及设备说明、实物样品等方式表明的质量状况。

3. 建筑材料、构配件及设备或者其包装上的标志应当符合下列要求

有产品质量检验合格证明；有中文标明的产品名称、生产厂厂名和厂址；产品包装和商标样式符合国家有关规定和标准要求；设备应有产品详细的使用说明书，电气设备还应附有线路图；实施生产许可证或使用产品质量认证标志的产品，应有许可证或质量认证的编号、批准日期和有效期限。

12.6 建设工程质量竣工验收制度

建筑工程竣工验收，是指建筑工程完工且具备法定条件后，由建设单位组织有关单位依法定程序及相关依据对所有工程项目进行全面检验与测试。建设工程经验收合格的，方可交付使用。工程施工质量验收是工程建设质量控制的一个重要环节，它包括工程施工质量验收和工程的竣工验收两个方面。通过对工程建设中间产出品和最终产品的质量验收，从过程控制和终端把关两个方面进行工程项目的质量控制，以确保达到业主所要求的使用价值，实现建设投资的经济效益和社会效益。

12.6.1 建设工程竣工验收的条件和依据

凡在中华人民共和国境内新建、扩建、改建的各类房屋和市政基础设施工程的竣工验收，建设单位应当自工程竣工验收合格之日起 15 日内，向工程所在地的县级以上地方人民政府建设主管部门备案。国务院住房和城乡建设主管部门负责全国房屋建筑和市政基础设施工程（以下统称工程）的竣工验收备案管理工作。县级以上地方人民政府建设主管部门负责本行政区域内工程的竣工验收备案管理工作。

1. 建设工程竣工验收的条件

《建设工程质量管理条例》第 16 条规定，建设单位收到建设工程竣工报告后，应当组织设计、施工、工程监理等有关单位进行竣工验收。建设工程竣工验收应当具备下列条件：①完成建设工程设计和合同约定的各项内容；②有完整的技术档案和施工管理资料；③有工程使用的主要建筑材料、建筑构配件和设备的进场试验报告；④有勘察、设计、施工、工程监理等单位分别签署的质量合格文件；⑤有施工单位签署的工程保修书。建设工程经验收合格的，方可交付使用。

根据《房屋建筑工程和市政基础设施工程竣工验收暂行规定》第 5 条之规定，工程符合下列要求方可进行竣工验收：①完成工程设计和合同约定的各项内容。②施工单位在工程完工后对工程质量进行了检查，确认工程质量符合有关法律、法规和工程建设强制性标准，符合设计文件及合同要求，并提出工程竣工报告。工程竣工报告应经项目经理和施工单位有关负责人审核签字。③对于委托监理的工程项目，监理单位对工程进行了质量评估，具有完整的监理资料，并提出工程质量评估报告。工程质量评估报告应经总监理工程监理单位有关负责人审核签字。④勘察、设计单位对勘察、设计文件及施工过程中由设计单位签署的设计变更通知书进行了检查，并提出质量检查报告。质量检查报告应经该项目

勘察、设计负责人和勘察、设计单位有关负责人审核签字。⑤有完整的技术档案和施工管理资料。⑥有工程使用权的主要建筑材料、建筑构配件和设备的进场试验报告。⑦建设单位已按合同约定支付工程款；⑧有施工单位签署的工程质量保修书。⑨城乡规划行政主管部门对工程是否符合规划设计要求进行检查，并出具认可文件。⑩有公安消防、环保等部门出具的认可文件或者准许使用文件。⑪建设行政主管部门及其委托的工程质量监督机构等有关部门责令整改的问题全部整改完毕。

根据《房屋建筑和市政基础设施工程竣工验收备案管理办法》（2000年4月4日建设部令第78号发布，根据2009年10月19日《住房和城乡建设部关于修改〈房屋建筑工程和市政基础设施工程竣工验收备案管理暂行办法〉的决定》修正）第5条规定，建设单位办理工程竣工验收备案应当提交下列文件：①工程竣工验收备案表；②工程竣工验收报告。竣工验收报告应当包括工程报建日期，施工许可证号，施工图设计文件审查意见，勘察、设计、施工、工程监理等单位分别签署的质量合格文件及验收人员签署的竣工验收原始文件，市政基础设施的有关质量检测和功能性试验资料以及备案机关认为需要提供的有关资料；③法律、行政法规规定应当由规划、环保等部门出具的认可文件或者准许使用文件；④法律规定应当由公安消防部门出具的对大型的人员密集场所和其他特殊建设工程验收合格的证明文件；⑤施工单位签署的工程质量保修书；⑥法规、规章规定须提供的其他文件。住宅工程还应当提交《住宅质量保证书》和《住宅使用说明书》。

2. 建设工程竣工验收的依据

建设工程产品的形成，是承包人依据若干技术、经济、管理文件，组织项目实施，最终达成的竣工成果。交付竣工验收，是承包人完成承建工程后办理的交工手续。办理竣工验收手续应依据与该建设工程有关的文件，这些文件具有设计、合同和技术的规定性和约束力。

(1) 批准的设计文件、施工图纸及说明书

这是由发包人提供的，主要内容应涵盖：上级批准的设计任务书或可行性研究报告；用地、征地、拆迁文件；地质勘查报告；设计施工图及有关说明等。《建筑法》第58条中规定："建筑施工企业必须按照工程设计图纸和施工技术标准施工，不得偷工减料"。照图施工是承包人的重要责任，这种责任是质量和技术的责任。所以，设计文件、施工图纸是组织施工的第一手技术资料，施工完毕是竣工验收的重要依据。

(2) 双方签订的施工合同

建设工程施工合同是发包人和承包人为完成约定的工程，明确相互权利、义务的协议。《合同法》第8条规定："依据成立的合同，对当事人具有法律约束力当事人应当按照约定履行自己的义务，不得擅自变更或者解除合同。依法成立的合同，受法律保护。"施工合同是重要的法律依据，工程竣工验收时，须对照合同约定的内容，检查承包人和发包人的履约情况，有无违约责任。

(3) 设备技术说明书

发包人供应的设备，承包人应按供货清单接收并有设备合格证明和设备的技术说明书，据此按照施工图纸进行设备安装。设备技术说明书是进行设备安装调试、检验、试车、验收和处理设备质量、技术等问题的重要依据。若由承包人采购的设备，应符合设计和有关标准的要求，按规定提供相关的技术说明书，并对采购的设备质量负责。

（4）设计变更通知书

设计变更通知书，是施工图纸补充和修改的记录。《建筑法》第 58 条中规定："工程设计的修改由原设计单位负责。建筑施工企业不得擅自修改工程设计。"根据这一规定，明确了工程变更设计的程序，以及发包人和承包人的责任。设计变更原则上由设计单位主管技术负责人签发，发包人认可签章后由承包人执行。

（5）施工验收规范及质量验收标准

施工中要遵循的工程建设规范和标准很多，主要有施工及验收规范、工程质量检验评定标准等。在建设工程项目管理中，经常使用的工程建设国家和行业标准与施工有关的就达数十个。对不按强制性标准施工，质量达不到合格标准的，不得进行竣工验收。

（6）外资工程应依据我国有关规定提交竣工验收文件

国家规定，凡有引进技术和引进设备的建设项目，要做好引进技术和引进设备的图纸、文件的收集、整理工作，无论通过何种渠道得到的与引进技术或引进设备有关的档案资料，均应交档案部门统一管理。

3. 建设工程竣工验收的要求

《建筑工程施工质量验收统一标准》（GB 50300—2013）规定了建筑工程质量验收的基本要求，主要包括参加建筑工程质量验收各方人员应具备的资格；建筑工程质量验收应在施工单位检验评定合格的基础上进行；检验批质量应按主控项目和一般项目进行验收；隐蔽工程的验收；涉及结构安全的见证取样检测；涉及结构安全和使用功能的重要分部工程的抽样检验以及承担见证试验单位资质的要求；观感质量的现场检查等。建筑工程施工质量应按下列要求进行验收：

1）建筑工程质量应符合《建筑工程施工质量验收统一标准》和相关专业验收规范的规定。

2）建筑工程施工应符合工程勘察、设计文件的要求。

3）参加工程施工质量验收的各方人员应具备规定的资格。

4）工程质量的验收均应在施工单位自行检查评定的基础上进行。

5）隐蔽工程在隐蔽前应由施工单位通知有关单位进行验收，并应形成验收文件。

6）涉及结构安全的试块、试件以及有关材料，应按规定进行见证取样检测。

7）检验批的质量应按主控项目和一般项目验收。

8）对涉及结构安全和使用功能的重要分部工程应进行抽样检测。

9）承担见证取样检测及有关结构安全检测的单位应具有相应资质。

10）工程的观感质量应由验收人员通过现场检查，并应共同确认。

12.6.2　建设工程竣工验收程序

建设工程竣工验收应当按以下程序进行：

1）工程完工后，施工单位向建设单位提交工程竣工报告，申请工程竣工验收。实行监理的工程，工程竣工报告须经总监理工程师签署意见。

2）建设单位收到工程竣工报告后，对符合竣工验收要求的工程，组织勘察、设计、施工、监理等单位和其他有关方面的专家组成验收组，制订验收方案。

3）建设单位应当在工程竣工验收 7 个工作日前将验收的时间、地点及验收组名单书面通知负责监督该工程的工程质量监督机构。

4）建设单位组织工程竣工验收。

① 建设、勘察、设计、施工、监理单位分别汇报工程合同履约情况和在工程建设各个环节执行法律、法规和工程建设强制性标准的情况；

② 审阅建设、勘察、设计、施工、监理单位的工程档案资料；

③ 实地查验工程质量；

④ 对工程勘察、设计、施工、设备安装质量和各管理环节等方面作出全面评价，形成经验收组人员签署的工程竣工验收意见。

参与工程竣工验收的建设、勘察、设计、施工、监理等各方不能形成一致意见时，应当协商提出解决的方法，待意见一致后，重新组织工程竣工验收。

12.6.3 建设工程竣工验收报告

工程竣工验收合格后，建设单位应当及时提出工程竣工验收报告。工程竣工验收报告主要包括工程概况，建设单位执行基本建设程序情况，对工程勘察、设计、施工、监理等方面的评价，工程竣工验收时间、程序、内容和组织形式，工程竣工验收意见等内容。

工程竣工验收报告还应附有下列文件：施工许可证；施工图设计文件审查意见；项目经理和施工单位有关负责人签署的工程竣工报告；总监理工程师和监理单位有关负责人签署的工程质量评估报告；项目勘察、设计负责人和勘察、设计单位有关负责人签署的质量检查报告；城乡规划行政主管部门出具的认可文件；公安消防、环保等部门出具的认可文件或者准许使用文件；验收组人员签署的工程竣工验收意见；市政基础设施工程应附有质量检测和功能性试验资料；施工单位签署的工程质量保修书；法规、规章规定的其他有关文件。

12.6.4 建设工程竣工验收监督

工程竣工验收监督，是指监督机构通过对建设单位组织的工程竣工验收程序进行监督、对经过勘察、设计、监理、施工各方责任主体签字认可的质量文件进行查验、对工程实体质量进行现场抽查、以监督责任主体和有关机构履行质量责任、执行工程建设强制性标准情况的活动。国务院建设行政主管部门负责全国工程竣工验收的监督管理工作。县级以上地方人民政府建设行政主管部门负责本行政区域内工程竣工验收的监督管理工作。县级以上地方人民政府建设行政主管部门应当委托工程质量监督机构对工程竣工验收实施监督。负责监督工程竣工验收的工程质量监督机构应当对工程竣工验收的组织形式、验收程序、执行验收标准等情况进行现场监督，发现有违反建设工程质量管理规定行为的，责令改正，并将对工程竣工验收的监督情况作为工程质量监督报告的重要内容。建设单位应当自工程竣工验收合格之日起15日内，依照《房屋建筑和市政基础设施工程竣工验收备案管理办法》的规定，向工程所在地的县级以上地方人民政府建设行政主管部门备案。

根据2003年8月5日原建设部发布《工程质量监督工作导则》建设工程质量监督机构应对工程竣工验收时应依法履行以下职责：

（1）对工程竣工验收文件进行审查

工程竣工验收文件包括：①施工单位出具的工程竣工报告、包括结构安全、室内环境质量和使用功能抽样检测资料等合格证明文件以及施工过程中发现的质量问题整改报告等。②勘察、设计单位出具的工程质量检查报告。③监理单位出具的工程质量评估报告。

（2）监督机构应对验收组成员组成及竣工验收方案进行监督

(3) 监督机构应对工程实体质量进行抽测、对观感质量进行检查

(4) 工程竣工验收监督的记录

工程竣工验收监督的记录包括：①对工程建设强制性标准执行情况的评价；②对观感质量检查验收的评价；③对工程竣工验收的组织及程序的评价；④对工程竣工验收报告的评价。

12.6.5 建设工程竣工验收备案制度

1. 竣工验收与竣工验收备案

竣工验收，是建设单位依据建设工程管理制度、竣工验收技术标准，以及建设工程合同的约定，组织有关单位对建设工程进行查验接收的行为。《合同法》第 279 条规定，建设工程竣工后，发包人应当根据施工图纸及说明书、国家颁发的施工验收规范和质量检验标准及时进行验收。《建设工程质量管理条例》第 16 条明确，建设单位收到建设工程竣工报告后，应当组织设计、施工、工程监理等有关单位进行竣工验收。工程竣工验收系建设单位等平等地位的合同主体基于法律规定及合同约定自主进行的一种行为，是上述平等主体对施工单位是否全面履行合同义务、建设工程质量是否符合合同约定的一种确认，具有民事法律行为的性质，其效力及于合同各方。

竣工验收备案，则是建设工程质量监督部门在建设单位申请备案并提交有关文件的情况下予以备案，以供查考的行为。根据《建设工程质量管理条例》第 46 条和第 49 条规定，可知竣工验收备案是建设行政主管部门对建设工程质量进行监督管理的制度安排之一。是否予以备案是质监部门依法在自身职权范围内行使的权力，具有行政法律行为的性质。竣工验收备案并未对建设工程质量作任何实体的认定，仅是对建设单位自主组织的竣工验收行为等进行程序性、形式性的审查。

《建筑法》第 61 条明确，建筑工程竣工验收合格后，方可交付使用。《建设工程质量管理条例》、《合同法》对此均有相似规定。按照上述法律法规，建设工程交付使用的条件也是建设工程竣工验收合格，而非通过竣工验收备案。因此，在建设工程质量的实体认定上，竣工验收具有决定性的意义，其也是竣工验收备案的必要前提和基础。

2. 竣工验收核定制与竣工验收备案制

自 2000 年《建设工程质量管理条例》颁布实施以后，政府对建设工程质量的监督管理方式，发生了根本性的转变，由过去的"管理主义"模式转变为"裁判主义"模式。这种模式的改变反映在确认工程质量结果——竣工验收上，表现为以前由政府（通过专门机构）确认验收结果发证，为由各类主体确认结果报政府（通过职能部门）备案的工作方式，即所谓"备案制"。2001 年 7 月，建设部《建筑工程施工质量验收统一标准》(GB 50300—2001)正式颁布，并于 2002 年 1 月施行。该标准明确废止了建设工程质量监督机构核定等级制度时期的《建筑安装工程质量检验评定统一标准》(GBJ 300—88)，并对竣工验收中工程质量合格与否的标准做出了规定。在建设工程质量核定制时期，建设工程竣工验收由质监部门组织实施，并由其对建设工程质量核定合格或优良等级，出具评定证书。备案制施行后，建设单位成为组织实施建设工程竣工验收的主体，其在收到并确认施工单位提交的竣工报告后，召集设计、勘察、施工、监理等单位进行竣工验收，在综合有关单位的认定意见后认定工程是否验收合格，并在法定期限内将竣工验收文件，如工程竣工验收备案表，工程竣工验收报告，公安消防、规划、环保等部门出具的认可及证明文

件，工程质量保修书等交付质监部门，建设工程质量监督部门对竣工验收组织形式、验收程序、执行验收标准等情况进行监督，抽样检查工程实体质量，程序审查竣工验收文件齐全后予以备案。由此，建设工程质量监督部门从原先的工程质量核定主体转变为现在的质量监督管理主体，建设工程质量竣工验收中各主体的权利义务分配发生了重大调整。备案制的施行，对明确各方主体责任，促进质量保证体系的形成，保证工程质量等都起到了积极的作用。

3. 建设工程竣工验收备案制

《建设工程质量管理条例》第 17 条规定，建设单位应当严格按照国家有关档案管理的规定，及时收集、整理建设项目各环节的文件资料，建立、健全建设项目档案，并在建设工程竣工验收后，及时向建设行政主管部门或者其他有关部门移交建设项目档案。建设单位应当自工程竣工验收合格之日起 15 日内，依照《房屋建筑和市政基础设施工程竣工验收备案管理办法》的规定，向工程所在地的县级以上地方人民政府建设行政主管部门备案。《建设工程质量管理条例》第 49 条规定建设单位应当自建设工程竣工验收合格之日起 15 日内，将建设工程竣工验收报告和规划、公安消防、环保等部门出具的认可文件或者准许使用文件报建设行政主管部门或者其他有关部门备案。建设行政主管部门或者其他有关部门发现建设单位在竣工验收过程中有违反国家有关建设工程质量管理规定行为的，责令停止使用，重新组织竣工验收。

4. 建设工程竣工验收备案的性质

备案，是指申请备案人将事实形成图文交有关部门存查。竣工验收的概念，目前并没有法律的明确规定。建设部 2001 年 7 月发布的《建筑工程施工质量验收统一标准》(GB 50300—2013) 中对术语“验收”是这样解释的：“建筑工程质量在施工单位自行检查合格的基础上，由工程质量验收责任方组织，工程建设相关单位参加，对检验批、分项、分部单位工程的质量进行抽样复验，对技术文件进行审核，并根据设计文件和相关标准以书面形式对工程质量是否达到合格作出确认。”

按照《建设工程质量管理条例》规定建设工程质量监督管理的具体实施包括建设工程具体质量监督和备案管理两个环节。具体质量监督是指专门机构——质量监督站。依照《建设工程质量管理条例》第 46 条的规定，受建设行政主管部门委托，从接受质量监督登记到向备案部门提交《监督报告》为止，与备案管理相比是微观的、实际的过程监督，被监督的主体是《建设工程质量管理条例》第 3 条规定的范围；备案管理则是依照《建设工程质量管理条例》第 49 条的规定，对建设单位申报的工程竣工验收文件进行宏观的、程序性的结果监督，被监督的主体除《建设工程质量管理条例》第 3 条规定的责任主体外，还包括第 46 条规定的专门机构。

我们认为根据《建设工程质量管理条例》第 49 条规定，建设行政主管部门或者其他部门发现建设单位在竣工验收过程中违反国家有关建设工程质量管理规定行为的，责令停止使用，重新组织竣工验收。因此，能否备案是要经过审查的。中华人民共和国国家标准《建筑工程施工质量验收统一标准》(GB 50300—2013) 中的强制性条文规定：“单位工程质量验收合格后，建设单位应在规定时间内将工程竣工验收报告和有关文件，报建设行政管理部门备案。”其条文说明进一步明确，未办理备案手续的建设工程，不允许投入使用。虽然建设行政机关对建设工程竣工验收备案的管理只是一种程序性的法定管理，但其绝非

“消极程序”。2001年国务院发布的《关于取消第二批行政许可的决定》将竣工验收备案定性为“告知性备案”，建设行政管理机关必须对进行竣工验收备案的建设工程进行认真、严格的程序审查，对报送备案的资料要做到“材料齐全、内容全面、意见确切、责任清楚”方才予以备案。由此，建设工程的竣工验收备案是国家实行建设工程质量监督管理制度的一个重要组成部分，是建设行政管理机关对建设工程质量进行严格的程序审查的一项具体行政行为。

12.6.6　我国建设工程的竣工验收

1. 专业验收

（1）专业验收的概念和类型

专业验收是指规划、公安消防、人防等行政管理部门依照法律、法规的规定，对商品住宅建设项目落实工程报建审批事项情况所作的检验和认可。专业验收主要包括以下类型：①规划验收。主要是依据《城乡规划法》及国务院有关规定，审核建设工程是否按批准的《建设工程规划许可证》及其附件、附图确定的内容进行建设等。②消防验收。主要是依据《消防法》及《建筑工程消防监督审核管理规定》，检查建设项目消防设施是否符合消防监督意见要求。③人防验收。主要是依据《人民防空法》，检查防空设施是否实施到位、符合要求。④环保验收（“三同时”验收）。主要是依据《建设项目环境保护管理条例》及《建设项目竣工环境保护验收管理办法》，对建设项目水、气、声、渣等环境保护措施落实情况进行查验，以考核该建设项目是否达到环境保护要求。⑤用地验收。主要是依据《土地管理法》及国务院有关规定，对建设项目是否按批准的土地位置和面积使用土地、是否改变土地用途、是否擅自增加容积率等进行检查。⑥房地产开发项目验收。主要是依据《城市房地产开发经营管理条例》，对房地产开发项目涉及公共安全的内容进行检查。

此外，还包括其他涉及工程建设的各类验收。如《气象管理办法》规定，工程竣工验收时，应当由气象主管机构监督防雷装置竣工验收。国务院发布的《国务院对确需保留的行政审批项目设定行政许可的决定》，将防雷装置检测予以保留，并决定由国家气象局和省、自治区、直辖市气象主管机构实施。国家气象局《防雷装置设计审核和竣工验收规定》规定防雷装置实行竣工验收制度，申请单位应当向许可机构提出申请，填写《防雷装置竣工验收申请书》。

（2）专业验收的性质

对于专业验收是否属于行政许可，理论上分歧较大，实践中做法也不一。有的从国家法规层面上就规定其属于行政许可，如防雷装置检测。绝大部分国家未作规定，导致地方各行其是。如规划验收，有的地方政府规定其属于行政许可，并通过政府令公布，有的则将其作为非许可的行政审批事项，还有的将其作为行政许可的事后监管措施。

《中华人民共和国行政许可法》设立了“监督检查”专章规定了监督检查的措施，该法第61条规定，行政机关应当建立健全监督制度，通过核查反映被许可人从事行政许可事项活动情况的有关材料，履行监督责。行政机关依法对被许可人从事行政许可事项的活动进行监督检查时，应当将监督检查的情况和处理结果予以记录，由监督检查人员签字后归档。公众有权查阅行政机关监督检查记录。通过核查监督被许可人从事行政许可事项活动情况是《行政许可法》规定的措施，是行政许可的延续，不存在新的行政许可。《城乡规划法》第45条规定，县级以上地方人民政府城乡规划主管部门按照国务院规定对建设工程是否符合规划条件予以核实。未经核实或者经核实不符合规划条件的，建设单位不得组织竣工验收。也即《城乡规划法》规定规划部门对建设工程是否符合规划条件予以“核实”，以与《行政许可法》第61条“核查”相衔接。由此，除国家法律、法规层面有统一规定外，其他专业验收均属于行政许可的事后监管措施，而非单设的行政许可。

2. 竣工验收

(1) 竣工验收的概念

竣工验收是指房地产开发企业在商品住宅按工程设计文件和合同的约定事项建成后，依照强制性工程建设标准组织勘察、设计施工、工程监理等单位，对房屋建筑以及按规定配套建设的市政公用设施工程质量的认定。

《建设工程质量管理条例》第16条规定，建设单位收到建设工程竣工报告后，应当组织设计、施工、工程监理等有关单位进行竣工验收。建设工程竣工验收应当具备下列条件：①完成建设工程设计和合同约定的各项内容；②完整的技术档案和施工管理资料；③有工程使用的主要建筑材料、建筑构配件和设备的进场试验报告；④有勘察、设计、施工、工程监理等单位分别签署的质量合格文件；⑤有施工单位签署的工程保修书。建设工程经验收合格的，方可交付使用。第49条规定，建设单位应当自建设工程竣工验收合格之日起15日内，将建设工程竣工验收报告和规划、公安消防、环保等部门出具的认可文件或者准许使用文件报建设行政主管部门或者其他有关部门备案。建设行政主管部门或者其他部门发现建设单位在竣工验收过程中违反国家有关建设工程质量管理规定行为的，责令停止使用，重新组织竣工验收。

(2) 竣工验收的性质

建设工程竣工验收是指工程完工后，由建设单位组织勘察、设计、施工、监理单位对建设工程质量进行的查验。因此，现行法律框架下的竣工验收非行政行为，而是市场主体的行为。国家对建设工程质量管理的手段是实行竣工验收备案。《建设工程质量管理条例》第49条规定，建设单位应当自建设工程竣工验收合格之日起15日内，将建设工程竣工验收报告和规划、公安消防、环保等部门出具的认可文件或者准许使用文件报建设行政主管部门或者其他有关部门备案。它是依据《建设工程质量管理条例》、《房屋建筑和市政基础设施工程竣工验收备案管理办法》和《房屋建筑工程和市政基础设施工程竣工验收暂行规定》等法规、规章，加强建设工程质量监督管理，防止不合格工程流向社会的一个重要手段。

3. 综合验收

综合验收是指建设行政主管部门组织有关行政管理部门对商品住宅建设项目中涉及公共安全的内容及市政公用设施建设配套情况所作的认定。《城市房地产开发经营管理条例》第18条规定，住宅小区等群体房地产开发项目竣工，应当依照本条例第17条的规定和下列要求进行综合验收：①城市规划设计条件的落实情况；②城市规划要求配套的基础设施和公共设施的建设情况；③单项工程的工程质量验收情况；④拆迁安置方案的落实情况；⑤物业管理的落实情况。住宅小区等群体房地产开发项目实行分期开发的，可以分期验收。

综合验收的设定依据由《城市房地产开发经营管理条例》第18条规定。但是，《国务院关于第三批取消和调整行政审批项目的决定》(国发〔2004〕16号)已将其取消。

4. 接管验收

接管验收是由物业管理企业依据建设部1991年7月1日颁布的《房屋接管验收标准》，接管开发商移交的物业所进行的验收。接管验收是在验收合格的基础上，以主体结构安全和满足使用功能为主要内容的再检验。接管验收的首要条件是竣工验收合格，并且供电、采暖、给排水、卫生、道路等设备和设施能正常使用，房屋幢、户编号已经有关部门确认；竣工验收的首要条件是工程按设计要求全部施工完毕，达到规定的质量标准，能满足使用等。接管验收是由物业管理公司接管开发商移交的物业。

12.6.7 建筑工程施工质量验收

1. 建筑工程施工质量验收统一标准、规范体系的构成

建筑工程施工质量验收统一标准的编制依据，主要是《中华人民共和国建筑法》、《建设工程质量管理条例》、《建筑结构可靠度设计统一标准》及其他有关设计规范等。我国在建筑工程施工质量验收标准、规范体系的编制中坚持“验评分离，强化验收，完善手段，过程控制”的指导思想，建筑工程施工质量验收统一标准、规范体系由《建筑工程施工质量验收统一标准》(GB 50300—2013)和各专业验收规范共同组成。

在使用过程中它们必须配套使用验收规范，具体包括：《建筑地基基础工程施工质量验收规范》(GB 50202—2002)；《施工质量验收规范》(GB 50203—2002)；《混凝土结构工程施工质量验收规范》(GB 50204—2002)；《钢结构工程施工质量验收规范》(GB 50205—2001)；《木结构工程施工质量验收规范》(GB 50206—2002)；《屋面工程质量验收规范》(GB 50207—2002)；《地下防水工程质量验收规范》(GB 50208—2002)；《建筑地面工程施工质量验收规范》(GB 50209—2002)；《建筑装饰装修工程质量验收规范》(GB 50210—2001)；《建筑给水排水及采暖工程施工质量验收规范》(GB 50242—2002)；《通风与空调工程施工质量验收规范》(GB 50243—2002)；《建筑电气工程施工质量验收规范》(GB 50303—2002)；《电梯工程施工质量验收规范》(GB 50310—2002)等。

2. 单位(子单位)工程、分部(子分部)工程、分项工程和检验批

根据《建筑工程施工质量验收统一标准》(GB 50300—2013)，建筑工程质量验收应划分为单位(子单位)工程、分部(子分部)工程、分项工程和检验批。通过验收批和中间验收层次及最终验收单位的确定，实施对工程施工质量的过程控制和终端把关，确保工程施工质量达到工程项目决策阶段所确定的质量目标和水平。可将建筑规模较大的单体工程和具有综合使用功能的综合性建筑物工程划分为若干个子单位工程进行验收。在分部工程中，按相近工作内容和系统划分为若干个子分部工程。每个子分部工程中包括若干个分项工程。每个分项工程中包含若干个检验批，检验批是工程施工质量验收的最小单位。随着经济发展和施工技术进步，自改革开放以来，又涌现了大量建筑规模较大的单体工程和具有综合使用功能的综合性建筑物，几万平方米的建筑物比比皆是，十万平方米以上的建筑物也不少。这些建筑物的施工周期一般较长，受多种因素的影响，诸如后期建设资金不足，部分停缓建，已建成可使用部分需投入使用，以发挥投资效益等；投资者为追求最大的投资效益，在建设期间，需要将其中一部分提前建成使用；规模特别大的工程，一次性验收也不方便等等。因此，原标准整体划分一个单位工程验收已不适应当前的情况，故可将此类工程划分为若干个子单位工程进行验收。同时，随着生产、工作、生活条件要求的

提高，建筑物的内部设施也越来越多样化；建筑物相同部位的设计也呈多样化；新型材料大量涌现；加之施工工艺和技术的发展，使分项工程越来越多，因此，按建筑物的主要部位和专业来划分分部工程已不适应要求，故本标准提出在分部工程中，按相近工作内容和系统划分若干子分部工程，这样有利于正确评价建筑工程质量，有利于进行验收。

(1) 单位（子单位）工程

单位工程是指具备独立施工条件并能形成独立使用功能的建筑物及构筑物。具有独立施工条件和能形成独立使用功能是单位（子单位）工程划分的基本要求。在施工前由建设、监理、施工单位自行商议确定，并据此收集整理施工技术资料和验收。

单位工程的划分应按下列原则确定：①具备独立施工条件并能形成独立使用功能的建筑物及构筑物为一个单位工程。②规模较大的单位工程，可将其能形成独立使用功能的部分划分为一个子单位工程。子单位工程的划分一般可根据工程的建筑设计分区、使用功能的显著差异、结构缝的设置等实际情况，在施工前由建设、监理、施工单位自行商定，并据此收集整理施工技术资料和验收。

以单位工程或某专业工程内容为对象，独立签订建设工程施工合同的，达到竣工条件后，承包人可单独进行交工，发包人根据竣工验收的依据和标准，按施工合同约定的工程内容组织竣工验收，比较灵活地适应了目前工程承包的普遍性。按照现行建设工程项目划分标准，单位工程是单项工程的组成部分，有独立的施工图纸，承包人施工完毕，征得发包人同意，或原施工合同已有约定的，可进行分阶段验收。这种验收方式，在一些较大型的、群体式的、技术较复杂的建设工程中比较普遍地存在。我国加入世贸组织后，建设工程领域利用外资或合作搞建设的会越来越多，采用国际惯例的做法也会日益增多。分段验收或中间验收的做法也符合国际惯例，它可以有效控制分项、分部和单位工程的质量，保证建设工程项目系统目标的实现。我国近几年来也借鉴了国际上的一些经验和做法，修订了施工合同示范文本，增加了中间交工的条款。新的《建设工程施工合同（示范文本）》(GF—2017—0201)"通用条款"32.6 款规定："中间交工工程的范围和竣工时间，双方在专用条款内约定，其验收程序按本通用条款 32.4 款办理。"

在施工合同"专用条款"中，双方一旦约定了中间交工工程的范围和竣工时间，如群体工程中，哪个（些）单位工程先行交工，再如公路工程的哪个合同段先行交工等，则应按合同约定的程序进行分阶段的竣工验收。

(2) 分部（子分部）工程

分部工程的划分应按下列原则确定：①分部工程的划分应按专业性质、建筑部位确定。如建筑工程划分为地基与基础、主体结构、建筑装饰装修、建筑屋面、建筑给水排水及采暖、建筑电气、智能建筑、通风与空调、电梯九个分部工程。②当分部工程较大或较复杂时，可按施工程序、专业系统及类别等划分为若干个子分部工程。如智能建筑分部工程中就包含了火灾及报警消防联动系统、安全防范系统、综合布线系统、智能化集成系统、电源与接地、环境、住宅（小区）智能化系统等子分部工程。

(3) 分项工程

分项工程应按主要工种、材料、施工工艺、设备类别等进行划分。如混凝土结构工程中按主要工种分为模板工程、钢筋工程、混凝土工程等分项工程；按施工工艺又分为预应力、现浇结构、装配式结构等分项工程。《建筑工程施工质量验收统一标准》(GB

50300—2013）对建筑工程分部（子分部）工程、分项工程进行了具体划分。

(4) 检验批

检验批是指按同一的生产条件或按规定的方式汇总起来供检验用的，由一定数量样本组成的检验体。分项工程可由一个或若干个检验批组成，检验批可根据施工及质量控制和专业验收需要按楼层、施工段、变形缝等进行划分。建筑工程的地基基础分部工程中的分项工程一般划分为一个检验批；有地下层的基础工程可按不同地下层划分检验批；屋面分部工程中的分项工程不同楼层屋面可划分为不同的检验批；单层建筑工程中的分项工程可按变形缝等划分检验批，多层及高层建筑工程中主体分部的分项工程可按楼层或施工段来划分检验批；其他分部工程中的分项工程一般按楼层划分检验批；对于工程量较少的分项工程可统一划分为一个检验批。安装工程一般按一个设计系统或组别划分为一个检验批。室外工程统一划分为一个检验批。散水、台阶、明沟等含在地面检验批中。

12.6.8　未经竣工验收，交付使用的工程质量问题

建设工程的竣工验收在施工合同的履行过程中具有重要的意义，作为施工过程的最后一道程序，是全面检验施工质量的重要环节。为此，国家有关法律、法规及部门规章，对工程的竣工验收规定了严格的程序。而且《建筑法》第 61 条、《合同法》第 279 条均规定：建设工程经竣工验收合格后，方可交付使用；未经验收或者验收不合格的，不得交付使用。由此可见，建筑工程竣工后进行验收是发包人和承包人的强制义务，验收与否决定了应由哪一方承担工程质量责任。

1. 建设工程未经验收不得提前使用的相关法律规定

《合同法》第 279 条规定："建设工程竣工后，发包人应当根据施工图纸及说明书、国家颁发的施工验收规范和质量检验标准及时进行验收。验收合格的，发包人应当按照约定支付价款，并接收该建设工程。建设工程竣工经验收合格后，方可交付使用；未经验收或者验收不合格的，不得交付使用。"《城市房地产管理法》第 27 条规定，"房地产开发项目竣工经验收合格后，方可交付使用。"《建筑法》第 61 条规定："交付竣工验收的建筑工程，必须符合规定的建筑工程质量标准，有完整的工程技术经济资料和经签署的工程保修书，并具备国家规定的其他竣工条件。建筑工程竣工验收合格后，方可交付使用；未经验收或者验收不合格的，不得交付使用。"国务院《城市房地产开发经营管理条例》第 17 条第 1 款规定："房地产开发项目竣工，经验收合格后，方可交付使用；未经验收或者验收不合格的，不得交付使用。"国务院《建设工程质量管理条例》第 16 条第 1 款规定："建设单位收到建设工程竣工报告后，应当组织设计、施工、工程监理等有关单位进行竣工验收。"同时第 3 款规定"建设工程经验收合格的，方可交付使用"。

从上述法律法规可知，建设工程必须经过竣工验收后方可交付使用。但前述规定，仅是规定了工程经验收合格方可交付使用，未就建设工程提前使用的原因及建设工程提前使用所产生的法律后果做出具体的规定。

2. 工程未经验收提前使用后质量问题责任承担

(1) 关于工程未经验收提前使用后质量问题责任承担的几种观点

针对工程未经验收发包人提前使用后，建设工程所出现的质量问题责任划分，主要有两种观点：

一种观点认为：发包人未经工程验收，提前使用建设工程出现的质量问题，由发包人自行承担责任。我国立法上已明确规定建设工程竣工验收合格后，方可交付使用；未经验收或者验收不合格的，不得交付使用。建设工程竣工后进行验收是法律的强制性规定。这一规定既是对发包方权利的限制，也是维护发包方的最终利益，发包方在明确法律、法规禁止提前使用未经验收工程的情况下，仍提前使用未经验收工程，属于发包人对自己权利的放弃，主观存在过错，随之产生的法律后果也应自工程使用之时起，由发包人自行承担工程质量责任风险。

另一种观点则认为：发包人提前使用未经验收的工程确应承担相应责任，但并不能免除承包人对工程质量应承担的法律责任。《合同法》及《建筑法》只是规定了禁止交付使用未经验收或验收不合格的工程，并没有对未经验收的原因及提前使用的法律后果做出明确规定。实践中建设工程未经验收便投入使用的情况比较复杂，既有发包方的原因，也有承包方的原因，如在承包方以必须付清全部工程款为要挟拒不进行验收，发包方为履行与别人的购房合同避免损失的扩大而提前使用工程的情况下，仍将所产生的质量问题全部由发包方承担，有失公平，应根据过错原则，确定双方责任，而不能完全由发包方承担。

(2) 应区分具体的质量类型、质量产生原因等确定责任的承担

尽管现有法律已规定建设工程未经验收不得提前使用，但是提前使用未经验收的建设工程出现质量问题后，不能完全免除承包人的责任，因为建设工程质量问题产生的原因是错综复杂的，并不能单纯地以建设工程是否验收合格或者以发包方是否提前使用作为确定质量责任风险承担的标准，而应综合考虑工程未进行验收的原因以及具体的质量类型、质量产生原因等情况来确定发包方和承包方应承担的责任。2005 年 1 月 1 日开始实施的《最高人民法院关于审理建设工程施工合同纠纷案件适用法律问题的解释》第 13 条规定“建设工程未经竣工验收，发包人擅自使用后，又以使用部分质量不符合约定为由主张权利的，不予支持；但是承包人应当在建设工程的合理使用寿命内对地基基础工程和主体结构质量承担民事责任”。对此也予以明确规定，以下结合该司法解释对相关主题的法律责任予以分析。

1）在建设工程的合理使用寿命内地基基础工程和主体结构所产生的质量问题，无论是否竣工验收，都应由承包人承担责任。建筑物的地基，是指支承由基础传递的上部结构荷载的土体或岩体。建筑物的主体结构是指在建筑中，由若干构件连接而成的能承受作用的平面或空间体系。建筑物的地基基础工程和主体结构工程是建筑工程的重要基础和主体，如果一项建筑工程在地基基础工程和主体结构出现质量问题，即使其他部分施工质量再好也难以保证整个建筑的工程质量。《建筑法》第 60 条第 1 款规定：“建筑物在合理使用寿命内，必须确保地基基础工程和主体结构的质量。”从该规定可知，确保地基基础工程和主体结构质量在建筑物合理使用寿命内不能出现问题，是承包人依照法律规定必须履行的工程质量保证义务，如果出现问题，承包人必须承担民事责任。《关于审查建设工程施工合同纠纷案件适用法律若干问题的解释》第 13 条对于上述内容予以明确规定，该规定进一步明确，即使发包人提前使用建设工程，承包人也应当在建设工程的合理使用寿命内对地基基础工程和主体结构承担民事责任。

关于“合理使用寿命”问题，目前我国法律还没有统一规定，具体各类建设工程的合理使用年限，要根据建筑物的使用功能、所处的自然环境等因素，由相关技术部门作出判

断。根据《民用建筑设计通则》（GB 50352—2005）一般认为按民用建筑主体结构确定的建筑耐久年限分为四级：一级耐久年限为100年以上，适用于重要的建筑和高层建筑（指10层以上住宅建筑、总高度超过24米的公共建筑及综合性建筑）；二级耐久年限为50～100年，适用于一般建筑；三级耐久年限为25～50年，适用于次要建筑；四级耐久年限为15年以下，适用于临时性建筑，耐久年限即为工程合理使用年限，建筑单位如有地基和主体结构发生质量缺陷，是否在合理使用寿命内引起争议，应首先确定该建筑物的合理使用寿命。已有确定年限的，以该年限为准；无确定年限的由原设计单位或有权确认的部门确定，并按此确定的年限为准。

2）质量问题产生的原因系因承包人在施工过程中存在偷工减料、欺诈等行为造成时，应由承包人承担责任。《建筑法》第58条规定："建筑施工企业必须按照施工图纸和施工技术标准施工，不得偷工减料。"第59条规定："建筑施工企业必须按照工程设计要求、施工技术标准和合同的约定，对建筑材料、建筑构配件和设备进行检验，不合格的不得使用。"《建设工程质量管理条例》第28条规定："施工单位必须按照工程设计图纸和施工技术标准施工，不得擅自修改工程设计，不得偷工减料。"第29条规定："施工单位必须按照工程设计要求、施工技术标准和合同约定，对建筑材料、建筑构配件、设备和商品混凝土进行检验，检验应当有书面记录和专人签字；未经检验或者不合格的，不得使用。"

以上法律、法规规定了施工企业在工程施工过程中最基本的质量保证义务和施工义务，就是不得在施工过程中偷工减料，对于需检测的建筑材料、设备等未经检验合格不得使用。由于房屋建筑是较永久性性的建设项目，建筑质量问题错综复杂，因此，发包人提前使用未经验收工程所产生的质量问题也是多方面的。对于施工企业严格按设计规范及施工规范施工所产生的质量问题，如并非地基基础工程和主体结构质量问题，发包人应对其提前使用房屋这一过错承担责任。但如质量问题是内在的质量瑕疵，是因施工企业在施工过程中偷工减料、未按设计要求和施工规范进行施工，或使用不合格产品、劣质材料、假冒伪劣产品等欺诈行为而导致，则应由承包人承担责任。虽然前述司法解释没有明确规定此种情况下由承包人承担责任，但因为不得偷工减料、按设计要求和施工规范进行施工，使用合格产品系承包人在施工过程中所承担的基本义务，根据诚实信用的原则，如承包有违背该基本义务，即使发包人有提前使用的行为，也不能免除承包人的责任，决不能因发包人未经验收提前使用工程，就将原来依法应由承包人承担的法律责任全部转嫁到发包人身上。

3）因承包方原因导致发包方被迫提前使用工程的，不能免除承包人的责任。众所周知，实践中一项工程未经验收便投入使用的原因是多方面的，既有发包人的原因，也有承包人的原因。如因发包人为逃避竣工结算付款而提前使用，或在施工单位不存在违约行为的情况下擅自使用，将所产生的质量问题由发包人承担则无可厚非。但如未经验收而提前使用的原因，是因承包人在未达到合同约定的付款条件下以结清全部工程款相要挟，或施工企业弃施工现场于不顾，或施工企业拒不进行验收等原因，导致发包人无法组织竣工验收，发包人为了避免损失的继续扩大而将工程提前使用的，也不能免除承包人的质量责任。

最高院的这一司法解释，仅是规定发包人擅自提前使用未经验收的工程时，承包人对地基基础工程和主体结构质量承担责任，而对于其他质量问题，没有区分工程未经验收的原因，而将其他质量问题的责任归咎于发包方，未免是一个遗憾。应该区分工程未经验收的原因，对因承包方原因导致发包方不能组织验收而提前使用，承包人的质量责任不能免除。

4）对于发包人未使用部分工程，承包人仍应承担责任。发包人在未经验收提前使用时，对于承包人施工的工程，有的发包人并未全部使用，此种情况下，如产生质量问题，不能要求发包人对于全部工程承担责任，对于未使用部分，承包人仍应依法承担质量责任。因为根据我国建筑有关法律规定，建筑工程质量责任应由施工单位负责，对发包人应承担的质量责任应作严格限制，不能让发包人对其未使用部分的质量问题也承担责任，否则，将使本应由第一责任人施工企业承担的责任转嫁到建设单位，明显不公平、不合理。而且最高院的前述司法解释中也明确规定，发包人仅对其"擅自使用"部分承担工程质量风险责任，对于未使用部分，则仍应由施工企业承担。

12.7 建设工程质量保修制度

建设工程实行质量保修制度，是《建筑法》确立的一项基本法律制度。《建设工程质量管理条例》则在建设工程的保修范围、保修期限和保修责任等方面，对该项制度做出了更具体的规定。《建筑法》第 62 条和《建设工程质量管理条例》第 39 条均明确规定，建筑工程实行质量保修制度。所谓建筑工程质量保修，是指建筑工程自办理竣工验收手续后，在规定的保修期内，因勘察、设计、施工、材料等原因造成的质量缺陷，应当由施工单位负责维修。

12.7.1 建设工程质量的保修范围和保修期限

1. 建设工程质量保修书

《建设工程质量管理条例》第 39 条第 2 款规定："建设工程承包单位在向建设单位提交工程竣工验收报告时，应当向建设单位出具质量保修书。质量保修书中应当明确建设工程的保修范围、保修期限和保修责任。"

根据《建设工程质量管理条例》第 16 条的规定，有施工单位签署的工程保修书，是建设工程竣工验收应具备的条件之一。工程质量保修书也是一种合同，是发承包双方就保修范围、保修期限和保修责任等设立权利义务的协议，集中体现了承包单位对发包单位的工程质量保修承诺。

2. 建设工程保修范围

《建筑法》第 62 条、国务院《建设工程质量管理条例》第六章专章对建设工程质量保修的范围、期限、责任等方面进行了规定。《建筑法》第 62 条规定建筑工程的保修范围应当包括地基基础工程、主体结构工程、屋面防水工程和其他土建工程，以及电气管线、上下水管线的安装工程，供热、供冷系统工程等项目。除上述法定保修范围外，发包人与施工企业可以在施工合同或保修书中对保修范围进行约定。

3. 建设工程质量保修期

建设工程质量保修期是指在建设工程竣工验收合格后，建设工程的施工人对工程进行质量维护、维修、抢修，保证建筑物合理寿命年限内的正常使用。质量保修期内建设工程发生质量问题有施工单位近视进行维修，质量保修期内发生的保修费用根据《房屋建筑工程质量保修办法》的规定，由质量缺陷的责任方承担，而非一定由施工单位承担。

《建筑法》第 62 条规定，保修的期限应当按照保证建筑物合理寿命年限内正常使用，维护使用者合法权益的原则确定。具体的最低保修期限由国务院规定。国务院《建设工程质量管理条例》第 40 条规定了在正常使用条件下各自对应的最低保修期限：①基础设施工程、房屋建筑的地基基础工程和主体结构工程，为设计文件规定的该工程的合理使用年限；②屋面防水工程、有防水要求的卫生间、房间和外墙面的防渗漏，为 5 年；③供热与供冷系统，为 2 个采暖期、供冷期；④电气管线、给排水管道、设备安装和装修工程，为 2 年。

上述保修范围属于法律强制性规定。超出该范围的其他项目的保修不是强制的，而是属于发承包双方意思自治的领域。最低保修期限同样属于法律强制性规定，发承包双方约定的保修期限不得低于条例规定的期限，但可以延长。保修期限上规定了各专业工程的"最低保修期"，同时规定当事人双方可以就其他项目的保修期限做出约定。上述规定属于法律、法规强制性规定，合同当事人必须遵守，对保修范围的约定不得少于上述内容，同时保修期限不得低于最低保修期，否则约定无效。

根据《房屋建筑工程质量保修书》（示范文本）规定，质量保修期的自工程竣工验收合格之日起计算。建设工程质量保修期的具体期限在符合《建筑工程质量管理条例》中保修范围和最低保修期限的情况下由承发包当事人在合同中约定具体的保修期限。

12.7.2 建设工程的保修责任

1. 建设工程的保修责任

《建设工程质量管理条例》第 41 条规定："建设工程在保修范围和保修期内发生质量问题的，施工单位应当履行保修义务，并对造成的损失承担赔偿责任。"《最高人民法院关于审理建设工程施工合同纠纷案件适用法律问题的解释》第 27 条规定，因保修人未及时履行保修义务，导致建筑物毁损或者造成人身、财产损害的，保修人应当承担赔偿责任。保修人与建筑物所有人或者发包人对建筑物毁损均有过错的，各自承担相应的责任。以上法规和司法解释明确施工单位的损害赔偿责任仅仅局限于保修期限内的保修范围内的质量问题。

《房屋建筑工程质量保修办法》第 4 条规定："房屋建筑工程在保修范围和保修期限内出现质量缺陷，施工单位应当履行保修义务。"第 13 条规定，保修费用由质量缺陷的责任方承担。第 8 条规定，房屋建筑工程保修期从工程竣工验收合格之日起计算。第 17 条规定了 3 种不属于保修范围的情况，包括：①因使用不当造成的质量缺陷；②第三方造成的质量缺陷；③不可抗力造成的质量缺陷。

2. 建设工程的质量保修程序

《房屋建筑工程质量保修办法》对建设工程质量的保修程序具体规定如下：

①房屋建筑工程在保修期限内出现质量缺陷的，建设单位或者房屋建筑所有人应当向施工单位发出保修通知。②施工单位接到保修通知后，应当到现场核查情况，在保修书约定的时间内予以保修。发生涉及结构安全或者严重影响使用功能的紧急抢修事故，施工单位接到保修通知后，应当立即到达现场抢修。③发生涉及结构安全的质量缺陷，建设单位或者房屋建筑所有人应当立即向当地建设行政主管部门报告，采取安全防范措施；由原设计单位或者具有相应资质等级的设计单位提出保修方案，施工单位实施保修，原工程质量监督机构负责监督。④保修完成后，由建设单位或者房屋建筑所有人组织验收。涉及结构

安全的，应当报当地建设行政主管部门备案。⑤施工单位不按工程质量保修书约定保修的，建设单位可以另行委托其他单位保修，由原施工单位承担相应责任。

12.7.3 建设工程质量保证金

根据《建设工程质量保证金管理办法》，建设工程质量保证金（以下简称保证金）是指发包人与承包人在建设工程承包合同中约定，从应付的工程款中预留，用以保证承包人在缺陷责任期内对建设工程出现的缺陷进行维修的资金。缺陷是指建设工程质量不符合工程建设强制性标准、设计文件，以及承包合同的约定。缺陷责任期一般为1年，最长不超过2年，由发、承包双方在合同中约定。

1. 质量保修金与质量保证金

《中华人民共和国建筑法》第62条规定："建筑工程实行质量保修制度，具体的保修范围和最低保修期限由国务院规定。"建设工程施工合同中约定建筑质量保修金的目的是为确保工程保修所需资金的及时到位，是约束施工单位履行保修义务的一项保证措施，因此，质量保修金应当在保修期限届满后方可处理。

对于质量保证金与质量保修金在学术理论理解上的差异，有学者认为，从工程实践的一般情况中出发，比较工程实践中质量保证金与质量保修金的不同使用情况，二者有显著的区别。"质量保证金，是指承包人根据建设单位的要求，在建设工程承包合同履行前，交付给建设单位，用以保证施工质量的资金，一般是担保竣工验收前出现的质量问题；而质量保修金是指建设单位与承包人在建设工程承包合同中约定，在建筑工程竣工验收交付使用后，从应付的建设工程款中预留一定的金额用以维修建筑工程在保修期限内和保修范围内出现的质量缺陷，主要担保竣工验收后保修期限内的质量问题[1]。"据此认为建设工程施工质量保修金与施工质量保证金这两个概念，虽只有一字之差，但两者却决然不同。

质量保修金是双方在合同中约定，在工程竣工时从应付的工程款中预留的用于保证工程维修的资金，它于建设单位的工程款。而质量保证金是在建设工程施工合同订立之前，由施工方预先付给建设单位的用于保证施工质量的资金，它于施工单位，建设单位向施工单位预收了这笔质量保证金后，作为工程款的一部分再支付给施工单位，因而是一种垫资施工行为。《最高人民法院关于审理建设工程施工合同纠纷案件适用法律问题的解释》承认垫资之合法性，故即是被认定为垫资施工，二者在最终的处理结果上差别不大。住房城乡建设部于2017年6月20日发布了《建设工程质量保证金管理办法》，根据该《办法》第2条的规定，建设工程质量保证金（以下简称保证金）是指发包人与承包人在建设工程承包合同中约定，从应付的工程款中预留，用以保证承包人在缺陷责任期内对建设工程出现的缺陷进行维修的资金。显然这个条款的规定没有区分质量保证金与质量保修金，其内在所指，其实就是我们平常所熟知和常用的质量保修的概念；但其外在表现形式，却简称为"保证金"。我们认为质量保证金与质量保修金在法律性质的本质上，应该是一样的，均属于确保质量责任人承担维修费用的一种保障措施。

建设工程施工合同（示范文本）（GF—2017—0201）中质量保证金是指按照第15.3款（质量保证金）约定承包人用于保证其在缺陷责任期内履行缺陷修补义务的担保。承包人提供质量保证金的方式包括：①质量保证金保函；②相应比例的工程款；

---

[1] 朱树英：《工程合同实务问答》，法律出版社，2007年3月第1版，第218页。

③双方约定的其他方式。除专用合同条款另有约定外，质量保证金原则上采用上述第①种方式。

2. 质量保证金的数额

发包人应当在招标文件中明确保证金预留、返还等内容，并与承包人在合同条款中对涉及保证金的下列事项进行约定：①保证金预留、返还方式；②保证金预留比例、期限；③保证金是否计付利息，如计付利息，利息的计算方式；④缺陷责任期的期限及计算方式；⑤保证金预留、返还及工程维修质量、费用等争议的处理程序；⑥缺陷责任期内出现缺陷的索赔方式。

发包人应按照合同约定方式预留保证金，保证金总预留比例不得高于工程价款结算总额的3%。合同约定由承包人以银行保函替代预留保证金的，保函金额不得高于工程价款结算总额的3%。在工程项目竣工前，已经缴纳履约保证金的，发包人不得同时预留工程质量保证金。采用工程质量保证担保、工程质量保险等其他保证方式的，发包人不得再预留保证金。

3. 质量保证金的使用与启用

根据《关于使用和返还工程质量保证金等有关问题的通知》（建管工〔2006〕23号）的规定，质量保证金的适用和启用应遵循以下程序：

1）建设工程质量缺陷责任期内，出现施工单位责任的质量问题，施工单位接到建设单位保修通知，不按工程质量保修书约定的期限（未约定按7日计）内保修的；建设单位可带保修通知单、工程质量保修书、质量缺陷责任认定书及保修费等相关费用核定书，在保证金预留期期满时到建设工程监督站申请从该单位预留的质量保证金帐中支付，最后在返还的保证金中扣除。

2）建设工程质量缺陷责任期内，发生涉及结构安全或者严重影响使用功能的紧急抢修事故，施工单位接到保修通知后，应立即到现场抢修。施工单位未在规定期限到现场抢修，建设单位应组织抢修，认定施工单位对事故负有责任的，其抢修费用可按上一款规定使用工程质量保证金。

3）建设工程质量保修期内，出现工程质量问题时，建设单位、施工单位未在建设工程监督站通知规定的期限内到现场维修，建设工程监督站可委托其他有相应资格的单位维修，核定的维修等费用暂在保证金中列支，最终由责任单位承担。

4）质量保证金的扣留。按照建设工程施工合同（示范文本）（GF—2017—0201）的规定，质量保证金的扣留有以下三种方式：①在支付工程进度款时逐次扣留，在此情形下，质量保证金的计算基数不包括预付款的支付、扣回以及价格调整的金额；②工程竣工结算时一次性扣留质量保证金；③双方约定的其他扣留方式。除专用合同条款另有约定外，质量保证金的扣留原则上采用上述第①种方式。

发包人累计扣留的质量保证金不得超过结算合同价格的3%，如承包人在发包人签发竣工付款证书后28天内提交质量保证金保函，发包人应同时退还扣留的作为质量保证金的工程价款。

5）质量保证金的返还。缺陷责任期内，承包人认真履行合同约定的责任，到期后，承包人向发包人申请返还保证金。发包人在接到承包人返还保证金申请后，应于14日内会同承包人按照合同约定的内容进行核实。如无异议，发包人应当在核实后14日内将保证金返还给承包人，逾期支付的，从逾期之日起，按照同期银行贷款利率计付利息，并承担违约责任。发包人在接到承包人返还保证金申请后14日内不予答复，经催告后14日内仍不予答复，视同认可承包人的返还保证金申请。施工单位携带建设单位签署意见的申请书或申请函和催告函。经建设工程监督站核实后，通知金融机构返还给施工单位。

社会投资工程质量保证金预留期为24个月（日历天数730天），装饰工程为12个月（日历天数365天），自工程竣工验收备案之日起计算。质量保证金预留期内，按到期日中央人民银行规定的挂牌活期存款等量等活期利率计息，并与保证金一并返还。

按照建设工程施工合同（示范文本）（GF—2017—0201）的规定，发包人应按合同中的最终结清条款的约定退还质量保证金。

12.7.4 建设工程缺陷责任期与建设工程质量保修期

1. 建设工程缺陷责任期

缺陷责任期的概念来自于国际咨询工程师联合会编制的《FIDIC土木工程施工合同条件（红皮书，第三版，1977年）》，随着我国对外开放引进世行或亚行贷款必须建立监理工程师制度而被国人知晓。在国内正式使用该名词，源于《建设工程质量保证金管理暂行办法》[1]。《建设工程质量保证金管理暂行办法》（建设部/财政部/建质〔2005〕7号）第2条规定，本办法所称建设工程质量保证金（保修金）是指发包人与承包人在建设工程承包合同中约定，从应付的工程款中预留，用以保证承包人在缺陷责任期内对建设工程出现的缺陷进行维修的资金。缺陷责任期一般为6个月、12个月或24个月，具体可由发、承包双方在合同中约定。而缺陷是指建设工程质量不符合工程建设强制性标准、设计文件，以及承包合同的约定。在该《办法》第5条规定："缺陷责任期从工程通过竣（交）工验收之日起计。由于承包人原因导致工程无法按规定期限进行竣（交）工验收的，缺陷责任期从实际通过竣（交）工验收之日起计。由于发包人原因导致工程无法按规定期限进行竣（交）工验收的，在承包人提交竣（交）工验收报告90天后，工程自动进入缺陷责任期。"2008年5月1日起施行的国家发展和改革委员会等九部委《标准施工招标资格预审文件》和《标准施工招标文件》（2007年版）试行规定，在政府投资项目中试行《标准施工招标资格预审文件》和《标准施工招标文件》。其中《标准施工招标文件》的合同通用条款第19条约定了质量缺陷和缺陷责任期，并进一步区分了缺陷责任期和质量保修期。但上述两份文件均没有解释清楚"缺陷责任期"和"法定最低保修期"两者之间的关系。

FIDIC《土木工程施工合同条件》（1987第4版，俗称"红皮书"）通用条款第49条，与FIDIC新版《施工合同条件》（1999年第1版，俗称"新红皮书"）通用条款第11条规定了缺陷责任，英文原文为Flaw responsibility tenure in office，指的是承包商在工程接受后对于工程出现的瑕疵的维修责任，在FIDIC合同条件下，由于没有法定最低保修期的规定，所以缺陷责任期的提法不会导致误会，且根据FIDIC合同条件，缺陷责任期由当事人约定，但工程师有视情更改延长权利，缺陷责任期满的后果是工程师向承包商签发履约证书，是承包商最终全面完善履行合同义务的证明，缺陷责任期也不一定与直接与质量保修金的返还所挂钩，这些都是FIDIC合同条件下的缺陷责任与我国工程实务中的质

[1] 苑芳圻，王维泉：《工程质量缺陷责任期与保修期的辨析》，《建设监理》，2010年第6期。

量保修的不同之处，引入缺陷责任的提法只会导致混淆。“缺陷责任”究其本源来自于FIDIC合同条件，由于我国法定的最低保修期规定，“缺陷责任”的引入极易造成误会，我国工程实务中对于“缺陷责任期”的理解，根据《建设工程质量保证金管理暂行办法》第9条规定：“缺陷责任期内，承包人认真履行合同约定的责任，到期后，承包人向发包人申请返还保证金”。我们认为无论是《建设工程质量保证金管理暂行办法》还是《标准施工招标文件》（2007年版）的合同通用条款第19条规定的缺陷责任期，就其本质而言可将缺陷责任期认定为质量保修期的一部分——存在质保金担保的保修期阶段。与工程质量保修期的起算时间一致，均从工程竣工验收之日起计算。

2. 建设工程施工合同（示范文本）对缺陷责任期的规定

建设工程施工合同（示范文本）（GF—2017—0201）中对缺陷责任期做出如下解读：缺陷责任期是指承包人按照合同约定承担缺陷修复义务，且发包人预留质量保证金的期限，自工程实际竣工日期起计算。保修期是指承包人按照合同的约定对工程承担保修责任的期限，从工程竣工验收合格之日起计算。

缺陷责任期自实际竣工日期起计算，合同当事人应在专用合同条款约定缺陷责任期的具体期限，但该期限最长不超过24个月。单位工程先于全部工程进行验收，经验收合格并交付使用的，该单位工程缺陷责任期自单位工程验收合格之日起算。因发包人原因导致工程无法按合同约定期限进行竣工验收的，缺陷责任期自承包人提交竣工验收申请报告之日起开始计算；发包人未经竣工验收擅自使用工程的，缺陷责任期自工程转移占有之日起开始计算。

工程竣工验收合格后，因承包人原因导致缺陷或损坏致使工程、单位工程或某项主要设备不能按原定目的使用的，发包人有权要求承包人延长缺陷责任期，并应在原缺陷责任期届满前发出延长通知，但缺陷责任期最长不能超过24个月。

除专用合同条款另有约定外，承包人应于缺陷责任期届满后7天内向发包人发出缺陷责任期届满通知，发包人应在收到缺陷责任期满通知后14天内核实承包人是否履行缺陷修复义务，承包人未能履行缺陷修复义务的，发包人有权扣除相应金额的维修费用。发包人应在收到缺陷责任期届满通知后14天内，向承包人颁发缺陷责任期终止证书。

3. 缺陷责任期与质量保修期的区别

根据《建筑法》、《建设工程管理条例》、《建设工程质量保证金管理暂行办法》的规定可以看出，质量保修期与缺陷责任期属于既有联系又有区别的两个法律概念，不能混淆。二者的联系主要体现在缺陷责任期包含于质量保修期、缺陷责任期属于质量保修期的一个时间段、两者都是从工程竣（交）工验收合格之日起计算、两者的主要内容都是承包人对工程的缺陷进行维修并承担维修费用。二者的区别主要体现在：

（1）期限的长短不一

缺陷责任期一般为6个月、12个月或24个月，具体可由发、承包双方在合同中约定。国务院《建设工程质量管理条例》第40条规定了在正常使用条件下各自对应的最低保修期限：①基础设施工程、房屋建筑的地基基础工程和主体结构工程，为设计文件规定的该工程的合理使用年限；②屋面防水工程、有防水要求的卫生间、房间和外墙面的防渗漏，为5年；③供热与供冷系统，为2个采暖期、供冷期；④电气管线、给排水管道、设备安装和装修工程，为2年。最低保修期限同样属于法律强制性规定，发承包双方约定的保修期限不得低于条例规定的期限，但可以延长。

（2）期限届满后的责任不同

缺陷责任期一般要短于质量保修期。缺陷责任期届满后，如果质量保证期没有届满的，承包人仍应承担工程质量的保修义务。但是质量保修期届满后，承包人不再承担工程质量保修义务。

（3）履行保修义务上有所区别

发包人应按照合同约定方式预留保证金，保证金总预留比例不得高于工程价款结算总额的3%。合同约定由承包人以银行保函替代预留保证金的，保函金额不得高于工程价款结算总额的3%。缺陷责任期内，由承包人原因造成的缺陷，承包人应负责维修，并承担鉴定及维修费用。如承包人不维修也不承担费用，发包人可按合同约定从保证金或银行保函中扣除，费用超出保证金额的，发包人可按合同约定向承包人进行索赔。承包人维修并承担相应费用后，不免除对工程的损失赔偿责任。由他人原因造成的缺陷，发包人负责组织维修，承包人不承担费用，且发包人不得从保证金中扣除费用。

《建设工程质量管理条例》中规定，建设工程在保修范围和保修期限内发生质量问题的，施工单位应当履行保修义务，并对造成的损失承担赔偿责任。建设工程在超过合理使用年限后需要继续使用的，产权所有人应当委托具有相应资质等级的勘察、设计单位鉴定，并根据鉴定结果采取加固、维修等措施，重新界定使用期。由于工程缺陷的发生原因在较短的时间内往往难以确定责任人，《建设工程质量管理条例》之规定相比于《建设工程质量保证金管理办法》的规定对于确保承包人及时、迅速履行保修义务更为有利。

12.7.5 建设工程质量损害赔偿责任

1. 建设工程质量损害赔偿责任的相关法律规定

目前，涉及建设工程质量责任方面的特别法共计60余个，主要有《建筑法》、《建设工程质量管理条例》、《铁路建设工程质量管理规定》、《城市房地产开发经营管理条例》等。这些有关建设工程质量责任的法律规范集民事、行政、刑事责任于一体，形成了分散式立法体例。目前，我国对建设工程或建筑物的质量责任条文主要有：

《建筑法》第80条规定：在建筑物的合理使用寿命内，因建筑工程质量不合格受到损害的，有权向责任者要求赔偿。

《建设工程质量管理条例》第41条规定："建设工程在保修范围和保修期限内发生质量问题的，施工单位应当履行保修义务，并对造成的损失承担赔偿责任。"第42条："建设工程在超过合理使用年限后需要继续使用的，产权所有人应当委托具有相应资质等级的勘察、设计单位鉴定，并根据鉴定结果采取加固、维修等措施，重新界定使用期。"

《房屋建筑工程质量保修办法》（建设部第80号令）第14条："在保修期限内，因房屋建筑工程质量缺陷造成房屋所有人、使用人或者第三方人身、财产损害的，房屋所有人、使用人或者第三方可以向建设单位提出赔偿要求。"

《商品房销售管理办法》（建设部第88号令）第33条规定："在保修期限内发生的属于保修范围的质量问题，房地产开发企业应当履行保修义务，并对造成的损失承担赔偿责任。"

《最高人民法院关于审理建设工程施工合同纠纷案件适用法律问题的解释》第27条规定，因保修人未及时履行保修义务，导致建筑物毁损或者造成人身、财产损害的，保修人应当承担赔偿责任。保修人与建筑物所有人或者发包人对建筑物毁损均有过错的，各自承担相应的责任。

2. 建设工程质量损害赔偿责任的义务主体

《建筑法》第80条规定："在建筑物的合理使用寿命内，因建筑工程质量不合格受到损害的，有权向责任者要求赔偿。"关于"责任者"的范围，该条并没有明确。《建设工程质量管理条例》第3条对此作了明确规定："建设单位、勘察单位、设计单位、施工单位、工程监理单位依法对建设工程质量负责。"可见，建设工程质量缺陷的损害赔偿责任主体包括了上述五个单位。因这些主体的原因产生的建筑质量问题，造成他人人身、财产损失的，这些单位应当承担相应的赔偿责任。受损害人可以向上述主体中对建筑物缺陷负有责任者要求赔偿，也可以向各方共同提出赔偿要求，在查明原因的基础上由真正责任者承担赔偿责任。

由于我国《城市房地产开发经营管理条例》第16条规定："房地产开发企业应当对其开发建设的房地产开发项目的质量承担责任。勘察、设计、施工、监理等单位应当依照有关法律、法规的规定或者合同的约定，承担相应的责任"。因此，因建设工程质量缺陷而受到损害的除建设单位以外的受害人，可以直接向建设单位要求损害赔偿，建设单位向受害人承担责任后，在分清责任的基础上，再由勘察、设计、施工、监理等单位对其蒙受的损失进行赔偿的问题，按相应的法律、法规或者合同的约定处理。

(1) 建设单位的赔偿责任

根据《建设工程质量管理条例》的规定，建设单位承担赔偿责任的情形有：①未组织竣工验收，擅自交付使用，造成损失的；②验收不合格，擅自交付使用，造成损失的；③对不合格的建设工程按照合格工程验收，造成损失的；④涉及建筑主体或者承重结构变动的装修工程，没有设计方案擅自施工，造成损失的。

(2) 勘察、设计单位的赔偿责任

根据《建筑法》和《建设工程质量管理条例》的规定，勘察、设计单位承担赔偿责任的情形有：①勘察单位未按照工程建设强制性标准进行勘察，造成工程质量事故，并造成损失的；②建筑设计单位不按照建筑工程质量、安全标准进行设计，造成工程质量事故，并造成损失的；③设计单位未根据勘察成果文件进行工程设计，造成工程质量事故，并造成损失的；④设计单位指定建筑材料、建筑构配件的生产厂、供应商，造成工程质量事故，并造成损失的。

(3) 施工单位的赔偿责任

根据《建筑法》、《建设工程质量管理条例》的规定，施工单位承担赔偿责任的情形有：①施工企业转让、出借资质证书或者以其他方式允许他人以本企业的名义承揽工程，对因该项承揽工程不符合规定的质量标准造成的损失，施工企业与使用本企业名义的单位或者个人承担连带赔偿责任；②承包单位将承包的工程转包的，或者违反建筑法规定进行分包，对因转包工程或者违法分包的工程不符合规定的质量标准造成的损失，与接受转包或者分包的单位承担连带赔偿责任；③施工企业在施工中偷工减料、使用不合格的建筑材料、建筑构配件和设备，或者有其他不按照工程设计图纸或者施工技术标准施工的行为，造成建筑工程质量不符合规定的质量标准的，负责返工、修理，并赔偿因此造成的损失；④施工企业违反建筑法规定，不履行保修义务或者拖延履行保修义务的，对在保修期内因屋顶、墙面渗漏、开裂等质量缺陷造成的损失，承担赔偿责任；⑤施工企业未对建筑材料、建筑构配件、设备和商品混凝土进行检验，或者未对涉及结构安全的试块、试件以及有关材料取样检测，造成损失的，依法承担赔偿责任。

（4）工程监理单位的赔偿责任

根据《建筑法》、《建设工程质量管理条例》的规定，工程监理单位承担赔偿责任的情形有：①工程监理单位与建设单位或者建筑施工企业串通，弄虚作假、降低工程质量，造成损失的，承担连带赔偿责任；②将不合格的建设工程、建筑材料、建筑构配件和设备按照合格签字，造成损失的，承担连带赔偿责任。

另外，根据《建筑法》第 79 条规定，负责颁发建筑工程施工许可证的部门及其工作人员对不符合施工条件的建筑工程颁发施工许可证的，负责工程质量监督检查或者竣工验收的部门及其工作人员对不合格的建筑工程出具质量合格文件或者按合格工程验收的，造成的损失，由该部门承担相应的赔偿责任。

最后，对于建筑材料、建筑构配件和设备生产厂商的质量责任追究，适用《中华人民共和国产品质量法》的规定和我国相应的法规、规章的规定。《建筑法》、《建设工程质量管理条例》对此没有具体规定，并不说明其无须负质量责任。《产品质量法》第 2 条第 3 款明确规定："建筑工程不适用本法规定。但是，建设工程使用的建筑材料、建筑构配件和设备，属于前款规定的产品范围的，适用本法规定。"这一规定表明由于建设工程质量缺陷给他人造成损害的，如果能够证明造成损害的原因是建筑材料、建筑构配件和设备存在质量瑕疵，受损害人可以依据《产品质量法》提起民事赔偿诉讼。

3. 建设工程质量损害赔偿责任的主要类型

在缺陷责任期和质量保修期内，如果发生质量问题并造成了损害，则承包人承担保修义务的同时，责任方还应承担损害赔偿责任。在缺陷责任期、质量保修期届满后的建筑物的合理使用寿命内，如果发生质量问题，责任人仍然应当承担赔偿责任。

建设工程质量责任从建设单位与勘察、设计、施工、监理等单位之间的关系来看，是一种合同责任。如果由于质量不合格给建设单位造成损害，则发生侵权责任和违约责任的竞合。《合同法》第 122 条规定："因当事人一方的违约行为，侵害对方人身、财产权益的，受损害方有权选择依照本法要求其承担违约责任或者依照其他法律要求其承担侵权责任。"所以，建设单位可以从保护自身利益的角度出发，对由于不同责任而产生的不同请求权做出选择：如果由于工程质量缺陷仅造成建设单位的财产损失，如修理、重建等，应按合同纠纷处理；如果由于工程质量缺陷造成建设单位的人员伤亡及其精神损害的，应按侵权责任处理。

1）因施工承包人在质量保修期内未及时履行保修义务，导致建筑物毁损或者造成人身、财产损害的，保修人应当承担赔偿责任。

保修人与建筑物所有人或发包人对建筑物毁损均有过错的，各自承担相应的责任。即使施工承包人履行了保修义务，仍因质量缺陷发生了损害后果，经鉴定若属于勘察、设计、施工、监理等单位的责任，这些单位仍应承担损害赔偿责任。

2）《房屋建筑工程质量保修办法》第 15 条规定："因保修不及时造成新的人身、财产损害，由造成拖延的责任方承担赔偿责任。"

3）《最高人民法院关于审理建设工程施工合同纠纷案件适用法律问题的解释》第 12

条规定，发包人具有下列情形之一，造成建设工程质量缺陷，应当承担过错责任：

① 提供的设计有缺陷；

② 提供或者指定购买的建筑材料、建筑构配件、设备不符合强制性标准；

③ 直接指定分包人分包专业工程。承包人有过错的，也应当承担相应的过错责任。

4）2004年5月1日起施行的《最高人民法院关于审理人身损害赔偿案件适用法律若干问题的解释》第16条规定，道路、桥梁、隧道等人工建造的构筑物因设计、施工缺陷造成损害的，由所有人、管理人与设计、施工者承担连带责任。

5）《侵权责任法》第85条规定，建筑物、构筑物或者其他设施及其搁置物、悬挂物发生脱落、坠落造成他人损害，所有人、管理人或者使用人不能证明自己没有过错的，应当承担侵权责任。所有人、管理人或者使用人赔偿后，有其他责任人的，有权向其他责任人追偿。

6）《侵权责任法》第86条规定，建筑物、构筑物或者其他设施倒塌造成他人损害的，由建设单位与施工单位承担连带责任。建设单位、施工单位赔偿后，有其他责任人的，有权向其他责任人追偿。因其他责任人的原因，建筑物、构筑物或者其他设施倒塌造成他人损害的，由其他责任人承担侵权责任。

第一款是针对建筑物存在质量缺陷引起倒塌事故的情形，第二款是针对除建筑物质量缺陷和自然原因之外的人为原因引起倒塌事故的情形。由此我们可以得出，第一款中的“其他责任人”包括勘察设计单位、监理单位和不合格建筑材料供应单位；第二款中的“其他责任人”具有兜底条款的作用，包括所有人或管理人和其他任何致建筑物倒塌的第三人。

7）《侵权责任法》第87条规定，从建筑物中抛掷物品或者从建筑物上坠落的物品造成他人损害，难以确定具体侵权人的，除能够证明自己不是侵权人的外，由可能加害的建筑物使用人给予补偿。

12.7.6 《建设工程施工合同示范文本》（GF—2017—0201）对保修的规定

1. 保修责任

工程保修期从工程竣工验收合格之日起算，具体分部分项工程的保修期由合同当事人在专用合同条款中约定，但不得低于法定最低保修年限。在工程保修期内，承包人应当根据有关法律规定以及合同约定承担保修责任。发包人未经竣工验收擅自使用工程的，保修期自转移占有之日起算。

2. 修复费用

保修期内，修复的费用按照以下约定处理：

1）保修期内，因承包人原因造成工程的缺陷、损坏，承包人应负责修复，并承担修复的费用以及因工程的缺陷、损坏造成的人身伤害和财产损失。

2）保修期内，因发包人使用不当造成工程的缺陷、损坏，可以委托承包人修复，但发包人应承担修复的费用，并支付承包人合理利润。

3）因其他原因造成工程的缺陷、损坏，可以委托承包人修复，发包人应承担修复的费用，并支付承包人合理的利润，因工程的缺陷、损坏造成的人身伤害和财产损失由责任方承担。

3. 修复通知

在保修期内，发包人在使用过程中，发现已接收的工程存在缺陷或损坏的，应书面通知承包人予以修复，但情况紧急必须立即修复缺陷或损坏的，发包人可以口头通知承包人并在口头通知后 48 小时内书面确认，承包人应在专用合同条款约定的合理期限内到达工程现场并修复缺陷或损坏。

4. 未能修复

因承包人原因造成工程的缺陷或损坏，承包人拒绝维修或未能在合理期限内修复缺陷或损坏，且经发包人书面催告后仍未修复的，发包人有权自行修复或委托第三方修复，所需费用由承包人承担。但修复范围超出缺陷或损坏范围的，超出范围部分的修复费用由发包人承担。

5. 承包人出入权

在保修期内，为了修复缺陷或损坏，承包人有权出入工程现场，除情况紧急必须立即修复缺陷或损坏外，承包人应提前 24 小时通知发包人进场修复的时间。承包人进入工程现场前应获得发包人同意，且不应影响发包人正常的生产经营，并应遵守发包人有关保安和保密等规定。

第十三章　建筑工程节能法律制度

13.1　建筑工程节能法律制度概述

13.1.1　建筑节能的含义

节能是我国可持续发展的一项长远发展战略，是我国的基本国策。所谓节能，是指应用技术上现实可靠、经济上可行合理、环境和社会都可以接受的方法，有效地利用能源，提高用能设备或工艺的能量利用效率。建筑节能是指建筑在规划、设计、建造和使用过程中，通过采用节能型材料和技术，加强用能管理，在保证建筑节能和室内环境质量的前提下，降低建筑能源消耗。目前，建筑能源消耗约占全球能源消耗的40%，而在我国既有的约430亿平方米的建筑中，仅有4%的建筑采用了先进的能源效率改进措施[1]。建筑节能对促进我国能源的节约与合理利用，实现国家节能规划目标，保持经济与社会的可持续发展具有重要意义。

13.1.2　建筑工程节能法规的立法现状

随着建筑能耗与工业能耗、交通能耗并列成为中国能源消耗的三大耗能大户，我国关于建筑节能方面的立法也在不断加强。我国目前尚缺乏建筑节能的专门立法，现行的与建筑节能有关的法律法规主要有：《建筑法》；2006年1月1日起施行的建设部颁布的《民用建筑节能管理规定》；2006年7月31日建设部发布的《民用建筑工程节能质量监督管理办法》；《节约能源法》；《城乡规划法》；2008年10月1日起施行的国务院颁布的《民用建筑节能条例》；2008年2月建设部发布的《绿色施工导则》；2008年10月1日起施行的国务院发布的《公共机构节能条例》；2008年8月29日第十一届全国人民代表大会常务委员会第四次会议通过，2009年1月1日起施行的《循环经济促进法》。

建筑工程节能相关标准规范，主要有：1996年7月1日起施行的建设部批准的《民用建筑节能设计标准（采暖居住建筑部分）》（JGJ 26—86）；2005年7月1日起施行的建设部批准的《公共建筑节能设计标准》（GB 50189—2005）；2006年1月1日起施行的建设部批准的《民用建筑太阳能热水系统应用技术规范》（GB 50364—2005）；2006年6月1日起施行的建设部和国家质量监督检验检疫总局联合公布的《绿色建筑评价标准》（GB/T 50378—2006）；2007年10月1日起施行的建设部发布的《建筑节能工程施工质量验收规范》（GB 50411—2007）；2010年8月1日起施行的住房和城乡建设部批准并公布的《夏热冬冷地区居住建筑节能设计标准》（JGJ 134—2010）等。

---

[1] 谢庆裕："我国仅4%建筑采用先进节能措施 建筑节能落后于减排形势"，《南方日报》2013年11月22日。

13.2 建筑工程项目的节能管理

13.2.1 节能管理的基本思路

1. 编制节能计划

国务院和县级以上地方各级人民政府应当将节能工作纳入国民经济和社会发展规划、年度计划，并组织编制和实施节能中长期专项规划、年度节能计划。国务院和县级以上地方各级人民政府每年向本级人民代表大会或者其常务委员会报告节能工作。

2. 节能目标责任制和节能考核评价制度

国家实行节能目标责任制和节能考核评价制度，将节能目标完成情况作为对地方人民政府及其负责人考核评价的内容。省、自治区、直辖市人民政府每年向国务院报告节能目标责任的履行情况。

3. 节能产业政策

国家实行有利于节能和环境保护的产业政策，限制发展高耗能、高污染行业，发展节能环保型产业。国务院和省、自治区、直辖市人民政府应当加强节能工作，合理调整产业结构、企业结构、产品结构和能源消费结构，推动企业降低单位产值能耗和单位产品能耗，淘汰落后的生产能力，改进能源的开发、加工、转换、输送、储存和供应，提高能源利用效率。国家鼓励、支持开发和利用新能源、可再生能源。

4. 节能技术创新与进步

国家鼓励、支持节能科学技术的研究、开发、示范和推广，促进节能技术创新与进步。国家开展节能宣传和教育，将节能知识纳入国民教育和培训体系，普及节能科学知识，增强全民的节能意识，提倡节约型的消费方式。

5. 节能监督

国务院管理节能工作的部门主管全国的节能监督管理工作。国务院有关部门在各自的职责范围内负责节能监督管理工作，并接受国务院管理节能工作的部门的指导。县级以上地方各级人民政府管理节能工作的部门负责本行政区域内的节能监督管理工作。县级以上地方各级人民政府有关部门在各自的职责范围内负责节能监督管理工作，并接受同级管理节能工作的部门的指导。

13.2.2 建筑节能管理

1. 建筑节能的监督管理

国务院建设主管部门负责全国建筑节能的监督管理工作。县级以上地方各级人民政府建设主管部门负责本行政区域内建筑节能的监督管理工作。县级以上地方各级人民政府建设主管部门会同同级管理节能工作的部门编制本行政区域内的建筑节能规划。建筑节能规划应当包括既有建筑节能改造计划。县级以上地方各级人民政府有关部门应当加强城市节约用电管理，严格控制公用设施和大型建筑物装饰性景观照明的能耗。

2. 各参建单位的节能质量责任与义务

依照《民用建筑工程节能质量监督管理办法》第3条至第8条的规定，建设单位、设计单位、施工单位、监理单位、施工图审查机构、工程质量检测机构等单位，应当遵守国家有关建筑节能的法律法规和技术标准，履行合同约定义务，并依法对民用建筑工程节能质量负责。

(1) 建设单位应当履行以下质量责任和义务

1) 组织设计方案评选时，应当将建筑节能要求作为重要内容之一。

2) 不得擅自修改设计文件。当建筑设计修改涉及建筑节能强制性标准时，必须将修改后的设计文件送原施工图审查机构重新审查。

3) 不得明示或者暗示设计单位、施工单位降低建筑节能标准。

4) 不得明示或者暗示施工单位使用不符合建筑节能性能要求的墙体材料、保温材料、门窗部品、采暖空调系统、照明设备等。按照合同约定由建设单位采购的有关建筑材料和设备，建设单位应当保证其符合建筑节能指标。

5) 不得明示或者暗示检测机构出具虚假检测报告，不得篡改或者伪造检测报告。

6) 在组织建筑工程竣工验收时，应当同时验收建筑节能实施情况，在工程竣工验收报告中，应当注明建筑节能的实施内容。

7) 大型公共建筑工程竣工验收时，对采暖空调、通风、电气等系统，应当进行调试。

(2) 设计单位应当履行以下质量责任和义务

1) 建立健全质量保证体系，严格执行建筑节能标准。

2) 民用建筑工程设计要按功能要求合理组合空间造型，充分考虑建筑体形、围护结构对建筑节能的影响，合理确定冷源、热源的形式和设备性能，选用成熟、可靠、先进、适用的节能技术、材料和产品。

3) 初步设计文件应设建筑节能设计专篇，施工图设计文件须包括建筑节能热工计算书，大型公共建筑工程方案设计须同时报送有关建筑节能专题报告，明确建筑节能措施及目标等内容。

(3) 施工图审查机构应当履行以下质量责任和义务

1) 严格按照建筑节能强制性标准对送审的施工图设计文件进行审查，对不符合建筑节能强制性标准的施工图设计文件，不得出具审查合格书。

2) 向建设主管部门报送的施工图设计文件审查备案材料中应包括建筑节能强制性标准的执行情况。

3) 审查机构应将审查过程中发现的设计单位和注册人员违反建筑节能强制性标准的情况，及时上报当地建设主管部门。

(4) 施工单位应当履行以下质量责任和义务

1) 严格按照审查合格的设计文件和建筑节能标准的要求进行施工，不得擅自修改设计文件。

2) 对进入施工现场的墙体材料、保温材料、门窗部品等进行检验。对采暖空调系统、照明设备等进行检验，保证产品说明书和产品标识上注明的性能指标符合建筑节能要求。

3) 应当编制建筑节能专项施工技术方案，并由施工单位专业技术人员及监理单位专业监理工程师进行审核，审核合格，由施工单位技术负责人及监理单位总监理工程师签字。

4) 应当加强施工过程质量控制，特别应当加强对易产生热桥和热工缺陷等重要部位的质量控制，保证符合设计要求和有关节能标准规定。

5) 对大型公共建筑工程采暖空调、通风、电气等系统的调试，应当符合设计等要求。

6）保温工程等在保修范围和保修期限内发生质量问题的，施工单位应当履行保修义务，并对造成的损失承担赔偿责任。

（5）监理单位应当履行以下质量责任和义务

1）严格按照审查合格的设计文件和建筑节能标准的要求实施监理，针对工程的特点制定符合建筑节能要求的监理规划及监理实施细则。

2）总监理工程师应当对建筑节能专项施工技术方案审查并签字认可。专业监理工程师应当对工程使用的墙体材料、保温材料、门窗部品、采暖空调系统、照明设备，以及涉及建筑节能功能的重要部位施工质量检查验收并签字认可。

3）对易产生热桥和热工缺陷部位的施工，以及墙体、屋面等保温工程隐蔽前的施工，专业监理工程师应当采取旁站形式实施监理。

4）应当在《工程质量评估报告》中明确建筑节能标准的实施情况。

13.3 民用建筑节能的有关规定

为了加强民用建筑节能管理，提高能源利用效率，降低民用建筑使用过程中的能源消耗，2008年7月23日，国务院第18次常务会议通过了《民用建筑节能条例》，并于2008年10月1日起施行。

13.3.1 民用建筑节能的含义

民用建筑，是指居住建筑、国家机关办公建筑和商业、服务业、教育、卫生等其他公共建筑。所谓的民用建筑节能，是指在保证民用建筑使用功能和室内热环境质量的前提下，降低其使用过程中能源消耗的活动。

关键词语：民用建筑 民用建筑节能

13.3.2 新建建筑节能

1. 新技术、新工艺、新材料和新设备的要求

《民用建筑节能条例》规定，国家鼓励和扶持在新建建筑和既有建筑节能改造中采用太阳能、地热能等可再生资源，国家推广使用民用建筑节能的新技术、新工艺、新材料和新设备，限制使用或者禁止使用能源消耗高的技术、工艺、材料和设备。国务院节能工作主管部门、建设主管部门应当制定、公布并及时更新推广使用、限制使用、禁止使用目录。国家限制进口或者禁止进口能源消耗高的技术、材料和设备。建设单位、设计单位、施工单位不得在建筑活动中使用列入禁止使用目录的技术、工艺、材料和设备。

2. 建设节能主体的节能义务。

建设节能主体包括：城乡规划主管部门与建设主管部门、施工图审查机构、建设单位、设计单位、施工单位、工程监理单位。

（1）城乡规划主管部门与建设主管部门的节能义务

编制城市详细规划、镇详细规划，应当按照民用建筑节能的要求，确定建筑的布局、形状和朝向。城乡规划主管部门依法对民用建筑进行规划审查，应当就设计方案是否符合民用建筑节能强制性标准征求同级建设主管部门的意见；建设主管部门应当自收到征求意见材料之日起10日内提出意见。征求意见时间不计算在规划许可的期限内。对不符合民用建筑节能强制性标准的，不得颁发建设工程规划许可证。

(2) 施工图审查机构的节能义务

施工图设计文件审查机构应当按照民用建筑节能强制性标准对施工图设计文件进行审查；经审查不符合民用建筑节能强制性标准的，县级以上地方人民政府建设主管部门不得颁发施工许可证。

(3) 建设单位的节能义务

建设单位不得明示或者暗示设计单位、施工单位违反民用建筑节能强制性标准进行设计、施工，不得明示或者暗示施工单位使用不符合施工图设计文件要求的墙体材料、保温材料、门窗、采暖制冷系统和照明设备。按照合同约定由建设单位采购墙体材料、保温材料、门窗、采暖制冷系统和照明设备的，建设单位应当保证其符合施工图设计文件要求。建设单位组织竣工验收，应当对民用建筑是否符合民用建筑节能强制性标准进行查验；对不符合民用建筑节能强制性标准的，不得出具竣工验收合格报告。建设单位申请施工许可证时，应当提交施工图设计文件审查合格证明。未提交的，县级以上地方人民政府建设行政主管部门不得颁发施工许可证。

(4) 设计单位、施工单位、工程监理单位的节能义务

设计单位、施工单位、工程监理单位及其注册执业人员，应当按照民用建筑节能强制性标准进行设计、施工、监理。

设计单位应当依据建筑节能标准的要求进行设计，保证建筑节能设计质量。新建民用建筑应当严格执行建筑节能标准要求，民用建筑工程扩建和改建时，应当对原建筑进行节能改造，设计单位提供的设计方案和施工图设计文件应当包含建筑节能的内容。

施工单位应当按照审查合格的施工图设计文件和建筑节能施工标准的要求进行施工。施工单位采购的墙体材料、保温材料、门窗部品、采暖空调系统、照明设备，应当具有产品合格证、产品说明书、产品标识。施工单位应当对进入施工现场的墙体材料、保温材料、门窗部品、采暖空调系统、照明设备进行查验，保证产品说明书和产品标识上注明的能耗指标符合建筑节能标准。施工人员对墙体材料、保温材料，应当在建设单位或者工程监理单位监督下现场取样，并送具有相应资质等级的质量检测单位进行检测。

工程监理单位发现施工单位不按照民用建筑节能强制性标准施工的，应当要求施工单位改正；施工单位拒不改正的，工程监理单位应当及时报告建设单位，并向有关主管部门报告。墙体、屋面的保温工程施工时，监理工程师应当按照工程监理规范的要求，采取旁站、巡视和平行检验等形式实施监理。未经监理工程师签字，墙体材料、保温材料、门窗、采暖制冷系统和照明设备不得在建筑上使用或者安装，施工单位不得进行下一道工序的施工。

(5) 房地产开发企业的节能义务

房地产开发企业销售商品房，应当向购买人明示所售商品房的能源消耗指标、节能措施和保护要求、保温工程保修期等信息，并在商品房买卖合同和住宅质量保证书、住宅使用说明书中载明。在正常使用条件下，保温工程的最低保修期限为5年。保温工程的保修期，自竣工验收合格之日起计算。保温工程在保修范围和保修期内发生质量问题的，施工单位应当履行保修义务，并对造成的损失依法承担赔偿责任。

13.3.3 既有建筑节能

1. 既有建筑节能的概念

既有建筑节能改造，是指对不符合民用建筑节能强制性标准的既有建筑的围护结构、供热系统、采暖制冷系统、照明设备和热水供应设施等实施节能改造的活动。既有建筑节能改造应当根据当地经济、社会发展水平和地理气候条件等实际情况，有计划、分步骤地实施分类改造。实施既有建筑节能改造，应当符合民用建筑节能强制性标准，优先采用遮阳、改善通风等低成本改造措施。既有建筑围护结构的改造和供热系统的改造应当同步进行。

2. 既有建筑节能改造的管理

县级以上地方人民政府建设主管部门应当对本行政区域内既有建筑的建设年代、结构形式、用能系统、能源消耗指标、寿命周期等组织调查统计和分析，制定既有建筑节能改造计划，明确节能改造的目标、范围和要求，报本级人民政府批准后组织实施。

3. 既有公共建筑的节能改造

中央国家机关既有建筑的节能改造，由有关管理机关事务工作的机构制定节能改造计划，并组织实施。国家机关办公建筑、政府投资和以政府投资为主的公共建筑的节能改造，应当制定节能改造方案，经充分论证，并按照国家有关规定办理相关审批手续方可进行。各级人民政府及其有关部门、单位不得违反国家有关规定和标准，以节能改造的名义对上述既有建筑进行扩建、改建。

4. 既有建筑节能改造的标准

实施既有建筑节能改造，应当符合民用建筑节能强制性标准，优先采用遮阳、改善通风等低成本改造措施。既有建筑围护结构的改造和供热系统的改造，应当同步进行。对实行集中供热的建筑进行节能改造，应当安装供热系统调控装置和用热计量装置；对公共建筑进行节能改造，还应当安装室内温度调控装置和用电分项计量装置。

13.3.4 建筑用能系统运行节能

1. 用电节能

建筑所有权人或者使用权人应当保证建筑用能系统的正常运行，不得人为损坏建筑围护结构和用能系统。国家机关办公建筑和大型公共建筑的所有权人或者使用权人应当建立健全民用建筑节能管理制度和操作规程，对建筑用能系统进行监测、维护，并定期将分项用电量报县级以上地方人民政府建设主管部门。

县级以上地方人民政府节能工作主管部门应当会同同级建设主管部门确定本行政区域内公共建筑重点用电单位及其年度用电限额。

县级以上地方人民政府建设主管部门应当对本行政区域内国家机关办公建筑和公共建筑用电情况进行调查统计和评价分析。国家机关办公建筑和大型公共建筑采暖、制冷、照明的能源消耗情况应当依照法律、行政法规和国家其他有关规定向社会公布。

2. 供热节能

县级以上地方人民政府建设主管部门应当对本行政区域内供热单位的能源消耗情况进行调查统计和分析，并制定供热单位能源消耗指标；对超过能源消耗指标的，应当要求供热单位制定相应的改进措施，并监督实施。供热单位应当建立健全相关制度，加强对专业技术人员的教育和培训。供热单位应当改进技术装备，实施计量管理，并对供热系统进行监测、维护，提高供热系统的效率，保证供热系统的运行符合民用建筑节能强制性标准。

13.3.5 民用建筑节能的监督管理体制和管理制度

国务院建设主管部门应当在国家节能中长期专项规划指导下，编制全国民用建筑节能规划，并与相关规划相衔接。县级以上地方人民政府建设主管部门应当组织编制本行政区域的民用建筑节能规划，报本级人民政府批准后实施。

国家建立健全民用建筑节能标准体系。国家民用建筑节能标准由国务院建设主管部门负责组织制定，并依照法定程序发布。国家鼓励制定、采用优于国家民用建筑节能标准的地方民用建筑节能标准。

县级以上人民政府应当安排民用建筑节能资金，用于支持民用建筑节能的科学技术研究和标准制定、既有建筑围护结构和供热系统的节能改造、可再生能源的应用，以及民用建筑节能示范工程、节能项目的推广。政府引导金融机构对既有建筑节能改造、可再生能源的应用，以及民用建筑节能示范工程等项目提供支持。民用建筑节能项目依法享受税收优惠。

国家积极推进供热体制改革，完善供热价格形成机制，鼓励发展集中供热，逐步实行按照用热量收费制度。对在民用建筑节能工作中做出显著成绩的单位和个人，按照国家有关规定给予表彰和奖励。

13.3.6 违反《民用建筑条例》的法律责任承担

1. 政府有关部门的主管人员和其他直接责任人员的法律责任

县级以上人民政府有关部门有下列行为之一的，对负有责任的主管人员和其他直接责任人员依法给予处分；构成犯罪的，依法追究刑事责任：①对设计方案不符合民用建筑节能强制性标准的民用建筑项目颁发建设工程规划许可证的；②对不符合民用建筑节能强制性标准的设计方案出具合格意见的；③对施工图设计文件不符合民用建筑节能强制性标准的民用建筑项目颁发施工许可证的；④不依法履行监督管理职责的其他行为。

2. 建设单位节能法律责任

1）建设单位有下列行为之一的，由县级以上地方人民政府建设主管部门责令改正，处20万元以上50万元以下的罚款：①明示或者暗示设计单位、施工单位违反民用建筑节能强制性标准进行设计、施工的；②明示或者暗示施工单位使用不符合施工图设计文件要求的墙体材料、保温材料、门窗、采暖制冷系统和照明设备的；③采购不符合施工图设计文件要求的墙体材料、保温材料、门窗、采暖制冷系统和照明设备的；④使用列入禁止使用目录的技术、工艺、材料和设备的。

2）建设单位对不符合民用建筑节能强制性标准的民用建筑项目出具竣工验收合格报告的，由县级以上地方人民政府建设主管部门责令改正，处民用建筑项目合同价款2%以上4%以下的罚款；造成损失的，依法承担赔偿责任。

3. 设计单位节能法律责任

设计单位未按照民用建筑节能强制性标准进行设计，或者使用列入禁止使用目录的技术、工艺、材料和设备的，由县级以上地方人民政府建设主管部门责令改正，处10万元以上30万元以下的罚款；情节严重的，由颁发资质证书的部门责令停业整顿，降低资质等级或者吊销资质证书；造成损失的，依法承担赔偿责任。

4. 施工单位节能法律责任

施工单位有下列行为之一的，由县级以上地方人民政府建设主管部门责令改正，处

10万元以上20万元以下的罚款；情节严重的，由颁发资质证书的部门责令停业整顿，降低资质等级或者吊销资质证书；造成损失的，依法承担赔偿责任：①未对进入施工现场的墙体材料、保温材料、门窗、采暖制冷系统和照明设备进行查验的；②使用不符合施工图设计文件要求的墙体材料、保温材料、门窗、采暖制冷系统和照明设备的；③使用列入禁止使用目录的技术、工艺、材料和设备的。

施工单位未按照民用建筑节能强制性标准进行施工的，由县级以上地方人民政府建设主管部门责令改正，处民用建筑项目合同价款2%以上4%以下的罚款；情节严重的，由颁发资质证书的部门责令停业整顿，降低资质等级或者吊销资质证书；造成损失的，依法承担赔偿责任。

5. 工程监理单位节能法律责任

工程监理单位有下列行为之一的，由县级以上地方人民政府建设主管部门责令限期改正；逾期未改正的，处10万元以上30万元以下的罚款；情节严重的，由颁发资质证书的部门责令停业整顿，降低资质等级或者吊销资质证书；造成损失的，依法承担赔偿责任：①未按照民用建筑节能强制性标准实施监理的；②墙体、屋面的保温工程施工时，未采取旁站、巡视和平行检验等形式实施监理的。

对不符合施工图设计文件要求的墙体材料、保温材料、门窗、采暖制冷系统和照明设备，按照符合施工图设计文件要求签字的，责令改正，处50万元以上100万元以下的罚款，降低资质等级或者吊销资质证书；有违法所得的，予以没收；造成损失的，承担连带赔偿责任。

6. 房地产开发企业节能法律责任

销售商品房，未向购买人明示所售商品房的能源消耗指标、节能措施和保护要求、保温工程保修期等信息，或者向购买人明示的所售商品房能源消耗指标与实际能源消耗不符的，依法承担民事责任；由县级以上地方人民政府建设主管部门责令限期改正；逾期未改正的，处交付使用的房屋销售总额2%以下的罚款；情节严重的，由颁发资质证书的部门降低资质等级或者吊销资质证书。

13.4 建筑工程节能的规定

13.4.1 建筑节能标准

建筑工程的建设、设计、施工和监理单位应当遵守建筑节能标准。不符合建筑节能标准的建筑工程，建设主管部门不得批准开工建设；已经开工建设的，应当责令停止施工、限期改正；已经建成的，不得销售或者使用。建筑节能的国家标准、行业标准由国务院建设主管部门组织制定，并依照法定程序发布。省、自治区、直辖市人民政府建设主管部门可以根据本地实际情况，制定严于国家标准或者行业标准的地方建筑节能标准，并报国务院标准化主管部门和国务院建设主管部门备案。国家鼓励企业制定严于国家标准、行业标准的企业节能标准。

建设主管部门应当加强对在建建筑工程执行建筑节能标准情况的监督检查。

13.4.2 固定资产投资项目节能评估和审查制度

国家实行固定资产投资项目节能评估和审查制度。不符合强制性节能标准的项目，依法负责项目审批或者核准的机关不得批准或者核准建设；建设单位不得开工建设；已经建成的，不得投入生产、使用。具体办法由国务院管理节能工作的部门会同国务院有关部门制定。

13.4.3 鼓励发展的建筑节能技术及产品

依据《民用建筑节能条例》，鼓励发展下列建筑节能技术和产品：①新型节能墙体和屋面的保温、隔热技术与材料；②节能门窗的保温隔热和密闭技术；③集中供热和热、电、冷联产联供技术；④供热采暖系统温度调控和分户热量计量技术与装置；⑤太阳能、地热等可再生能源应用技术及设备；⑥建筑照明节能技术与产品；⑦空调制冷节能技术与产品；⑧其他技术成熟、效果显著的节能技术和节能管理技术。

13.5 绿色施工节能法律规定

13.5.1 绿色施工的概念与原则

1. 绿色施工的概念

所谓的绿色施工，是指工程建设中，在保证质量、安全等基本要求的前提下，通过科学管理和技术进步，最大限度地节约资源与减少对环境负面影响的施工活动，实现节能、节地、节水、节材和环境保护。绿色施工应符合国家的法律、法规及相关的标准规范，实现经济效益、社会效益和环境效益的统一。实施绿色施工，应依据因地制宜的原则，贯彻执行国家、行业和地方相关的技术经济政策。

2. 绿色施工的原则

绿色施工是建筑全寿命周期中的一个重要阶段。实施绿色施工，应进行总体方案优化。在规划、设计阶段，应充分考虑绿色施工的总体要求，为绿色施工提供基础条件。实施绿色施工，应对施工策划、材料采购、现场施工、工程验收等各阶段进行控制，加强对整个施工过程的管理和监督。

13.5.2 节材与材料资源利用

《绿色施工导则》规定，图纸会审时，应审核节材与材料资源利用的相关内容，达到材料损耗率比定额损耗率降低30%；根据施工进度、库存情况等合理安排材料的采购、进场时间和批次，减少库存；现场材料堆放有序；储存环境适宜，措施得当；保管制度健全，责任落实；材料运输工具适宜，装卸方法得当，防止损坏和遗洒；根据现场平面布置情况就近卸载，避免和减少二次搬运；采取技术和管理措施提高模板、脚手架等的周转次数；优化安装工程的预留、预埋、管线路径等方案；应就地取材，施工现场500公里以内生产的建筑材料用量占建筑材料总重量的70%以上。

13.5.3 节水与水资源利用

《循环经济促进法》规定，国家鼓励和支持使用再生水。企业应当发展串联用水系统和循环用水系统，提高水的重复利用率。企业应当采用先进技术、工艺和设备，对生产过程中产生的废水进行再生利用。《绿色施工导则》进一步对提高用水效率、非传统水源利用和安全用水作出规定。

1）提高用水效率：①施工中采用先进的节水施工工艺；②施工现场喷洒路面、绿化浇灌不宜使用市政自来水；③施工现场供水管网应根据用水量设计布置，管径合理、管路简捷，采取有效措施减少管网和用水器具的漏损；④现场机具、设备、车辆冲洗用水必须设立循环用水装置；⑤施工现场建立可再利用水的收集处理系统，使水资源得到梯级循环利用；⑥施工现场分别对生活用水与工程用水确定用水定额指标，并分别计量管理；⑦大型工程的不同单项工程、不同标段、不同分包生活区，凡具备条件的应分别计量用水量；⑧对混凝土搅拌站点等用水集中的区域和工艺点进行专项计量考核。

2）非传统水源利用：①优先采用中水搅拌、中水养护，有条件的地区和工程应收集雨水养护；②处于基坑降水阶段的工地，宜优先采用地下水作为混凝土搅拌用水、养护用水、冲洗用水和部分生活用水；③现场机具、设备、车辆冲洗、喷洒路面、绿化浇灌等用水，优先采用非传统水源，尽量不使用市政自来水；④大型施工现场，尤其是雨量充沛地区的大型施工现场建立雨水收集利用系统，充分收集自然降水用于施工和生活中适宜的部位；⑤力争施工中非传统水源和循环水的再利用量大于30%。

3）用水安全：在非传统水源和现场循环再利用水的使用过程中，应制定有效的水质检测与卫生保障措施，确保避免对人体健康、工程质量以及周围环境产生不良影响。

13.5.4 节能与能源利用

《绿色施工导则》对节能措施，机械设备与机具，生产、生活及办公临时设施，施工用电及照明分别作出规定。

1）节能措施：①制定合理施工能耗指标，提高施工能源利用率；②优先使用国家、行业推荐的节能、高效、环保的施工设备和机具；③施工现场分别设定生产、生活、办公和施工设备的用电控制指标，定期进行计量、核算、对比分析，并有预防与纠正措施；④在施工组织设计中，合理安排施工顺序、工作面，以减少作业区域的机具数量，相邻作业区充分利用共有的机具资源；⑤根据当地气候和自然资源条件，充分利用太阳能、地热等可再生能源。

2）机械设备与机具：①建立施工机械设备管理制度，开展用电、用油计量，完善设备档案，及时做好维修保养工作，使机械设备保持低耗、高效的状态；②选择功率与负载相匹配的施工机械设备，避免大功率施工机械设备低负载长时间运行；③合理安排工序，提高各种机械的使用率和满载率，降低各种设备的单位耗能。

3）生产、生活及办公临时设施：①利用场地自然条件，合理设计生产、生活及办公临时设施的体形、朝向、间距和窗墙面积比，使其获得良好的日照、通风和采光。南方地区可根据需要在其外墙窗设遮阳设施；②临时设施宜采用节能材料，墙体、屋面使用隔热性能好的材料，减少夏天空调、冬天取暖设备的使用时间及耗能量；③合理配置采暖、空调、风扇数量，规定使用时间，实行分段分时使用，节约用电。

4）施工用电及照明：①临时用电优先选用节能电线和节能灯具，临电线路合理设计、布置，临电设备宜采用自动控制装置。采用声控、光控等节能照明灯具；②照明设计以满足最低照度为原则，照度不应超过最低照度的20%。

13.5.5 节地与施工用地保护

1）临时用地指标：①根据施工规模及现场条件等因素合理确定临时设施；②要求平面布置合理、紧凑，在满足环境、职业健康与安全及文明施工要求的前提下尽可能减少废弃地和死角，临时设施占地面积有效利用率大于90%。

2）临时用地保护：①应对深基坑施工方案进行优化，减少土方开挖和回填量，最大限度地减少对土地的扰动，保护周边自然生态环境；②红线外临时占地应尽量使用荒地、废地，少占用农田和耕地；③利用和保护施工用地范围内原有绿色植被。

3）施工总平面布置：①施工总平面布置应做到科学、合理，充分利用原有建筑物、构筑物、道路、管线为施工服务；②施工现场搅拌站、仓库、加工厂、作业棚、材料堆场等布置应尽量靠近已有交通线路或即将修建的正式或临时交通线路，缩短运输距离；③临时办公和生活用房应采用经济、美观、占地面积小、对周边地貌环境影响较小，且适合于施工平面布置动态调整的多层轻钢活动板房、钢骨架水泥活动板房等标准化装配式结构。生活区与生产区应分开布置，并设置标准的分隔设施；④施工现场围墙可采用连续封闭的轻钢结构预制装配式活动围挡，减少建筑垃圾，保护土地；⑤施工现场道路按照永久道路和临时道路相结合的原则布置；⑥临时设施布置应注意远近结合（本期工程与下期工程），努力减少和避免大量临时建筑拆迁和场地搬迁。

13.5.6　节能技术进步

《节约能源法》规定，国家鼓励、支持节能科学技术的研究、开发、示范和推广，促进节能技术创新与进步。《绿色施工导则》提倡：施工方案应建立推广、限制、淘汰公布制度和管理办法。发展适合绿色施工的资源利用与环境保护技术，对落后的施工方案进行限制或淘汰，鼓励绿色施工技术的发展，推动绿色施工技术的创新。

第十四章　建设工程其他相关法律制度

14.1　标准化法律制度

14.1.1　工程建设标准的概念

所谓标准是对重复性事物和概念所做的统一规定。它以科学技术实践经验的综合成果为基础，经过有关方面协商一致，由主管部门批准，以特定形式发布，作为共同遵守的准则和依据。工程建设标准是指对基本建设中各类工程的勘察、规划、设计、施工、安装、验收等需要协调统一的事项所指定的标准，包括技术标准、经济标准和管理标准。

我国历来重视工程建设标准化工作，先后办不了许多关于工程建设标准化的法律、法规和规章等。1988 年 12 月 29 日，第七届全国人民代表大会常务委员会第五次会议通过《中华人民共和国标准化法》，于 1989 年 4 月 1 日正式施行。1990 年 4 月 6 日国务院颁布《中华人民共和国标准化法实施条例》。1992 年 12 月 30 日原建设部颁布了《工程建设国家标准管理办法》和《工程建设行业标准管理办法》；2000 年 8 月 1 日原建设部颁布了《实施工程建设强制性标准监督规定》等，这些法律、法规以及规范性文件的实施，使我国工程建设标准化进入了法制化的轨道。

14.1.2　工程建设标准的分类

工程建设标准设计工程建设领域的各个方面，标准数量多、内容综合性强、相互之间有较强的协调和相互关系。对于工程建设标准，从不同的角度出发，有多种不同的分类方式。

1. 阶段分类法

阶段分类法是根据建设工程的基本建设程序，按照每一建设工程建设标准的服务阶段，将其划分为不同阶段的标准。习惯上，通常把基本建设程序划分为两大阶段：

(1) 决策阶段

决策阶段，即可行性研究和计划任务书阶段。这个阶段，工程项目建设的可行性和可能性，正处在经济、技术和效益等的比较和分析论证之中，为这个阶段服务的标准，称为决策阶段的标准。例如：《中小学校工程项目建设标准》等，其内容主要是根据特定的工程项目，规定其建设规模、项目构成、投资估算指标等，是确定特定工程项目是否具备建设条件或建设该特定工程项目需要具备的条件等。

(2) 实施阶段

实施阶段，即从工程项目的勘察、规划、设计、施工、验收使用、管理、维护、加固到拆除。这个阶段，主要是如何实施工程项目的建设，保证工程项目建设的安全和质量，做到技术先进、经济合理、安全适用，为这个阶段服务的标准，称为实施阶段的标准。例如：《中小学校建筑设计规范》等，这类标准，主要针对拟建项目或既有工程的勘察、规划、设计、施工、验收以及使用维护、加固、拆除等的技术要求，做出相应的规定，是工程建设各阶段的具体技术依据和准则。目前，随着建设工程的使用、管理、维护、加固、拆除等工程量和重要性的加大，该领域标准的数量也迅速增加，存在着划分出一个新的阶段（即使用阶段的标准）的趋势或倾向。

由于工程建设标准最初是从工程设计和施工的需要出发，而逐步发展起来的，因此，人们通常将实施阶段标准称为工程建设标准，而且这一习惯在《工程建设标准化管理规定》中得到了明确，即：工程建设标准的范围界定为实施阶段所需要的各种标准，而对于决策阶段的标准，因其多属于企业内部的决策范畴，并没有纳入标准化管理的范畴。

2. 层次分类法

层次分类法是按照每一项工程建设标准的使用范围，即标准的覆盖面，将其划分为不同层次的分类方法。根据这种分类方法，工程建设标准可以划分为企业标准、地方标准、行业标准、国家标准、国际标准等。在某一企业使用的标准为企业标准；在某一地方行政区域使用的标准为地方标准；在全国某一行业使用的标准为行业标准；在全国范围使用的标准为国家标准；可以在国际某一区域使用的标准为国际区域性标准，如欧共体标准等；由国际标准化组织（ISO）、国际电工委员会（IEC）制定或认可的，可以在各成员国使用的标准为国际标准。

3. 属性分类法

属性分类法是按照每一项工程建设标准在实际建设活动中要求贯彻执行的程度不同，将其划分为不同法律属性的分类方法。这种分类方法，一般不适用于企业标准。所谓法律属性，是指标准本身是否具有法律上的强制作用。按照这种分类方法，工程建设标准划分为强制性标准和推荐性标准。强制性标准必须执行，推荐性标准自愿采用。

（1）工程建设强制性标准

工程建设强制性标准是指国家通过法律的形式明确要求对于一些标准所规定的技术内容和要求必须执行，不允许以任何理由或方式加以违反、变更的标准，包括强制性的国家标准、行业标准和地方标准。

（2）工程建设推荐性标准

工程建设推荐性标准是指国家鼓励自愿采用的具有指导作用而又不宜强制执行的标准，即标准所规定的技术内容和要求具有普遍的指导作用，允许使用单位结合自己的实际情况，灵活加以选用。

属性分类法，在国外比较少见。在国外相关立法中，标准就是标准，除法规（包括技术法规）引用的标准或标准的某些条款外，都是自愿采用的标准，没有强制之说。但是对技术上的强制性要求，均纳入强制执行的法规——技术法规之列。而这些技术法规被排除在标准的范畴以外。

4. 性质分类法

性质分类法是按照每一项工程建设标准的内容，将其划分为不同性质标准的分类方法。根据这种分类方法，工程建设标准一般划分为技术标准、经济标准和管理标准。

技术标准是指工程建设中需要协调统一的技术要求所制定的标准，技术要求一般包括工程的质量特性、采用的技术措施和方法等；经济标准是指工程建设中针对经济方面需要协调统一的事项所制定的标准，用以规定或衡量工程的经济性能和造价等，例如：工程概算、预算定额、工程造价指标、投资估算定额等；管理标准是指管理机构行使其管理职能而制定的具有特定管理功能的标准，例如：《建设工程监理规范》、《建设工程项目管理规范》、《建筑设计企业质量管理规范》等。管理标准根据其功能的不同，又可以细分为一般管理标准和岗位工作标准。

5. 对象分类法

对象分类法是指按照每一项工程建设标准的标准化对象，将其进行分类的方法。就工程建设标准化的对象来看，种类相当多，而且标准化的方法也不尽相同，无法用一个固定的尺度进行划分。在工程建设标准化领域，人们通常采用两种方法，一是按标准对象的专业属性进行分类，这种分类方法，目前一般应用在确立标准体系方面；二是按标准对象本身的特性进行分类，一般分为基础标准、方法标准、安全、卫生和环境保护标准、综合性标准、质量标准。

(1) 基础标准

基础标准是指在一定范围内作为其他标准制定、执行的基础，而普遍使用，并具有广泛指导意义的标准。基础标准一般包括：①技术语言标准，例如：术语、符号、代号标准、制图方法标准等；②互换配合标准，例如：建筑模数标准；③技术通用标准，即针对技术工作和标准化工作等制定的需要共同遵守的标准，例如：工程结构可靠度设计统一标准等。

(2) 方法标准

方法标准是指以工程建设中的试验、检验、分析、抽样、评定、计算、统计、测定、作业等方法为对象制定的标准。例如：《土工试验方法标准》、《混凝土力学性能试验方法标准》、《厅堂混响时间测量规范》、《钢结构质量检验评定标准》等。方法标准是实施工程建设标准的重要手段，对于推广先进方法，保证工程建设标准执行结果的准确一致，具有重要的作用。

(3) 安全、卫生和环境保护的标准

安全、卫生和环境保护的标准是指工程建设中为保护人体健康、人身和财产的安全，保护环境等而制定的标准。一般包括："二废"排放、防止噪声、抗震、防火、防爆、防振等方面，例如：《建筑抗震设计规范》、《生活饮用水卫生标准》、《建筑设计防火规范》、《民用建筑室内环境污染控制规范》等。

(4) 质量标准

质量标准是指为保证工程建设各环节最终成果的质量，以技术上需要确定的方法、参数、指标等为对象而制定的标准。例如：设计方案优化条件、工程施工中允许的偏差、勘察报告的内容和深度等。在工程建设标准中，单独的质量标准所占的比重比较小，但它作为标准的一个类别，将会随着工程建设标准化工作的深入发展和标准体系的改革而变得更加显著。

(5) 综合性标准

综合性标准是指以上几类标准的两种或若干种的内容为对象而制定的标准。综合性标准在工程建设标准中所占的比重比较大，一般来说，勘察、规划、设计、施工及验收等方面的标准规范，都属于综合性标准的范畴。例如：《钢结构施工及验收规范》，其内容包括术语、材料、施工方法、施工质量要求、检验方法和要求等，其中，既有基础标准、方法标准的内容，又包括了质量保证方面的内容等。

14.1.3　我国工程建设标准体制

根据我国发布的标准化的法律和行政法规，可将工程建设标准划分为国家标准、行业标准、地方标准和企业标准四个层次。

对需要在全国范围内统一的下列技术要求，应当制定国家标准；对没有国家标准而又需要在全国某个行业范围内统一的技术要求，可以制定行业标准；对没有国家标准和行业标准而又需要在省、自治区、直辖市范围内统一的工业产品的安全、卫生要求，可以制定地方标准。企业生产的产品没有国家标准、行业标准和地方标准的，应当制定相应的企业标准，作为组织生产的依据。企业标准由企业组织制定，并按省、自治区、直辖市人民政府的规定备案。对已有国家标准、行业标准或者地方标准的，鼓励企业制定严于国家标准、行业标准或者地方标准要求的企业标准，在企业内部适用。

1. 国家标准

国家标准指在全国范围内需要统一或国家需要控制的工程建设技术要求所制定的标准。如《公共建筑节能设计标准》GB 50189—2005、《住宅建筑规范》GB 50368—2005等。国家标准在全国范围内适用，其他各级标准不得与之相抵触。

根据《工程建设国家标准管理办法》的规定，对需要在全国范围内统一的下列技术要求，应当制定国家标准：①工程建设勘察、规划、设计、施工（包括安装）及验收等通用的质量要求；②工程建设通用的有关安全、卫生和环境保护的技术要求；③工程建设通用的术语、符号、代号、量与单位、建筑模数和制图方法；④工程建设通用的试验、检验和评定等方法；⑤工程建设通用的信息技术要求；⑥国家需要控制的其他工程建设通用的技术要求。法律另有规定的，依照法律的规定执行。

国家标准分为强制性标准和推荐性标准。下列标准属于强制性标准：①工程建设勘察、规划、设计、施工（包括安装）及验收等通用的综合标准和重要的通用的质量标准；②工程建设通用的有关安全、卫生和环境保护的标准；③工程建设通用的术语、符号、代号、量与单位、建筑模数和制图方法标准；④工程建设重要的通用的试验、检验和评定方法等标准；⑤工程建设重要的通用的信息技术标准；⑥国家需要控制的其他工程建设通用的标准。强制性标准以外的标准是推荐性标准。

2. 行业标准

工程建设行业标准是指在工程建设活动中，指没有国家标准，而又需要在全国某个行业内统一的技术要求所制定的标准。如《外墙外保温工程技术规程》JGJ 144—2004等。行业标准是对国家标准的补充，是专业性、技术性较强的标准。行业标准的制定不得与国家标准相抵触，国家标准公布实施后，相应的行业标准即行废止。

对没有国家标准而需要在全国某个行业范围内统一的下列技术要求，可以制定行业标准：①工程建设勘察、规划、设计、施工（包括安装）及验收等行业专用的质量要求；②工程建设行业专用的有关安全、卫生和环境保护的技术要求；③工程建设行业专用的术语、符号、代号、量与单位和制图方法；④工程建设行业专用的试验、检验和评定等方法；⑤工程建设行业专用的信息技术要求；⑥其他工程建设行业专用的技术要求。

行业标准分为强制性标准和推荐性标准。下列标准属于强制性标准：①工程建设勘察、规划、设计、施工（包括安装）及验收等行业专用的综合性标准和重要的行业专用的质量标准；②工程建设行业专用的有关安全、卫生和环境保护的标准；③工程建设重要的行业专用的术语、符号、代号、量与单位和制图方法标准；④工程建设重要的行业专用的试验、检验和评定方法等标准；⑤工程建设重要的行业专用的信息技术标准；⑥行业需要控制的其他工程建设标准。强制性标准以外的标准是推荐性标准。

行业标准不得与国家标准相抵触。有关行业标准之间应当协调、统一、避免重复。行业标准由国务院有关行政主管部门审批、编号和发布。行业标准的某些规定与国家标准不一致时，必须有充分的科学依据和理由，并经国家标准的审批部门批准。行业标准在相应的国家标准实施后，应当及时修订或废止。

行业标准实施后，该标准的批准部门应当根据科学技术的发展和工程建设的实际需要适时进行复审，确认其继续有效或予以修订、废止。一般五年复审一次，复审结果报国务院工程建设行政主管部门备案。

3. 地方标准

工程建设地方标准是指在工程建设活动中，指对没有国家标准、行业标准，而又需要在省、自治区、直辖市范围内统一的技术要求所制定的标准。如《云南省太阳能热水系统与建筑一体化设计施工技术规程》就是云南省工程建设地方标准。地方标准在本行政区域范围内适用，不得与国家标准和行业标准相抵触。国家标准、行业标准公布实施后，相应的地方标准即行废止。

4. 企业标准

工程建设企业标准是指在工程建设活动中，企业范围内需要协调、统一的技术要求、管理要求和工作要求所制定的标准，是企业组织生产和经营活动的依据。企业标准的制定不得低于国家标准、地方标准，它是对上级标准的补充和依据企业自身的特点具体化的标准。

14.1.4 工程建设强制性标准的监督管理

1. 工程建设强制性标准

在中华人民共和国境内从事新建、扩建、改建等工程建设活动，必须执行工程建设强制性标准。工程建设强制性标准是指直接涉及工程质量、安全、卫生及环境保护等方面的工程建设标准强制性条文。

建设部自2000年以来相继批准了《工程建设标准强制性条文》共十五部分，包括城乡规划、城市建设、房屋建筑、工业建筑、水利工程、电力工程、信息工程、水运工程、公路工程、铁道工程、石油和化工建设工程、矿山工程、人防工程、广播电影电视工程和民航机场工程，覆盖了工程建设的各主要领域。与此同时，建设部颁布了建设部令81号《实施工程建设强制性标准监督规定》，明确了工程建设强制性标准是指直接涉及工程质量、安全、卫生及环境保护等方面的工程建设标准强制性条文，从而确立了强制性条文的法律地位。根据《建设工程质量管理条例》和《实施工程建设强制性标准监督规定》，原建设部组织《工程建设标准强制性条文》（房屋建筑部分）咨询委员会等有关单位，对2002版强制性条文房屋建筑部分进行了修订。2009版《强制性条文》，补充了2002版《强制性条文》实施以后新发布的国家标准和行业标准（含修订项目，截止时间为2008年12月31日）的强制性条文，并经适当调整和修订而成。2009年版强制性条文共分10篇，引用工程建设标准226本，编录强制性条文2020条。篇目划分及引用标准见表14-1。

2009 版房屋建筑强制性条文篇目一览表　　　表 14-1

项次	篇目	名 称	引用标准数	编录强制性条文数
1	第一篇	建筑设计	38	208
2	第二篇	建筑设备	33	265
3	第三篇	建筑防火	33	446
4	第四篇	建筑节能	10	84
5	第五篇	勘察和地基基础	10	90
6	第六篇	结构设计	21	176
7	第七篇	抗震设计	12	89
8	第八篇	鉴定加固和维护	7	100
9	第九篇	施工质量	49	314
10	第十篇	施工安全	13	248
11	合 计	共十篇	226 本	2020 条

2. 监督管理体制

国家工程建设标准强制性条文由国务院建设行政主管部门会同国务院有关行政主管部门确定。国务院建设行政主管部门负责全国实施工程建设强制性标准的监督管理工作。国务院有关行政主管部门按照国务院的职能分工负责实施工程建设强制性标准的监督管理工作。县级以上地方人民政府建设行政主管部门负责本行政区域内实施工程建设强制性标准的监督管理工作。

3. 监督管理机构

工程建设中拟采用的新技术、新工艺、新材料，不符合现行强制性标准规定的，应当由拟采用单位提请建设单位组织专题技术论证，报批准标准的建设行政主管部门或者国务院有关主管部门审定。工程建设中采用国际标准或者国外标准，现行强制性标准未作规定的，建设单位应当向国务院建设行政主管部门或者国务院有关行政主管部门备案。

建设项目规划审查机构应当对工程建设规划阶段执行强制性标准的情况实施监督。施工图设计文件审查单位应当对工程建设勘察、设计阶段执行强制性标准的情况实施监督。建筑安全监督管理机构应当对工程建设施工阶段执行施工安全强制性标准的情况实施监督。工程质量监督机构应当对工程建设施工、监理、验收等阶段执行强制性标准的情况实施监督。

4. 监督检查

(1) 监督检查的方式

工程建设标准批准部门应当定期对建设项目规划审查机关、施工图设计文件审查单位、建筑安全监督管理机构、工程质量监督机构实施强制性标准的监督进行检查，对监督不力的单位和个人，给予通报批评，建议有关部门处理。工程建设标准批准部门应当对工程项目执行强制性标准情况进行监督检查。监督检查可以采取重点检查、抽查和专项检查的方式。

(2) 监督检查的内容

强制性标准监督检查的内容包括：①有关工程技术人员是否熟悉、掌握强制性标准；

②工程项目的规划、勘察、设计、施工、验收等是否符合强制性标准的规定；③工程项目采用的材料、设备是否符合强制性标准的规定；④工程项目的安全、质量是否符合强制性标准的规定；⑤工程中采用的导则、指南、手册、计算机软件的内容是否符合强制性标准的规定。工程建设标准批准部门应当将强制性标准监督检查结果在一定范围内公告。

5. 法律责任

建设单位有下列行为之一的，责令改正，并处以 20 万元以上 50 万元以下的罚款：①明示或者暗示施工单位使用不合格的建筑材料、建筑构配件和设备的；②明示或者暗示设计单位或者施工单位违反工程建设强制性标准，降低工程质量的。

勘察、设计单位违反工程建设强制性标准进行勘察、设计的，责令改正，并处以 10 万元以上 30 万元以下的罚款。有上述行为，造成工程质量事故的，责令停业整顿，降低资质等级；情节严重的，吊销资质证书；造成损失的，依法承担赔偿责任。

施工单位违反工程建设强制性标准的，责令改正，处工程合同价款 2%以上 4%以下的罚款；造成建设工程质量不符合规定的质量标准的，负责返工、修理，并赔偿因此造成的损失；情节严重的，责令停业整顿，降低资质等级或者吊销资质证书。

工程监理单位违反强制性标准规定，将不合格的建设工程以及建筑材料、建筑构配件和设备按照合格签字的，责令改正，处 50 万元以 100 万元以下的罚款，降低资质等级或者吊销资质证书；有违法所得的，予以没收；造成损失的，承担连带赔偿责任。

违反工程建设强制性标准造成工程质量、安全隐患或者工程事故的，按照《建设工程质量管理条例》有关规定，对事故责任单位和责任人进行处罚。建设行政主管部门和有关行政部门工作人员，玩忽职守、滥用职权、徇私舞弊的，给予行政处分；构成犯罪的，依法追究刑事责任。

14.2 环境保护法律制度

14.2.1 环境保护法的概念

环境保护法调整因保护环境和自然资源、防治污染和其他公害而产生的各种社会关系的法律规范的总称。中国非常重视环境保护立法工作。《宪法》明确规定："国家保护和改善生活环境和生态环境，防治污染和其他公害"。《刑法》将严重危害自然环境、破坏野生动植物资源的行为定为危害公共安全罪和破坏社会主义经济秩序罪。1989 年 12 月 26 日第七届全国人民代表大会常务委员会第十一次会议通过了《环境保护法》。中华人民共和国第十二届全国人民代表大会常务委员会第八次会议于 2014 年 4 月 24 日通过了修订后的《环境保护法》，自 2015 年 1 月 1 日起施行。自 1982 年以后，全国人民代表大会常务委员会先后通过了《海洋环境保护法》、《水污染防治法》、《大气污染防治法》、《环境噪声污染防治法》、《固体废物污染防治法》和《环境影响评价法》。另外，国务院还颁布了一系列保护环境、防止污染及其他公害的行政法规。

14.2.2 环境保护的基本制度

环境保护法的基本制度是指为实现环境保护法的目的、任务，依据环境保护的基本原则制定的调整某一类或者某一方面环境保护法律关系的法律规范的总称。我国环境保护法的基本制度主要有：环境影响评价制度；"三同时"制度；排污收费制度；许可证制度；

限期治理制度；环境污染与破坏事故的报告及处理制度。

1. 环境影响评价制度

环境影响评价制度是指环境影响评价，是指对规划和建设项目实施后可能造成的环境影响进行分析、预测和评估，提出预防或者减轻不良环境影响的对策和措施，进行跟踪监测的方法与制度。

(1) 环境影响评价制度的历史发展

1973 年首先提出环境影响评价的概念，1979 年颁布的《环境保护法（试行）》使环境影响评价制度化、法律化。

1989 年颁布正式《环境保护法》，该法第 13 条规定："建设污染环境的项目，必须遵守国家有关建设项目环境保护管理的规定。建设项目的环境影响报告书，必须对建设项目产生的污染和对环境的影响做出评价，规定防治措施，经项目主管部门预审并依照规定的程序报环境保护行政主管部门批准。环境影响报告书经批准后，计划部门方可批准建设项目设计任务书。" 1998 年，国务院颁布了《建设项目环境保护管理条例》，进一步提高了环境影响评价制度的立法规格，同时环境影响评价的适用范围、评价时机、审批程序、法律责任等方面均做出了很大修改。

2003 年 9 月 1 日起施行的《环境影响评价法》可以说是我国环境影响评价制度发展历史上的一个新的里程碑，是我国环境影响评价走向完善的标志。

(2) 国家对建设项目的环境影响评价实行分类管理

建设单位应当按照下列规定组织编制环境影响报告书、环境影响报告表或者填报环境影响登记表：①可能造成重大环境影响的，应当编制环境影响报告书，对产生的环境影响进行全面评价；②可能造成轻度环境影响的，应当编制环境影响报告表，对产生的环境影响进行分析或者专项评价；③对环境影响很小、不需要进行环境影响评价的，应当填报环境影响登记表。建设项目的环境影响评价分类管理名录，由国务院环境保护行政主管部门制定并公布。

(3) 环境影响报告书的内容

建设项目的环境影响报告书应当包括下列内容：①建设项目概况；②建设项目周围环境现状；③建设项目对环境可能造成影响的分析、预测和评估；④建设项目环境保护措施及其技术、经济论证；⑤建设项目对环境影响的经济损益分析；⑥对建设项目实施环境监测的建议；⑦环境影响评价的结论。涉及水土保持的建设项目，还必须有经水行政主管部门审查同意的水土保持方案。建设项目的环境影响评价，应当避免与规划的环境影响评价相重复。

(4) 建设项目环境影响评价机构

接受委托为建设项目环境影响评价提供技术服务的机构，应当经国务院环境保护行政主管部门考核审查合格后，颁发资质证书，按照资质证书规定的等级和评价范围，从事环境影响评价服务，并对评价结论负责。为建设项目环境影响评价提供技术服务的机构的资质条件和管理办法，由国务院环境保护行政主管部门制定。国务院环境保护行政主管部门对已取得资质证书的为建设项目环境影响评价提供技术服务的机构的名单，应当予以公布。为建设项目环境影响评价提供技术服务的机构，不得与负责审批建设项目环境影响评价文件的环境保护行政主管部门或者其他有关审批部门存在任何利益关系。环境影响评价文件中的环境影响报告书或者环境影响报告表，应当由具有相应环境影响评价资质的机构编制。任何单位和个人不得为建设单位指定对其建设项目进行环境影响评价的机构。

(5) 建设项目环境影响评价文件的审批管理

除国家规定需要保密的情形外，对环境可能造成重大影响、应当编制环境影响报告书的建设项目，建设单位应当在报批建设项目环境影响报告书前，举行论证会、听证会，或者采取其他形式，征求有关单位、专家和公众的意见。建设单位报批的环境影响报告书应当附具对有关单位、专家和公众的意见采纳或者不采纳的说明。建设项目的环境影响评价文件，由建设单位按照国务院的规定报有审批权的环境保护行政主管部门审批；建设项目有行业主管部门的，其环境影响报告书或者环境影响报告表应当经行业主管部门预审后，报有审批权的环境保护行政主管部门审批。审批部门应当自收到环境影响报告书之日起60日内，收到环境影响报告表之日起30日内，收到环境影响登记表之日起15日内，分别做出审批决定并书面通知建设单位。预审、审核、审批建设项目环境影响评价文件，不得收取任何费用。

国务院环境保护行政主管部门负责审批下列建设项目的环境影响评价文件：①核设施、绝密工程等特殊性质的建设项目；②跨省、自治区、直辖市行政区域的建设项目；③由国务院审批的或者由国务院授权有关部门审批的建设项目。上述规定以外的建设项目的环境影响评价文件的审批权限，由省、自治区、直辖市人民政府规定。建设项目可能造成跨行政区域的不良环境影响，有关环境保护行政主管部门对该项目的环境影响评价结论有争议的，其环境影响评价文件由共同的上一级环境保护行政主管部门审批。

建设项目的环境影响评价文件经批准后，建设项目的性质、规模、地点、采用的生产工艺或者防治污染、防止生态破坏的措施发生重大变动的，建设单位应当重新报批建设项目的环境影响评价文件。建设项目的环境影响评价文件自批准之日起超过5年，方决定该项目开工建设的，其环境影响评价文件应当报原审批部门重新审核；原审批部门应当自收到建设项目环境影响评价文件之日起10日内，将审核意见书面通知建设单位。建设项目的环境影响评价文件未经法律规定的审批部门审查或者审查后未予批准的，该项目审批部门不得批准其建设，建设单位不得开工建设。建设项目建设过程中，建设单位应当同时实施环境影响报告书、环境影响报告表以及环境影响评价文件审批部门审批意见中提出的环境保护对策措施。

(6) 建设项目环境影响的后评价和跟踪管理

在项目建设、运行过程中产生不符合经审批的环境影响评价文件的情形的，建设单位应当组织环境影响的后评价，采取改进措施，并报原环境影响评价文件审批部门和建设项目审批部门备案；原环境影响评价文件审批部门也可以责成建设单位进行环境影响的后评价，采取改进措施。环境保护行政主管部门应当对建设项目投入生产或者使用后所产生的环境影响进行跟踪检查，对造成严重环境污染或者生态破坏的，应当查清原因、查明责任。对属于为建设项目环境影响评价提供技术服务的机构编制不实的环境影响评价文件的，依照法律的规定追究其法律责任；属于审批部门工作人员失职、渎职，对依法不应批准的建设项目环境影响评价文件予以批准的，依照法律的规定追究其法律责任。

2. "三同时"制度

"三同时"制度是指对环境有影响的一切建设项目，必须依法执行环境保护设施与主体工程同时设计、同时施工、同时投产使用的制度，简称“三同时”制度。“三同时”制度是我国环境管理的一项基本制度，也是我国所独创的一项环境保护法律制度，是控制新污染源的产生，实现预防为主原则的一条重要途径。《环境保护法》第41条规定：“建设项目中防治污染的设施，必须与主体工程同时设计、同时施工、同时投产使用。防治污染的设施应当符合经批准的环境影响评价文件的要求，不得擅自拆除或者闲置。”

“三同时”制度的主要内容包括：①建设项目的初步设计应当按照环境保护设计规范的要求，编制环境保护篇章。②建设项目的施工，环境保护设施必须与主体工程同时施工。③建设项目的主体工程完工后，需要进行试生产，其配套建设的环境保护设施必须与主体工程同时投入试运行。④建设项目竣工后，建设单位应当向审批该项目环境影响报告书和登记表的环境保护行政主管部门，申请该项目需要配套建设的环境保护设施竣工验收，并应与主体工程竣工验收同时进行。⑤建设项目需要配套建设的环境保护设施经验收合格，该建设项目方可正式投入生产或者使用。

3. 排污收费制度

排污收费制度，是指向环境排放污染物或超过规定的标准排放污染物的排污者，依照国家法律和有关规定按标准交纳费用的制度。征收排污费的目的，是为了促使排污者加强经营管理，节约和综合利用资源，治理污染，改善环境。排污收费制度是“污染者付费”原则的体现，可以使污染防治责任与排污者的经济利益直接挂钩，促进经济效益、社会效益和环境效益的统一。

（1）排污费的征收对象

《排污费征收使用管理条例》第2条规定直接向环境排放污染物的单位和个体工商户，简称排污者，应当缴纳排污费。而对于非直接向环境排放污染物的，如排污者向城市污水集中处理设施排放污水、缴纳污水处理等费用的，不再缴纳污水排污费。另外，排污者建成工业固体废物贮存或者处置设施、场所并符合环境保护标准，或者其原有工业固体废物贮存或者处置设施、场所经改造符合环境保护标准的，自建成或者改造完成之日起，不再缴纳排污费。按照法律规定征收环境保护税的，不再征收排污费。

（2）排污费的征收

国务院价格主管部门、财政部门、环境保护行政主管部门和经济贸易主管部门，根据污染治理产业化发展的需要、污染防治的要求和经济、技术条件以及排污者的承受能力，制定国家排污费征收标准。国家排污费征收标准中未作规定的，省、自治区、直辖市人民政府可以制定地方排污费征收标准，并报国务院价格主管部门、财政部门、环境保护行政主管部门和经济贸易主管部门备案。排污费征收标准的修订，实行预告制。

排污者应当按照下列规定缴纳排污费：①依照大气污染防治法、海洋环境保护法的规定，向大气、海洋排放污染物的，按照排放污染物的种类、数量缴纳排污费。②依照水污染防治法的规定，向水体排放污染物的，按照排放污染物的种类、数量缴纳排污费；向水体排放污染物超过国家或者地方规定的排放标准的，按照排放污染物的种类、数量加倍缴纳排污费。③依照固体废物污染环境防治法的规定，没有建设工业固体废物贮存或者处置的设施、场所，或者工业固体废物贮存或者处置的设施、场所不符合环境保护标准的，按照排放污染物的种类、数量缴纳排污费；以填埋方式处置危险废物不符合国家有关规定的，按照排放污染物的种类、数量缴纳危险废物排污费。④依照环境噪声污染防治法的规定，产生环境噪声污染超过国家环境噪声标准的，按照排放噪声的超标声级缴纳排污费。排污者缴纳排污费，不免除其防治污染、赔偿污染损害的责任和法律、行政法规规定的其他责任。

4. 许可证制度

许可证既是国家对行政管理相对人从事某种活动的一种法律上的认可，又是行政管理相对人得到法律保护的一种凭证。根据我国环境保护法的规定，许可证的种类主要包括防止环境污染许可证、防止环境破坏许可证和整体环境保护许可证三大类。许可证制度是指有关许可证的申请、审核、颁发、中止与废止和监督管理等方面所作的规定的总称。

(1) 排污许可证

凡是对环境有不良影响的各种规划、开发、建设项目、排污设施或经营活动，其建设者或经营者，需要一先提出申请，经主管部门审查批准，颁发许可证后才能从事该项活动，这就是许可证制度。在环境管理中使用最广泛的是排污许可证。

(2) 排污申报登记

排放污染物的单位，必须在指定的时间内，向当地环境保护行政主管部门办理排污申报登记手续，并提供有关资料。排污单位必须如实填写申报登记表，经本单位主管部门核实后，报当地环境保护行政主管部门审批。企业事业单位的新建和技术改造项目，应在试产前 3 个月内向当地环境保护行政主管部门进行排污申报登记。排污单位排放污染物的种类、数量、浓度有重大变化或者改变排放方式、排放去向时，应提前 15 天向当地环境保护行政主管部门申请履行变更登记手续。

(3) 确定本地区污染物排放总量控制指标和分配污染物总量削减指标

地区污染物总量控制指标，可以根据水体功能或者水质目标的要求确定；污染物总量削减指标，可以根据水环境和污染物排放现状确定。

(4) 排污许可证的审核和发放

环境保护行政主管部门收到排污单位填报的《排污申报登记表》后，应当对其申报登记的内容进行审查、核实。对不超过排污总量控制指标的排污单位，颁发《排放许可证》；对超出排污总量控制指标的排污单位，颁发《临时排放许可证》，并限期削减排放量。《排放许可证》的有效期限最长不得超过 5 年；《临时排放许可证》的有效期限最长不得超 2 年。

(5) 排污许可证的监督与管理

排污单位必须严格按照排污许可证的规定排放污染物，必须按规定向当地环境保护行政主管部门报告本单位的排污情况。持有《临时排放许可证》的单位，必须定期向当地环境保护行政主管部门报告削减排放量的进度情况，经削减达到排污总量控制指标的单位，可向当地环境保护行政主管部门申请《排放许可证》。违反《排放许可证》规定额度超量排污的，当地环境保护行政主管部门根据情节，有权中止或吊销其《排放许可证》。排污许可证制度是实行排污权交易的基础。排污权交易，亦称排污指标有偿转让，是指排污单位在环境保护行政主管部门的监督管理下，以排污指标为标的进行交易。它是一种环境管理的经济手段。通过运用市场刺激机制，鼓励企业采用低费用、少污染的措施，有利于污染源合理布局和资源的优化配置。

5. 限期治理制度

限期治理制度是指对污染严重的项目、行业和区域，由有关国家机关依法限定其在一定期限内，完成治理任务，达到治理目标的规定的总称。狭义限期治理包括污染严重的排放源（设施、单位）的限期治理、行业性污染的限期治理和污染严重的某一区域及流域的限期治理。广义的限期治理，还包括由开发活动所造成的环境破坏方面的限期完成更新造林任务、责令期改正等。

（1）限期治理的对象

限期治理的对象包括以下两大类：①严重污染环境的污染源。《环境保护法》规定，对环境造成严重的企业事业单位，限期治理。但哪些单位属于严重污染，法律未作明确规定。实践中主要是对污染严重、影响大、群众反映强烈的污染源作为限期治理对象。②位于特别保护区域内的超标排污的污染源。这些区域如风景名胜区、自然保护区等。《环境保护法》规定，在上述区域内不得建设污染环境的工业生产设施；已建的其他设施，其污染物排放超过规定的排放标准的，限期治理。

（2）限期治理的决定权

限期治理的决定权法定分配如下：①中央或者省、自治区、直辖市人民政府直接管辖的企业事业单位的限期治理，由省、自治区、直辖市人民政府决定。②市、县或者市、县以下人民政府管辖的企业事业单位的限期治理，由市、县人民政府决定。限期治理由县级以上地方人民政府环境保护行政主管部门提出意见，报同级人民政府批准。《环境噪声污染防治法》还规定，小型企业事业单位的限期治理，可以由县级以上人民政府在国务院规定的权限内授权其环境保护行政主管部门决定。

（3）限期治理的内容

限期治理的内容主要包括目标和期限两个方面：①限期治理目标。对于具体的污染源的限期治理，其目标是达标排放；对于行业污染源的限期治理，可以要求分期分批逐步做到所有的污染源都达标排放；至于区域环境污染的限期治理，则要求通过治理达到适用于该地区的环境质量标准。②限期治理期限。限期治理的期限不宜过长，应尽量做到科学、合理。计划性限期治理项目，多为 1 年，也有 2 至 3 年的；随机性限期治理项目期限较短，一般从几个月到 1 年不等。

6. 环境污染与破坏事故的报告及处理制度

环境污染与破坏事故的报告及处理制度，是指因发生事故或者其他突然性事件，造成或者可能造成环境污染与破坏事故单位，必须立即采取措施处理，及时通报可能受到污染与破坏危害的单位和居民，并向当地环境保护行政主管部门和有关部门报告，接受调查处理的规定的总称。环境污染与破坏事故，根据类型可以分为水污染、大气污染、噪声与振动危害、固体废物污染、农药与有毒化学品污染、放射性污染事故和国家重点保护的野生动植物及自然保护区破坏事故等。根据事故危害程度，又可以分为一般、较大、重大和特大环境污染与破坏事故。

（1）环境污染与破坏事故的报告

造成环境污染与破坏事故的单位，必须在事故发生后 48 小时内，向当地环境保护部门报告，事故查清后，还应向其做书面报告，并附有关证明文件。事故发生后，当地环境保护部门应当立即赴现场调查，并对事故的性质和危害做出恰当的认定。一般或较大事故，由县级以上环境保护部门确认；重大或特大事故，由地、市级以上环境保护部门确认。

凡属重大环境污染与破坏事故，地、市环境保护部门除应及时报告同级人民政府外，还应同时报告省级环境保护部门；凡属特大环境污染与破坏事故，地、市环境保护部门除应及时报告同级人民政府和省级环境保护部门外，还应同时报告国家环境保护总局。重大或特大环境污染与破坏事故的报告，分为速报、确报和处理结果报告三类。速报从发现事故后起，48 小时以内上报；确报在查清有关基本情况后立即上报；处理结果报告在事故处理完后立即上报。

(2) 环境污染与破坏事故的处理

环境保护行政主管部门在收到事故（或事件）报告，并经调查弄清其性质和危害之后，可对违法者依法给予行政处罚。在环境受到严重污染与破坏，威胁居民生命安全时，县级以上环境保护部门必须立即向本级人民政府报告，由人民政府采取有效措施，解除或者减轻危害。

14.2.3　水污染防治法律制度

1. 水污染防治法的概念

广义的水污染防治法是指国家为防治水环境的污染而制定的各项法律法规及有关法律规范的总称。狭义的水污染防治法指国家为防止陆地水（不包括海洋）污染而制定的法律法规及有关法律规范的总称。《水污染防治法》由 1984 年 5 月 11 日第六届全国人民代表大会常务委员会第五次会议通过，根据 1996 年 5 月 15 日第八届全国人民代表大会常务委员会第十九次会议《关于修改〈中华人民共和国水污染防治法〉的决定》第一次修正，2008 年 2 月 28 日第十届全国人民代表大会常务委员会第三十二次会议修订，根据 2017 年 6 月 27 日第十二届全国人民代表大会常务委员会第二十八次会议《关于修改〈中华人民共和国水污染防治法〉的决定》第二次修正。

2. 水污染防治原则

水污染防治应当坚持预防为主、防治结合、综合治理的原则，优先保护饮用水水源，严格控制工业污染、城镇生活污染，防治农业面源污染，积极推进生态治理工程建设，预防、控制和减少水环境污染和生态破坏。县级以上人民政府应当将水环境保护工作纳入国民经济和社会发展规划。县级以上地方人民政府应当采取防治水污染的对策和措施，对本行政区域的水环境质量负责。国家实行水环境保护目标责任制和考核评价制度，将水环境保护目标完成情况作为对地方人民政府及其负责人考核评价的内容。

3. 水污染防治的标准和规划

国务院环境保护主管部门制定国家水环境质量标准。省、自治区、直辖市人民政府可以对国家水环境质量标准中未作规定的项目，制定地方标准，并报国务院环境保护主管部门备案。国务院环境保护主管部门会同国务院水行政主管部门和有关省、自治区、直辖市人民政府，可以根据国家确定的重要江河、湖泊流域水体的使用功能以及有关地区的经济、技术条件，确定该重要江河、湖泊流域的省界水体适用的水环境质量标准，报国务院批准后施行。国务院环境保护主管部门根据国家水环境质量标准和国家经济、技术条件，制定国家水污染物排放标准。省、自治区、直辖市人民政府对国家水污染物排放标准中未作规定的项目，可以制定地方水污染物排放标准；对国家水污染物排放标准中已作规定的项目，可以制定严于国家水污染物排放标准的地方水污染物排放标准。地方水污染物排放标准须报国务院环境保护主管部门备案。防治水污染应当按流域或者按区域进行统一规划。国家确定的重要江河、湖泊的流域水污染防治规划，由国务院环境保护主管部门会同国务院经济综合宏观调控、水行政等部门和有关省、自治区、直辖市人民政府编制，报国务院批准。上述规定外的其他跨省、自治区、直辖市江河、湖泊的流域水污染防治规划，根据国家确定的重要江河、湖泊的流域水污染防治规划和本地实际情况，由有关省、自治区、直辖市人民政府环境保护主管部门会同同级水行政等部门和有关市、县人民政府编制，经有关省、自治区、直辖市人民政府审核，报国务院批准。省、自治区、直辖市内跨县江河、湖泊的流域水污染防治规划，根据国家确定的重要江河、湖泊的流域水污染防治规划和本地实际情况，由省、自治区、直辖市人民政府环境保护主管部门会同同级水行政等部门编制，报省、自治区、直辖市人民政府批准，并报国务院备案。

4. 水污染防治的监督管理。

水污染防治的监督管理措施包括：①新建、改建、扩建直接或者间接向水体排放污染物的建设项目和其他水上设施，应当依法进行环境影响评价。②建设单位在江河、湖泊新建、改建、扩建排污口的，应当取得水行政主管部门或者流域管理机构同意；涉及通航、渔业水域的，环境保护主管部门在审批环境影响评价文件时，应当征求交通、渔业主管部门的意见。③建设项目的水污染防治设施，应当与主体工程同时设计、同时施工、同时投入使用。水污染防治设施应当经过环境保护主管部门验收，验收不合格的，该建设项目不得投入生产或者使用。④国家对重点水污染物排放实施总量控制制度。⑤国家实行排污许可制度。⑥国家建立水环境质量监测和水污染物排放监测制度。

5. 水污染防治措施的一般规定

主要包括：①禁止向水体排放油类、酸液、碱液或者剧毒废液。禁止在水体清洗装贮过油类或者有毒污染物的车辆和容器。②禁止向水体排放、倾倒放射性固体废物或者含有高放射性和中放射性物质的废水。向水体排放含低放射性物质的废水，应当符合国家有关放射性污染防治的规定和标准。③向水体排放含热废水，应当采取措施，保证水体的水温符合水环境质量标准。④含病原体的污水应当经过消毒处理；符合国家有关标准后，方可排放。⑤禁止向水体排放、倾倒工业废渣、城镇垃圾和其他废弃物。禁止将含有汞、镉、砷、铬、铅、氰化物、黄磷等的可溶性剧毒废渣向水体排放、倾倒或者直接埋入地下。存放可溶性剧毒废渣的场所，应当采取防水、防渗漏、防流失的措施。⑥禁止在江河、湖泊、运河、渠道、水库最高水位线以下的滩地和岸坡堆放、存贮固体废弃物和其他污染物。⑦禁止利用渗井、渗坑、裂隙和溶洞排放、倾倒含有毒污染物的废水、含病原体的污水和其他废弃物。⑧禁止利用无防渗漏措施的沟渠、坑塘等输送或者存贮含有毒污染物的废水、含病原体的污水和其他废弃物。⑨多层地下水的含水层水质差异大的，应当分层开采；对已受污染的潜水和承压水，不得混合开采。⑩兴建地下工程设施或者进行地下勘探、采矿等活动，应当采取防护性措施，防止地下水污染。⑪人工回灌补给地下水，不得恶化地下水质。

6. 工业水污染防治

国务院有关部门和县级以上地方人民政府应当合理规划工业布局，要求造成水污染的企业进行技术改造，采取综合防治措施，提高水的重复利用率，减少废水和污染物排放量。国家对严重污染水环境的落后工艺和设备实行淘汰制度。国务院经济综合宏观调控部门会同国务院有关部门，公布限期禁止采用的严重污染水环境的工艺名录和限期禁止生产、销售、进口、使用的严重污染水环境的设备名录。生产者、销售者、进口者或者使用者应当在规定的期限内停止生产、销售、进口或者使用列入前款规定的设备名录中的设备。工艺的采用者应当在规定的期限内停止采用列入前款规定的工艺名录中的工艺。

国家禁止新建不符合国家产业政策的小型造纸、制革、印染、染料、炼焦、炼硫、炼砷、炼汞、炼油、电镀、农药、石棉、水泥、玻璃、钢铁、火电以及其他严重污染水环境的生产项目。企业应当采用原材料利用效率高、污染物排放量少的清洁工艺，并加强管理，减少水污染物的产生。除此之外，还有专门针对城镇水污染防治、农业和农村水污染防治、船舶水污染防治和饮用水水源和其他特殊水体保护的相关规定。

14.2.4 大气污染防治法律制度

《大气污染防治法》已由中华人民共和国第九届全国人民代表大会常务委员会第十五次会议于 2000 年 4 月 29 日修订通过，自 2000 年 9 月 1 日起施行。《大气污染防治法》由 1987 年 9 月 5 日第六届全国人民代表大会常务委员会第二十二次会议通过，根据 1995 年 8 月 29 日第八届全国人民代表大会常务委员会第十五次会议《关于修改〈中华人民共和国大气污染防治法〉的决定》修正，2000 年 4 月 29 日第九届全国人民代表大会常务委员会第十五次会议第一次修订，2015 年 8 月 29 日第十二届全国人民代表大会常务委员会第十六次会议第二次修订。《大气污染防治法》共八章一百二十九条。该法对大气污染防治的监督管理体制、主要的法律制度、防治燃烧产生的大气污染、防治机动车船排放污染以及防治废气、粉尘和恶臭污染的主要措施、法律责任等均做了较为明确、具体的规定。

1. 防治大气污染的管理体制

国务院和地方各级人民政府，必须将大气环境保护工作纳入国民经济和社会发展计划，合理规划工业布局，加强防治大气污染的科学研究，采取防治大气污染的措施，保护和改善大气环境。国家采取措施，有计划地控制或者逐步削减各地方主要大气污染物的排放总量。地方各级人民政府对本辖区的大气环境质量负责，制定规划，采取措施，使本辖区的大气环境质量达到规定的标准。县级以上人民政府环境保护行政主管部门对大气污染防治实施统一监督管理。各级公安、交通、铁道、渔业管理部门根据各自的职责，对机动车船污染大气实施监督管理。县级以上人民政府其他有关主管部门在各自职责范围内对大气污染防治实施监督管理。任何单位和个人都有保护大气环境的义务，并有权对污染大气环境的单位和个人进行检举和控告。

2. 大气污染防治的一般监督管理措施

1）新建、扩建、改建向大气排放污染物的项目，必须遵守国家有关建设项目环境保护管理的规定。

建设项目的环境影响报告书，必须对建设项目可能产生的大气污染和对生态环境的影响做出评价，规定防治措施，并按照规定的程序报环境保护行政主管部门审查批准。建设项目投入生产或者使用之前，其大气污染防治设施必须经过环境保护行政主管部门验收，达不到国家有关建设项目环境保护管理规定的要求的建设项目，不得投入生产或者使用。

2）向大气排放污染物的单位，必须按照国务院环境保护行政主管部门的规定向所在地的环境保护行政主管部门申报拥有的污染物排放设施、处理设施和在正常作业条件下排放污染物的种类、数量、浓度，并提供防治大气污染方面的有关技术资料。向大气排放污染物的，其污染物排放浓度不得超过国家和地方规定的排放标准。

3）国家实行按照向大气排放污染物的种类和数量征收排污费的制度，根据加强大气污染防治的要求和国家的经济、技术条件合理制定排污费的征收标准。

4）在国务院和省、自治区、直辖市人民政府划定的风景名胜区、自然保护区、文物保护单位附近地区和其他需要特别保护的区域内，不得建设污染环境的工业生产设施；建设其他设施，其污染物排放不得超过规定的排放标准。

5）单位因发生事故或者其他突然性事件，排放和泄漏有毒有害气体和放射性物质，造成或者可能造成大气污染事故、危害人体健康的，必须立即采取防治大气污染危害的应急措施，通报可能受到大气污染危害的单位和居民，并报告当地环境保护行政主管部门，接受调查处理。

6）环境保护行政主管部门和其他监督管理部门有权对管辖范围内的排污单位进行现场检查，被检查单位必须如实反映情况，提供必要的资料。检查部门有义务为被检查单位保守技术秘密和业务秘密。

3. 大气污染防治的专门监督管理措施

《大气污染防治法》中除了对大气污染防治采取带有共性的监督管理措施之外，还对防治燃煤污染、防治机动车船污染和防治废气、尘和恶臭污染则分别用专章做出了专门的规定：

（1）防治燃煤产生的大气污染

《大气污染防治法》中专列一章规定了相关的措施，主要内容包括：控制煤的硫分和灰分、改进城市能源结构、推广清洁能源的生产与使用、发展城市集中供热、要求电厂脱硫除尘、加强防治城市扬尘工作等。

具体内容如下：①国家推行煤炭洗选加工，降低煤的硫分和灰分，限制高硫分、高灰分煤炭的开采。新建的所采煤炭属于高硫分、高灰分的煤矿，必须建设配套的煤炭洗选设施，使煤炭中的含硫分、含灰分达到规定的标准。②国务院有关部门和地方各级人民政府应当采取措施，改进城市能源结构，推广清洁能源的生产和使用。③国家采取有利于煤炭清洁利用的经济、技术政策和措施，鼓励和支持使用低硫分、低灰分的优质煤炭，鼓励和支持洁净煤技术的开发和推广。④国务院有关主管部门应当根据国家规定的锅炉大气污染物排放标准，在锅炉产品质量标准中规定相应的要求；达不到规定要求的锅炉，不得制造、销售或者进口。⑤城市建设应当统筹规划，在燃煤供热地区，统一解决热源，发展集中供热。在集中供热管网覆盖的地区，不得新建燃煤供热锅炉。⑥大、中城市人民政府应当制定规划，对饮食服务企业限期使用天然气、液化石油气、电或者其他清洁能源。对未划定为禁止使用高污染燃料区域的大、中城市市区内的其他民用炉灶，限期改用固硫型煤或者使用其他清洁能源。⑦新建、扩建排放二氧化硫的火电厂和其他大中型企业，超过规定的污染物排放标准或者总量控制指标的，必须建设配套脱硫、除尘装置或者采取其他控制二氧化硫排放、除尘的措施。在酸雨控制区和二氧化硫污染控制区内，属于已建企业超过规定的污染物排放标准排放大气污染物的，限期治理。⑧在人口集中地区存放煤炭、煤矸石、煤渣、煤灰、砂石、灰土等物料，必须采取防燃、防尘措施，防止污染大气。

（2）防治机动车船排放污染

《大气污染防治法》中专门对防治机动车船排放污染做出了明确规定：任何单位和个人不得制造、销售或者进口污染物排放超过规定标准的机动车船；在用机动车不符合制造当时的在用机动车污染物排放标准的，不得上路行驶；同时对机动车船的日常维修与保养、车船用燃料油、排气污染检测抽测等做出了原则规定。考虑到机动车船排放污染的流动性这一特征，在机动车船地方标准的制定权限方面也做出了特殊规定，即省、自治区、直辖市人民政府制定机动车船大气污染物地方标准严于国家排放标准的，或对在用机动车实行新的污染物排放标准并对其进行改造的，须报经国务院批准。

具体内容如下：①机动车船向大气排放污染物不得超过规定的排放标准。任何单位和个人不得制造、销售或者进口污染物排放超过规定排放标准的机动车船。②在用机动车不符合制造当时的在用机动车污染物排放标准的，不得上路行驶。③国家鼓励生产和消费使用清洁能源的机动车船。④国家鼓励和支持生产、使用优质燃料油，采取措施减少燃料油中有害物质对大气环境的污染。单位和个人应当按照国务院规定的期限，停止生产、进口、销售含铅汽油。⑤省、自治区、直辖市人民政府环境保护行政主管部门可以委托已取得公安机关资质认定的承担机动车年检的单位，按照规范对机动车排气污染进行年度检测。交通、渔政等有监督管理权的部门可以委托已取得有关主管部门资质认定的承担机动船舶年检的单位，按照规范对机动船舶排气污染进行年度检测。县级以上地方人民政府环境保护行政主管部门可以在机动车停放地对在用机动车的污染物排放状况进行监督抽测。

（3）防治废气、粉尘和恶臭污染

废气、粉尘和恶臭是造成大气污染的主要污染物，必须采取一些特定的措施进行防治，以防止或者减轻对人体健康的危害，防止或者减轻对动物、植物的危害，防止对经济资源的损害，也要防止严重的污染所导致的大气性质的改变。在《大气污染防治法》中规定的主要措施有：①在防治粉尘污染方面，要求采取除尘措施、严格限制排放含有毒物质的废气和粉尘；②在防治废气污染方面，要求回收利用可燃性气体、配备脱硫装置或者采取其他脱硫措施；③在防治恶臭污染方面，规定特定区域禁止焚烧产生有毒有害烟尘和恶臭的物质以及秸秆等产生烟尘污染的物质；④在防治城市扬尘污染方面，要求人民政府采取措施提高人均绿地面积，减少裸露地面和地面尘土，消除或者减少本地的空气污染源；在餐饮业油烟污染方面，要求城市饮食服务业的经营者，必须采取措施，防治油烟对附近居民的居住环境造成污染。⑤在消耗臭氧层物质替代产品方面，专门规定了国家鼓励、支持消耗臭氧层物质替代品的生产和使用。

14.2.5 环境噪声污染防治法律制度

《环境噪声污染防治法》已由中华人民共和国第八届全国人民代表大会常务委员会第二十二次会议于1996年10月29日通过，现予公布，自1997年3月1日起施行。环境噪声，是指在工业生产、建筑施工、交通运输和社会生活中所产生的干扰周围生活环境的声音。环境噪声污染，是指所产生的环境噪声超过国家规定的环境噪声排放标准，并干扰他人正常生活、工作和学习的现象。

1. 环境噪声污染防治监督管理体制

国务院环境保护行政主管部门对全国环境噪声污染防治实施统一监督管理。县级以上地方人民政府环境保护行政主管部门对本行政区域内的环境噪声污染防治实施统一监督管理。各级公安、交通、铁路、民航等主管部门和港务监督机构，根据各自的职责，对交通运输和社会生活噪声污染防治实施监督管理。任何单位和个人都有保护环境噪声环境的义务，并有权对造成环境噪声污染的单位和个人进行检举和控告。

2. 环境噪声污染防治的监督管理

1）环境保护行政主管部门区分不同的功能区，制定国家声环境质量标准。

县级以上地方人民政府根据国家声环境质量标准，划定本行政区域内各类声环境质量标准的适用区域，并进行管理。国务院环境保护行政主管部门根据国家声环境质量标准和国家经济、技术条件，制定国家环境噪声排放标准。

2）城市规划部门在确定建设布局时，应当依据国家声环境质量标准和民用建筑隔声设计规范，合理划定建筑物与交通干线的防噪声距离，并提出相应的规划设计要求。

3）新建、改建、扩建的建设项目，必须遵守国家有关建设项目环境保护管理的规定。

建设项目可能产生环境噪声污染的，建设单位必须提出环境影响报告书，规定环境噪声污染的防治措施，并按照国家规定的程序报环境保护行政主管部门批准。环境影响报告书中，应当有该建设项目所在地单位和居民的意见。

4）建设项目的环境噪声污染防治设施必须与主体工程同时设计、同时施工、同时投产使用。

建设项目在投入生产或者使用之前，其环境噪声污染防治设施必须经原审批环境影响报告书的环境保护行政主管部门验收；达不到国家规定要求的，该建设项目不得投入生产或者使用。

5）产生环境噪声污染的企业事业单位，必须保持防治环境噪声污染的设施的正常使用；拆除或者闲置环境噪声污染防治设施的，必须事先报经所在地的县级以上地方人民政府环境保护行政主管部门批准。

6）产生环境噪声污染的单位，应当采取措施进行治理，并按照国家规定缴纳超标准排污费。征收的超标准排污费必须用于污染的防治，不得挪作他用。

7）对于在噪声敏感建筑物集中区域内造成严重环境噪声污染的企业事业单位，限期治理。

8）国家对环境噪声污染严重的落后设备实行淘汰制度。

国务院经济综合主管部门应当会同国务院有关部门公布限期禁止生产、禁止销售、禁止进口的环境噪声污染严重的设备名录。

9）在城市范围内从事生产活动确需排放偶发性强烈噪声的，必须事先向当地公安机关提出申请，经批准后方可进行。当地公安机关应当向社会公告。

10）国务院环境保护行政主管部门应当建立环境噪声监测制度，制定监测规范，并会同有关部门组织监测网络。

环境噪声监测机构应当按照国务院环境保护行政主管部门的规定报送环境噪声监测结果。

11）县级以上人民政府环境保护行政主管部门和其他环境噪声污染防治工作的监督管理部门、机构，有权依据各自的职责对管辖范围内排放环境噪声的单位进行现场检查。

被检查的单位必须如实反映情况，并提供必要的资料。检查部门、机构应当为被检查的单位保守技术秘密和业务秘密。检查人员进行现场检查，应当出示证件。

3. 工业噪声污染防治

工业噪声，是指在工业生产活动中使用固定的设备时产生的干扰周围生活环境的声音。对工业噪声的污染防治主要包括以下措施：

1）在城市范围内向周围生活环境排放工业噪声的，应当符合国家规定的工业企业厂界环境噪声排放标准。

2）在工业生产中因使用固定的设备造成环境噪声污染的工业企业，必须按照国务院环境保护行政主管部门的规定，向所在地的县级以上地方人民政府环境保护行政主管部门申报拥有的造成环境噪声污染的设备的种类、数量以及在正常作业条件下所发出的噪声值和防治环境噪声污染的设施情况，并提供防治噪声污染的技术资料。造成环境噪声污染的设备的种类、数量、噪声值和防治设施有重大改变的，必须及时申报，并采取应有的防治措施。

3）产生环境噪声污染的工业企业，应当采取有效措施，减轻噪声对周围生活环境的影响。

4）国务院有关主管部门对可能产生环境噪声污染的工业设备，应当根据声环境保护的要求和国家的经济、技术条件，逐步在依法制定的产品的国家标准、行业标准中规定噪声限值。

4. 建筑施工噪声污染防治

建筑施工噪声，是指在建筑施工过程中产生的干扰周围生活环境的声音。对建筑施工噪声的污染防治主要包括以下措施：

1）在城市市区范围内向周围生活环境排放建筑施工噪声的，应当符合国家规定的建筑施工场界环境噪声排放标准。

2）在城市市区范围内，建筑施工过程中使用机械设备，可能产生环境噪声污染的，施工单位必须在工程开工 15 日以前向工程所在地县级以上地方人民政府环境保护行政主管部门申报该工程的项目名称、施工场所和期限、可能产生的环境噪声值以及所采取的环境噪声污染防治措施的情况。

3）在城市市区噪声敏感建筑物集中区域内，禁止夜间进行产生环境噪声污染的建筑施工作业，但抢修、抢险作业和因生产工艺上要求或者特殊需要必须连续作业的除外。因特殊需要必须连续作业的，必须有县级以上人民政府或者其有关主管部门的证明。符合规定的夜间作业，必须公告附近居民。

5. 交通运输噪声污染防治

交通运输噪声，是指机动车辆、铁路机车、机动船舶、航空器等交通运输工具在运行时所产生的干扰周围生活环境的声音。对交通运输噪声的污染防治主要包括以下措施：

1）禁止制造、销售或者进口超过规定的噪声限值的汽车。

2）在城市市区范围内行驶的机动车辆的消声器和喇叭必须符合国家规定的要求。机动车辆必须加强维修和保养，保持技术性能良好，防治环境噪声污染。

3）机动车辆在城市市区范围内行驶，机动船舶在城市市区的内河航道航行，铁路机车驶经或者进入城市市区、疗养区时，必须按照规定使用声响装置。警车、消防车、工程抢险车、救护车等机动车辆安装、使用警报器，必须符合国务院公安部门的规定；在执行非紧急任务时，禁止使用警报器。

4）城市人民政府公安机关可以根据本地城市市区区域噪声环境保护的需要，划定禁止机动车辆行驶和禁止其使用声响装置的路段和时间，并向社会公告。

5）建设经过已有的噪声敏感建筑物集中区域的高速公路和城市高架、轻轨道路，有可能造成环境噪声污染的，应当设置噪声屏障或者采取其他有效的控制环境噪声污染的措施。

6）在已有的城市交通干线的两侧建设噪声敏感建筑物的，建设单位应当按照国家规定间隔一定距离，并采取减轻、避免交通噪声影响的措施。

7）在车站、铁路编组站、港口、码头、航空港等地指挥作业时使用广播喇叭的，应当控制音量，减轻噪声对周围生活环境的影响。

8）穿越城市居民区、文教区的铁路，因铁路机车运行造成环境噪声污染的，当地城市人民政府应当组织铁路部门和其他有关部门，制定减轻环境噪声污染的规划。

9）除起飞、降落或者依法规定的情形以外，民用航空器不得飞越城市市区上空。城市人民政府应当在航空器起飞、降落的净空周围划定限制建设噪声敏感建筑物的区域；在该区域内建设噪声敏感建筑物的，建设单位应当采取减轻、避免航空器运行时产生的噪声影响的措施。民航部门应当采取有效措施，减轻环境噪声污染。

6. 社会生活噪声污染防治

社会生活噪声，是指人为活动所产生的除工业噪声、建筑施工噪声和交通运输噪声之外的干扰周围生活环境的声音。对社会生活噪声的污染防治主要包括以下措施：

1）在城市市区噪声敏感建筑物集中区域内，因商业经营活动中使用固定设备造成环境噪声污染的商业企业，必须按照国务院环境保护行政主管部门的规定，向所在地的县级以上地方人民政府环境保护行政主管部门申报拥有的造成环境噪声污染的设备的状况和防治环境噪声污染的设施的情况。

2）新建营业性文化娱乐场所的边界噪声必须符合国家规定的环境噪声排放标准；不符合国家规定的环境噪声排放标准的，文化行政主管部门不得核发文化经营许可证，工商行政管理部门不得核发营业执照。经营中的文化娱乐场所，其经营管理者必须采取有效措施，使其边界噪声不超过国家规定的环境噪声排放标准。

3）禁止在商业经营活动中使用高音广播喇叭或者采用其他发出高噪声的方法招揽顾客。在商业经营活动中使用空调器、冷却塔等可能产生环境噪声污染的设备、设施的，其经营管理者应当采取措施，使其边界噪声不超过国家规定的环境噪声排放标准。

4）禁止任何单位、个人在城市市区噪声敏感建筑物集中区域内使用高音广播喇叭。在城市市区街道、广场、公园等公共场所组织娱乐、集会等活动，使用音响器材可能产生干扰周围生活环境的过大音量的，必须遵守当地公安机关的规定。

14.2.6 固体废物污染防治法律制度

《固体废物污染环境防治法》由 1995 年 10 月 30 日第八届全国人民代表大会常务委员会第十六次会议通过，2004 年 12 月 29 日第十届全国人民代表大会常务委员会第十三次会议修订，根据 2013 年 6 月 29 日第十二届全国人民代表大会常务委员会第三次会议《关于修改〈中华人民共和国文物保护法〉等十二部法律的决定》第一次修正，根据 2015 年 4 月 24 日第十二届全国人民代表大会常务委员会第十四次会议《关于修改〈中华人民共和国港口法〉等七部法律的决定》第二次修正，根据 2016 年 11 月 7 日第十二届全国人民代表大会常务委员会第二十四次会议《关于修改〈中华人民共和国对外贸易法〉等十二部法律的决定》第三次修正。

1. 固体废物污染环境防治的监督管理

国务院环境保护行政主管部门对全国固体废物污染环境的防治工作实施统一监督管理。国务院有关部门在各自的职责范围内负责固体废物污染环境防治的监督管理工作。县级以上地方人民政府环境保护行政主管部门对本行政区域内固体废物污染环境的防治工作实施统一监督管理。县级以上地方人民政府有关部门在各自的职责范围内负责固体废物污染环境防治的监督管理工作。国务院建设行政主管部门和县级以上地方人民政府环境卫生行政主管部门负责生活垃圾清扫、收集、贮存、运输和处置的监督管理工作。

2. 固体废物污染环境防治的一般规定

1）产生固体废物的单位和个人，应当采取措施，防止或者减少固体废物对环境的污染。

2）收集、贮存、运输、利用、处置固体废物的单位和个人，必须采取防扬散、防流失、防渗漏或者其他防止污染环境的措施；不得擅自倾倒、堆放、丢弃、遗撒固体废物。

3）产品和包装物的设计、制造，应当遵守国家有关清洁生产的规定。国务院标准化行政主管部门应当根据国家经济和技术条件、固体废物污染环境防治状况以及产品的技术要求，组织制定有关标准，防止过度包装造成环境污染。

4）从事畜禽规模养殖应当按照国家有关规定收集、贮存、利用或者处置养殖过程中产生的畜禽粪便，防止污染环境。禁止在人口集中地区、机场周围、交通干线附近以及当地人民政府划定的区域露天焚烧秸秆。

5）在国务院和国务院有关主管部门及省、自治区、直辖市人民政府划定的自然保护区、风景名胜区、饮用水水源保护区、基本农田保护区和其他需要特别保护的区域内，禁止建设工业固体废物集中贮存、处置的设施、场所和生活垃圾填埋场。

6）转移固体废物出省、自治区、直辖市行政区域贮存、处置的，应当向固体废物移出地的省、自治区、直辖市人民政府环境保护行政主管部门提出申请。移出地的省、自治区、直辖市人民政府环境保护行政主管部门应当商经接受地的省、自治区、直辖市人民政府环境保护行政主管部门同意后，方可批准转移该固体废物出省、自治区、直辖市行政区域。未经批准的，不得转移。

7）禁止中华人民共和国境外的固体废物进境倾倒、堆放、处置。

8）禁止进口不能用作原料或者不能以无害化方式利用的固体废物；对可以用作原料的固体废物实行限制进口和自动许可进口分类管理。

3. 工业固体废物污染环境的防治

1）国务院环境保护行政主管部门应当会同国务院经济综合宏观调控部门和其他有关部门对工业固体废物对环境的污染做出界定，制定防治工业固体废物污染环境的技术政策，组织推广先进的防治工业固体废物污染环境的生产工艺和设备。

2）国务院经济综合宏观调控部门应当会同国务院有关部门组织研究、开发和推广减少工业固体废物产生量和危害性的生产工艺和设备，公布限期淘汰产生严重污染环境的工业固体废物的落后生产工艺、落后设备的名录。

3）县级以上人民政府有关部门应当制定工业固体废物污染环境防治工作规划，推广能够减少工业固体废物产生量和危害性的先进生产工艺和设备，推动工业固体废物污染环境防治工作。

4）产生工业固体废物的单位应当建立、健全污染环境防治责任制度，采取防治工业固体废物污染环境的措施。

5）国家实行工业固体废物申报登记制度。产生工业固体废物的单位必须按照国务院环境保护行政主管部门的规定，向所在地县级以上地方人民政府环境保护行政主管部门提供工业固体废物的种类、产生量、流向、贮存、处置等有关资料。

6）企业事业单位应当根据经济、技术条件对其产生的工业固体废物加以利用；对暂时不利用或者不能利用的，必须按照国务院环境保护行政主管部门的规定建设贮存设施、场所，安全分类存放，或者采取无害化处置措施。建设工业固体废物贮存、处置的设施、场所，必须符合国家环境保护标准。

7）禁止擅自关闭、闲置或者拆除工业固体废物污染环境防治设施、场所；确有必要关闭、闲置或者拆除的，必须经所在地县级以上地方人民政府环境保护行政主管部门核准，并采取措施，防止污染环境。

8）产生工业固体废物的单位需要终止的，应当事先对工业固体废物的贮存、处置的设施、场所采取污染防治措施，并对未处置的工业固体废物做出妥善处置，防止污染环境。

9）矿山企业应当采取科学的开采方法和选矿工艺，减少尾矿、矸石、废石等矿业固体废物的产生量和贮存量。尾矿、矸石、废石等矿业固体废物贮存设施停止使用后，矿山企业应当按照国家有关环境保护规定进行封场，防止造成环境污染和生态破坏。

10）拆解、利用、处置废弃电器产品和废弃机动车船，应当遵守有关法律、法规的规定，采取措施，防止污染环境。

4. 生活垃圾污染环境的防治

1）县级以上人民政府应当统筹安排建设城乡生活垃圾收集、运输、处置设施，提高生活垃圾的利用率和无害化处置率，促进生活垃圾收集、处置的产业化发展，逐步建立和完善生活垃圾污染环境防治的社会服务体系。

2）县级以上地方人民政府环境卫生行政主管部门应当组织对城市生活垃圾进行清扫、收集、运输和处置，可以通过招标等方式选择具备条件的单位从事生活垃圾的清扫、收集、运输和处置。

3）对城市生活垃圾应当按照环境卫生行政主管部门的规定，在指定的地点放置，不得随意倾倒、抛撒或者堆放。

4）清扫、收集、运输、处置城市生活垃圾，应当遵守国家有关环境保护和环境卫生管理的规定，防止污染环境。

5）对城市生活垃圾应当及时清运，逐步做到分类收集和运输，并积极开展合理利用和实施无害化处置。

6）城市人民政府应当有计划地改进燃料结构，发展城市煤气、天然气、液化气和其他清洁能源。城市人民政府有关部门应当组织净菜进城，减少城市生活垃圾。城市人民政府有关部门应当统筹规划，合理安排收购网点，促进生活垃圾的回收利用工作。

7）建设生活垃圾处置的设施、场所，必须符合国务院环境保护行政主管部门和国务院建设行政主管部门规定的环境保护和环境卫生标准。禁止擅自关闭、闲置或者拆除生活垃圾处置的设施、场所；确有必要关闭、闲置或者拆除的，必须经所在地县级以上地方人民政府环境卫生行政主管部门和环境保护行政主管部门核准，并采取措施，防止污染环境。

8）从生活垃圾中回收的物质必须按照国家规定的用途或者标准使用，不得用于生产可能危害人体健康的产品。

9）工程施工单位应当及时清运工程施工过程中产生的固体废物，并按照环境卫生行政主管部门的规定进行利用或者处置。

10）从事公共交通运输的经营单位，应当按照国家有关规定，清扫、收集运输过程中产生的生活垃圾。

11）从事城市新区开发、旧区改建和住宅小区开发建设的单位，以及机场、码头、车站、公园、商店等公共设施、场所的经营管理单位，应当按照国家有关环境卫生的规定，配套建设生活垃圾收集设施。

5. 危险废物污染环境防治

1）对危险废物的容器和包装物以及收集、贮存、运输、处置危险废物的设施、场所，必须设置危险废物识别标志。

2）以填埋方式处置危险废物不符合国务院环境保护行政主管部门规定的，应当缴纳危险废物排污费。危险废物排污费征收的具体办法由国务院规定。危险废物排污费用于污染环境的防治，不得挪作他用。

3）从事收集、贮存、处置危险废物经营活动的单位，必须向县级以上人民政府环境保护行政主管部门申请领取经营许可证；从事利用危险废物经营活动的单位，必须向国务院环境保护行政主管部门或者省、自治区、直辖市人民政府环境保护行政主管部门申请领取经营许可证。禁止无经营许可证或者不按照经营许可证规定从事危险废物收集、贮存、利用、处置的经营活动。禁止将危险废物提供或者委托给无经营许可证的单位从事收集、贮存、利用、处置的经营活动。

4）收集、贮存危险废物，必须按照危险废物特性分类进行。禁止混合收集、贮存、运输、处置性质不相容而未经安全性处置的危险废物。贮存危险废物必须采取符合国家环境保护标准的防护措施，并不得超过一年；确需延长期限的，必须报经原批准经营许可证的环境保护行政主管部门批准；法律、行政法规另有规定的除外。禁止将危险废物混入非危险废物中贮存。

5）转移危险废物的，必须按照国家有关规定填写危险废物转移联单，并向危险废物移出地设区的市级以上地方人民政府环境保护行政主管部门提出申请。移出地设区的市级以上地方人民政府环境保护行政主管部门应当商经接受地设区的市级以上地方人民政府环境保护行政主管部门同意后，方可批准转移该危险废物。未经批准的，不得转移。转移危险废物途经移出地、接受地以外行政区域的，危险废物移出地设区的市级以上地方人民政府环境保护行政主管部门应当及时通知沿途经过的设区的市级以上地方人民政府环境保护行政主管部门。

6）运输危险废物，必须采取防止污染环境的措施，并遵守国家有关危险货物运输管理的规定。禁止将危险废物与旅客在同一运输工具上载运。

7）收集、贮存、运输、处置危险废物的场所、设施、设备和容器、包装物及其他物品转作他用时，必须经过消除污染的处理，方可使用。

8）产生、收集、贮存、运输、利用、处置危险废物的单位，应当制定意外事故的防范措施和应急预案，并向所在地县级以上地方人民政府环境保护行政主管部门备案；环境保护行政主管部门应当进行检查。

9）禁止经中华人民共和国过境转移危险废物。

14.3　消　防　法

14.3.1　消防法概述

消防法是为了预防火灾和减少火灾危害，加强应急救援工作，保护人身、财产安全，维护公共安全，所制定的法律规范。1998 年 4 月 29 日第九届全国人民代表大会常务委员会第二次会议通过了《消防法》，2008 年 10 月 28 日第十一届全国人民代表大会常务委员会第五次会议对《消防法》进行了修订，自 2009 年 5 月 1 日起施行。包括总则、火灾预防、消防组织、灭火救援、监督检查、法律责任、附则，共 7 章 74 条。为了加强建设工程消防监督管理，落实建设工程消防设计、施工质量和安全责任，规范消防监督管理行为，依据《消防法》、《建设工程质量管理条例》，制定了《建设工程消防监督管理规定》（2009 年 4 月 30 日中华人民共和国公安部令第 106 号发布，根据 2012 年 7 月 17 日《公安部关于修改〈建设工程消防监督管理规定〉的决定》修订）。

14.3.2　建设工程消防监督管理体制

建设、设计、施工、工程监理等单位应当遵守消防法规、国家消防技术标准，对建设工程消防设计、施工质量和安全负责。公安机关消防机构依法实施建设工程消防设计审核、消防验收和备案、抽查。除省、自治区人民政府公安机关消防机构外，县级以上地方人民政府公安机关消防机构承担辖区建设工程的消防设计审核、消防验收和备案抽查工作。具体分工由省级公安机关消防机构确定，并报公安部消防局备案。跨行政区域的建设工程消防设计审核、消防验收和备案抽查工作，由其共同的上一级公安机关消防机构指定管辖。建设工程的消防设计、施工必须符合国家工程建设消防技术标准。公安机关消防机构对建设工程进行消防设计审核、消防验收和备案抽查，应当由二名以上执法人员实施。

14.3.3　消防设计、施工的质量责任

1. 建设单位的消防设计、施工的质量责任

建设单位不得要求设计、施工、工程监理等有关单位和人员违反消防法规和国家工程建设消防技术标准，降低建设工程消防设计、施工质量，并承担下列消防设计、施工的质量责任：①依法申请建设工程消防设计审核、消防验收，依法办理消防设计和竣工验收备案手续并接受抽查；建设工程内设置的公众聚集场所未经消防安全检查或者经检查不符合消防安全要求的，不得投入使用、营业；②实行工程监理的建设工程，应当将消防施工质量一并委托监理；③选用具有国家规定资质等级的消防设计、施工单位；④选用合格的消防产品和满足防火性能要求的建筑构件、建筑材料及室内装修装饰材料；⑤依法应当经消防设计审核、消防验收的建设工程，未经审核或者审核不合格的，不得组织施工；未经验收或者验收不合格的，不得交付使用。

2. 设计单位的消防设计质量责任

设计单位应当承担下列消防设计的质量责任：①根据消防法规和国家工程建设消防技术标准进行消防设计，编制符合要求的消防设计文件，不得违反国家工程建设消防技术标准强制性要求进行设计；②在设计中选用的消防产品和有防火性能要求的建筑构件、建筑材料、室内装修装饰材料，应当注明规格、性能等技术指标，其质量要求必须符合国家标准或者行业标准；③参加建设单位组织的建设工程竣工验收，对建设工程消防设计实施情况签字确认。

3. 施工单位的消防施工质量和安全责任

施工单位应当承担下列消防施工的质量和安全责任：①按照国家工程建设消防技术标准和经消防设计审核合格或者备案的消防设计文件组织施工，不得擅自改变消防设计进行施工，降低消防施工质量；②查验消防产品和有防火性能要求的建筑构件、建筑材料及室内装修装饰材料的质量，使用合格产品，保证消防施工质量；③建立施工现场消防安全责任制度，确定消防安全负责人。加强对施工人员的消防教育培训，落实动火、用电、易燃可燃材料等消防管理制度和操作规程。保证在建工程竣工验收前消防通道、消防水源、消防设施和器材、消防安全标志等完好有效。

4. 工程监理单位的消防施工的质量监理责任

工程监理单位应当承担下列消防施工的质量监理责任：①按照国家工程建设消防技术标准和经消防设计审核合格或者备案的消防设计文件实施工程监理；②在消防产品和有防火性能要求的建筑构件、建筑材料、室内装修装饰材料施工、安装前，核查产品质量证明文件，不得同意使用或者安装不合格的消防产品和防火性能不符合要求的建筑构件、建筑材料、室内装修装饰材料；③参加建设单位组织的建设工程竣工验收，对建设工程消防施工质量签字确认。

为建设工程消防设计、竣工验收提供图纸审查、安全评估、检测等消防技术服务的机构和人员，应当依法取得相应的资质、资格，按照法律、行政法规、国家标准、行业标准和执业标准提供消防技术服务，并对出具的审查、评估、检验、检测意见负责。

14.3.4 消防设计审核和消防验收

建设工程的消防设计、施工必须符合国家工程建设消防技术标准。建设、设计、施工、工程监理等单位依法对建设工程的消防设计、施工质量负责。国务院公安部门规定的大型的人员密集场所和其他特殊建设工程，建设单位应当将消防设计文件报送公安机关消防机构审核。公安机关消防机构依法对审核的结果负责。按照国家工程建设消防技术标准需要进行消防设计的建设工程，除国务院公安部门规定的大型的人员密集场所和其他特殊建设工程外，建设单位应当自依法取得施工许可之日起七个工作日内，将消防设计文件报公安机关消防机构备案，公安机关消防机构应当进行抽查。依法应当经公安机关消防机构进行消防设计审核的建设工程，未经依法审核或者审核不合格的，负责审批该工程施工许可的部门不得给予施工许可，建设单位、施工单位不得施工；其他建设工程取得施工许可后经依法抽查不合格的，应当停止施工。

1. 国务院公安部门规定的大型的人员密集场所和其他特殊建设工程的消防设计审核和消防验收

(1) 大型的人员密集场所

对具有下列情形之一的人员密集场所，建设单位应当向公安机关消防机构申请消防设计审核，并在建设工程竣工后向出具消防设计审核意见的公安机关消防机构申请消防验收：①建筑总面积大于两万平方米的体育场馆、会堂，公共展览馆、博物馆的展示厅；②建筑总面积大于一万五千平方米的民用机场航站楼、客运车站候车室、客运码头候船厅；③建筑总面积大于一万平方米的宾馆、饭店、商场、市场；④建筑总面积大于二千五百平方米的影剧院，公共图书馆的阅览室，营业性室内健身、休闲场馆，医院的门诊楼，大学的教学楼、图书馆、食堂，劳动密集型企业的生产加工车间，寺庙、教堂；⑤建筑总面积大于一千平方米的托儿所、幼儿园的儿童用房，儿童游乐厅等室内儿童活动场所，养老院、福利院，医院、疗养院的病房楼，中小学校的教学楼、图书馆、食堂，学校的集体宿舍，劳动密集型企业的员工集体宿舍；⑥建筑总面积大于五百平方米的歌舞厅、录像厅、放映厅、卡拉 OK 厅、夜总会、游艺厅、桑拿浴室、网吧、酒吧，具有娱乐功能的餐馆、茶馆、咖啡厅。

(2) 其他特殊建设工程

对具有下列情形之一的特殊建设工程，建设单位应当向公安机关消防机构申请消防设计审核，并在建设工程竣工后向出具消防设计审核意见的公安机关消防机构申请消防验收：①上述设有国务院公安部门规定的大型的人员密集场所的建设工程；②国家机关办公楼、电力调度楼、电信楼、邮政楼、防灾指挥调度楼、广播电视楼、档案楼；③上述①和②规定以外的单体建筑面积大于四万平方米或者建筑高度超过五十米的其他公共建筑；④城市轨道交通、隧道工程，大型发电、变配电工程；⑤生产、储存、装卸易燃易爆危险物品的工厂、仓库和专用车站、码头，易燃易爆气体和液体的充装站、供应站、调压站。

(3) 消防设计审核和消防验收

公安机关消防机构应当自受理消防设计审核申请之日起 20 日内出具书面审核意见。公安机关消防机构应当依照消防法规和国家工程建设消防技术标准强制性要求对申报的消防设计文件进行审核。对符合下列条件的，公安机关消防机构应当出具消防设计审核合格意见；对不符合条件的，应当出具消防设计审核不合格意见，并说明理由：①新建、扩建工程已经取得建设工程规划许可证；②设计单位具备相应的资质条件；③消防设计文件的编制符合公安部规定的消防设计文件申报要求；④建筑的总平面布局和平面布置、耐火等级、建筑构造、安全疏散、消防给水、消防电源及配电、消防设施等的设计符合国家工程建设消防技术标准强制性要求；⑤选用的消防产品和有防火性能要求的建筑材料符合国家工程建设消防技术标准和有关管理规定。

建设、设计、施工单位不得擅自修改经公安机关消防机构审核合格的建设工程消防设计。确需修改的，建设单位应当向出具消防设计审核意见的公安机关消防机构重新申请消防设计审核。公安机关消防机构应当自受理消防验收申请之日起 20 日内组织消防验收，并出具消防验收意见。公安机关消防机构对申报消防验收的建设工程，应当依照建设工程消防验收评定标准对已经消防设计审核合格的内容组织消防验收。对综合评定结论为合格的建设工程，公安机关消防机构应当出具消防验收合格意见；对综合评定结论为不合格的，应当出具消防验收不合格意见，并说明理由。对通过消防设计审核的高层建筑、地下工程，以及采用新技术、新工艺、新材料的建设工程，公安机关消防机构应当重点进行监督检查，督促施工单位落实工程建设消防安全和质量责任。

2. 消防设计和竣工验收的备案抽查

除国务院公安部门规定的大型的人员密集场所和其他特殊建设工程以外的建设工程，建设单位应当在取得施工许可、工程竣工验收合格之日起7日内，通过省级公安机关消防机构网站的消防设计和竣工验收备案受理系统进行消防设计、竣工验收备案，或者报送纸质备案表由公安机关消防机构录入消防设计和竣工验收备案受理系统。

公安机关消防机构收到消防设计、竣工验收备案后，应当出具备案凭证，并通过消防设计和竣工验收备案受理系统中预设的抽查程序，随机确定抽查对象；被抽查到的建设单位应当在收到备案凭证之日起5日内按照备案项目向公安机关消防机构提供相关材料。

公安机关消防机构应当在收到消防设计、竣工验收备案材料之日起30日内，依照消防法规和国家工程建设消防技术标准强制性要求完成图纸检查，或者按照建设工程消防验收评定标准完成工程检查，制作检查记录。检查结果应当在消防设计和竣工验收备案受理系统中公告。

公安机关消防机构发现消防设计不合格的，应当在5日内书面通知建设单位改正；已经开始施工的，同时责令停止施工。建设单位收到通知后，应当停止施工，对消防设计组织修改后送公安机关消防机构复查。经复查，对消防设计符合国家工程建设消防技术标准强制性要求的，公安机关消防机构应当出具书面复查意见，告知建设单位恢复施工。

公安机关消防机构实施竣工验收抽查时，发现有违反消防法规和国家工程建设消防技术标准强制性要求或者降低消防施工质量的，应当在5日内书面通知建设单位改正。建设单位收到通知后，应当停止使用，组织整改后向公安机关消防机构申请复查。经复查符合要求的，公安机关消防机构应当出具书面复查意见，告知建设单位恢复使用。

建设工程的消防设计、竣工验收未依法报公安机关消防机构备案的，公安机关消防机构应当依法处罚，责令建设单位在5日内备案，并纳入抽查范围；对逾期不备案的，公安机关消防机构应当在备案期限届满之日起5日内通知建设单位，责令其停止施工、使用。

14.3.5 工程建设中应采取的消防安全措施

在设有车间或者仓库的建筑物内，不得设置员工集体宿舍。在设有车间或者仓库的建筑物内，已经设置员工集体宿舍的，应当限期加以解决。对于暂时确有困难的，应当采取必要的消防安全措施，经公安消防机构批准后，可以继续使用。

生产、储存、运输、销售或者使用、销毁易燃易爆危险物品的单位、个人，必须执行国家有关消防安全的规定。进入生产、储存易燃易爆危险物品的场所，必须执行国家有关消防安全的规定。禁止携带火种进入生产、储存易燃易爆危险物品的场所。储存可燃物资仓库的管理，必须执行国家有关消防安全的规定。

禁止在具有火灾、爆炸危险的场所使用明火；因特殊情况需要使用明火作业的，应当按照规定事先办理审批手续。作业人员应当遵守消防安全规定，并采取相应的消防安全措施。进行电焊、气焊等具有火灾危险的作业人员和自动消防系统的操作人员，必须持证上岗，并严格遵守消防安全操作规程。

消防产品的质量必须符合国家标准或者行业标准。禁止生产、销售或者使用未经依照《产品质量法》的规定确定的检验机构检验合格的消防产品。禁止使用不符合国家标准或者行业标准的配件或者灭火剂、维修消防设施和器材。公安消防机构及其工作人员不得利用职务为用户指定消防产品的销售单位和品牌。

电器产品、燃气用具的质量必须符合国家标准或者行业标准。电器产品、燃气用具的安装、使用和线路、管路的设计、敷设，必须符合国家有关消防安全技术规定。

任何单位、个人不得损坏或者擅自挪用、拆除、停用消防设施、器材，不得埋压、圈占消火栓，不得占用防火间距，不得堵塞消防通道。公用和城建等单位在修建道路以及停电、停水、截断通信线路时有可能影响消防队灭火救援的，必须事先通知当地公安消防机构。

14.4　劳　动　法

14.4.1　劳动法

1. 劳动法概述

为了保护劳动者的合法权益，调整劳动关系，建立和维护适应社会主义市场经济的劳动制度，促进经济发展和社会进步，中华人民共和国第八届全国人民代表大会常务委员会第八次会议于1994年7月5日通过了《中华人民共和国劳动法》，自1995年1月1日起施行。《劳动法》共13章107条，包括总则；就业促进；劳动合同和集体合同；工作时间和休息时间；工资；劳动安全卫生；女职工和未成年工特殊保护；职业培训；社会保险和福利；劳动争议；监督检查；法律责任；附则。《劳动法》是中国的基本法，为劳动法制建设奠定了基础。2007年6月29日第十届全国人民代表大会常务委员会第二十八次会审议通过，并于2008年1月1日实施了《中华人民共和国劳动合同法》，被俗称为“新劳动法”。新“劳动法”对劳动合同制度做了进一步完善。根据2009年8月27日第十一届全国人民代表大会常务委员会第十次会议通过的《全国人民代表大会常务委员会关于修改部分法律的决定》修正，对《劳动法》的部分内容进行了修正。

从狭义上讲，我国《劳动法》是指1994年7月5日八届人大通过，1995年1月1日起施行的《中华人民共和国劳动法》；从广义上讲，《劳动法》是调整劳动关系的法律法规，以及调整与劳动关系密切相关的其他社会关系的法律规范的总称。

《劳动法》第2条规定：“在中华人民共和国境内的企业、个体经济组织（以下统称用人单位）和与之形成劳动关系的劳动者，适用本法。国家机关、事业组织、社会团体和与之建立劳动合同关系的劳动者，依照本法执行。”但国家机关、事业单位、社会团体和劳动者之间不是建立劳动合同，而是通过其他形式形成劳动关系的，不适用劳动法调整。

2. 劳动法的基本原则

（1）促进就业的原则

根据我国宪法的规定，国家促进就业被确立为劳动法的一项基本原则，劳动法必须认真贯彻实施这一原则。《劳动法》进一步对宪法作了明确、具体的规定：“国家通过促进经济发展，创造就业条件，扩大就业机会”、“国家鼓励企业、事业组织、社会团体在法律、行政法规规定的范围内兴办产业或者拓展经营，增加就业。国家支持劳动者自愿组织起来就业和从事个体经营实现就业”、“地方各级人民政府应当采取措施，发展多种类型的职业介绍机构，提供就业服务”等。

（2）公民享有平等的就业机会权和选择职业自主权的原则

劳动权是公民的一项最基本的权利，我国宪法明确规定“公民有劳动的权利”。劳动权分为就业权和择业权。劳动法基本原则之一就是体现公民享有平等的就业机会权和选择职业的自主权的原则。

在社会主义市场经济条件下，公民与用人单位是劳动市场中平等的两个主体，双方在相互选择、协商一致的基础上，订立劳动合同，产生劳动关系。就公民来说具有平等的就业机会权和选择职业的自主权；劳动者有续订或不续订劳动合同权和再次选择职业的自主权。

(3) 保护劳动者合法权益的原则

《劳动法》中明确规定："劳动者享有平等就业和选择职业的权利、取得劳动报酬的权利、休息休假的权利、获得劳动安全卫生保护的权利、接受职业技能培训的权利、享受社会保险和福利的权利、提请劳动争议处理的权利以及法律规定的其他劳动权利。"《劳动法》从政治、经济、文化和人身的各方面内容保护劳动者权益，涉及劳动者从求职、就业、失业、转业直到退休的全过程和对劳动者的职业训练、劳动报酬、社会保险、劳动安全卫生保护等诸多环节。

3. 劳动保护

(1) 劳动安全卫生

用人单位必须建立、健全劳动安全卫生制度，严格执行国家劳动安全卫生规程和标准，对劳动者进行劳动安全卫生教育，防止劳动过程中的事故，减少职业危害。劳动安全卫生设施必须符合国家规定的标准。新建、改建、扩建工程的劳动安全卫生设施必须与主体工程同时设计、同时施工、同时投入生产和使用。用人单位必须为劳动者提供符合国家规定的劳动安全卫生条件和必要的劳动防护用品，对从事有职业危害作业的劳动者应当定期进行健康检查。国家建立伤亡事故和职业病统计报告和处理制度。县级以上各级人民政府劳动行政部门、有关部门和用人单位应当依法对劳动者在劳动过程中发生的伤亡事故和劳动者的职业病状况，进行统计、报告和处理。

(2) 女职工和未成年工特殊保护

国家对女职工和未成年工实行特殊劳动保护。禁止安排女职工从事矿山井下、国家规定的第四级体力劳动强度的劳动和其他禁忌从事的劳动。不得安排女职工在经期从事高处、低温、冷水作业和国家规定的第三级体力劳动强度的劳动。不得安排女职工在怀孕期间从事国家规定的第三级体力劳动强度的劳动和孕期禁忌从事的活动。对怀孕七个月以上的女职工，不得安排其延长工作时间和夜班劳动。女职工生育享受不少于九十天的产假。不得安排女职工在哺乳未满一周岁的婴儿期间从事国家规定的第三级体力劳动强度的劳动和哺乳期禁忌从事的其他劳动，不得安排其延长工作时间和夜班劳动。不得安排未成年工从事矿山井下、有毒有害、国家规定的第四级体力劳动强度的劳动和其他禁忌从事的劳动。用人单位应当对未成年工定期进行健康检查。

4. 劳动争议的处理

用人单位与劳动者发生劳动争议，当事人可以依法申请调解、仲裁、提起诉讼，也可以协商解决。调解原则适用于仲裁和诉讼程序。解决劳动争议，应当根据合法、公正、及时处理的原则，依法维护劳动争议当事人的合法权益。劳动争议发生后，当事人可以向本单位劳动争议调解委员会申请调解；调解不成，当事人一方要求仲裁的，可以向劳动争议仲裁委员会申请仲裁。当事人一方也可以直接向劳动争议仲裁委员会申请仲裁。对仲裁裁决不服的，可以向人民法院提起诉讼。

在用人单位内，可以设立劳动争议调解委员会。劳动争议调解委员会由职工代表、用人单位代表和工会代表组成。劳动争议调解委员会主任由工会代表担任。劳动争议经调解达成协议的，当事人应当履行。劳动争议仲裁委员会由劳动行政部门代表、同级工会代表、用人单位方面的代表组成。劳动争议仲裁委员会主任由劳动行政部门代表担任。

提出仲裁要求的一方应当自劳动争议发生之日起 60 日内向劳动争议仲裁委员会提出书面申请。仲裁裁决一般应在收到仲裁申请的 60 日内做出。对仲裁裁决无异议的，当事人必须履行。劳动争议当事人对仲裁裁决不服的，可以自收到仲裁裁决书之日起 15 日内向人民法院提起诉讼。一方当事人在法定期限内不起诉又不履行仲裁裁决的，另一方当事人可以申请人民法院强制执行。

因签订集体合同发生争议，当事人协商解决不成的，当地人民政府劳动行政部门可以组织有关各方协调处理。因履行集体合同发生争议，当事人协商解决不成的，可以向劳动争议仲裁委员会申请仲裁；对仲裁裁决不服的，可以自收到仲裁裁决书之日起 15 日内向人民法院提起诉讼。

14.4.2 劳动合同法

1. 劳动合同法概述

《劳动合同法》由 2007 年 6 月 29 日第十届全国人民代表大会常务委员会第二十八次会议通过，2012 年 12 月 28 日第十一届全国人民代表大会常务委员会第三十次会议修订。劳动合同法共分 8 章 98 条，包括：总则、劳动合同的订立、劳动合同的履行和变更、劳动合同的解除和终止、特别规定、监督检查、法律责任和附则。劳动合同在明确劳动合同双方当事人的权利和义务的前提下，重在对劳动者合法权益的保护，被誉为劳动者的“保护伞”，为构建与发展和谐稳定的劳动关系提供法律保障。作为我国劳动保障法制建设进程中的一个重要里程碑，劳动合同法的颁布实施有着深远的意义。

中华人民共和国境内的企业、个体经济组织、民办非企业单位等组织与劳动者建立劳动关系，订立、履行、变更、解除或者终止劳动合同，适用《劳动合同法》。国家机关、事业单位、社会团体和与其建立劳动关系的劳动者，订立、履行、变更、解除或者终止劳动合同，依照《劳动合同法》执行。

2. 劳动合同的概念、特征和种类

(1) 劳动合同的概念

劳动合同是劳动者与用工单位之间确立劳动关系，明确双方权利和义务的协议。劳动合同是确立劳动关系的普遍性法律形式，是用人单位与劳动者履行劳动权利和义务的依据。

(2) 劳动合同的种类

1) 固定期限劳动合同。固定期限劳动合同，是指用人单位与劳动者约定合同终止时间的劳动合同。用人单位与劳动者协商一致，可以订立固定期限劳动合同。劳动合同期限届满，劳动关系即告终止。如果双方协商一致，还可以续订劳动合同，延长期限。固定期限的劳动合同可以是较短时间的，如半年、一年、两年，也可以是较长时间的，如五年、十年，甚至更长时间。不管时间长短，劳动合同的起始和终止日期都是固定的。具体期限由当事人双方根据工作需要和实际情况确定。

2) 无固定期限劳动合同。无固定期限劳动合同，是指用人单位与劳动者约定无确定终止时间的劳动合同。用人单位与劳动者协商一致，可以订立无固定期限劳动合同。有下列情形之一，劳动者提出或者同意续订、订立劳动合同的，除劳动者提出订立固定期限劳动合同外，应当订立无固定期限劳动合同：①劳动者在该用人单位连续工作满十年的；②用人单位初次实行劳动合同制度或者国有企业改制重新订立劳动合同时，劳动者在该用人单位连续工作满十年且距法定退休年龄不足十年的；③连续订立二次固定期限劳动合同，且劳动者没有《劳动合同法》第 39 条和第 40 条第 1 项、第 2 项规定的情形，续订劳动合同的。④用人单位自用工之日起满一年不与劳动者订立书面劳动合同的，视为用人单位与劳动者已订立无固定期限劳动合同。

3）以完成一定工作任务为期限的劳动合同。以完成一定工作任务为期限的劳动合同，是指用人单位与劳动者约定以某项工作的完成为合同期限的劳动合同。用人单位与劳动者协商一致，可以订立以完成一定工作任务为期限的劳动合同。合同中不明确约定合同的起止日期，以某项工作或工程完工之日为合同终止之时。它一般适用于建筑业、临时性、季节性的工作或由于其工作性质可以采取此种合同期限的工作岗位。

3. 劳动合同的订立

（1）劳动合同的形式

建立劳动关系应当订立劳动合同。订立和变更劳动合同，应当遵循平等自愿、协商一致的原则，不得违反法律、行政法规的规定。劳动合同依法订立即具有法律约束力，当事人必须履行劳动合同规定的义务。《劳动合同法》第 10 条规定，建立劳动关系，应当订立书面劳动合同。已建立劳动关系，未同时订立书面劳动合同的，应当自用工之日起一个月内订立书面劳动合同。用人单位与劳动者在用工前订立劳动合同的，劳动关系自用工之日起建立。

（2）劳动合同的条款

劳动合同由用人单位与劳动者协商一致，并经用人单位与劳动者在劳动合同文本上签字或者盖章生效。劳动合同文本由用人单位和劳动者各执一份。劳动合同应当具备以下条款：①用人单位的名称、住所和法定代表人或者主要负责人；②劳动者的姓名、住址和居民身份证或者其他有效身份证件号码；③劳动合同期限；④工作内容和工作地点；⑤工作时间和休息休假；⑥劳动报酬；⑦社会保险；⑧劳动保护、劳动条件和职业危害防护；⑨法律、法规规定应当纳入劳动合同的其他事项。劳动合同除前款规定的必备条款外，用人单位与劳动者可以约定试用期、培训、保守秘密、补充保险和福利待遇等其他事项。

（3）劳动合同的效力

下列劳动合同无效或者部分无效：①以欺诈、胁迫的手段或者乘人之危，使对方在违背真实意思的情况下订立或者变更劳动合同的；②用人单位免除自己的法定责任、排除劳动者权利的；③违反法律、行政法规强制性规定的。对劳动合同的无效或者部分无效有争议的，由劳动争议仲裁机构或者人民法院确认。劳动合同部分无效，不影响其他部分效力的，其他部分仍然有效。劳动合同被确认无效，劳动者已付出劳动的，用人单位应当向劳动者支付劳动报酬。劳动报酬的数额，参照本单位相同或者相近岗位劳动者的劳动报酬确定。

4. 劳动合同的履行和变更

用人单位与劳动者应当按照劳动合同的约定，全面履行各自的义务。用人单位应当按照劳动合同约定和国家规定，向劳动者及时足额支付劳动报酬。用人单位拖欠或者未足额支付劳动报酬的，劳动者可以依法向当地人民法院申请支付令，人民法院应当依法发出支付令。

用人单位应当严格执行劳动定额标准，不得强迫或者变相强迫劳动者加班。用人单位安排加班的，应当按照国家有关规定向劳动者支付加班费。劳动者拒绝用人单位管理人员违章指挥、强令冒险作业的，不视为违反劳动合同。劳动者对危害生命安全和身体健康的劳动条件，有权对用人单位提出批评、检举和控告。用人单位变更名称、法定代表人、主要负责人或者投资人等事项，不影响劳动合同的履行。用人单位发生合并或者分立等情况，原劳动合同继续有效，劳动合同由承继其权利和义务的用人单位继续履行。用人单位与劳动者协商一致，可以变更劳动合同约定的内容。变更劳动合同，应当采用书面形式。变更后的劳动合同文本由用人单位和劳动者各执一份。

5. 劳动合同的解除和终止

（1）劳动合同的解除

1）协商解除。用人单位与劳动者协商一致，可以解除劳动合同。

2）劳动者单方解除。①通知解除。劳动者提前 30 日以书面形式通知用人单位，可以解除劳动合同。劳动者在试用期内提前 3 日通知用人单位，可以解除劳动合同。②用人单位有违约、违法行为时的解除。用人单位有下列情形之一的，劳动者可以解除劳动合同：未按照劳动合同约定提供劳动保护或者劳动条件的；未及时足额支付劳动报酬的；未依法为劳动者缴纳社会保险费的；用人单位的规章制度违反法律、法规的规定，损害劳动者权益的；因用人单位以欺诈、胁迫的手段或者乘人之危，使对方在违背真实意思的情况下订立或者变更劳动合同而致使劳动合同无效的；法律、行政法规规定劳动者可以解除劳动合同的其他情形。③立即解除。用人单位以暴力、威胁或者非法限制人身自由的手段强迫劳动者劳动的，或者用人单位违章指挥、强令冒险作业危及劳动者人身安全的，劳动者可以立即解除劳动合同，不需事先告知用人单位。

3）用人单位单方解除。①过错性解除。劳动者有下列情形之一的，用人单位可以解除劳动合同：在试用期间被证明不符合录用条件的；严重违反用人单位的规章制度的；严重失职，营私舞弊，给用人单位造成重大损害的；劳动者同时与其他用人单位建立劳动关系，对完成本单位的工作任务造成严重影响，或者经用人单位提出，拒不改正的；因劳动者以欺诈、胁迫的手段或者乘人之危，使对方在违背真实意思的情况下订立或者变更劳动合同的情形而致使劳动合同无效的；被依法追究刑事责任的。②非过错性解除。有下列情形之一的，用人单位提前 30 日以书面形式通知劳动者本人或者额外支付劳动者 1 个月工资后，可以解除劳动合同：劳动者患病或者非因工负伤，在规定的医疗期满后不能从事原工作，也不能从事由用人单位另行安排的工作的；劳动者不能胜任工作，经过培训或者调整工作岗位，仍不能胜任工作的；劳动合同订立时所依据的客观情况发生重大变化，致使劳动合同无法履行，经用人单位与劳动者协商，未能就变更劳动合同内容达成协议的。③裁员。有下列情形之一，需要裁减人员 20 人以上或者裁减不足 20 人但占企业职工总数 10%以上的，用人单位提前 30 日向工会或者全体职工说明情况，听取工会或者职工的意见后，裁减人员方案经向劳动行政部门报告，可以裁减人员：依照企业破产法规定进行重整的；生产经营发生严重困难的；企业转产、重大技术革新或者经营方式调整，经变更劳动合同后，仍需裁减人员的；其他因劳动合同订立时所依据的客观经济情况发生重大变化，致使劳动合同无法履行的。裁减人员时，应当优先留用下列人员：与本单位订立较长期限的固定期限劳动合同的；与本单位订立无固定期限劳动合同的；家庭无其他就业人员，有需要抚养的老人或者未成年人的。用人单位依照规定裁减人员，在 6 个月内重新招用人员的，应当通知被裁减的人员，并在同等条件下优先招用被裁减的人员。④不得解除劳动合同的情形。劳动者有下列情形之一的，用人单位不得依照本法的规定解除劳动合同：从事接触职业病危害作业的劳动者未进行离岗前职业健康检查，或者疑似职业病病人在诊断或者医学观察期间的；在本单位患职业病或者因工负伤并被确认丧失或者部分丧失劳动能力的；患病或者非因工负伤，在规定的医疗期内的；女职工在孕期、产期、哺乳期的；在本单位连续工作满 15 年，且距法定退休年龄不足 5 年的；法律、行政法规规定的其他情形。

用人单位单方解除劳动合同，应当事先将理由通知工会。用人单位违反法律、行政法规规定或者劳动合同约定的，工会有权要求用人单位纠正。用人单位应当研究工会的意见，并将处理结果书面通知工会。

(2) 劳动合同的终止

有下列情形之一的，劳动合同终止：①劳动合同期满的；②劳动者开始依法享受基本养老保险待遇的；③劳动者死亡，或者被人民法院宣告死亡或者宣告失踪的；④用人单位被依法宣告破产的；⑤用人单位被吊销营业执照、责令关闭、撤销或者用人单位决定提前解散的；⑥法律、行政法规规定的其他情形。

劳动合同期满，劳动者有下列情形之一的，劳动合同到期不得终止，劳动合同应当续延至相应的情形消失时终止：从事接触职业病危害作业的劳动者未进行离岗前职业健康检查，或者疑似职业病病人在诊断或者医学观察期间的；在本单位患职业病或者因工负伤并被确认丧失或者部分丧失劳动能力的；患病或者非因工负伤，在规定的医疗期内的；女职工在孕期、产期、哺乳期的；在本单位连续工作满 15 年，且距法定退休年龄不足 5 年的；法律、行政法规规定的其他情形。但是，在本单位患职业病或者因工负伤并被确认丧失或者部分丧失劳动能力劳动者的劳动合同的终止，按照国家有关工伤保险的规定执行。

(3) 经济补偿金

经济补偿按劳动者在本单位工作的年限，每满 1 年支付 1 个月工资的标准向劳动者支付。6 个月以上不满 1 年的，按 1 年计算；不满 6 个月的，向劳动者支付半个月工资的经济补偿。劳动者月工资高于用人单位所在直辖市、设区的市级人民政府公布的本地区上年度职工月平均工资 3 倍的，向其支付经济补偿的标准按职工月平均工资 3 倍的数额支付，向其支付经济补偿的年限最高不超过 12 年。

有下列情形之一的，用人单位应当向劳动者支付经济补偿：①劳动者依照《劳动合同法》第 38 条规定解除劳动合同的；②用人单位依照《劳动合同法》第 36 条规定向劳动者提出解除劳动合同并与劳动者协商一致解除劳动合同的；③用人单位依照《劳动合同法》第 40 条规定解除劳动合同的；④用人单位依照《劳动合同法》第 41 条第 1 款规定解除劳动合同的；⑤除用人单位维持或者提高劳动合同约定条件续订劳动合同，劳动者不同意续订的情形外，依照《劳动合同法》第 44 条第 1 项规定终止固定期限劳动合同的；⑥依照《劳动合同法》第 44 条第 4 项、第 5 项规定终止劳动合同的；⑦法律、行政法规规定的其他情形。

用人单位违反本法规定解除或者终止劳动合同，劳动者要求继续履行劳动合同的，用人单位应当继续履行；劳动者不要求继续履行劳动合同或者劳动合同已经不能继续履行的，用人单位应当依照《劳动合同法》规定支付赔偿金。

6. 特别规定

（1）集体合同

企业职工一方与用人单位通过平等协商，可以就劳动报酬、工作时间、休息休假、劳动安全卫生、保险福利等事项订立集体合同。集体合同草案应当提交职工代表大会或者全体职工讨论通过。集体合同由工会代表企业职工一方与用人单位订立；尚未建立工会的用人单位，由上级工会指导劳动者推举的代表与用人单位订立。企业职工一方与用人单位可以订立劳动安全卫生、女职工权益保护、工资调整机制等专项集体合同。

在县级以下区域内，建筑业、采矿业、餐饮服务业等行业可以由工会与企业方面代表订立行业性集体合同，或者订立区域性集体合同。集体合同订立后，应当报送劳动行政部门；劳动行政部门自收到集体合同文本之日起十五日内未提出异议的，集体合同即行生效。依法订立的集体合同对用人单位和劳动者具有约束力。行业性、区域性集体合同对当地本行业、本区域的用人单位和劳动者具有约束力。

集体合同中劳动报酬和劳动条件等标准不得低于当地人民政府规定的最低标准；用人单位与劳动者订立的劳动合同中劳动报酬和劳动条件等标准不得低于集体合同规定的标准。用人单位违反集体合同，侵犯职工劳动权益的，工会可以依法要求用人单位承担责任；因履行集体合同发生争议，经协商解决不成的，工会可以依法申请仲裁、提起诉讼。

（2）劳务派遣

1）劳务派遣。劳务派遣是指由劳务派遣机构与派遣劳工订立劳动合同，由要派企业（实际用工单位）向派遣劳工给付劳务报酬，劳动合同关系存在于劳务派遣机构与派遣劳工之间，但劳动力给付的事实则发生于派遣劳工与要派企业（实际用工单位）之间。《劳动合同法》第 66 条规定："劳务派遣一般在临时性、辅助性或者替代性的工作岗位上实施。"全国人大法工委向人力资源和社会保障部给出答复，答复确定了劳务派遣用工形式的三原则：临时性、辅助性和替代性。所谓辅助性，即可使用劳务派遣工的岗位须为企业非主营业务岗位；替代性，指正式员工临时离开无法工作时，才可由劳务派遣公司派遣一人临时替代；临时性，即劳务派遣期不得超过 6 个月，但是目前也没有详细的法律规定。

2）劳务派遣单位。劳务派遣单位就是用人单位，应当履行用人单位对劳动者的义务。劳务派遣单位与被派遣劳动者订立的劳动合同，除应当载明劳动合同的一般条款外，还应当载明被派遣劳动者的用工单位以及派遣期限、工作岗位等情况。劳务派遣单位应当依照公司法的有关规定设立，注册资本不得少于 50 万元。劳务派遣单位应当与被派遣劳动者订立 2 年以上的固定期限劳动合同，按月支付劳动报酬；被派遣劳动者在无工作期间，劳务派遣单位应当按照所在地人民政府规定的最低工资标准，向其按月支付报酬。

3）劳务派遣协议。劳务派遣单位派遣劳动者应当与接受以劳务派遣形式用工的单位（以下称用工单位）订立劳务派遣协议。劳务派遣协议应当约定派遣岗位和人员数量、派遣期限、劳动报酬和社会保险费的数额与支付方式以及违反协议的责任。用工单位应当根据工作岗位的实际需要与劳务派遣单位确定派遣期限，不得将连续用工期限分割订立数个短期劳务派遣协议。劳务派遣单位应当将劳务派遣协议的内容告知被派遣劳动者。劳务派遣单位不得克扣用工单位按照劳务派遣协议支付给被派遣劳动者的劳动报酬。劳务派遣单位和用工单位不得向被派遣劳动者收取费用。劳务派遣单位跨地区派遣劳动者的，被派遣劳动者享有的劳动报酬和劳动条件，按照用工单位所在地的标准执行。

4）用人单位的义务。用工单位应当履行下列义务：执行国家劳动标准，提供相应的劳动条件和劳动保护；告知被派遣劳动者的工作要求和劳动报酬；支付加班费、绩效奖金，提供与工作岗位相关的福利待遇；对在岗被派遣劳动者进行工作岗位所必需的培训；连续用工的，实行正常的工资调整机制。用工单位不得将被派遣劳动者再派遣到其他用人单位。

5）被派遣的劳动者的权利。被派遣劳动者享有与用工单位的劳动者同工同酬的权利。用工单位无同类岗位劳动者的，参照用工单位所在地相同或者相近岗位劳动者的劳动报酬确定。被派遣劳动者有权在劳务派遣单位或者用工单位依法参加或者组织工会，维护自身的合法权益。被派遣劳动者可以依照《劳动合同法》规定与劳务派遣单位解除劳动合同。用工单位可以将劳动者退回劳务派遣单位，劳务派遣单位依照《劳动合同法》有关规定，可以与劳动者解除劳动合同。用人单位不得设立劳务派遣单位向本单位或者所属单位派遣劳动者。

（3）非全日制用工

非全日制用工，是指以小时计酬为主，劳动者在同一用人单位一般平均每日工作时间不超过 4 小时，每周工作时间累计不超过 24 小时的用工形式。非全日制用工双方当事人可以订立口头协议。从事非全日制用工的劳动者可以与一个或者一个以上用人单位订立劳动合同；但是，后订立的劳动合同不得影响先订立的劳动合同的履行。非全日制用工双方当事人不得约定试用期。非全日制用工双方当事人任何一方都可以随时通知对方终止用工。终止用工，用人单位不向劳动者支付经济补偿。非全日制用工小时计酬标准不得低于用人单位所在地人民政府规定的最低小时工资标准。非全日制用工劳动报酬结算支付周期最长不得超过 15 日。

14.5 档 案 法

14.5.1 档案法概述

为了加强对档案的管理和收集、整理工作，有效地保护和利用档案，为社会主义现代化建设服务，1987 年 9 月 5 日第六届全国人民代表大会常务委员会第二十二次会议通过了《档案法》。该法根据 1996 年 7 月 5 日第八届全国人民代表大会常务委员会第二十次会议《关于修改〈中华人民共和国档案法〉的决定》第一次修正，根据 2016 年 11 月 7 日第十二届全国人民代表大会常务委员会第二十四次会议《关于修改〈中华人民共和国对外贸易法〉等十二部法律的决定》第二次修正。为加强建设工程文件的归档整理工作，统一建设工程档案的验收标准，建立完整、准确的工程档案，2002 年 1 月 10 日，建设部以建标〔2002〕8 号文件发出通知，批准《建设工程文件归档整理规范》为国家标准（编号为 GB/T 50328—2001），自 2002 年 5 月 1 日起施行。为加强重大建设项目档案管理工作，确保重大建设项目档案的完整、准确、系统和安全，2006 年 6 月 14 日国家档案局、国家发展和改革委员会联合印发《重大建设项目档案验收办法》（档发〔2006〕2号）。该办法对重大建设项目档案验收的组织、验收申请、验收要求做出了更具体的规定。

14.5.2　建设工程文件

建设工程文件是指在工程建设过程中形成的各种形式的信息记录，包括工程准备阶段文件、监理文件、施工文件、竣工图和竣工验收文件，也可简称为工程文件。

1. 工程准备阶段文件

工程准备阶段文件是指工程开工以前，在立项、审批、征地、勘察、设计、招投标等工程准备阶段形成的文件。

（1）立项文件

立项文件主要包括：①项目建议书；②项目建议书审批意见及前期工作通知书；③可行性研究报告及附件；④可行性研究报告审批意见；⑤关于立项有关的会议纪要、领导讲话；⑥专家建议文件；⑦调查资料及项目评估研究材料等。

（2）建设用地、征地、拆迁文件

建设用地、征地、拆迁文件主要包括：①选址申请及选址规划意见通知书；②用地申请报告及县级以上人民政府城乡建设用地批准书；③拆迁安置意见、协议、方案等；④建设用地规划许可证及其附件；⑤划拨建设用地文件；⑥国有土地使用证。

（3）勘察、测绘、设计文件

勘察、测绘、设计文件主要包括：①工程地质勘查报告；②水文地质勘查报告、自然条件、地震调查；③建设用地钉桩通知单（书）；④地形测量和拨地测量成果报告；⑤申报的规划设计条件和规划设计条件通知书；⑥初步设计图纸和说明；⑦技术设计图纸和说明；⑧审定设计方案通知书及审查意见；⑨有关行政主管部门（人防、环保、消防、交通、园林、市政、文物、通讯、保密、河湖、教育、白蚁防治、卫生等）批准文件或取得的有关协议；⑩施工图及其说明；⑪设计计算书；⑫政府有关部门对施工图设计文件的审批意见等。

（4）招投标文件

招投标文件主要包括：①勘察设计招投标文件；②勘察设计承包合同；③施工招投标文件；④施工承包合同；⑤工程监理招投标文件；⑥监理委托合同等。

（5）开工审批文件

开工审批文件主要包括：①建设项目列入年度计划的申报文件；②建设项目列入年度的批复文件或年度计划项目表；③规划审批申报表及报送的文件和图纸；④建设工程规划许可证及其附件；⑤建设工程开工审查表；⑥建设工程施工许可证；⑦投资许可证、审计证明、缴纳绿化建设费等证明；⑧工程质量监督手续等。

（6）财务文件

财务文件包括工程投资估算材料、工程设计概算材料、施工图预算材料、施工预算等。

（7）建设、施工、监理机构及负责人名单

建设、施工、监理机构及负责人名单包括工程项目管理机构（项目经理部）及负责人名单、工程项目监理机构（项目监理部）及负责人名单、工程项目施工管理机构（施工项目经理部）及负责人名单等。

2. 监理文件

监理文件是指监理单位在工程设计、施工等监理过程中形成的文件。主要包括：

1）监理规划，包括监理规划、监理实施细则和监理部总控制计划等。

2）监理月报中的有关质量问题。

3）监理会议纪要中的有关质量问题。

4）进度控制文件，包括工程开工/复工审批表、工程开工/复工暂停令等。

5）质量控制文件，包括不合格项目通知、质量事故报告及处理意见等。

6）造价控制文件，包括预付款报审与支付、月付款报审与支付、设计变更、洽商费用报审与签认、工程竣工结算审核意见书等。

7）分包资质文件，包括分包单位资质材料、供货单位资质材料、试验等单位资质材料。

8）监理通知，包括有关进度控制的监理通知、有关质量控制的监理通知、有关造价控制的监理通知。

9）合同与其他事项管理文件，包括工程延期报告及审批、费用索赔报告及审批、合同争议、违约报告及处理意见、合同变更材料等。

10）监理工作总结，包括专题总结、月报总结、工程竣工总结、质量评价意见报告。

3. 施工文件

施工文件是指施工单位在工程施工过程中形成的文件。不同专业的工程对施工文件的要求不尽相同，一般包括：

1）施工技术准备文件，包括施工组织设计、技术交底、图纸会审记录、施工预算的编制和审查、施工日志等。

2）施工现场准备文件，包括控制网设置资料、工程定位测量资料、基槽开挖线测量资料、施工安全措施、施工环保措施等。

3）地基处理记录。

4）工程图纸变更记录，包括设计会议会审记录、设计变更记录、工程洽商记录等。

5）施工材料、预制构件质量证明文件及复试试验报告。

6）设备、产品质量检查、安装记录，包括设备、产品质量合格证、质量保证书，设备装箱单、商检证明和说明书、开箱报告，设备安装记录长期，设备试运行记录，设备明细表等。

7）施工试验记录、隐蔽工程检查记录。

8）施工记录，包括工程定位测量检查记录、预检工程检查记录、沉降观测记录、结构吊装记录、工程竣工测量、新型建筑材料、施工新技术等等。

9）工程质量事故处理记录。

10）工程质量检验记录，包括检验批质量验收记录、分项工程质量验收记录、基础、主体工程验收记录、分部（子分部）工程质量验收记录等等。

4. 竣工图和竣工验收文件

竣工图是指工程竣工验收后，真实反映建设工程项目施工结果的图样。竣工验收文件是指建设工程项目竣工验收活动中形成的文件。竣工验收文件主要包括：

1）工程竣工总结，包括工程概况表、工程竣工总结。

2）竣工验收记录，包括单位（子单位）工程质量验收记录、竣工验收证明书、竣工验收报告、竣工验收备案表（包括各专项验收认可文件）、工程质量保修书等。

3）财务文件，包括决算文件、交付使用财产总表和财产明细表。

4）声像（包括工程照片、录音、录像材料）、缩微、电子档案（各种光盘、磁盘）。

14.5.3　建设工程文件的归档整理

1. 基本规定

建设、勘察、设计、施工、监理等单位应将工程文件的形成和积累纳入工程建设管理的各个环节和有关人员的职责范围。

在工程文件与档案的整理立卷、验收移交工作中，建设单位应履行下列职责：①在工程招标及勘察、设计、施工、监理等单位签订协议、合同时，应对工程文件的套数、费用、质量、移交时间等提出明确要求；②收集和整理工程准备阶段、竣工验收阶段形成的文件，并应进行立卷归档；③负责组织、监督和检查勘察、设计、施工、监理等单位的工程文件的形成、积累和立卷归档工作；也可委托监理单位监督、检查工程文件的形成、积累和立卷归档工作；④收集和汇总勘察、设计、施工、监理等单位立卷归档的工程档案；⑤在组织工程竣工验收前，应提请当地的城建档案管理机构对工程档案进行预验收；未取得工程档案验收认可文件，不得组织工程竣工验收；⑥对列入城建档案馆（室）接收范围的工程，工程竣工验收后3个月内，向当地城建档案馆（室）移交一套符合规定的工程移交。

勘察、设计、施工、监理等单位应将本单位形成的工程文件立卷后向建设单位移交。建设工程项目实行总承包的，总包单位负责收集、汇总各分包单位形成的工程档案，并应及时向建设单位移交；各分包单位应将本单位形成的工程文件整理、立卷后及时移交总包单位。建设工程项目由几个单位承包的，各承包单位负责收集、整理立卷其承包项目的工程文件，并应及时向建设单位移交。

城建档案管理机构应对工程文件的立卷归档工作进行监督、检查、指导。在工程竣工验收前，应对工程档案进行预验收，验收合格后，须出具工程档案认可文件。

2. 工程文件的归档

对与工程建设有关的重要活动、记载工程建设主要过程和现状、具有保存价值的各种载体的文件，均应收集齐全，整理立卷后归档。归档的工程文件应为原件。工程文件的内容及其深度必须符合国家有关工程勘察、设计、施工、监理等方面的技术规范、标准和规程。工程文件的内容必须真实、准确，与工程实际相符合。归档应符合下列规定：

1）归档文件必须完整、准确、系统，能够反映工程建设活动的全过程。归档的文件必须经过分类整理，并应组成符合要求的案卷。

2）归档时间应符合下列规定：根据建设程序和工程特点，归档可以分阶段分期进行，也可以在单位或分部工程通过竣工验收后进行。勘察、设计单位应当在任务完成时，施工、监理单位应当在工程竣工验收前，将各自形成的有关工程档案向建设单位归档。

3）勘察、设计、施工单位在收齐工程文件并整理立卷后，建设单位、监理单位应根据城建档案管理机构的要求对档案文件完整、准确、系统情况和案卷质量进行审查。审查合格后向建设单位移交。

4）工程档案一般不少于两套，一套由建设单位保管，一套（原件）移交当地城建档案馆（室）。

5）勘察、设计、施工、监理等单位向建设单位移交档案时，应编制移交清单，双方签字、盖章后方可交接。

6）凡设计、施工及监理单位需要向本单位归档的文件，应按国家有关规定的要求单独立卷归档。

3. 工程档案的验收与移交

1）列入城建档案馆（室）档案接收范围的工程，建设单位在组织工程竣工验收前，应提请城建档案管理机构对工程档案进行预验收。建设单位未取得城建档案管理机构出具的认可文件，不得组织工程竣工验收。

2）城建档案管理部门在进行工程档案预验收时，应重点验收以下内容：①工程档案齐全、系统、完整；②工程档案的内容真实、准确地反映工程建设活动和工程实际状况；③工程档案已整理立卷，立卷符合本规范的规定；④竣工图绘制方法、图式及规格等符合专业技术要求，图面整洁，盖有竣工图章；⑤文件的形成、来源符合实际，要求单位或个人签章的文件，其签章手续完备；⑥文件材质、幅面、书写、绘图、用墨、托裱等符合要求。

3）列入城建档案馆（室）接收范围的工程，建设单位在工程竣工验收后 3 个月内，必须向城建档案馆（室）移交一套符合规定的工程档案。

4）停建、缓建建设工程的档案，暂由建设单位保管。

5）对改建、扩建和维修工程，建设单位应当组织设计、施工单位据实修改、补充和完善原工程档案。对改变的部位，应当重新编制工程档案，并在工程竣工验收后 3 个月内向城建档案馆（室）移交。

6）建设单位向城建档案馆（室）移交工程档案时，应办理移交手续，填写移交目录，双方签字、盖章后交接。

14.5.4 重大建设项目的档案验收

1. 适用范围

《重大建设项目档案验收办法》适用于各级政府投资主管部门组织或委托组织进行竣工验收的固定资产投资项目。上述各级政府投资主管部门是指各级政府发展改革部门和具有投资管理职能的经济（贸易）部门。项目档案是项目建设、管理过程中形成的，具有保存价值的各种形式的历史记录。项目档案验收是项目竣工验收的重要组成部分。未经档案验收或档案验收不合格的项目，不得进行或通过项目的竣工验收。

2. 验收组织

（1）项目档案验收的组织

国家发展和改革委员会组织验收的项目，由国家档案局组织项目档案的验收。国家发展和改革委员会委托中央主管部门（含中央管理企业，下同）、省级政府投资主管部门组织验收的项目，由中央主管部门档案机构、省级档案行政管理部门组织项目档案的验收，验收结果报国家档案局备案。省以下各级政府投资主管部门组织验收的项目，由同级档案行政管理部门组织项目档案的验收。国家档案局对中央主管部门档案机构、省级档案行政管理部门组织的项目档案验收进行监督、指导。项目主管部门、各级档案行政管理部门应加强项目档案验收前的指导和咨询，必要时可组织预检。

（2）项目档案验收组的组成

国家档案局组织的项目档案验收，验收组由国家档案局、中央主管部门、项目所在地省级档案行政管理部门等单位组成。中央主管部门档案机构组织的项目档案验收，验收组由中央主管部门档案机构及项目所在地省级档案行政管理部门等单位组成。省级及省以下各级档案行政管理部门组织的项目档案验收，由档案行政管理部门、项目主管部门等单位组成。凡在城市规划区范围内建设的项目，项目档案验收组成员应包括项目所在地的城建档案接收单位。项目档案验收组人数为不少于 5 人的单数，组长由验收组织单位人员担任。必要时可邀请有关专业人员参加验收组。

3. 验收申请

项目建设单位（法人）应向项目档案验收组织单位报送档案验收申请报告，并填报《重大建设项目档案验收申请表》。项目档案验收组织单位应在收到档案验收申请报告的 10 个工作日内作出答复。

（1）申请项目档案验收应具备下列条件

项目主体工程和辅助设施已按照设计建成，能满足生产或使用的需要；项目试运行指标考核合格或者达到设计能力；完成了项目建设全过程文件材料的收集、整理与归档工作；基本完成了项目档案的分类、组卷、编目等整理工作。

（2）项目档案验收前，项目建设单位（法人）应组织项目设计、施工、监理等方面负责人以及有关人员，根据档案工作的相关要求，依照《重大建设项目档案验收内容及要求》（附件 2）进行全面自检。

（3）项目档案验收申请报告的主要内容

项目建设及项目档案管理概况；保证项目档案的完整、准确、系统所采取的控制措施；项目文件材料的形成、收集、整理与归档情况，竣工图的编制情况及质量状况；档案在项目建设、管理、试运行中的作用；存在的问题及解决措施。

4. 验收要求

（1）项目档案验收会议

项目档案验收应在项目竣工验收 3 个月之前完成。项目档案验收以验收组织单位召集验收会议的形式进行。项目档案验收组全体成员参加项目档案验收会议，项目的建设单位（法人）、设计、施工、监理和生产运行管理或使用单位的有关人员列席会议。

项目档案验收会议的主要议程包括：①项目建设单位（法人）汇报项目建设概况、项目档案工作情况；②监理单位汇报项目档案质量的审核情况；③项目档案验收组检查项目档案及档案管理情况；④项目档案验收组对项目档案质量进行综合评价；⑤项目档案验收组形成并宣布项目档案验收意见。

（2）项目档案质量的评价

检查项目档案，采用质询、现场查验、抽查案卷的方式。抽查档案的数量应不少于 100 卷，抽查重点为项目前期管理性文件、隐蔽工程文件、竣工文件、质检文件、重要合同、协议等。项目档案验收应根据《国家重大建设项目文件归档要求与档案整理规范》，对项目档案的完整性、准确性、系统性进行评价。

（3）项目档案验收意见

项目档案验收意见的主要内容包括：①项目建设概况；②项目档案管理情况，包括：项目档案工作的基础管理工作，项目文件材料的形成、收集、整理与归档情况，竣工图的编制情况及质量，档案的种类、数量，档案的完整性、准确性、系统性及安全性评价，档案验收的结论性意见；③存在问题、整改要求与建议。

(4) 项目档案验收结果

项目档案验收结果分为合格与不合格。项目档案验收组半数以上成员同意通过验收的为合格。项目档案验收合格的项目，由项目档案验收组出具项目档案验收意见。项目档案验收不合格的项目，由项目档案验收组提出整改意见，要求项目建设单位于项目竣工验收前对存在的问题限期整改，并进行复查。复查后仍不合格的，不得进行竣工验收，并由项目档案验收组提请有关部门对项目建设单位通报批评。造成档案损失的，应依法追究有关单位及人员的责任。

14.6 税　　法

14.6.1 税收与税法概述

1. 税收的概念和特征

所谓税收，是以实现国家公共财政职能为目的，基于政治权力和法律规定，由政府专门机构向居民和非居民就其财产或特定行为实施的强制、非罚与不直接偿还的金钱课征，是一种财政收入的形式。税收是国家财政收入的主要形式。税收的形式特征，我国多数学者通常将其概括为强制性、无偿性和固定性，即所谓“税收三性”。

2. 税法的概念与构成要素

税法是指有权的国家机关制定的有关调整税收分配过程中形成的权利义务关系的法律规范总称。税法的构成要素是指每部单行税法都必须具备的基本内容。一般包括：总则、纳税义务人、征税对象、税目、税率、纳税环节、纳税期限、纳税地点、减税免税、罚则、附则等项目。

(1) 纳税人

即纳税主体，主要是指税法上规定的一切直接履行纳税义务的法人、自然人及其他组织。

(2) 征税对象

征税对象又叫课税对象、征税客体，指税法规定对什么征税，是征纳税双方权利义务共同指向的客体或标的物，是区别一种税与另一种税的重要标志。

(3) 税率

税率是对征税对象的征收比例或征收额度。税率是计算税额的尺度，也是衡量税负轻重与否的重要标志，体现征税的深度。我国现行的税率主要有：①比例税率。比例税率是指税额与征税对象按同一比例增长的税率。比例税率较多地用于对商品和劳务的课征。我国的增值税、营业税、城市维护建设税、企业所得税等采用的是比例税率。②定额税率。目前采用定额税率的有资源税、城镇土地使用税、车船税等。定额税率是指按单位课税对象直接规定一个固定的税额，不采用百分制的形式。从量定额征收的定额税率可以在税负上实行一定的幅度，如车船使用牌照税就对不同的车辆和不同吨位的船舶课以不同的税额。③累进税率。累进税率是指按照课税对象数额的大小，规定不同等级的税率，征税对象的数额越大，课征的税率就越高，反之适用的税率就较低。累进税率通常适用于对所得额、收益额和财产额的征收。

目前，采用超额累进税率的有个人所得税，采用超率累进税率的有土地增值税。不同税率的表现形式和应用的税种见表14-2。

不同税率的表现形式和应用的税种　　表14-2

税率类别		具体形式	应用的税种
比例税率		单一比例税率；差别比例税率；幅度比例税率	增值税、营业税、城市维护建设税、企业所得税等
定额税率		按征税对象的一定计量单位规定固定的税额	资源税、城镇土地使用税、车船税等
累进税率	全额累进税率	（我国目前没有采用）	
	全率累进税率	（我国目前没有采用）	
	超率累进税率	以征税对象数额的相对率划分若干级距，分别规定相应的差别税率，相对率每超过一个级距的，对超过的部分就按高一级的税率计算征税	土地增值税

（4）纳税环节

纳税环节是指在商品流通和非商品的劳务或其他交易过程中，税收应在哪些环节和多少环节予以课征的点、或者说是关节。纳税环节的多少和选择可以分为不同的课税制度：同一种税只在一个环节课征税收的，称为“一次课征制”，同一种税在两个或两个以上环节课征税收，或同种性质不同税种对同一种收入课以税收的，称为“多次课征制”。纳税环节的多少以及具体环节的选择，不仅关系到国家财政收入水平，而且会影响纳税人的经济行为和纳税积极性，影响商品流通和经济运行的轨迹。

（5）纳税期限

纳税期限是指纳税人应依法缴纳税款的时间界限或期间。作为税法中的一项义务性规范，每个税种都要明确规定其税款缴入国库的最后时间界限，以期保证国家财政收入的安全可靠和及时按期入库。由于各税种的特性不同，因而，各税法所规定的税款缴纳入库的时间要求也有所不同，一般可分为按期纳税制和按次纳税制两种情况。按期纳税制要求税款入库以时间为单位，如应税行为发生后的1天内、3天内、5天内、10天内、15天内、1个月内等为一个纳税期间。过期被视为滞纳而将被处以罚金或其他处罚。按次纳税制则要求税款入库以应税行为发生的次数为单位，每发生一次应税行为，纳税人就必须依法缴纳一次相应的税款。例如进口商品缴纳的关税一般以每进口一次为一个税款缴纳期限，屠宰税、牲畜交易税等都是在应税行为发生以后按此缴纳税款。

（6）税收优惠

税收优惠是指税法规定对纳税人某些特殊的应税行为、给予特殊的税收待遇或税收调节手段，以达到降低税收负担、鼓励纳税人积极开展生产经营活动、扩大商品流通、改善劳务服务的目的。

税收优惠政策通常有：免税、减税、起征点、免税额等。①免税。免税是指完全免除纳税人的应税额负担。②减税。减税是指部分免除纳税人的应纳税额，减轻纳税人原有的应税负担。减免税可分为法定减免、特定减免和临时减免等几重情况。减免税作为一种临时、补充、调节的税收手段，必须在税法规定的范围内适当运用，并且，其运用的广度和深度也必须在中央财政的统一部署下进行，各部门、各地区应有比较统一的标准。③起征点。起征点是指征税对象达到征税数额、开始征税的界点。④免征额。免征额是指税法给予纳税人的应税所得以一定数额的免税待遇，当纳税人应税额尚未超过一定数额时不予征税，但即使纳税人的应税额所得已经达到了应予课税的数额标准，也仅就其超过各该课税标准以上的超出部分适用相应税率、予以“超额征收”。一般地说，起征点和免税额的运用是为了照顾一些经营规模较小、收入较少、为保证基本生产经营活动和基本生活需要而纳税有困难的纳税人。

（7）违章处罚

违章处罚是指税法对纳税人未按税法规定及时足额缴纳税款、未履行纳税义务的行为如：欠税、漏税、偷税和抗税等，予以依法处理而采取的各种措施。例如加收滞纳金、处以罚款、其他行政处分和送交人民法院依法查处等。税收的违章处罚体现了税收具有强制性的特征，也是税收法令能够得到迅速、有效贯彻执行的保证。

3. 我国现行税制体系

我国经过 1994 年税制改革以后，建立的税制体系由 22 个税种组成。按其性质和作用大致分为六类。我国现行税制体系见表 14-3。

我国现行税制体系　　**表 14-3**

税收类别	税　　种	税种数
流转税	增值税、消费税、营业税、关税、城市维护建设税、证券交易税	6
所得税	企业所得税、外商投资企业和外国所得税个人所得税、农（牧）业税	4
财产税	房产税、契税、遗产税	3
资源税	资源税	1
土地税	城镇土地使用税、土地增值税、耕地占用税	3
行为税	印花税、固定资产投资方向调节税、车船使用税、船舶吨税、宴席税	5

14.6.2　纳税人的权利和义务

根据《税收征收管理法》的规定，法律、行政法规规定负有纳税义务的单位和个人为纳税人。法律、行政法规规定负有代扣代缴、代收代缴税款义务的单位和个人为扣缴义务人。纳税人、扣缴义务人必须依照法律、行政法规的规定缴纳税款、代扣代缴、代收代缴税款。

1. 纳税人的权利

1）依法提出申请享受税收优惠的权利；

2）依法请求税务机关退回多收税款的权利；

3）依法提起税务行政复议和税务行政诉讼的权利；

4）依法对税务人员的违法行为检举和控告；

5）因税务机关的行为违法或不当，致使纳税人合法权益遭受损害时，有依法请求得到赔偿的权利；

6）向税务机关咨询税法及纳税程序的权利；

7）要求税务机关为其保密的权利；

8）对税务机关做出的决定有陈述和申辩的权利；

9）国家法律、行政法规规定的其他权利。

2. 纳税人的义务

1）依法办理税务登记、变更或注销税务登记；

2）依法进行账簿、凭证管理；

3）按期进行纳税申报，按时足额缴纳税款；

4）向税务机关提供生产销售情况和其他资料，主动接受并配合税务机关的税务检查；

5）执行税务机关的行政处罚决定，按照规定缴纳滞纳金和罚款。

14.6.3　税务管理制度

1. 税务登记制度

企业，企业在外地设立的分支机构和从事生产、经营的场所，个体工商户和从事生产、经营的事业单位自领取营业执照之日起 30 日内，持有关证件，向税务机关申报办理税务登记。税务机关应当自收到申报之日起 30 日内审核并发给税务登记证件。工商行政管理机关应当将办理登记注册、核发营业执照的情况，定期向税务机关通报。从事生产、经营的纳税人，税务登记内容发生变化的，自工商行政管理机关办理变更登记之日起 30 日内或者在向工商行政管理机关申请办理注销登记之前，持有关证件向税务机关申报办理变更或者注销税务登记。

纳税人办理下列事项时，必须持税务登记证件：开立银行账户；申请减税、免税、退税；申请办理延期申报、延期缴纳税款；领购发票；申请开具外出经营活动税收管理证明；办理停业、歇业；其他有关税务事项。

2. 账簿凭证管理制度

纳税人、扣缴义务人按照有关法律、行政法规和国务院财政、税务主管部门的规定设置账簿，根据合法、有效凭证记账，进行核算。从事生产、经营的纳税人、扣缴义务人必须按照国务院财政、税务主管部门规定的保管期限保管账簿、记账凭证、完税凭证及其他有关资料。账簿、记账凭证、完税凭证及其他有关资料不得伪造、变造或者擅自损毁。

3. 纳税申报管理制度

纳税人必须依照法律、行政法规规定或者税务机关依照法律、行政法规的规定确定的申报期限、申报内容如实办理纳税申报，报送纳税申报表、财务会计报表以及税务机关根据实际需要要求纳税人报送的其他纳税资料。扣缴义务人必须依照法律、行政法规规定或者税务机关依照法律、行政法规的规定确定的申报期限、申报内容如实报送代扣代缴、代收代缴税款报告表以及税务机关根据实际需要要求扣缴义务人报送的其他有关资料。

纳税人、扣缴义务人不能按期办理纳税申报或者报送代扣代缴、代收代缴税款报告表的，经税务机关核准，可以延期申报。经核准延期办理前款规定的申报、报送事项的，应当在纳税期内按照上期实际缴纳的税额或者税务机关核定的税额预缴税款，并在核准的延期内办理税款结算。

4. 税款征收制度

税务机关依照法律、行政法规的规定征收税款，不得违反法律、行政法规的规定开征、停征、多征、少征、提前征收、延缓征收或者摊派税款。除税务机关、税务人员以及经税务机关依照法律、行政法规委托的单位和人员外，任何单位和个人不得进行税款征收活动。

(1) 代扣代缴税款制度

扣缴义务人依照法律、行政法规的规定履行代扣、代收税款的义务。对法律、行政法规没有规定负有代扣、代收税款义务的单位和个人，税务机关不得要求其履行代扣、代收税款义务。扣缴义务人依法履行代扣、代收税款义务时，纳税人不得拒绝。纳税人拒绝的，扣缴义务人应当及时报告税务机关处理。税务机关按照规定付给扣缴义务人代扣、代收手续费。

(2) 延期缴纳税款制度

纳税人、扣缴义务人按照法律、行政法规规定或者税务机关依照法律、行政法规的规定确定的期限，缴纳或者解缴税款。纳税人因有特殊困难，不能按期缴纳税款的，经省、自治区、直辖市国家税务局、地方税务局批准，可以延期缴纳税款，但是最长不得超过3个月。

(3) 税收滞纳金征收制度

纳税人未按照规定期限缴纳税款的，扣缴义务人未按照规定期限解缴税款的，税务机关除责令限期缴纳外，从滞纳税款之日起，按日加收滞纳税款0.5‰的滞纳金。

(4) 税收保全措施

税务机关有根据认为从事生产、经营的纳税人有逃避纳税义务行为的，可以在规定的纳税期之前，责令限期缴纳应纳税款；在限期内发现纳税人有明显的转移、隐匿其应纳税的商品、货物以及其他财产或者应纳税的收入的迹象的，税务机关可以责成纳税人提供纳税担保。

如果纳税人不能提供纳税担保，经县以上税务局（分局）局长批准，税务机关可以采取下列税收保全措施：①书面通知纳税人开户银行或者其他金融机构冻结纳税人的金额相当于应纳税款的存款；②扣押、查封纳税人的价值相当于应纳税款的商品、货物或者其他财产。纳税人在上述规定的限期内缴纳税款的，税务机关必须立即解除税收保全措施；限期期满仍未缴纳税款的，经县以上税务局（分局）局长批准，税务机关可以书面通知纳税人开户银行或者其他金融机构从其冻结的存款中扣缴税款，或者依法拍卖或者变卖所扣押、查封的商品、货物或其他财产，以拍卖或者变卖所得抵缴税款。个人及其所扶养家属维持生活必需的住房和用品，不在税收保全措施的范围之内。纳税人在限期内已缴纳税款，税务机关未立即解除税收保全措施，使纳税人的合法利益遭受损失的，税务机关应当承担赔偿责任。

(5) 税收强制执行措施

从事生产、经营的纳税人、扣缴义务人未按照规定的期限缴纳或者解缴税款，纳税担保人未按照规定的期限缴纳所担保的税款，由税务机关责令限期缴纳，逾期仍未缴纳的，经县以上税务局（分局）局长批准，税务机关可以采取下列强制执行措施：①书面通知其开户银行或者其他金融机构从其存款中扣缴税款；②扣押、查封、依法拍卖或者变卖其价值相当于应纳税款的商品、货物或者其他财产，以拍卖或者变卖所得抵缴税款。税务机关采取强制执行措施时，对上述所列纳税人、扣缴义务人、纳税担保人未缴纳的滞纳金同时强制执行。个人及其所扶养家属维持生活必需的住房和用品，不在强制执行措施的范围之内。税务机关采取税收保全措施和强制执行措施必须依照法定权限和法定程序，不得查封、扣押纳税人个人及其所扶养家属维持生活必需的住房和用品。税务机关滥用职权违法采取税收保全措施、强制执行措施，或者采取税收保全措施、强制执行措施不当，使纳税人、扣缴义务人或者纳税担保人的合法权益遭受损失的，应当依法承担赔偿责任。

14.7　保险法律制度

14.7.1　工程建设保险概述

1. 工程建设保险的概念

工程建设保险，是指业主或承包商为了工程建设项目顺利完成而对工程建设中可能产生的人身伤害或财产损失，而向保险公司投保以化解风险的行为。业主或承包商与保险公司订立的保险合同，即为工程建设保险合同。

2. 工程建设的各种风险

工程建设一般都具有投资规模大、建设周期长、技术要求复杂、涉及面广等特点。正是由于这些特点，使得建筑业成为一种高风险的行业。工程建设领域的风险主要有以下几方面：

（1）建筑风险

建筑风险指工程建设中由于人为的或自然的原因，而影响工程建设顺利完成的风险，包括设计失误、工艺不善、原材料缺陷、施工人员伤亡、第三者财产的损毁或人身伤亡、自然灾害等。

（2）市场风险

与发达国家和地区的建筑市场相比，我国的建筑市场发展得还很不成熟。不成熟的市场带来的一个突出的问题是信用，业主是否能够保证按期支付工程款，承包商是否能够保证质量、按期完工，对于承包合同双方当事人都是未知的，这是市场所带来的风险。

（3）政治风险

稳定的政治环境，会对工程建设产生有利的影响，反之，将会给市场主体带来顾虑和阻力，加大工程建设的风险。

（4）法律风险

一般涉外工程承发包合同中，都会有“法律变更”或“新法适用”的条款。两个国家关于建筑、外汇管理、税收管理、公司制度等方面的法律、法规和规章的办法和修订都将直接影响到建筑市场各方的权利义务，从而进一步影响其根本利益。现在，我国的建筑市场主体也愈发关注法律规定对其自身的影响。

3. 工程建设保险的种类

除强制保险与自愿保险的分类方式外，《保险法》把保险种类分为人身保险和财产保险。自该法施行以来，在工程建设方面，我国已尝试过人身保险中的意外伤害保险、财产保险中的建筑工程一切险和安装工程一切险。《保险法》第95条第1款第2项规定：“财产保险业务，包括财产损失保险、责任保险、信用保险、保证保险等保险业务”。

2005年8月，建设部与中国保监会联合下发了《关于推进建设工程质量保险工作的意见》（建质〔2005〕133 号），该《意见》是一份指导性文件，旨在为各地推进工程质量保险工作提出一个基本制度框架。该《意见》明确了工程保险的种类。其中，建筑工程一切险、安装工程一切险在我国已有多年的实施经验，国内大型工程基本都投保了这一险种；职业责任保险有设计责任险、监理责任险等；质量保证保险主要是为工程竣工后一定期限内出现的主体结构问题和渗漏问题等提供风险保障，这是一个新险种，也是该《意见》中力推的险种。

（1）意外伤害险

意外伤害险，是指被保险人在保险有效期间，因遭遇非本意的、外来的、突然的意外事故，致使其身体蒙受伤害而残疾或死亡时，保险人依照合同规定给付保险金的保险。《建筑法》第 48 条规定："建筑施工企业必须为从事危险作业的职工办理意外伤害保险，支付保险费。"

（2）建筑工程一切险及安装工程一切险

建筑工程一切险及安装工程一切险是以建筑或安装工程中的各种财产和第三者的经济赔偿责任为保险标的的保险。这两类保险的特殊性在于保险公司可以在一份保单内对所有参加该项工程的有关各方都给予所需要的保障，换言之，即在工程进行期间，对这项工程承担一定风险的有关各方，均可作为被保险人之一。

建筑工程一切险一般都同时承保建筑工程第三者责任险，即指在该工程的保险期内，因发生意外事故所造成的依法应由被保险人负责的工地及邻近地区的第三者的人身伤亡、疾病、财产损失，以及被保险人因此所支出的费用。本节将在后面重点对建筑工程一切险及安装工程一切险进行介绍。

（3）职业责任险

职业责任险是指承保专业技术人员因工作疏忽、过失所造成的合同一方或他人的人身伤害或财产损失的经济赔偿责任的保险。工程建设标的额巨大、风险因素多，建筑事故造成损害往往数额巨大，而责任主体的偿付能力相对有限，这就有必要借助保险来转移职业责任风险。在工程建设领域，这类保险对勘察、设计、监理单位尤为重要。

（4）信用保险

信用保险是以在商品赊销和信用放款中的债务人的信用作为保险标的，在债务人未能履行债务而使债权人招致损失时，由保险人向被保险人即债权人提供风险保障的保险。信用保险是随着商业信用、银行信用的普遍化以及道德风险的频繁而产生的，在工程建设领域得到越来越广泛的应用。

14.7.2 职工意外伤害险（雇主责任险）

在《建筑法》第 48 条明确规定："建筑施工企业必须为从事危险作业的职工办理意外伤害保险，支付保险费。"1997 年，建设部在上海、浙江、山东三个地区进行了建筑意外伤害保险试点工作。2003 年，建设部出台了《关于加强建筑意外伤害保险工作的指导意见》（建质〔2003〕107 号）规定建筑职工意外伤害保险是法定的强制性保险，也是保护建筑业从业人员合法权益，转移企业事故风险，增强企业预防和控制事故能力，促进企业安全生产的重要手段。

职工意外伤害险主要内容包括：建筑施工企业应当为施工现场从事施工作业和管理的人员，在施工活动过程中发生的人身意外伤亡事故提供保障，办理建筑意外伤害保险、支付保险费。范围应当覆盖工程项目。已在企业所在地参加工伤保险的人员，从事现场施工时仍可参加建筑意外伤害保险。保险期限应涵盖工程项目开工之日到工程竣工验收合格日。提前竣工的，保险责任自行终止。因延长工期的，应当办理保险顺延手续。各地建设行政主管部门要结合本地区实际情况，确定合理的最低保险金额。最低保险金额要能够保障施工伤亡人员得到有效的经济补偿。施工企业办理建筑意外伤害保险时，投保的保险金额不得低于此标准。保险费应当列入建筑安装工程费用。保险费由施工企业支付，施工企业不得向职工摊派。

施工企业应在工程项目开工前，办理完投保手续。鉴于工程建设项目施工工艺流程中各工种调动频繁、用工流动性大，投保应实行不记名和不计人数的方式。工程项目中有分包单位的由总承包施工企业统一办理，分包单位合理承担投保费用。业主直接发包的工程项目由承包企业直接办理。各级建设行政主管部门要强化监督管理，把在建工程项目开工前是否投保建筑意外伤害保险情况作为审查企业安全生产条件的重要内容之一；未投保的工程项目，不予发放施工许可证。投保人办理投保手续后，应将投保有关信息以布告形式张贴于施工现场，告之被保险人。

14.7.3　相关职业责任险

职业责任保险是承保各种专业人员由于自身工作过失而造成合同对方、第三者财产损失或人身伤害的赔偿责任保险。在国际上，建筑师、结构工程师、咨询工程师等专业人士均要购买职业责任险。由于设计错误、工作疏忽、监督失误等原因给业主或者第三者造成的损失或损害，保险公司将负责进行赔偿。职业责任保险只承担经济赔偿责任，对于其他的法律责任则不予承保。

1999年建设部下发了《关于同意北京市、上海市、深圳市开展工程设计保险试点工作的通知》，正式启动了设计保险试点工作。2003年底又颁发了《关于积极推进工程设计责任保险工作的指导意见》（建质〔2003〕218号）。目前已有大部分省市开展了设计责任保险推广工作。工程监理及其他工程咨询机构的执业责任险也应逐步组织试点。

14.7.4　建筑工程一切险

建筑工程一切险承保各类民用、工业和公用事业建筑工程项目，包括道路、水坝、桥梁、港埠等，在建造过程中因自然灾害或意外事故而引起的一切损失。建筑工程一切险往往会加保第三者责任险。即保险人在承包某建筑工程的同时，还对该工程在保险期限内因意外事故造成的依法由被保险人负责的工地及邻近地区的第三者的人身伤亡、疾病或财产损失，以及被保险人因此而支付的诉讼费用和实现经保险人书面同意的其他费用，负赔偿责任。

1. 建筑工程一切险的投保人与被保险人

建筑工程一切险的投保人，是指与保险人订立保险合同，并按照保险合同负有支付保险费义务的人。建筑工程一切险的被保险人，是指其财产或者人身受保险合同保障；享有保险金请求权的人，投保人可以为被保险人。建筑工程一切险的投保人多数为承包商。建筑工程一切险的被保险人可以包括：业主；总承包商；分包商；业主聘用的监理工程师；与工程有密切关系的单位或个人，如贷款银行或投资人等。

2. 建筑工程一切险的承保范围

建筑工程一切险适用于所有房屋工程和公共工程，尤其是：住宅、商业用房、医院、学校、剧院；工业厂房、电站；公路、铁路、飞机场；桥梁、船闸、大坝、隧道、排灌工程、水渠及港埠等。

3. 建筑工程一切险承保危险与损害

建筑工程一切险承保的危险与损害涉及面很广，保险单中列举的除外情况之外的一切事故损失全在保险范围内，尤其是下述原因造成的损失：火灾、爆炸、雷击、飞机坠毁及灭火或其他救助所造成的损失；海啸、洪水、潮水、水灾、地震、暴雨、风暴、雪崩、地崩、山崩、冻灾、冰雹及其他自然灾害；一般性盗窃和抢劫；由于工人、技术人员缺乏经验、疏忽、过失、恶意行为或无能力等导致的施工拙劣而造成的损失；其他意外事件。

4. 建筑工程一切险的保险期

建筑工程一切险自工程开工之日或在开工之前工程用料卸放于工地之日开始生效，两者以先发生者为准，开工日包括打地基在内（如果地基亦在保险范围内）。施工机具保险自其卸放于工地之日起生效。保险终止日应为工程竣工验收之日或者保险单上列出的终止日。

5. 建筑工程一切险的保险金额和免赔额

保险金额是指保险人承担赔偿或者给付保险金责任的最高限额。保险金额不得超过保险标的的保险价值，超过保险价值的，超过的部分无效。建筑工程一切险的保险金额按照不同的保险标的确定。保险公司要求投保人根据其不同的损失，自负一定的责任，即由被保险人承担的损失额称为免赔额。工程本身的免赔额为保险金额的 0.5%～3%；施工机具设备等的免赔额为保险金额的 5%；第三者责任险中财产损失的免赔额为每次事故赔偿限额的 1%～2%，但人身伤害没有免赔额。保险人向被保险人支付为修复保险标的遭受损失所需的费用时，必须扣除免赔额。支付的赔偿额极限相当于保险总额，但不超过保险合同中规定的每次事故的保险极限之和或整个保险期内发生的全部事故的总保险极限。

14.7.5 安装工程一切险

1. 安装工程一切险的概念和特点

安装工程一切险属于技术险种，其目的在于为各种机器的安装及钢结构工程的实施提供尽可能全面的专门保险。安装工程一切险承保安装各种机器、设备、储油罐、钢结构、起重机、吊车以及包含机械工程因素的各种工程建设一切损失。

2. 安装工程一切险的投保人与被保险人

投保人即与保险人订立保险合同并支付保费的人。安装工程一切险的被保险人除承包商外还包括：业主；制造商或供给商；技术咨询顾问；安装工程的信贷机构；待安装构件的买受人等。

3. 安装工程一切险的责任范围及除外责任

（1）安装工程一切险的保险标的

安装的机器及安装费，包括安装工程合同内要安装的机器、设备、装置、物料、基础工程（如地基、座基等）以及为安装工程所需的各种临时设施（如水电、照明、通信设备等）；安装工程使用的承包人的机器、设备；附带投保的土木建筑工程项目，指厂房、仓库、办公楼、宿舍、码头、桥梁等。这些项目一般不在安装合同以内，但可在安装险内附带投保。安装工程一切险也可以根据投保人的要求附加第三者责任险，这与建筑工程一切险是相同的。

（2）安装工程一切险承保的危险和损失

安装工程一切险承保的危险和损害除包括建筑工程一切险中规定的内容外，还包括：短路、过电压、电弧所造成的损失；超压、压力不足、和离心力引起的断裂所造成的损失；其他意外事故，如因进入异物或因安装地点的运输而引起的意外事件等。

（3）安装工程一切险的除外责任

安装工程一切险的除外情况主要有以下几种：由结构、材料或在车间制作方面的错误导致的损失；因被保险人或其派遣人员蓄意破坏或欺诈行为而造成的损失；因功力或效益不足而遭致合同罚款或其他非实质性损失；由战争或其他类似事件，民众运动或因当局命令而造成的损失；因罢工和骚乱而造成的损失（但有些国家却不视为除外情况）；由原子核裂化或核辐射造成的损失等。

4. 安装工程一切险的保险期限

（1）安装工程一切险的保险责任的开始和终止

安装工程一切险的保险责任，自投保工程的动工日（假如包括土建任务的话）或第一批被保险项目卸至施工地点时（以先发生为准），即行开始。其保险责任的终止日可以是安装完毕验收通过之日或保险物所列明的终止日，这两个日期同样以先发生者为准。安装工程一切险的保险责任也可以延展至为期一年的维修期满日。在征得保险人同意后，安装工程一切险的保险期限可以延长，但应在保险单上加批并增收保费。

（2）试车考核期

安装工程一切险的保险期内，一般应包括一个试车考核期。考核期的长短应根据工程合同上的规定来决定。对考核期的保险责任一般不超过 3 个月，若超过 3 个月，应另行加收费用。安装工程一切险对于旧机器设备不负考核期的保险责任，也不承担其维修期的保险责任。

14.7.6 建设工程质量保险

1. 建设工程质量保险概念

建筑工程质量保险即工程质量内在缺陷保险，也叫做工程潜在缺陷保险，是以建筑物由于各种原因存在潜在缺陷，导致其在使用期间发生的损失为标的的保险。潜在缺陷保险是以工程质量作为保险对象的一种保险，即由保险人为工程潜在缺陷的可能责任主体向有关利益方提供的一种质量保证❶。

建筑工程质量保险作为保险的一种，其究竟属于何种保险有以下不同的观点：有学者认为其为责任保险❷，有学者认为其为保证保险❸，建设部与保监会在其《关于推进建设工程质量保险工作的意见》中将其定性为保证保险。

从国内外的建筑工程质量保险制度来看，建筑工程质量保险往往并不是一个单一的险种，而是多个保险所构成的一个完整的体系，法国的建筑工程质量保险制度包括房屋损害保险和十年责任保险，西班牙包括一年险、三年险和十年险三年险种，我国建设部与保监会在《关于推进建筑工程质量保险工作的意见》也明确指出工程质量保险并不是一个单一

---

❶ 余浩宇：《建筑工程质量保险中购房者利益的维护问题》。

❷ 王海艳：《保险学》，机械工业出版社，2010 年版。

❸ 王和：《工程保险》，中国金融出版社，2005 年版。

的险种，而是由众多的保险共同组成的一个完整的体系，“建设工程质量保险是一种转移在工程建设和使用期间可能的质量缺陷引起的经济责任的方式，它由能够转移工程技术风险、落实质量责任的一系列保险产品组成，包括建筑工程一切险、安装工程一切险、工程质量保证保险和相关职业责任保险等。其中，工程质量保证保险主要为工程竣工后一定期限内出现的主体结构问题和渗漏问题等提供风险保障”。

因此，建筑工程质量保险应当是有广义和狭义之分的，广义上的建筑工程质量保险应当是一个由多个险种所共同构成的体系，而狭义上的建筑工程质量保险只是其中的一个具体险种。中国人民财产保险股份有限公司所推出的建筑工程质量保险实际上就是狭义上的建筑工程质量保险。

2. 建设工程质量保险的内容

2006 年 9 月 19 日，中国人民财产保险股份有限公司推出建筑工程质量保险这一新产品。其投保人为进行住宅商品房开发及写字楼工程开发的获得国家或当地建设主管部门资质认可的建筑开发商；被保险人为对建筑物具有所有权的自然人、法人或其他组织；保险责任范围：保险合同中载明的、由投保险人开发的建筑物，按规定的建设程序竣工验收合格满一年后，经保险人指定的建筑工程质量检查机构检查通过，在正常使用条件下，因潜在缺陷在保险期间内发生质量事故造成建筑物的损坏，经被保险人向保险人提出索赔申请，保险人按照本保险合同的约定负责赔偿修理、加固或重置的费用。

根据《中国人民财产保险股份有限公司建筑工程质量保险条款》的规定，简单介绍下建筑工程质量保险

（1）适用范围

凡获得国家或当地建设主管部门资质认可的建筑开发商均可作为本保险合同的投保人，于工程开工前就其开发的住宅商品房及写字楼工程投保本保险。对上述建筑物具有所有权的自然人、法人或其他组织为本保险合同的被保险人。

（2）保险责任

由投保人开发的建筑物，按规定的建设程序竣工验收合格满一年后，经保险人指定的建筑工程质量检查控制机构检查通过，在正常使用条件下，因潜在缺陷在保险期间内发生下列质量事故造成建筑物的损坏，经被保险人向保险人提出索赔申请，保险人按照本保险合同的约定负责赔偿修理、加固或重置的费用：①整体或局部倒塌；②地基产生超出设计规范允许的不均匀沉降；③阳台、雨篷、挑檐等悬挑构件坍塌或出现影响使用安全的裂缝、破损、断裂；④主体结构部位出现影响结构安全的裂缝、变形、破损、断裂。

（3）保险合同的成立与生效

投保人，于工程开工前投保本保险，保险人同意承保，本保险合同成立。建筑物竣工验收合格满一年后，投保人应就其开发的建筑物，向保险人指定的建筑工程质量检查控制机构申请质量检查，上述机构检查通过后，本保险合同自检查通过之日起生效。保险期间为十年，自保险合同生效之日起算。

参 考 文 献

1. 马凤玲，李敏，刘岩. 建设法规[M]. 北京：中国农业大学出版社，2013.

2. 李恒，马凤玲. 建设工程法——法律制度与实务技能[M]. 北京：法律出版社，2013.

3. 张培忠，隋卫东. 建筑与招标投标法教程(第二版)[M]. 济南：山东人民出版社，2009.

4. 隋卫东，王淑华，李军. 城乡规划法[M]. 济南：山东大学出版社，2009.

5. 何佰洲. 工程建设法规教程[M]. 北京：中国建筑工业出版社，2009.

6. 何佰洲. 工程建设法规[M]. 北京：中国建筑工业出版社，2011.

7. 何佰洲，顾永才. FIDIC合同条件与我国合同环境的适应性研究[M]. 北京：中国建筑工业出版社，2009.

8. 何佰洲，周显峰. 建设工程合同(第2版)[M]. 北京：知识产权出版社，2005.

9. 徐占发. 建设法规与案例分析[M]. 北京：机械工业出版社，2011.

10. 马楠. 建设法规与典型案例分析[M]. 北京：机械工业出版社，2011.

11. 刘仁辉. 建设法规[M]. 北京：科学出版社，2011.

12. 江峰. 建设法规[M]. 天津：天津大学出版社，2010.

13. 张爱云，王建华，陈明军. 建设法规[M]. 郑州：黄河水利出版社，2011.

14. 郑润梅. 建设法规概论(第2版)[M]. 北京：中国建材工业出版社，2010.

15. 高玉兰. 建设工程法规[M]. 北京：北京大学出版社，2010.

16. 臧炜彤，韩丽红. 建设法规概论[M]. 北京：中国电力出版社，2010.

17. 顾永才，杨雪梅. 建设法规[M]. 北京：科学出版社，2009.

18. 朱宏亮. 建设法规教程[M]. 北京：中国建筑工业出版社，2009.

19. 徐雷. 建设法规[M]. 北京：科学出版社，2009.

20. 金国辉. 新编建设法规教程与案例[M]. 北京：机械工业出版社，2009.

21. 胡成建. 建设工程法规教程[M]. 北京：中国建筑工业出版社，2008.

22. 邹祖绪，陈金洪. 建设法规[M]. 北京：中国电力出版社，2008.

23. 朱昊. 建设法规案例与评析[M]. 北京：机械工业出版社，2007.

24. 叶胜川，刘平. 工程建设法规(第三版)[M]. 武汉：武汉理工大学出版社，2009.

25. 朱宏亮. 建设法规(第3版)[M]. 武汉：武汉理工大学出版社，2011.

26. 朱宏亮，成虎. 工程合同管理[M]. 北京：中国建筑工业出版社，2006.

27. 郑惠虹，胡红霞. 建设工程监理概论[M]. 北京：中国电力出版社，2009.

28. 巩天真，张泽平. 建设工程监理概论(第2版)[M]. 北京：北京大学出版社，2009.

29. 韩庆. 土木工程监理概论[M]. 北京：中国水利水电出版社，2008.

30. 李峻. 建筑法概论[M]. 北京：中国建筑工业出版社，2008.

31. 刘亚臣，李闫岩. 工程建设法学[M]. 大连：大连理工大学出版社，2009.

32. 朱树英. 工程合同实务问答[M]. 北京：法律出版社，2007.

33. 朱树英. 建设工程法律实务[M]. 北京：法律出版社，2001.

34. 朱树英. 房地产开发法律实务[M]. 北京：法律出版社，2002.

35. 古嘉谆，陈希佳，吴诗敏. 工程法律实务研析[M]. 北京：北京大学出版社，2011.

36. 赵力军. 建设工程合同法律适用与探索[M]. 北京：中国人民公安大学出版社，2012.